海曙年鑑

HAISHU ALMANAC

2021

宁波市海曙区人民政府地方志办公室　编

方志出版社
Publishing House of Local Records

图书在版编目(CIP)数据

海曙年鉴. 2021 / 宁波市海曙区人民政府地方志办公室编. — 北京 : 方志出版社, 2022.8
ISBN 978-7-5144-5299-0

Ⅰ. ①海… Ⅱ. ①宁… Ⅲ. ①区(城市)—宁波—2021—年鉴 Ⅳ. ①Z525.54

中国版本图书馆CIP数据核字(2022)第160443号

责任编辑：李晓晓
责任校对：刘玉霞
责任印刷：梅中英
出 版 者：方志出版社
地　　址：北京市朝阳区潘家园东里9号(国家方志馆4层)
邮　　编：100021
网　　址：http://www.zgfzcb.cn
发　　行：方志出版社图书经销中心(010)67110500
印　　刷：南京凯德印刷有限公司
开　　本：887毫米 ×1194毫米　1/16
印　　张：25.25
字　　数：1123千字
版　　次：2022年8月第1版
印　　次：2022年8月第1次印刷
定　　价：300.00元

编辑说明

一、《海曙年鉴（2021）》是自2014年创刊以来连续出版的第九册年鉴，是一部系统记述全区自然、政治、经济、文化和社会等方面基本情况的年度资料性文献。《海曙年鉴》以马克思列宁主义、毛泽东思想、邓小平理论、"三个代表"重要思想、科学发展观、习近平新时代中国特色社会主义思想为指导，坚持辩证唯物主义和历史唯物主义的立场、观点和方法。如实记录，全面贯彻中共十九大精神，统筹推进"五位一体"总体布局，协调推进"四个全面"战略布局，扎实推进五大发展理念和省委"八八战略"在海曙的实践。

二、《海曙年鉴（2021）》记述时限为2020年1月1日至12月31日。为保持事物的完整性、连续性和可比较性，部分内容适当上溯。

三、《海曙年鉴（2021）》采用分类编辑法。基本结构为类目、分目、条目，其中条目为主要的信息载体，条目标题加"【 】"。体裁有述、记、图、表、录。卷首设"特载""专记""大事记""海曙概览"；百科设"中国共产党海曙区委员会"等32个类目；卷末设"附录""索引"。

四、《海曙年鉴（2021）》正文在2020卷基础上进行纲目结构微调。年鉴的栏目设计和编排次序根据年鉴基本体例和行业分类特点设置，与每个具体部门行政级别高低无关。

五、根据行文实际需要，文中配置了"有关组织机构全称、简称对照表"，列于目录前。"缩略语"随文注释，简短的在文中扩注，较长的在篇末注释，多次出现不重复注释。

六、本年鉴所采用的稿件由全区各机关单位、镇（乡）街道、产业园区提供，经《海曙年鉴》编辑部整理编辑，并经相关单位领导审核。文中所列数据采用法定计量单位，除"海曙概览"类目中"经济和社会发展"分目的各项数据来源于《2020年宁波市海曙区国民经济和社会发展统计公报》，正文中其他数据原则上依据《海曙区统计年鉴（2021）》，统计年鉴中没有的以主管部门统计为准，有部分数据因统计口径不同或有所差异，数据会计数成相对数，由于单位取舍不同而产生的计算误差，本书均未做机械调整。

七、《海曙年鉴（2021）》设置目录和索引双重检索系统。正文索引采用主题分析法，按主题词首字汉语拼音字母顺序排列，另附图照表索引。

《海曙年鉴（2021）》主要撰稿人

（按姓氏笔画排序）

丁　彬	马　驰	马中龙	马国均	王　洁	王　勇	王　倩	王一波	王召波
王伟忠	王江宁	王丽洁	王妤洁	王佳媛	王　诚	王　洁	王晓石	王涵榆
王超亚	王　翔	毛　培	毛静娜	仇璐娜	方　强	厉迪桑	叶　存	叶　浩
叶少艾	叶　辉	史颖昭	白琼烨	司徒碧波	成方州	成振江	朱亦忻	朱　杰
任　宁	任红斌	任芳靓	庄鲁若	刘　平	刘妍琦	刘佶松	刘洋洋	刘嗣杰
江文敏	江亦海	江朝晖	许智蕾	孙燕燕	严　健	苏　纯	李　佳	李　莎
李　蓓	李玉飞	李亚军	李　志	李丽红	李含笑	李鹏展	吴　君	吴　凡
吴欢欢	吴宣颖	何海丰	余倩妮	邹　挺	应航琪	汪　波	沈铭劼	沈雷雄
宋　磊	张　晶	张　征	张　怡	张　耀	张丰钰薇	张洋铭	张祯倩	陈　娜
陈　斌	陈　鹏	陈小军	陈飞永	陈伟燕	陈华章	陈宇骏	陈丽如	陈吟佳
陈忠娜	陈建立	陈奕霖	陈闻宁	陈海洋	陈超琼	陈紫沁	陈鲁萍	邵　燕
林　瑜	林桂玲	林瀚森	国媛媛	竺颖娜	金　芹	周　虹	周万慎	周驰东
周梦霞	郑　洁	郑　骐	郑水萍	郑　宇	郑　怡	郑思莹	郑　凌	孟令震
项　成	项若冰	赵　伟	赵士坤	赵昊杰	胡锡超	胡腾野	钟林华	施江锋
姜一寅	姜　波	宫海燕	费晓春	秦　威	夏　静	顾　盈	钱怡丰	倪佳琳
徐泽华	徐　鑫	翁赛娟	高　瑜	高　承	席　勇	黄　哲	黄　徐	黄妍楠
黄佳宁	黄驿雯	黄般若	盛泳杰	常　润	章之润	屠炎彬	董玉婷	蒋翠清
谢　燕	谢作衷	楼　强	满　政	蔡　哲	蔡久勇	潘　妍	潘灵琳	潘岱玲
薛荣锋								

曙少年行
宁波市海曙区
爱国主义教育基地手绘地图
张苍水纪念馆
明州双英亭
宁波教育博物馆
宁波市档案馆
海曙区档案馆
鼓楼
区政府
甬商文化园
开明街鼠疫灾难陈列馆
月湖
大革命时期中共宁波地委旧址纪念馆
金融史博物馆
国家级
省级
市级
区级

宁波市海曙区行政区划图

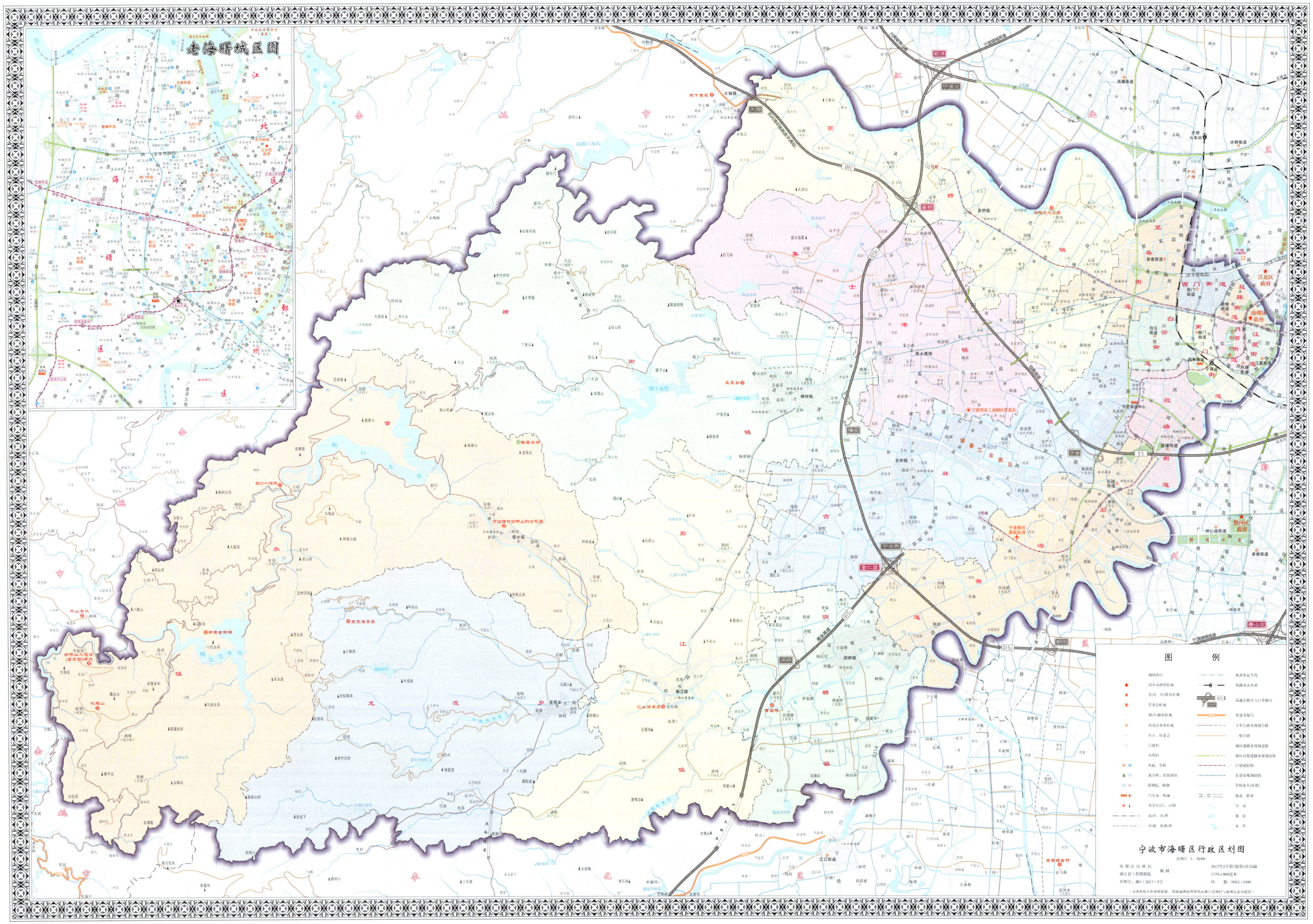

2020年海曙的一天

指标名称	计量单位	海曙的一年	海曙的一天
工业增加值	万元	2832124	7738
规模以上工业增加值	万元	2268549	6198
规模以上工业利润总额	万元	423807	1158
社会消费品零售总额	万元	7857739	21469
财政总收入	万元	1879655	5136
其中：一般公共预算收入	万元	1158280	3165
实际利用外资	万美元	22116	60
货物进出口总额	万元	7471274	20413
其中：货物出口额	万元	6485745	17721
全社会用电量	万千瓦时	569078	1555

2020年海曙区主要经济指标占宁波市比重

指标名称	计量单位	宁波市	海曙区
地区生产总值	亿元	12408.7	1201.2
工业增加值	亿元	5045.6028	283.2
规模以上工业增加值	亿元	4042	226.9
规模以上工业利润总额	亿元	1552.7	42.4
社会消费品零售总额	亿元	4238.26248	785.8
财政总收入	亿元	2835.5457	188.0
其中：一般公共预算收入	亿元	1510.7912	115.8
实际利用外资	亿美元	24.6784	2.2
货物进出口总额	亿元	9786.8825	747.1
其中：货物出口额	亿元	6406.9693	648.6
全社会用电量	亿千瓦时	832.15	56.9
其中：工业用电	亿千瓦时	603.17	30.6
人民币存款余额	亿元	23166.6786	2776.7
人民币贷款余额	亿元	25051.977	3127.5

浙商银行
ROYALTY
自助火锅

福
我们的中国梦
——送福写春联进车站
文艺志愿服务活动

平安区

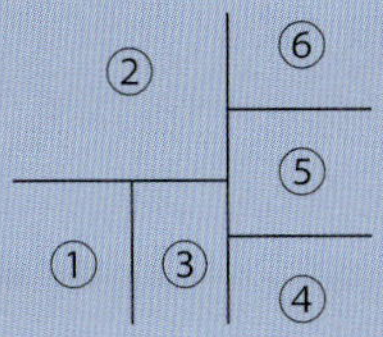

① 1月10日，春运第一天，海曙区在铁路宁波站举办“我们的中国梦”送福写春联活动

② 1月17日，以“喜迎春节”为主题，海曙区在鼓楼、阳光广场、天一广场和中山广场4个点位摆放鲜花，营造欢快祥和节日气氛

③ 4月14日，全省建设平安浙江工作会议召开，海曙区连续15年达到平安建设标准，获全省首批“一星平安金鼎”

④ 4月28—30日，区工商联联合区商务局、区金融服务中心联合推出“海曙外贸金融服务周”专项活动，为企业在疫情期间提供更多信保、法律、通关等方面的支持

⑤ 5月22日，“5·23”中国文艺志愿者服务日暨“脱贫攻坚 决胜小康”送欢乐下基层走进洞桥镇张家垫村大型文艺惠民活动举行

⑥ 6月，海曙区“鼓楼沿”扶贫市集在鼓楼步行街鼓楼里巷开市，展销来自贵州贞丰、新疆库车等对口扶贫地区的各色特产

① 6月12—14日，中国人民政治协商会议第五届宁波市海曙区委员会第四次会议召开

② 6月13—14日，宁波市海曙区第十一届人民代表大会第四次会议召开

① ② ③ ④ ⑤ ⑥

③ 6月19日，“引云入海 甬立潮头”——阿里巴巴淘宝直播产业带基地及淘宝大学宁波基地揭牌仪式在海曙区举行

④ 6月28日，位于海曙区甬水桥的宁波阿里中心揭牌，活动当日一批重大数字化项目签约

⑤ 6月28日，“锋领海曙 · 争当‘重要窗口’建设排头兵”主题党日活动在天一广场举行

⑥ 7月9日，由上海中医药大学、宁波海曙协爱中医医院、古林镇卫生院合作的上海中医药名中医工作室落户古林镇卫生院

城市分会授牌
北京分会
上海分会
武汉分会
成都分会

海曙——贞丰东西部协作扶贫宣传工作合作签约仪式

① 7月23日，“未来‘曙’于你”青年大学生基层实习计划启动暨“家燕归巢”联盟成立仪式举行。现场为基层实习挂职服务团队授旗，成立海曙区“家燕归巢”青年联盟，并为8个城市分会授牌

② 9月2日，海曙—贞丰东西部协作扶贫宣传工作合作签约仪式举行，双方签订东西部协作宣传扶贫框架协议，推动宣传扶贫协作再深化

③ 9月8日，“数字贸易·品牌出海”跨境电商直播论坛暨海曙区跨境电商创业创新中心启动仪式举行。其间，海曙跨境电商人才培育基地、人才实践基地授牌成立

① ②

③ ④ ⑤

① ② ③

① 7月23日，“未来‘曙’于你”青年大学生基层实习计划启动暨“家燕归巢”联盟成立仪式举行。现场为基层实习挂职服务团队授旗，成立海曙区“家燕归巢”青年联盟，并为8个城市分会授牌

② 9月2日，海曙—贞丰东西部协作扶贫宣传工作合作签约仪式举行，双方签订东西部协作宣传扶贫框架协议，推动宣传扶贫协作再深化

③ 9月8日，“数字贸易·品牌出海”跨境电商直播论坛暨海曙区跨境电商创业创新中心启动仪式举行。其间，海曙跨境电商人才培育基地、人才实践基地授牌成立

与宁波 共成长 GROWING WITH NINGBO
宁波人才之家
与宁波 共成长 GROWING WITH NINGBO

① ②

③ ④ ⑤

PICC

① 9月17日，海曙区“宁波人才之家”启动仪式暨“揭榜挂帅”全球引才发布会在月湖金汇小镇举行

② 9月26—28日，首届浙江志愿服务展示交流会暨项目大赛在宁波举行，由海曙区选送、代表宁波参赛的“我为烈士来寻亲 让客葬异乡英烈回家”志愿服务项目获大赛金奖

③ 10月9日，第七届宁波“阿拉非遗汇”暨海曙区第二届“美好生活节”天一广场开幕。其间，汇集“阿拉非遗汇”开幕式、非遗曲艺书场试点挂牌仪式暨宁波曲艺专场展演、“四海风物”非遗展演、“汲古纳新”非遗市集、“照壁城隍”风物大展、“医者仁心”非遗名家汇等活动

④ 10月12日，叔孺印社挂牌仪式在宁波观宗讲寺举行，填补了海曙区在篆刻艺术方面无专业协会组织的空白

⑤ 10月25日，2020“一带一路”国际跑酷大师赛在海曙天一广场举行，来自摩洛哥、厄立特里亚、贝宁等国内外50名选手参加活动

天一阁论坛
TIANYI PAVILION FORUM
阅读与城市
2020.11.6

天一阁论坛
TIANYI PAVILION FORUM

海曙乡贤之家
2020.11

① ② 11月6日，第六届浙江书展主论坛——天一阁论坛在海曙举行。中国作协副主席何建明、浙江省作协主席艾伟、著名作家马伯庸应邀参会，以“阅读与城市”为主题，分别展开精彩演讲

③ 11月6日，“海曙乡贤之家”揭牌仪式在月湖金汇小镇会客厅举行，让乡贤群体成为推动海曙发展的一支重要力量

④ 11月13—20日，海曙区以“生态海曙”为主题举办海曙区首届摄影周。其间，举办天一阁·月湖景区“金秋艺术季”启动仪式暨“生态海曙”全省摄影大赛颁奖典礼、“书香海曙”主题摄影工作坊、“告别摄影中的平庸和单调”手机摄影公开课、“海曙区最美古村摄影创作基地”授牌暨“最美乡村”摄影作品展、专题摄影讲座、基层协会摄影作品展、“美好生活，从微笑开始”——走进百梁桥村文化礼堂摄影公益活动等系列活动

⑤ 11月15—30日，“对话”——海曙·义乌两地美术作品交流展在宁波市海曙区大方岳第群星展厅开展

①	②	④
	③	⑤

① ② ③ ④

① 11月15日，国家百万公里健身步道宁波发布会在海曙区龙观乡阳堂古道前的半山伴水渡假村举行

② 11月27日，海曙区人民政府与浙江省体育局签约“省地共建”省运动休闲小镇

③ 12月18日，海曙印象城开业

④ 12月23日，宁波市首条新时代文明实践示范线——海曙区“礼善桥乡”新时代文明实践示范线在高桥镇开线

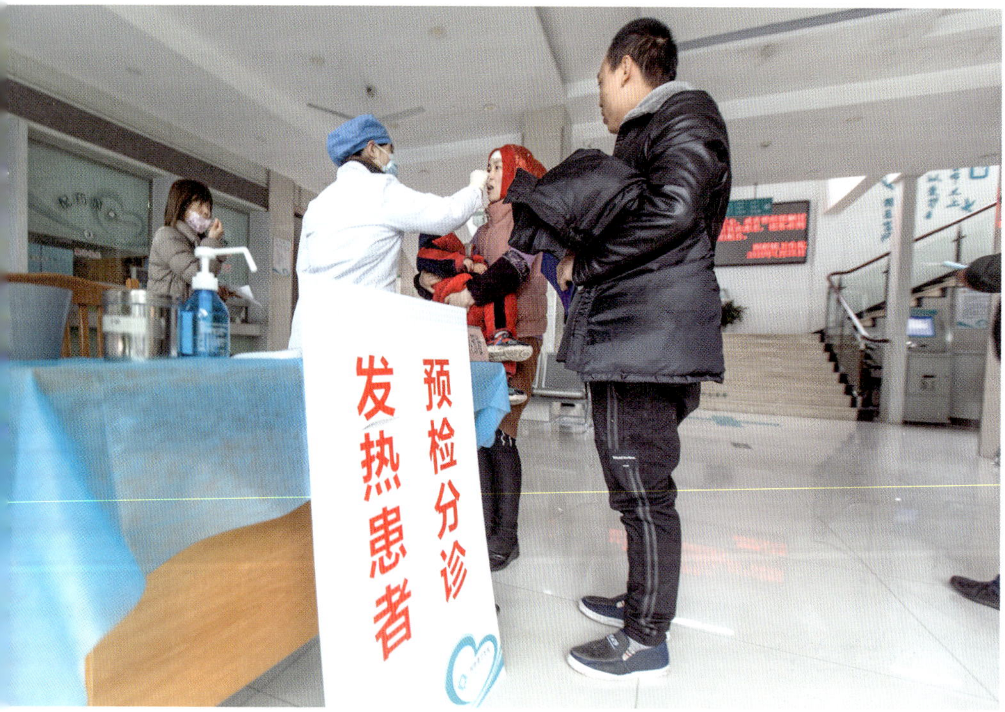
预检分诊
发热患者

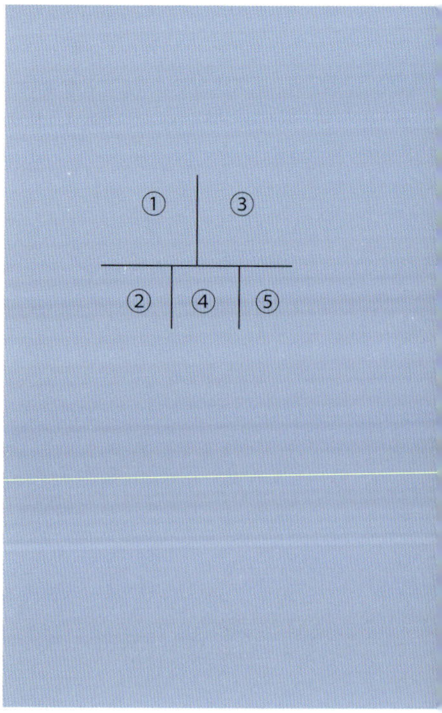
①
③
②
④
⑤

① 1月26日，海曙区医护人员在高速公路出口对来甬车辆乘员进行体温检测

② 1月27日，洞桥镇卫生院在入口处设立发热患者预检分诊台，对前来就诊的患者测量体温

③ 1月27日，天一商圈国际购物中心的保洁人员对商场内公共区域进行保洁、消毒

④ 1月27日，在横街菜场内，商贩开始佩戴口罩进行销售

⑤ 1月28日，海曙区几处医学观察隔离点陆续启用，图为医护人员向隔离点内运送生活物资

温馨提示
进超市需
测量体温
欧尚海曙店
2020年1月31日

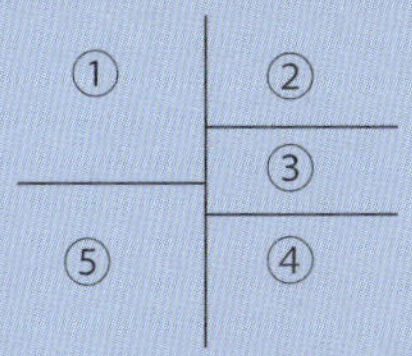

① 1月28日，铁路宁波站在出站口安放多台测温仪，实时监测来甬人员体温状况

② 1月31日，各类商超在入门处设置体温检测点，并要求顾客佩戴口罩入内

③ 2月3日，白云街道联北社区用“小喇叭”进行防疫宣传

④ 2月3日，古林镇仲一村在村口设卡检测体温

⑤ 2月7日，古林“天胜农牧”为全市蔬菜提供保障供应

① 2月18日，复工后的城市路面车辆增加

② 2月18日晚，搭乘G9383次列车的首批598名安徽阜阳籍员工抵达铁路宁波站

③ 2月19日，高速进出口（宁波、宁波西、横街、洞桥）开通，撤销卡点

④ 2月21日，海曙区组织的宁波首班“扶贫＋复工”包机抵达，155名贵州省黔西南州贞丰县、义龙新区的务工人员返岗

⑤ 3月30日，海曙区图书馆恢复开馆

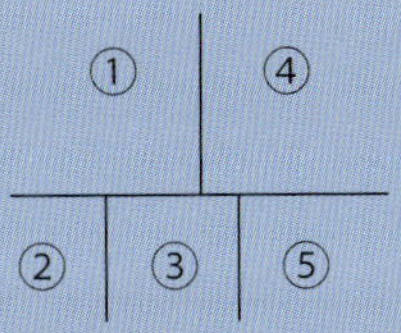
①
④
②
③
⑤

中国文学类

IN DENIM
WE TRUST
DVS

好久不见 欢迎回家
浙药高专
LI-NING
VANS
"OFF THE WALL"

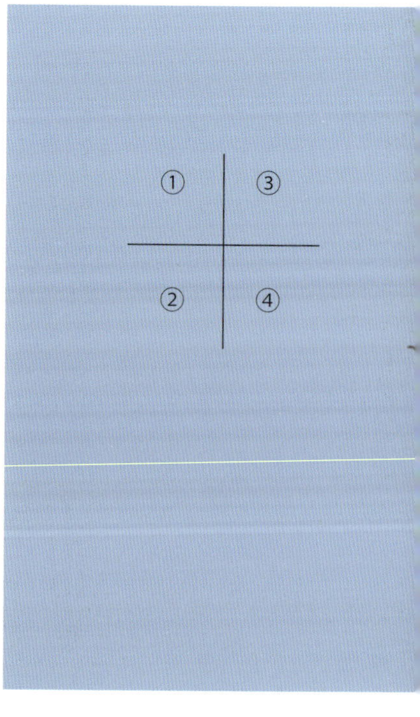
①
③
②
④

① 4月16日，宁波机场疫情防控工作人员与外籍旅客沟通

② 5月，宁波各个高校陆续复课

③ 6月5日，样本制备区内，核酸检测员进行咽拭子标本处理及信息录入工作

④ 12月11日，白云街道开展全员核酸检测演练

有关组织机构全称、简称对照表

全 称	简 称
浙江省全省	全省
浙江省	省
中共浙江省委员会	省委
浙江省人民政府	省政府
中共宁波市委员会	市委
宁波市人民政府	市政府
宁波市全市	全市
宁波市	市
宁波市海曙区全区	全区
宁波市海曙区	海曙区或区
中共宁波市海曙区委员会	区委
中共宁波市海曙区委办公室	区委办
宁波市海曙区人民代表大会常务委员会	区人大常委会
宁波市海曙区人民代表大会常务委员会办公室	区人大办
宁波市海曙区人民政府	区政府
宁波市海曙区人民政府办公室	区府办
中国人民政治协商会议宁波市海曙区委员会	区政协
中国人民政治协商会议宁波市海曙区委员会办公室	区政协办
中共宁波市海曙区纪律检查委员会	区纪委
宁波市海曙区监察委员会	区监委
中共宁波市海曙区委组织部	区委组织部
中共宁波市海曙区委宣传部	区委宣传部
中共宁波市海曙区委统一战线工作部	区委统战部
中共宁波市海曙区委政法委员会	区委政法委
中共宁波市海曙区委政策研究室	区委政研室
宁波市海曙区委机构编制委员会办公室	区编委办
中共宁波市海曙区委巡察工作领导小组办公室	区委巡察办
中共宁波市海曙区委海曙区人民政府信访局	区委区政府信访局
中共宁波市海曙区委老干部局	区委老干部局
中国共产党宁波市海曙区委员会党校	区委党校
宁波市海曙区档案馆	区档案馆
中国共产党宁波市海曙区委员会党史研究室（宁波市海曙区人民政府地方志办公室）	区委党史研究室（区政府地方志办公室）

有关组织机构全称、简称对照表

全 称	简 称
宁波市海曙区发展和改革局	区发改局
宁波市海曙区经济和信息化局	区经信局
宁波市海曙区教育局	区教育局
宁波市海曙区科学技术局	区科技局
宁波市海曙区科学技术协会	区科协
宁波市公安局海曙分局	海曙公安分局
宁波市海曙区民政局	区民政局
宁波市海曙区司法局	区司法局
宁波市海曙区财政局	区财政局
宁波市海曙区人力资源和社会保障局	区人力社保局
宁波市海曙区住房和城乡建设局	区住建局
宁波市海曙区公共项目建设管理中心	区公建中心
宁波市海曙区房地产管理处	区房管处
宁波市海曙区交通运输局	区交通运输局
宁波市海曙区农业农村局	区农业农村局
宁波市海曙区商务局	区商务局
宁波市海曙区文化和广电旅游体育局	区文化和广电旅游体育局
宁波市海曙区卫生健康局	区卫生健康局
宁波市海曙区退役军人事务局	区退役军人事务局
宁波市海曙区应急管理局	区应急管理局
宁波市海曙区审计局	区审计局
宁波市海曙区市场监督管理局	区市场监管局
宁波市海曙区统计局	区统计局
宁波市海曙区医疗保障局	区医疗保障局
宁波市海曙区综合行政执法局	区综合执法局
宁波市海曙区经济合作局	区经合局
宁波市海曙区人民法院	区人民法院
宁波市海曙区人民检察院	区人民检察院
宁波市海曙区总工会	区总工会
中国共产主义青年团宁波市海曙区委员会	团区委
宁波市海曙区妇女联合会	区妇联
宁波市海曙区残疾人联合会	区残联

有关组织机构全称、简称对照表

全 称	简 称
宁波市海曙区红十字会	区红十字会
宁波市海曙区工商业联合会	区工商联
宁波市海曙区归国华侨联合会	区侨联
宁波市海曙区文学艺术界联合会	区文联
宁波市海曙区关心下一代工作委员会	区关工委
宁波市海曙区慈善总会	区慈善总会
宁波市天一阁·月湖景区管理委员会	天一阁·月湖景区管委会
宁波望春工业园区管理委员会	望春工业园区管委会
宁波市海曙区政务服务办公室	区政务服务办
宁波市海曙区机关事务管理局	区机关事务管理局
宁波市海曙区金融服务中心	区金融服务中心
宁波（国际）电子商务产业园管理中心	电子商务产业园管理中心
宁波市海曙区大数据发展服务中心	大数据服务中心
宁波市海曙区供销合作社联合社	区供销社
宁波市海曙 81890 救助服务中心	81890 求助服务中心
宁波市海曙区社会矛盾纠纷调处化解中心	区矛调中心
宁波市海曙区全媒体中心	区全媒体中心
宁波市海曙区南站广场区域综合管理办公室	区南站综管办
宁波市海曙区南站区域开发建设管理中心	南站区域开发建设管理中心
宁波市客运中心站区域综合管理综管中心	客运中心综管中心
宁波市海曙区房屋征收管理服务中心（区重点工程建设指挥部）	区征管中心(区重点工程建设指挥部）
宁波市海曙区石碶市场区管理中心	石碶市场区管理中心
宁波市海曙区旧村改造管理服务中心	区旧村改造管理服务中心
宁波市海曙区轨道交通建设推进管理中心	区轨道交通建设推进管理中心
宁波市海曙国有资本投资经营集团有限公司	国投集团
宁波市自然资源和规划局海曙分局	海曙自然资源和规划分局
国家税务总局宁波市海曙区税务局	海曙区税务局
宁波市生态环境局海曙分局	海曙生态环境分局
宁波市海曙区气象局	区气象局
中国人民解放军浙江省宁波市海曙区人民武装部	区人武部
宁波市公安局交通警察支队海曙大队	海曙交警大队
宁波市公安消防支队海曙区大队	海曙消防大队

目 录

特 载

专 记

大 事 记

海曙概览

中国共产党海曙区委员会

海曙区人民代表大会

海曙区人民政府

中国人民政治协商会议海曙区委员会

纪检 · 监察

民主党派 · 群众团体

法治·军事

农业农村·水利·防汛防台抗旱

工业·建筑业

商贸·经济合作

交 通

邮电·大数据服务

金 融

旅　游

城乡建设与管理

国土资源管理・生态环境保护

综合经济管理

人力资源和社会保障

科　技

教　育

文化·新闻

体 育

卫生·健康

社会生活

镇（乡）街道

人 物

附 录

索 引

特　　载

接续奋斗新征程　乘势而上开新局
努力建设高质量发展的国内一流强区

一、关于区委九届八次全会以来的主要工作

区委九届八次全会以来的这一年极不寻常、极不平凡。面对国际国内形势的深刻变化，特别是突如其来的新冠肺炎疫情，区委常委会团结带领全区上下深入学习贯彻习近平新时代中国特色社会主义思想，坚决落实党中央决策、省委部署和市委要求，紧扣忠实践行"八八战略"、奋力打造"重要窗口"这一主题主线，扎实做好"六稳"工作，全面落实"六保"任务，大力开展争先创优和"六争攻坚"行动，深入实施"三大主题年"活动，以前所未有的力度应对前所未有的冲击，拼出了逆势上扬的发展态势，干出了决战决胜的精神状态。预计实现地区生产总值超1200亿元，一般公共预算收入116亿元，城镇和农村居民人均可支配收入分别达7万元和3.9万元。全面建成更高水平的小康社会即将如期实现，为开启高水平全面建设社会主义现代化新征程奠定了坚实基础。

我们深学笃行习近平新时代中国特色社会主义思想，坚决做到"两个维护"。坚持把学深悟透习近平新时代中国特色社会主义思想作为最大的政治任务，每当习近平总书记发表重要讲话、做出重要指示，每当党中央召开重大会议、发布重要文件，区委都第一时间进行传达学习，研究部署我区贯彻落实意见。今年以来，举办区委理论学习中心组扩大学习会9次，开展区委常委会集体学习37次。在习近平总书记考察浙江、宁波后，区委召开九届九次全会深入学习贯彻习近平总书记重要讲话精神，提出要在宁波当好建设"重要窗口"模范生的进程中争当排头兵，明确9方面内涵，打造12项标志性成果。在党的十九届五中全会闭幕后，区委第一时间召开常委会扩大会议和专题学习会，认真学习全会精神，全面对标对表，系统谋划"十四五"发展规划和二〇三五年远景目标。建立"不忘初心、牢记使命"长效机制，落实"周二夜学"等制度，教育引导党员干部原原本本学、全面系统学、联系实际学，大力营造学思用贯通、知信行合一的浓厚氛围。坚持把"两个维护"落实到行动上、体现在工作中，坚决贯彻落实党中央做出的三大攻坚战、长江经济带发展、长三角一体化发展等重大战略部署，确保习近平总书记重要讲话、重要指示精神在海曙落地生根。认真做好东西部扶贫协作、山海协作工作，产业合作、消费扶贫、社会帮扶完成数均居全市前列，结对帮扶的贞丰县如期实现脱贫"摘帽"，顺利完成国家东西部扶贫协作实地考核。坚持底线思维防范化解重大风险，加大重点产业链供应链断链断供风险排摸，实施17个关键环节强链补链项目；理顺地方金融监督管理体制机制，在全市率先开展金融风险排查智能化预警试点，实现P2P网贷机构风险出清。扎实做好中央第二轮生态环境保护督察迎检及问题整改，督察组交办的信访件已完成整改93.5%，剩余3件正在整改中，有力推进长江经济带生态环境突出问题整改，持续做好违建别墅和农村乱占耕地建房清查整治工作。积极融入长三角一体化发展国家战略，主动承接上海辐射和功能外溢，与上海长宁区签订战略合作协议，产业发展、人才科技、公共服务等领域的交流合作全面铺开。

我们统筹推进疫情防控和经济社会发展工作，实现“两手硬、两战赢”。在这场大战大考中，全区上下众志成城、共筑防线，坚决打赢疫情防控的人民战争、总体战和阻击战。面对疫情，我们果断决策、强力执行，第一时间启动重大突发公共卫生事件一级响应，坚持“硬核隔离+精密智控”，首创公安、疾控合署溯源模式，出台全市最严村社管控措施，落实发热门诊全周期管理、重点人员小周期滚动排查等机制，坚决守牢宁波“大门”和村社“小门”，迅速有力遏制疫情扩散蔓延势头，以“海曙控”确保“宁波控”。慎终如始抓好常态化疫情防控，毫不放松织密公共卫生防护网，强化入境人员全过程闭环管控和进口冷链食品检验检疫，全面落实秋冬季疫情防控任务，切实巩固防控成果。面对疫情，我们因时因势、精准破难，高效运作复工复产专班，选派党员干部下沉企业服务，制定应对疫情支持企业复工复产19条举措，出台金融、用工、社保等10个方面纾困惠企政策，率先包机组织跨省外来务工人员返岗，助力企业在最短时间内复工达产。面对疫情，我们逆势奋进、争先创优，全力以赴稳企业、补短板、防风险，建成全市首个“一网通”服务平台，拨付“两直”资金8.7亿元，下达区级企业补助资金7.5亿元，减税降费30亿元，返还企业社保费1.7亿元、阶段性减免19.7亿元。经济增长实现企稳回升，地区生产总值增速从一季度下降7.9%，到二季度增长1.6%，再到三季度增长6.3%，实现了“二季红、半年稳、三季进”。

我们突出创新驱动、数字赋能，打好经济高质量发展的组合拳。大力推进人才和创新“栽树工程”，做出建设高素质人才队伍高水平打造国内一流创新型城区的决定，深入实施“初创、高新、领军”和“百创汇海”“菁英汇海”“匠心汇海”计划，挂牌成立市级千人计划产业园，出台高层次人才子女入学专项政策，1—11月规模以上企业研发费用增长15%，市“3315系列计划”入选数连续3年位居全市第一，获评省“人才工作考核优秀区”和市人才工作金奖。平台创新策源功能不断增强，成立产业技术研究院工作推进小组，集聚高端人才465人，孵化高科技企业23家。围绕“246”万千亿级产业集群、“3433”服务业倍增行动，加快培育现代产业集群，4家企业入围“中国制造业500强”企业，新增国家级专精特新“小巨人”企业4家、市级制造业单项冠军培育企业7家，批发零售业改造提升试点项目、传统制造业转型升级工作获省政府表彰激励。把项目建设作为对冲疫情影响的有力抓手，开展百日服务百个重大项目专项行动，成功争取各项债券资金26亿元，155个重点项目顺利推进，6个项目提前开工转化，市级重点工程投资完成率居全市前列。聚焦招大引强选优，创新云招商、基金招商等模式，一批优质项目成功落地，实际利用外资、浙商回归资金完成率均居全市前列。实施促进消费回暖复苏系列行动，积极培育直播经济、首店经济等业态，前11个月社会消费品零售额增速比上半年回升6.2个百分点，入选省“夜间经济试点城市”，全省步行街改造提升工作现场会在我区召开。全力帮扶外贸企业拓市场抗风险，率先上线海曙数字外贸平台，成立跨境电商创业创新中心，支持外贸企业融入国内大循环，外贸出口占全国比重得到提高。

我们纵深推动重点领域改革，持续激发区域发展动力活力。统筹推进24项区级改革项目，新增4项国家级改革试点和8项省级改革试点。以“最多跑一次”改革为牵引，实施营商环境“10+N”行动，深化“审批考级制”，实现区、镇、村（社区）三级政务服务平台“一窗受理”全覆盖，推进征收房屋不动产权注销、涉路施工许可等“一件事”改革，企业投资项目审批“最多80天”实现率100%。推动“最多跑一次”向商圈、景区、枢纽等公共服务领域延伸，天一商圈入选省公共服务场所大提升优秀案例，铁路宁波站枢纽综合治理创新和服务环境优化改革成效明显。加快政府数字化转型迭代升级，推动政务服务平台一体化，网上办、掌

航拍三江口

5月，海曙区发放总价值1200万元的消费券，点燃市民消费热情，图为天一商圈热闹场景

上办、就近办实现提质增效，事项网办率居全市前列。健全“三服务”长效机制，推进“81890”平台能级提升改革，分步整合集成民生服务热线、平台，拓展企业服务、人才服务功能，建立闭环流转机制，探索构建一站式整体智治服务体系。大力推进以村级工业园区升级改造为突破口的低效用地整治，成立实体化运作专班，制定出台一揽子政策，因地制宜推进21个改造项目，预计可腾出近2000亩土地。开展工业用地容积率提升工作。加快推进镇（乡）投融资机制改革。

我们坚持城乡一体化发展，着力塑造美丽宜居新形象。编制新一轮国土空间规划，科学谋划空间发展格局。扎实推进临空经济示范区建设，机场四期11000余套安置房项目全面开工，加速五江口、鄞奉等重点区块开发，新开工重大项目40个，竣工34个。开展征地拆迁“拔钉清零”专项行动，实施42个项目、拆迁面积66.4万平方米，8个扫尾项目完成清零，成功出让土地32宗1596亩。推动城市有机更新，三市片区启动征收，32个老旧小区改造项目完工，老旧小区电梯加装量居全市第一。加强城乡基础设施建设，深入实施“断头路”打通行动，学院路等7条道路建成通车，望春变建成投用，鄞江堤防、章溪河干流等整治工程扎实推进，5G基站覆盖密度全市第一，获评省“海绵城市建设示范区”。实施城市管理精细化行动，打造月湖全市内河湖泊“清可见底”的标杆，创建天一广场等4个“席地而坐”城市客厅示范区。全力推进“三改一拆”专项行动，处置违法建筑112万平方米，巩固基本无违建区创建成果。打造美丽海曙升级版，编制“三线一单”，深入实施“蓝天”“碧水”“净土”“清废”四大行动，全域创建污水零直排区，获评省生活垃圾分类工作优秀区，生态文明建设年度评价得分跃升40位、居全省第19，成功创建省级生态文明建设示范区。积极实施乡村振兴战略，出台“356”乡村产业振兴行动方案，拆建村庄36.8万平方米，新增AAA级景区村庄7个，集士港、龙观获评省级美丽城镇建设样板。推广镇村跨地域“抱团发展”模式，所有行政村集体经济收入超过100万元，低收入农户人均可支配收入超过16000元、增长10%以上，获评省粮食生产先进区。

我们持续深化法治海曙建设，积极营造公平正义的社会环境。坚持党的领导、人民当家做主和依法治国有机统一，把法治海曙建设作为基础性工程来抓。支持区人大及其常委会依法行使职权，完善国有资产管理情况向人大报告制度，开展“文明城市·代表督”活动，专题审议数字经济发展等重点工作。全面推行代表督事、居民议事制度，推进代表钉履职平台建设，提升代表联络站功能。支持区政协依章履行职责，充分发挥政协专门协商机构作用，聚焦临空经济示范区建设等议题开展专题协商，围绕老旧小区改造等主题开展民主监督。升级“请你来协商”、网络协商等平台功能，进一步丰富和完善协商形式。广泛凝聚统一战线力量，精心实施“‘创二代’栽树工程”，成立海曙乡贤之家，“侨胞之家”建设获省侨联肯定推广。加强法治政府建设，开展行政执法规范化提升年活动，创新推出行政复议立案受理前预审预调制度，镇（乡）街道合法性审查实现全覆盖，法治政府建设获评全省先进。深化“移动微法院”应用和无纸化办案，开展民事诉讼程序繁简分流改革试点。召开区委检察工作会议，进一步加强检察机关法律监督工作。完善法律公共服务体系，“七五”普法工作圆满收官。坚持党建带群建，持续深化群团改革，成立区社科联，预防性侵未成年人工作新模式获全国妇联肯定，区关工委获评全国关心下一代工作先进集体。严格落实党管武装制度，推动军民融合深度发展，认真做好退役军人服务管理保障工作。

我们切实加强宣传思想文化工作，努力提升文化软实力。深入实施习近平新时代中国特色社会主义思想铸魂工程、溯源工程、走心工程，打响“曙说”等宣讲品牌，推动党的创新理论“飞入寻常百姓家”。落实意识形态工作责任制，完善重大舆情应急处置机制，实施网络生态“瞭望哨”工程，牢牢把握意识形态领域主动权。坚持以社会主义核心价值观引领文化建设，农村文化礼堂实现应建村全覆盖。高标准常态化开展文明城市创建，实施公勺公筷、“一米曙光”等文明习惯养成行动，承担全市三分之二的迎检实测点位，有力助推宁波高分夺取全国文明城市创建“六连冠”。宁波府城隍庙重新对外开放，宁波中医药特色街区完成规划方案编制，永寿、秀水等历史街区保护改造有序推进。深入实施“百川工程”等文化惠民活动，区非物质文化遗产馆建成投用，单雾翔大师工作室落户，举办全国非遗曲艺周等活动，文艺精品创作成效明显，成功创建省公共文化服务体系示范区。促进文商旅深度融合发展，文创产业实现快速

整修后重新开放的宁波府城隍庙

增长。加快推进体育事业发展，举办“一带一路”国家跑酷大师赛等活动。

我们织密扎牢民生保障网，不断增强人民群众获得感。及时回应民生关切，8个民生实事项目全面完成。把稳就业放到更加突出的位置，搭建云招聘平台，创新推出区（局）长直播带岗，新增就业18585人，登记失业率保持在2.58%的较低水平，成功创建省首批无欠薪示范区。户籍人口基本养老保险参保率、医疗保险参保率保持全市前列，困难群众实现100%参保。积极应对人口老龄化问题，创新推出“以老助老、守望相扶”居家养老服务模式，省级康养体系建设试点工作积极推进，20个示范型（区域性）居家养老服务中心建成投用。健全社会救助体系，统筹做好助残、慈善等工作。积极推进保障性安居工程，新增公租房家庭681户，安置城中村改造家庭2729户。全面推进城乡教育共同体建设，农村义务教育学校结对帮扶实现全覆盖，深入推进全国“未来学校”实验区建设，入选省首批人工智能教育实验区，3所学校（园）建成投用。深入推进紧密型医联体建设，提升核酸检测能力，广泛开展爱国卫生运动，重大疫情防控救治和公共卫生体系不断健全。加强食品药品安全监管，成功创建省食品安全区。第七次全国人口普查工作有序推进。

我们扎实推进平安海曙建设，加快构建共建共治共享的社会治理格局。坚持总体国家安全观，扎实做好安全稳定各项工作，成功捧回全省首批“一星平安金鼎”。圆满完成重要节点、重点工程维稳安保任务，排查化解涉疫重要风险隐患120起，评估各领域重大决策风险123项。打好“扫黑除恶”专项斗争收官战，实施“六清”行动，抓好“六建”工作，三年累计打掉黑恶团伙92个，综合考核位居全市前列。稳步推进信访积案化解，四级走访较近三年均值下降50.7%，成功创建省无信访积案区。推进“县乡一体、条抓块统”改革和“最多跑一地”改革，区、镇（乡）街道社会矛盾纠纷调处化解中心实现全覆盖。探索社区“一委一居+区域公共服务中心+小区自治站”模式，区社会组织服务中心荣获全国百强。完善社会治安防控体系，启动实施安全生产综合治理三年行动，社会治安、公共安全态势持续向好，刑事、治安警情分别下降12.1%、2.6%，安全生产事故起数、死亡人数均下降25%，道路交通亡人数下降39.1%。

我们深化锋领海曙、清廉海曙建设，着力巩固山清水秀的政治生态。严格履行全面从严治党主体责任，健全“四责协同”机制，抓实省委巡视反馈意见持续整改，党的全面领导得到有效落实。加强党的政治建设，严格执行三会一课、个人重大事项请示报告等党内制度，着力打造维护力强、引领力强、担当力强、服务力强、廉洁力强的领导班子。健全“干部为事业担当、组织为干部担当”机制，提拔重用在一线担当作为、实绩突出领导干部25人、晋升职级24人。召开作风建设提效千人大会，向“五不”问题亮剑说不，组织开展电视问政，实行首问负责即问即办制度，处理或调整“末位”区管干部7名，推进干部能上能下常态化。严格落实“三个区分开来”，为9名党员干部澄清正名。注重典型激励，获评全国抗疫先进1人，省抗疫先进个人6人、集体2个，省担当作为好干部1人、优秀共产党员3人。高质量推进村（社区）组织换届工作，261个村（社区）党组织全部完成换届。持续深化智慧党建工作体系，健全党组织党员量化考评机制，推出“曙色初心”党员教育品牌和“红海行动”机关党建品牌。锲而不舍纠治“四风”，开展“烟票”问题、私人会所“回头看”、制止餐饮浪费行为等专项整治，共查处违反中央八项规定精神问题86起、处理党员干部99人。一体推进不敢腐、不能腐、不想腐，坚持“严”的主基调不放松，精准有效运用“四种形态”，共立案179件，党纪政务处分163人，移送司法机关处理5人。建成宁波家风馆、御史文化陈列馆等清廉教育基地，全市清廉社区建设工作、家风家训阵地建设现场会在我区召开。组织开展区委第九、第十轮巡察，覆盖24个镇（乡）街道、部门党组织和97个村（社区），充分发挥巡察监督利剑作用。

区委常委会高度重视自身建设，带头巩固“不忘初心、牢记使命”主题教育成果，增强“四个意识”、坚定“四个自信”、坚决做到“两个维护”；带头规范党内政治生活，贯彻执行民主集中制，成员之间密切协作、相互支持；带头践行为民宗旨，深化“三服务”活动，尽心尽责为群众排忧解难；带头做到实干担当，面对重大考验和急难险重任务，冲在一线、敢于攻坚；带头履行全面从严治党主体责任，严格执行中央八项规定精神，自觉接受监督，树立清正廉洁良好形象。

回顾一年来的奋斗历程，全区上下勠力同心、共克时艰，在非常之时立非常之志、尽非常之责、建非常之功，积累了很多宝贵的经验、收获了很多深刻的体会，必将启迪我们在现代化建设新征程中乘风破浪、行稳致远。一要坚持党的领导总揽全局。面对大事件大考验，我们充分调动一切积极因素，凝聚推动发展的强大合力，成功破解一系列难题、战胜一系列风险挑战，党的领导、制度优势是根本保证。要始终毫不动摇坚持和加强党的全面领导，更加自觉地在思想上政治上行动上同以习近平同志为核心的党中央保持高度一致，坚决做到“两个维护”，确保各项工作始终沿着正确方向前进。二要坚持系统观念应对变局。面对复杂多变形势，我们加强系统思考、统筹兼顾，守住“保”的底线，夯实“稳”的基础，拓展“进”的态势，打好了危中抢机、变中求新的组合拳。要始终坚持系统观念、系统方法，正确处理当下与未来、整体与局部、战略与战术、重点论与两点论等重大关系，沉着应对大变局，把倒逼的压力转化为前进的动力，把时代的机遇转化为发展的红利。三要坚持担当作为服务大局。面对新目标新定位，我们提出在宁波当好建设“重要窗口”模范生的进程中争当排头兵，发出了加速奔跑、争先进位的动员令，打造了一批叫得响、有成效的亮点品牌。要始终在服务省市大局中展现硬核担当，用足区位优势和资源禀赋，敢于和强的比、向高的攀、与快的赛，努力为一域争光、为全局添彩。四要坚持苦干实干开拓新局。面对艰巨繁重任务，我们保持“战时”状态、“冲锋”姿态，打赢了疫情防控、项目攻坚、招商选资、文明创建等一场场硬仗。要始终扑下身子抓落实，真抓实干、埋头苦干，坚持做到执行不过夜、不打折，以敢啃硬骨头、敢打攻坚战的实际行动，闯出一片新天地、干出一番新事业。

以上是区委常委会的主要工作。这些成绩的取得令人欣慰、拼搏的历程弥足珍贵，这是党中央和省委市委正确领导的结果，这是全区党员干部和广大群众锐意进取、团结奋斗的结果，也是同志们在各自岗位上担当担责、积极工作的结果。在此，我代表区委常委会，向大家表示衷心的感谢！

在肯定成绩的同时，我们更要清醒地认识到，当前我区经济社会发展仍面临不少困难和挑战，主要表现在：经济持续健康发展面临较大压力，科技创新存在短板，发展质量效益有待提高；城乡融合需要进一步深化，重点区块开发有待提速，基础设施建设还需加强，优质公共服务供给还不够均衡，生态长效治理力度有待加大；防范化解重大风险的机制还不够健全，平安建设基础还不够牢固，基层治理还存在薄弱环节，疫情防控风险依然存在；少数党员干部思想理念、能力素质、担当精神与新形势新任务还不适应，全面从严治党尚需纵深推进。对这些问题，我们必须高度重视，以更大的决心、更有力的举措，切实加以解决。也希望同志们对区委常委会工作提出意见建议，帮助我们把工作做得更实更好。

二、关于区委“十四五”规划建议稿的说明

制定好“十四五”规划，事关海曙长远发展和现代化建设全局，意义十分重大。区委对制定“十四五”规划和二〇三五年远景目标建议高度重视，从去年底开始，围绕“十四五”发展开展了大量调查研究，形成了一系列调研成果。今年以来，区委深入学习贯彻习近平总书记关于“十四五”规划编制工作的重要讲话、重要指示精神，专门组建起草小组，扎实推进建议稿起草工作。建议稿起草期间，区委4次召开专题会议，2次召开常委会会议进行研究审议。

这次建议稿起草的一个重要特点是坚持发扬民主、开门问策、集思广益，区委把加强顶层设计和坚持问计于民统一起来，鼓励广大党员干部群众和社会各界以各种方式为“十四五”规划建言献策。10月，在网上开展了为期1个月的“十四五”规划意见征集活动。11月起，区委分别召开区级老同志、企业家、党代表、人大代表、政协委员、各民主党派、工商联负责人、无党派人士代表、镇（乡）街道和区直单位主要负责人、基层干部等10多场不同层面座谈会，面对面征求和听取各方面意见建议。12月3日，建议稿向区委委员、候补委员和有关领导同志、各镇（乡）街道、区各部门单位书面征求意见。累计收到各方面意见建议350多条。从征求意见情况看，各地各部门对建议稿给予充分肯定。起草组按照“能吸收的尽量吸收”的原则，逐条逐句进行研究，增写、改写、精简文字200多处。经过多次讨论、反复论证修改，形成了提交这次全会审议的建议稿。

区委建议稿分为三大板块、十二个部分，共48条。第一板块也是第一部分为总论，主要阐述我区高水平全面建成小康社会所取得的成就，新发展阶段海曙面临的新机遇新挑战，到二〇三五年远景目标，“十四五”时期经济社会发展总体要求和主要目标。第二板块为分

2月，宁波工业互联网研究院产业园项目施工现场

白云街道安丰社区红色客厅

论，包括第二部分到第十一部分，分领域阐述今后五年经济社会发展的重点任务，明确了实施人才和创新“栽树工程”、加快建设高级化的现代产业体系、积极融入新发展格局、加强改革系统集成、持续推进城乡一体化和区域协调发展、实施乡村振兴战略、繁荣文化事业和文化产业、加快建设人与自然和谐共生的美丽家园、增进民生福祉、全面提升区域治理现代化水平等十方面的重点任务和工作举措。第三板块为结尾，包括第十二部分和结束语，主要是着眼于为实现“十四五”规划和二〇三五年远景目标提供有力保障，提出了坚持和完善党领导经济社会发展体制机制、推进清廉海曙建设、夯实基层组织基础、凝聚干事创业合力、健全规划落实机制等方面内容。

下面，我着重就9个重点问题作一说明。

第一，关于坚持和完善党领导经济社会发展的体制机制。十九届五中全会把坚持党的全面领导作为“十四五”时期发展必须遵循的第一位原则和根本政治保证，强调要坚持和完善党领导经济社会发展的体制机制。要实现“十四五”规划和二〇三五年远景目标，必须从体制机制上保证党对经济社会发展的集中统一领导。一要坚决做到“两个维护”。把党的政治建设作为根本性建设，坚持以习近平新时代中国特色社会主义思想武装头脑，巩固深化“不忘初心、牢记使命”主题教育成果，对习近平总书记的重要指示批示、党中央各项决策部署，做到闻令而动、令行禁止。二要加强党的全面领导。坚持总揽全局、协调各方，完善上下贯通、执行有力的组织体系，落实请示报告、任务分工、督促检查、情况通报、监督问责等制度，不断提高党把方向、谋大局、定政策、促改革的能力，为实现高质量发展提供根本保证。三要树立正确导向。深入贯彻新时代党的组织路线，大力弘扬“唯实惟先、善作善成”的团队文化，完善比学赶超、奖优罚劣、关心关爱、容错纠错等机制，推动干部能上能下，打造忠诚干净担当的高素质干部队伍。落实全面从严治党责任，持续深化清廉海曙建设，巩固风清气正的政治生态。四要夯实基层基础。深化“锋领海曙”全域党建，实施基层党建“一体工程”，进一步增强基层党组织的政治功能，突出智慧赋能、激活红色细胞、严实责任传导，更加充分有效发挥基层党组织的堡垒作用。

第二，关于忠实践行“八八战略”、争当“重要窗口”排头兵。“八八战略”是习近平总书记为浙江量身定做的引领发展的总纲领、推进各项工作的总方略，是浙江推进社会主义现代化建设的根本遵循。“重要窗口”是习近平总书记今年春天赋予浙江的新目标新定位，为浙江实现更好发展指明了战略方向、提供了战略指引。省委把忠实践行“八八战略”、奋力打造“重要窗口”作为主题主线，市委提出要唱好“双城记”、当好“模范生”。我们要精准对标、振奋精神、创新思维，坚定不移沿着习近平总书记指引的路子走下去，在宁波当好建设“重要窗口”模范生的进程中争当排头兵。一要强化政治担当。立足新发展阶段，贯彻新发展理念，构建新发展格局，在国家战略、省市大局中推动“十四五”发展，不折不扣、创造性落实上级精神，切实承担起海曙使命、展现海曙作为、做出海曙贡献。二要强化争先意识。牢固树立“没有走在前列也是一种风险”的忧患意识，围绕产业体系、科技创新、农业农村、区域治理、生态文明、公共服务等现代化，拉高标杆、自我加压，始终保持勇立潮头的奋进姿态，谱写好现代化建设新篇章。三要强化系统观念。更加突出全局性判断、前瞻性思考、战略性布局、协同性推进，实现发展质量、结构、规模、速度、效益、安全相统一，全面协调推进各领域现代化建设。坚持系统观念和创新思维相结合，推动理念、机制、工具、手段、方法的全方位系统性重塑性变革，做到准确识变、科学应变、主动求变。

第三，关于二〇三五年远景目标和“十四五”主要目标。区委建议稿提出，到二〇三五年，海曙将基本实现高水平社会主义现代化，建成高质量发展的国内一流强区，在宁波当好建设“重要窗口”模范生的进程中成为排头兵；“十四五”要着力打造城市门户品质区、未来产业引领区、千年甬城核心区和整体智治示范地，努力建设高质量发展的国内一流强区，在高水平全面建设社会主义现代化新征程中示范先行。提出这样的目标，主要有三方面考虑：一是保持步调一致。党的十九大对实现第二个百年奋斗目标做出两个阶段战略安排，提出到二〇三五年基本实现社会主义现代化，“十四五”要为全面建设社会主义现代化国家开好局起好步；省市提出争创社会主义现代化先行省、先行市；我们提出要在高水平全面建设社会主义现代化新征程中示范先行，与中央和省市的奋斗目标保持一致。二是体现传承创新。我们谋划中长期发展，必须保持战略定力，一以贯之、锲而不舍朝着既定的奋斗目标奋勇前进，从区第九次党代会提出“高质量建设国内一流强区”，区委九届九次全会提出“在宁波当好建设‘重要窗口’模范生的进程中争当排头兵”，到区委建议稿提出的目标，既一脉相承，又丰富拓展，顺应了新发展阶段要求的变化。三是彰显海曙特色。“三区一地”目标定位符合时代要求、体现海曙特质，“城市门户品质区”充分彰显了海曙作为中心城区与宁波枢纽门户的功能定位，“未来产业引领区”更加明确了海曙立足自身产业基础的努力方向，“千年甬城核心区”全面凸显了海曙历史文化底蕴深厚的独特魅力，“整体智治示范地”生动体现了我们对区域治理体系和治理能力现代化的不懈追求。

第四，关于加快构建全域创新体系。创新是高质量发展最鲜明的标志。中央和省委市委都明确提出要坚持创新在现代化建设全局中的核心地位，海曙要塑造发展新优势，必须依靠创新促进动能转换、质量提升。区委建议稿提出要深入开展“硬科技”创新行动，持续加大创新投入，全面构建区域创新体系。重点要抓好四个方面：一要构筑人才高地。紧紧抓住全球人才流动的窗口期，深入实施系列人才计划，加大人才政策力度，完善引育用留一体化开发体系，引进培育“顶尖人才”、青年人才、专业人才，打造海内外高素质人才集聚区。二要提升创新平台。主动参与宁波国家自主创新示范区、甬江科创大走廊建设，持续实施强院强所“栽树工程”，提高重大创新平台辐射带动能力，放大创新策源效应，推动产业链和创新链深度融合。三要培育创新主体。强化企业在创新中的主体地位，打造创新型企业集群。推动企业研发机构建设扩面提质，使企业成为创新要素集成的生力军。四要优化创新生态。加大研发投入力度，推动科技创新政策与人才、产业、金融等各类政策充分衔接，加快推动科技创新向现实生产力转化。

第五，关于加快建设现代产业体系。中央和省委市委都强调“坚持把发展经济着力点放在实体经济上，推进产业基础高级化、产业链现代化”。为此，区委建议稿提出，要以数字赋能推进实体经济转型，以人工智能促进产业融合聚变，加快形成以数字经济引领未来、先进制造业和现代服务业两翼齐飞、临空经济和流量经济特色支撑的现代产业体系。重点要从三个方面发力：一要突出数字化。深入实施数字经济“一号工程2.0版”，推进数字产业化和产业数字化，推动数字经济和实体经济深度融合。注重存量提升，加快传统企业数字化转型步伐，推动传统优势制造业向先进制造业行列迈进。加强增量培育，抢抓信息技术快速迭代升级机遇，推进数字经济发展，把握未来产业发展主动权。二要突出集群化。全力打造多层次产业平台，整合提升低效用地，统筹优化产业空间布局，科学布局建设一批专业园区、服务业集聚区、小微企业园和特色小镇，提升产业集群化发展水平。加快建设一批强链补链延链项目，深度参与国际国内产业链重构与集群分工协作。三要突出融合化。大力推动先进制造业和现代服务业深度融合发展，促进生产性服务业向专业化和高端化延伸，推进科技创新、现代金融、人力资源、数据信息等高端要素向制造业领域汇聚，不断加快产业融合步伐。

第六，关于加快融入新发展格局。构建新发展格局，是与时俱进提升我国经济发展水平的战略抉择，也是塑造我国国际经济合作和竞争新优势的战略抉择。省委提出，要率先构建新发展格局，基本建成国内大循环的战略支点、国

章水镇茅镬古树林

内国际双循环的战略枢纽。市委提出，要勇当构建新发展格局开路先锋，建设国内国际双循环枢纽城市。联系海曙实际，我们有坚实的产业链基础，有发达的市场网络，有身处长三角的区位优势，有全国重要的航空枢纽，融入新发展格局具备良好条件。一要硬件软件同步提升。把临空经济示范区建设作为融入新发展格局的关键抓手，推动建设宁波机场四期、高铁西站等重大基础设施，推进空港、陆港、数字港“三港”联动发展，构建多元立体的现代综合交通体系，打造现代物流节点，强化流量驱动，持续提升高端要素集聚和联动能力。推进自贸试验区临空联动片区建设，聚焦贸易、投资等关键环节，复制应用、系统集成一批制度创新成果，在营商环境打造、制度型开放上取得更大进展。二要内外市场双向发力。把握扩大内需的战略基点，适应消费升级新趋势，打造国际消费中心城市示范区。在巩固传统市场、传统贸易的基础上，积极开拓新兴市场，加快发展跨境电商、服务贸易、数字贸易等业态，推动外贸创新发展。三要开放合作协同推进。以“一带一路”、长江经济带发展、长三角一体化发展统领构建全方位、多层次开放新格局，深化与上海长宁区的全面合作，不断增强链接国内国际双循环的能力。

第七，关于加快推进城乡协调发展。党中央提出，“十四五”要加快推进以人为核心的新型城镇化，发挥中心城市和城市群带动作用，建设现代化都市圈。省委提出，要形成“一湾引领、两翼提升、四极辐射、全域美丽”的总体格局。市委提出，要加快形成“一核引领、两翼提升、三湾协同、多极支撑、全域美丽”的市域统筹发展新格局。区委建议稿提出，要优化国土空间布局，加快形成“一心两城四片”的区域统筹发展格局。重点抓好五个方面：一是布局优化。以三江核心滨水区、姚江新城、空铁新城为重点，加快区块开发步伐，拉开城市空间框架，切实增强中心城区集聚带动功能。二是城乡融合。完善城乡统筹发展体制机制，科学布局城区、城镇、产业、生态空间以及重大基础设施、公共服务设施，确保每一个片区都能各扬所长、实现高质量发展。三是乡村振兴。坚持农业农村优先发展，以工补农、以城带乡，深化农村综合改革，深入实施“千村示范、万村整治”工程，让乡村更宜居更宜业。四是文化传承。历史文化是城市的灵魂，要以宁波建城1200周年为契机，加强文化遗产保护和利用，推动城市有机更新，打造一批城市人文地标，不断提升海曙的知名度和美誉度。五是全域美丽。要深入践行绿水青山就是金山银山的理念，全力打好生态环境巩固提升持久战，统筹推进城市管理、文明创建、环境整治，深化美丽城市、美丽城镇、美丽乡村建设，打造四明山美丽大花园，争创国家生态文明建设示范区。

第八，关于加快形成整体智治体系。习近平总书记强调，从数字化到智能化再到智慧化，让城市更聪明一些、更智慧一些，是推动城市治理体系和治理能力现代化的必由之路。省委市委提出，要构建党建统领的整体智治体系。对此，区委建议稿提出，要打造整体智治示范地，全面提升区域治理现代化水平。重点是以党政机关全面整体智治，带动形成县乡一体、部门间协作、政银企社联动的协同高效运转机制。要把握两个方面：一是体制性重构。以整体思维整合党政机关职能，通过数据共享、流程再造和业务协同，抓实“县乡一体、条抓块统”、81890能级提升等改革，优化“基层治理四平台”，推动“一件事”集成改革从办事领域向社会矛盾纠纷化解、人才创业创新、综合执法、风险防范等各方面各领域延伸拓展，使群众和企业办事从“找部门”转变为“找政府”。二是数字化改革。数字化改革是在“最多跑一次”改革和政府数字化转型的基础上，全面铺开、深入深化的一次重大改革和集成创新。要培育数字化思维、增强数字化认知、运用数字化技术，把数字化改革贯穿到经济发展、城市运行、公共服务、社会建设等区域治理的全过程各方面。要以城市大脑海曙中枢建设为抓手，以群众需求为导向、以信息技术为手段，打破“数据孤岛”“信息壁垒”“业务障碍”，解决好内外融合、上下对接等问题，加强数字化平台化集成应用，建立数据决策治理机制，推动治理向精准化科学化转变。

第九，关于加快推进共同富裕。实现共同富裕是社会主义的本质要求，也是人民群众的共同期盼。党的十九届五中全会首次将“全体人民共同富裕取得更为明显的实质性进展”作为远景目标提出，彰显了以人民为中心的发展思想。我们要大力实施富民惠民安民、推进共同富裕新举措，使发展成果更好惠及全区群众，不断满足人民对美好生活的向往，促进人的全面发展和社会全面进步。重点要把握三个方面：一是就业增收富民。要坚持创业带动就业、就业促进增收，健全公共就业服务保障体系，促进更加充分更高质量就业，实现居民收入增长和经济增长基本同步。加强城乡居民社会保障与救助制度的衔接，精准落实帮扶措施，巩固拓展低收入群体增收成果。二是公共服务惠民。下更大力气解决教育、医疗、养老、住房等民生需求，加快社会保障扩面提标，补齐资源布局、质量、效能短板，推动基本公共服务均等化，努力实现更高水平的全生命周期民生服务供给。推动公共资源配置与人口增长相适应，提高公共设施规划建设的前瞻性。三是平安建设安民。牢固树立“大平安”理念，构建权责清晰的应急处置机制，扎紧风险防范化解的管控闭环，打造人人参与、人人有责、人人尽责的治理共同体，坚决守住社会治安、安全生产、食品安全等底线，实现社会更安定、人民更安宁。

（2020年12月27日区委九届十次全体（扩大）会议报告）

政府工作报告

一、2020年和“十三五”工作回顾

2020年极不平凡。一年来，面对极其复杂严峻的国内外形势特别是突如其来的新冠肺炎疫情，在党中央国务院和省委省政府、市委市政府、区委的坚强领导下，我们坚持以习近平新时代中国特色社会主义思想为指导，全面贯彻党的十九大和十九届二中、三中、四中、五中全会精神和习近平总书记考察浙江重要讲话精神，围绕在宁波当好建设“重要窗口”模范生的进程中争当排头兵的使命担当，在区人大、区政协的监督支持下，团结依靠全区人民，统筹推进疫情防控和经济社会发展，扎实做好“六稳”工作、全面落实“六保”任务，深入推进“争先创优”“六争攻坚”行动，持续开展“三大主题年”活动，抢抓机遇、迎难而上、奋力突破。全年地区生产总值增长2%；一般公共预算收入增长3%；城乡居民人均可支配收入分别增长4%、7.2%；完成市确定的节能减排目标任务；民生实事项目全面完成。

过去这一年，我们重点抓了以下八方面工作：

（一）疫情防控慎终如始。疫情发生以来，全区上下坚决贯彻习近平总书记重要指示精神，坚持“源头查控+硬核隔离+精密智控”，公安、卫健合署溯源模式全市首创，机场、火车站、客运中心等交通枢纽管理全面加强，以“海曙控”确保“宁波控”。坚持“外防输入、内防反弹”，入境人员全过程闭环管理严格落实，快速应急响应机制建立健全，进口冷链食品检测1328批次。精准落实秋冬季和冬春季疫情防控任务，完成方舱医院、负压病房等改造，新增监护型负压救护车16辆，做实做细防疫物资储备等各项工作，综合服务、核酸检测、医疗救治能力持续提升。20个集体、23名个人获省级以上抗疫先进。

（二）稳企安企有力有效。全力推进复工复产，组织全省首架“复工+扶贫”专机，推出“邂逅春暖·约惠海曙”消费促进系列活动，积极打通产业链、供应链、服务链。制定出台支持企业发展的十九条意见等政策措施，建成运行全市首个惠企政策“一网通”平台，新增市场主体2.12万家、增长5.5%。大力实施“五减”共克时艰行动，减税降费34.65亿元，拨付“两直”资金8.69亿元，下达区级企业补助资金7.47亿元。深入开展融资畅通工程，与工行、建行、甬兴证券等签订战略合作协议，帮扶受疫情影响企业4516家，制造业贷款增长11.8%，人民币贷款余额增长18.1%。争取抗疫特别国债等各项债券资金31.98亿元。出台实施支持外贸企业拓市场抗风险的政策意见，全省首个区县（市）数字外贸平台上线运行，跨境电商交易额增长21.7%，货物进出口总额预计增长3%，合同利用外资总额、实际利用外资完成率均居全市第一。

（三）产业发展加快转型。以数字经济为引领推动制造业高质量发展，17个强链补链项目有效建立，规模以上数字经济核心产业增加值增长9.7%，雅戈尔成为全市首家本土千亿级企业，富邦、博洋、广博跻身中国制造业企业500强，新增国家级专精特新“小巨人”企业4家、国家级绿色工厂（产品）2家、省隐形冠军企业1家、“浙江制造精品”产品4个、“品字标”企业5家、“浙江制造”标准立项5个。启动实施全市首个“5G+工业互联网”试点项目，智能成型行业工业互联网平台入选省级工业互联网平台创建名单，蓝卓supOS工业操作系统入选工信部跨行业跨领域工业互联网平台名单、系全市唯一。建筑业总产值全市第三，11项工程获省“钱江杯”奖。不断提升总部经济能级，3个总部项目进展顺利，太平鸟、维科、中外运、中宁化、华茂跻身中国服务业企业500强。扎实推进宁波国际消费城市示范区建设，社会消费品零售总额增速全市第一，海曙印象城、恒一城市广场、樱花里开业，新增区域“首店”超100家，全省步行街改造提升现场会在我区召开，南塘老街获评省首批高品质步行街，东鼓道获评全国城市轨道交通商业示范街，入选省级夜间经济试点城市，成为省数字生活新服务样板区创建试点。加快发展现代都市农业，“356”乡村产业

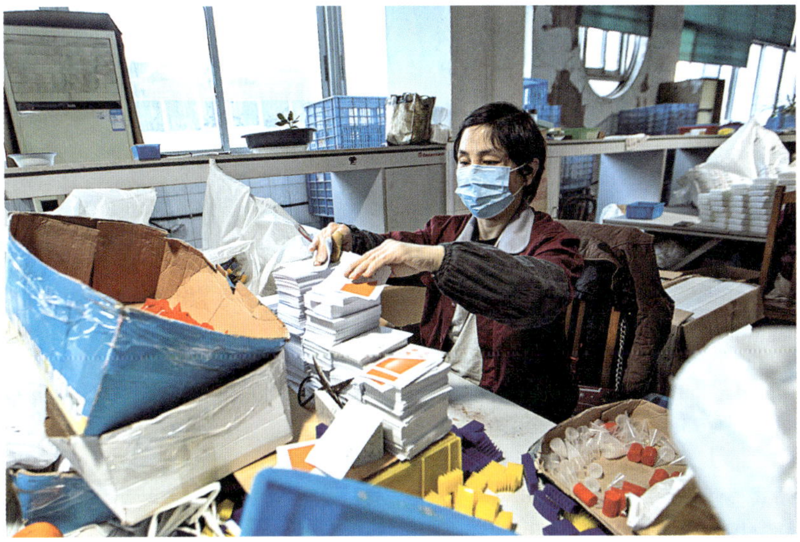

2月，华茂集团全面复工

振兴行动启动实施，“三区六园”稳步推进，获评省级农业绿色发展先行区，认养农业、稻下经济、林下经济等模式创新发展，古林蔺草跻身国家级农产品地理标志登记产品，粮人粮机专业合作社获评全国“全程机械化+综合农事”服务中心典型案例，新增省、市农业龙头企业2家，建成省级示范现代农业服务中心2个、农业产业化联合会1个，鄞江创成省级特色农业强镇。

（四）重大项目扎实推进。坚持谋定而后动，群策群力编制“十四五”发展规划和26个专项规划，国土空间总体规划编制顺利推进，临空经济示范区发展规划基本完成。大力推进项目攻坚，155个重大项目全力推进，34个项目竣工投用，40个项目开工建设，6个前期项目提前开工，市级重点工程完成率全市第二。全力推进临空经济示范区建设，机场四期前期工作扎实开展，12166套机场四期安置房开工建设，东航战略合作项目进展顺利，机场货邮吞吐量达11.9万吨、增长12.3%。有序实施区块开发，铁路宁波站、鄞奉、轨道周边等区块加快建设，丁家区块前期工作取得突破性进展，宁波中医药特色街区完成规划方案编制，永寿历史文化街区房屋处理工作基本完成。加快推进征迁工作，三市等47个地块启动征收，完成征迁62.5万平方米，“拔钉清零”百日攻坚专项行动成效明显，历时10年的月湖西区零星征收项目、历时4年的高塘二村等8个地块实现清零。加快城市有机更新，6个城中村改造项目启动实施，32个老旧小区改造项目全面完成，老旧小区加装电梯25部、总量全市第一。项目招引取得突破，德勤宁波分公司、海康威视、银河水滴等一批优质项目正式落户。持续提升重大平台承载力，望春工业园区高新技术产业增加值占比超80%，中新创智（宁波）产业园一期进展顺利，电商园区挂牌宁波（海曙）数字经济产业园，月湖金汇小镇上榜省级特色小镇“亩均效益”领跑者。

（五）改革创新深化拓展。积极融入长三角一体化发展国家战略，主动承接上海辐射和功能外溢，与长宁区签订战略合作协议，产业发展、人才科技、公共服务等领域交流合作全面铺开，31家定点医疗机构实现长三角区域异地联网结算。深入推进“最多跑一次”改革，审批“陪办制”创新设立，“一件事”流程不断优化，事项网办率全市第三。稳步推进综合行政执法改革，铁路宁波站枢纽综合治理创新和服务环境优化改革试点进展顺利。全面开展“亩均论英雄”改革，3个村级工业园升级改造试点加快实施，新增省四星级小微企业园1个、市三星级小微企业园3个。持续深化“标准地+承诺制”改革，出让土地32宗，消化批而未供土地4179亩，盘活存量土地1539亩，实现低效用地再开发1542亩。加快提升81890平台能级，一站式整体智治服务体系逐步构建。积极推进国企改革，国企集团化运作水平不断提高。持续激发创新活力，智能C端科创训练营成功举办，宁波工业互联网研究院、上海交大宁波人工智能研究院、宁波智能技术研究院、宁波市智能制造技术研究院、宁波市中星中东欧新材料研究院等5家产业技术研究院累计新建创新平台24个、孵化科技企业23家。不断壮大创新主体，新增省级产业创新服务综合体1家，国家高新技术企业达247家、科技型中小企业达1398家，规模以上企业研发费用、有效发明专利拥有量分别增长17%、10.5%。省级优秀众创空间达4家，总量全市第一。积极构建“汇海”人才政策体系，高层次人才子女入学等政策配套出台，1人入选市“顶尖人才”，12人入选国家级、省级重点人才计划，新增特优以上人才47人，“3315系列计划”入选数连续3年全市第一。加快打造人才集聚平台，宁波海曙人才创业园、宁波“人才之家”、清华大学宁波校友会创新人才中心建成运营，全市首个青年人才驿站和青年人才服务综合体有效建立，获评省人才工作考核优秀区、市人才工作金奖。加强校地合作，与浙江工商职业技术学院、宁波财经学院签订战略合作协议。

（六）城乡形象改善提升。加快基础设施建设，庙洪路等7条市政道路完成建设，新丰路、联丰路西延等项目有序实施，望春变建成投用，薛家变开工建设，鄞江堤防、章溪河干流等整治工程扎实推进，获评省“海绵城市建设示范区”。全面开展城乡环境综合整治，两路两侧、四边三化、围挡整治等行动深入实施，“三改”“一拆”分别完成年度任务的150.2%、354.5%。扎实推进美丽海曙建设，“污水零直排区”创建不断深化，区控以上断面水质优良率达到91.7%，空气质量优良天数率达91.9%，$PM_{2.5}$平均浓度下降至20微克/立方米，生态文明建设综合评价全省排名跃升40位，圆满完成第二轮中央生态环保督察迎检各项任务，成功创建省生态文明建设示范区。高标准常态化推进文明城市创建，“执法进小区”持续深化，垃圾分类全程闭环监管不断加强，月湖成为“清可见底”的标杆，天一广场、中山路、南站广场等4个区域成为全市首批“席地而坐”城市客厅示范，为宁波全国文明城市“六连冠”做出了突出贡献。加快智慧城区建设，累计建成5G基站1329个，所有镇（乡）街

宁波（海曙）青年人才驿站

12月，天一阁博物院获评国家一级博物馆

道实现5G基站布局全覆盖。积极破解交通拥堵，9条城市断头路全面打通，33条公交线路优化调整，新增停车位16496个。深入实施乡村振兴战略，大力开展农村人居环境整治，新增省新时代美丽乡村精品村14个、达标村41个，全面完成农村饮用水达标提标任务，实现旧村改造新村建设36.8万平方米，集士港、龙观获评首批美丽城镇省级创建样板。加快创建省“四好农村路”示范区，完成农村公路新改建和提升66.2公里，建成美丽经济交通走廊75.5公里，国省道路况综合评价全市第一。

（七）民生福祉持续增进。坚决打赢精准脱贫攻坚战，东西部扶贫协作、山海协作、对口支援持续深化，结对帮扶的贞丰县如期实现脱贫“摘帽”、完成国家考核，区内9000元以下低收入现象全面消除，所有行政村集体经济总收入达到100万元以上。把稳就业放在更加突出的位置，城镇新增就业20290人，城镇失业人员再就业7423人。不断提升社会保障水平，户籍人口基本养老保险参保率达99.4%，困难群众医疗保险覆盖率达100%，新增公租房保障家庭1768户。扎实做好粮食、农副产品保供稳价，粮食播种面积和总产量、生猪存栏数和出栏数均超额完成年度任务。农贸市场改造提升全面实施，星级菜市场实现全覆盖。不断深化“以老助老、守望相扶”养老服务模式，省康养体系建设试点扎实推进，20个示范型（区域性）居家养老服务中心建成投用。上线运行全省首个退役军人优抚信息系统，1人入选全国“最美退役军人”、系全省唯一。提升发展教育事业，建成投用雅戈尔实验学校、集士港中学扩建工程、望童幼儿园，开展城乡教师校长交流177人，全省首创“区块链+”校外培训机构服务平台“甬信培”，获评省人工智能教育实验区、系全市唯一。深入推进健康海曙建设，PCR实验室建成投用，区中医医院迁建工程、宁波普济医院等项目积极推进，市第一医院、国科大宁波华美医院牵头的紧密型医联体格局有效构建。持续深化文化惠民“百川工程”，成功举办全国非遗曲艺周“阿拉非遗汇”等活动，天一阁博物院获评国家一级博物馆，创成省公共文化服务体系示范区。大力实施培育和践行社会主义核心价值观行动，新增2家全国文明单位（校园）、7家省级文明单位（校园、镇村）。积极推进全域旅游，推出文旅融合精品线路90余条。全面开展全民健身运动，“一带一路”国际跑酷大师赛等品牌赛事活动成功举办。实施社会治理“激活行动”，建成5个省级引领型农村社区，获评省社区治理和服务创新实验区。基本完成第七次全国人口普查，全面完成村社换届工作。区档案馆获评国家综合档案馆省级示范。启动实施第二轮安全生产综合治理三年行动，火灾起数下降32.4%，道路交通死亡人数下降35.8%，安全生产事故起数和死亡人数均下降25%。有效化解金融风险，39家P2P网贷机构全部出清。落实落细食品安全监管，放心消费指数全市第一，获评省食品安全区。做实做细防汛、防台、抗旱等工作，获评省防震减灾工作优秀区。扎实推进法治社会建设，“七五”普法全面完成，新增省级民主法治示范村（社）10家。持续推进平安海曙建设，群众综合满意度连续两年全市第一，建成“智安小区”363个，刑事案件下降13.5%，“扫黑除恶”、打击整治跨境赌博犯罪工作绩效均居全市前列。不断深化“基层治理四平台”建设，区、镇（乡）街道社会矛盾纠纷调处化解中心实现全覆盖，创成省“无欠薪”示范区、省无信访积案区。

（八）自身建设切实加强。坚持把学习贯彻习近平总书记考察浙江、宁波重要讲话精神作为首要政治任务，把习近平总书记的亲切关怀和殷切期望转化为干事创业的强大动力，进一步学懂弄通做实习近平新时代中国特色社会主义思想，以实际行动增强“四个意识”、坚定“四个自信”、做到“两个维护”。推进依法行政，自觉接受人大、政协监督，高质量办理建议提案313件，建立常务会议常态化学法制度，镇（乡）街道合法性审查实现全覆盖，获评法治浙江（法治政府）建设先进单位。加快数字化转型，协同办公平台迭代升级，无纸化会议系统创新建立。注重效率提升，“首问负责即问即办”制度有效落实，8项工作获省、市政府督查激励。强化清廉建设，驰而不息整治“四风”，常态化抓好省委巡视反馈意见整改落实，财政、审计监督职能进一步强化，非急需非刚性支出压减1.62亿元。

此外，人民武装、国防动员、双拥工作不断深化，民族宗教、外事侨台工作持续加强，史志、保密、工青妇、残联、红十字、工商联、科协、关工委、慈善、气象、海关、边检、口岸等工作全面提升。

各位代表，2020年是“十三五”收官之年，通过全区上下共同努力，“十三五”规划目标任务总体完成，高水平全面建成小康社会即将胜利实现。回顾过去的五年，我们牢牢抓住行政区划调整历史机遇，大力推进经济社会高质量发展，获评全国产业集群区域品牌试点区、全国消费品工业“三品”战略示范区、全国农村一二三产业融合发展试点区、全国“未来学校”实验区、全国基层中医药工作先进三连冠、省外贸十强区、省农村文化礼堂建设先进区、省体育强区、省国土资源节约集约模范区、省生活垃圾分类优秀区等一批综合性荣誉，成功捧得省“五水共治”大禹鼎、省首批“一星平安金鼎”。

五年来，我们坚持奋进有为，综合实力迈上了新台阶。高质量建设国内一流强区成效初显，顺利完成行政区划调整，地区生产总值突破1200亿元，财政总收入突破180亿元，常住人口突破100万人，人均地区生产总值达到高收入经济体水平，国家级临空经济示范区成功获批，列入省自贸区宁波联动创新区，机场三期、214省道改建、风棚碶泵闸等202个重大项目建成投用，跨越发展的基础进一步夯实。

五年来，我们坚持全域统筹，城乡面貌彰显了新形象。“一心两带三圈”发展格局有效构建，全域一体的融合体系基本形成，50条道路建成通车，8个重点水利工程竣工投用，5个电力设施全面建成，天一阁·月湖景区创成全市第二个国家AAAAA级旅游景区，宁波府城隍庙修缮开放，乡村振兴的“海曙路径”积极打造，山青、水秀、天蓝的全域美丽大花园初步建成。

五年来，我们坚持数字赋能，创新转型实现了新突破。“强工、活商、重农”成效明显，“365”产业体系逐步构建完善，“东商西绿中高新”的产业发展格局全面形成，数字产业化、产业数字化跨越发展，“四大平台”落地见效，国家高新技术企业数量实现倍增，全社会研发经费投入规模实现翻番，上市企业达15家，实际利用外资总额超10亿美元，人才总量近30万人，支撑现代产业发展的“四梁八柱”基本形成。

五年来，我们坚持以人为本，民生保障得到了新提升。群众的获得感、幸福感、安全感持续增强，城乡居民收入迅速增长，社会保障更趋完善，公共服务更趋均衡，20所校（园）建成投用，海曙区二院、三院新设成立，集团化办学、高山巡回医疗、医联体建设广受好评，“一城山水、千年海曙”文旅品牌影响力不断提升，平安发展环境全市最优，办成了一系列补齐短板、群众期盼的大事要事，实现了更高水平的老有所养、学有所教、病有所医、住有所居。

五年来，我们坚持科学高效，政府建设取得了新成效。始终坚持党的全面领导，常态化开展“两学一做”学习教育、“不忘初心、牢记使命”主题教育，“最多跑一次”改革和政府数字化转型取得变革性成果，1781件建议提案高效办理，整体智治现代政府先行探索，法治政府、数字政府、效能政府、清廉政府建设突破提升，政府治理能力现代化水平显著提高。

各位代表，成绩鼓舞人心，奋斗铸就辉煌。过去五年我们所取得的每一个进步、每一项荣誉，是习近平新时代中国特色社会主义思想科学指引的结果，是党中央国务院、省委省政府、市委市政府和区委坚强领导的结果，是区人大、区政协监督支持的结果，是党员干部在各自岗位上担当负责、积极工作的结果，更是全区人民勠力同心、共同奋斗的结果。在此，我谨代表区人民政府，向辛勤工作在各行各业的全区干部群众，向全体人大代表、政协委员，向各民主党派、工商联和无党派人士、各人民团体，向离退休干部和社会各界人士，向驻地部队官兵，向所有关心、帮助、支持海曙发展的同志们、朋友们，表示崇高的敬意和衷心的感谢！

在总结成绩的同时，我们也清醒地认识到，当前我区经济社会发展中还存在不少问题和困难，主要是：“十三五”规划部分指标未达预期，离上级要求和群众期盼还有一定距离；疫情变化和外部环境存在诸多不确定性，经济持续回升向好的基础尚不稳固；产业转型升级还不够快，大项目大平台支撑相对不足；科技创新能力有待提升，全面深化改革有待进一步增强；城乡统筹长效机制还需健全完善，基础设施整体性、系统性仍不够强，优质公共服务供给尚需扩面延伸；基层治理现代化水平还不够高，生态环境保护任重道远，影响安全和稳定的因素仍然较多；政府自身建设还需进一步加强，一些工作人员的服务理念、工作能力有待全面提升。对于这些问题和困难，我们一定高度重视，在今后工作中采取有力措施认真加以解决。

二、“十四五”时期的主要目标任务

海曙区第三医院

根据中共宁波市海曙区委《关于制定海曙区国民经济和社会发展第十四个五年规划和二〇三五年远景目标的建议》，海曙区政府编制形成了《宁波市海曙区国民经济和社会发展第十四个五年规划和二〇三五年远景目标纲要（草案）》，现提请大会审议。经本次大会批准后，区政府将认真组织实施。

“十四五”时期经济社会发展总体要求是：高举习近平新时代中国特色社会主义思想伟大旗帜，深入贯彻党的十九大和十九届二中、三中、四中、五中全会精神，全面贯彻党的基本理论、基本路线、基本方略，统筹推进“五位一体”总体布局，协调推进“四个全面”战略布局，围绕省委忠实践行“八八战

绿色葱茏的四明山

略"、奋力打造"重要窗口"和市委唱好"双城记"、当好模范生的要求，坚持稳中求进工作总基调，以推动高质量发展为主题，以深化供给侧结构性改革为主线，以改革创新为根本动力，以满足人民日益增长的美好生活需要为根本目的，统筹发展和安全，持续推进"六争攻坚"，加快构建全域创新体系，加快建设现代产业体系，加快融入新发展格局，加快推进城乡协调发展，加快形成整体智治体系，加快推动人民共同富裕，努力建设高质量发展的国内一流强区，在高水平全面建设社会主义现代化新征程中示范先行。

"十四五"时期经济社会发展的主要目标是：锚定二〇三五年远景目标，围绕浙江争创社会主义现代化先行省、宁波争创社会主义现代化先行市，聚焦高质量发展、高效能治理、高品质生活，着力打造城市门户品质区、未来产业引领区、千年甬城核心区和整体智治示范地，努力建设高质量发展的国内一流强区，在高水平全面建设社会主义现代化新征程中示范先行。力争实现地区生产总值超2000亿元、人均地区生产总值突破17万元；全社会R&D经费支出占GDP的比重达到3.6%；常住人口城镇化率达到87%。

为实现上述目标，要全力以赴增强"竞争力"。立足新发展阶段，提高在危机中育先机、于变局中开新局的本领，不断增强攻坚破难的能力，不断塑造人无我有的优势，不断提升区域发展的能级，努力实现领先领跑、跨越发展。要全力以赴增强"发展力"。贯彻新发展理念，以更加科学有效、更加精准务实的举措，着力解决发展动力问题、不平衡不充分问题、人与自然和谐问题、共同富裕问题，努力实现人民群众对美好生活的向往。要全力以赴增强"链接力"。融入新发展格局，更好利用国内国际两个市场两种资源，深入推进供给侧结构性改革，以创新驱动、高质量供给引领和创造新需求，同时注重需求侧管理，释放内需潜力，扩大有效投资，推进高水平对外开放，努力筑牢经济社会高质量发展的基础。

我们将重点抓好十方面任务：一是奋力打造国内一流创新型城区。坚持创新在现代化建设全局中的核心地位，全力构筑聚智引才高地，强化创新基础能力建设，大力培育创新创业主体，全面营造最优创新生态，新增各类人才15万人以上。二是奋力构建面向未来的产业体系。坚持把发展经济着力点放在实体经济上，大力发展数字经济，优化提升先进制造业，积极发展现代服务业，前瞻布局未来产业，全力打造发展平台，高技术制造业增加值占规模以上工业增加值比重达到17%，数字经济核心产业增加值占GDP比重达到10%。三是奋力融入新发展格局。坚持主动融入宁波国内国际双循环枢纽城市建设，拓展有效投资新领域，构建品质消费新空间，开创区域合作新局面，构筑国际合作新格局，打造"三港联动"流量枢纽，社会消费品零售总额超900亿元，对"一带一路"沿线国家出口占比达到30%。四是奋力增创改革新优势。坚持问题导向、目标导向，激发市场主体活力，深化资源配置改革，打造一流营商环境，构建更具活力的市场经济体制机制。五是奋力推进区域协调发展。坚持"东优化、中聚合、西提升"，优化国土空间布局，提升城市建管品质，完善基础设施建设，以城市开发带动新型城镇化，着力增强区域发展均衡度。六是奋力加快农业农村现代化。坚持农业农村优先发展，加快振兴乡村产业，打造宜居美丽乡村，健全综合治理体系，全面建设"五大乡村"。七是奋力增强文化软实力。坚持社会主义核心价值观，弘扬社会文明风尚，完善文化服务体系，彰显甬城文脉底蕴，提升文化产业能级，文化及相关产业增加值比重达到10%。八是奋力建设美丽大花园。坚持"绿水青山就是金山银山"的理念，以碳达峰、碳中和为己任，优化绿色生态格局，加强生态环境治理，打造绿色低碳之城，构建生态治理机制，森林覆盖率大于49.8%。九是奋力增进民生福祉。坚持以人民为中心，全面稳就业促增收，提升教育发展品质，全力建设健康海曙，优化社会保障体系，努力提升人民群众的获得感、幸福感和安全感。十是奋力提升区域治理现代化水平。坚持制度建设、数字化支撑、能力保障并重并行，构筑城市综合安全格局，加强法治海曙建设，打造整体智治体系，不断提高治理的社会化、法治化、智能化、专业化水平。

各位代表，五年的奋斗目标令人振奋，发展的职责使命光荣艰巨。我们坚信，在全区人民的共同努力下，宏伟蓝图一定能够圆满实现！

三、2021年主要目标任务

2021年是建党100周年，是"十四五"开局之年，是宁波建城1200周年，海曙将开启高水平全面建设社会主义现代化新征程，做好今年的工作意义特殊、责任重大，必须迈好第一步、展现新气象。

夜间经济繁荣的天一广场

今年政府工作的总体要求是：坚持以习近平新时代中国特色社会主义思想为指导，全面贯彻党的十九大和十九届二中、三中、四中、五中全会精神，深入落实习近平总书记考察浙江、宁波重要讲话精神，按照党中央国务院、省委省政府的决策部署和市委市政府、区委的工作要求，坚持稳中求进工作总基调，立足新发展阶段，贯彻新发展理念，融入新发展格局，以推动高质量发展为主题，以深化供给侧结构性改革为主线，以改革创新为根本动力，以满足人民日益增长的美好生活需要为根本目的，坚决扛起忠实践行"八八战略"、争当"重要窗口"排头兵的使命担当，持续推进"六争攻坚"，深入开展"三大主题年"活动，启动实施"十大行动计划"，扎实做好"六稳"工作、全面落实"六保"任务，确保"十四五"开好局，努力建设高质量发展的国内一流强区，在高水平全面建设社会主义现代化新征程中示范先行，以优异成绩庆祝建党100周年。

综合考虑发展趋势和工作导向，建议今年经济和社会发展的主要预期目标为：实现地区生产总值增长7%左右，一般公共预算收入增长6%，城乡居民人均可支配收入与经济增长基本同步，完成上级下达的能源环境指标计划目标。

围绕以上要求和目标，重点抓好八方面工作：

（一）聚焦防控提效，进一步筑牢抗疫防线

坚持人物并防、平战一体，精密智控、严防死守，毫不放松抓好"外防输入、内防反弹"，精准落实疫情常态化防控要求，不断完善专班运作、群防群控等机制，压实"四方责任"，落细"七个严防"，守牢"大门""小门"，确保冷链物防闭环管控、不出现集聚性疫情、不发生院内感染、不发生疫情风险点失管漏管，力争不发生本土新增病例。不断完善疫情监测预警、快速响应、医疗救治等机制，全面加强医疗物资保障、应急物资储备调运等工作，持续优化"健康码"使用管理，周密组织实施疫苗接种。加快补齐公共卫生短板，创新医防协同机制，加快推进区公共卫生中心建设。深入开展爱国卫生运动，持续抓好城乡环境卫生整治，引导群众做好个人防护工作。

（二）聚焦创新提速，进一步加快动能转化

一是拓展完善科创空间。积极融入甬江科创大走廊、宁波国家自主创新示范区建设，立足打造环月湖科创核心区，大力建设翠柏里创新街区，构建"一核一带多节点"创新空间。实施科创沿江发展战略，积极谋划沿姚江未来科创发展空间、沿奉化江时尚智创发展空间。

二是培育壮大创新主体。高水平建设五大产业技术研究院，加快"工业操作系统+工业App"等国家科技计划项目研发，推动工控安全试验场等重大科研基础设施建设，支持宁波工业互联网研究院争创国家技术创新中心。充分激发企业创新活力，新增国家高新技术企业50家以上、科技型中小企业150家以上，力争省创新型领军企业培育实现重大突破，全社会研发经费投入增长10%以上。

三是持续优化创新生态。全面启动硬科技创新三年行动计划，健全科技创新一揽子政策体系，推动科技创新政策与人才、产业、金融等政策充分衔接，着力构建"从0到1、从1到N"全周期扶持政策体系。加强与高校战略合作，谋划大学生科技创业园。推动产业链创新链深度融合，打通科技成果转化"最后一公里"，做好科技大市场"一网一厅"建设，力争技术交易额增长10%以上。

四是不断加大人才育引。优化"汇海"政策体系，完善配套政策，探索重点人才平台和人才企业入选名额单列机制。提升宁波海曙人才创业园能级，谋划打造宁波人才创新中心，新建引才引智工作站3家。加大青年科技人才培育引进力度，力争新增特优以上人才40名、市级以上重点人才计划项目30个。深化人才创业创新全周期一件事改革，加快推出海曙人才码。

（三）聚焦产业提质，进一步狠抓实体经济

一是做大市场主体。突出大企业带动，全面启动头部企业引进培育三年行动计划，实施制造业"双三十"企业梯队培育，支持建筑、现代物流、现代金融等企业做大做强，新增上市及报会企业2家，引进世界500强区域总部、知名外资企业等10家以上，总投资1亿元以上产业项目30个以上，确保实际利用外资、大市外内资、浙商回归资金均增长8%。突出中型企业壮大，支持优质企业扩容扩产、做强主业，新增市级以上单项冠军、隐形冠军、专精特新"小巨人"企业5家。突出小微企业升规，探索建立小微企业培育壮大扶持机制，完成制造业"小升规"50家以上。

二是做精产业平台。全力推动临空经济示范区建设，大力培育临空指向性产业，加快顺丰科技产业园建设，推动春秋航空战略合作项目落地。持续推进望春工业园区构建以战略性新兴产业为主导的产业集聚区，争创省制造业高质量发展示范园区。力促电商园区转型升级，谋划建设智慧物流和信息化园区。全力支持月湖金汇小镇创建省级特色小镇。

三是做强产业优势。以数字赋能产业，深入实施数字经济“一号工程”2.0版，加快“5G+工业互联网”试点示范建设，建成市级以上“数字化车间”“未来工厂”4家，确保数字经济核心产业增加值增长10%以上。以转型赋能产业，推动纺织服装、汽车零部件等传统产业智能化发展，加快生命健康、新材料、新兴消费品等产业集群化发展，实施省级重点技改项目35个、完成技改投资12亿元，确保规模以上工业增加值增长6%以上。以金融赋能产业，支持发展园区金融、产业链金融等模式，加快产业引导基金实体化运作。

（四）聚焦后劲提能，进一步融入“两个循环”

一是促进消费升级。加快宁波国际消费城市示范区建设，启动东渡路街区更新工程，建设天一广场智慧商圈，推进星悦城、南站里等商业综合体项目开业，南塘老街争创国家级高品质步行街试点。打造2个“夜海曙”消费地标，建设8个夜间经济特色街区。组织开展购物节、消费促进月等系列活动，确保商品销售总额增长8%左右。大力发展新零售，打造首店经济、体验经济、共享经济等消费新热点，培育网上零售、在线教育、互联网医疗等消费新模式，谋划建设直播产业基地，网络零售额增长11%左右，争创省数字生活新服务样板区。

二是加强对外开放。全面参与宁波“一带一路”综合试验区建设，积极探索浙江自贸试验区联动创新区临空发展模式，积极申报综合保税区，推动B保业务创新，加快港航服务中心等项目建设，力争国际邮件互换中心建成竣工。引导外贸企业优化产品结构，拓展新兴市场，积极扩大进口，力争进出口总额增长8%，保持出口额占全国份额。做大数字外贸平台，做强宁兴云、宁化通、易站通等外综服务平台，提升“9610”业务规模，拓展“9710”“9810”模式，鼓励出口企业建设海外仓，跨境电商交易额增长15%。支持外贸企业开拓国内市场，推进内外贸联动发展。

三是深化区域合作。全方位融入长三角一体化发展，主动对接上海全球卓越城市建设，深化与长宁区合作关系，加快推动26个重点项目落地见效，全力保障通苏嘉甬铁路建设。主动参与宁波杭州“双城记”发展，落实杭甬合作框架协议各项任务，加强与杭州中心城区合作交流。加快融入甬舟、甬绍、甬台一体化，积极开展甬台温福高铁前期工作。

（五）聚焦发展提档，进一步增强城市能级

一是加快区块组团开发。按照“一心两城四片”发展格局，持续推进区域协调发展，实施168个重大项目建设，谋划推进十大重点开发区块和十大重大项目前期，完成投资300亿元以上、增长10%以上。着力推进主城片区提升发展，全面启动宁波中医药特色街区建设，完成一期街景改造，加快月湖西区二期、三市、丁家湾等区块开发。着力推进姚江新城开发，适度超前布局公共服务设施，统筹集士港、高桥、望春等区块建设，加快五江口地块综合体等项目进度，开工建设区委党校。着力推进空铁新城建设，加快机场四期安置房项目进度，全力保障机场四期工程顺利推进，发布临空核心区控制性详细规划，谋划启动石碶—洞桥产业园。着力推进四明山区域协同联动发展，加快水利、电力、5G网络等基础设施建设，完善教育、卫生等公共服务设施布局，启动四明山区域环线公路网建设，加大古镇保护开发力度，争创省级千年古城复兴试点，打造浙东唐诗之路典范区。优化国土空间布局，高质量编制完成国土空间总体规划。

二是加快城市有机更新。全面启动城市有机更新三年行动计划，推进秀水、永寿等历史文化街区保护利用，加快82个老旧小区改造，实施第三批城中村改造，启动12个未来社区建设。不断提升“三江六岸”等区域形象，持续推进奉化江滨江绿带建设，加快启动西塘河南岸整治、文化紫道工程，谋划建设“章溪河—南塘河”塘河文化带，建成开放长春门文化公园。持续推进征迁攻坚，实现12个项目清零，完成20个地块征迁。加快推进4个旧村改造安置房项目，力争姚丰安置房竣工、段塘安置房一期交付使用。

三是加快基础设施建设。全面启动基础设施补强三年行动计划。深入谋划G228国道与沿山干河合建工程、杭甬高速秋实路互通、汇士路改建、水利博物馆、区中心粮库等项目前期工作。开工建设五江口配套道路、姚丰邻里中心等项目。加快推进学院路二期、梁祝变等项目，全力保障环城南路西延二期、西洪大桥、铁路三四线和轨道交通5、6、8号线等项目顺利推进。建成学院路一期、新丰路等21条道路，完成章溪河干流（龙王溪段）整治，推动鄞江堤防整治一期工程竣工、薛家变投用。加快新型基

8月，西洪大桥项目建设中

础设施建设，推进5G“多杆合一”试点，实现5G信号全覆盖。

（六）聚焦品质提高，进一步推进城乡协调

一是高品质推进乡村振兴。全面启动乡村振兴示范引领三年行动计划。大力抓好农业生产，新建高标准农田4000亩，深化与隆平高科战略合作项目，打造优质型超级稻示范基地，完善粮食、重要农副产品应急保供体系，确保粮食播种面积15万亩以上、生猪出栏能力达到4万头。做大做强都市农业，持续推进“三区六园”“城郊十园”建设，推动农旅融合，新增1个省级现代农业园区、1条省级示范性全产业链。积极拓展数字农业，实施8个种养基地数字化改造，试点手掌农业、众筹农业、直播农业、创客农业等新业态。大力发展品牌农业，着力打造“它山堰”“禾西悠”等区域公用品牌，做强稻米、茶叶、贝母等主导产业，探索推广综合种养模式创新，持续推进特色农业强镇创建。加快农村基础设施建设，新改建农村公路10公里，实施大中修项目6个，争创省“四好农村路”示范区。持续深化“千万工程”，抓好农村垃圾、污水、厕所“三大革命”，完成旧村改造新村建设35万平方米，新增“美丽乡村示范镇”1个、“特色精品村”10个以上，培育5条“乡村振兴示范带”，争创3个美丽城镇省、市级样板。不断增强农村发展活力，探索激活利用闲置宅基地（农房）机制，谋划推进“数字乡村”、“未来村庄”、“共享乡村”建设。扎实推进共同富裕，健全富民强村长效机制，深入开展农合联改革，实现低收入农户收入增长10%以上，90%以上行政村集体经济经营性收入达到30万元以上。

二是高标准推进生态保护。全面启动生态文明示范创建三年行动计划，常态化做好中央环保督察等问题整改，有效落实碳达峰、碳中和要求，积极创建国家生态文明建设示范区。大力推进“清新空气示范区”建设，实施$PM_{2.5}$和臭氧“双控双减”行动，加大工业企业、扬尘等大气环境治理，空气质量优良天数率保持91%以上。深入推进“五水共治”，深化水环境综合整治项目前期工作，实施6条河道清淤疏浚，全域完成省“污水零直排区”创建，区控以上断面水质优良率保持90%以上。加强土壤污染防治，确保污染地块安全利用率92%以上。实施建筑垃圾、工业固废等废弃物集中整治，创建省首批“无废城市”。

三是高起点推进城市治理。持续推进城市环境综合整治，加强城市精细化管理，拓展执法进小区范围，深化道路清爽行动、精细养护行动，巩固垃圾分类成果，完成4个农贸市场改造提升，创建2个“席地而坐”城市客厅示范区域。着力提升街区品质，扎实开展三改一拆、两路两侧、四边三化等专项行动，打造“一路一品”特色街区，建成“精美街区”4个。推进地下管网等设施改造，加快农村污水管网联通，新增5%以上的城市建成区面积达到海绵城市要求，争创省节水型社会达标区。深化交通治堵，实施一批智慧公共停车项目。

（七）聚焦服务提升，进一步优化营商环境

一是提高政务服务效率。深化企业全生命周期“一件事”改革，拓展全新“一件事”办理场景5个以上，高频简易事项100%实现智能“秒办”、无感“智办”。优化“陪办制+审联体”制度，力争“家门口”政务服务圈15分钟全覆盖。加快数字化改革，谋划建设海曙城市大脑，优化政务服务流程及应用，政务服务办件85%以上实现网上受理、掌上执法应用率达90%以上。深化商事制度改革，探索个体工商户极简闭环审批，持续推进“证照联办”审批模式，企业事项100%实现网上办理。加快“双随机、一公开”监管全覆盖，对首次轻微违法行为建立“容错免责制度”。

二是激发市场主体活力。大力实施“三服务”2.0版，提升企业服务精准化水平。完善产业扶持政策体系，健全支持个体工商户健康发展的帮扶政策，全面落实减税降费等各类政策措施，实现政策兑现“一键直达”。落实民营企业发展促进条例，激发全社会投资活力。全面启动国有企业提质增效三年行动计划，提高国有资本运营能力。打造高端中介服务机构集聚区，推动会计税务、法律、咨询等服务机构发展壮大，积极组建区律师协会。加快推进信用“531X”工程，优化信用异议和信用修复服务。

三是优化要素资源配置。深化“亩均论英雄”改革，做精做细工业企业综合评价，谋划出台资源要素差别化应用政策。坚持土地要素跟着项目走，探索弹性年期出让、先租后让、租让结合、长期租赁等多种供地方式，深化“标准地+承诺制”，探索模拟审批创新，力争工业用地占出让土地比例不低于30%。开展全域土地综合整治，全面启动村级工业园改造攻坚三年行动计划，实施4个村级工业园升级改造试点，盘活存量土地1200亩。扩大普惠金融覆盖面，引导银行机构向中小微企业、三农主体加大信贷支持力度，制造业贷款增长10%以上，与国开行、农发行等政策性银行全面开展战略合作。

（八）聚焦民生提标，进一步顺应群众期盼

一是加大社会保障力度。高标准做好对口帮扶、对口支援和山海协作，实现脱贫攻坚与乡村振兴有效衔接。深入实施就业护航行动，重点做好高校毕业生、退役军人、就业困难人员等群体就业，城镇新增就业16000人以上。深入实施新时代工匠培育工程，开展各类技能人才培训2万人次，培养和引进高技能人才5000名。进一步做好参保扩面，积极构建全覆盖的养老保障体系，提供公平适度的多层次医疗保障。持续推进保障性安居工程，落实国家住房租赁试点各项任务，新增公租房租赁补贴家庭500户以上，保持老旧小区加装电梯工作全市领先。加快构建“一中心、多站点、全网点”居家养老格局，深化区中心福利院项目前期工作，谋划打造康养小镇。积极做好全国社会救助改革创新试点，精准帮扶计生特殊家庭、残疾人等群体，巩固提升慈善和红十字事业，关注未成年人健康成长，创建3个省级示范型儿童之家。

二是优化公共服务供给。全面启动教育卫生品质提升三年行动计划。构建教育全体系发展格局，建成姚丰学校、古林蜃蛟幼儿园等5所校（园），开工集士港九年一贯制学校、高桥镇中心小学改扩建、雅戈尔中学扩建等项目，加快丽园南路九年一贯制学校、新芝小学迁建等项目进度，深化海曙中学等项目前期工作。持续推进全国“未来学校”实验区建设，争创全国义务教育优质均衡区。构建大健康全方位发展格局，建成投用区中医医院新院区，基本建成宁波普济医院，开工建设区二院二期、区口腔医院迁建等工程，深入谋划区三院迁扩建等项目前期工作。优化山区医疗服务，提升城市紧密型医联体实效，高水平构建中医“治未病”服务网络，争创全国防艾综合示范区、省健康促进区。

三是推进文化繁荣发展。以宁波建城1200周年为契机，深度挖掘传承海曙文脉，深化文化综合体项目前期工作，加大文艺精品创作力度，提升“书香海曙”“美好生活”等品牌影响力。围绕争做“全国文明典范城市”排头兵，不断完善高标准常态化创建机制，深入实施“十大文明好习惯”养成行动，广泛宣传弘扬“最美”精神。大力推进文体互动，积极开展全民健身活动，开工建设夏禹路全民健身中心等公共体育设施，高水平办好系列品牌体育赛事。持续推动文旅融合，实施天一阁·月湖景区二期提升工程，争创省全域旅游示范区、省文化传承生态保护区。

四是深化平安海曙建设。深入实施“开放空间”社区协商“十百千万”行动，建成10个区域公共服务中心、150个“邻舍家”及小区居民自治理事会，打造社会组织公益生态圈，争创“全国社区治理和服务创新实验区”。深入推进第二轮安全生产综合治理三年行动，持续开展危化品、道路交通、消防、食品药品等重点领域治理，力争安全生产事故起数、死亡人数均下降25%。扎实推进基层应急管理体系建设，全面提升防灾减灾救灾能力。健全金融风险防控长效机制，确保辖区不良贷款率低于1.5%。完善社会治安防控体系，健全“警情清零”机制，加快建设“海蓝平台”，持续深化“智安小区”“智安单位”建设，试点部署步态采集识别系统，建立“扫黑除恶”常态化机制，依法严厉打击电信网络诈骗、跨境赌博、毒品交易等违法犯罪活动。巩固拓展社会矛盾纠纷调处化解中心功能，迭代升级“基层治理四平台”，推进信访“四无”村（社）创建，初信初访化解率保持92%以上。加强国防动员和国防教育，支持驻地部队建设。

各位代表，我们坚持以人民为中心，深化为民办实事的长效机制，列出了10方面民生实事候选项目，提请大会投票表决。我们将用心、用力、用情办好民生实事，努力让人民群众的获得感更有成色、幸福感更可持续、安全感更有保障。

四、全面提高政府治理现代化水平

树立利民为本、法治为基、整体智治、高效协同的理念，营造唯实惟先、善作善成的团队文化，运用系统观念、系统方法，加快推进政府职能优化、效率提升、作风转变，全力打造人民满意的现代政府。

（一）切实做到忠诚坚定。始终把政治建设摆在首位，学懂弄通做实习近平新时代中国特色社会主义思想，增强“四个意识”，坚定“四个自信”，做到“两个维护”，不断提高政治判断力、政治领悟力、政治执行力。坚持把党的全面领导贯穿政府工作全过程、各领域，切实抓好政府系统意识形态工作，坚决做好巡视巡察、督察等反馈问题的整改落实。

（二）切实做到依法行政。始终把政府工作纳入法治轨道，依法接受人大监督，自觉接受政协民主监督，主动接受司法、监察、舆论和社会等各类监督，建立府院联席会议制度，深化区政府与区人大、区政协工作对接制度，认真办好人大代表建议和政协委员提案。持续提高运用法治思维和法治方式解决问题的能力，健全依法决策机制，规范重大行政决策程序，深化综合行政执法和行政复议体制改革。强化行政行为源头管控，健全“双下降”长效机制，编制实施“八五”普法规划，创建省法治政府示范区。

（三）切实做到高效协同。始终把高效运转作为政府变革的重要目标，全面启动整体智治能力提升三年行动计划，积极推进整体智治服务体系改革，深化81890服务内涵，打造集成化服务平台升级版。全面落实“首问负责即问即办”制度，做到立即办、马上办、主动办。完善“镇街吹哨、部门报到”机制，推动“县乡一体、条抓块统”治理模式落地见效。健全集中财力办大事财政政策体系，优化区对镇（乡）街道财政体制。

（四）切实做到清廉节俭。始终把纪律和规矩挺在前面，全面落实党风廉政建设责任制，不断完善政府项目招投标、公共资源交易等机制，持续加强对

偃月街“月湖十景”主题墙绘

10月，海曙区庆祝中华人民共和国成立71周年

重点部门、重要岗位、关键环节的风险防控、审计监督和整改督促。强化政府系统作风建设，严格执行中央八项规定及其实施细则精神。坚持政府“过紧日子”，以收定支、量入为出，健全厉行节约长效机制，进一步压减一般性支出。

（2021年2月2日在海曙区第十一届人民代表大会第五次会议上的报告）

名词解释：

“两直”资金：指直达市县基层、直接惠企利民的中央财政资金。

首店：指一个区域利用特有的资源优势，吸引国内外品牌在区域首次开设门店，使品牌价值与区域资源实现最优耦合。

“356”乡村产业振兴行动：“3”是指粮食、蔬菜、畜牧等三个绿色基础产业，“5”是指菌草、茶果、竹笋、浙贝为主的中药材和农产品加工业等五个特色优势产业，“6”是指乡村休闲旅游业、乡村文体康养业、乡土特色产业、乡村能源环保产业、乡村数字产业、乡村现代服务业等六个新型融合产业。

社会治理“激活行动”：是指激活社会各个细胞环节，加快推进政府、组织、团体、个人等参与社会治理。

四大平台：指宁波工业互联网研究院、上海交大宁波人工智能研究院、宁波智能技术研究院、宁波市智能制造技术研究院。

十大行动计划：指硬科技创新、头部企业培育引进、城市有机更新、基础设施补强、乡村振兴示范引领、生态文明示范创建、国有企业提质增效、村级工业园改造攻坚、教育卫生品质提升、整体智治能力提升十个三年行动计划。

双三十：指制造业“双三十”企业梯队培育计划，主要包括“三十强”“三十佳”及对应的潜力型企业培育。

“9610”“9710”“9810”：指针对跨境贸易电子商务的海关监管代码，“9610”适用于境内个人或电子商务企业通过电子商务交易平台实现交易，并办理跨境电商通关手续的零售进出口业务；“9710”适用于境内企业通过跨境电商平台与境外企业达成交易后，通过跨境物流将货物直接出口至境外企业；“9810”适用于境内企业先将货物通过跨境物流出口至海外仓，通过跨境电商平台实现交易后从海外仓送达境外购买者。

十大重点开发区块：指三江口中央商贸商务区、丁家湾、南塘三市云谷、环月湖、海曙未来城、五江口滨水活力区、临空港、石碶—洞桥产业园、桃源湾、浙东唐诗之路典范区。

十大重大项目前期：指四明山区域环线公路网、未来社区、G228海曙段与沿山干河合建工程、水利博物馆、区中心粮库、水环境综合整治、区中心福利院、海曙中学、区三医院迁扩建、文化综合体十个项目前期。

千万工程：指时任中共浙江省委书记的习近平同志在深入调研、准确把握浙江“三农”工作和城乡关系阶段性特征基础上，适应人民群众新期待，亲自点题、亲自谋划、亲自部署推动的“千村示范、万村整治”工程（简称“千万工程”）。

信用“531X”工程：“5”是指聚焦企业、自然人、社会组织、事业单位和政府机构五类主体，“3”是指构建公共信用指标体系、信用综合监管责任体系、公共信用评价及信用联合奖惩体系三大体系，“1”是指完善统一的公共信用信息平台，“X”是指在行政审批、行政监管、公共服务、公共资源交易、政务事务等若干领域的应用。

“十百千万”行动：“十”是指十佳协商案例示范引领，“百”是指百个社区全面深入应用，“千”是指形成千条群众自治行动计划，“万”是指凝聚万名居民群众深度参与。

步态采集识别系统：指公安部门通过视频监控系统采集人员身体体型和行走姿态，自动分析后识别人员身份的系统。

信访“四无”村（社）：指“无去市赴省进京访、无群体访、无信访滋事扰序事件、无信访舆论炒作事件”的村、社区。

专　记

2020年海曙区抗击新冠疫情

【概况】 2020年1月22日，宁波市首例新冠肺炎病例确诊。1月24日，海曙区报告首例确诊病例，此后，海曙区确诊病例持续增多，给疫情防控工作带来极大压力。在浙江省疫情防控工作领导小组统一部署下，海曙区委、区政府高度重视，果断处置，筑牢“外防输入、内防反弹”坚实屏障。在全市首创公安、卫健合署溯源模式，迅速组建全区疫情重点人员追踪攻坚队、流行病学调查警医联动追溯队，以“源头查控+硬核隔离+精密智控”为手段，精准排查涉疫人员，尽快遏制疫情蔓延势头。同时，全面加强机场、火车站、客运中心等交通枢纽管理，1月22日晚20：39分起，铁路宁波站对所有武汉到站列车旅客进行体温检测，累计排摸涉疫重点人员8.45万人，隔离医学观察2.17万人，以“海曙控”确保“宁波控”。严格落实入境人员全过程闭环管理，建立健全快速应急响应机制，进口冷链食品检测1328批次。同时，全面升级社会面上管控措施，先后发布村（社区）疫情防控工作标准30条、属地防控“十个一律”及3条补充通知。2月1日始，全区718个自然村、512个小区均实现封闭式管理，并分区分级实施精密智控。封闭管理期间，各类企业延期复工，各级各类学校延期开学，宁波高速封闭部分出入口，部分公交暂停营运。

1月25日，区疫控中心人员紧急开展流调排查

疫情暴发后，社会各界积极捐款、捐物，通过各条渠道募集资金、物资。面对疫情初期医疗物资紧张，雪狼户外服饰有限公司等区内企业主动注册转产，转型生产防护服、口罩等，保证抗疫物资的生产供应。区慈善总会第一时间向社会发出募捐倡议书，1月28日开通捐赠通道，线上线下结合进行款物筹集。共筹集抗疫捐赠款物疫情捐款4710万元（包括物资折价753.2万元），其中向区慈善总会捐款超过100万元的企业13家，宁波维科新城置业有限公司捐赠1000万元，成为全区捐赠数额最高的企业。

至2月17日，宁波再无新增确诊病例，全省各地新增确诊病例连续多天降至个位数，新增出院病例持续增多，疫情防控形势进一步趋稳向好。省委、省政府基于疫情防控形势的变化做出重大部署，明确疫情防控由“封闭式管控”向“精密型智控”转换。2月19日，全市高速疫情管控卡点全部撤销，主城区公共交通逐步恢复，企业陆续复工（2月9日启动复工），社会生活逐渐恢复。4月13日，海曙区23所初中24个校区初三学生首批复学。随着疫情形势逐渐好转，海曙区全力推进复工复产，正常的生产生活秩序逐步恢复。

6月，疫情防控首次提出“冷链食品造成传播风险”的可能性，防疫从单纯的“人”防转向“人”“物”“场”并防，管理模式和管理主体相应发生改变。不仅要做好重点地区来人的管理服务，同时聚焦生鲜、冷冻畜禽肉类产品及水产品和农贸市场、餐饮场所等的隐患排查。管理对象的不断扩面，使职能部门随之调增，除卫健、公安部门仍为“双主力军”，商务、市监、教育等多部门开始参与重点场所的管理和监督，重点场所“小门管控”逐渐成为疫情防控的常态化手段。7月，针对海关总署通报厄瓜多尔进口冻南美白虾外包装检出新冠病毒的情况，全区开展冻虾大排查，全面排查重点疫情地区的冻虾销售情况，并对刀具、砧板等工具、环境和地面进行全面消毒。9月23日，海曙区组织开展新冠肺炎疫情防控应急演练。以桌面推演的形式模拟本地聚集性疫情暴发场景，重点探讨疫情发现、应急响应、密接追踪和管理、核酸检测、社区防控、风险评估、集中隔离点设置和管理、信息发布与舆论监测等过程中的各项防控措施，为落实各项防范措施提供充足的人员和技术储备。10月始，全区启动重点人群新冠疫苗接种，至年底，未报告严重预防接种异常反应。

随着天气转冷，为精准落实秋冬季和冬春季疫情防控任务，11月，海曙区组建区重点场所防控工作联合督查组。以公安、卫健、市监为牵头部门，强化重点场所、重点单位防控，开展多轮重点场所防控情况专项督查。同时，重视强化医疗机构院感防控。区卫健局建立以1个发热门诊和17个发热哨点诊室为网底的疫情防控“哨点”防线，规范发热哨点诊室流程，确保及时排查、登记、报告和转诊不明原因或有流行病学史的发热病人，避免交叉感染。配备专职院感管理员20人、防护监督员187人，定点定时巡查医院重点岗位、重点人员，落实“两员两监督一巡查”制度。方舱医院、负压病房等改造陆续完成，新增监护型负压救护车16辆，完善防疫物资储备等各项工作，全面提升综合服务、核酸检测、医疗救治能力。12月，按照新冠肺炎疫情防控“全受控、无遗漏”闭环管理要求，海曙区在全市率先成立进口物品“物防”工作专班，重点阻断以冷链食品为主的进口物品疫情传播风险。其间，通过整体协同、滚动检查、赋码用码、应急响应、闭环执法5方面提升，在全省率先推出进口冷链食品销售专属二维码，率先开展新冠病毒核酸检测呈阳性应急演练，守住不发生进口物品疫情防控系统性风险的底线。至12月底，共出动检查人员1969人次，检查经营主体1153家次，在全市“精密智控”物防考核中位列第一。

11月13日全省抗击新冠肺炎疫情总结表彰大会、12月11日全市抗击新冠肺炎疫情暨“六争攻坚、三年攀高”行动表彰大会相继召开，海曙区20个集体、23名个人获评省级以上抗疫先进。

【“1·19”聚集性疫情】 2020年1月19日，数百名香客自行组织在天童寺集中参加祈福活动，1月27日，宁波市报告首例新冠肺炎确诊病例，此后陆续有参加活动的人员及其密切接触者被确诊为新型冠状病毒感染肺炎。“1·19”聚集性疫情成为当年全市新冠肺炎感染人数最多的集聚性事件，海曙区涉事件确诊病例达56例。

海曙区委、区政府高度重视、果断处置，成立全区疫情重点人员追踪攻坚队，下设数据情报、人员追踪、落地管控3个小组，24小时运作。海曙区通过实地勘查、调查访问、视频侦查、数据比对等手段，展开病例溯源，疾控部门对病例接触者进行风险评估。2月1日，初步查清“1·19”疫情基本情况，明确传染源头及关联人员。累计排查海曙区涉事件香客152人，并倒查追踪到重点关联人员791人。迅速对确诊香客和未确诊香客的密切接触者及相关人员落实集中硬隔离、居家隔离硬管控措施，实施“14+7”隔离措施（14天集中隔离后，再实行7天居家隔离）和“3+1”核酸检测（集中隔离期间进行3次检测，居家隔离解除前再进行1次检测）。同时，为“内防扩散”，全面升级面上管控措施。先后发布村（社区）疫情防控工作标准30条、属地防控“十个一律”及三条补充通知。2月1日始，全区718个自然村、512个小区均实现封闭式管理，并分区分级实施精密智控，受疫情影响较大的4个镇（乡）街道被列为重点管控区域，6个村（小区）实行全封闭管理。587名机关干部第一时间充实到村（社区）一线，开展疫情防控相关工作，把牢把严“两口一门”。五部门联合发布《关于依法严厉打击疫情防控期间违法犯罪行为的通告》，有力维护疫情防控秩序。管控期间，海曙区在全市率先发布确诊病例所在村（小区）信息，回应群众关切。至2月27日，全区累计集中隔离3293人，居家隔离11163人。

【口岸防疫】 2020年新冠肺炎疫情暴发后，宁波机场落实口岸防疫管理各项措施，保障来自阿联酋迪拜、白俄罗斯明斯克、印尼、印度等地的国际包机临时航班13架次，国际临时航班进港旅客1785人，出港航班旅客559人。结合疫情形势，逐步有序恢复往返韩国等3条国际（地区）航空定期客运商业航线，对国际及地区进港旅客采用专班运作机制，完成韩国往返宁波定期国际航班11班，保障进港旅客985人、出港旅客129人；完成澳门往返宁波定期地区航班57班，保障进港旅客3966人、出港旅客4696人。严格开展国际货运防疫，组织对入境货物作业区实行全封闭管理，明确入境货物操作实行作业人员固定、作业场所固定、保障设备固定和休息区域固定；开展拉网式消杀，对保障车辆、作业库区场地等进行定期全面消杀，对入境货物及保障设备做到“二次消杀、六面消杀”。

【防疫粮食保供稳价】 2020年初以来，为应对新冠肺炎疫情影响下辖区粮食市场出现波动的情况，区内两家定点应急加工企业（“梁桥米业”“米氏实业”）在第一时间复工复产，以800吨大米日产能持续供应区级及宁波市级市场，保障粮食市场“不脱销、不断档”。在区外粮源到货受阻情

2月新冠肺炎疫情期间，区供销社组织区内两家主要农资企业提前复工，有序储备农资

况下，国有粮食收储企业经区政府批准，共动用地方储备、国有周转库存11879吨（其中原粮10879吨、成品粮1000吨），分3批次定向投放市场，通过采取组织粮源、保障供给等有效措施，保障区内粮食供应趋于稳定。

【防疫应急保障】 2020年初，面对新冠肺炎疫情，区交通运输局快速构建“1+7+3”防疫防控体系，即制定1套交通应急处置预案，成立综合协调、枢纽场站疫情管控、公路疫情管控等7个专项小组，聚焦人员、运输（枢纽）、车辆3个领域，在甬梁线、甬临线、S5杭甬高速大隐出口等公路设置防疫管控卡点，加强南站区域、客运站和机场等枢纽的监测与管控，组织应急运输力量，完成疫情防控任务。累计出动人员2000余人次，指派交通志愿者578人次，过检车辆1.8万辆次，测温131万余人次，排摸行业从业人员2万余人次，服务重点旅客43人次；累计出动应急运输车辆115车次，转运火车站、机场、杭州湾分流点重点旅客11602人次，协调发放应急物资运输通行证668张，确保应急物资及人员转运通畅有序。2月9日，宁波机场运送全市第一批医疗队员乘坐航班号为MU9011和MU9013的两架东方航空包机，奔赴武汉抗击新冠肺炎疫情第一线。全年，机场开展支援抗疫人员和物资航空运输保障，保障驰援湖北航班4架次、应急物资17.2吨、往返医护人员535人次，运输防疫物资4400吨。

区应急管理局根据实际需要，调配应急帐篷107顶，发放至13个镇（乡）街道、2个部门。每天上门指导防疫物资生产企业强化安全管理，组织蓝天救援队等社会救援队伍开展重点场所消毒消杀60余次，发放消毒水3325公斤、口罩4600余只。联合区消防救援大队、区住建局等部门，开展隔离点、避灾安置点的安全检查和隐患排查。通过微信公众号向社会大众及时推送《家庭消杀安全指南》《企业复工防护指南》等文章，强化防疫安全宣传效果。同时，根据企业情况开展复工复产安全服务，重点面向危化、矿山和涉危化品使用的企业，开展上门服务超过1960家次，确保复工复产安全有序推进。

【疫情期间应急献血活动】 2020年2月在新冠肺炎疫情防控的集中攻坚阶段，全市血液库存紧张，采供血工作面临严峻挑战，临床用血极其紧缺。3月16日始至月底，区卫生健康系统发起“热血逆行”网上预约、错峰献血活动，发出“热血逆行我先行”倡议书，组织区卫健局机关、区卫生监督所、区疾控中心、区妇幼保健中心、各街道社区卫生服务中心及区口腔医院、区中医医院等工作人员开展应急献血活动。截至3月底，成功献血212人，献血总量61260毫升。

【抗疫募捐活动】 2020年1月28日，区慈善总会向社会发出抗击新冠肺炎疫情募捐倡议书，开通捐赠通道，采用线上线下结合形式进行款物筹集。共筹集抗疫捐赠款物4722.1万元（包括捐赠款3968.9万元，物资折价753.2万元）。自2月1日起，区慈善总会在官网上发布《海曙区慈善总会关于防控新型冠状病毒感染的肺炎疫情捐赠及支出情况公告》，主动向社会公示疫情款物的收支情况，确保款物的公开透明，并于每日16点更新。捐赠人、捐赠金额、捐赠物资以及款物的去向可在网站上长期查询。

【复工复产】 2020年1月27日，浙江省政府办公厅发文要求延迟企业复工，除保障公共事业运行必需、疫情防控必需、群众生活必需及其他涉及重要国计民生的相关企业外，其他企业延迟至2月9日后复工。2月2日，海曙区印发《关于做好企业节后复工防疫工作的通知》，提出“企业开复工十一条必须”，为企业疫情防控和安全生产工作“列清单”“划重点”。2月8日，海曙区企业复工和疫情防控监管云平台上线，方便企业“足不出户”办理复工手续。

随着疫情形势逐渐好转，海曙区全力推进复工复产。2月21日、22日，定制全省首批“复工+扶贫”，运送320名来自黔西南州贞丰县和铜仁市的务工人员返回宁波。3月初，海曙区制定出台支持企业发展的“十九条意见”等政策措施，建成运行全市首个惠企政策“一网通”平台，新增市场主体2.12万家，比上年同期增长5.5%。复工复产后，为提振消费信心，区商务局于4月中旬至5月底，组织开展“邂逅春暖·约惠海曙”消费促进系列活动，发放各类消费券24.8万张，涉及金额1200万元，撬动零售、住宿、餐饮、景区等消费超1亿元。大力实施“‘五减’共克时艰行动”，减税降费34.65亿元，拨付“两直”资金（直达市县基

3月2日，东鼓道B2营业恢复堂食

层、直接惠企利民）8.69亿元，下达区级企业补助资金7.47亿元。深入开展融资畅通工程，与工行、建行、甬兴证券等签订战略合作协议，帮扶受疫情影响企业4516家，制造业贷款增长11.8%，人民币贷款余额增长18.1%。争取抗疫特别国债等各项债券资金31.98亿元。出台实施支持外贸企业拓市场抗风险的政策意见，全省首个区县（市）数字外贸平台上线运行，跨境电商交易额增长21.7%，货物进出口总额实际增长1.3%，合同利用外资总额、实际利用外资完成率均居全市第一。

区商务局通过推出网上展览、颁布针对性政策、加快资金拨付效率、提供保险理赔"绿色通道"、落实企业融资诉求5项举措，助力辖区外贸企业复工复产。针对新冠肺炎疫情期间企业无法赴境外参展的问题，把境外展会搬到线上，3月，率先为首批100家外贸企业提供为期半年免费的网上参展服务，企业可在网上抢订单、拓市场。制定出台《关于应对疫情支持外贸企业拓市场抗风险的政策意见》，增加700万元资金，重点支持的涉外展会名单扩容30%，信保扶持力度提高5%，解决企业最为关心的拓市场、防风险问题，增加企业在新冠肺炎疫情背景下接触新客户、开拓新市场的底气。针对2019年区级外向型经济政策中共计630余万元部门可直接计算的出口增量奖励和境外劳务合作奖励，无须企业申报，先行划拨给辖区41家外贸企业。协调国际贸易发展联盟成员单位中信保宁波分公司提供50个免费买方资信调查，并开通"绿色理赔通道"，缩短辖区外贸企业赔付周期。与宁波市区信用联社合作，设立总额高达1亿元的3个月免息融资平台，缓解中小外贸企业普遍反映的融资困难。

【工商业界"暖春"行动】2020年，区工商联深入开展"暖春"行动，累计帮助区内1000余家企业调配插片式口罩10万套、一次性口罩19万只、额温枪1000把等。畅通政企沟通渠道，为企业发展建言献策。班子成员带队走访调研活动，收集企业困难建议106条，帮助协调解决97条。关注外贸、餐饮旅游行业，关心中小微企业，尽心尽力为企业发声，上报多篇信息被各部门录用，其中《进一步完善我国民营企业知识产权转化运用机制的对策建议》被全国政协采用。宣传纾困惠企政策，关注政策落地效果，确保各项纾困措施直达基层、惠及市场主体。联合区商务局、区金融服务中心推出"外贸金融服务周"专项活动，有效缓解企业融资问题。开展网上直播带货、"农夫集市"公益展销活动，帮助企业拓展销路，缓解企业销售压力。参与省联优秀案例评选活动，报送《主动作为、靠前服务、助力外贸企业攻坚克难》、《公益展销、直播带货、帮扶民营企业共渡难关》和《"三轮驱动"助力脱贫攻坚》分别入选4月份、6月份和12月份省工商联系统服务"两个健康"优秀案例，其中《主动作为　靠前服务助力外贸企业攻坚克难》获年度最佳案例。

【工会"降本减负"惠企政策】2020年，区总工会落实"降本减负"政策，缓减企业上缴工会经费3152.93万元，小微企业工会经费全额返还累计533.25万元。开展走访慰问和市、区两级"战疫先锋"疗休养，鼓励倡导各单位在职工疗休养推介单位定时定点定额开展职工疗休养助力旅游业复苏，累计审批207家，总金额3339万元。做好职工返岗、劳动关系协商协调、心理疏导等工作，各级工会举办"2020宁波海曙乡旅惠集市""直播带货技能比武"等活动，利用"甬工惠""海曙职工之家"微信平台开展线上招聘，参与企业370家，推出岗位2400余个。

【防疫科技应用项目立项数居全市首位】2020年，在市科技局公布的新冠肺炎疫情防控科技成果示范应用项目评审结果中，海曙区的宁波市雪狼户外服饰有限公司的高防水透气低成本医用隔离服防护服项目、宁波智能制造技术研究院有限公司平面口罩生产线项目等8家单位项目立项，立项数量居全市首位，获得经费补助120万元。疫情暴发初始，区科技局迅速排摸宁波智能制造技术研究院有限公司、宁波市雪狼户外服饰有限公司等50余家区内的生物医药、医疗器械、软件信息、运动服装类科技企业，开展点对点服务咨询，并结合实地考察，"一对一"、线上线下等方式，针对性地辅导企业项目申报，通过筛选，推荐上报市新冠肺炎疫情防控科技成果示范应用项目5项、疫情防控应急科技攻关增补项目8项，经市科技局评审，共立项8个项目。其中，宁波市雪狼户外服饰有限公司所生产的医用防护服达到GB 19082—2009生产标准，于15天内开始批量生产，日均产量10万件，供给宁波市华美医院等多家新冠病毒肺炎定点医疗单位以及宁波栎社国际机场、各街道社区等单位，部分产品发送到武汉中南医院、武汉武昌医院、武昌区方舱医院等新冠肺炎疫情重点区域的多家医院使用。宁波市智能制造技术研究开发的新一代平面口罩全自动生产线有10条生产线，“一拖一”模式产能4500片/时，“一拖二”模式产能9000片/时，生产线交付宁波奉化晟创家居用品有限公司、宁波华成药棉有限公司、杭州梓濠电子商务有限公司等企业投入使用，极大提升企业的产线性能和运行效率，推进广大制造企业的复工复产。

【疫情防控“四查”监督机制建立】 2020年，区纪检区监委在新冠肺炎疫情防控期间建立“四查”监督机制，采取基层纪检监察组织“贴身”查、区级暗访组“巡回”查、机动检查组“对焦”查、部门协作“联动”查等方式，深入村（社区）卡点，小区门岗，铁路、公路、机场出入口等防疫一线开展监督检查。抓严全区党员干部疫情防控纪律，牵头制定党员干部疫情防控“十二个严禁”，以严明的纪律规矩推动担当作为、履职尽责。针对疫情初期一些党员干部思想认识不到位、防控责任落实不力等问题，严明纪律、立查立处，督促整改问题524个，党纪政务处分8人，围绕疫情发展态势变化，统筹开展复工复产、减税降费等政策措施落实情况的监督检查，协调解决一批困难和问题，有力保障疫情防控和经济社会发展“两手硬、两战赢”。年底，及时统筹开展秋冬季疫情防控监督检查，慎终如始为疫情防控提供坚强纪律保障。

【农贸市场专属“甬行码”】 2020年2月27日始，区市场监管局在全区农贸市场推行升级版的“甬行码”——经营单位专属二维码。执法人员逐家上门提供专属码申领指导服务，在各市场帮助经营单位通过微信端的“甬行码”界面申领“单位专属码”，消费者扫描市场专属码后即跳转至个人“甬行码”，交由市场工作人员核验，红码立即报警，绿码快速通行。扫码数据同步上传至系统后台，精确记录消费者进入市场的时间及运动轨迹，便于新冠肺炎疫情期间的大数据分析研判。升级后的单位专属二维码不仅节省人员进入时间，避免人员聚集，也省略人员身份登记环节，降低交叉感染的风险。截至3月1日，全区20家农贸市场完成单位专属码申领，并张贴于市场入口，以便消费者扫码核验进场。

【涉疫案件办理】 2020年区人民法院抽调干警下沉一线参与联防联控2600人次。兼顾疫情防控与司法办案，全年受理涉疫民商事案件71件，涉案金额8900万元，审结口罩诈骗、开设赌场等涉疫犯罪5件，对6人判处刑罚。组建驻企联企服务组，编制2期《涉企涉疫法律问答》手册，派出31名干警走访110余家企业，提供专项法律服务，为企业复工复产保驾护航。召开“商事云会议”，发布14项法律指引，为雅戈尔集团、国骅集团提供涉疫法律意见。加强与区文广旅游体育局、区市场监督管理局等单位的协同联动，依托旅游纠纷巡回法庭，稳妥化解辖区涉疫旅游纠纷。

2月27日，三江口展示防疫主题灯光秀

【涉疫旅游纠纷投诉处理】 2020年1月25至3月31日，受新冠肺炎疫情影响，海曙区共有34家国内旅行社（分社）国内游团组和6家出境社（分社）出境游团组被紧急叫停，涉及退团退订游客人数共计51426人次，退款金额6581.77万元，此项退团退订工作被市、区两级政府列为社会维稳大事。区文化市场综合行政执法队实地走访区内主要出境旅行社，召开旅行社座谈会，与市执法队、区人民法院对接，利用旅游巡回法院平台联合调解、对口调解等形式，化解多起旅游纠纷，推动旅游企业经济纠纷诉讼庭前和解。3月19日，海曙区率先完成受新冠肺炎疫情影响的国内游团组清退工作，涉及退款金额2977.93万元。3月24日，在全市主城区范围内率先完成174起涉疫旅游投诉清零。3月31日，6家出境社（分社）完成出境游退团退款工作，涉及退款金额3603.84万元。相关工作得到市、区两级领导的批示肯定。

【涉疫应急健康教育】 2020年，海曙区利用健康教育“云平台”，及时更新市疾控中心上传的各类防治新冠健康宣教视频文件，全区145个“云平台”点位保持全部开机状态。发放画报44089张、折页300720张、宣传单195933张、报纸120000张，短信覆盖1963040人次，制作微信微博95条，阅读量16099次，145个点位以及各单位发热门诊电视机全天播放新冠相关视频55部，播放2803327次，播放时长20万小时。通过社区微信群或公众号，转发健康教育相关电子版文字、图片及音视频类宣传材料。

【心理防“疫”在线微课堂】 2020年2月5日，区妇联开设心理防“疫”在线微课堂，委托宁静港湾婚姻家庭服务中心邀请12名心理专家，连续13天每晚推出半小时线上课程，引导广大家庭舒缓心理压力和疏导情绪问题，筑牢防“疫”心理防线。

【疫情主题家庭教育“线上学堂”】 2020年，区妇联以区卫健系统新冠肺炎防治一线医护人员“学龄前”“小学”阶段子女为“主要服务对象”，启动运营“你在前方战‘疫’姐妹后方守护——大树擎天 爱心护苗”家庭教育线上学堂项目，累计开展120堂课，服务医护人员子女6660人次。依托“海曙女性”微信公众号，创设“特殊时期 特别家教——宅家，我在行!”专栏，邀请5名不同行业宝妈分享宅家亲子体验。组织开展“三步养成好习惯”家教直播课、“定家规 传家训 树家风”线上录播课。

【疫情防控应急演练】 2020年9月23日，海曙区组织开展新冠肺炎疫情防控应急演练。以桌面推演的形式模拟本地聚集性疫情暴发场景，重点探讨疫情发现、应急响应、密接追踪和管理、核酸检测、社区防控、风险评估、集中隔离点设置和管理、信息发布等过程中的各项防控措施，为落实各项防范措施提供充足的人员和技术储备。

【防疫科普宣传】 2020年，区科协动员各镇（乡）街道科协、学（协）会及广大科技工作者，发挥科技工作者专业优势，依托科普e站、科普画廊和微信公众号，及时开展防疫科普宣传，推送科普文章，下发《新冠肺炎防控企业复工员工防护指南》、防疫手册、宣传挂图等防疫复工科普宣品2万余份。区医学会、心理协会组建志愿者队伍加入到防疫一线。相关做法被2月26日人民日报社的“人民论坛网”报道。

【疫情防控文艺宣传】 2020年，区文联在全市率先号召文艺界开展疫情防控文艺宣传。2月，组织市、区著名文艺工作者参加全城抗“疫”主题的“全城抗‘疫’，写下你最想说的心里话”活动。邀请全国戏剧梅花奖得主王锦文、张小君等文化名人录制疫情防控宣传视频。发动各文艺家协会开展“抗疫”主题文艺创作，推出一大批记录时代、讴歌英雄、反映全国上下众志成城的战“疫”作品300余件，汇编成册《曙色——海曙区抗疫文艺作品专辑》。

5月23日至6月7日，“最美逆行”——海曙区抗疫主题优秀摄影作品展在月湖大方岳第举办

【宗教领域疫情防控】 2020年1月始，海曙区严格落实中共中央统战部“双暂停一延迟”（暂停开放宗教活动场所、暂停一切集体宗教活动，宗教院校延迟开学）规定，区域宗教（民间信仰）活动场所暂停对外开放，相关宗教活动全部取消。其间，采取“线上联网巡查”方式，实时通过视频形式查看各宗教场所，要求场所实行“日报告”和“零报告”制度，配备专人进行信息调度和汇总，确保全区宗教活动场所和民间信仰场所安全稳定。6月始，通过“先审批后开放”方式，辖区宗教活动场所有序开放。各宗教场所按规定成立应急防疫工作组，确保宗教场所防疫措施到位。

【残疾人防疫保障服务】 2020年2月疫情期间，全区2家全日制残疾人托养机构实行“封闭式管理”，区残联全面排查416名托养人员，做好食品保障、防护物资供应、送药上门、远程在线教育等服务。筹集1.1万个口罩，通过镇（乡）街道残联、邮政EMS“无接触配送”给特殊困难残疾人。推出“12385”残疾人帮扶呼叫热线，每月平均夜间响应20余起，解决涉及盲人按摩机构复工复产、政策咨询、心理疑惑等问题，及时落实“代跑代办”。面向聋人群体推出手语版防疫知识视频；区盲人协会组织“民间名嘴”成立防疫宣讲小分队，录制甬剧、说唱等群众喜闻乐见的视频，做好残疾人群体疫情防护宣传。发动残疾人文艺骨干制作音视频节目，通过微信、“喜马拉雅”等网络平台投放。

面向精残病人推出2条心理援助热线、1个线上心理测评咨询、10个社区一站式配药点，通过各种渠道告知家属，确保2545名精神残疾人服药不间断。针对心智障碍儿童，采取“停课不停学”，通过“海曙助残”公众号推出线上公益课堂。海曙区朵朵云培训学校、海曙区童年同梦儿童康复教育培训中心、海曙区灯塔康复教育中心3家儿童康复机构相继推出亲子绘本阅读、感统居家游戏、律动模仿操、亲子烘焙体验等11项线上公益康复服务。推出3个“家长线上课堂”，安排康复名师实时在线答疑，确保211个特殊孩子和家长的居家康复干预和覆盖。

（区委党史研究室）

海曙区第七次全国人口普查

【概况】 2020年3月12日，海曙区正式启动第七次全国人口普查。至年底，主体工程基本结束，完成综合试点、划区绘图、"两员"选聘及培训、入户摸底、普查登记等各阶段工作，选调"两员"5554人，摸底66.46万户，登记短表143.74万人，登记长表4.64万户，行职业编码6.48万人。

普查初期，海曙区抽调人员组建海曙区人口普查办公室（简称"区人普办"），推动、指导镇（乡）街道及村（社）做好"两员"选聘工作，编制普查总经费预算1023万元。制定并实施《第七次全国人口普查领导小组办公室组长周例会制度》《第七次全国人口普查领导小组办公室数据质量抽查制度》《联镇蹲点工作制度》，通过"钉钉"走访日志、"钉钉"群等手段全面掌握镇级人口普查工作进度，及时跟进基层遇到的情况、问题。

7月，选取古林镇礼嘉桥村和包家村开展综合试点普查。8月，完成普查区建筑物标绘和普查小区的划分、编制码。10月10日全面启动人口普查入户登记，广泛动员、全面铺开。10月31日截止摸底预登记，11月5日结束自主填报，11月15日和11月30日分别截止短表、长表登记，2021年1月14日截止行职业编码登记，通过区人普办多轮次组织比对复查，确保现场登记和查遗补漏等工作全面完成。同时，加强平台端数据审核，多次下发排错查询，分镇（乡）街道、分村（社区）将平台数据与公安户籍人口数据、民政死亡人口数据、卫健出生人口数据等行政资料逐一进行比对复查，查漏补缺，确保户籍、出生、死亡人口一个不漏；发挥国家电网扫码功能，并通过"e普查"工具加强空户条件判定，防止漏登情况出现；定期召开业务研讨会，讨论汇总清查摸底和长短表登记工作中的重点、难点和易错点，对集中性错误及时提出纠正预防方案，从源头上抓牢数据质量。

普查基本结束后，区人普办对普查收发的文件、各镇（乡）街道上报的普查资料、照片、视频、大事记、普查小区地图等进行逐一整理归档，依法对普查档案实行集中统一管理。及时足额发放普查指导员和普查员报酬，并进行专项检查。

【人口普查管理制度创新】 2020年海曙区人口普查期间，区人口普查办创新普查制度，提高普查效率质量。建立蹲点指导联系镇（乡）街道制度，在摸底和自主填报阶段全程融入蹲点地区，确保对镇级人普办和村（社）"两员"的业务指导。不定期对各个村（社）进行质量抽查，通过"钉钉日志"实现问题共解、成果共享、进度共促，准确掌握源头数据质量。在摸底和自主填报阶段，通过"人普钉钉群"开展每日进度通报，对于进度偏慢的地区进行集中进驻指导，帮助解决攻克难点。落实村级普查小组互助制度，要求各镇（乡）街道人普办不定期开展经验交流和问题探讨，鼓励摸底进度和质量较好的村（社）帮扶相对落后的村（社），实现普查工作同步高效。

11月12日，白云街道联南社区人口普查员入户普查

【人口普查手段创新】 2020年，区人普办在人员培训基础上，创建"问卷星"问卷测试形式，以"问卷星"和纸质试卷两种形式，确保培训人员考试参与度全覆盖。借助从公安、民政、卫健取得的全区户籍人员、各医院住院分娩人员、医院内死亡人员、殡仪馆火化人员等行政资料开展数据比对，要求摸底数据与部门数据比对出入低于5%的情况下方可开展预登记，切实提升摸底数据质量。与联通等运营商开展合作，运用AI人机电话交流方式了解外出人口现居住地情况，反馈信息1万余条，减轻普查员工作负担。

【人口普查宣传】 2020年，区人普办拓宽渠道，借助各类新媒体提升宣传实效。面向海曙区户籍居民开展微信"朋友圈"广告强推，历时10天，投放50万人次。在"海曙统计"微信公众号上推送《七人普来啦！》等原创文章20余篇。和区委组织部合作，在"锋领汇"上发布《致全区广大党员同志的一封信》，向每个村（社区）发放横幅2条，宣传海报、普查公告等30张，在人流量较大的地区实现第七次人口普查宣传全覆盖。借助"文明城市"创建契机，在摸底和正式登记两个阶段，通过微信推广和"问卷星"答题拓展宣传覆盖面，7000余人参与答题活动，为上门普查营造舆论氛围。在普查后期，区人普办评选"最美普查员"、发布《穿越人"海"，为爱"曙"名》纪录片，在"海曙发布"等区级媒体上转载。

（区统计局）

“三改一拆”专项行动

【概况】 2020年，海曙区“三改”（旧住宅、旧厂区、城中村改造）工作累计完成改造237.52万平方米。其中，完成旧住宅改造185.32万平方米，旧厂区改造18.47万平方米，城中村改造33.73万平方米；“一拆”（违法建筑处置）累计完成120.19万平方米。

中心城区8个街道、章水镇、龙观乡、鄞江镇和集士港镇12个镇（乡）街道创建为市“无违建乡镇（街道）”，古林镇、高桥镇、横街镇、石碶街道、洞桥镇5个镇（乡）街道完成市“无违建镇（乡）街道”创建考核验收。

【旧住宅改造】 2020年，海曙区旧住宅改造分为老旧小区综合整治和国有土地房屋征收两类，累计完成改造20293户，面积185.33万平方米。其中，老旧小区综合整治累计完成19419户164.06万平方米，涉及尚书小区、南塘花园小区、西成社区、兴发新村、关爱小区、柳西新村、镇明小区、永寿小区等23个老旧小区。其中，永寿小区为上年度顺延项目，于2020年2月初完工；其余均为当年开工、当年完工项目。整治内容主要包括小区外立面美化粉刷、楼道管线整合、绿化增补、增加停车位等项目。

国有土地房屋征收累计完成874户21.27万平方米，涉及机场四期建设项目、学院路拓宽项目、高塘三村危旧房改造项目、鄞奉路拓宽改建项目、联丰路改造等重大建设征收项目。

【旧厂区改造】 2020年，海曙区旧厂区改造涉及嘉乐智尚服装产业园改造、段塘原工业区地块改造、广博集团股份有限公司扩建厂房3个项目，累计完成旧厂区改造18.47万平方米。其中，嘉乐智尚服装产业园改造项目为上年顺延项目，于2020年12月底完工，年度累计上报改造面积9.87万平方米；段塘原工业区地块改造项目为上年顺延项目，于2020年7月完工，年度累计上报改造面积6.1万平方米；广博集团扩建项目于2019年5月开工，2020年12月初完工，年度累计上报改造面积2.5万平方米。

【城中村改造】 2020年，海曙区西片9个镇（乡）街道累计完成11个项目，拆迁签约2205户，完成城中村整村拆迁面积33.73万平方米。其中，石碶街道塘西村旧村改造项目拆迁签约422户，拆迁面积5.9万平方米；古林镇礼嘉桥城中村改造项目拆迁签约130户，拆迁面积2.4万平方米；古林镇薛家村城中村改造项目拆迁签约210户，拆迁面积3.1万平方米；古林镇陈横楼村城中村改造项目拆迁签约140户，拆迁面积2.6万平方米；高桥镇芦港村城中村改造项目拆迁签约320户，拆迁面积5.6万平方米；高桥镇红心村城中村改造项目拆迁签约116户，拆迁面积1.56万平方米；高桥镇蒲家村城中村改造项目拆迁签约62户，拆迁面积0.84万平方米；高桥镇高桥村城中村改造项目拆迁签约141户，拆迁面积2.16万平方米；集士港镇卖面桥朱家城中村改造项目拆迁签约263户，拆迁面积3.85万平方米；集士港镇横港村城中村改造项目拆迁签约360户，拆迁面积5.1万平方米；集士港镇祝家桥树桥头村城中村改造项目拆迁签约41户，拆迁面积0.62万平方米。

【违法建筑拆除】 2020年4—6月，海曙区开展“三违”清剿专项行动，结合卫片图斑处置、拆迁改造和重大项目建设，加大新增违建打击力度，加快存量违建消化进度。拆除宁波飞虎机械有限公司、宁波缝纫机实业有限公司等76处影响消防安全的违法建筑。结合拆迁征收、道路改造等重大项目建设，组织拆除宁波市肉禽蛋市场、石碶塘西中路、食品街屋顶违建等“老大难”存量违法建筑。结合“文明城市”创建，对石碶雅源路、冯家村，古林礼嘉桥村、陈横楼村等城乡接合部开展综合整治，拆除乱搭乱建530余处，清理垃圾400余车。

【“两路两侧”“四边三化”环境综合整治】 2020年，海曙区把“两路两侧”整治触角向主干道道路两侧可视范围的企业、单位内部区域进行延伸，引进

改造后的翠柏一里

第三方利用无人机对重要道路和重点区域实施定期航拍，加大盲点盲区的环境整治，市三改一拆办下发的61处环境问题点位全部按期完成整改，如四明西路跨河桥梁桥下空间垃圾堆放问题，通过“集中清理+布局绿植”改善周边环境。龙观乡依托丰富的人文、自然资源，采取增设观景平台、路侧绿化小景、驿站等方式，对庄顶公路和龙溪线两侧环境进行整治提升，其中庄顶公路获评年度省级“绿化美化精品道路”。

（薛荣锋）

“五水共治”专项行动

【概况】 2020年，海曙区形成“抓水质促转型，抓水质促治岸”工作理念。9个市控以上断面、3个区控断面水质均达考核要求，樟溪河获评省级“美丽河湖”。提档升级河湖长制工作，河湖长综合履职得分评价为全市第二名。在全省水环境满意度调查中，海曙区连续3年位居全市前列。全区6条市级河道、26条区级河道、113条镇级河道，有2座市级水库、1座区级水库、21座镇级水库和1个市级湖泊中，共设立区级河（湖）长36名、镇级河（湖）长226名、村级河（湖）长750名。各级河（湖）长累计巡河4万余次，发现问题近200个，全部整改落实。

根据全省“河（湖）长”制提档升级的相关要求，全区持续推动各级河（湖）长制规范性，完成区、镇两级河湖圈设置，将区域内的镇级河道全部纳入市、区两级河湖圈内，村级河道全部纳入市、区、镇三级河湖圈内。统筹做好河（湖）长管理信息系统升级和运用工作。迭代升级河（湖）长管理系统、App巡河系统，及时完成一河（湖）一档、公示牌、排口、水质监测及河湖岸线划界等基础信息录入维护。委托市环境保护科学研究设计院对全区32条区级以上河道和4个市、区级湖库开展“一河一策”的分层修编工作，镇、村两级的“一河（湖）一策”实施方案同时推进。以推广“绿水币”活动为契机，引导普通民众参与治水护水工作。

【“保水质”工作】 2020年，海曙区重点抓好“保水质”专班工作，明确城区内河范围，确定“保水质”工作分期工作目标，完善工作制度，拟定“18项”重点工作内容。修订《海曙区城区河道夏季水质突变应急处置预案》，通过安排清淤轮疏、引进无人船等进行问题排查，以“高强度、高密度”管理和执法，持续稳定水质。以水质提升促岸上治理，动态监控市“保水质”专班通报的7条河道固定点位变化曲线和区级河（湖）长制以上33条河道263个固定点位水质，关注相关镇、街道之间的交接断面变化数据，压实上游责任。整改城区209处排口，相关排污现象得到溯源。

【断面水质治理】 2020年，海曙区针对石碶断面水质波动问题，督促沿线相关镇、街道加快实施基础管网、雨污分流、污水处理终端及生态补水项目建设，引入无人船全面排查沿线排口。投入资金约4500万元新建污水处理终端及景观补水工程，缓解南新塘河及其支流沿岸企业生产生活、沿线村民生活污水处理压力。实现区域水环境功能达标率100%，区控以上断面水质优良率91.7%，交接断面水质合格，达到考核要求。

【河（湖）长职量化考核列全市第二】 2020年，区治水办细化河（湖）长履职评价标准，推进“河（湖）长”制提档升级。通过河（湖）长日常履职、组织督导、管理保护、绩效评估、公众参与、负面清单等手段对“河（湖）长”履职情况进行自动赋分、星级评价，细化河（湖）长履职评价标准。在全市区级河（湖）长履职量化考核中，海曙区以平均分300.91分位列全市第二，河（湖）长巡河率、河（湖）长信息准确率处于全市前列。

【水质检测实现全覆盖】 2020年，海

解放南路沿线立面整治

曙区对镇级以上河道实施水质监测全覆盖。其中，33条区级以上河长制河道共设置263个点位，84条镇级河道设置84个水质监测点，涵盖区级河湖圈的所有分段和支流，为区级河湖圈治理提供翔实的数据支撑。严格执行河（湖）长公示制度和投诉举报受理制度，依托“81890”求助服务中心平台，河（湖）长热线24小时接受群众举报投诉，落实“首问责任、即问即办”，确保群众投诉“有问必答”，压实各级河（湖）长巡河监管责任。

【“污水零直排”全域创建】 2020年，海曙区投资3.17亿元开展“污水零直排区”建设提升行动计划项目47个，实现“污水零直排”创建全域覆盖。下发《2020年度海曙区“污水零直排”创建任务书》，压实创建主体和行业主管部门责任；召开专题推进会、协调会，抓好重点工作落实；委托专业咨询单位全面排摸全区建设情况，形成个性问题清单；持续推进管网等基础设施改造提升。集士港镇、古林镇、高桥镇、段塘街道通过省级“污水零直排区”创建初验，望春工业园区、横街镇工业园区通过市级“污水零直排区”创建验收，其他镇（乡）街道完成省、市“污水零直排区”复验。省级创建达58.8%。

【“绿水币”推广】 2020年，海曙区出台《海曙区全面推广公众护水“绿水币”制度的工作方案》，重点以“绿水币”活动推广为契机，引导普通民众参与治水护水工作。公众可通过“宁波公众护水平台”微信公众号，参与“问题有发现，发现有积分，积分有奖励，奖励有保障”活动，以获得的“绿水币”积分兑换奖品和荣誉激励，建立拓宽公众参与和监督渠道，利用全民力量促进宁波市河（湖）长制提档升级。全区组织开展公众“绿水币”宣传推广活动百余次，“绿水币”注册人数超1.7万人。

（区五水共治办）

媒体看海曙

宁波海曙“组合拳”助台企快速复产

春风不言迟，复苏正当时。疫情之下，台商台企集聚的浙江省宁波市海曙区，通过打好协调物资、税收减免、高效审批等一系列“组合拳”，帮助全区近百家台企“提速”复工复产。截至目前，九成以上的台资企业有序复工达产。

“硬通货”及时到位

“多亏你们及时送来防疫物资，我们才顺利复产，确保了这批光定金就有30万美元的订单按时交货。”日前，台资企业宁波市迪泰塑胶有限公司负责人专门致电海曙区台办表达谢意。

以生产喷淋系列产品为主打的迪泰塑胶，2月初由于缺少口罩、额温枪等复工“硬通货”，企业迟迟不敢复工，订单大量积压。了解情况后，海曙区台办协同区相关部门和高桥镇第一时间送去大量口罩、手套等紧缺物资，协调购买1吨消毒液，协助企业做好开工的防疫准备工作，安排企业复工。

这只是海曙区服务台资企业的一个缩影。“早在复工复产初期，我们就率先出台‘情况清单’‘问题清单’‘建议清单’，通过‘云台账’及时掌握台企的实际需求。”区台办负责人说。在搜集大量数据的基础上，全区各部门全力解决清单内外的台企实际问题，保障口罩、额温枪、消毒酒精

4月，区委组织各条线工作人员赴台企服务

半山伴水度假村

等物资供应，为40余家台资企业雪中送炭。

“减负担”政策帮扶

台资企业宁波环球广电科技有限公司主要从事生产封装光通讯有源器件、有线电视前端设备，是美国思科、微软等多家国际知名企业的上游供应商。受疫情影响，物料、人力一时紧缺，企业面临资金压力。

关键时刻，正在推出“非接触式”服务的海曙区税务局，通过网络、电话等方式送来了阶段性减免社会保险费等最新政策，并帮助企业加速办理出口退税。“想不到4月份还没过，公司就顺利享受到今年一季度的1770万元出口退税。”公司员工詹前程说：“资金压力及时缓解了，所有生产线开足马力赶制客户订单。企业更有信心抢占国际市场，下半年订单需求量预计可增加20%。”

疫情发生以来，海曙区税务部门成立惠企暖企服务队，通过加码宣传税费优惠政策、优化各项办税缴费流程，为台企提供政策咨询、电子税务局操作辅导、发票包邮寄送、资料容缺办理、加速出口退税审批等多项暖心服务，深受好评。

今年一季度，海曙区台商台企已累计享受出口退税2600余万元，减免社会保险费近360万元。

“一站式”打通堵点

“五一”黄金周期间，由台资企业万汇集团总投资1.5亿美元开发建设的半山伴水度假村，推出了水晶塔、攀岩以及云霄滑索等体验项目，吸引超3700名游客，一时间成为市民和游客的“网红打卡地”。

“如果没有政府‘一站式’服务打通项目落地‘堵点’，度假村没办法这么快开门营业。”万汇集团董事长马准安直言。去年以来，项目建设中遇到高压线落地横跨景区审批、户外拓展设施落地难等多个“堵点”，多亏海曙区政务服务办及时协调10余个部门多次会商会审，确保项目建设顺利推进。

前不久，2020“乡约宁波春满海曙”乡村旅游季活动启动仪式在度假村启动，这里正式成为当地的旅游推介项目，人气暴增。

几个月来，海曙区还推出一揽子举措惠及台企在内的广大企业：率先推出企业复工和疫情防控大数据平台，实现数据多跑路、企业零跑腿；发布包括协助人才企业复工防疫、简化人才资助拨付方式等政策的《疫情防控期间关心关爱人才暖心十条举措》；针对“用工荒”，派出小组分赴贵州、河南、四川等地收集返岗意向，开展“包专机、包专列、包专车”专项行动；加强招工用工保障，在个人、企业、人力资源服务机构等方面予以补贴，有力推动了当地企业加速复工复产。

（2020年5月18日《人民日报》（海外版）4版）

“萝卜白菜十三条”：探求社区治理“最优解”
——浙江宁波“开放空间”民主协商议事观察

小区电梯怎么装，门禁怎么改，绿化带和停车位矛盾怎么解决……社区是基层自治的最小单元、国家治理的神经末梢，也是社会矛盾的高发地。近年来，浙江省宁波市海曙区引入了“开放空间”会议技术，尝试“议而决，决而行，行而果”，探求社区治理的“最优解”。

我的小区我做主

在宁波市海曙区白云街道安丰社区党群服务中心四层的议事厅里，一场“开放空间”的讨论热火朝天地进行着——

“我建议小区使用指纹门禁系统，方便又安全。”

“家里是指纹锁，小区如果采用指

纹门禁，万一信息泄露太不安全。”

“人脸识别可以直接刷脸通过。”

“我看还是经典的门禁卡最好，老年人用起来没有负担。”

……

十几名居民围在一张方桌边，讨论小区应选用哪种门禁系统。一位居民充当记录员，记下小组讨论的结果。

房间里另两张方桌边，“门禁系统就位后小区如何管理”“小区内幼儿园来往人员如何使用门禁”等话题也被热烈讨论着。

安丰社区由玫瑰苑、三鼎坊和丰馨苑三个小区组成，住户3396户，总人口近1万。其中，玫瑰苑与三鼎坊两个小区是20世纪90年代建成的老小区。

“这次主题是‘聊聊老旧小区改造如何实现封闭式管理’。听到这个主题，你会想到什么？”在社工主持人的引导下，40余位居民写下自己的关切。

按照“开放空间”议事程序，主持人选出了“热度”最高的三个话题，把它们贴到了黑板上，居民排队依次在自己最感兴趣的话题上签名，并分成3个小组展开讨论。他们将通过小组讨论、发布行动方案、正反方辩论、投票等各个环节达成共识。

“我们这个小组讨论的重点是门禁系统就位以后，小区应该如何管理。”作为第三小组的记录人，居民张蓓琳向全体参与讨论的居民汇报小组讨论成果：“我们认为应当采取负责人制度，每天安排专人值班，形成‘物业负责、居委会监督、居民遵守’的管理模式。”

自2013年在白云街道牡丹社区等社区试点以来，宁波市海曙区已在全区102个城乡社区推广了“开放空间”这一民主协商议事模式。

“开放空间”为何来

海曙区很早就遇到了城市基层治理难题。9个街道102个社区，有老小区，也有新小区，居民诉求纷繁复杂。这成了安丰社区党委书记陈赛花采用“开放空间”会议技术的原动力。

2013年4月，牡丹社区居民抛出要建“居家养老服务中心”的议题，社区“要地没地”“要人没人”，时任社区党委书记的陈赛花想破头也想不出解决办法。

这时，还作为新鲜事物的“开放空间”走进她的视线。当时，北京市东城区社区参与行动服务中心主任宋庆华，到宁波分享社区治理经验，一本“开放空间”操作手册，传到了陈赛花的手中。

作为一种会议技术，“开放空间”由美国学者哈里森·欧文设计提出。他发现人们在开会时很沉闷，茶歇时间却交谈甚欢、交流颇有成效，受此启发，他设计出了“开放空间”的会议技术。

“开放空间”遵循四大原则：在场的人就是合适的人，凡是发生的都是有原因的，只要开始了时机就到了，过去的就让它过去吧。而最重要法则是“双脚法则”——可以用自己的双脚自由移动，随时选择自己喜欢的话题。每个参与者既可以做辛勤贡献意见的“蜜蜂”，也可以做自由来往静静旁观的“蝴蝶”。

抱着试一试的心态，她邀请了社区党员代表、义工代表、社区工作者以及愿意参加讨论的普通居民尝试一次“开放空间”讨论。结果出乎意料，社区居民带来了需求、问题，也提供了解决建议。

居家养老服务中心要设在底层，方便老年人走动；服务中心最好能设个茶室，老年人能喝茶聊天；有人想报名成为居家养老服务中心的志愿者……社区居民的“金点子”提了30多条，足足写满了3张纸。

最终，在“开放空间”的努力下，社区找到了场地、确定了设施，并且还对接到了服务中心成立后服务的志愿者团队。

“萝卜白菜十三条”

在传统的社区中，居委会往往是帮居民拿主意的一方，如家长一般为居民包办大小事务。面对纷繁复杂的诉求、重叠交织的利益，居委会干部常常居中协调，但又往往得不到理解、吃力不讨好，而社区居民没参与感、不满意、不开心，“双输”的局面成为社区治理困局。

安丰社区居民张志成说，“开放空间”的出现，缓解了紧张关系，让社区问题得到各方满意的解决方案。

“开放空间”有着自己的“规矩”。现场任何人讲话、发言，必须遵循“不同意见者之间避免面对面对话”“不得进行人身攻击”“不得打断其他人陈述”等一系列规则。7年多来，随着“开放空间”持续开展，这些规则逐渐深入人心，社区居民将之称为“萝卜白菜十三条”。

在玫瑰苑小区围墙改造议题上，

8月，月湖街道组织社会组织骨干“开放空间”技术能力培训

10月，白云街道安丰社区“开放空间”讨论小区晾衣架安装问题

围墙边楼栋的居民对设计单位给出的围墙高度均不认可，低楼层居民觉得加高太压抑，高楼层居民则担心围墙太过低矮不安全。为解决这一问题，陈赛花把“开放空间”开到了围墙边。最后居民们一致决定，推翻设计单位给出的“标准解”，改为给围墙加上三块砖的高度，并架设高50厘米的防盗网。

居民们在开放空间中讨论、让步、做决定，最后得出民意的最大公约数，这成为众人眼中社区治理的“最优解”。据了解，7年多来，“开放空间”议事8500余次，有效解决或回应近8000条，议事居民超10万人次，参与其中的居民满意度达到95%。

“议而决，决而行，行而果。”宁波市海曙区民政局副局长吴鹤立认为，这就是“开放空间”相比较其他社区治理模式最大的不同，也是突破所在。

为基层民主实践加载制度框架

作为一个从国外引入的会议技术，“开放空间”如何适应中国的社会人文环境、又该走向何方？

针对老旧小区中老年人较多、中国人在公开场合较为拘束、会议前期容易出现发言不踊跃、参与度不够等情况，热身环节被引入了“开放空间”中。拍手歌、手指操、“破冰”小游戏，既活跃了气氛，也让居民放下了拘束和戒备。对于较为复杂、解决难度较大的议题，则通过缩短议程、多次召开的形式，让每次“开放空间”聚焦具体话题、落到实处。

解决问题还需要积极发挥基层党组织的作用。吴鹤立说，发动依靠基层党组织的力量成为“开放空间”的中国特色。事前，社区发动党员收集议题，并邀请利益相关的、感兴趣的居民参与，让讨论能在一个有利于问题解决的方向上开展，此为“舵手”；事中，党员干部带头发言，积极参与讨论，鼓励其他居民就讨论话题提出问题、发表看法、给出解法，此为“鼓手”；“推手”则意味着社区干部身份的转变，从“社工台上坐、居民台下听”转变为居民主导、社工协助居民完成讨论，社区干部成为话题的引导者、讨论的组织者、规则的守卫者。

陈赛花介绍，在玫瑰苑小区围墙改造的墙边“开放空间”中，社区承担了讨论的组织、秩序的维持和与施工方对接的工作，但最重要的讨论环节、互相的妥协、最终的决策，都是居民们在“开放空间”中达成的。

在浙江省公共政策研究院研究员夏学民看来，“开放空间”一方面提高了居民作为一个公民的责任意识、规则意识，另一方面有效减轻基层政府及其政府派出机构的工作量，更重要的是提高了社区居民对社区问题解决的参与率和满意度。

“可以考虑用技术标准的形式来规范它，从而给基层民主实践加载制度的框架。”夏学民说。

（2020年12月28日《新华每日电讯》5版，记者林光耀、顾小立）

打造数字经济发展门户区

近日，总投资12亿元的全国首条金属掩膜板（FMM）生产线在浙江宁波市海曙区企业寰采星科技安装调试，其产品主要应用于智能手机、平板电脑等电子产品的显示面板。今年以来，宁波海曙区加快发展数字经济，不仅成功招引德勤、爱库存等数字经济产业链项目入驻，而且不断优化“政企直通车”平台，通过大数据监测帮助企业快速解决发展难题，实现了“外引强”和“内提质”齐头并进。

海曙区在宁波率先推出数字经济三年行动计划，并对有需要的中小企业免费进行数字化智能诊断，致力于建设全国领先的“工业互联网之城”。“海曙围绕产业链部署创新链，围绕创新链布局产业链，高效解决了企业渠道拓展、供应链构建等问题。”

在加快构建以国内大循环为主体、国内国际双循环相互促进的新发展格局的赛道上，海曙区充分发挥“政府搭台”的优势。前不久，该区以知名电话服务热线“81890”为基础，运用数字技术健全常态化、精准化、标准化服务制度，提出“全天候、全过程、全覆盖、一站式”服务标准。金融服务部门也积极帮助企业协调解决融资需求，前三季度，中小微企业贷款余额增长超过25%。

数字经济这一强劲引擎带动海曙区经济实现快速发展。在不久前举行的2020宁波时尚节上，海曙企业“直播体验区”获得广泛关注。作为海曙区重点数字经济招商项目，这个由当地民企联合打造的培训中心，已吸引220多家当地纺织服装企业入驻，60余场直播活动带动消费超3亿元。在第三届世界“宁波帮·帮宁波”大会上，海曙区进一步提出打造数字经济发展门户区、政府整体智治先行区、数字化民生服务示范区。

当前，宁波海曙区更加注重引导当地高校院所助力企业融入双循环。据了解，宁波市智能制造技术研究院已陆续为帅特龙、红岩汽配等当地龙头企业提供智能制造集成解决方案平台等，助力企业加快推进智能化、数字化转型。

（2020年11月14日《经济日报》头版，记者郁进东）

共生，方能共赢
一家服装企业打通线上线下，重塑销售链

4月25日晚11点，位于浙江宁波海曙区的旦可韵有限公司三楼依旧灯火通明，一场近3小时的直播刚结束，总经理助理陈心韵总算能坐下来缓口气。从3月1日第一次尝试直播带货，如今已成功直播14场，“除了收获更多客户，直播也为公司未来发展带来了新启发”。

主营羊绒衫私人定制，发展近30年。眼下复工复产，周围服装企业纷纷选择直播卖货，这样的方式却一度让旦可韵公司拿不定主意。

动心：直播到底做不做？
新方式，慢行动，顾虑之余求共赢

“春夏是羊绒衫定制淡季，往年这时候订单虽少，但也能维持收支平衡，可以平稳度过。”公司负责人孙淑琴说，“今年情况特殊，线下门店一度无法营业，一个订单都接不到，加上支付日常开支，这次是‘生与死’的考验。”

2月21日复工，收到的订单几乎为零。“虽然期间有政府资金、政策上的帮扶，但想要扭转困境，绝不能被动等待。”孙淑琴说，眼看周边服装企业纷纷加入“直播大军”，她也动了心，“要想实现自救，必须尝试新路子，直播到底能不能做？”为了这个事，公司专门开会讨论过好几次。

比较而言，直播成本不算太高，效果也不错，为啥不能做？

“主要是考虑到经销商和门店的利益。”陈心韵向记者道出原委，他们在全国各地有300多家加盟店，不少都积累了稳定的客户群体，“想让门店为直播贡献流量，我们担心经销商不买账。”

“就怕流失苦心经营多年的顾客。”来自山东烟台的经销商张琪对直播心存顾虑，“以前顾客都在门店定制，再由总部制成发货，如果直播卖货，客户都跑直播间下单了，我们担心赚不到钱呐！”

面对经销商“被抢客”的顾虑，公司最终决定采用“直播不卖货”的方式。“我们将全国各地店长召集起来，请他们把顾客放心介绍到直播间，我们会在每周三、周六晚准时直播，只介绍服装、分享穿搭。”陈心韵说，“若大家有购买意向或有定制需求，可以直接联系所在地门店店长。我们承诺绝不在直播间卖货，让利给经销商，也是一种共赢。”

图为“旦可韵”智能化生产线，可为顾客提供更便利、快捷的羊绒衫私人订制服务

探索：状况百出怎么破？
多准备，勤琢磨，云端带货效益显

从零开始并不容易，为了准备3月1日的第一场直播，公司下了不少功夫。指着新购入的直播设备，陈心韵打趣道：“这些都是我们咨询了专业人士后挑选的直播‘顶级配置’，前后花了1万多元。”

从确定直播主题、风格，再到调试

设备、搭配服装，直播团队花了整整2周时间准备。不过头回当主播，还是状况百出，“真的是手忙脚乱，面对大家提问也来不及答复。”

事后，公司专门组建了直播团队，召集市场部、设计部等10余名员工，每场提前3天策划，设计20套搭配，介绍40多件单品，还要预设观众可能感兴趣的问题。指着桌上的一摞文档，陈心韵称这就是每场直播前要准备的“功课”。

团队还邀请专业摄像师帮忙调试灯光，“线上直播不像线下购物，全凭视觉上的效果，必须得琢磨如何把服装更好地展示给大家。”她说。

为了让顾客在线上能体验到线下服务，再将线上流量引到线下，除了更用心搭配服装款式，陈心韵还力求讲清楚每件服装的设计卖点。如今，每场直播观众稳定在2万多人次，台前由陈心韵当主播，幕后还有五六名工作人员帮忙。直播中除了介绍自家羊绒类、梭织类服装，还跟网友分享搭配心得、设计灵感与幕后故事，反响不错。

伴随直播而渐渐多起来的订单，也让各地门店的店长们真正把心放到了肚子里。“直播居然不卖货，把客源还给我们，感动之余更要为这种做法点赞。”张琪告诉记者，疫情期间门店一度经营惨淡，如今“云端带货”，客户在直播间相中款式后通过微信找她下单，“总部免费宣传，销售链再次打通，感觉生意又‘活’过来了！”

3月，杉井奥特莱斯店家直播卖货，拉动销售

惊喜：边缘产品唱主角？

见趋势，谋转型，新兴模式潜力大

凭借直播带货，今年3月，公司营业额比去年同期增长10倍，陈心韵也颇感意外：“主要是梭织类服装这样的非主打产品卖得好。”一直以来，针织类产品是公司的主打，占比很小的梭织类服装为何能逆势上扬唱主角？

“为求在直播中带给大家更多当季服装，我们便增加了梭织产品的比重。”陈心韵说，直播除了帮助公司渡过难关，也为未来发展带来新启发，“消费者的需求，倒逼公司加大对梭织类产品的研发力度。”

以往是“客人点菜”，如今“自选动作”变多，孙淑琴说：“因为定制行业的特殊性，我们习惯于旺季忙碌，如今能在淡季以非主打产品忙起来，企业也拓展了发展空间。”她告诉记者，前几年公司开设了智能生产线，定制一件羊绒衫的时间由一周缩短至8小时，现在又将淡季做成旺季，“从前总觉得传统行业要靠经验，现在年轻人带领公司不断推陈出新，让我看到了行业未来的希望。”

在海曙区，像旦可韵这样积极自救的服装企业有很多。

“海曙区是全国重要的纺织服装产业基地，大大小小的纺织服装企业有2000余家，如今纷纷尝试直播谋出路，大部分企业产能已恢复至去年同期水平。”宁波市服装协会秘书长毛屹华说，“这些企业成功的‘逆周期操作’，离不开自身谋划积极转型的新思维，更在于恰如其时地把握住了新零售私域流量的新趋势。”

乘胜追击，未来又该怎么走？孙淑琴若有所思地说：“原本只想通过直播自救，如今我们看到了新零售模式的巨大潜力，未来想把它坚持下去。”她说，下半年是羊绒衫定制旺季，相信在直播的带动下，生意一定能更红火。

（2020年5月8日《人民日报》2版，记者窦瀚洋）

①	④
②	⑤
③	⑥

①3月10日，段塘街道南塘社区开展党员志愿者义务植树活动

②3月18日，段塘街道南苑社区“春分志愿者”为老人送食春天蔬菜

③3月25日，江厦街道志愿者清理郭南小区大件垃圾

④4月26日，古林镇志愿者整理“共享单车”

⑤5月13日，段塘街道南塘社区组织开展“延情助残之家，关爱身边的他”助残日活动，社区志愿者与残疾人结对，共同完成弹珠、套圈、魔方等游戏

⑥9月23日，望春街道后塘河社区携手望春西部居家养老服务中心，在社区“亲邻之家”开展爱老敬老便民服务活动

大事记

1月

1月1日，农业农村部公布“全国乡村治理示范村镇”名单，海曙区高桥镇民乐村为全市7个入选村之一。

1月3日，“为了祖国的花朵”——甬籍人民科学家顾方舟纪念展在中山公园逸仙楼举行。

1月7日，海曙区集士港镇在全省住房城乡建设工作会议上获评“浙江省园林城镇”并接受颁奖。

同日，2019年度浙江制造精品企业名单发布，海曙区企业宁波思明汽车科技股份有限公司和宁波共盛电气科技有限公司分别凭借“C15系列内高压成形汽车尾气循环处理系统”和“公用变台智能化低压综合配电箱（JP）”2项产品入选。

1月10日，工信部公示2019年制造业“双创”平台试点示范项目名单，宁波博洋控股集团有限公司的“博洋创客157创业创新‘双创’平台”被评为“基于互联网的制造能力开放平台方向的试点示范项目”，成为此次全省唯一一家面向纺织服装设计互联网孵化细分领域的示范试点项目。

同日，全区“不忘初心、牢记使命”主题教育总结大会召开。

1月13日，2019年度“海曙好人榜”发布仪式在章水镇文体中心举行。区文明办、区慈善总会联合宁波市区信用联社发起“曙有爱”好人基金，定向捐助用于“海曙好人”的扶贫帮困、助医助学及慈善公益事业。

1月14日，海曙区36个社区（村）因失业人员再就业率和困难人员就业率显著提升，获评市级“高质量就业社区（村）”。

1月16日，宁波旷世智源工艺设计有限公司在境外设立的上市主体——旷世控股有限公司于香港上市。

1月17日，“2019年度浙江省放心农贸市场”名单发布，海曙区5家农贸市场上榜。其中，联丰菜市场、高桥菜市场为复创市场，鄞江菜市场、洞桥菜市场、章水菜市场为新创市场。

1月19日，“宁波黄古林蔺草—水稻轮作系统”入选第五批中国重要农业文化遗产，为全市唯一入选项目。

1月21日，全区基层党建和人才工作述职评议会召开。

1月22日，2020年全市宣传思想工作会议举行，区委宣传部“理论宣教‘中央厨房’项目”获2019年度“全市宣传思想文化工作创新大奖”。

同日，海曙区印发《关于切实做好新型冠状病毒感染的肺炎疫情防控工作的紧急通知》，成立新型冠状病毒感染的肺炎疫情防控工作领导小组，并召开领导小组会议。

同日，宁波市新型冠状病毒感染的肺炎疫情防控工作视频会议召开。会后，召开海曙区疫情防控工作每日会商，学习传达市委专题会精神，具体部署全区疫情防控工作。

1月27日，海曙区红十字会收到首笔来自三生（中国）健康有限公司的定向捐款50万元，用于支援武汉抗击新冠肺炎疫情。

1月30日，省委副书记、市委书记郑栅洁到海曙交通卡口宁波栎社国际

获评“浙江省园林城镇”的集士港镇

机场、铁路宁波站、高速宁波出口明察暗访疫情防控工作。

1月31日，省委书记车俊赶赴海曙区协爱中医院（集中隔离观察点）、联丰菜场、欧尚超市、安丰社区、水岸心境社区指导督查疫情防控工作，看望慰问奋战在一线的广大干部群众。

同月，高桥镇镇政府获“浙江省小城镇综合整治行动突出贡献集体奖”。

同月，海曙区获评浙江省首批“AAA级景区城”，龙观乡、月湖街道被评为浙江省首批“AAAA级景区镇”，集士港镇深溪村、横街镇水家村被评为浙江省“AAA级景区村庄”。

同月，宁波市海曙粮人粮机专业合作社、宁波市海曙区章水镇杖锡花木专业合作社获评2019年度省级“示范性农民专业合作社”；宁波市海曙甬福果蔬专业合作社拟新认定省级“示范性农民专业合作社”。

2月

2月1日，市委副书记、市长、市新型冠状病毒感染的肺炎疫情防控工作领导小组组长裘东耀到铁路宁波站，暗访督查疫情防控工作落实情况。

同日，海曙公安分局在原有疫情重点人员攻坚队基础上，组建44人的流行病学调查警医联动追溯队，下设1个指挥部和5个工作小组，指挥部设在攻坚队，实行专人办公。

2月2日，海曙区印发《关于做好企业节后复工防疫工作的通知》，提出“企业开复工十一条必须”。

同日，省委副书记、市委书记郑栅洁以暗访形式，赴海曙区古林镇俞家村、横街镇上阵新村和溪下村等检查督导疫情防控工作。

2月3日，市委副书记、市长、市新型冠状病毒感染的肺炎疫情防控工作领导小组组长裘东耀，市委副书记、政法委书记宋越舜分别到海曙检查指导防疫工作。

同日，全区587名机关干部充实到村（社区）一线开展疫情防控相关工作，全区718个自然村和512个小区落实管控措施。

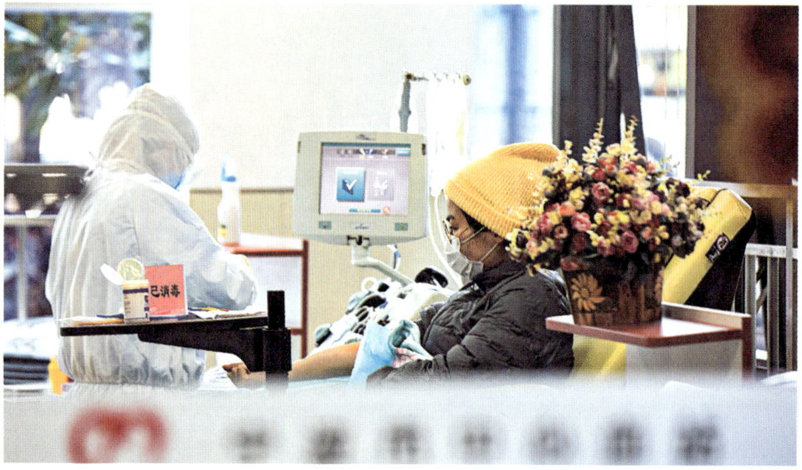

2月24日，新冠肺炎康复者王女士捐献血浆200毫升

2月8日，海曙区企业复工和疫情防控监管云平台上线，方便企业“足不出户”办理复工手续。

2月9日，“海曙”客户端推出“云课堂”频道，播放全区240余位名优教师录制的首批302个视频资源，方便海曙中小学生在家学习。

2月16日，40名贵州省黔西南州义龙新区的务工人员携带“爱心干粮包”，乘坐专车返回海曙，成为海曙区启动“春风行动”组织返岗的首批务工人员。

同日，海曙区召开“宁波全域一码通”工作部署视频会。

2月18日，央广网以《宁波海曙黑眼圈“小巷总理”：疫情不除我们不退》为题报道海曙区高桥镇高桥社区党总支书记王小菲事迹。

2月20日，《人民日报》以《“这样的扶贫医生，我们打心眼里钦佩！”》为题，报道海曙区对口帮扶贵州省黔西南布依族苗族自治州贞丰县的挂职干部许磊在扶贫一线的战“疫”故事。

2月21日，“海曙商务”微信公众号上线。首条信息推送海曙区恢复营业的商场、家电卖场、商业广场、购物中心、街区信息。

同日，宁波工业互联网研究院产业园、中新创智（宁波）产业园等9个项目复工，至此，海曙区21个省、市重点项目全部复工。

同日，宁波首班“扶贫＋复工”包机抵达，155名贵州省黔西南州贞丰县、义龙新区的务工人员分别返回海曙区9家制造企业的一线操作岗位上岗。

2月24日，新冠肺炎康复者王女士在宁波市中心血站捐献血浆200毫升，完成海曙区首例新冠肺炎康复者恢复期血浆捐献。

2月25日，浙江飞扬国际旅游集团股份有限公司提前收到300万元的2019年境外上市奖励补助，是海曙区助企纾困的一项举措，并开启海曙区2019年度“凤凰行动”计划专项资金兑现工作。

同日，海曙区首台“方舱CT”在区第三医院投入使用，就诊的发热患者可就近进行CT检查，减少交叉感染机会。

2月28日，海曙区人民政府与中国工商银行宁波市分行举行全面深化战略合作协议签约仪式。

2月29日，海曙区首趟复工专列——从安徽阜阳西站始发的G7795次列车抵达，741人顺利返岗。

2月，西门望春社区卫生服务中心吕娟获评2018—2019年度“浙江省青年岗位能手”。

3月

3月3日，《人民日报》刊发位于海曙区的空港邮件处理中心确保物流畅通的图片新闻。

3月4日，省政协副主席、民革中央常委、民革浙江省委会主委吴晶到海曙区慰问赴武汉一线抗疫的民革党员医生袁妍妩家属。

3月5日，省委常委、统战部部长

熊建平到海曙区调研指导复工复产、疫情防控等工作，开展“三服务”活动，为企业排忧解难。

3月6日，海曙区作为全市首个试点区域，率先上线区疫情防控惠企政策“一网通”平台。平台集中展示40项惠企政策，实现一网通办。

3月9日，全市重点项目网上签约会上，海曙区5个项目“云签约”，总投资约22亿元。

同日，2019年度宁波市网络民生服务平台（“宁波民生e点通”群众留言板）网络问政榜单揭晓，海曙区以综合得分7336分，位列全市89家部门、地区之首。

3月10日，宁波市绍兴商会助力教育防疫物资捐赠仪式举行，向宁波市第二外国语学校、宁波市海曙赫威斯学校捐赠智能人体测温筛查系统，助力学校开学准备。

同日，西门街道钱东小区启动海曙区2020年首个老旧小区改造项目。

同日，宁波邮局海关快速监管验放由宁波易站通电子商务有限公司出口的一批次10438单、货值5.68万美元的跨境电商零售商品，成为疫情发生以来宁波邮路口岸通关出运的首批跨境电商零售出口商品。

3月11日，雅戈尔集团与中国联通合作的“5G制衣智能制造示范平台”项目启动，成为海曙区首个启动的“5G+”工业互联网试点项目。

同日，章水镇卫生院高山巡回医疗服务恢复。

3月13日，宁波首批区域细胞制备中心建设试点批复，海曙区的宁波（希诺赛）区域细胞制备中心入选全市2个试点之一。

3月16日，宁波市智能制造技术研究院在全省制造业高质量发展大会上获评全省智能成型领域唯一的省级“制造业创新中心”。

3月17日，由市标准化研究院、区社会工作协会共同起草制定的《社区工作者疫情防控规范》出台，从工作内容、工作要求和工作保障3个方面为基层社工防疫工作订立标准。

3月18日，区商务局与宁波米奥商务会展有限公司签署《海曙数字外贸平台战略合作协议》，上线全省县（市、区）级首个数字外贸平台，助力海曙区外贸企业抢抓国际市场、提升市场开拓能力。

同日，海曙区积极应对新冠肺炎疫情切实做好稳外贸稳外资工作视频会议召开。

同日，海曙区绿化养护中心零星维修服务采购项目完成开评标，成为全区首个全流程电子化采购招标落地项目。

3月19日，西门街道获评2019年度各市和县（市、区）“五水共治工作优秀乡镇（街道）”。

3月21日，海曙区首场线下招聘会——“海曙有你·复产有力”春季综合性人才洽谈会在国际会展中心举行，能源、建筑、计算机等领域120家企业参会，提供4100余个岗位。

3月22日，海曙区经营性公墓首场统一共祭代祭扫活动在山下庄墓园举行。

3月24日，市委副书记、市长裘耀东到海曙区专题检查指导生产生活秩序恢复工作。

3月26日，长春门文化公园一期获批建设，主要修缮文保建筑澄怀学堂、惠庆医院、陈宅等。

3月27日，《浙江日报》头版刊登题为《“三服务”护航稳外贸　宁波海曙“外贸联盟”助企线上出海》的专题报道，介绍区商务局牵头成立国际贸易发展联盟，为外贸企业提供“一条龙”服务情况。

3月29日，10点49分，从云南昆明经湖北宜昌飞至宁波的长龙航空GJ8910航班降落，宁波机场迎来首架复航的湖北商业客运航班。

3月30日，市教育局首次公布宁波市中小学劳动教育示范学校及实践基地名单公布。海曙区鄞江镇中心小学和宁波市东恩中学获评示范学校，宁波市海曙区青少年宫获评实践基地。

3月31日，海曙区文明城市创建暨“两路两侧”整治提升工作会议召开。

同日，古林镇卓远愈养中心被省残联评定为首批五星级“残疾人之家”。

4月

4月1日，“书香海曙 万卷生长”海曙阅读嘉年华启动，开展百余场全民阅读活动。

4月3日，在浙江省政府残工委会议上，海曙区南塘老街的“灿益工坊”作为全省首家开在主流街区的助残商店，被评为“全省残联系统担当作为最佳案例”，系宁波市唯一。

同日，海曙区“十四五”规划编制工作启动会议暨规划编制培训会召开。

4月7日，17977个出境邮包经宁波邮局海关验放、义乌国际邮件互换局通关转运，通过中欧班列运往欧洲及“一带一路”沿线各国。宁波邮路口岸出境邮件中欧班列临时邮路正式开通。

4月9日，区教育局召开全区中小学开学复课工作部署会议，统筹部署开学复课工作。

4月11日，海曙区启动首个“一

区第二医院成为首批“一米曙光”文明排队推进点

米曙光”文明排队推进日。

4月13日，海曙区的23所初中24个校区陆续迎来首批开学复课的7000余名初三学子。

4月14日，全省建设平安浙江工作会议召开，海曙区连续15年达到平安建设标准，获评全省首批一星“平安金鼎”。

4月15日，海曙区首个关注大病儿童的爱心基金——“八方有爱”儿童爱心基金成立。

4月16日，《经济日报》以《宁波防止服装企业“危中求机”》为题，报道海曙服务企业用技术促增长，以大数据为支撑，顶住压力、危中求机的经验做法。

同日，全省首家未成年人司法综合保护中心揭牌仪式在区人民检察院南门检察室举行。

4月17日，海曙区“转型升级提质年”活动暨低效用地再开发工作动员会召开。

4月22日，德勤管理咨询（上海）有限公司宁波办公室运行。省委副书记、市委书记郑栅洁会见德勤中国首席执行官曾顺福一行。

4月23日，《浙江日报》头版刊登《数字技术赋能“最强大脑”助力海曙“小巨人”智取市场》一文，点赞海曙企业危中求机。

同日，海曙阅读嘉年华·春意阅畅会活动举行，活动首次采取城乡互动直播方式。

4月24日，海曙区村级工业园升级改造工作领导小组办公室揭牌暨战略合作签约仪式举行，村级工业园升级改造工作进入实体化运作。

4月24—26日，海曙区政府推出“邂逅春暖·约惠海曙”海曙区第二届汽车界天一广场车展。

4月25日，“互联互通·智引未来”2020年宁波市海曙区新兴产业高层次人才洽谈会暨人力资源对接大会举行，15家辖区重点新兴产业企业参会。

同日，海曙区图书馆承办的“2020宁波阅读马拉松”活动在区图书馆多功能厅举行。

4月27日，海曙区首家数字化社区书房——水岸心境社区阅读书房成立。

同日，宁波市第一医院呼吸中心海曙分中心在海曙二院挂牌成立，成为海曙区属医疗机构首家呼吸系统疾病诊疗中心。

同日，第三批省级运动休闲小镇培育名单公布，海曙区龙观乡成为全省7个入围小镇之一。

同日，2019—2020意大利A' Design Award设计大奖获奖作品揭晓，雅戈尔集团联合JFR Studio打造的宁波地标性时尚中心——雅戈尔（宁波）001时尚体验馆获得银奖。

4月29日，主题为“决胜小康，奋斗有我；共享小康，幸福有我”的海曙区第九届微型党课授课比赛决赛落幕，区教育局等10家单位获优秀组织奖。

4月30日，农业农村部公布2020年第一批农产品地理标志登记产品公告信息，海曙区“古林蔺草”获得农产品地理标志登记证书。成为当年全省首批26个之一、宁波唯一。

5月

5月6日，人民日报社《国家治理周刊》“人民智库”发布浙江省56个县（市、区）城市能级测评排名。海曙区以综合得分56.04排名第八，其中创造力指标得分排名56个县（市、区）第一。

5月7日，第十届中国社工年会发布“2019年度百强社会工作服务机构”名单，海曙区社会组织服务中心获评“全国百强社会工作服务机构”，成为历届“全国百强”中首家获选的宁波社工机构。

同日，区委网络安全和信息化委员会（扩大）会议召开。

同日，区医疗保障局举办全区首场围绕大病医疗救助服务的主题培训。

5月8日，在宁波万里对口协作和反贫困研究院成立暨新时代精准扶贫理论与实践研讨会的征文颁奖仪式上，海曙区报送的论文作品分获“宁波市对口协作理论研讨和工作研讨活动”特等奖和三等奖。其中，区经济合作局、贞丰县扶贫办报送的论文《多方参与和市场驱动下的可持续减贫模式——贵州省贞丰县发展茶叶产业案例》获特等奖，区残联报送的论文《东西部扶贫协作背景下“平台牵线式”助残路径的海曙时间与思考》获三等奖。

同日，《人民日报》刊登文章《共生，方能共赢》，聚焦海曙纺织服装企业打通线上线下、重塑销售链的做法。

5月10日，2020年“宁波品牌百强榜”揭晓，海曙区23个品牌上榜，位列“宁波品牌百强榜”第一。

5月11日，《人民日报》刊登文章《宁波对口帮扶贵州茶农脱贫“绿叶子”变“白银子”》，报道海曙区对口帮扶贫困户脱贫增收带动周边茶农增收致富的经验做法。

同日，随着“南塘老街文明公约十条”的发布，南塘老街文明经营示范街创建启动仪式暨“一米曙光”文明排队推进日主题活动启幕。

同日，在宁波市第一医院护士节纪念大会上，太平鸟集团捐赠500万元，设立“优秀医护奖励基金”。

5月12日，《人民日报》（海外版）刊登文章《外贸企业这样逆势突围》，列举海曙企业“宁兴控股”在疫情影响下外贸实现逆势突围的事例。

5月13日，在海曙区—义龙新区东西部扶贫协作联席会议上，海曙国投集团和义龙新区顶效街道签订1000万元定向捐助楼纳村“AAA级景区村庄”建设协议。

5月16日，海曙区村级工业园升级改造合作授信签约仪式举行。全区首个村级工业园升级改造项目——藕池村工业园改造项目比选活动同时进行。

5月17日，甬籍“人民科学家”顾方舟当选“感动中国2019年度人物”。

同日，栎社国际机场停机坪东侧5G基站完成调测，成为全省首个实现5G网络信号全覆盖的民用机场。

5月18日，海曙区社区学院依托“海曙社区教育”微信公众号，发布推出首堂“线上课程”。

同日，《人民日报》（海外版）刊发文章《宁波海曙“组合拳”助台企快速复产》，聚焦海曙区在疫情期间快速高效帮助全区近百家台企“提速”复工复产的做法。

5月21日，省委副书记、市委书记郑栅洁到海曙区专题调研历史街区建设工作。

同日，宁波首个“国际茶日”启动会在海曙区天茂36茶院举办。

5月22日，全区机关党的建设工作座谈会召开。

同日，2020年望春工业园重大产业项目集中签约仪式举行，6个涉及新材料、先进装备制造业等领域的优质产业项目落户海曙区。

5月23日，区文化馆联合区摄影家协会组织的“最美逆行”——海曙区抗疫主题优秀摄影作品展开幕。

5月25日，农工党宁波市海曙区基层委员会成立，选举产生第一届基层委员会领导班子。

5月27日，省侨联党组书记、主席连小敏到海曙区调研基层侨联工作。

同日，宁波雷孟德集团和朗庭酒店集团签约，国际一线五星级酒店品牌——朗廷康得思酒店落户海曙区。

同日，海曙区5家“互联网+送药上山进岛”便民服务点在龙观乡投入使用。

5月28日，2019年度全省验收合格的300家“五星级农村文化礼堂”名单公布，海曙区集士港镇岳童村文化礼堂、石碶街道横涨村文化礼堂和鄞江镇建岙村文化礼堂上榜。

5月29日，“宁波智尚国际服装产业园——数字化服装产业带基地”项目在海曙区落地，嘉乐投资控股有限公司与阿里云计算有限公司正式签约。

5月，“浙江省2020年度美丽城镇优秀样板创建乡镇行动方案”名单出炉，海曙区集士港镇上榜。

同月，海曙企业东海集团报送的经验案例《计量技术助力提升高端智能水表制造水平》入选全省“计量助推企业提质增效”典型案例，系全市唯一。

同月，海曙区获评2019年度“法治浙江（法治政府）建设先进单位”。

6月

6月1日，海曙区发布全市首个“爱国主义教育基地手绘地图”，串联呈现全区25个爱国主义教育基地。

同日，海曙区首家校园阅读书房在横街镇风岙学校开业。

同日，中央电视台《新闻联播》播出《别样“六一”“童”样精彩》，报道海曙企业宁波华茂集团的“书桌陪你”公益项目。

6月2日，中央电视台《海峡两岸》单条播出《宁波海曙区“组合拳”助台企快速复产》新闻。

集士港镇岳童村文化礼堂

同日，宁波智尚国际服装产业园与浙江纺织服装职业技术学院举行签约仪式，联手成立“四新”纺织服装现代企业，落成“双师”培养培训基地。

6月6日，海曙区“鼓楼沿”扶贫市集开市暨“大篷车”消费扶贫进社区启动仪式在鼓楼里巷举行。

同日，市支援合作局和海曙区共同设立的宁波市首个消费扶贫展示馆（海曙馆）落户鼓楼沿。

6月8日，宁波市人大常委会主任、党组书记余红艺到铁路宁波站检查指导文明城市创建工作。

同日，国网宁波供电公司海曙区石碶充电站获评浙江省电动汽车示范充电站，成为宁波地区唯一入选站点。

6月10日，海曙区南塘老街“百年南塘 三市再现”夜市开市，拉开海曙区活跃“夜经济”帷幕。

6月11日，海曙区被表彰为2019年度“全省生活垃圾分类工作考核评估优秀单位”。

6月12日，海曙区面向社区启动宁波市中医药特色街区公开征集概念性设计方案。7月9日，举行设计方案专家评审会，9家单位参评。

6月12—14日，中国人民政治协商会议第五届宁波市海曙区委员会第四次会议召开。

6月13日，作为“文物赋彩全面小康”——2020年“文化和自然遗产日”宁波市的主场活动，海曙区望京门地块考古成果发布会暨望京门遗址公园开工仪式在位于中山西路218号的望京门遗址公园举行。

6月13—14日，宁波市海曙区第十一届人民代表大会第四次会议召开。

6月15日，市政协主席徐宇宁到鄞江镇检查垃圾分类及宣传教育情况。

6月19日，“引云入海 甬立潮头”——阿里巴巴集团淘宝直播产业带基地及淘宝大学宁波基地揭牌仪式在海曙区举行。

同日，位于海曙区横街镇溪下水库库尾的宁波桃源水厂投产，宁波市中心城区日供水能力可从150万立方米逐步提升至200万立方米。

6月23日，省委副书记、市委书记

郑栅洁再赴海曙区，对文明城市创建检查发现的问题进行“回头看”。

同日，国家古籍保护中心公布第六批“国家珍贵古籍名录”，全国752部珍贵古籍和23家古籍保护单位进入推荐名单，其中天一阁馆藏52部171册明代地方志入选。

6月24日，位于海曙中心位置、宁波火车站交通枢纽附近的复星星悦中心项目启动全球招商。

同日，国网宁波供电公司海曙供电分公司完成海曙恒一城市广场中央空调柔性控制改造，宁波首批公共楼宇中央空调系统柔性控制改造工程启动。

6月25日，助力全国文明城市“六连冠”统一行动日暨“百万甬城青年文明传递专项行动”启动仪式在石碶街道雅渡村文化礼堂举行。

6月27日，宁波府城隍庙举行开庙仪式，历经两年大修后，对外免费开放。

6月28日，宁波阿里中心揭牌，一批重大数字化项目签约。

同日，2020宁波海曙乡旅惠集市暨海曙职工一日游直通车启动仪式在南塘老街“城市旅游之窗”举办。

6月30日，全市政协系统书画作品巡回展（海曙站）开幕式在天一汇楼举行。

6月，海曙区以高桥镇民乐村和长乐社区为试点，在全市率先建成村（社）24小时自助服务点，设置的自助综合服务机为居民提供“最多跑一次”政务服务，可办理事项200余项。

7月

7月1日，省妇联副主席童丽君到海曙调研宁静港湾婚姻家庭服务中心。

同日，全国第二批革命文物保护利用片区分县名单公布，海曙区名列其中。

7月3日，市人大常委会主任余红艺率调研组到海曙区开展数字经济专项监督。

同日，“跨境出海 曙光在前”——全省首开的跨境电商出口新模式业务研讨会暨产业对接会在海曙区举行。

同日，《人民日报》刊登名为《学艺》的图片，关注海曙区在贵州省贞丰县深度开展东西部扶贫协作，建成14家扶贫车间，增强“造血”功能的经验做法。

7月4日，“甬上乐业 非你莫曙”——2020宁波就业创业服务交流大会余缺调剂招聘会海曙分会场在月湖街道举办。

7月5日，中央电视台《朝闻天下》以《一江三果带增收 携手脱贫奔小康》为标题报道海曙区在贵州省贞丰县深度开展东西部扶贫协作，发展产业带动当地群众增收脱贫的做法。

同日，市委副书记、市长裘东耀赴海曙区检查防汛工作。

7月7日，浙江阿思科力生物科技有限公司开业投产，成为继“奥丞生物”“瑞臻生物”后，又一落户海曙区的生物医药领域高端人才团队和项目。

同日，全省第二批优秀非遗旅游商品推荐名单公布，海曙区宁波采得丰餐饮管理有限公司申报的“缸鸭狗汤圆”系列入选。

7月9日，在海曙区全面深化紧密型医联体建设推进会上，以宁波市第一医院和国科大宁波华美医院为牵头医院的两大紧密型医联体授牌成立。

同日，由海曙区人民政府主办、区科学技术局承办的“智汇海曙”产才对接会举行。

同日，上海中医药大学海曙协爱中医院与古林镇卫生院共建的上海中医药大学名医工作室在古林镇卫生院揭牌。

同日，海曙科技创新服务企业系列活动启动。

7月10日，《人民日报》刊登《宁波海曙区推行第三方参与政府议事——借力审联体 决策更透明》一文，聚焦海曙区深化“最多跑一次”改革，创新启动“审联体”机制，打通重大工程前期审批“堵点”的做法。

同日，海曙区党政代表团赴上海市长宁区学习考察，上海市长宁区人民政府、宁波市海曙区人民政府签订战略合作框架协议。

同日，宁波办事自助服务终端的海关原产地证书自助打印功能率先在海曙试点。

同日，由五龙潭茶业选送的“它山堰牌御金香白茶”，获得第十届“中绿杯”全国名优绿茶产品质量推选特别金奖。

同日，2020年宁波市食品安全宣传周活动在海曙区启动。

7月12日，中央电视台《朝闻天下》栏目播出《携手引来外贸订单 扶贫车间赶制忙》，关注海曙区在贵州省贞丰县深度开展东西部扶贫协作、帮助引进订单、稳定群众增收的案例。

7月13日，海曙区首个老年学堂在西门街道揭牌。

同日，中央电视台《海峡两岸》栏

重新开放的宁波府城隍庙

目播出《宁波海曙台商爱心助学奖学助力垃圾分类》，关注海曙台商爱心人士融入第二故乡、热心公益助学事迹。

7月14日，海曙区“宁静港湾”婚姻家庭服务中心主任罗红媛被授予“浙江省巾帼建功标兵”称号。

7月15日，由市人社局和海曙区人民政府主办的2020年宁波市“世界青年技能日”主题宣传活动开幕。

7月16日，《人民日报》（海外版）头版刊登稿件《大金过上“金日子”》，报道海曙扶贫车间助力对口帮扶地区贫困户脱贫增收的经验做法。

7月17日，在全省科学技术奖励大会上，海曙区以全市考评第一的成绩获评“2019年度市县党政领导人才工作述职评议考核优秀单位”。

7月18日，《新华每日电讯》刊登稿件《挑战重重，他们如何踏浪前行？来自一线企业的“逆风”关键词》，报道海曙企业博洋集团在逆境中创新销售形式，以“云”上直播拓展品牌市场的成功案例。

7月19日，“浙江省级生态文明建设示范市县”名单公示，海曙区入选。

7月20日，《浙江日报》头版头条报道宁波市高标准打造可“席地而坐”的城市客厅，点赞海曙区文明新举措。

7月23日，“海曙专技人才”公众号上线，成为全市首个面向专技人才、以图文形式解读职称政策的微信公众号。

同日，由海曙团区委主办的2020“未来‘曙’于你”青年大学生基层实习计划启动暨“家燕归巢”联盟成立仪式在区文体中心举行。

7月24日，海曙区“区块链技术与应用”交流会举行，交流研讨基于海曙产业现状的“区块链+技术”应用及思路。

同日，区非奥项目运动基地及省青少年飞镖训练基地的鄞江镇燕玲学校，在浙江省第三届女子体育节获飞镖项目女子团体比赛一等奖，并包揽个人比赛冠亚季军。

同日，宁波市会计人才专家库组建完成，海曙区11名会计专家人才入选，数量居全市第一。

7月25日，为期1个月的海曙区2020年“曙色童心”儿童剧展演周活

7月23日，“未来‘曙’于你”青年大学生基层实习计划启动暨“家燕归巢”联盟成立仪式举行

动在白云实验剧场拉开帷幕。

7月26日，中共宁波市海曙区委九届九次全体（扩大）会议举行。

同日，宁波市古林镇职业高级中学学生康邦成，在第46届世界技能大赛浙江省选拔赛烹饪（西餐）项目比赛中以第一名胜出，代表浙江省参加后续国家级选拔赛。

7月27日，宁波三生生物科技有限公司二期项目奠基仪式在望春工业园区举行，启动建设海曙区首个集研发、生产、仓储为一体的生物医药产业智能制造中心。

同日，新华社客户端刊播《宁波：“跨界直播”引客商，另辟蹊径争订单》，报道海曙外贸企业多渠道谋发展的做法。

7月28日，区行政服务中心发出全省首创“涉路施工许可”事项告知承诺制创新改革后的首张施工许可证。

7月29日，2019年“国家卫生城市（区）”“国家卫生乡镇（县城）”复审结果公布，重新确认古林镇为“国家卫生乡镇（县城）”。集士港镇、龙观乡被正式命名为“国家卫生乡镇（县城）”。

7月30日，琴桥西智慧立体停车库项目通过验收，成为全市首个24小时无人值守的智慧立体停车库，可同时停放132辆汽车。

同日，新版海曙区基础地理信息数据库启用。

7月31日，《人民日报》刊发主题报道《美丽乡村俏起来》，重点聚焦海曙区以农村“三大革命”推动人居环境改善为抓手，助力乡村振兴的创新做法。

同日，海曙区第三医院医疗健康集团揭牌成立。中国科学院大学宁波华美医院（宁波市第二医院）全面托管海曙区第三医院，首批12名管理、临床专家团队入驻海曙三院。

同日，海曙区举行“跟着春秋游宁波”自由行产品采购上线仪式暨宁波海曙文旅对洽会，同时对海曙非遗产品等进行集中推广宣传。

7月，海曙区高桥镇民企寰采星科技（宁波）有限公司全国唯一的金属掩膜版生产线进入调试阶段。

8月

8月1日，由市委宣传部、市文礼办组织的“决胜小康、奋斗有我，共享小康、幸福有我”——宁波市送文化进农村文化礼堂巡演启动仪式暨首场演出活动在洞桥镇周公宅村文化礼堂举行。

8月2日，《浙江日报》头版刊发《竹农汪金国幸福的烦恼》的文章，介绍海曙区多措并举助农民增收的经验做法。

8月3日，《宁波“利维能”降低综合能耗、回收利用废物——一个车间的绿色之道》被《浙江日报》头版头条刊登。

同日，2020年度国家科学技术奖的初评结果公布，宁波三生生物科技有限公司高级工程师、资深副总经理翁士乔参与完成的“良种牛羊卵子高效利用快繁关键技术”经初评，被推荐为国家科学技术发明二等奖，实现海曙区企业为主或参与完成项目通过国家科学技术奖初评“零”的突破。

8月4日，海曙区“曙色初心”党员教育品牌首场直播党课在古林镇政府会议室开课。

同日，“四明·1200”古城揽胜诗锦书法展在天一阁开展。

8月6日，全省首个国网浙江省电力有限公司人工智能配网带电作业机器人试点应用在集士港镇完成带电作业，实现带电作业机器人领域“零”的突破。

同日，“雅戈尔”“太平鸟”“狮丹努”“博洋服饰”“洛兹服饰”5家企业获评2019年度“中国服装行业百强”。

8月7日，海曙区首个城区街道综合文化站——月湖街道文化站成立。

8月11日，国网宁波供电公司海曙供电分公司为洞桥镇宣裴新村完成所有低压表箱“不停电换表”装置安装，建成全市首个“不停电换表”试点。

8月12日，海曙区在贵州贞丰县鲁容乡开展“甬向黔·我贞行”网络消费扶贫直播带货专场活动。《人民日报》（海外版）、经济日报新闻客户端、中国网、《宁波日报》、《宁波新闻》栏目、“甬派”客户端等媒体刊发报道。

8月13日，海曙公安分局“一案三评八步法”信访工作经验交流会暨全市公安信访“最多跑一地”改革推进会召开。

8月14日，海曙区参赛的3个志愿服务项目在2020年宁波市新时代文明实践志愿服务项目大赛决赛中获奖。“我为烈士来寻亲·客葬异乡英烈回家”和“筑梦幼教·情牵乡村孩子”分别获得金奖、银奖，“‘病床前的安宁烛光’临终关怀”获大赛优胜奖。

8月17日，章水镇杖锡卫生院主治医师沈姣叶被授予宁波市“医师终身成就奖”。

同日，全市首个第二代身份证自助申请办理机在海曙区投用，可办理年满16周岁且非首次办理二代身份证的浙江户籍居民身份证补换领（损坏换证、到期换证、丢失补领）业务。

同日，区综合行政执法局“现场移动执法信息化运用”项目获评“浙江省县乡法治政府建设‘最佳实践’项目”。

8月18日，海曙区举行庆祝中国医师节大会。

同日，海曙区镇（乡）街道投融资机制改革暨第一批资产整合及划转启动签约仪式举行。望春工业园区、古林镇、洞桥镇、石碶街道分别与海曙区国有资本投资经营集团有限公司签订资产整合及划转协议，全面启动海曙区镇（乡）街道投融资机制改革。

8月19日，浙江省步行街改造提升工作现场会在海曙召开，现场举行全省高品质步行街发展联盟揭牌仪式。

8月20日，海曙区“名中医”卓立甬获评浙江省第二届“最美浙江人·最美残疾人”，系宁波市唯一。

8月20—22日，海曙区党政代表团赴广东省佛山市、深圳市、东莞市等地考察招商，学习先进经验，招引优质项目。

8月21日，海曙区政府廉政工作会议召开。

同日，海曙区政府召开全体（扩大）会议暨争先创优工作部署会。

同日，海曙区举行专精特新中小企业银企对接会，区内21家专精特新企业和8家金融机构，对接解决区内中小制造业企业融资难、融资贵等问题。

同日，宁波图书馆便民借书服务——“天一约书”信用借阅柜落户集士港镇文体中心，系海曙区农村地区首台集高效物流配送、智能化应用等于一体的信用借阅柜。

宁波图书馆“天一约书”信用借阅柜落户集士港

8月24日，2020年海曙区科技活动周启动，活动周设置2个分会场，展示企业科技战“疫”成效及高端产业技术平台的技术成果。

8月25日，海曙区首家“云工匠工作室”——江厦街道“云工匠工作室”揭牌。

8月26日，宁波市委副书记、市长裘东耀到海曙检查地表水环境质量状况。

同日，由中国人民大学应用经济学院教授方芳、历史学院教授马克锋及相关博士、硕士研究生组成的中国人民大学调研组，到海曙区调研外贸企业经营情况及外贸外资工作。

同日，作为海曙区重点民生项目，集士港九年一贯制学校新建工程初步设计方案通过审查。

同日，宁波市公路与运输管理中心2019年度自动化检测结果出炉，海曙区县、乡、村道优良中等路率均达100%，并在2019年宁波市普通国省道第二次路况检测中排名第一。

8月27日，海曙企业雅戈尔集团位列2020年“宁波企业百强榜”第二名，首次跨过千亿门槛。

同日，“曙说”天一青年宣讲驿站在天一商圈党群服务中心揭牌。

同日，章水镇与中国太平洋财产保险股份有限公司宁波分公司签订野生动物肇事责任险，成为宁波地区首个野生动物肇事责任险试点乡镇。

8月28日，海曙区2020年半年度政府工作通报暨《民法典》培训会召开。

同日，海曙区四套班子领导“军事日”活动暨区委理论学习中心组（扩大）学习会举行。

同日，“相逢南塘——陈硕导演分享会”在城南书院举行。《舌尖上的中国2》导演陈硕与现场观众关于电影创作、美食文化等进行交流互动。

8月，海曙区古林镇蜃蛟村、仲一村、茂新村、前虞村、葑里村、龙三村、三星村7村全域土地综合整治与生态修复工程项目入围省自然资源厅下发2020年第二批全域土地综合整治与生态修复工程涉及永久基本农田布局调整方案清单。

9月

9月1日，《海曙区“无废城市”建设实施方案》发布，明确把“无废城市”建设作为高标准打好污染防治攻坚战的重要载体。

同日，中央电视台《新闻联播》节目报道海曙区华天小学师生将剩饭剩菜情况纳入班级流动红旗评比的经验和做法。

9月2日，《人民日报》刊出《经济聚焦·强化稳企金融支持》栏目刊发稿件《浙江宁波把信贷资金引向未获得过银行贷款的民营和小微企业 首贷及时雨 润企细无声》，报道海曙区缓解融资困境，破解“首贷难”的经验做法。

同日，海曙区中医药文化传承生态保护区入选17个浙江省省级文化传承生态保护区（创建）名单。

同日，全市迎接第二轮中央生态环境保护督察工作动员会召开。

同日，全市成型制造业领域数字化转型推进工作现场会在海曙区召开。

9月2—3日，贞丰县党政代表团赴海曙考察。

9月3日，海曙区新时代文明实践中心暨农村文化礼堂建设推进会举行。

同日，“2020浙江省民营企业100强”榜单发布，雅戈尔集团股份有限公司、宁波富邦控股集团有限公司、太平鸟集团有限公司、宁波博洋控股集团有限公司、维科控股集团股份有限公司和广博控股集团有限公司6家企业上榜。

同日，第六届“2020寻找宁波最具投资价值企业”颁奖典礼举行。宁波众远新材料科技有限公司获评“新材料领域最具投资价值TOP5”，宁波奥丞生物科技有限公司获评“生物医疗领域最具投资价值TOP5”，寰彩星科技（宁波）有限公司获评“半导体领域最具投资价值TOP5”。

9月4日，大革命时期中共宁波地委旧址纪念馆改造提升后，重新开放。

9月7日，《经济日报》刊发《宁波：数字化驱动产业升级》，特别关注海曙民企雅戈尔集团逐浪“数字经济”大潮案例。

同日，《浙江日报》头版刊登稿件《瞄准“痛点”引项目 畅通两链促循环——海曙引进外资稳中提质》，报道海曙联动外资畅通“双循环”的相关经验做法。

9月8日，浙江省“夜间经济试点（培育）城市名单”“夜间经济试点（培育）城市重点建设夜坐标”公布，海曙区天一广场和南塘老街两处“夜坐标”上榜。

同日，海曙区政府与中国建设银行宁波市分行全面深化战略合作协议签约仪式举行。

同日，在全国抗击新冠肺炎疫情表彰大会上，海曙公安分局民警朱国治被评为“全国抗击新冠肺炎疫情先进个人”，系全市唯一获此称号的公安干警。

同日，海曙区举行“数字贸易·品牌出海”跨境电商直播论坛暨海曙区跨境电商创业创新中心启动仪式。同时，海曙跨境电商人才培育基地、人才实践基地双向授牌成立。

9月9日，市委副书记、市长裘东耀到海曙区检查推进小微企业转型升级工作。

同日，海曙区举行“夜海曙·潮生活”夜间经济集中点亮仪式。天一广场主会场与南塘老街、东鼓道、和义大道、鼓楼沿、月湖盛园和杉井奥特莱斯6个分会场通过视频连线同步点亮。

同日，全省文化市场综合行政执法改革暨执法规范化建设现场推进会在海曙区举行。

同日，由宁波大竹海农业开发有限公司生产的竹笋同时通过“丽水山耕”国际认证联盟认证和“有机产品”认证。

同日，湖北省随州市曾都区委副书记、区长姜皓率领曾都区政府代表

南塘老街“夜间经济”繁荣景象

团赴海曙考察调研。

9月11—13日，2020世界数字经济大会暨第十届中国智慧城市与智能经济博览会举办。海曙区签下寰采星科技高精度金属掩膜版工程项目和北京虎渡高速高效电机及高端成套设备产业化项目，总投资达24亿元。海曙区宁波工业互联网研究院、宁波市智能制造技术研究院、浙江汇民网络技术有限公司等9家涉及工业互联网、智能制造、智慧生活等领域的高端产业技术平台及企业获得12项奖项。

9月14日，海曙区首批核酸检测专用自助机上线。

同日，2020年宁波家政信用体系建设高峰论坛暨宁波家政服务首批居家上门服务证和安心码发放启动仪式在海曙区举行。活动当天发放宁波市首批7000张居家上门服务证。

同日，《经济日报》刊发稿件《浙江宁波海曙区对口帮扶贵州贞丰县——"特殊群体"不再难》，报道海曙扶贫助残创新做法。

9月14—15日，由省委党校副校长徐明华带队的省委党校办学质量创优评估工作组到海曙区开展办学质量创优评估工作。

9月16日，宁波市食品生产企业履行主体责任报告会在海曙区召开。

9月17日，海曙区"宁波人才之家"启动仪式暨"揭榜挂帅"全球引才发布会在月湖金汇小镇举行。海曙区发布全球招才令"我在海曙等您"，启动海曙区"宁波人才之家"。

同日，海曙区深化"最多跑一次"改革推进政府数字化转型专题会议召开。

9月18日，全国妇联党组书记、副主席、书记处第一书记黄晓薇率全国妇联调研组到海曙区预防性侵未成年人工作组办公室等实体阵地调研。

同日，国务院第七次全国人口普查领导小组办公室副主任、国家统计局总统计师曾玉平到海曙区调研督导人口普查工作。

9月19日，海曙发放首批民兵保障卡。

9月20日，2020年浙江省跨境电子商务技能竞赛在海曙区举行，海曙区获得第二名。

9月21日，海曙区举行在黔西南州挂职干部人才座谈会。

9月22日，海曙区—贞丰县东西部扶贫协作高层联席会议召开。

同日，海曙区—义龙新区东西部扶贫协作联席会议召开。

同日，海曙国投集团下属澜海基金公司获私募基金管理人资格。

9月23日，全市首个航空航天STEM教育实践基地授牌仪式在海曙区石碶实验小学举行。

9月24日，全市清廉社区建设工作现场推进会在海曙召开。水岸心境社区被授予市级"清廉社区示范观察点"。

同日，"5G无人船"在第三届"绽放杯"5G应用征集大赛总决赛上获三等奖。

9月25日，海曙区政协委员企业家联谊会成立大会举行。

同日，以故宫博物院第六任院长、创意宁波建设与宁波文博会顾问单霁翔命名的"单霁翔大师工作室"落户天一阁·月湖景区。

同日，第三届全祖望（史学）文化节开幕式在洞桥镇沙港村全祖望祖居举行。

9月25日、26日，中央电视台《朝闻天下》《午夜新闻》《晚间新闻》《中国新闻》等栏目分别报道宁波举行的2020海丝之路（中国·宁波）文化和旅游博览会，海曙区国家级AAAAA级旅游景区天一阁·月湖景区展馆高频亮相。

9月27日，海曙区家庭服务行业工会联合会第一次会员（职工）代表大会在81890求助服务中心召开，全区家庭服务行业40余名代表参加会议。

同日，海曙区"我为烈士来寻亲·让客葬异乡英烈回家"项目从全省70个团队项目中胜出，获浙江省志

9月27日，"好风明月是生涯"——天一阁·月湖中秋诗词晚会在景区西广场举行

愿服务项目大赛金奖。

同日，第三届天一阁·月湖中秋诗词晚会在景区西广场举行。

9月28日，"知（+）/Plus"创意宁波暨文旅博览会常年展厅在南塘老街揭幕。

同日，海曙区"竹海桃源"农村文明示范线在横街镇开线。

同日，小米生态链工业园区启动仪式在海曙区古林镇举行，海曙企业宁波美高厨具有限公司与"小米科技""顺为资本""中国移动"签订合作协议。

同日，雅戈尔集团、富邦控股、博洋控股入围"中国制造业500强企业"榜单。

9月28—30日，海曙代表队在2020宁波市青少年网球比赛中获6枚金牌，团体总分位列第一。

9月29日，区委财经委员会第三次会议召开，研究招商引资工作和三季度经济运行情况。

9月30日，宁波市"四新"领域妇联组织建设现场推进会在海曙区召开。

9月，区文化馆选送的4个原创节目在宁波市第十三届音乐舞蹈节大赛中获两金两银，并获团体总分第一。

同月，海曙区2家企业入选工信部公布的第五批绿色制造名单，宁波东海集团有限公司入选"绿色工厂"名单，宁波旦可韵服饰有限公司的羊绒衫产品获评"绿色设计产品"。

同月，区司法局被评为"浙江省创建和谐劳动关系暨双爱活动先进组织"。

10月

10月8日，《浙江日报》头版刊登稿件《瞄准"痛点"引项目 畅通两链促循环——海曙引进外资稳中提质》，报道海曙联动外资畅通"双循环"的相关经验做法。

10月9日，区市场监管局为辖区内一家个体工商户颁发首张"三小一摊"多证合一营业执照。

10月10日，2020宁波·海曙中医中药中国行启动仪式暨海曙区药行街复兴论坛举行。

10月12日，由上海浦东新区人大常委会主任田春华率领的上海浦东新区人大常委会考察团到段塘街道人大代表联络站考察。

10月13日，宁波时代铝箔科技股份有限公司的热封用铝箔餐盒产品通过浙江制造认证，获得"品字标浙江制造"证书，成为全省餐饮及烹饪用铝箔制品行业的首张证书。

10月13—14日，贵州省黔西南州义龙新区党政代表团到海曙区考察。

10月14日，新华社刊发稿件《贵州贞丰："三跑"地里椒飘香》，报道海曙帮扶贞丰县群众脱贫致富的经验做法。

10月15日，区档案局编研的《宁波府城隍庙》首发仪式在宁波府城隍庙举行。

同日，海曙区"麒麟计划——海曙亚马逊集中孵化班"开班。

10月16日，"讲扶贫故事 展工会风采"全国工会扶贫短视频故事征集活动评选结果揭晓，由区总工会制作的对口扶贫短视频《情比金贵》获二等奖。

同日，宁波市第11届市容环卫行业职业技能大赛在海曙区举行，海曙环卫代表队获得冠军，实现"七连冠"。

10月16—18日，2020中国飞镖公开赛暨世界职业飞镖锦标赛中国选拔赛举行，海曙区燕玲学校飞镖社团获三金两银五铜。

10月18日，国医堂获评2020年度"百姓心目中的浙派中医（省级）膏方名馆"，系全市唯一。

10月18—24日，海曙区举办首届海曙"文学周"，开展包括"书香故邑 诗意海曙"征文揭晓、"影视和文学碰撞"分享会、中国微型小说研讨会暨首届中国微型小说理论颁奖会等的系列文化活动。

10月19日，广济中心小学入选浙江省STEAM教育学校实践样态优秀案例典型学校，系全市唯一。

10月20日，白云街道作为宁波市唯一交流单位参加长三角区域党建引领小区治理圆桌会。

同日，海曙区推进整体智治服务体系建设会议召开。

同日，第五届宁波微电影节在南塘老街城南书院启动。

同日，海曙区龙观乡入选首批浙江省职工疗休养基地名单，系海曙区唯一入选基地。

10月22日，海曙区"十四五"规划纲要征求意见座谈会召开。

同日，全区产业技术研究院工作推进会召开。

同日，2020宁波时尚节暨第24届宁波国际服装节在太平鸟时尚中心开幕。

10月23日，"在一起——致敬时代英雄"海曙区第二届大型慈善义演在白云实验剧场举行。

同日，海曙区举行纪念张苍水400周年诞辰"史迹寻踪"活动。

同日，由市经信局、海曙区人民政府主办的"企业数字化智能引擎"——宁波工业互联网研究院推介会在宁波工业互联网研究院举行。

同日，海曙区宁波华一汽缝实业有限公司主持制定的《工业缝制设备用轴位螺钉》"浙江制造"团体标准，通过评审正式发布，成为海曙区2020年度首个发布的"浙江制造"标准。

同日，海曙区第二届文旅体消防安全技能比武大赛举行。

10月24—25日，2020"一带一路"国际跑酷大师赛在天一广场开赛。

10月26日，2020年宁波市高质量就业社区（村）名单公布，古林镇薛家村、段塘街道丽景社区等19个社区（村）入选，数量位居全市第二。

同日，浙贝母产业融合发展研讨会在海曙区举行。

同日，海曙区"天一商圈服务大提升"项目入选全省公共服务场所亮点项目展评，系全市唯一。

同日，海曙区月湖景区管理所获浙江省城市市容环境卫生工作"成绩突出集体"称号。

同日，区人民检察院的原创微动漫《精准帮教 点燃希望》在第二届平安浙江"三微"比赛暨优秀政法文化作品征集评选活动中获三等奖。

同日，海曙区石碶街道入选浙江省农村文化礼堂建设示范县（市、区）

示范乡镇（街道），系全区唯一。

10月27日，由国家统计局党组成员、副局长李晓超带队的调研组到海曙区，对当前就业形势及企业用工情况开展专题调研。

同日，“不忘初心·奉献担当”海曙区打造新时代政法铁军主题活动在集士港镇广德湖剧院举行。

同日，海曙区人民政府与阿里巴巴（宁波）有限公司签署全面合作框架协议。

10月28日，海曙区现代农业综合服务中心投入使用。

同日，阿里巴巴淘宝直播产业带首届智尚国际服装直播节暨宁波智尚国际服装产业联盟启动。

同日，海曙区金融超市（高桥镇商会店）揭牌，系全区首家金融服务超市。

同日，区交通执法队召开工单处置会议暨安全生产集体约谈会议，提出“四级动态监管处罚制度”，是全市范围内首次提出的分级执法监督处罚制度。

10月29日，浙江省中小学名校长德育研讨交流活动在杭州举行，宁波市海曙外国语学校作为宁波唯一的学校代表作德育工作经验交流。

10月30日，2020年健康海曙建设领导小组暨医改工作会议召开。

同日，海曙区首条医疗定制公交线——16路开通仪式在宁波海曙康复医院举行。此条定制公交线路首末站点分别为“宁波海曙康复医院”和“公交黄鹂站”。

10月31日，海曙区委常委会（扩大）会议暨前三季度经济社会形势分析会召开。

同日，2020年首届宁波市“甬上乐业”技能人才招聘会海曙区技聘会专场在浙江工商职业技术学院举办。

同日，“布小杯”海曙区第三届青少年智力运动会在古林镇布政小学举行。

同月，海曙区建成的首批3家婴幼儿照护服务指导站授牌成立。

同月，省总工会发布100家省级“职工书屋”榜单，望春街道五江口社区职工书屋成为海曙区唯一上榜的书屋。

宁波栎社国际机场

同月，国家民航局批复《宁波栎社国际机场总体规划（2020年版）》，宁波栎社机场定位为区域枢纽机场。

同月，海曙区启动“菁英汇海”青年人才集聚工程，面向青年人才推出23条引进、培育、保障方面的优惠政策。

同月，2020年度浙江省“新时代好少年”颁奖典礼举办，高桥镇博泽学校朱荣奥获评“自强自立好少年”，成为全市两名入选少年之一。

同月，81890企业服务平台开通，成为海曙区“整体智治”兑现的首个项目。

同月，海曙区洞桥镇中心小学入选教育部发布“2020年全国青少年校园冰雪特色学校”名单。

同月，海曙区广安养怡入选全国公办养老机构改革优秀案例，成为宁波唯一入选案例。

11月

11月1日，全市第一家文保建筑改造的城市书房——“岭·读”城市书房在海曙区开馆。

同日，“2020宁波动漫文化节·P1次元祭”在天一广场落幕。

11月2日，2020年度海曙区文艺精品工程扶持项目公示，3个项目列入2020年度海曙区文艺精品工程扶持项目。

同日，海曙区全面推开医保电子凭证应用。实现医保电子凭证全国通用、跨区域互认，不再依托实体卡片，扫描手机端医保电子凭证二维码即可完成结算。

同日，在海曙区行政服务中心，“云帮办”专业客服团队帮助群众完成首例跨国“云帮办”过户业务。

同日，《人民日报》刊登文章《商用一周年　亮出成绩单》，报道海曙区5G基站建设推进情况。

11月3日，宁波市家风家训阵地建设现场会暨“清廉家风伴我行”主题活动在古林镇茂新村举行。宁波家风馆、中国（海曙）御史文化陈列馆同步开馆。

同日，医疗废物智慧监管系统在海曙辖区内的公立医疗机构实现全覆盖。

11月4日，省教育厅党委书记、厅长陈根芳率领省教育厅调研组到海曙调研。

同日，公安题材院线电影《功夫小子特警爹》在海曙区举行开机发布会。

同日，海曙美容美发行业企业——宁波罗亚帝美容美发集团总裁叶万耿在2020全国行业职业技能竞赛——第三届全国美发美容行业职业技能竞赛中获“美发全能（职工组）”冠军，并被授予“全国技术能手”称号。

同日，《人民日报》（海外版）刊登

图片新闻，报道海曙区举行的2020“一带一路”国际跑酷大师赛。

11月5日，海曙区“关注森林”组织委员会举行首次调研活动，实地走访调研鄞江镇生态休闲绿化建设、森林抚育、“一村万树”工程等。

同日，海曙区申报全国社会救助改革创新试点单位，系全市唯一试点单位。

同日，由区政协主编、宁波出版社出版的《甬城古港》获得“第34届华东地区优秀哲学社会科学图书奖”二等奖。

11月6日，第六届浙江书展主论坛——“天一阁论坛”在宁波南苑饭店举行。

同日，“海曙乡贤之家”揭牌仪式在月湖金汇小镇会客厅举行。

11月7日，宁波印社社址落成仪式在天一阁·月湖景区蒋宅举行。

同日，“庆云五色”——童衍方金石书画展开幕式在天一阁·月湖景区袁宅（宁波茶文化博物院）举行。

11月9日，中央电视台《海峡两岸》节目刊播新闻《宁波海曙台商志愿服务队开展敬老服务活动》。

11月10日，《人民日报》（海外版）刊发图片新闻，报道海曙台商公益志愿活动。

11月11日，第十五届宁波市少先队辅导员技能技巧比赛落幕，海曙区连续6届获得团体金奖。

同日，《人民日报》要闻版刊登稿件《搬出穷窝窝　过上好生活》，报道海曙扶贫经验做法。

11月14日，《经济日报》头版刊登稿件《打造数字经济发展门户区》，报道海曙加快数字经济发展，实现“外引强”和“内提质”齐头并进的经验做法。

11月15日，作为海曙区首届“摄影周”活动之一的“书香海曙”主题摄影工作坊在月湖畔成立，中国当代新锐摄影师、“中国十佳创意摄影师”欧阳世忠被聘为导师。

11月16日，国务院教育第一督察组到海曙区实地督查。

同日，2020智能C端科创训练营开营仪式在宁波智能技术研究院举行。

同日，国家知识产权局商标局局长崔守东到海曙区调研商标品牌工作。

同日，由省发改委、省财政厅、省地方金融监管局联合主办的浙江特色小镇投融资对接会（新材料专场）在月湖金汇小镇举行。

同日，宁波市实验学校教师钱状杰在第16届浙江省少先队争章技能展示比赛中获得个人金奖。

11月17日，海曙区古林镇蜃蛟小学入选浙江省“三全育人”德育落实机制典型培育学校名单，系全区唯一。

11月19日，2020年海曙区税务局政风行风工作会议举行。46名来自党政部门、企业、媒体的代表受聘为区税务局特邀监督员，在两年聘期内，监督税务部门的党风廉政建设和政风行风情况。

11月7日，海曙区台商到石碶街道星光村敬老院开展志愿服务

11月20日，清华大学宁波校友会创新人才中心签约仪式举行。

同日，全国精神文明表彰大会召开，宁波市海曙区青少年宫、浙江省工程勘察设计院集团有限公司获评第六届“全国文明单位”，宁波市海曙中心小学（本部）获评第二届“全国文明校园”。

同日，《人民日报》刊登稿件《浙江海曙对口帮扶措施实打实——果子甜了　日子美了》，聚焦海曙“企业+种植大户+贫困户”的扶贫模式。

11月21日，第二届“甬城民间斗茶大赛”在海曙区举行，包括绿茶、红茶、白茶、乌龙茶、生普、熟普6类70个茶样参赛。

11月23日，全区“拔钉清零”百日攻坚专项行动暨征拆工作推进动员大会召开。

11月24日，2020年全国劳动模范和先进工作者表彰大会在北京召开，区环境卫生服务中心车队车间主任、技师王理顺被评为“全国先进工作者”，系全区唯一。

11月25日，2020年海曙区“月湖之约”教育管理论坛举行。两地教育局签署教育合作协议，海曙区4所学校与长宁区4所学校结对并签署协议。

同日，全区镇（乡）街道全员核酸检测演练在古林镇戴家社区开展。

同日，海曙海关受理首票因新冠肺炎疫情不可抗力出口退运货物的退税。

11月26日，区委常委会召开会议，传达学习贯彻习近平总书记重要讲话精神。

同日，海曙起源生态青创农场获评省级“示范性青创农场”。

同日，2020海曙文旅新发展暨五龙潭风景名胜区再出发合作大会召开。

11月28日，鄞江镇“农创金陆”美丽乡村综合体项目试运营。该项目系宁波市“城郊十园”之一，将进一步助力鄞江镇实现“农村强、农村美、农民富”的美丽图景。

11月30日，海曙区“十四五”发

展暨构建新发展格局企业家座谈会召开。

同月，海曙区产业工人队伍建设改革工作推进会召开。

同月，宁波舒能光电科技发展有限公司的户外照明用LED投光灯具顺利通过“浙江制造”品牌认证现场审核，获得“品字标浙江制造”证书。

同月，海曙区创建为省级“生态文明建设示范区”，入选浙江省人民政府命名的第四批省级“生态文明建设示范县（市、区）”名单。

同月，区学生合唱艺术团以全国第二名成绩获得第十五届中国国际合唱节金奖，连续3次获得金奖。

同月，2020年浙江省软件产业高质量发展重点项目目录公布，海曙区浙江蓝卓工业互联网信息技术有限公司、宁波产链数字科技有限公司和宁波邻家网络科技有限公司3家软件企业的产品入选。

同月，海曙区龙观乡龙谷村、鄞江镇光溪村入选2020年度省级“美丽宜居示范村”创建名单。

12月

12月1日，《人民日报》（海外版）刊发稿件《宁波海曙区港资企业产能快速恢复“‘爆款’订单已排至明年”》，报道海曙通过引入高能级平台、成立项目专班、落实专人跟进等举措，扎实打造优化港企营商环境“连环策”的经验做法。

12月2日，海曙区人民政府与宁波城建投资控股有限公司举行战略合作协议签约仪式。

同日，“12·4”宪法宣传周启动仪式暨民法典婚姻家庭馆揭牌仪式在高桥镇举行。海曙区青少年法治体验馆、海曙区青少年帮扶教育基地、古林镇葑水港宪法主题公园、古林镇仲一村民法典公园、鄞江镇水法馆和海曙区民法典婚姻家庭馆6家法治教育基地授牌成立。

同日，由宁波广新纳米材料有限公司制定的《多层片式陶瓷电容器电极镍粉》“浙江制造”团体标准由浙江省品牌建设联合会批准发布。

同日，经市、区两级审计机关推荐和中国内部审计协会综合评比，雅戈尔集团股份有限公司审计合规部获评全国内部审计先进集体。

12月3日，在宁波市第三届十佳“以案释法”典型案例颁奖礼上，由区市场监管局查获的“保健品虚假宣传案”被评为十佳“以案释法”典型案例，是全市市场监管系统唯一获评案例。

同日，位于柳汀街与镇明路交叉口的月湖景区南北片区地下通道贯通。

同日，宁波博洋控股集团有限公司以旗下总评估12亿元的500件商标为质押，获批银行担保债权金额6亿元，并取得总授信1亿元。成为当年全市纯商标授信额度最大的质押融资项目。

12月4日，“万卷活水——天一阁创始人范钦的人生与藏书”原创展举行，纪念天一阁创始人范钦逝世435周年。

同日，区政府举行宪法宣誓仪式。

同日，月湖街道游河、太阳公寓、偃月、梅园、水仓、菱池西区、镇明7个小区的自治站揭牌，是海曙区首批“邻舍家”小区居民自治服务站试点。

同日，宁波市实验学校学生王泽野发明的智能头盔申请国家新型实用专利。

12月7日，海曙交通部门首次采用无人机配合执法，参与客运场站附近重点区域执法管理。

12月8日，“温故”非遗展——“药行街的故事”在和义大道开展。以回溯宁波药行街辉煌历史为线索，串联介绍15个宁波本土中医药类非遗项目及宁波慈城药商的传奇历史。

12月9日，龙观乡五龙潭风景区入选省气象局公布的全省首批30个“乡村氧吧”获评名单。

12月10日，海曙区“馨之园”社会助残服务中心入选浙江2020年度品牌社会组织。

12月11日，全市抗击新冠肺炎疫情暨“六争攻坚、三年攀高”行动表彰大会海曙分会场表彰仪式举行。

同日，全省关心下一代工作会议召开，获评“全国关心下一代工作先进集体”的区关工委和获评“全国关心下一代工作先进个人”的区关心下一代银发志愿者协会会长姜洪运受奖。

同日，中国（浙江）自由贸易试验区宁波片区建设推进大会举行，海曙区鸿坤集团投资总部项目作为中国（浙江）自由贸易试验区宁波片区重点项目现场签约，总投资267亿元。

同日，全市学校群体性食源性疾病事件应急演练在海曙区举行。

同日，浙江省“最美庭院”寻找推

古林镇葑水港宪法主题公园

荐活动结果公布，古林镇仲一村村民徐海洪家庭获评省级“最美庭院”。

12月12日，东鼓道全国“城轨交通商业示范街”在地铁鼓楼站甬城惠客厅揭牌，成为获评的全国3个“城轨交通商业示范街（区）”之一。

12月15日，纪念海曙区关工委成立30周年暨全区关心下一代工作表彰大会召开。

同日，市委常委、市纪委书记、市监委主任傅祖民到高桥镇调研村社组织换届工作。

同日，海曙区举办人才企业甬股交集中挂牌仪式，“寰采星”“银河水滴”“东泰水务”等11家挂牌人才企业获授牌。

同日，海曙区首个质量基础一站式服务平台揭牌成立。平台聚焦区域时尚服装产业发展需求，依托宁波嘉乐投资控股有限公司及其宁波智尚国际服装产业园，组建专业指导队伍，提供专业质量技术相关服务。

同日，2020年度全国文物行政处罚案卷评查结果公布，区文化市场综合行政执法队受理的“宁波市某高级中学擅自修缮区级文物保护单位——鄞县共产主义劳动大学案”入选为优秀案卷，成为当年全省唯一入选案卷。

同日，民政部公布第十一届“中华慈善奖”拟表彰名单，海曙区企业雅戈尔集团上榜“中华慈善奖”捐赠企业。

12月16日，海曙区物业管理协会揭牌成立，68家物业服务公司成为协会首届会员。

同日，区劳动人事争议调解中心总工会分中心挂牌成立。

同日，海曙区入选“浙江省人工智能教育实验区”名单，系宁波唯一。高桥镇中心初级中学入选“浙江省人工智能教育实验学校”。

12月18日，海曙区社会科学界联合会成立暨第一次代表大会举行。

同日，海曙印象城开业。

12月21日，海曙区集士港镇、龙观乡入选“2020年度浙江省美丽城镇建设样板”。

同日，“抗击新冠肺炎疫情浙江省三八红旗手（集体）”名单公布，区疾病预防控制中心检验科副科长、主任技师（检测）赵虹，古林镇张家潭村党委书记洪幼芬获评浙江省“三八红旗手”。

12月22日，海曙区“万里跋涉寻忠骨”志愿者孙嘉怿、“谱写担当铸警魂”基层民警朱国治、“迎风逆行同战‘疫’”男护士郑益欢、“乡村医者”沈姣叶获“最美宁波人”2020年度人物提名。

12月23日，“锋领十年　曙社共治”海曙区社会组织参与社会治理十年创享会在月湖畔举行。

同日，海曙区学习贯彻党的十九届五中全会精神创新区域基层社会治理研讨会召开。

同日，海曙区“礼善桥乡”新时代文明实践示范线在高桥镇开线。

12月27日，中共宁波市海曙区委九届十次全体（扩大）会议举行。

12月29日，海曙区疫情防控工作领导小组会议召开，部署冬春季疫情防控工作任务。

12月31日，宁波市海曙外国语学校举行建校10年庆典。创办于2011年的宁波市海曙外国语学校入选“中国中小学百强榜”。

同月，海曙区馨之园社会助残服务中心入选2020年度浙江品牌社会组织名单，系全区唯一。

同月，海曙区“锋领律师驿站”签约授牌仪式暨党建结对融合共建签约仪式举行，把法律服务扩大至海曙九大商圈。

同月，江厦街道天封社区老小区雨污分流管道改造项目入选省村社换届办组织开展的“开门一件事”最佳实践案例，系全市唯一。

同月，月湖金汇小镇入选全省2019年度省级特色小镇“亩均效益”领跑者名单。

同月，海曙区在市对区工会经审规范化考核工作连续3年获特等奖，5家镇（乡）街道总工会获评市级“经审工作规范化先进单位”，2个审计项目获省工会优秀审计项目一等奖。

同月，海曙区洞桥镇的沙港村入选全省第九批（2021年度）“历史文化（传统）村落保护利用重点村和一般村”名单。

同月，石碶街道人民调解委员会被评为“全国模范人民调解委员会”。

同月，石碶街道虞辉家庭被授予“第十二届全国五好家庭”称号。

同月，宁波市首轮快递工程专业助理工程师和工程师职务任职资格评审会在海曙区举行。此次职称评审在评审人数、评审方式和助理工程师评价量化标准等方面属全省首创。

同月，由宁波路润冷却器制造有限公司主起草的《水冷型增压空气冷却器》“浙江制造”团体标准实施。

同月，“海曙鼓楼爱心献血屋”揭牌成立，成为海曙区建设并投入使用的首家固定献血屋。

同月，工业和信息化部公布第二批专精特新“小巨人”企业名单，宁波福特继电器有限公司、东海集团、先锋新材料股份有限公司、华缘新材料股份有限公司4家企业入选。

同月，2020年宁波市人民政府质量奖及质量创新奖获奖企业名单公布，海曙区华缘新材料股份有限公司获得“宁波市人民政府质量创新奖”。

同月，洞桥镇人民调解委员会陈杰调解工作室获评省级“金牌人民调解工作室”。

同月，区司法局获评“全国公共法律服务工作先进集体”。

同月，国骅集团有限公司董事长、党委书记丁国年获评“全国最美退役军人”，为浙江省唯一。

（区委党史研究室）

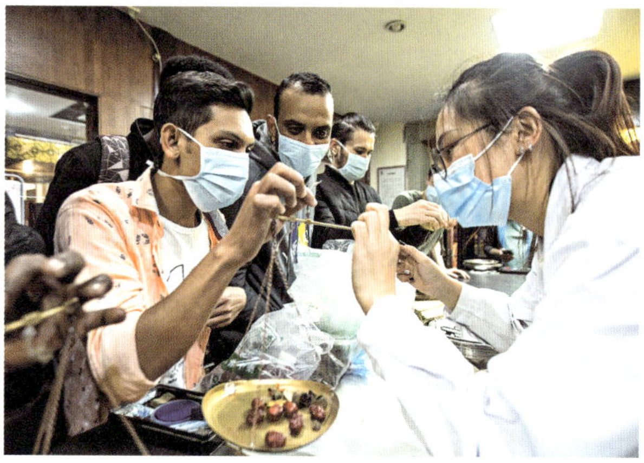

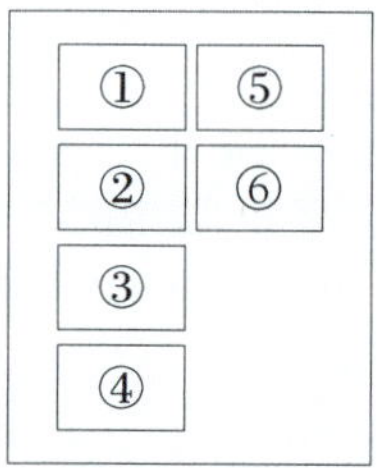

①6月23日，海曙禁毒主题晚会在天一广场举办，活动现场设摊进行禁毒宣传

②7月7日，经过3年筹备，浙江阿思科力生物科技有限公司正式在集士港镇“海创之家”开业投产

③7月26日，区委九届九次全体（扩大）会议召开

④9月25日，第三届全祖望（史学）文化节在洞桥镇沙港村全祖望故居开幕

⑤11月3日，海曙区举办“留学生走近非遗文化”活动，乌兹别克斯坦、巴西等8个国家的20名浙江工商职业技术学院留学生组团参观药皇殿，学习中医知识，体验传统中国文化

⑥12月16日，区劳动人事争议调解中心总工会分中心举行揭牌仪式

海曙概览

自然环境

【地理位置】 海曙区位于宁波市中心区域，东临奉化江，北濒余姚江，西与余姚市接壤，南与奉化区连接。全区面积595.5平方千米，是集中心城区、郊区、山区为一体的复合型城区。

【地形地貌】 区境属宁波平原，地势平坦，西靠四明山脉，最高峰为龙观乡与奉化区交界的奶部山，海拔915米。水网纵横，发源于四明山的余姚江和奉化江，流经海曙区的北边和东边。境内有月湖及南塘河、中塘河、后塘河等河流。

四明山中坡山森林公园

【气候】 海曙区属北亚热带湿润型季风气候，温和湿润，雨量充沛，光照充足，四季分明。春秋季稍短，冬夏季略长。冬季受西伯利亚冷高压控制，西北风冷而干燥；夏季在西北太平洋副热带高压笼罩下，东南风暖热湿润；春秋为季风转变期，多低温阴雨。常年平均气温17.2℃，1月最冷，平均气温5.3℃；7月最热，平均气温28.8℃，具有气温适中、酷暑时间短，严寒天数少的特点。常年总降水量为1431.2毫米（全市平均1470.3毫米），雨日153天，3—5月多雨水，雨量、雨日分别占全年的25.1%和29.7%；6月中旬中期至7月上旬末为梅雨季，持续阴雨，间有大到暴雨，雨量约占全年的15%；7—9月为台汛期，常有台风、东风系统或强对流天气引起的强降雨，尤其是9月因冷空气与台风结合，成为一年中大到暴雨最多的月份，雨量约占全年的12.9%。常年平均日照1739.4小时。

2020年，海曙区年平均气温18.4℃，较常年（17.2℃）偏高1.2℃，居历史第三高；极端最高气温38.4℃，出现在8月14日；极端最低气温-5.4℃，出现在12月31日。全年高温日数（日最高气温≥35℃）为31天，较常年偏多9天；冰冻日数5天，约为常年（19.6天）的四分之一。年平均降水量1634.8毫米，较常年（1431.2毫米）偏多一成，雨量分布不均，呈西部北部山区多，东部中南部少的特征。年雨日158天，与常年相当；最长连续降水日数9天，出现在6月19—27日，累计降水量为284.4毫米，是常年同期的3.6倍；最长连续无降水日数28天，出现在10月23日至11月19日。年平均日照时数1447.5小时，较常年（1739.4小时）偏少291.9小时（17%），其中1月和6月日照时数较常年同期分别偏少35%和44%，其余月份与常年相当或略偏多。

四季主要气候特征：冬季（2019年12月到2020年2月）是有气象记录以来最暖冬季，平均气温首次突破9℃，达9.3℃，较常年偏高2.7℃，是近70年来第16个暖冬，也是2000年以来第11个暖冬。1月2—29日出现阴雨寡照天气，降水量为历史同期第二多；雨日18天，历史同期第三多；日照时数不到常年的一半。春季气温略偏高，雨量、雨日、日照时数略偏少。

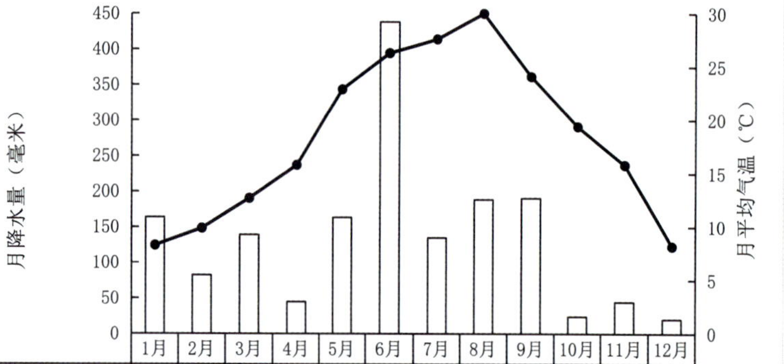

	1月	2月	3月	4月	5月	6月	7月	8月	9月	10月	11月	12月
降水量	163.8	82.3	139.2	44.8	163.4	438.2	135.1	188.6	190.5	24.1	44.5	20.3
平均气温	8.3	9.9	12.7	15.8	22.9	26.3	27.6	30	24.1	19.4	15.8	8.2

图1　2020年海曙区月降水量和月平均气温变化图

夏季平均气温28℃，较常年同期偏高0.7℃；高温日数较常年偏多8.6天，其中38℃以上的高温日3天，雨量偏多三成，雨日偏多，日照时数偏少三成；入梅早、出梅偏晚，梅期长，梅雨量多且分布不均匀，局地性短时强降水天气多发；台风影响个数偏少，影响强度偏弱，7月无台风生成，为历史上首个“空台期”。秋季雨日、气温接近常年，降水、日照时数偏少，其中10月至11月的雨量较常年偏少约六成，尤其是10月23日至11月19日，连续28天无有效降水，达中等气象干旱级别。

【灾害性天气及其影响】2020年，海曙区平均气温明显偏高，降水量略偏多，雨量时空分布不均，降水日数正常，日照时数偏少；年内主要气象灾害有寒潮低温冰冻、梅汛期暴雨、台风等。

年初和年尾出现连续阴雨寡照天气。1月2—29日出现阴雨寡照天气，区降水量163.6毫米，为历史同期第二多，仅次于1998年；雨日18天，较常年偏多6.9天，历史同期第三多；日照时数45.5小时，不到常年的一半，历史排名第三少。11月20日至12月14日又现阴雨寡照天气，区降雨量49.8毫米，日照时数29.6小时，较历史同期（100.4小时）偏少七成，历史排名第二少。

寒潮过程发生频繁且灾害影响大。全年共经历3次寒潮过程，分别为1月上旬、2月中旬和12月下旬。1月7—8日受寒潮影响出现剧烈降温、降水和大风天气过程，过程降温幅度10℃左右。2月15日夜里寒潮导致平原地区出现雨夹雪，山区有雨夹雪或雪，局部有积雪。12月29—31日的寒潮过程给海曙区带来雨雪、低温冰冻等天气，山区出现2厘米左右积雪；气温急剧下降，日平均气温过程降温幅度达14℃，31日最低气温-5.4℃，山区最低气温-12～-6℃，其中杖锡最低气温达-12.9℃；29日下午到30日平原地区风力达到7～8级，高海拔山区8～9级，8级以上大风持续时间达35小时。当年底，受寒潮过程影响，海曙区出现低温冰冻现象，山区出现道路结冰，对水管水表等水利设施和大棚等农业设施造成损害，影响了社会生产和居民的生活。

超长在线梅汛期，梅期雨量居第二。5月29日入梅，较常年（6月13日）偏早15天，历史排名第四；7月18日出梅，偏晚11天。梅期持续50天，偏多26天，梅雨量579毫米，是常年的2.4倍，梅期时长和梅雨量均列历史第二、仅次于1954年。梅雨量分布不均，北部多南部少，超过500毫米的有18个站，最大的集士港为739毫米。先后遭受9轮较明显降水过程，其中6月18日夜里至22日上午出现连续性暴雨，平均雨量232.6毫米，接近常年梅雨量。

影响台风少且弱，7月首现“空台期”。全年影响海曙的台风有2个，分别是4号“黑格比”和9号“美莎克”。台风影响个数偏少，影响强度偏弱，风雨影响较小，灾情较轻。第4号台风“黑格比”在近海快速生成，登陆前爆发性加强，带来强降水的时间出现在其中心北上进入江苏境内时，较为罕见。“黑格比”过程雨量67毫米，过程最大风力6～8级。自有气象记录以来，7月首次出现西北太平洋和南海没有台风生成的现象。

入秋之后雨水少，干旱露头火险高。10—12月海曙区降水量异常偏少，较常年偏少约六成，其中10月23日至11月19日，连续28天无有效降水，达中等气象干旱级别（个别地区出现旱情），给生产生活用水带来一定影响；森林火险气象风险等级达4～5级，易引起森林火灾，用火、用电风险大。

（区委党史研究室、区气象局）

历史文化

【历史沿革】1949年以前，海曙境地从未单独建置。秦汉时属会稽郡，为鄮县属地。唐武德四年（621年），罢郡置州，以原句章、鄞、鄮三县地置鄞州，境内为鄞州属地。武德八年（625年），废鄞州复鄮县，为鄮县属地。开元二十六年（738年），析越州别置明州，区境属明州，为鄮县属地。天宝元年（742年），明州改为余姚郡，为余姚郡鄮县属地。乾元元年（758年），余姚郡复改明州，为明州鄮县属地。元和四年（809年），鄮县县治由小溪徙境内。长庆元年（821年），始建子城，为明州属地。中和三年（883年），升浙东道节度使为义胜军节度使。光启三年（887年），改义胜军为威胜军。乾宁二年（895年），董昌称帝，号“大越罗平国”。次年国灭，改威胜军为镇东军，明州均为上述建制下的属地，境内均为明州属地。五代十国时群雄割据，开平元年（907年），武肃王钱镠建吴越国。开平三年（909年）钱镠奄有明州，升明州为望海军，为避后梁太祖朱温之祖朱茂琳（“茂”“鄮”同音）讳，改鄮县为鄞县，为鄞县属地。北宋建隆元年（960年），改望海军为奉国军，为奉国军鄞县属地。太平兴国三年（978年），吴越纳国归宋，奉国军隶两浙路。南宋淳化四年（993年），明州隶两浙东路。宋宁宗登位改元庆元，升州为府，以次年改号的年号名府，称庆元府，为庆元府鄞县属地。元至元十四年（1277年），改庆元府为庆元路，为庆元路鄞县属地。明洪武元年（1368年），庆元路改明州府，为明州府鄞县属地。洪武十四年（1381年），改明州府为宁波府，为宁波府鄞县属地。清朝建立后，仍沿用明朝的府县名称。中华民国成立后废府，境地属鄞县。1927—1931年，于鄞县城厢建立宁波市，境地属宁波市，后撤市复入县。

1949年6月，中共浙江省第二地方委员会（简称"宁波地委"）和宁波军管会派出军代表为主的民运工作团，接管城区海曙、灵塔、镇明、长春、西郊、北郊六镇镇公所，以镇设区，配备各区正、副区长。此为境域内最早的人民政权。1949年10月，宁波市人民政府调整市辖政区，海曙、灵塔、镇明、长春、西郊和北郊六区合并为海曙、镇明两区，设海曙区公所和镇明区公所。1950年6月，海曙区公所和镇明区公所撤销，两区政务由境内苍水、孝闻、西郊、江厦、湖西、县学、南郊7个派出所管理。1951年5月，恢复海曙区和镇明区，两区各设人民政府。同年8月，海曙、镇明两区分为海曙、望京、月湖、灵塔四区，建立各区人民政府。1952年8月，上述四区仍合并为海曙、镇明两区，重建海曙区人民政府和镇明区人民政府。1956年2月，海曙区、镇明区机构撤销，建立苍水、孝闻、鼓楼、西郊、江厦、仓桥、湖西、县学、药行、天封10个街道办事处。1958年9月，10个街道办事处合并为海曙和镇明2个街道办事处。1960年6月，撤销海曙、镇明2个街道办事处，成立海曙人民公社，设公社管理委员会，实行政社合一的管理体制。1963年，海曙人民公社分为海曙人民公社和镇明人民公社，公社管委会一分为二。1969年5月、8月，先后成立镇明人民公社革命委员会和海曙人民公社革命委员会。1970年，人民公社改为区。海曙、镇明两区仍设革命委员会。

1978年9月19日，浙江省革命委员会决定，宁波市海曙区、镇明区为市辖区一级政权建制。1984年1月，浙江省人民政府决定，并经国务院批准，海曙、镇明两区合并，组成宁波市海曙区，下辖湖西、县学、苍水、孝闻、仓桥、西郊、江厦、天封8个街道及西郊乡与段塘镇。同年8月，西郊街道改名为西门街道，新成立马园街道。1987年4月，西门街道拆分为西门和高塘2个街道。1992年10月调整街道区划，湖西、县学、仓桥（部分）合并为月湖街道，苍水、孝闻合并为鼓楼街道，仓桥、马园合并为南门街道，西门、高塘合并为西门街道，江厦、天封合并为灵塔街道。1996年8月，经宁波市人民政府批准，新成立白云街道。2002年4月，撤销西郊乡，建立望春街道；撤销段塘镇，建立段塘街道。2003年10月，灵塔街道更名为江厦街道。2016年9月，宁波市行政区划调整，原属鄞州区的集士港镇、古林镇、高桥镇、横街镇、鄞江镇、洞桥镇、章水镇、龙观乡、石碶街道划归海曙区管辖。

【名胜古迹】 天一阁位于月湖街道。始建于明朝中期，占地2.6公顷，由当时退隐的明朝兵部右侍郎范钦主持建造，至今有400余年历史，是中国现存最早的私家藏书楼，也是亚洲现有最古老的图书馆和世界最早的三大家族图书馆之一。现藏有各类古籍近30万卷，其中珍椠善本8万余卷，还收藏大量字画、碑帖及精美的地方工艺品。1982年天一阁被国务院公布为全国重点文物保护单位，现为国家AAAAA级旅游景区。

天峰塔位于大沙泥街西端与解放南路交会处。始建于唐武则天"天册万岁"至"万岁登封"（695—696年）年间，因建塔年号始末"天""封"而得名。建成后塔高18丈，约51米，共14层，分七明、七暗（包括地宫），呈六角形。现为国家级文物保护单位。

南塘河历史文化街区位于南塘河，占地6.5公顷，总长约1.2千米，完整保留300余米的江南传统街巷，再现百年来宁波人经商交易、日常生活氛围风貌。北街以传统文化为基调，展现宁波城市个性；南街主打"城市休闲"概念，突显休闲生活。

南塘河历史文化街区

鼓楼沿历史文化街区地处海曙“心脏”，是传统历史街区腹地，占地3.65公顷，建筑面积约6.8万平方米，是宁波人流最密集、商业设施最完善的城市中心街区。宁波鼓楼始建于唐长庆元年（821年），至今有1100余年历史。街区内有望海楼、奉国军楼、“四明伟观”、海曙楼等历史古迹。

梁祝文化公园地处高桥镇，是国家AAAA级旅游景区，以东晋梁山伯墓、梁山伯庙古遗址为基础，以“梁祝故里·爱情圣地”为主题，以经典的梁祝故事为情景线索，是一处集旅游度假、观光休闲、活动娱乐、业态参与于一体的荟萃胜景。梁祝文化公园占地面积42公顷，濒临宁波“母亲河”——余姚江，与河姆渡文化遗址隔江相望。

它山堰是中国四大古水利工程之一，位于鄞江镇光溪河旁，始建于唐代。堰坝全长113.7米，宽4.8米，高5余米，由150余块小溪石条石砌筑而成，是国家级文物保护单位。自唐代太和七年（833年）建堰起，历代均有修筑，至今仍在发挥着阻咸、蓄淡、泄洪、灌溉的作用，2015年被评为“世界灌溉工程遗产”。

五龙潭景区位于龙观乡境内，是国家AAAA级旅游景区、浙江省旅游景区。区内幽谷叠翠、瀑布飞泻、风光秀美，拥有天门瀑布、青云峡漂流、青云梯等山水景观，因孚泽潭、昭泽潭、润泽潭、利泽潭、显泽潭5个水潭得名。传说潭内驻有灵性神龙而称“龙潭”，是宋、元以来浙东地区重要的祭龙之地，宋理宗、元惠宗都曾敕封五龙潭神为“侯”。景区至今仍保留着古祭龙坛、五龙神堂、摩崖石刻等景观，每年举行以游龙潭、观龙俗、祭龙祖为主题的“二月二龙抬头”民俗文化节。

李家坑古村地处四明山心章水镇，毗邻余姚市、奉化区，海拔500米，四面环山，溪水绕村，风光旖旎、钟灵毓秀，以李姓为主，建村达400余年历史。李氏家族乃大唐之后裔，始祖龄一公明末清初从永康长恬迁此卜筑定居，垦荒开基，生息繁衍。村庄建筑以清朝期间的四合院民居为主，保存完好，为四明山之最。李家坑古村不仅自然风光秀美，还是李唐文化传承之地。以“承祖业克勤克俭，示子孙唯耕唯读”为传家格言，“农耕之余，读书不止”，催生了众多文化名人及教育先驱。李家坑村先后获得国家级“美丽宜居示范村”、浙江省“特色旅游村”、浙江省“历史文化名村”等诸多荣誉。

杖锡山樱花

【方言】 海曙区城区方言属于吴语浙北区明州片（也称“甬江片”），是宁波市区方言的代表，既有吴语的共性，也有自身特点，主要表现在语音上。新划入的原鄞州西片区与余姚市交界杖锡山区说余姚话，属于吴语太湖片临绍小片。除区域差异之外，还有老派、新派之分，语音、词汇、语法等方面皆有差异，老派方言中尽可能多地延续语言传统成分，新派方言积极吸收新词汇，有日趋与普通话同化倾向。

（区委党史研究室）

区划 人口

【行政区划】 2020年，海曙区下辖集士港、古林、高桥、横街、鄞江、洞桥、章水7个镇及龙观乡，有石碶、月湖、西门、江厦、南门、鼓楼、白云、望春、段塘9个街道，共17个乡级政区，下辖167个行政村、102个社区、5个城镇居委会。海曙区人民政府位于县前街61号。

【人口】 根据海曙区第七次全国人口普查，2020年全区常住人口1041285人，与2010年第六次全国人口普查的881169人相比，10年内增加160116人，增长18.17%，年平均增长率为1.68%。

（区统计局）

名优特产

【席（蔺）草】 宁波是全国席草主要产地之一，唐代草席曾出口朝鲜。20世纪70年代引入日本蔺草（系古时鄞县席草流传日本后改良而成），主要分布在原鄞州西部平原地区，加工成榻榻米出口日本。席草制品以睡床草席为主，“黄古林草席”最闻名。中华人民共和国成立初期，周恩来出席日内瓦会议，以40条黄古林草席赠送给各国元首及国际友人。

【浙贝母】 浙贝母简称浙贝，是中药“浙八味”之一。章水镇是全国浙贝母主要产区，历来产量占全国总量的一半以上，2003年被中国特产之乡命名委员会命名为“中国浙贝之乡”。

【横街竹笋】 横街镇为“中国竹笋之乡”，有浙江省单片面积最大的竹山（3333.33公顷）资源，四季产笋，每年春笋、鞭笋、冬笋等产量可达1.2万余吨，其中大雷“黄泥拱”毛笋质量最佳，以株大肉厚、甜嫩可口驰名海内外。

【梅园石】 梅园石分布于鄞江镇梅园一带，色调红如枫叶，是高档建材，尤宜于大型雕刻，代表作有保国寺观音阁石雕大柱、800余年历史的日本国宝奈良东大寺石狮子、2007年宁波市赠送佛罗伦萨的文臣武将石像等。

【澄浪潭泉水】 澄浪潭地处鄞江镇，该潭深52米，直径8米，日出水量3000余吨，是浙江省内最大的地下泉水。专家勘测，泉水从近百米深的地下岩缝喷涌而出，不受地表水和气候影响，水温常年恒温在18℃左右，且涝时不增，旱时不减，实属罕见。经化验分析，权威评价该潭水水质达到国家“地面一类水源”质量标准，属国家“一级地下（低钠）泉水”。

【杖锡山樱花】 章水镇杖锡山种植和培育樱花有千年历史，唐宋时期通过贸易往来，栽培技术传至日本。仗锡山种植的樱花品种全、花色纯正、花朵肥大、花期长。作为国内最大的欣赏樱花基地，种植面积1.3万亩。在全国率先开展樱花苗木规模化栽培和樱花种质收集、选育，有迎春樱等野生种质资源11种，占国内樱花野生资源的20%，建立种质资源库100亩，收集园艺种质100份，种质保有量全国领先。由于区域独特的地理位置、人文历史及传统栽培技术等优势，2018年1月，杖锡山樱花基地获评省“现代农业科技示范基地”。

【洞桥“八戒”西瓜】 洞桥镇种植西瓜有较长历史，以“八戒”为注册商标的洞桥西瓜以其皮薄、质脆、味甜享誉宁波，被评为“浙江省十大优质名瓜”。

（区委党史研究室）

经济和社会发展

【综合实力】 2020年，海曙区实现地区生产总值（GDP）1201.18亿元，按可比价计算，比上年同期增长2%。其中，第一产业增加值16.18亿元，增长2%；第二产业增加值361.08亿元，增长2.8%；第三产业增加值823.92亿元，增长1.6%，对经济增长的贡献率分别为1.4%、44.4%和54.2%。三次产业结构为1.3:30.1:68.6。GDP地均集约度为2.02亿元/平方公里，按户籍人口计算的人均GDP达18.9万元（按年平均汇率折算为27400美元），增长1.3%。

完成财政总收入187.97亿元，比上年同期增长2.0%。其中，一般公共预算收入115.83亿元，增长3%。一般公共预算支出101.92亿元，增长7.7%；其中住房保障、社会保障和就业、节能环保、卫生健康和教育支出分别增长130.8%、83.3%、22.4%、12.1%和7.8%。

2020年海曙区地区生产总值情况表

表1

行业名称	绝对值（万元）	增长速度（%）
合　计	12011836	2.0
农林牧渔业	168024	2.3
工业	2832124	3.6
建筑业	780185	−0.6
批发和零售业	1531534	3.6
交通运输、仓储和邮政业	823532	−22.0
住宿和餐饮业	185673	−10.2
金融业	1233611	7.7
房地产业	1254706	6.7
其他服务业	3202447	5.3
营利性服务业	1781475	8.9
非营利性服务业	1420972	1.2

城镇新增就业20290人，城镇失业人员实现再就业7423人，就业困难人员再就业2745人。新增大学生创业545人，累计发放创业贷款1.49亿元。全年组织各类招聘会60场。培训城乡劳动力34616人。

居民消费价格比上年同期上涨1.9%，涨幅回落0.3个百分点。八大类商品和服务项目价格“五升三降”：食品烟酒类上涨6.2%，其他用品和服务类上涨5.3%，教育文化和娱乐类上涨3.1%，生活用品及服务类涨1.5%，居住类上涨0.9%，衣着类下降0.1%，医疗保健类下降1.1%，交通和通信类下降5.4%。全年工业生产者购进价格回落7.7%，工业生产者出厂价格回落4.3%。

【农业】 2020年，海曙区实现农林牧渔业增加值16.8亿元，比上年同期增长2.3%。实现农林牧渔业总产值23.03亿元，其中农业产值18.75亿元、林业产值1.21亿元、畜牧业产值1.18亿元、渔业产值0.93亿元、农林牧渔专业及辅助性活动产值0.96亿元。

【工业】 2020年，海曙区实现工业增加值283.21亿元，比上年同期增长3.6%，占地区生产总值的23.6%。规模以上工业增加值增长4.5%，其中制造业增加值增长4.9%。实现营业收入831.41亿元，增长5.8%；实现利润总额42.38亿元，利税总额63.97亿元，分别下降10.1%和6.6%。规模以上工业企业研发费用20.6亿元，增长13.5%；规模以上工业新产品产值增长20.9%，新产品产值率达17.6%。战略性新兴产业、高新技术产业、装备制造业增加值分别增长13.1%、4.5%和6.3%。

【建筑业】 2020年，海曙区实现建筑业增加值78.02亿元，比上年同期下降0.6%，占地区生产总值的6.5%。注册在海曙区的资质建筑业企业有195家，其中，施工总承包特级资质企业5家，一级企业18家，二、三级企业149家。全年总承包和专业承包建筑业企业实现主营业务收入349.12亿元，实现利润总额9.14亿元；房屋施工面积3409.2万平方米。全年建筑业平均从业人员12万人。

【固定资产投资】 2020年，海曙区固定资产投资比上年同期增长4%，其中项目投资下降11.6%。民间投资占固定资产投资的比重达60.4%。基础设施投资下降16.2%，工业投资增长5.7%。全年新开工项目175项，年末共有各类在建项目417项，其中计划总投资亿元以上项目164项，5亿元及以上项目89项。

【房地产】 2020年，海曙区实现房地产开发投资173.10亿元，比上年同期增长18.8%。其中，住宅开发投资111.38亿元，办公楼开发投资4.04亿元，商业营业用房开发投资10.38亿元。实现商品房销售面积109万平方米，比上年同期增长17%，其中住宅销售面积86.9万平方米，办公楼销售面积6.3万平方米。

【贸易业】 2020年，海曙区批发和零售业商品销售额比上年同期增长9.2%。其中，限额以上批发和零售业实现商品销售额2420.5亿元，增长14.5%。实现社会消费品零售总额785.77亿元，增长1.4%。在限额以上批发和零售企业商品销售额中，金属材料类914.61亿元，增长63.7%；服装、鞋帽、针纺织品类269.91亿元，下降3.5%；化工材料和及制品类228.55亿元，下降0.8%；石油及制品类131.69亿元，下降17.7%；中西药品类106.98亿元，下降2.5%。

【旅游业】 2020年，海曙区规模以上旅行社实现营业收入2.32亿元，比上年同期下降73.1%。限额以上住宿餐饮业实现营业额20.72亿元，下降14.5%。全年接待国内外游客1871.5万人次，实现旅游总收入271.6亿元。年末拥有星级宾馆16家，其中五星级宾馆4家、四星级宾馆4家。

【对外经济、招商引资】 2020年，海曙区实现货物进出口总额747.13亿元，比上年同期增长1.3%。其中，出口总额648.58亿元，增长2.4%；进口总额98.55亿元，下降5.4%。

新增境外投资企业27家，完成实际中方投资额14.8亿美元，比上年同期增长1523.7%。

合同利用外资63120万美元；实际利用外资22116万美元。

新设立内资企业10166家，比上年同期增长4.6%；新增注册资本（金）958亿元，增长174.5%。新设立个体工商户11193家，增长7.4%；资金数额10.2亿元，增长51.5%。新登记外商投资企业及分支机构94户，下降47.5%；投资总额13.9亿美元，下降21.8%。全年办理“个转企”176家，其中转公司149家。引进大市外内资资金168.4亿元，“浙商回归”到位资金87.7亿元。

【交通运输业】 2020年，海曙区实现交通运输、仓储和邮政业增加值82.35亿元，比上年同期下降22.0%，占地区生产总值的6.9%。规模以上交通运输企业实现营业收入297.12亿元，增长21.2%；营业利润2.33亿元。其中，规模以上货运代理企业营业收入增长27.3%，营业利润增长9.2%。

【金融】 2020年，海曙区实现金融业增加值123.36亿元，比上年同期增长7.7%，占地区生产总值的10.3%。

人民币存款余额2776.74亿元，

巍巍四明山

比上年同期增长12.1%；人民币贷款余额3127.55亿元，增长18.1%。制造业贷款余额534.97亿元，增长11.8%。

保险保费收入62.75亿元，比上年同期下降1.1%，其中，财产险30.20亿元，下降7.1%；人身险32.55亿元，增长5.2%。各类赔付支出35.36亿元，增长5.0%。

【教育、科技、人才】 2020年，海曙区有中小学63所，在校中小学生79979人；幼儿园131所，在园幼儿33282人。学年末在编教师4915人，其中省"特级教师"11人、"正高级教师"7人、"高级教师"760人，市"名(骨干)校长"17人、市"名教师"30人、市"学科骨干教师"50人、市"名(骨干)班主任"6人。9名教师入选市"领军与拔尖人才"第一、二、三层次培养人选。3所学校(幼儿园)建成投用，海曙中心小学获评全市义务段学校唯一的"全国文明校园"，区青少年宫获评全市教育系统唯一的"全国文明单位"。海曙区获评全市唯一的省"人工智能教育实验区"。

财政投入科技经费2.19亿元，科技信贷风险池服务科技企业38家次，累计授信额度超1亿元。实现规模以上工业高新技术产业增加值84.66亿元，比上年同期增长4.5%。有院士工作站1家，"有效国家高新技术企业"247家、省"高成长科技型中小企业"96家、"创新型初创企业"1398家。新增专利授权量4588件，增长30.1%；其中发明专利授权量436件，增长2.8%。宁波阿里创新中心落户海曙。宁波工业互联网研究院、智能技术"两院一园"、宁波智能制造技术研究院、上海交大宁波人工智能研究院、宁波市中星中东欧新材料研究院5家产业技术研究院累计新建创新平台24个、孵化科技企业23家。

深化"一产业一院校"校地合作模式，先后组织8场"'甬'动青春·'曙'你未来"全国高校巡回招聘活动，精准匹配意向岗位人数2800余人次。宁波"人才之家"和海曙人才创业园建成运营。挂牌建立首个"海外离岸孵化器"和海外产业研究院，建成3家海外引才引智工作站、3家省级博士后工作站，新聘请1名"海曙区引才大使"。全区人才总量达27.9万人。

7月4日，"美丽乡村健身行"海曙集士港站活动举行

【文化、卫生、体育】 2020年，海曙区举办全国非遗曲艺周、天一阁论坛。创建省"公共文化服务体系示范区"，入围省级"文化传承生态保护区"创建名单(中医药)。开展海曙区文化惠民"百川工程"等特色活动约1600场，送演出下乡约170场，阅读推广活动约630场，惠及群众30万余人次，图书馆流通人次65.8万余人次。海曙区文化馆百姓艺术团获评全市唯一"五星级艺术团"。10余件文艺精品获得全国、省、市相关奖项。

全面深化城市紧密型医联体建设，落实区公共卫生中心、区中医院二期建设。区疾控中心、区三院PCR实验室建成投用。下属医疗卫生机构23个，拥有床位902张，全年门诊量611.1万人次。发放计划生育奖励扶助金4727.3万元，惠及2.8万人。1354对待孕夫妇享受免费孕前优生健康检查。

举办"一带一路"中国宁波国际跑酷大师赛等赛事，承办国家百万公里登山健身步道2020宁波发布会活动。开展海曙区"全民健身月月赛"系列活动22项。推进省级民生实事工程，完成2个社区多功能运动场、1个游泳池、8个"小康体育村"提升工程和17个百姓健身房建设。

【居民生活、社会保障】 2020年，海曙区全体居民人均可支配收入64838元，比上年同期增长5%。其中，城镇居民人均可支配收入71391元，增长4%；农村居民人均可支配收入39888元，增长7.2%。全年城镇居民人均生活消费支出40730元，农村居民人均生活消费支出24598元。

全区企业职工社保缴费单位4.1万家，养老保险、医疗保险、失业保险、工伤保险以及生育保险缴费人数分别为38.4万元、53万元、36.1万元、43.4万元、34.5万元；各项待遇领取人数累计210.4万人次，待遇发放总额45.97亿元。户籍人口养老保险参保率99.4%，实体社保卡持卡率为100%；户籍人口医疗保险参保率达99.85%，居全市前列，困难群众医疗保险覆盖率达100%。海曙区被评为浙江省"无欠薪示范区"。全年新建3个区域性居家养老服务中心、6家示范型居家养老服务中心，适老化改造65户困难老年人家庭。全区累计有养老机构38家、居家养老服务机构273个，养老服务设施基本实现全覆盖。发放城乡最低生活保障4.4万人次，金额3836.3万元。累计发放特困人员基本生活费2342人次388.8万元，发放照护费

1988人次121.4万元。

全年579家单位、5.6万人次参与捐款捐物，募集善款及物资达9406.9万元，其中疫情捐款及物资折价4710万元、“慈善一日捐”770.5万元、基金捐款2272.8万元、东西部地区扶贫捐款1000余万元。累计救助困难群众18619人次，救助支出9439.8万元，其中疫情支出4712.2万元、东西部地区扶贫支出1400万元。红十字会接受社会资金捐助809.7万元、物资折价87.8万元。新增成人红十字会员3321人。执证救护员培训2321人次，普及培训1.9万人。实现造血干细胞捐献2例、人体器官捐献2例、角膜捐献5例、遗体捐献4例。

【生态建设、社会安全】2020年，海曙区376个城镇居住小区和164个农村行政村生活垃圾分类覆盖实现双100%目标。全区机关单位、事业单位、国有企业和中小学校幼儿园均实现垃圾分类全覆盖。海曙区获评省“生活垃圾分类工作优秀区”。全域完成小城镇环境综合整治。新增2个“宁波市无违建乡镇(街道)”、4个“宁波市基本无违建乡镇(街道)”。“三改一拆”深化推进，改造旧住宅、旧厂区、城中村总计237.5万平方米，处理违法建筑120.2万平方米。全域创建“污水零直排区”，功能达标率100%，市控以上断面水质优良率为89%，集中式饮用水源地水质继续保持100%达标。樟溪河入选“美丽河湖”。全年新增房产配建、路内新画、公共停车位总计16496个停车位。

海曙区获评省首批“一星平安金鼎”。全年破获刑事案件1165起，其中命案和重大刑事案件破案率100%。“扫黑除恶”工作绩效居全市第二。安全生产现场检查886家次，未发生一次死亡3人以上较大生产安全事故，未发生生产安全群体性事件。办理法律援助案件908件；调解矛盾纠纷12185件，成功率99.2%。开展食品抽检4474批次、药品监督抽样277批次，查处各类食品违法案件200件。受理消费者投诉举报18078件，挽回损失669.6万元。放心消费指数测评全市第一。海曙区获评省“食品安全区”。

（区统计局）

注：

公报中的统计数据为初步统计数据，正式数据以《宁波市海曙区统计年鉴（2021年）》为准。

地区生产总值及各产业、行业的增加值绝对数按当年价格计算，增长速度按可比价格计算，即扣除物价变化的实际增长。

规模以上工业指年主营业务收入2000万元及以上的工业企业。

限额以上批发和零售业指年主营业务收入2000万元及以上的批发业、年主营业务收入500万元及以上的零售业。

限额以上住宿和餐饮业指年主营业务收入200万元及以上的住宿和餐饮业。

规模以上交通运输业指铁路运输业，年营业收入1000万元及以上的公路旅客运输业，年营业收入500万元及以上的道路货物运输业、客运汽车站、其他水上运输辅助活动业、运输代理服务业，年营业收入200万元及以上的装卸搬运业。

固定资产项目统计范围为计划总投资500万元及以上的固定资产投资项目。

资质建筑业企业主要包括施工总承包和专业承包。

月湖

组织机构及其负责人名录

【区四套班子领导机构】

中共海曙区委员会

书　　记：褚孟形

副 书 记：徐　强（5月始）

张启表

区委常委：梁成初

李晓东（7月止）

谭国洪（6月止）

李冠杰

严仕恩（6月止）

张宁辉

孙　骏（7月始）

陆利明（7月始）

王　煦

薄慧敏

孙明忠

海曙区人民代表大会常务委员会

党组书记：陈志国

党组副书记：童经纬

党组成员：金　波（8月止）

林　兵

陈小春

舒建国

俞国平

主　　任：陈志国

副 主 任：童经纬

金　波（9月止）

林　兵

孙铭龙

陈小春

舒建国

海曙区人民政府

党组书记：褚孟形（5月止）

徐　强（5月始）

党组成员：谭国洪（6月止）

李冠杰（6月始）

薄慧敏

宣业靖

史卫东

毛孟军

张盈军

张　俊（挂职，1月止）

黄　列

张　勇（挂职，9月止）

孙正国（挂职，10月始）

区　　长：褚孟形（6月止）

徐　强（6月始）

代 区 长：徐　强（6月始，6月止）

常务副区长：谭国洪（6月止）

李冠杰（6月始）

副 区 长：徐　强（6月始，6月止）

宣业靖

史卫东

毛孟军

张盈军

王懿栋

张　俊（挂职，1月止）

政协宁波市海曙区委员会

党组书记：毕东华

党组副书记：李冠杰（兼，1月始，6月止）

陆利明（兼，8月始）

吴军良

党组成员：刘良飞

郁利祥

戴亚珍

主　　席：毕东华

副 主 席：吴军良

袁建树

国　宇

刘良飞

郁利祥

池　逊

秘 书 长：戴亚珍

【区纪委　区监委】

中共海曙区纪律检查委员会

海曙区监察委员会

书　　记：李晓东（7月止）

孙　骏（7月始）

副 书 记：汪锡超

贺海宁

常　　委：俞小群

邱坚明

陈建国

葛荣伟

主　　任：李晓东（8月止）

代 主 任：孙　骏（8月始）

副 主 任：孙　骏（8月始）

汪锡超

贺海宁

委　　员：邱坚明

陈建国

曹秉军

庄立敏（4月始）

办公室主任：单丽君

干部室主任：叶志斌

宣传教育室主任：叶光明（12月止）

党风政风监督室主任：戚圣爱（12月止）

信访室主任：张　旺（12月止）

案件监督管理室：叶光明（12月始）

第一纪检监察室主任：余照华

第二纪检监察室主任：金一波

第三纪检监察室主任：孙斌辉

案件审理室（申诉复查室）主任：

庄立敏（1月止）

区纪委区监委派驻第一纪检监察组组长：

朱朝兴

区纪委区监委派驻第一纪检监察组副组长：

曾宪道

区纪委区监委派驻第二纪检监察组组长：

徐琦雄

区纪委区监委派驻第二纪检监察组副组长：

梁　红

区纪委区监委派驻第三纪检监察组组长：

黎炜华

区纪委区监委派驻第三纪检监察组副组长：

陈彦彬

区纪委区监委派驻第四纪检监察组组长：

周照宇

区纪委区监委派驻第四纪检监察组副组长：

方　轶

区纪委区监委派驻第五纪检监察组组长：

狄立新

区纪委区监委派驻第五纪检监察组副组长：

李绍智

区纪委区监委派驻第六纪检监察组组长：

周家骥

区纪委区监委派驻第六纪检监察组副组长：

赵　一

区纪委区监委派驻第七纪检监察组组长：

卞　燕（12月止）

章朝阳（12月始）

区纪委区监委派驻第八纪检监察组组长：

戎爱武

区委直属机关纪检监察工委①书记：

陈彦彬（11月止）

黎炜华（11月始）

① 根据上级纪委监委要求，区委直属机关纪检监察工委书记改由派驻第三纪检监察组组长兼任，副书记由副组长兼任。

区委直属机关纪检监察工委副书记：
陈彦彬（11月始）
区纪委区监委驻海曙公安分局纪检监察组组长：
朱小明（12月止）
计　锋（12月始）
区纪委区监委驻海曙公安分局纪检监察组副局长级纪检监察员：
朱永久（12月止）
区纪委区监委驻区法院纪检监察组组长：
陈章君
区纪委区监委驻区检察院纪检监察组组长：
邹宁俊

区委巡察机构
区委巡察办主任：俞小群
区委巡察办副主任：阮国梁
区委巡察组组长：王海洲
计　锋（12月止）
忻慧义
费春华（12月止）
卞　燕（12月始）
区委巡察组副组长：张红红
龚安君（12月止）
王海波
余莉英
曹建萍（12月始）

【公安、检察、审判机构，人民武装】
区人民检察院
党组书记：吴　超
党组成员：杨建平
夏年立（8月止）
杨文珍
许文瑾
邹宁俊
范静娟
检察长：吴　超（6月始）
代检察长：吴　超（6月止）
副检察长：杨建平
夏年立（10月止）
杨文珍
政治处主任：许文瑾
检委会专职委员：范静娟
岑剑平
沈慧红

区人民法院
党组书记：傅　勇
党组副书记：王惠珍
党组成员：任啸雷
陈章君
曹建波
张丹丹
杨锦晶
沙　军
院　　长：傅　勇
副 院 长：王惠珍
任啸雷
曹建波
张丹丹
审判委员会专职委员：蒲巧俊
戎　波
政治处主任：杨锦晶
执行局局长：沙　军
西郊法庭庭长：陈增宏（8月止）
卓黎黎（8月始）
望春法庭庭长：江　锋
鄞江法庭庭长：陈东曙
石碶法庭庭长：袁满君

区人民武装部
部　　长：刘　宁（3月止）
政治委员：孙明忠
副 部 长：李训兵（1月始）

宁波市公安局海曙分局
党委书记：宣业靖
党委副书记：徐联达
邬明汉
党委委员：潘元龙
朱小明
任建明
严立新（1月止）
董　文
史　强
唐明堂
王　伟（5月止）
戴金旭（兼，5月始）
冯亦斌（5月始）
计　锋（12月始）
局　　长：宣业靖
政　　委：徐联达
副 局 长：邬明汉
潘元龙
任建明
严立新
史　强
政治处主任：董　文

宁波市消防救援支队海曙区大队
大 队 长：胡　凯
教 导 员：杨岳华
副大队长：马　丽（3月始）
应于波
路　庄

【区委工作机构及党群各部门】
区委办公室
主　　任：张朝晖
副 主 任：周建军（兼）
谢宇川（7月止）
朱飞龙
欧益民
童红琴（兼）
应　彬（兼）
曾桥波（兼）
室务会议成员：朱朝兴
范卫东
张琳琳
袁德超（7月始）
总工程师：张琳琳
督查室主任：袁　李

区委组织部
部　　长：严仕恩（6月止）
常务副部长：丁松江
副 部 长：曹　蕾
王　翔
崔茂华（兼）
朱彩娟（兼）
钟金龙（兼）
部务会议成员：黎炜华
许　晟
毛炯炜
高君恺
区委直属机关工委书记：崔茂华（1月止）
严仕恩（兼，1月始，6月止）
区委直属机关工委专职副书记：
崔茂华（1月始）
区委直属机关工委副书记：叶建洋
区公务员局局长：崔茂华（1月止）
区委两新工委书记：曹　蕾
区委两新工委副书记：陈　翔（兼）
葛巧英（兼）
区委人才办常务副主任：王　翔
区委人才办副主任：许　晟

区委宣传部
部　　长：张宁辉
常务副部长：王甬明
副 部 长：汪光辉

李苏苗（7月始）
齐海峰
文明办主任：王甬明
文明办副主任：齐海峰
区政府新闻办公室主任：汪光辉
区委网络安全和信息化委员会办公室
主任：李苏苗（7月始）
区社会科学界联合会主席：
李苏苗（兼，12月始）
新闻出版局局长：齐海峰
部务会议成员：周照宇

区委统一战线工作部
部　　长：李冠杰（6月止）
陆利明（8月始）
常务副部长：郁建军
副 部 长：陈　翔
陆　颖
周国平
部务会议成员：狄立新

区民族宗教事务局
局　　长：周国平

区人民政府侨务办公室
主　　任：陆　颖

区归国华侨联合会
主　　席：陆　颖

区委政法委员会
书　　记：张启表
常务副书记：周宏杉
副 书 记：谭国洪（兼，6月止）
李冠杰（兼，6月始）
宣业靖（兼）
石建强（7月止）
王肖刚（7月始）
周红萍
政治处主任：汪志佩（7月止）
胡雨红（12月始）
委　　员：傅　勇（兼）
吴　超（兼）
徐联达（兼）
史亚培（兼）
周家骥
汪志佩（7月止）
朱灵勇（兼，7月止）
严　波（兼）
曾桥波（兼）
刘光爱
胡雨红（12月始）

区委政策研究室
主　　任：应　彬
副 主 任：张忠汉
陈　伟

区委机构编制委员会办公室
主　　任：余　解
副 主 任：王宇峰（7月止）
史明辉
王芳芳（12月始）

区委、区政府信访局
党组书记：童红琴
党组副书记：陈敏龙（7月止）
陈　明（12月始）
党组成员：崔　磊（1月始）
局　　长：童红琴
副 局 长：陈敏龙（8月止）
陈　明
高秀峰

区委老干部局
局　　长：朱彩娟
副 局 长：殷丽健
蓝永清

区委党校
校　　长：严仕恩（兼，6月止）
常务副校长：李栽正
副 校 长：朱德伟
庞天录（12月始）
校务委员会委员：黄晓琴（12月始）
区行政学院院长：严仕恩（兼，6月止）
区行政学院副院长：李栽正（兼）
朱德伟（兼）
庞天录（兼，12月始）
区社会主义学院院长：王懿栋（兼）
区社会主义学院副院长：李栽正（兼）
朱德伟（兼）
郁建军（兼）
庞天录
（兼，12月始）

区档案局
局　　长：谢宇川（7月止）
欧益民（11月始）

区档案馆
馆　　长：张越男
副 馆 长：钟亦鸣（12月止）
纪亚峰
郑蔚蔚（12月始）

区委党史研究室（区地方志办公室）
主　　任：王培良
副 主 任：汪鹤飞

区总工会
党组书记：吕维共
党组副书记：顾妮妮（12月始）
党组成员：陆千一
汪丛健（7月止）
傅颖维（挂职）
主　　席：林　兵
副 主 席：吕维共
顾妮妮
陆千一
汪丛健（7月止）
傅颖维（挂职）
史文娟（兼）
齐小军（兼）

共青团海曙区委员会[①]
党组书记：林　锦（11月止）
党组成员：曹小波（11月止）
谢　堃（11月止）
包超杰（挂职，10月止）
书　　记：林　锦
副 书 记：曹小波
谢　堃（12月止）
包超杰（挂职，10月止）
董继业（兼）
潘孝杰（兼）
包超杰（12月始）
杨燚娜（兼，4月始）

区妇女联合会
党组书记：刘　燕
党组副书记：虞晓晓
党组成员：许曹弘
欧阳媛斐（挂职）
主　　席：刘　燕
副 主 席：虞晓晓
许曹弘

① 11月，撤销中共共青团宁波市海曙区委员会党组。

欧阳媛斐（挂职）
罗红媛（兼）
杜峥嵘（兼）

区残疾人联合会
党组书记：邱少军
党组成员：王慧兰
徐孟雷
理 事 长：邱少军
副理事长：王慧兰
徐孟雷
蔡静静（挂职，1月止）
何镇飚（挂职）
李春根（兼）

区红十字会
党组书记：施剑萍
党组成员：陈 臣（兼，12月始）
林 平（兼，12月始）
名誉会长：孙黎明
褚孟形
会 长：陈早挺（5月止）
王懿栋（5月始）
副 会 长：施剑萍
商满邦
周照宇（兼，5月止）
徐琦雄（兼，5月止）
於宏华（兼）
毛文辉（兼，5月止）
周祎阳（兼）
齐海峰（兼，5月始）
吴鹤立（兼，5月始）
林 平（兼，5月始）
陈 臣（兼，12月始）

区工商业联合会
党组书记：陈 翔
党组成员：王万兴
陶香永
主 席：张江平
副 主 席：陈 翔
王万兴
陶香永
蔡水华
杨 剑
马坚挺
张阿华
徐立勋
张宵华
张龙棋
吴志光
金建新

庄 巍
钱 平
王君平
黄金宝
徐建昌
安 刚
朱复员
何耀光
骆士龙
龚浩强
陈春明

区关心下一代工作委员会
主 任：陈小春
常务副主任：蔡赛珍（兼）
副 主 任：史 敏（12月始）

区文学艺术界联合会
党组书记：陈建东
党组成员：陈 鸿
徐红辉
主 席：国 宇
副 主 席：陈建东
陈 鸿
徐红辉（8月始）

区慈善总会
会 长：王黎明
常务副会长：赵剑光
副 会 长：黄尚征
管存根
曾垂华（6月止）
秘 书 长：武 懿

【区人大常委会、区政协机关】

区人大常委会办公室
主 任：俞国平
副 主 任：邹有武

区人大监察和司法委员会
主任委员：郁明标

区人大常委会监察和司法工作委员会
主 任：宋亦农
副 主 任：王肖刚（7月止）

区人大财政经济委员会
主任委员：严关忠

区人大常委会财政经济工作委员会
主 任：许瑾瑾
副 主 任：史召其

区人大常委会农业与农村工作委员会
主 任：戴利光
副 主 任：张小军

区人大常委会城乡建设环境保护工作委员会
主 任：林军华
副 主 任：樊华钢

区人大常委会教科文卫民侨工作委员会
主 任：汪则康
副 主 任：张学军

区人大社会建设委员会
主任委员：王田荣（6月始）

区人大常委会社会建设工作委员会
主 任：王田荣

区人大常委会代表工作委员会
主 任：钱 军
副 主 任：张洪良

区政协机关党组
党组书记：戴亚珍
党组副书记：陈绍旗
党组成员：杨爱萍
谢晓东（5月止）
张春波（5月始）
张忠浩（5月始）
梁德明
孙逸群（5月止）
陈健雄（5月始）
金昌卿（12月止）

区政协办公室
主 任：陈绍旗
副 主 任：朱 宁
徐盛芳

区政协提案委员会
主 任：柳竹青
副 主 任：王月忠

区政协经济和城建资源环境委员会
主 任：谢晓东（1月止）
张春波（1月始）
副 主 任：岑亦波（1月始）

区政协农业和农村委员会
主 任：张忠浩（1月始）

区政协教科卫体文化文史和学习委员会
主　　任：梁德明
副 主 任：金昌卿（12月止）

区政协社会法制与港澳台侨委员会
主　　任：孙逸群（6月止）
　　　　　陈健雄（6月始）
副 主 任：王勇伟

区政协委员工作委员会
主　　任：杨爱萍
副 主 任：许玉芬（9月始）

【区政府工作部门】
区政府办公室
党组书记：裘　骥
党组成员：葛　晖（7月止）
　　　　　柴　炜
　　　　　周小波
　　　　　徐琦雄
　　　　　王萍锋（7月止）
　　　　　蔡　锐
　　　　　张小飞
　　　　　张　勇（挂职，9月止）
　　　　　陈肇俊（兼，12月止）
　　　　　陈　蕾（兼）
　　　　　俞俊波（7月止）
　　　　　蔡军波（7月始）
　　　　　陈　臣（7月始）
　　　　　谢宇川（兼，7月始）
主　　任：裘　骥
副 主 任：葛　晖（7月止）
　　　　　柴　炜
　　　　　周小波
　　　　　王萍锋（8月止）
　　　　　蔡　锐
　　　　　张小飞
　　　　　张　勇（挂职，10月止）
　　　　　陈肇俊（兼，12月止）
　　　　　陈　蕾（兼）
　　　　　蔡军波（7月始）
　　　　　陈　臣（7月始）
　　　　　谢宇川（兼，8月始）
　　　　　孙正国（挂职，10月始）
流管办副主任：俞俊波（8月止）
督查室主任：周春莉

区发展和改革局
党组书记：朱　波
党组副书记：王家栋
党组成员：应鹏辉
　　　　　姚　杰
　　　　　但涛波
局　　长：朱　波
副 局 长：王家栋
　　　　　姚　杰
　　　　　毛坚芬
总经济师：但涛波

区经济和信息化局
党组书记：吴汉元
党组成员：张国龙
　　　　　徐　勇
　　　　　李　迪
局　　长：吴汉元
副 局 长：张国龙
　　　　　徐　勇
　　　　　李　迪
总工程师：夏焕文

区教育局
党委书记：朱子凡
党委副书记：陈　臣（7月止）
党委委员：汪志佩（7月始）
　　　　　孙颖莹
　　　　　於宏华
　　　　　胡　锐（12月始）
局　　长：朱子凡
副 局 长：陈　臣（7月止）
　　　　　汪志佩（7月始）
　　　　　孙颖莹
　　　　　於宏华

区科学技术局
党组书记：张　硕（7月止）
　　　　　王萍锋（7月始）
党组成员：张　硕（7月始）
　　　　　应　君
　　　　　崔川良（7月始）
局　　长：杨安妮（6月止）
　　　　　王萍锋（8月始）
副 局 长：张　硕（8月止）
　　　　　应　君
　　　　　崔川良（8月始）

区科协
主　　席：张　硕（8月始）

区民政局
党组书记：葛巧英
党组副书记：吴鹤立（12月始）
党组成员：蔡幼琴
　　　　　吕洪军
局　　长：葛巧英
副 局 长：蔡幼琴
　　　　　韦晓阳
　　　　　吴鹤立

区司法局
党组书记：史亚培
党组副书记：管恩田
党组成员：钱帅华
　　　　　朱培珍
局　　长：史亚培
副 局 长：管恩田
　　　　　过世荣
　　　　　钱帅华
政治处主任：朱培珍

区财政局
党组书记：曹　杰
党组副书记：金群辉
　　　　　　朱裕高（12月始）
党组成员：童　霞
　　　　　邱顺年
　　　　　王　海（12月止）
局　　长：曹　杰
副 局 长：金群辉
　　　　　朱裕高
　　　　　童　霞
　　　　　邱顺年
总会计师：邱顺年
国资中心主任：王　海（12月止）

区人力资源和社会保障局
党组书记：钟金龙
党组副书记：李苏苗（7月止）
　　　　　　王宇峰（7月始）
党组成员：赵开宏
　　　　　陈莉萍
局　　长：钟金龙
副 局 长：李苏苗（8月止）
　　　　　王宇峰（8月始）
　　　　　赵开宏
　　　　　陈莉萍

区住房和城乡建设局
党委书记：王志刚
党委副书记：王晨涛
　　　　　　朱　克（7月始）
党委委员：王　云
　　　　　卞　燕（12月止）
　　　　　章朝阳（12月始）

丁迪辉
徐恒宝
高顺伟（挂职，9月始）
局　　长：王志刚
副 局 长：王晨涛
屈　庆
丁迪辉
高顺伟（挂职，9月始）
总工程师：王　云
房管处处长：王晨涛（8月止）
朱　克（8月始）
公共项目建设管理中心主任：徐恒宝

区交通运输局
党组书记：虞　挺
党组副书记：胡宁军（12月始）
党组成员：钟宏朝
周　里
宋立刚
林军刚（7月始）
潘航波（7月始）
局　　长：虞　挺
副 局 长：钟宏朝
周　里
胡宁军
林　霄（挂职，10月止）
总工程师：吴祖峰
综合行政执法队队长：林军刚（8月始）
公路与运输管理中心主任：
潘航波（8月始）

区轨道交通建设推进管理中心
主　　任：虞　挺
副 主 任：宋立刚

区农业农村局
党委书记：吴永华
党委副书记：朱建元
党委委员：姚明华
忻　忠（12月止）
黄　伟
俞伟军（5月止）
俞继本（7月始）
鲁朝晖（12月始）
杨志高（12月始）
局　　长：吴永华
副 局 长：朱建元
姚明华
忻　忠
黄　伟
潘宁霞
综合行政执法队队长：
俞继本（8月始）

区商务局
党组书记：柴惠群
党组成员：柳晓波
卢其能
王　易
局　　长：柴惠群
副 局 长：柳晓波
卢其能
王　易

区文化和广电旅游体育局
党组书记：郭　波
党组成员：郑国芳（12月止）
许　骥（12月始）
俞　岚
潘剑武
徐　平（12月始）
局　　长：郭　波
副 局 长：郑国芳
许　骥
俞　峰
俞　岚
综合行政执法队队长：潘剑武（7月始）

区卫生健康局
党委书记：张文莲
党委委员：柴筱燕
戎爱武
刘文虎
周祎阳（12月止）
林　平
周宇飞（挂职，9月止）
陈红波（挂职，9月始）
金碧霞（12月始）
陶　鹏（12月始）
局　　长：张文莲
副 局 长：柴筱燕
刘文虎
周祎阳
林　平
周宇飞（挂职，9月止）
陈红波（挂职，9月始）

区退役军人事务局
党组书记：章　静
党组成员：朱　克（7月止）
董一斌
汪丛健（7月始）
局　　长：章　静
副 局 长：朱　克（8月止）
董一斌
汪丛健（8月始）

区应急管理局[①]
党委书记：吴兵云（3月始）
党委副书记：张政一（3月始）
党委委员：童祖洪（3月始）
周斌朝（3月始）
陈　刚（3月始）
李华国（3月始）
局　　长：吴兵云
副 局 长：张政一
童祖洪
周斌朝
陈　刚
李华国
总工程师：童祖洪

区审计局
党组书记：卢纳新
党组副书记：沈海江
党组成员：周学军
范　颖
魏雷顺
局　　长：卢纳新
副 局 长：沈海江
周学军
总审计师：范　颖
区经责审计办主任：魏雷顺

区市场监督管理局
党委书记：张承骏
党委副书记：蔡水华（12月始）
党委委员：方晓东
蔡红辉
董　斌
陈　亮（1月止）
陈国军
张剑杰（7月始）
马连超（12月始）
钱　草（6月始）
局　　长：张承骏
副 局 长：蔡水华
洪　煜

① 3月，建立中共宁波市海曙区应急管理局委员会。

方晓东
蔡红辉（兼）
董　斌
陈　亮（1月止）
总工程师：陈国军
综合行政执法队队长：张剑杰（7月始）

区统计局
党组书记：张春波（1月止）
陈　亮（1月始）
党组成员：竺　青
周　琳（挂职，7月止）
局　　长：王　数（8月止）
副 局 长：竺　青
周　琳（挂职，7月止）
总统计师：戴飞挺

区医疗保障局
党组书记：金　莹
党组副书记：周祎阳（12月始）
党组成员：蔡逸平（5月止）
毛文辉（12月止）
方华锋（12月始）
赖泉添
局　　长：金　莹
副 局 长：蔡逸平（6月止）
毛文辉

区综合行政执法局
党委书记：卢洪波
党委委员：谢跃伟
童　威
徐　峰
史　鸿
徐霄雷
局　　长：卢洪波
副 局 长：谢跃伟
童　威
徐　峰
史　鸿
智慧城管中心主任：徐霄雷
直属中队中队长：周　颖

区经济合作局
党组书记：曹　磊
党组副书记：竺志军（12月始）
党组成员：竹　琰
江朝晖
局　　长：曹　磊
副 局 长：倪耀夫
竹　琰
招商中心主任：竺志军

天一阁·月湖景区管理委员会
党工委书记：李　平（12月始）
党工委委员：唐震毅（12月始）
斯玉梅（12月始）
王保学（12月始）
综合办公室副主任：斯玉梅
景区与文化旅游管理部副部长：唐震毅
许继忠
天一阁·月湖景区管理服务中心副主任：
裘燕萍

望春工业园区管理委员会
党工委书记：王　煦
党工委副书记：蔡文质
蔡军波（7月止）
马　能（12月始）
党工委委员：陈晓伟（12月止）
胡持恒
周　丽（12月始）
主　　任：蔡文质
副 主 任：蔡军波（7月止）
陈晓伟
胡持恒

区政务服务办公室
党组书记：谭国洪（6月止）
李冠杰（6月始）
党组副书记：王明波
党组成员：赵建根（5月止）
陈明传
陈静儿
陆玉珍（挂职，9月止）
徐丽莉（挂职，9月始）
龚安君（12月始）
主　　任：王明波
副 主 任：赵建根（6月止）
陈明传
陈静儿
陆玉珍（挂职，9月止）
徐丽莉（挂职，9月始）

区机关事务管理局
党组书记：陈肇俊（7月止）
谢宇川（7月始）
党组副书记：王海敏
党组成员：李中杰
局　　长：陈肇俊（7月止）
谢宇川（8月始）
副 局 长：王海敏
李中杰（8月始）
接待办主任：李中杰（8月止）
袁德超（8月始）

区金融发展服务中心
党组书记：王宗成
党组成员：陈海云
主　　任：王宗成
副 主 任：童绍数
陈海云

区大数据发展服务中心
党组书记：方卓毅
党组成员：周存东
冯琦峰
主　　任：方卓毅
副 主 任：周存东
冯琦峰

宁波（国际）电子商务产业园管理中心
党组书记：俞建江
党组成员：余　妮
曹卓琼
主　　任：俞建江
副 主 任：余　妮
曹卓琼

区供销合作社联合社
党组书记：张忠浩（1月止）
党组成员：潘信伟
张明伦
主　　任：张忠浩（1月止）
副 主 任：潘信伟
张明伦

区国有资产管理中心[①]
党组书记：金群辉（12月始）
党组成员：王　海（12月始）
张郁苍（12月始）

81890求助服务中心
党组书记：陈　蕾
党组成员：张建儿
刘光爱（7月止）
主　　任：陈　蕾

① 9月，区国有资产管理中心由财政下属单位调整为区政府直属单位。12月，建立中共宁波市海曙区国有资产管理中心党组。

副 主 任:曾　徐
张建儿

区社会矛盾纠纷调处化解中心[①]
党组书记:张启表(兼,8月始)
党组副书记:朱飞龙(8月始)
党组成员:刘光爱(8月始)
孟浩军(12月始)
谢　岚(12月始)
主　　任:朱飞龙(8月始)
副 主 任:陈　明(兼,7月始)
刘光爱(7月始)

区全媒体中心
主　　任:汪光辉
副 主 任:周　波
许玉芬(7月止)
续大治

区南站广场区域综合管理办公室
党组书记:陆勇敢
党组成员:郑　伟
王保学(12月止)
袁卫东
陈国钦
舒群贤(12月始)
主　　任:陆勇敢
副 主 任:王保学
袁卫东

南站区域开发建设管理中心
党组书记:陆勇敢
主　　任:史卫东(兼)
常务副主任:陆勇敢
副 主 任:张　明(兼)

客运站综管中心
主　　任:郑　伟

区房屋征收管理服务中心[②](区重点工程建设指挥部)
党组书记:郭文光(4月始)
党组成员:陆海红(4月始)
楼力力(4月始)
王　旭(4月始)
钟箴吾(12月始)
主　　任:郭文光(4月始)
副 主 任:陆海红(4月始)
楼力力(4月始)
王　旭(4月始)

石碶市场区管理中心
党委书记:李健宏(12月止)
马苏君(12月始)
党委委员:张东波
主　　任:李健宏(12月止)
马苏君(12月始)
副 主 任:张东波

区旧村改造管理服务中心
党组书记:路德峰
党组成员:陈小勇(12月止)
余万儿(12月始)
主　　任:陈华峰
副 主 任:陈小勇

海曙开发建设投资集团有限公司[③]
党委书记:孙建强(11月始)
党委副书记:许继忠(挂职,11月始)
党委委员:刘晓亮(11月始)
钟招娣(11月始)
李悠悠(12月始)
叶属敏(12月始)
程　屹(挂职,11月始)
董事长:孙建强
总经理:孙建强
纪委书记:李悠悠(12月始)
副总经理:刘晓亮
钟招娣
叶属敏(12月始)
程　屹(挂职,9月始)

海曙国有资本投资经营集团有限公司[④]
党委书记:陈晓虎(11月始)
党委副书记:唐震毅(挂职,12月始)
党委委员:张　翼(11月始)
虞盈浩(11月始)
黄　芳(12月始)
董事长:陈晓虎
总经理:陈晓虎
纪委书记:黄　芳(12月始)
副总经理:张　翼
虞盈浩

【市直属管理单位】

宁波市自然资源和规划局海曙分局
党组书记:林　峰
党组副书记:苏敏敏
党组成员:蔡　洁
王爱民
邓　勇
杨幼堂
刘　纲
李　峰(12月止)
尚玉辉
局　　长:林　峰
副 局 长:苏敏敏
蔡　洁
王爱民
邓　勇
杨幼堂
刘　纲
李　峰(12月止)
陆祖军(12月始)

海曙区税务局
党委书记:周一伦
党委委员:汪光明
叶华龙
邬国菊(12月止)
胡鑫娟(12月始)
林　萍
薛建新
朱识华
吴　斌
局　　长:周一伦
副 局 长:汪光明
叶华龙
邬国菊(12月止)
胡鑫娟(12月始)
林　萍
薛建新
朱识华
顾明杰
纪检组组长:吴　斌

宁波市生态环境局海曙分局
党组书记:周宏华

① 7月,建立中共宁波市海曙区社会矛盾纠纷调处化解中心党组。
② 4月27日,宁波市海曙区人民政府房屋征收办公室更名为宁波市海曙区房屋征收管理服务中心。
③ 11月,建立中共宁波市海曙开发建设投资集团有限公司委员会。
④ 11月,建立中共宁波市海曙国有资本投资经营集团有限公司委员会。

党组成员：吴雪峰
钟明荣
王　鹏（12月始）
黄　君
局　　长：周宏华
副 局 长：王渊高（8月止）
汪元富（8月止）
吴雪峰
钟明荣
王　鹏（12月始）

区气象局
党组书记：周伟军
局　　长：周伟军
副 局 长：曹艳艳
邱颖杰（10月止）

海曙供电局
局　　长：林日安
副 局 长：蒋激勇
凌荣光
周仁才
党委书记：蒋激勇
工会主席：沈显伟

中国移动海曙分公司
总 经 理：陈　纲
副总经理：单　娟
俞　麒

中国电信宁波分公司海曙分局
局　　长：陆雪君
副 局 长：童激文
叶海斌
王　飚

【镇（乡）街道机构】
集士港镇
党委书记：王　煦
党委副书记：庞勤峰
鲍科臻
朱灵勇（7月止）
虞建东（7月始）
党委委员：章朝阳（12月止）
黄秋农（12月始）
成科峰
陈　莹
汪莉萍（12月止）
袁浩杰（12月始）
黄贤波
严立新（1月止）
戴金旭（1月始）
人大主席：朱伟军
人大副主席：葛亚萍
王益明（9月始）
镇　　长：庞勤峰
副 镇 长：徐　鋆
陈明芳
胡雨红（12月止）
陈　莹
纪委书记：章朝阳（12月止）
黄秋农（12月始）
资源配置和审批服务中心主任：
王益明（9月止）
镇综合执法局局长：袁浩杰（12月止）
人武部部长：黄贤波
总工会主席：方　宇（1月始）

古林镇
党委书记：周　高
党委副书记：宋林权（12月止）
何　舜
党委委员：吴春波
周　开
李晓明
蒋　琳（6月止）
洪　琦（6月始）
孙晓飞
戴金旭（1月止）
杨　波（6月始）
人大主席：凌旭涛
人大副主席：毛乾伦（12月止）
王剑芳
镇　　长：宋林权（12月止）
副 镇 长：张　亮
王南鹤（1月始）
袁晓芳
崔凯业
纪委书记：吴春波
人武部部长：孙晓飞
总工会主席：王南鹤（1月止）
金　琴（1月始）

高桥镇
党委书记：俞鹏宏
党委副书记：陈明珉
谢鸣鸣
党委委员：何云峰（12月止）
余伟曙（12月始）
崔　磊（1月止）
陈　辉
施鹤峰
舒　沁
姚存通（9月止）
司耀锋（12月始）
胡意伟
人大主席：沈东晓
人大副主席：钱　光（7月止）
施志明（12月止）
镇　　长：陈明珉
副 镇 长：徐　辉
钱　洪（7月始）
叶　华
严邵辉
纪委书记：何云峰（12月止）
余伟曙（12月始）
人武部部长：姚存通（9月止）
总工会主席：张亚飞

横街镇
党委书记：王贤勇
党委副书记：马　强
杨剑云
毛亚君（7月始）
党委委员：王　慧（12月止）
张　旺（12月始）
张　斌
毛亚君（7月止）
姚焕杰（7月始）
周燕娜（12月止）
吴薇静（12月始）
毛　磊（10月止）
毛科杰（12月始）
戚聪波（6月始）
人大主席：章红霞
人大副主席：严红杰
镇　　长：李博古（4月止）
马　强（4月始）
副 镇 长：华　军
陈　洪
周燕娜
周鼎立
纪委书记：王　慧（12月止）
张　旺（12月始）

人武部部长：毛　磊（10月止）
总工会主席：毛科杰（12月止）

鄞江镇
党委书记：陆云峰
党委副书记：叶夏凯
刘　鸣（7月止）
俞俊波（7月始）

党委委员:陈松苗
杨　政
吕　莲
叶　彪
邱玉良(5月止)
陈　波(7月始)
范立峰(6月始)
人大主席:陈坚平
人大副主席:童盈国
镇　　长:叶夏凯
副 镇 长:崔川良(8月止)
陈　波(8月止)
陶志红(8月始)
叶　彪
陈文烈
纪委书记:陈松苗
人武部部长:邱玉良(5月止)
陈　波(8月始)
总工会主席:陆　骥(8月始)

洞桥镇

党委书记:林丹枫(7月始)
党委副书记:林丹枫(7月止)
朱灵勇(7月始)
吴建军
党委委员:周风云
李锡备
白艳辉
贝春芬(12月止)
周燕娜(12月始)
胡　杰(7月止)
应功明(7月始)
王　勇(4月始)
人大主席:沈功海
人大副主席:俞国军
镇　　长:林丹枫(8月止)
朱灵勇(8月始)
副 镇 长:杨武军(8月止)
祝松鹤(8月始)
全立伟
应功明(8月止)
邹凌枫(8月始)
贝春芬(12月止)
纪委书记:周风云
人武部部长:应功明(7月始)
总工会主席:降　旭(8月始)

章水镇

党委书记:陈学芳
党委副书记:胡小峰
吕大元
党委委员:严　波
蔡静静
王　杰
陈旭亚
陈峥嵘
马森淼
人大主席:羊文远
人大副主席:李红伟
镇　　长:胡小峰
副 镇 长:陈旭亚
严炳君
吴　昊
徐露鸣
纪委书记:蔡静静
人武部部长:陈峥嵘
总工会主席:郑宏国

龙观乡

党委书记:陈健雄(5月止)
宋林权(12月始)
党委副书记:林小红
董共茂
党委委员:严　皓(12月止)
刘建华
陈　平
谢　堃(12月始)
徐华儿
人大主席:王良峰
人大副主席:蒋召君
乡　　长:林小红
副 乡 长:钱剑锐
钱文君
胡瀚杰
徐华儿
纪委书记:严　皓(12月止)
刘建华(12月始)
人武部部长:刘建华(12月止)
陈　平(12月始)
总工会主席:王　攀(8月始)

石碶街道

党工委书记:戚燕枫
党工委副书记:孙妙芳
朱华鑫
党工委委员:马　能(12月止)
严　皓(12月始)
马苏君(12月止)
周立刚(12月始)
应徐捷
王军义
陈　桥
陈　云(7月止)
孔　军(7月始)
郑　斌
人大工委主任:崔锡朋
人大工委副主任:许惠苏
办事处主任:孙妙芳
办事处副主任:高红伟(8月止)
杨武军(8月始)
徐　钢
董　郑
陈　云(7月始)
纪工委书记:马　能(12月止)
严　皓(12月始)
人武部部长:陈　云(8月止)
孔　军(8月始)
总工会主席:乐嘉颖

月湖街道

党工委书记:沈君达
党工委副书记:潘玲玲
许　骥(12月止)
何云峰(12月始)
党工委委员:李胜泓
杜翼飞
李　虎
刘光红
张燕青(1月止)
郭勇伟(6月始)
陆金明
人大工委主任:沈君达
人大工委副主任:余金莲
办事处主任:潘玲玲
办事处副主任:应　俊
徐佩娜
刘光红
张燕青(1月止)
纪工委书记:李胜泓
人武部部长:陆金明
总工会主席:王　昶

西门街道

党工委书记:金凌峰
党工委副书记:葛石松
陈朋豪
党工委委员:范季宇
邬钢环
马　迪
王　亮
唐善斌(1月止)
倪晓峰(6月始)
丁朝炯

张多国
人大工委主任：沈　健
人大工委副主任：周海君
办事处主任：葛石松
办事处副主任：唐善斌（1月止）
张多国
姜文善
孙　琴
纪工委书记：范季宇
人武部部长：丁朝炯
总工会主席：徐孝军

江厦街道
党工委书记：陶　宁
党工委副书记：邵　辉
高红伟（7月始）
党工委委员：张莉珠
陈盛杰
翟羽佳
汪渊群
陈　鸣
任志军
赵　枫
人大工委主任：田艳辉
办事处主任：邵　辉
办事处副主任：郑　斌
赵　枫
李天波
陈　鸣
纪工委书记：张莉珠
人武部部长：任志军
总工会主席：陈育超

南门街道
党工委书记：张　明
党工委副书记：王光阳
宋坚勇
党工委委员：陈　照
陶伟儿
陈小意
仇　磊
林忠华（1月止）
吴志杰（6月始）
屠德良（7月止）
邓想轩（5月止）
赵军连（12月始）
人大工委主任：张　明
人大工委副主任：叶　华
办事处主任：王光阳
办事处副主任：张　萍
屠德良（8月止）
林云乾（8月始）
王　斐
林忠华（1月止）
纪工委书记：陈　照
人武部部长：邓想轩（5月止）
赵军连（12月始）
总工会主席：叶潇滟

鼓楼街道
党工委书记：范建杰
党工委副书记：黄　伟
黄　江
党工委委员：曹建萍（12月止）
王　慧（12月始）
王芳芳（12月止）
张小飞（12月始）
孟浩军（12月止）
贝春芬（12月始）
胡剑峰
谢恒翀
林江波
人大工委主任：张传泉
办事处主任：黄　伟
办事处副主任：徐海平
林江波
周　甍
胡剑峰
纪工委书记：曹建萍（12月止）
王　慧（12月始）
人武部部长：谢恒翀
总工会主席：韩善明

白云街道
党工委书记：李　高
党工委副书记：段谟法
崔　昱
党工委委员：梁伟建
吕　丹
邵黎颖
沈明华（1月止）
韩多奇（6月始）
邵　强
陆子凯
人大工委主任：赵宏桢（6月止）
办事处主任：段谟法
办事处副主任：陆子凯
蔡　成
李　霞
沈明华（1月止）
纪工委书记：梁伟建
人武部部长：邵　强
总工会主席：张兴丁

望春街道
党工委书记：蔡　宁
党工委副书记：刘　锋
郑利庆
党工委委员：任明海
胡　超
徐科静
励成静
张齐文
徐鹏飞
余万儿（12月止）
人大工委主任：林华伟
人大工委副主任：徐有富
办事处主任：刘　锋
办事处副主任：贺　峰
余万儿
钱　洪（7月止）
李春梅（7月始）
张齐文
纪工委书记：任明海
人武部部长：徐鹏飞
总工会主席：姚利桥

段塘街道
党工委书记：庄　宏
党工委副书记：陈　锋（3月止）
刘　鸣（7月始）
陈　聪
党工委委员：陈　俊
虞建东（7月止）
金俊飞
陈宏虹
徐芦芳
林舜文（7月止），
陈小白（7月始）
人大工委主任：曹新平
人大工委副主任：邹月萍
办事处主任：陈　锋（3月止）
刘　鸣（8月始）
办事处副主任：汪　波
舒群贤
倪　容
许晓彤
金俊飞（8月止）
纪工委书记：陈　俊
人武部部长：林舜文（8月止）
陈小白（8月始）
总工会主席：缪君玉（12月止）

（区委组织部核对）

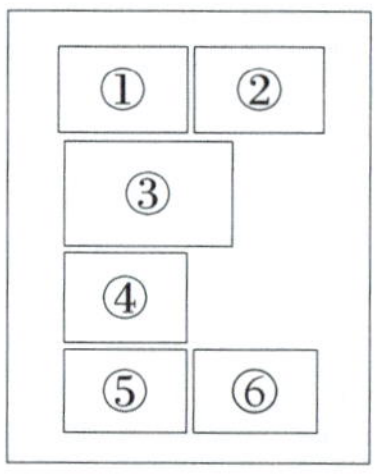

①区环卫中心特种设备检查

②区爱卫办、区疾控中心组织爱国卫生月灭“四害”活动

③1月13日，区环境卫生服务中心保洁人员对青林湾大桥桥面进行冲洗

④4月22日，区市政设施养护中心对丽园北路窨井进行清捞，保障汛期排水顺畅

⑤4月1日，区市政设施养护中心工作人员对尹江路路面的一处坑洞进行修补

⑥11月14日深夜，区市政养护中心施工人员对胜丰路路段的地下排水管网进行非开挖性修复

中国共产党海曙区委员会

综　述

【概况】 2020年，海曙区实现地区生产总值1201.2亿元，财政总收入188亿元，一般公共预算收入115.8亿元，城镇和农村居民人均可支配收入分别达7.1万元和4万元，规模以上工业增加值226.9亿元，限额以上贸易企业商品销售额2420.5亿元，货物进出口总额747.13亿元。全年地区生产总值增长2%；一般公共预算收入增长3%；城乡居民人均可支配收入分别增长4%、7.2%；完成市确定的节能减排目标任务；民生实事项目全面完成。全力推进复工复产，组织全省首架“复工+扶贫”专机，打通产业链、供应链、服务链。制定出台支持企业发展的“十九条意见”等政策措施，建成运行全市首个惠企政策“一网通”平台。大力实施“五减”（减税、减费、减租、减息、减支）共克时艰行动。深入开展融资畅通工程，帮扶受疫情影响企业4516家。争取抗疫特别国债等各项债券资金31.98亿元。出台实施支持外贸企业拓市场抗风险的政策意见，全省首个区县（市）数字外贸平台上线运行，合同利用外资总额、实际利用外资完成率均居全市第一。

改革创新动力活力持续增强，以数字经济为引领推动制造业高质量发展，17个强链补链项目有效建立，规模以上数字经济核心产业增加值增长9.7%，雅戈尔集团成为全市首家本土千亿级企业，富邦集团、博洋集团、广博集团跻身“中国制造业企业500强”，新增国家级专精特新“小巨人”企业4家、国家级“绿色工厂（产品）”2家。启动实施全市首个“5G+工业互联网”试点项目，智能成型行业工业互联网平台入选省级工业互联网平台创建名单，“蓝卓supOS”工业操作系统入选工信部跨行业跨领域工业互联网平台名单，系全市唯一。建筑业总产值全市第三，11项工程获省“钱江杯”奖。不断提升总部经济能级，3个总部项目进展顺利，太平鸟集团、维科集团、中外运公司、中宁化集团、华茂集团跻身“中国服务业企业500强”。推进宁波国际消费城市示范区建设，社会消费品零售总额增速全市第一，南塘老街获评省首批“高品质步行街”，东鼓道获评“全国城市轨道交通商业示范街”，入选省级“夜间经济试点城市”，成为省级“数字生活新服务样板区创建试点”。加快发展现代都市农业，“356”乡村产业振兴行动启动实施，“三区六园”稳步推进，获评省级“农业绿色发展先行区”。积极融入长三角一体化发展国家战略，主动承接上海辐射和功能外溢，与上海长宁区签订战略合作协议，产业发展、人才科技、公共服务等领域交流合作全面铺开，加快提升81890平台能级，一站式整体智治服务体系逐步构建。推进“最多跑一次”改革，审批“陪办制”创新设立，事项网办率全市第三。稳步推进综合行政执法改革，铁路宁波站枢纽综合治理创新和服务环境优化改革试点进展顺利。全面开展“亩均论

古林镇茂新村彩色水稻田

11月，人口普查员在龙观乡观顶村进行普查

英雄”改革，3个村级工业园升级改造试点加快实施。推进国企改革，国企集团化运作水平不断提高。持续激发创新活力，5家产业技术研究院累计新建创新平台24个、孵化科技企业23家。构建“汇海”人才政策体系，出台高层次人才子女入学等配套政策，新增特优以上人才47人，“3315系列计划”入选数连续3年全市第一。获省“人才工作考核优秀区”、市“人才工作金奖”。加强校地合作，与浙江工商职业技术学院、宁波财经学院签订战略合作协议。

加快基础设施建设，庙洪路等7条市政道路完成建设，新丰路、联丰路西延等项目有序实施，鄞江堤防、章溪河干流等整治工程扎实推进，获评省“海绵城市建设示范区”。全面开展城乡环境综合整治，“三改”“一拆”分别完成年度任务的150.2%、354.5%。扎实推进“美丽海曙”建设，深化“污水零直排区”创建，生态文明建设综合评价全省排名跃升40位，圆满完成第二轮中央生态环保督察迎检各项任务，创建省“生态文明建设示范区”。高标准常态化推进“文明城市”创建，垃圾分类全程闭环监管不断加强，为宁波全国文明城市“六连冠”做出突出贡献。加快智慧城区建设，累计建成5G基站1329个，所有镇（乡）街道实现5G基站布局全覆盖。破解交通拥堵，9条城市断头路全面打通，33条公交线路优化调整，新增停车位16496个。深入实施“乡村振兴”战略，开展农村人居环境整治，新增省“新时代美丽乡村精品村”14个、达标村41个，实现旧村改造新村建设36.8万平方米，集士港镇、龙观乡获评首批“美丽城镇省级创建样板”。国省道路况综合评价全市第一。

西部扶贫协作、山海协作、对口支援持续深化，结对帮扶的贞丰县如期实现脱贫“摘帽”、完成国家考核，区内9000元以下低收入现象全面消除，所有行政村集体经济总收入达到100万元以上。把稳就业放在更加突出的位置。不断提升社会保障水平，户籍人口基本养老保险参保率达99.4%，困难群众医疗保险覆盖率达100%，新增公租房保障家庭1768户。扎实做好粮食、农副产品保供稳价，粮食播种面积和总产量、生猪存栏数和出栏数均超额完成年度任务。全面实施农贸市场改造提升，星级菜市场实现全覆盖。不断深化“以老助老、守望相扶”养老服务模式，省康养体系建设试点扎实推进，20个示范型（区域性）居家养老服务中心建成投用。全省首个退役军人优抚信息系统上线运行，1人入选全国“最美退役军人”，系全省唯一。提升发展教育事业，建成投用雅戈尔实验学校、集士港中学扩建工程、望童幼儿园，全省首创“区块链+”校外培训机构服务平台“甬信培”，获评省“人工智能教育实验区”，系全市唯一。深入推进“健康海曙”建设，PCR实验室建成投用，推进区中医医院迁建工程、宁波普济医院等项目，构建市第一医院、国科大宁波华美医院牵头的紧密型医联体格局。持续深化文化惠民“百川工程”，举办全国非遗曲艺周“阿拉非遗汇”等活动，天一阁博物院获评国家一级博物馆，创成省公共文化服务体系示范区。推进全域旅游，推出文旅融合精品线路90余条。全面开展全民健身运动，举办“一带一路”国际跑酷大师赛等品牌赛事活动。实施社会治理“激活行动”，建成5个省级引领型农村社区，获评省社区治理和服务创新实验区。第七次全国人口普查基本完成，全面完成村社换届工作。启动实施第二轮“安全生产综合治理三年行动”，火灾数量下降32.4%，道路交通死亡人数下降35.8%，安全生产事故起数和死亡人数均下降25%。39家P2P网贷机构全部出清，有效化解金融风险。落实落细食品安全监管，放心消费指数为全市第一，获评省食品安全区。做实做细防汛、防台、抗旱等工作，获评省防震减灾工作优秀区。持续推进“平安海曙”建设，群众综合满意度连续两年全市第一，刑事案件下降13.5%，“扫黑除恶”、打击整治跨境赌博犯罪工作绩效均居全市前列。不断深化基层治理四平台建设，区、镇（乡）街道社会矛盾纠纷调处化解中心实现全覆盖，创成省“无欠薪”示范区、省无信访积案区。

群策群力编制“十四五”发展规划和26个专项规划，国土空间总体规划编制顺利推进，临空经济示范区发展规划基本完成。大力推进项目攻坚，市级重点工程完成率为全市第二。全力推进临空经济示范区建设，开展机场四期前期工作，东航战略合作项目进展顺利。有序实施区块开发，铁路宁波站、鄞奉、轨道周边等区块加快建设，丁家区块前期工作取得突破性进展，宁波中医药特色街区完成规划方案编制，永寿历史文化街区房屋处理工作基本完成。加快推进征迁工作，三市等47个地块启动征收，“拔钉清零”百日攻坚专项行动成效明显，历时10年的月湖西区零星征收项目、历时4年的高塘二村等8个地块实现清零。加快城市有机更新，6个城中村改造项目启动实施，32个老旧小区改造项目完成。项目招引取得突破，一批优质项目落户。持续提升重大平台承载力，望春工业园区高新技术产业增加值占比超80%，中新创智（宁波）产业园一期进展顺利，电商园区挂牌宁波（海曙）数字经济产业园，月湖金汇小镇上榜省级特色小镇“亩均效益”领跑者。

坚持把学习贯彻习近平总书记考察浙江重要讲话精神作为首要政治任务，以实际行动增强“四个意识”、坚定“四个自信”、做到“两个维护”。推进依法行政，自觉接受人大、政协监督，高质量办理建议提案313件，建立常务会议常态化学法制度，镇（乡）街道合法性审查实现全覆盖，获评“法治浙江（法治政府）建设”先进单位。加快数字化转型，协同办公平台迭代升级，创新建立无纸化会议系统。注重效率提升，有效落实“首问负责即问即办”制度，8项工作获省、市政府督查激励。强化“清廉建设”，驰而不息整治“四风”，常态化抓好省委巡视反馈意见整改落实，财政、审计监督职能进一步强化，非急需、非刚性支出压减1.62亿元。人民武装、国防动员、双拥工作不断深化，民族宗教、外事侨台工作持续加强，史志、保密、工青妇、残联、红十字、工商联、科协、关工委、慈善、气象、海关、边检、口岸等工作全面提升。

（王　翔）

重要决策和重大活动

【区委九届八次全体（扩大）会议】2020年1月10日，中共宁波市海曙区委九届八次全体（扩大）会议召开。会议全面总结2019年工作，研究部署2020年任务，审议通过《中共海曙区委关于高水平推进区域治理现代化的决定》，进一步动员全区上下不忘初心、牢记使命，接续奋斗、奋勇前行，以区域治理现代化引领高质量建设国内一流强区。

【区委九届九次全体（扩大）会议】2020年7月26日，中共宁波市海曙区委九届九次全体（扩大）会议召开。区委常委会主持会议。全会全面贯彻党的十九大和十九届二中、三中、四中全会精神，按照省委十四届七次全会和市委十三届八次全会的部署要求，认真研究部署关于贯彻落实习近平总书记考察浙江、宁波重要讲话精神的系统举措，动员全区党员干部干在实处、走在前列、勇立潮头，为海曙在宁波当好建设“重要窗口”模范生的进程中争当排头兵而努力奋斗。全会听取和讨论区委常委会工作报告，审议通过《中共海曙区委关于建设高素质人才队伍高水平打造国内一流创新型城区的决定》。

【区委九届十次全体（扩大）会议】2020年12月27日，中共宁波市海曙区委九届十次全体（扩大）会议召开。区委常委会主持会议。全会听取区委常委会工作报告，审议通过《中共宁波市海曙区委关于制定海曙区国民经济和社会发展第十四个五年规划和二〇三五年远景目标的建议》，进一步动员全区上下忠实践行“八八战略”，坚决扛起争当“重要窗口”排头兵的使命担当，接续奋斗、乘势而上，努力建设高质量发展的国内一流强区，在高水平全面建设社会主义现代化新征程中示范先行。

2020年海曙区委其他会议一览表

表2

时间	会议名称	会议内容
1月4日	中共海曙区委读书会	深入学习贯彻党的十九届四中全会、中央经济工作会议和省委、市委有关会议精神，总结2019年工作，分析研判形势，研究谋划2020年及此后时期的发展思路，在事关发展全局的重大问题上进一步统一思想、凝聚共识，为即将召开的区委全会和区“两会”奠定基础
1月10日	全区“不忘初心、牢记使命”主题教育总结大会	市委第四巡回指导组副组长程启帆代表巡回指导组发言，集士港镇党委、白云街道党工委、区卫生健康局党委、区政务服务办党组、洞桥镇树桥村党支部、鼓楼街道文昌社区党委作交流发言
1月21日	全区基层党建和人才工作述职评议会	17个镇（乡）街道党（工）委以及区教育局、区卫生健康局党委口头述职，其他部门党（工）委、党组书面述职，相关与会人员对述职单位党（工）委、党组履职情况进行书面评议。市委组织部副部长、市委老干部局局长俞小勋到会指导
1月22日	区纪委九届六次全体（扩大）会议	区委常委、区纪委书记、区监委主任李晓东代表区纪委常委会做工作报告
3月3日	海曙区“项目攻坚提速年”活动动员大会	区委副书记、政法委书记张启表宣读先进表彰文件，区委常委、常务副区长谭国洪作2020年“项目攻坚提速年”活动动员部署
4月2日	区委农村工作会议	区委副书记、政法委书记张启表传达中央和省、市委农村工作会议的精神。区农业农村局、区交通运输局、区民政局、集士港镇、横街镇、鄞江镇清源村6家单位作交流发言
4月8日	区委财经委员会会议	会议要求坚定信心，强化担当，牢牢把握工作主动权，以只争朝夕的姿态，全力补齐高质量发展短板

续表2

时间	会议名称	会议内容
4月16日	区委全面深化改革委员会会议	会议听取各改革专项小组2019年改革工作总结和2020年改革工作思路及区委改革办关于有关文件的起草情况说明，审议《海曙区委全面深化改革委员会2020年工作要点》《2020年海曙区深化“最多跑一次”改革主要任务分工方案》《海曙区2020年度全面深化改革（“最多跑一次”改革）目标管理考核办法》及重大项目攻坚提速、81890服务能级提升、政府数字化转型、机关内部“最多跑一次”、社区服务管理体制5个改革项目实施方案
4月17日	全区“转型升级提质年”活动暨低效用地再开发工作动员会	市自然资源和规划局海曙分局、海曙国投集团、古林镇、横街镇水家村作交流发言
4月18日	区对口工作领导小组暨山海协作工作领导小组会议	会议要求各级各部门全力以赴、决战决胜，抓好扶贫协作、对口支援、山海协作各项工作，与对口地区共同努力，坚决打赢这场硬仗、交出优异答卷
4月23日	全区“作风建设提效年”活动动员大会	会议要求深入学习贯彻习近平总书记在浙江、宁波考察时的重要讲话精神，认真查摆当前干部队伍存在的问题，部署作风建设提效行动，提升干部队伍精气神和工作成效，为海曙高质量发展、争当“重要窗口”建设排头兵提供坚强保障
5月30日	全区领导干部会议	会议传达学习全国两会精神，对海曙学习贯彻工作做出部署。并对“文明城市”创建工作进行再部署
7月9日	海曙区全面深化紧密型医联体建设推进会	会议要求以紧密型医联体建设为抓手，推进常态化疫情防控，深化全区医药卫生体制综合改革，提高基层医疗卫生服务能力，满足人民群众日益增长的健康需求
7月30日	区委经济工作会议	会议播放《2019海曙经济建设巡礼》宣传片，表彰2019年度海曙区经济高质量发展各类奖项。雅戈尔集团股份有限公司、德勤中国华东区、宁波工业互联网研究院负责人作主题分享
8月19日	海曙区庆祝中国医师节大会	会议表彰区“医师终身成就奖”、区“仁心仁术奖”、区卫生健康系统抗击新冠肺炎疫情“最美医（护）奖”等先进61人，对部分获奖代表进行颁奖。区“医师终身成就奖”代表、区中医医院副主任中医师叶芹，区“仁心仁术奖”代表、区口腔医院原院长、主任医师吴清柱，区抗击新冠肺炎疫情“最美医（护）奖”代表、鄞江中心卫生院妇委会主任、主治医师叶文颖作典型发言
8月28日	区四套班子领导“军事日”活动暨区委理论学习中心组（扩大）学习会	会议邀请省委党校教授方柏华作《当前国际战略环境与中美关系》专题讲座。区委中心组全体成员及各镇（乡）街道、部门主要负责人等参加
10月20日	海曙区推进整体智治服务体系建设会议	会议部署81890能级提升改革相关工作
11月9日	“学习贯彻党的十九届五中全会精神”专题学习会	深入学习党的十九届五中全会精神特别是习近平总书记重要讲话精神，围绕忠实践行“八八战略”、奋力打造“重要窗口”的主题，紧扣在宁波当好建设“重要窗口”模范生的进程中争当排头兵的使命任务，研讨交流海曙区“十四五”建设的功能定位、发展目标、重点任务，为全面准确贯彻落实党中央重大决策部署，科学谋划区“十四五”和二〇三五年远景目标汇聚众智、凝聚共识

【车俊到海曙调研】2020年1月31日，省委书记车俊在海曙看望慰问奋战在一线的广大干部群众，指导督查疫情防控工作。车俊强调，全省上下要深入贯彻习近平总书记重要讲话精神，以最严格标准全面落实“一级响应”，集中力量、集聚资源、集成政策，既抓防控、又保民生，确保中央和省委决策部署落实落细、落地见效，确保疫情防控工作有力、有序、有效，确保人民群众安全健康过好日子。

【郑栅洁到海曙调研】2020年1月30日，省委副书记、市委书记郑栅洁到海曙区交通卡口明察暗访疫情防控工作。郑栅洁强调，随着进出宁波的客流明显增加，各级各部门要立足早发现，从严从实从细落实防输入、防输出的措施，坚决守牢疫情防控第一关。

2月25日，郑栅洁到海曙区检查督促疫情防控和企业复工复产工作。他强调，各级各部门要学懂弄通做实习近平总书记重要讲话精神，善于统筹兼顾、精准施策，从细处入手，在实处发力，严格防控不懈怠，狠抓复工不松劲，持续巩固疫情防控成果，加快恢复经济社会发展活力。

3月7日，郑栅洁赴宁波栎社国际机场检查指导境外疫情输入防范工作。他强调，宁波作为开放大市、港航大市，面临着很大的境外疫情输入风险，各级各部门一定要高度重视这一重大风险，坚持关口前移、精准施策，坚决筑牢防范境外疫情输入的防线，进一步巩固和拓展疫情防控形势持续向好的态势，确保“两手都要硬、两战都要赢”。

4月22日，德勤管理咨询（上海）有限公司宁波分公司投用，郑栅洁会见德勤中国首席执行官曾顺福一行。同日，郑栅洁会见香港科技大学教授、宁波智能技术研究院院长李泽湘一行。

5月21日，郑栅洁到海曙专题调研历史街区建设工作。他强调，历史街区是城市历史的延续、文化的积淀，要正确处理保护与利用的关系，高水平高质量建设历史街区，加快恢复振兴宁波历史文化，让城市更有文化品位，让市民留住文化记忆。

5月26日，郑栅洁到海曙区调研全民健身工作。实地走访鄞江镇市体育训练工作大队、段塘街道镇明中心小学实验校区。他强调，各地各部门要深入贯彻落实习近平总书记关于全民健身工作的重要指示精神，针对疫情防控中凸显的健康宁波建设需要，统筹规划、合理布局，整合资源、创新模式，广泛开展全民健身活动，全面提高群众身体素质，展示健康阳光、充满活力的城市形象。

5月31日，郑栅洁赴海曙区检查“文明城市”创建工作。

2020年海曙区委其他活动一览表

表3

时间	活动名称	活动内容
1月2日	市领导到海曙开展“深化‘三服务’、助推开门红”活动	市委常委、市纪委书记、市监委主任傅祖民到海曙区开展“深化‘三服务’、助推开门红”活动，了解企业、群众、基层所思所需所盼
1月7日	“不忘创业初心、牢记发展使命”海曙区民营企业迎新春团拜会	区领导、区工商联（商会）执常委企业与区创二代联谊会代表欢聚一堂，共叙友谊，共谋海曙的改革发展大计，部分民营企业家代表和文艺工作者表演文艺节目
1月14—20日	春节前慰问	区四套班子领导分别带队走访慰问困难党员、群众及专家人才
3月4日	省领导到海曙慰问赴武汉一线抗疫的民革党员医生袁妍妩家属	浙江省政协副主席、民革中央常委、民革浙江省委会主委吴晶到海曙区慰问赴武汉一线抗疫的民革党员医生袁妍妩家属
3月5日	省领导到海曙深入调研指导复工复产、疫情防控等工作，并开展“三服务”活动	省委常委、统战部部长熊建平到海曙调研指导复工复产、疫情防控等工作，并开展“三服务”活动，着力为企业排忧解难
4月7—9日	贞丰县党政代表团到海曙考察	贞丰县委书记张玉龙，贞丰县委副书记陈磊，贞丰县委常委、副县长黄列率队到海曙考察
5月25—26日	庆元县党政代表团到海曙考察	由庆元县委书记蓝伶俐带领的庆元县党政代表团到海曙考察
6月5日	海曙区“鼓楼沿”扶贫市集开市暨“大篷车”消费扶贫进社区启动仪式	宁波市对口支援和区域合作局局长何国强致辞，宁波市消费扶贫馆（海曙馆）在启动仪式上揭牌，消费扶贫企业代表和社区代表交流发言
6月19日	“引云入海 甬立潮头”——阿里巴巴集团淘宝直播产业带基地及淘宝大学宁波基地揭牌仪式	阿里巴巴集团淘宝直播产业带基地及淘宝大学宁波基地揭牌，阿里巴巴集团副总裁、阿里云智能新零售事业部总裁肖利华到会
6月28日	宁波阿里中心揭牌	位于海曙区甬水桥的宁波阿里中心揭牌，省委副书记、市委书记郑栅洁，阿里巴巴集团董事局主席兼首席执行官张勇为中心揭牌并见证重大项目签约
8月18日	省人大常委会副主任李学忠率队到海曙开展代表接待活动	在白云街道人大代表联络站召开的座谈会上，李学忠听取省人大代表和群众代表关于民营企业高质量发展、生活垃圾分类、土壤污染防治法实施情况以及人大工作、民主政治建设等方面的意见建议，并针对代表提出的有关问题进行深入交流
9月8日	海曙区2020年新兵入伍欢送大会	宣读入伍命令，开启军旅生涯。新兵代表、新兵家长代表先后发言，做出承诺、叮嘱
9月9日	教师节慰问	区领导到海曙中心小学（西校区）、宁波市达敏学校、海曙外国语学校，了解学校历史、师资力量、学生培养情况，并与教师代表交流，致以节日问候
9月25日	“贤聚海曙 同心奋进”2020海曙区各界人士中秋茶话会	区人大常委会副主任、民盟海曙区基层委员会主委孙铭龙代表党外人士发言，区政协主席毕东华致辞

续表3

时间	活动名称	活动内容
9月27日	节前安全生产消防安全大检查	区领导先后到宁波市四凸重工有限公司、宁波兴光液化气有限公司丰光储配站，了解企业日常管理、消防工作
10月13—14日	贵州省黔西南州义龙新区党政代表团到海曙区考察	黔西南州委常委、兴义市委书记、义龙新区党工委书记顾先林，义龙新区党工委副书记、政法与群众工作部部长荀刚，义龙新区党工委委员杨剑云到海曙考察
10月22日	2020宁波时尚节暨第24届服装节	时尚节、服装节聚焦“双线新赋能、产业链构建”主题，围绕弘扬时尚文化、汇聚时尚资源、倡导时尚理念、塑造时尚品牌、推进时尚服装产业高质量发展的宗旨，坚持线上线下“双线”联动，推出云展示、云论坛、云对接、云特卖、时尚展览、时尚发布、消费嘉年华等多项活动，着力推动时尚服装行业育新机、开新局，加快转型升级和提质增效发展
10月27日	“不忘初心·奉献担当”海曙区打造新时代政法铁军主题活动	活动现场播放政法专题片《忠诚铸铁军 担当护平安》，表彰“十佳政法干警”“十佳政法基层单位”“最美政法人”
10月27日	延边州党政代表团到海曙考察	由吉林省委常委、延边州委书记田锦尘率领的延边州党政代表团到宁波考察，其间，考察海曙区雅戈尔集团时尚展厅、智能车间等
12月15日	市领导调研村社组织换届工作	市委常委、市纪委书记、市监委主任傅祖民到海曙区高桥镇调研村社组织换届工作
12月17—18日	省领导调研政法工作	省委常委、政法委书记、依法治省办主任王昌荣在宁波调研，重点了解“执法司法规范化水平提升年”活动、“扫黑除恶”工作等开展情况，其间，到海曙区检察院南门检察室、海曙区法院望春法庭、海曙公安分局执法办案管理中心，实地了解未成年人预防犯罪、诉源治理以及政法一体化办案、合成作战及涉黑涉恶案件集中办理等工作

（王　翔）

区委办公室工作

【概况】 2020年，区委办公室坚持紧扣中心、服务大局，充分发挥参谋作用。加强对重要情况、重大问题的深入思考、调查研究，参与“十四五”规划和国土空间总体规划、临空经济示范区建设、村级工业园改造提升、中医药特色街区建设、整体智治体系构建等工作的讨论研究。紧贴形势发展，结合区域实际，做好区委全会、全区作风建设提效年大会等一系列重要会议和活动的材料保障工作，发挥好以文辅政作用，全年起草各类文稿、材料、讲话等250余篇，共计100余万字。

办理市、区两级领导批示、指示2248件，其中市委领导批示或转办件163件，做到凡事有交代、件件有着落、事事有回音，确保各级党委决策执行到位。重视媒体监督工作，督促相关部门落实整改市、区两级问政栏目曝光问题23个，第一时间回应社会关切，提升政府公信力。关注群众心声，做好来信办理，共办理市、区主要领导批示的群众来信161件，有效化解矛盾纠纷，维护社会和谐稳定。梳理跟踪区委常委会、书记专项会议、区级重大会议上区委主要领导做出的指示事项，做到任务明确、节点明晰，并开展系统地“回头看”，定期对办理落实情况回访查看，有力推动区委重大决策部署落到实处。健全区领导联系服务重点企业、重大项目机制，实行“一个重点企业（重大项目）、一名领导牵头、一个队伍运作、一个部门负责、一个联络员跟踪”的“五个一”工作模式。“精心驻企联企、精准暖企惠企、精细稳企助企”，建立健全分色办理服务机制。坚持“我要办、马上办”的原则，全面推广“首问负责、即问即办”制度。建立18支定向服务小分队，组织1700余名党员干部担任驻企联企服务员，通过驻企联企，全区51家台资企业统筹做好防疫复工“两手抓”工作，确保全区671家规模以上工业企业、1134家限额以上服务业企业、21个省、市重点项目顺利复工。

坚持加强沟通、完善流程，确保服务保障规范高效。重视发挥区委办在全区中的“联络员”“黏合剂”“润滑油”作用，主动加强与各方的沟通联系，协调好区四套班子之间的工作安排，有效形成上下贯通、左右衔接、协调联动的工作格局。发挥服务保障作用，尤其是面对突如其来的新冠肺炎疫情，全体党员干部闻令而动、积极响应，放弃节假日，切实强化战时状态、战时作风、战时纪律，突出综合统筹协调，第一时间搭建区委区政府统一领导、统一指挥的战时指挥体系，由办公室牵头、协同相关部门迅速成立防控领导小组办公室，建立疫情防控工作运行机制。全面实行“执行不过夜”机制，强化会议统筹安排，提升文电办理效能，构建全天候信息报送网络，确保政令通畅，全力服务保障区委工作安全高效运转。圆满完成各类会务接待和服务保障工作。贯彻落实上级基层减负的有关规定，带头改进文风会风、精简各类活动，既力戒形式主义、官僚主义，又在程序上、内容上做到精准、精简、精细。全年“三类文件”发文275份，较好地控制在市委办下达的指标范围内。统筹压缩各类会议，对区委、区政府和各部门实行会议配额管理，召开全区性党委会议39个，相比上年减少9.3%。注重保密文化建设，以建党100周年为契机，筹备保密主题微电影《梅园密码》、鄞江建岙红色保密文旅项目、保密话剧、“建岙妈妈”保密文化IP等活动，教育培养全民保密意识。不断提高依法治档水平，2例档案法治案例入选省年度“20佳”案例，为入选数最多的县级档案部门。强化“最多跑一次”改革，建立覆盖镇（乡）的档案服务信息网，探索档案服务农村基层社会治理，加强新修订《中华人民共和国档案法》的学习宣传，举办形式多样的“国际档案日”系列活动，档案工作的影响力不断扩大。

注重党建引领、加强提升，常抓自身建设。机关支部获评全市五星级基层党组织。主动加强学习，优化知识结构，坚持以开放的心态做好“三服务”工作，广纳贤言、广集良策，听取方方面面意见建议。创建读书角，进一步将习近平总书记“读原著、学原文、悟原理”的指示精神落地落实落细，丰富学习文化氛围，扩大知识储备，提高综合素质。办公室在全市区县（市）党办“业务大学习、能力大提升”知识竞赛中获三等奖。开展“作风建设提效年”活动，整治“精神不振、担当不力、本领不强、闯劲不足、律己不严”的“五不”问题，切实把活动成效转化为工作动力，建设模范机关。严格落实“首问首接”责任制，打破科室分工限制，加强协作应对，确保件件有着落、事事有回音，优质高效完成各项任务。

【区委考核工作】 2020年，区委办公室深入研究市考新变化、新要求，全面梳理、分解86项考核任务和69个考核指标。首次推行《考核工作任务书》。督促全区35个市考责任单位建立考核清单，明确年度目标、落实应考举措。在全市率先印发主要经济指标考核办法和高质量发展单考、单奖实施办法，优化区考办法，赋予责任单位相应分值的加扣分权力，有效提高牵头单位的积极性、配合单位的主动性。踩准考核工作节奏，有序开展分析研判、方案制定、自评预测、年底冲刺等全流程应考工作，营造考核“抓在日常、抓在经常”的工作氛围。

（王　翔）

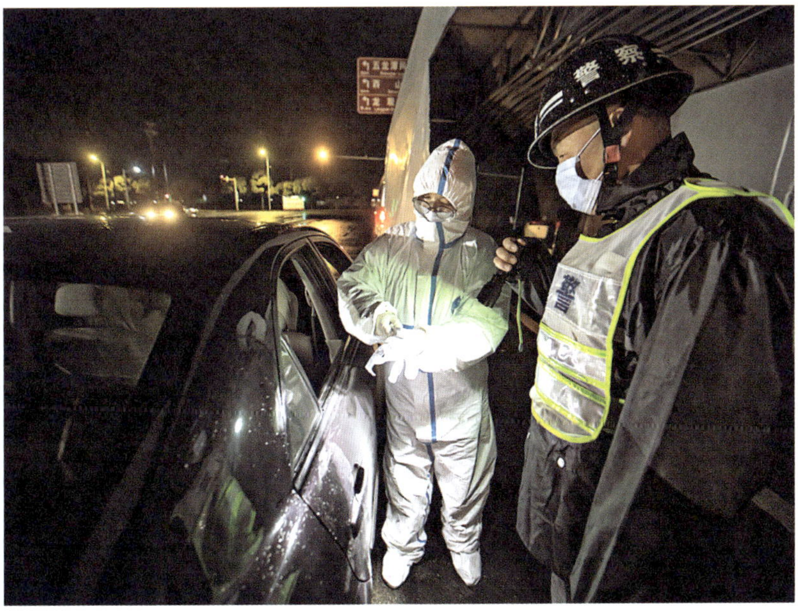

1月底，海曙区机关干部轮流至高速公路出口对到甬车辆乘员进行体温检测

组织工作

【概况】 2020年，海曙区组织工作坚持围绕中心、服务大局，践行新时代党的组织路线，以“党建争强”攻坚行动为主载体，推进各项工作落实落地、见行见效。新增基层党组织26个，新增党员957人，全区实有基层党组织2699个，党员48763人。

组织全区党员干部投入疫情防控和复工复产工作，第一时间组织1912名市、区两级机关干部下沉防疫一线、助企一线，区直机关超过一半单位抽调人数超过80%。成立考察关爱组、力量保障组、基层组织组、人才服务组等5个工作组，建立“战疫纪实档案”，作为干部提拔、评优评先、职级晋升等重要依据。推出“招才惠企云帮办”网上服务平台，先后帮助企业解决防疫物资等各类难题129个。出台一线基层干部和医务工作者“关心关爱十条”，划拨区管党费180万元，挖掘宣传先进典型，江厦派出所二级警长朱国治获全国抗疫先进表彰，清风社区党委书记李雪君、高桥社区王小菲等3人获评省优秀共产党员。

以“六争攻坚”、疫情防控、复工复产等中心工作为干部战场、考场，选派194人次干部赴急难险重岗位磨砺锻炼，提拔重用担当作为、实绩突出的领导干部25人，7名“末位”区管干部被组织处理或组织调整。开展全区优秀年轻干部专项调研，在优秀年轻干部中实施“青年卓越计划”，在选调生中实施“领导带班、导师带徒、交流带动”举措，以“一人一档一策”，“画准”年轻干部成长曲线。开展“作风建设提效年”活动，选树“海曙模范排头兵”，完善具有海曙特色的干部心理健康服务体系。在全市率先启动“公务员职业生涯全周期管理一件事”改革，办理事项840余件。统筹全区年度考核优秀指标，推行公务员评优评先向抗疫一线倾斜、向乡镇街道倾斜、向业绩突出单位倾斜，全年875名公务员被评定为“优秀”等次。

"曙色初心"党员教育品牌举办"有声党课——诵读经典"活动，百名共产党员共同诵读《共产党宣言》

抓好村社组织换届重点任务，精细组织调度和"一段一训"，完成261个村社党组织换届选举。全领域提升党建质量，在农村推广落实"联村联党建""三亮四带头"等工作制度，提前完成全部8个后进村整转；在城市开展党员"回家"行动，党建引领社区治理"活地图"工作在中组部《组工信息》刊登；在"两新"领域深化商圈党建联盟，制定"三整一全"工作指引，细化"党建帮办"服务事项清单；在机关开展"红海行动"机关党建服务品牌创建活动，推动机关与村社"红色共建"。优化智慧党建系统，开办支部问题整改专题会诊会，整合全区资源，创设"曙色初心"党员教育品牌。

出台建设高素质人才队伍高水平打造国内一流创新型城区的决定，发布"菁英汇海"青年人才集聚工程。举办"揭榜挂帅"全球引才发布会、科技领军人才海曙行等活动，在加拿大蒙特利尔挂牌建立海曙区加拿大离岸孵化器、海曙区海外产业研究院，加大人才引进力度。新引进特优以上人才47人，1人入选市"顶尖人才"项目；自主申报入选国家级人才计划专家4人、浙江省人才计划专家7人，宁波市"3315系列计划"28个，其中"3315系列计划"入选数量连续3年位居全大市第一。打造宁波海曙人才创业园，持续推进宁波大学智能医学与生物医学工程研究院、清华大学宁波校友会创新人才中心建设，新增各类省级以上创新平台13家。建立全市首个青年人才驿站和青年人才服务综合体，打造宁波"人才之家"，出台高层次人才子女享受入学优惠政策，全面提升人才服务质量。

【党建引领社区治理】 2020年，区委组织部梳理总结疫情防控常态化工作经验，推动社区全面挖掘和统筹辖区党建资源，通过党员联户、党建联建等形式，分类建立服务目录索引、组织资源清单、风险事件清单等，形成"一社区一档"，并建立健全供需对接流转机制，形成精准服务需求、高效利用资源的社区治理"活地图"，以党建资源有效引领党员群众、驻区单位积极参与社区治理。

【村社组织换届完成】 2020年，海曙区261个村（社区）顺利完成新一轮换届选举，参选率、得票率、平稳度均创历届之最，89%的"头雁"为先进典型或致富能手，年龄、学历、回引人才比例等重点指标优于全市平均，"归雁三策"做法被省换届办专刊推广。换届后，区委组织部组织开展村社书记全员培训、跨镇跨村"导师带徒"，区委书记为全区村社书记开讲履新第一课。

【"3315"系列计划】 2020年，海曙区深挖全区城市经济领域人才资源，做到应报尽报。同时，不断拓展引才渠道，借助区招商小分队选派契机，同步选派6支招才小分队，分赴北京、上海开展驻点招才引智，就地招引优质项目。最终28个项目成功入选"3315"系列计划，连续3年在全市位列第一，海曙区人才工作考核获金奖，并获得省"人才工作目标责任制考核优秀区县（市）"称号。

【"红海行动计划"机关党建服务品牌创建】 2020年5月8日，区委直属机关工委下发《关于开展"红海行动"机关党建服务品牌创建工作的通知》，计划通过1~2年建设，形成若干个具有一定影响力的机关党建服务品牌。全区各单位结合自身优势，发挥业务特长，首批申报6类54个机关党建品牌，推出"高山医疗服务队"、"27° 暖心服务"、"同一片海"打造宁波站区域党群志愿服务中心等品牌，得到领导批示肯定、群众认可、媒体报道。

【"曙色初心"党员教育品牌】 2020年，区委组织部联合区纪委、区委宣传部、区委党校等部门，建立党员教育协调议事机制，通过自主制作、整合利用、联合主办等方式，全面整合阵地、品牌、师资等各类资源。定制学习栏目，向党员推送融合海曙特色的党员教育内容。抓实考核管理，以"智慧党建"为抓手，深化党员教育日常考评和分析研判，推进党员教育提质增能。

【"揭榜挂帅"全球引才发布会】 2020年9月17日，海曙区"宁波人才之家"启动仪式暨"揭榜挂帅"全球引才发布会在月湖金汇小镇"小镇客厅"举行。发布会上，5个海曙区关键核心技术"揭榜挂帅"张榜发布，3家海内外引才机构入驻海曙"宁波人才之家"，2位"引才大使"、3个引才引智工作站受聘授牌，4个重大人才项目签约落地海曙。引才活动确保"企业出题、政府立题、全球创新资源协同破题”的制度全链条常态化长效运行。

（邹　挺）

宣传思想工作和精神文明建设

【概况】 2020年，海曙区坚持把学深学透习近平新时代中国特色社会主义思想作为首要政治任务，组织开展区委理论学习中心组（扩大）学习会48次，其中交流研讨5次，为贯彻执行中央和省、市、区委各项决策部署提供坚实思想政治保障。建立全区党委（党组）理论学习中心组秘书“钉钉”联络群，及时分享学习参阅、学习提示，加强指导督促，确保应学尽学。筹备成立区社科联，汇聚全区理论阐释、学术研究、社科普及等资源力量，为强化海曙理论武装工作提供有力支持。

打磨“曙说”理论宣讲项目，成立宣讲团，创建“宣讲驿站”，深入基层、分众分类开展理论宣讲，累计开展线下理论宣讲千余场，线上直播、视频点击量逾65万次，有声党课打听量达18.7万次，得到各大主流媒体广泛关注。“‘曙说’——人人都是麦克风”项目获2020年度宁波市宣传思想文化工作创新奖。依托“曙说”平台选拔宣讲员，先后获“全省基层理论宣讲成绩突出个人”、全省“我最喜爱的习总书记的一句话”青年微宣讲大赛一等奖、全市“我最喜爱的习总书记的一句话”宣讲比赛一等奖荣誉。

依托“81890”规划建设区新时代文明实践中心，17个镇（乡）街道新时代文明实践所和90%以上行政村（社区）新时代文明实践站建成投用。全年新建农村文化礼堂36家，全区累计建成160家，实现应建行政村全覆盖；新增省农村文化礼堂建设示范镇（乡）街道1个、省五星级文化礼堂3家、省“书香文化礼堂”1家、省“最美文化礼堂人”1名、市四星级文化礼堂15家（为历年最多）。推进“线网融合”建设，提升“81890”文化礼堂服务专线运行实效，承办宁波市送文化进农村文化礼堂启动仪式，“甬礼堂”积分排名居全市第二。出台《海曙区加强新时代爱国主义教育实施意见》和《海曙区爱国主义教育基地建设管理使用办法》，博洋集团企业文化俱乐部获评“全省企业文化品牌建设优秀单位”，新增社区文化家园3家，实现每个街道均有1家以上“社区文化家园”目标。加强“学习强国”平台建设，全年404篇稿件在浙江平台刊登、1211篇稿件在宁波平台刊登。

出台《海曙区新时代公民道德建设实施意见》，广泛开展社会主义核心价值观宣传教育，办好全市“文明城市”常态化创建志愿服务行动推进仪式、全市“12・5”学雷锋志愿服务等大型活动。完善先进典型挖掘选树、褒奖激励、关爱帮扶等工作机制，选树“全国先进工作者”1名、全国“最美退役军人”1名、“浙江好人”3名、“最美浙江人”提名奖1名、“最美宁波人”3名（为海曙区历年最多、数量居全市第一）、“宁波战疫好人”4名、“宁波好人”9名，评选“第五届海曙区道德模范”10例、特别奖4例、提名奖9例、“海曙好人”49例。实施“文明好习惯养成十大行动”，宣传“文明有礼・海曙15条”，持续推进“文明排队守秩序”，全面推广公筷公勺。广泛开展“扣好人生第一粒扣子”“春泥计划”等主题活动，选树“新时代好少年”省级1名、市级5名、区级98名，引导广大青少年见贤思齐、崇德向善。

对标国测、省测要求，聚焦农贸市场、老旧小区、背街小巷等重点区域和薄弱环节，深化落实分工明责、常态督查、定期通报、销号整改、全民参与的长效机制，深入实施文明创建“六大”专项行动、“五整顿两提升”百日行动、“创意点亮城市角落”等重点任务，通过“1+1+N”常态化巡查、第三方机构测评、媒体曝光、督办整改、“海明测”平台动态管理等多种方式，高标准、常态化、全域化推进“文明城市”创建。在国测中承担全市三分之二实测点位，并出色完成任务，为宁波获评全国文明城市“六连冠”做出积极贡献。深入开展文明单位等系列创建活动，获评“全国文明单位”“全国文明校园”各1家，省“文明单位”2家、省“文明校园”1家、省“文明家庭”3家，市“文明单位”8家、市“文明校园”6家，实现区级公共服务窗口文明单位全覆盖。

围绕“乡村振兴”主线，持续推广“文明好习惯养成十大行动”，积极倡导文明乡风、良好家风、淳朴民风。创新开展“文明温暖乡村”行动，举办全区首届新时代文明实践志愿服务项目大赛，挖掘和培育基层新时代文明实践志愿服务重点项目和品牌队伍。龙观乡建成“清新乡居”文明示范线；高

4月11日，海曙区在鼓楼步行街举办首个“一米曙光”文明排队推进日活动

桥镇“礼善桥乡”文明示范线（全市首条新时代文明实践示范线）和横街镇“竹海桃源”文明示范线启动建设。完善文明村镇常态化创建工作机制，获中央专项彩票公益金支持乡村学校少年宫2所，获评省“文明镇”1个、省“文明村”3个，市“文明镇”1个、市“文明村”4个，新时代文明实践志愿服务项目大赛省级金奖1项、市级金奖和银奖各1项。

发挥《海曙区文艺精品工程扶持奖励办法》作用，扶持报告文学《星星点灯》、电影《荣华梦》等重点项目，准备冲击各级“五个一工程奖”。稳步推进以宁波建城1200周年为主题创作的报告文学《风从海上来》。诗歌集《南枝笔记》获省文化艺术发展基金立项扶持，动画片《布袋小和尚第三季》获2020年“浙江省电视牡丹奖”，报告文学《星星点灯》、纪录片《城隍庙》等作品入选市级文艺精品扶持范围。区委网信办选送的短视频作品《我生在中国》入选“百部网络正能量动漫音视频作品”。海曙区互联网发展联合会会长周奇当选百名网络正能量榜样。实施文艺人才培育计划，引进国家非遗传承人李媛媛，陈效平、包根满、张小君、朱宁4位文艺家工作室获评第七批宁波市文艺家工作室，数量创历史新高。抓住编制全区“十四五”文化产业发展规划的有利契机，统筹推进项目招商、文创统计、产业服务、园区建设等重点工作，全区规模以上、限额以上文创企业共实现增加值78.33亿元，比上年同期增长44.2%。相继引进阿里宁波中心、康得思酒店等重大文创产业项目，阿里巴巴集团与宁波本土企业签约的首个项目落户嘉乐智尚产业园，“旷世智源”在港股上市，“恒英人力”“万邦工程”等重点企业加速发展，半山伴水文旅项目、梁祝文化产业园等项目建设有序推进。南塘老街文创产业街区、鼓楼沿文化创意街区获省级“文化创意街区”称号，创客157创业园、合一生活文化创意产业园获评市级文化产业园区，全区累计有市级文化产业园5家、市级（培育）文化产业园7家。

推进“书香宁波2020”建设，多个指标位于全市前列。高标准举办第六届“浙江书展·天一阁论坛”和第二届“Hi—Talk”论坛，高规格承办宁波文旅博览会“书香展厅”并获优秀组织奖，精心开展“海曙阅读嘉年华”“书香宁波日”等大型阅读推广活动，参与面超20万人次，获得各界广泛好评。投入200万元改造提升12家阅读书房，首次尝试将“书香阅读”与文保建筑活化利用相结合，建成“岭·读”城市书房，全区首家共建性质地方文献馆、首家社区数字阅读书房、首家村镇数字阅读体验馆相继开业。在“海曙新闻”客户端开设“书香海曙”板块，先后举办“海书馆”“萤火虫换书大会线上季”等阅读活动，在“4·23”世界读书日举办“春意阅畅会”，线上直播点击量近10万人次。

【“文明排队推进日”活动】 2020年4月11日，海曙区在鼓楼步行街举办首个“一米曙光”文明排队推进日活动，东福园饭店、“高记糖炒栗子”等11家鼓楼老字号商户、小吃甜品店率先响应，并被授牌成为“文明排队示范店”，店门柜台前划好排队的一米线，设置隔离栏，市民在志愿者的引导下有序排队。海曙区在商场、车站、医院、景点等人流量大的公共场所广泛设置文明排队立体化引导设施，同时招募文明劝导志愿者，加强文明排队志愿劝导。并把此后每月的11日设立为海曙区“文明排队推进日”。

【“海曙区爱国主义教育基地地图”发布】 2020年6月1日，海曙区发布“海曙区爱国主义教育基地地图”。地图标注有25个爱国主义教育基地坐标及其基本信息，设计提供“四明寻踪”“倾听鼓楼”“月湖漫步”“广德印记”等爱国主义精品寻访线路，并标识它山堰、鼓楼、月湖及三江、三塘河等海曙区重要地标，以生动的卡通地标形象，通俗易懂的方式，让青少年了解爱教基地，接受爱国主义教育。地图发布作为“曙色少年行”中小学生爱国主义教育活动之一，系宁波市首份爱国主义教育基地手绘地图。

【全市首家村镇数字阅读体验馆上线】 2020年7月27日，在宁波日报报业集团结对帮扶下，海曙区石碶街道后仓村文化礼堂的新媒体数字阅读体验馆上线，成为宁波市首家村镇数字阅读体验馆，向村民开放。后仓村数字阅读体验馆涵盖“党建之声”“方言学习”“文艺甬城”“有声小说”“亲子阅读”“聆听宁波”“电子书籍”“传统文化”8个板块，并根据村镇受众人群特点，增入甬剧、方言等特色本地内容，包括上千本图书。读者使用微信扫码即可收听，并可以复制“带走”阅读电子类文档。以丰富的数字资源、灵活便民的交互体验方式，为读者提供全方位知识服务。

石碶街道后仓村文化礼堂的新媒体数字阅读体验馆

【2个志愿服务项目获市级奖项】 2020年8月14日，2020年宁波市新时代文明实践志愿服务项目大赛举行，代表海曙区参赛的“我为烈士来寻亲 让客葬异乡英烈回家”志愿服务项目和“筑梦幼教 情牵乡村孩子”志愿服务项目在39个决赛项目中胜出，分别获金奖和银奖。

【“我为烈士来寻亲 让客葬异乡英烈回家”志愿服务项目获金奖】 2020年9月26—28日，首届浙江志愿服务展示交流会暨项目大赛在宁波举行，由海曙区选送、代表宁波参赛的“我为烈士来寻亲 让客葬异乡英烈回家”志愿服务项目荣获大赛金奖。“我为烈士来寻亲·客葬异乡英烈回家”志愿服务项目负责人孙嘉怿是一名85后海曙青年志愿者，她和团队成员到访25个省份712座烈士陵园，赴朝鲜、越南、老挝等7个国家收集烈士资料，建立近4万条革命烈士数据信息。在新浪微博发起“我为烈士来寻亲”公益话题，组建近200人的“寻亲”志愿服务团队，帮助826名客葬异乡的革命烈士寻找到亲属。

【第六届天一阁论坛在海曙举办】 2020年11月6日，海曙区承办的第六届浙江书展主论坛天一阁论坛开讲。中国作协副主席何建明、浙江省作协主席艾伟、著名作家马伯庸应邀到现场，以“阅读与城市”为主题，展开精彩演讲。

【“礼善桥乡”文明实践示范线开线】 2020年12月23日，海曙区“礼善桥乡”新时代文明实践示范线在高桥镇开线，成为宁波市首条新时代文明实践示范线。示范线以“知书达礼”“向上向善”为理念，串联起“全国综合治理示范村”民乐村、有“一村六进士”“一门三院士”之称的石塘村、拥有省级“书香文化礼堂”的芦港村等9个行政村和梁祝文化园。发掘展示高桥镇的人文历史、生态宜居和创新发展等元素。新时代文明实践示范线是农村文明示范线在新时期迭代发展的2.0版，旨在带动提升群众思想觉悟、道德水准、文明素养和全社会文明程度，开创新时代农村精神文明建设新局面。

（王晓石）

统一战线工作

【概况】 2020年，区委统战部发挥统战优势，凝聚思想共识。举办党外代表人士培训班、学习交流会、行走红色思想引领线、“同心微讲堂”等活动，巩固提升“不忘合作初心，继续携手前进”主题教育成果。推进民营经济人士理想信念教育，实施“‘创二代’栽树工程”，推动新生代企业家的健康成长。突出“石榴籽”宣传教育主题，加强民族团结进步工作。组织宗教团体负责人开展2次红色教育、国情教育，坚定宗教界人士“爱国爱教”理想信念和“正言正行”行动自觉。

组织全区统一战线成员投身抗疫一线，累计捐款捐物8000余万元。开展宗教领域“两暂停”行动（暂停对外开放、暂停集体宗教活动），确保宗教领域疫情防控到位。开展“助企抗疫情、联企复生产”工作，累计帮助企业调配口罩76万只、额温枪1000余把等，通过包机、包车形式输送外来务工人员932人，有效保障民营企业复工初期防疫物资、招工等需求。积极向党委、政府建言献策，累计收集和解决企业困难建议97条。通过“大数据+网格化+铁脚板”工作机制，做实防范境外疫情输入精密智控工作。

12篇社情民意被中央统战部、全国政协、民主党派中央录用，2篇建议分别获省长、市委书记的批示。建立“乡贤议站”、乡贤议事厅等助力乡村治理平台。开展民主党派“彩虹行动”公益活动。引导统一战线人士积极参与社会治理实践，相关探索经验被《宁波日报》4期连载刊登。搭建经桥服务中心、金融超市、人才集市、“科服前哨”、锋领律师驿站等服务平台，做强做优惠企服务。开展“同心黔行”结对帮扶行动，实施帮扶项目资金510余万元。发动民营企业家参与黔西南东西部扶贫、山海协作和区内“村企结对”行动，累计投资750万元。

开展“山货下山”“农夫市集”社会服务项目，帮助四明山区薄弱村增收创收89万元。培育网络人士统战创新亮点，承办全省网络作家交流会，网络人士“86梦工场”创建为全省首批网络人士统战工作实践创新基地。深化“乡贤汇智促发展”工作，建立17家乡贤理事会和3家乡贤馆，围绕乡风文明、产业振兴、公益帮扶三大主题，开展“贤聚四明”全祖望文化节，众筹修建深溪村“龙鹫步道”，成立“帅特龙公益基金”等活动。打造为侨服务品牌，清风社区“侨胞之家”被省侨联主席连小敏批示为“基层侨胞之家”建设样板。打响“海曙台商看宁波”宣传品牌，10篇报道被中央电视台《海峡两岸》栏目和《人民日报》（海外版）等国家级媒体刊登。

【宗教领域安全管理暨有序开放工作会议】 2020年6月2日，区民宗局在宁波饭店召开宗教领域安全管理暨有序开放工作会议。区委统战部副部长、区民宗局局长周国平主持会议并讲话，区民宗局全体工作人员、各镇（乡）街道统战委员、宗教工作专管员、各宗教活动场所负责人共100余人参加会议。会议传达省、市民宗部门关于宗教活动场所有序开放工作会议精神，系统学习《海曙区宗教活动场所有序开放工作指南》，与各宗教活动场所负责人集中签订2020年度宗教领域安全生产和消防安全目标管理责任书。

【闻儒根实物档案展】 参见“中国共产党海曙区委员会”类目“档案工作”分目

【中秋茶话会】 2020年9月25日，海曙区举行“贤聚海曙同心奋进”区各界人士中秋茶话会，共贺美好佳节、共叙深厚情谊、共谋海曙发展。区政协主席毕东华致辞，区委常委、统战部部长陆利明主持。区人大常委会副主任、民盟海曙区基层委员会主委孙铭龙代表党外人士发言，表示全区各界人士会始终与党委、政府精诚团结、同频共振，凝聚最大向心力，不断推动

9月25日，“贤聚海曙　同心奋进”2020海曙区各界人士中秋茶话会举行

海曙高质量建设国内一流强区取得新进展。

【“同心黔行”结对帮扶活动】 2020年8月12—14日，区委统战部常务副部长郁建军和各民主党派、无党派人士一行14人赴贵州省贞丰县和义龙新区开展东西部协作扶贫“同心黔行”结对帮扶工作。贞丰县委常委、县人民政府副县长黄列，义龙新区党工委委员、工（管）委办副主任杨剑云，贞丰县委统战部副部长、县工商联党组书记臧绍敏陪同。结对帮扶活动深入学校、社区、农村，为贞丰八小捐赠5000元艺术教学用品，为卡务村55名贫困学生捐赠11万元助学金，向15位贫困老人捐赠4500元“微心愿”，为100余名群众开展义诊活动，为贞丰50名妇女开展技能培训，到义龙开展美容美发技能帮扶宣讲会，受到当地群众欢迎。

【区第六次留学人员和家属代表大会】 2020年8月31日，海曙区第六次留学人员和家属代表大会召开。大会选举产生新一届留学人员和家属联谊会（以下简称“留联会”）班子。大会邀请参加国庆阅兵盛典的全国劳模陈芳芳、“侨务工作先进归侨”王国华、“全国社区侨务工作先进个人”孙琪琦等嘉宾，市侨联党组成员、二级巡视员王东海，区委常委、统战部部长陆利明应邀出席活动。大会表彰一批在抗疫期间表现突出的留学人员和家属，审议通过区留联会第五届理事会工作报告，修改《海曙区留学人员和家属联谊会章程》。

【省网络作家宁波（海曙）交流会在海曙举行】 2020年9月7日，由省作协、市委宣传部、市委统战部、市委网信办和市文联主办，海曙区委统战部承办的2020年浙江省网络作家宁波（海曙）交流会暨浙江省网络作家体验营活动开幕式在海曙举行。各路网络文学知名作者汇聚一堂，畅谈网络文学发展。省作协党组副书记、省网络作协主席曹启文，市委宣传部副部长、市委网信办主任林大吉，市文联党组书记、主席杨劲，市委统战部副部长戴凌云，区委常委、统战部部长陆利明出席会议。

【统一战线工作领导小组会议】 2020年10月21日，海曙区召开区委统一战线工作领导小组会议。会议深入学习贯彻习近平总书记关于加强和改进统一战线工作的重要思想和在浙江、宁波考察时的重要讲话精神，认真落实全国民营经济统战工作会议和省委、市委统战工作领导小组会议精神，部署下一阶段重点工作。区委常委、统战部部长陆利明，区政协党组副书记、副主席吴军良，区委统战工作领导小组全体成员参加会议。

【党外代表人士培训班】 2020年11月2—5日，全区党外代表人士培训班在南京大学举办。区各民主党派和无党派人士代表及区知联会、新联会、网联会主要负责人等参加培训。区委常委、统战部部长陆利明参加培训并作开班动员讲话，区委统战部常务副部长郁建军主持开班仪式。培训期间，全体学员学习“中国改革蓝图与未来发展——习近平新时代中国特色社会主义思想解读”“长三角经济社会发展模式与启示”“国家治理体系与治理能力现代化”“新形势下的统战工作”等课程。并先后赴南京市江宁区“同心圆广场”新社会阶层人士实践创新基地、江宁区民主党派之家和乡村振兴实践基地、中共代表团梅园新村纪念馆，学习借鉴统战阵地建设和统战工作经验，重温中国共产党在南京的革命奋斗史和统战工作史。

【“海曙乡贤之家”揭牌启用】 2020年11月6日，“海曙乡贤之家”在金汇小镇会客厅揭牌启用。“海曙乡贤之家”的启用旨在丰富活动载体，发挥全区乡贤在区域合作、招商引资、创新创业、民主协商、乡村治理和社会公益等领域的作用，让乡贤群体成为推动海曙发展的一支重要力量。区委常委、统战部部长陆利明，区委统战部全体班子成员，各镇乡街道统战委员，乡贤代表等40余人出席开幕式。

【基层统战工作交流会】 2020年11月16日，海曙区召开基层统战工作交流会。区委常委、统战部部长陆利明主持会议并讲话，区委统战部班子成员，各镇（乡）街道统战委员，区委统战部各科室负责人等参加会议。各镇（乡）街道统战委员对当年统战工作的推进情况、主要做法、取得成效及在工作开展中遇到的问题进行交流，并对下一年的工作思路进行谋划。区委统战部各班子成员围绕各自分管领域进行工作部署。

【区委“十四五”规划征求意见座谈会】 2020年12月17日，区委召开座谈会，向全区各民主党派、工商联和无党派人士代表征求对区委“十四五”规划

《建议》的意见建议。民革海曙区基层委员会主委钱军、民盟海曙区基层委员会主委柳竹青、民建海曙区基层委员会主委曹云、民进海曙区基层委员会主委谢飞红、农工党海曙区基层委员会主委高秀峰、致公党海曙区总支部主委徐卫民、九三学社海曙区基层委员会主委施惠祥、区工商联副主席徐立勋、区无党派人士总召集人陈华锋先后围绕临空经济示范区发展、加强区域统筹发展、优化营商环境等建言献策。

（陈紫沁）

对台工作

【概况】 2020年，海曙区台办统筹做好应对疫情防控和经济社会发展中的涉台工作，积极开展台企防疫物资协调、惠企政策宣传、台胞返回海曙疫情防控等工作，帮助广大台商台企应对疫情和复工复产。“寰采星科技”精细金属掩膜版项目、宁波半山伴水度假村、三宝集团健康城项目等重点台资项目顺利推进。组织开展“海曙台商看宁波”“台商看海曙新村建设”等系列活动15场次，参与台商300余人次，推动台商台胞融入海曙新发展格局。保障台湾同胞福祉，协调解决各类求助案件，帮助20余名台胞办理城乡居民基本医疗保险。开展台商爱心奖学助学、扶贫敬老、公益环保、扶贫助农等活动，台商志愿服务队获评年度海曙区“最佳志愿服务组织”。积极应对复杂严峻的台海形势，通过各种形式加强赴台学生教育服务工作，向返台陆生统一发放防疫健康包。做好涉台宣传工作，《宁波市海曙区台资企业防疫复工“两手抓”》等14篇报道被《海峡两岸》栏目等媒体采用，调研文章《做好“家门口”台青工作的实践与思考》获年度全市台办系统调研成果一等奖。

【台商爱心助学奖学活动】 2020年6月19日，海曙区台商代表到横街镇中心小学，举办“同创文明宁波 共建美丽家园”爱心奖学系列活动。台商代表向品学兼优的学生送上50只精美书包和上百份文具礼品，并开设垃圾分类讲座，通过现场教学、垃圾分类小游戏等生动有趣的互动环节，强化垃圾分类知识宣传，提升环保意识。同时，区台商联谊会开展海曙台商爱心助学行动，资助20名优秀贫困大学生每人3000元，共计捐赠爱心助学金6万元。

【“走进浙东红村 牢记初心使命”学习教育活动】 2020年7月1日，区台联理事赴余姚学习考察“浙东红村”横坎头村，学习习近平总书记给该村村民的回信，参观浙东抗日根据地旧址，观摩新农村建设。随后，在余姚东江社区“台联之家”开展“台联工作的初心与使命”交流发言。理事们表示，两岸同胞是血脉相连的一家人，台联工作者要进一步牢记初心使命，发挥桥梁纽带作用，服务台胞台属，增进两地同胞交流。

11月7日，海曙台商志愿服务队到石碶街道星光村老年乐园开展敬老服务活动

【台商敬老服务活动】 2020年11月7日，海曙台商志愿者参与海曙区“文明温暖乡村”行动，成立“海曙台商志愿服务队”，与星火公益志愿团队一起到石碶街道星光村老年乐园开展敬老服务活动。台商志愿者们以寓教于乐的形式向老人们传达养生知识，教授养生操，并提供免费眼科检查服务。此外，还向老人们赠送日常用品礼包，提供养生饮品。

【国家百万公里登山健身活动在海曙举办】 2020年11月15日，国家百万公里登山健身步道2020宁波发布会开幕。台资企业宁波半山伴水度假区连续3年作为登山步道发布会主会场。海曙29家台资企业的60余名台商台胞出席发布会，并参加龙观阳堂古道徒步行走活动。

（徐　鑫）

政策研究

【概况】 2020年，区委政研室落实调研工作机制，丰富调研形式，走访调研单位近50家，召开座谈会20余次；梳理、确定党政领导年度重点调研课题16个，制定全区年度重点调研课题参考提纲，涉及5个方面14个研究方向。

【政策研究成果】 2020年，区委政研室根据党政领导批示和要求，开展关于区块链技术及产业发展、历史文化街区保护、望春工业园区建设、“三改一拆”工作推进、旧村改造新村建设、长三角一体化发展座谈会精神贯彻落实等多项专题调研。全年撰写调研报告17篇，其中《鄞江镇盘活利用低效工业用地的主要做法及对海曙区启发与思考》《全国大田种植数字农业海曙区试点项目概况及后续深化方向思考》等在《今日浙江》《政策瞭望》《宁波调研》《宁波通讯》《宁波经济》上刊发11篇次，多次获得市委领导批示。《关于海曙区盘活利用农村闲置用房的调查与思考》和《打造天一阁•月湖著名景区的对策与建议》两篇调研报告，分别获2019年度全市政研系统各区县（市）政研室“十大创新力作”第二名和“十大精品文稿”第三名。

牵头起草《关于建立健全城乡高度融合发展体制机制和政策体系的实施意见》《关于建设高素质人才队伍高水平打造国内一流创新型城区的决定》《关于制定海曙区国民经济和社会发展第十四个五年规划和二〇三五年远景目标的建议》等区委重要文件。

4月16日，全区全面深化改革委员会（扩大）会议召开

【全面深化改革】 2020年，海曙区推进省、市、区改革工作联动，全年新增14项省级以上改革试点；投资审批制度改革创新经验被国家发改委在全国推广；涉路施工许可在全省率先实现即办即取；传统制造业和批发零售业改造提升获得省政府督查激励表扬；行政许可事项跑零次比例率先达100%，政务服务事项网办率和机关内跑办件量均居全市前列，改革创新质量实现新的突破。

区委改革办发挥牵头抓总作用，制定印发《海曙区委全面深化改革委员会2020年工作要点》《2020年海曙区深化“最多跑一次”改革主要任务分工方案》《海曙区2020年度全面深化改革（“最多跑一次”改革）目标管理考核办法》等文件；组织召开区委改革委会议1次、重点改革项目推进会3次、改革办（跑改办）专题会议3次；成立由区跑改办、区政务服务办、区大数据发展服务中心3个部门组成的改革专项工作组，召开工作例会及专题协调会20次，协调“征收拆迁地块房屋不动产权注销一件事”、“医保零星报销”便民服务、政务服务“好差评”等工作。海曙区获评2020年度“全省全面深化考评优秀县（市、区）”，区委改革办获评2019—2020年度“宁波市全面深化改革（‘最多跑一次’改革）突出贡献集体”。组织信息报送，被省委、市委改革办录用信息10篇，创历史新高。谋划拍摄的改革宣传片被评为浙江省“改革在身边”月度亮点项目。审联体、“开放空间”、“乡村振兴”等先进经验做法被《人民日报》、CCTV等各类国家级媒体宣传报道。

【《关于建立健全城乡高度融合发展体制机制和政策体系的实施意见》】 2020年3月4日，区委政研室在认真学习《中共中央国务院关于建立健全城乡融合发展体制机制和政策体系的意见》《中共浙江省委办公厅浙江省人民政府办公厅关于建立健全城乡融合发展体制机制和政策体系的实施意见》等上级政策精神基础上，形成《关于建立健全城乡高度融合发展体制机制和政策体系的实施意见》提纲。3月13日，全区25个部门提供相关资料，结合重点工作安排，进一步研究具体制度举措。3月23日，完成征求意见稿，发文征求27个部门意见。3月25日，吸收部门反馈意见后，形成送审稿。4月8日，由区委办正式印发实施《关于建立健全城乡高度融合发展体制机制和政策体系的实施意见》。

【《关于建设高素质人才队伍高水平打造国内一流创新型城区的决定》】 2020年，区委政研室联合区委人才办、区科技局、区经信局、区市场监管局等单位起草《关于建设高素质人才队伍高水平打造国内一流创新型城区的决定》征求意见稿，并充分征求全区各级各部门及部分企业家代表意见，进行修改完善。7月24日，区委常委会审议通过。7月26日，中共海曙区委九届九次全体（扩大）会议审议通过。7月31日，区委主要领导签发文件。

【《关于制定海曙区国民经济和社会发展第十四个五年规划和二〇三五年远景目标的建议》】 2020年初，海曙区专门组建“十四五”规划意见起草小组，认真学习领会习近平总书记在谋划“十四五”发展系列座谈会上的重要讲话精神，把握中央决策、省委部署和市委要求，组织开展“十四五”重大问题调研，并组织召开多种形式座谈会，分析研究“十四五”时期海曙经济社会发展的思路、目标和任务举措。10月下旬，形成初稿。10月，在网上开展为期1个月的“十四五”规划意见征集活动。11月起，区委分别召开区级老同志、企业家、党代表、人大代表、政协委员、各民主党派、工商联负责人、无党派人士代表、镇（乡）街道书记和区直单位主要负责人、基层干部等10余场不同层面座谈会，面对面征求和听取各方面意见建议。12月3日，建议稿向区委委员、候补委员和有关领导人员、各镇（乡）街道、区各部门单位书面征求意见。收到各方面意见建议350余条。起草组按照“能吸收尽量吸收”的原则，逐条逐句进行研究，增写、改写、精简文字200余处。12月27日，经中国共产党宁波市海曙区第九届委员会第十次全体会议审议通过，起草组根据区委全会意见，再对意见稿作修改完善。经区委相关领导审核后，12月30日，区委主要领导签发文件。

（郑　宇）

机构编制管理

【概况】 2020年，区委编办以开展事业单位改革、做好机构改革“后半篇”文章为重点，研究重点工作保障机制，加强机构编制法规制度体系建设，规范编外用工管理，开展机构编制监督检查，推进机关内部“最多跑一次”改革，严格控制和优化配置机构编制资源。

调研区委深改办、区委依法治区办等机构改革优化组建机构，开展区委议事协调机构运行评估。完成五大领域综合行政执法改革后续工作，推进执法体制调整后管理机构调整设置，协助人员转隶。做好宅基地职责划转工作，召开农业农村局、资规分局协调会，督促职责划转。对区农业农村局、区综合行政执法局、区交通运输局等15家涉及职责调整的重点部门开展评估。

保障民生领域机构编制。疫情防控期间，补充与疫情防控直接相关的医护人员，核增区疾病预防控制中心20名人员编制；规范公立医疗机构队伍建设，制定公立医疗机构领导职数核定方案，研究中医医院、区第二医院扩建增编等事宜。对全区中小学进行两年一次核编，配合教育主管部门审核二次分配方案。

理顺管委会机构职责关系，推动管委会与海曙党政部门协作联动和融合发展。调研涉水工作体制、生活垃圾分类工作体制等部门工作分工情况及存在问题。研究村级工业园改造办公室、生态文明建设中心、国资中心、矛调中心等局级事业单位设置及相关运行体制机制事宜。

制定印发《海曙区机关事业单位效能建设与减编控编联动管理办法》，以编制管理创新倒逼全区各单位转变工作作风，做法获省委副书记、市委书记郑栅洁批示，以及市委编办主任贺威平批示肯定。制定出台《区事业单位编制周转管理办法（试行）》，加强编制统筹调配力度，缓解编制总量控制与刚性需求之间的矛盾。制定出台《关于规范事业单位领导职数管理有关政策的通知》，规范局级和科级事业单位的行政领导职数和党组织领导职数基本标准。制定《宁波市海曙区严格机构编制管理暂行办法》《海曙区民办事业单位报备员额实名制管理实施办法（试行）》，规范机构编制管理与监督检查。

全区登记在册的机关单位共122家、群团单位11家。办理设立事业单位登记3家、变更登记219家、注销登记13家、换领12家；机关群团统一社会信用代码赋码换证方面，办理证书初领3家、变更24家、换领15家。截至年底，全区登记在册的事业单位共263家，其中，正常运行的258家，因不符合登记要求且限期未整改到位的5家（已进行证书冻结或废止）。

落实选人用人专项检查，协同巡察办对区委党校等23家单位进行联合巡察；实施“双责联审”，联合审计部门对横街镇、古林镇、鄞江镇、区供销社、区委党校等单位实施机构编制经济责任联合审查，发现机构编制违规违纪情况12条。全面评估区疾控预防体系，重点评估全区疾控体系机构编制、职责履行、人员配备、协作配合、人员经费保障5个方面，提出健全完善疾控体系的意见建议。

坚持开展实名制信息月报制度，强化系统数据的常态化核查比对，对新入库数据和存量数据进行逐一核查。与养老保险系统数据比对2次，比对人员数据2万余条，校验全系统数据37个大类69个小类指标项，立行整改发现的问题，共修改完善机构信息1202条，修正人员信息1840条。在实名制系统开发“编外用工”和“人员履历”模块，实现财政供养人员全覆盖、多维化管理。

【事业单位改革】 2020年，区委编办对纳入改革的198家事业单位进行走访调研、全面排摸并收集意见建议，召集事业编制成员单位研究相关政策制度和细化改革措施，向部门下达改革工作任务，推进改革工作。拟订事业单位“三定”模板，把好“三定”审核关，高质量完成事业单位“三定”规定。截至4月底，精简事业单位23家，精简比例达12%，超额完成省定10%的精简任务，为未来机构设置预留一定空间。做好217名人员转隶，撤销“空壳”事业单位6家，精简领导职数21名，收回事业编制150名，调整12家事业单位经费形式、36家事业单位分类类别，制定176家事业单位“三定”规定。

【编外用工管理】 2020年，区委编办以3月底的指标数和实有数为依据，按照性别、年龄、学历、岗位类别、经费标准等对全区编外人员进行分析，形成基础材料。走访镇（乡）街道、重点部门，以座谈会等形式听取部门编制外用工管理情况，商讨针对性解决方案。起草《区机关事业单位编外用工管理实施办法（试行）的通知》，明确编外用工管理范围、人员管理与考核、监管机制等办法。

【机关内部“最多跑一次”改革】 2020年，区委编办规范网办事项梳理，梳理核对全区各单位上报的内跑网办事项清单。制定出台《区机关内部“最多跑一次”事项动态调整管理办法》，加强事项管理，规范事项调整流程。配合区大数据中心推进协同联办信息系统指导与应用，提升部门网办率。40家部门283个事项全部实现网上可办，完成省市既定指标。做好权力事项认领，定期开展权力事项库事项排查，做好公共服务事项梳理审核确认工作。配合完成公务员和事业人员职业生涯全周期管理“一件事”。

【镇（乡）街道行政体制改革】 2020年，区委编办明晰部门和镇（乡）街道职能划分，梳理农村宅基地、生态环境等下放到镇（乡）街道职责，明确部门和镇（乡）街道“属地管理”事项主体和配合责任，形成事项清单。推进区社会矛盾纠纷调处化解中心在各镇（乡）街道设立分支机构，由镇（乡）街道统一指挥协调，实行属地管理，提升基层治理能力现代化。增配用于纪检监察的纪（工）委副书记，完善全区各镇（乡）街道纪检监察体制体系化力量建设。

【“编学编领”党建服务品牌建设】2020年，区委编办建设“编学编领”党建服务品牌，强化与社区党组织结对共建，规范落实开展一次志愿服务、上一堂党课等“七个一”活动。定期开展慰问结对困难户、慈善一日捐、无偿献血等活动。疫情防控期间，深入南门、望春2个街道3个社区8个岗点，连续奋战100天，累计站岗超4000小时，完成社区守“小门”和助企复工复产任务。开展“四办十有”“清廉编办、模范机关”创建活动，设计“编”字荣誉墙，建设“廉政文化室”、清廉文化走廊，制作“我的岗位廉语”工作桌牌。机关支部被市委组织部授予“五星级基层党组织”称号，《建好“五个机关”推进“清廉编办、模范机关”创建》等近20篇介绍机关党建经验做法文章，先后在旗帜网等各级党建网站和《浙江省机构编制》杂志等编办平台刊载。拓展信息宣传渠道，中编办录用稿件10篇，省编办网站、杂志录用40篇，市编办微信、网站录用88篇。

（高　承）

区委巡察工作

【概况】2020年，区委巡察工作分2轮完成对区委党校、区妇联、区文联、鄞江镇等24家单位党组织的巡察，并延伸巡察97家村（居委会、渔业社）党组织，发现问题2044个，移送问题线索21件，追回违规资金137.76万元，“四种形态”处理人员263人次。

【九届区委巡察巡前业务培训班】2020年4月7—8日、7月30日，区委巡察办组织召开九届区委第九轮、第十轮巡察巡前业务培训班，总参会103人次。区纪委常委、区委巡察办主任俞小群进行巡察动员，并邀请巡察、财政、信访、宣传等相关领域领导、业务骨干讲解巡察重点内容和相关依据。随后，各巡察组开展内部交流。

【九届区委第十轮巡察工作动员部署会】2020年7月15日，九届区委第十轮巡察工作动员部署会召开，153人参加会议。区委常委、区纪委书记、区监委主任、区委巡察工作领导小组组长李晓东传达十九届中央第五轮巡视动员部署会和十四届省委第九轮巡视工作动员会精神，部署九届区委第十轮巡察分组安排。会议正式启动九届区委第十轮巡察。

（苏　纯）

7月15日，九届区委第十轮巡察工作动员部署会召开

信访工作

【概况】2020年，海曙区信访形势总体良好。初次来访、来信和网上信访化解率分别达96.7%、93.3%和97.7%，累计流转办理来电38708件，实现受理率、办结率、录入率100%，满意率达99.7%。四级走访总量880人次，较过往3年均值下降45.6%，区级走访占比86%，区领导接访占比82.8%；“首问负责即问即办”工作成效明显，平均办件时间1.53天，效能指数跃居全市第一；实现“无信访积案区”创建目标，区信访局被评为“全市年度信访工作优秀单位”。

【“党建+信访”工作体系构建】2020年，海曙区构建“党建+信访”工作体系，强化责任落实、源头治理、数字赋能、法治保障，提高社会治理效能工作，推动党建引领作用全方位、多角度融入信访工作。全年区委、区政府主要领导牵头召开常委会、信访积案推进会等4次，针对各类信访问题批示61件次，四套班子领导接待群众140批652人次，批办群众来信265件次，化解各类信访疑难积案69件。专题制定下发《关于区领导开展接访下访和包案化解信访积案的工作方案》《领导干部“亲拆、快批、速办”群众来信工作规则（试行）》《海曙区实行首问负责即问即办的若干规定（试行）》《海曙区镇（乡）街道纪检监察信访举报分类处置实施办法（试行）》等信访工作。对初次信访事项实行“全要素”管理，助推案件化解“全闭环”。

【“三无镇”“四无村（社区）”建设】2020年，区信访局突出属地源头，推进全区“三无镇”“四无村（社区）”建设。出台《海曙区各村（社区）走访形势通报》等文件，通过“区排镇、区排村”的信访排名制度和日常动态管理，依托基层信访代办、边远乡镇高山下访等排查，化解矛盾隐患200余件，推动信访问题及时发现、就地疏导、快速化解的源头预防基础，把住化解矛盾纠纷的第一道关口，营造“小事不出村、大事不出镇、难事不出区、人员不出市”的社会治理新格局。

（郑　怡）

老干部工作

【概况】 2020年，海曙区有离休干部47人，其中区直属离休干部21人、易地安置26人。有区级退休干部22人、区管退休干部347人。

组织离退休干部学习贯彻习近平总书记考察浙江重要讲话精神、十九届五中全会精神等，突出政治建设，坚持第一议题制度，读原著、学原文、悟原理，开展交流研讨、现场教学、调查研究等。以事业单位清理规范整顿为契机，制定下属两家事业单位（区老干部活动中心、区老年大学管理中心）“三定”方案，落实区老年大学管理中心财务、人事等职能转隶，加强对下属单位的监督和统筹管理。邀请离退休干部参加区“两会”及区委、区政府工作报告、区“十四五”规划征求意见座谈会、全区区级领导干部会议等。举办老干部区情通报会、“银辉”党支部书记座谈会、“银辉”志愿者骨干培训班、网上“一读三谈”主题党日活动、“微信送学”等，400余人次参加各类活动。推进离退休干部党建工作，举办离退休干部党支部书记培训班、主题党日活动。为易地安置离休干部提供服务，落实“两费”（离休费和医疗费）催汇工作。组织离退休干部体检、疗（休）养及各类慰问，全年走访慰问离退休干部近480人次，电话或者短信慰问离退休干部1200余人次。疫情期间，向离退休干部发放口罩、消毒水等防疫用品91份。组织离退休干部开展“走、看、促”活动3次，赴集士港镇、古林镇参观考察。组织发动局机关干部及下属事业单位工作人员17人赴南门街道、白云街道、望春街道等4个社区、楼宇参与疫情防控和企业复产复工。

【老年大学建设】 2020年，区老年大学本部设置40个科目，共80个班级。

6月11日，区委老干部局、区老年大学管理中心在章水镇联合开展“消费扶贫”公益活动，帮助销售各类农产品

全校有教职工（含兼职）35人、注册学员2248人次。开展线上课堂，组织10名专业教师，录制课程72节，播放量6000余次。推进“家门口老年大学”建设，通过开分校、办试点，将办学资源下沉到基层，在集士港、龙观等乡镇成立14个老年大学居家养老教学点，在鼓楼街道文昌社区创立1个教学点。

【离退休干部党组织建设】 2020年，海曙区新成立“银辉”党支部5家，全区累计有“银辉”党支部30家，离退休党支部88家。举办全区离退休干部党支部书记培训班。龙观乡退休党支部等5个离退休干部党支部通过市委老干部局离退休干部党支部规范化申报。开展“银辉党建”项目化管理新模式，重点选推鼓楼街道、高桥镇离退休干部党支部等4个单位进行立项，加强银辉党建阵地建设。与区委组织部、区财政局、区人力社保局等联合印发《关于推进离退休干部党支部规范化建设的通知》《关于印发〈关于进一步加强社区“银辉”党建工作的意见〉的通知》等文件，推进“银辉”党组织提质扩面和规范化建设。参与“最美”系列创建活动，15名离退休干部、4个志愿者团队、3个银辉基地入围省、市老干部工作部门“最美”系列。局机关党支部建设从三星级晋升四星级，落实在职党员双报到制度和党建结对共建活动20余次，连续3年区委老干部局机关建设党建项目获全区组织工作优秀创新项目三等奖。

【助力章水镇“消费扶贫”活动】 2020年6月11日，区委老干部局、区老年大学管理中心在章水镇联合开展“消费扶贫”公益活动。组织离退休干部、教职员工、班长学员等53人通过现场购买、微信群直播带货等方式助力“消费扶贫”，参与线上线下同步农产品直播带货，助力山区农副产品销售，帮助农民实现增收。活动共帮助章水镇大皎村卖出切面100公斤、羊尾笋325公斤、其他农产品250公斤，解决大皎村切面等农产品滞销问题。

【离退休干部“智库”调研新农村建设】 2020年7月24日，区委老干部局组织离退休干部“智库”文化服务组的6名老干部到集士港镇新后屠桥村调研新农村建设。“智库”成员从挖掘红色基因、完善总体规划、打造新兴特色、规范配套项目、拓展文化内涵、提升旅游服务、讲好本地故事等方面，为新后屠桥村打造“旅游+农业”红色文化特色村提出意见建议，受到集士港镇、村两级的认可和感谢。

【"银辉"志愿者骨干培训】 2020年11月11日，海曙区开展市"银辉"志愿者联合会海曙区分会首期志愿者骨干培训班，海曙分会会长、副会长、秘书长、理事和其他骨干成员等30余人参加培训。培训班邀请区匠道工会志愿服务中心理事长、"81890"全国劳模匠道工作室主任胡道林进行授课，胡道林从志愿服务功能、志愿服务需求、"银辉"志愿者优势、"银辉"志愿者三大作用及志愿者保障等多方面进行阐述，为海曙区"银辉"志愿者广泛、规范地开展志愿活动提供理论支撑。

（周梦霞）

党校工作

【概况】 2020年，区委党校举办海曙区管干部学习贯彻党的十九届五中全会精神集中轮训班、海曙区第14期区管干部综合素质提升班、海曙区专业化能力精准提升培训班（三期）、海曙区科级干部行政执行力提升培训班（两期）、义龙新区2020年东西部扶贫协作培训班、贞丰县2020年"东西部协作"乡村振兴专题培训班等各类主体班次19期，培训、轮训党员干部2381人次。疫情期间，迅速组建"红'海'战疫服务队"，投身防疫第一线，累计服务144人次，加班加点46天次，协助街道抓好疫情防控和企业复工复产。深入基层一线讲好创新理论，组织党校"红'海'宣讲"服务队送课下基层，宣讲39场次，受众2736人次。

推进理论研究和资政工作，提交省委党校系统理论研讨会论文5篇，获一等奖3篇、三等奖1篇；市委党校系统理论研讨会获二等奖1篇、三等奖2篇；入选"长三角地区党校校长论坛"论文2篇；入选"浙江经济高质量发展学术研讨会"论文1篇；省委党校系统规划课题结题2项，立项1项；市委党校系统规划课题结题3项（全部优秀），立项2项；市社科联规划课题结题1项；获市机关党建工作优秀课题调研成果二等奖1项；完成部门合作课题1项；报送《资政参阅》4期，获得区领导肯定性批示6次；《临空经济示范区带动区域经济高质量发展的路径研究》获省委党校系统优秀决策咨询成果三等奖；发表论文9篇。

实施"精英教师"培养计划，全年新开发专题课8堂，其中"新时代经济高质量发展的理论逻辑与宁波实践"获评"宁波市党校系统优秀课程"。2名教师作为全区推荐人选申报宁波市理论人才"三十人工程"培育扶持计划。加强党支部和群团建设，校机关党支部获评市"五星级基层党组织"，"红'海'宣讲"服务队创建区"巾帼文明岗"。

【党校办学质量接受省创优评估】 2020年9月14—15日，省委党校副校长徐明华带队省委党校办学质量创优评估工作组到海曙开展办学质量创优评估工作。省评估组听取区委党校办学相关情况汇报，查阅档案资料，实地考察区委党校项目选址地块及办学场所，并与相关人员进行座谈交流。反馈会上，省评估组现场反馈评估情况，肯定海曙区委、区政府对党校工作的高度重视，强调要求整体统筹、持续推进新校园设计，配齐配强党校班子，进一步加强规范化建设，提升党校人才队伍的规模和层次，推进教学、教研、行政后勤三支队伍建设。

【区管领导干部党性修养专题培训班】 2020年10月25日，海曙区区管领导干部党性修养专题培训班开班，47名区管正职领导干部参加培训。5天的培训以专题讲座、现场教学等形式，设置"中国经济新旧动能转换""突发事件网络舆情的应对和处置""学习实施民法典 积极推进法治建设"等特色课程，并安排方太集团现场考察。

【区管干部学习贯彻党的十九届五中全会精神集中轮训班】 2020年12月27日，海曙区管干部学习贯彻党的十九届五中全会精神集中轮训班开班。区委书记作开班动员和专题辅导，强调要深入学习贯彻党的十九届五中全会精神，以系统观念系统方法谋深抓实海曙"十四五"发展，把全区党员干部的思想和行动统一到党中央决策、省委部署和市委工作要求上来，把力量和智慧凝聚到实现区委全会确定的各项目标任务上来。培训班按照"集中开班结业、分期专题辅导"的方式，安排700余名区管干部进行集中轮训，由12名区党政班子领导分别进行授课和专题辅导。

（陈飞永）

档案工作

【概况】 2020年，区档案馆接待查档1479人次，利用760卷次，复印案卷1919页，其中网上查档353人次，网上申请呈上升趋势。完成5.4万件的进馆档案数据的检查与挂接，对已进馆的土地确权档案全部进行RFID（射频自动识别技术）张贴、注册，实行智能化管理。完成原虚拟档案室中的条目数据和数字化成果向区电子文件管理统一平台的迁移工作。预归档事项104849件，共60671件电子档案移交进馆。完成海曙区档案馆网站（政府网站集约化平台）展览迁移和信息补充，改版后的网站重新上线。

针对2020年疫情防控、档案资源建设、村级档案试点等工作，开展全区档案人员继续教育培训，共200余人参加培训。举办全区数字档案室建设培训会，指导区公安分局开展新冠肺炎疫情档案管理工作，开展第二次全国污染源普查档案建档指导与培训。针对区工业集团、商业集团职能现状情况，指导企业提前将职工档案的规范化整理与进馆纳入当年工作计划。指导企业开展建档工作及档案室改造。调研区纪委（监委）、区农业农村局、区民政局等重要涉农部门和行政村档案管理工作现状，结合海曙实际，制定全区统一规范的且具有海曙基层社会治理特色的村级档案清单目录，探索区域村（社区）"档案工作管理职责标准化、档案工作硬件配置标准化、档案工作业务建设标准化、档案公共服务标准化、档案文化建设标准化"5个标准化建设全覆盖。鄞江镇作为全域试点乡镇，工作稳步推

7月29日，区档案馆开展农村土地承包经营权登记颁证档案进馆工作

进，金陆村、建岙村作为乡镇试点完成规范化整理。

对区人大办、区委办、区卫生健康局、区应急管理局和区政研室的档案管理情况进行专项检查，实现“双随机”执法检查完成率100%、覆盖率100%、掌上执法率100%。有序推进省级档案工作目标管理认定、数字档案室测评工作。压实档案工作主体责任，建立档案外包项目联系制，编制《关于规范档案中介服务外包工作的通知》《档案数字化加工场所借用协议》《档案中介服务外包检查单》《档案中介服务外包评估调查表》《档案中介服务外包工作发包方、承包方基本职责说明》，明细工作流程。及时掌握档案外包工作进展情况，16家公司超过30个项目进行信息互通。5月，区档案馆正式创建为省级国家综合档案馆示范馆。在省档案局通报的2019年度全省20起档案法治案例中，海曙区入选2例，是全省入选案例最多的县（市、区）。

出台区档案馆2020—2022年档案进馆计划，规范档案进馆流程，制定档案质检标准，探索引入第三方质检服务，提高档案进馆质量与效率。至12月底，共接收区农业农村局土地确权档案17000余卷、区民政局婚姻登记档案6547卷、区主题办255件、区农业农村局文书1529件、区农办365件367卷、区人大6041件197卷、区医保办1015件，15家单位1200张数码照片进馆，新增馆藏量超31%。向市钱币学会征集到钱庄划条、纳税证、抗币凭条、古币等各类票据实物335件。开展疫情防控档案征集与收集工作，全市率先完成首批疫情档案进馆工作，共收集疫情防控、复工复产复学材料5271件、数码照片1299张、音视频28件，并征集到“浙江好人”郑益欢在武汉抗疫前线的部分日记与工作记录照片、宁波老字号企业协会援甬赴鄂活动档案、区摄影家协会战“疫”照片500余张，编写疫情大事记6.8万字。

《宁波府城隍庙》出版，举办首发式和赠书活动。配合浙江电视台新闻频道《跟着档案去旅行》节目走进鄞江镇拍摄。与区委组织部联合举办“战疫曙先锋——海曙区党员教育专题展”展览。围绕“档案见证小康路、聚焦扶贫决胜期”主题，举办“桑梓情怀见证小康路”闻儒根实物档案展。组织全区各部门参与主题征文活动，共上报征文33篇，其中4篇获得优胜奖。在望春街道水岸心境社区开展座谈会，宣传档案文化。通过“海曙最宁波”抖音号，以短视频的形式开辟《珍档共赏》栏目，推送馆藏的宋代捶丸、古钱币。《海曙新闻》报纸、《宁波档案》《浙江档案》杂志录用新闻稿件32篇，中国档案资讯网、浙江档案网、“浙江在线”、“宁波市档案局”网站、“宁波市海曙区人民政府”网、新蓝网及“海曙发布”微信公众号等媒体用稿130篇，“海曙”App、“宁聚”App、“学习强国”App等客户端用稿17篇。

【污染源普查档案建档】 2020年4月8日，区档案馆综合业务科到区资规分局污染物普查办指导第二次全国污染源普查档案建档工作。区档案馆工作人员根据《宁波市第二次全国污染源普查档案管理实施细则》，结合海曙区档案工作实际，梳理污染物普查档案流向问题，针对已收集材料的整理、编目、装订及数字化等环节进行讲解与答疑，指导各污染源类材料进行“一企一档”归档。

【闻儒根实物档案展】 2020年6月9日，为纪念香港实业家、著名乡贤闻儒根，由区委统战部、区档案馆、章水镇政府联合举办的“桑梓情怀见证小康路——闻儒根先生实物档案展”在章水镇乡贤馆开展。闻儒根是海曙区章水镇樟村人、“宁波帮”著名人士、“宁波市荣誉市民”、“浙江省爱国爱乡楷模”，浙江省第五、六、七、八届政协委员。他一生自奉节俭、艰苦创业，造福桑梓，为家乡公益事业慷慨捐助、竭诚奉献。此次展览以“展板+实物”形式，展示闻儒根生前参加各类社会活动的照片、个人生活用品以及各类奖章证书等物件。该展览也是区档案馆馆藏实物档案首次走出库房进行展陈。

【村级档案清单式管理试点培训】 2020年7月，海曙区被列为全省档案工作服务农村基层社会治理试点地区。7月3日，区档案馆赴首家试点行政村金陆村，对村级档案清单式管理试点工作进行培训。区档案馆多次实地走访调研9个涉农镇（乡）街道及域内行政村，以村级档案管理办法为基础，结合本地区工作实际与条线考核台账要求，制定全区统一规范且具有海曙基层社会治理特色的“海曙区村级档案清单式目录”，系统化立卷、模板化题名、清单化归档，实现村级档案员简易组卷、“对号”归档的低门槛操作模式。

【市钱币学会实物档案捐赠】 2020年7月10日，市钱币学会向区档案馆无偿捐赠实物档案仪式在区档案馆举行。捐赠的实物档案资料有中华人民共和国成立前的钱庄信封、钱庄划条、纳税证、抗币凭条及中华人民共和国成立后的市民通行证、介绍信、现金传票、公司股票等各类票据实物共335件。仪式上，区档案馆聘请李晨波为区档案文化顾问，聘请王建明、王天杨、蔡钊斌、丁铁俊、王锡军5位收藏家为区档案文化工作志愿者，并颁发聘书。

【农村土地承包经营权登记颁证档案进馆】 2020年7月29日，区档案馆多次到区农村土地确权档案数字化加工场所进行实地检查与指导，因地制宜采取分步数字化加工、分批检查验收、分时段安排进馆等方法，收入高桥镇、横街镇、集士港镇、古林镇、龙观乡土地确权档案31869卷，在全市率先完成土地承包经营权登记颁证档案进馆工作。

【《宁波府城隍庙》首发】 2020年10月15日，由区档案馆、区府办、区文管所、市郡庙文化发展基金会联合编写的《宁波府城隍庙》首发仪式在宁波府城隍庙举行。首发式现场，编委会部分成员回顾分享了编写历程，并向文史爱好者代表及相关单位赠送书籍。《宁波府城隍庙》全书包括9章、1个附录，共22.9万字，收录图片220余张。全书编写城隍庙历史大事记，详细记述城隍庙的建置历史、建筑风格、非遗文化，并统一梳理城隍庙现存的石碑、匾额和楹联目录。可读性强，从民俗信仰、历史变迁、建筑特色、民俗生活、修缮记录、府辖城隍、口述实录等方面唤起宁波人对城隍庙的美好回忆。

【新修订档案法宣传活动】 2020年12月2日，区档案馆开展新修订档案法宣传活动。活动现场，区档案馆设置政策宣传咨询台，摆放新档案法宣传板和宣传资料，安排专人接待前来咨询的群众。活动向民众宣传档案工作、档案法律法规，引导群众树立知法、懂法、用法、守法的意识。

（陈丽如）

史志工作

【概况】 2020年，海曙区委党史研究室突出党史编研、党史宣教、基层修志、综合年鉴等重点工作，不断拓展史志工作领域。完成《中国共产党海曙历史（1978—2002）》（三卷）初稿，全书共4编20章169目，30余万字，相继通过初审、复审，编写进度处于全市前列。服务区委、区政府中心工作，开展《红色海曙执政实录》等史志著作的汇编；以宁波建成1200周年为契机，启动《海曙简史》编写。继续推动党史宣教“六进”活动，先后到南门街道柳锦社区、横街镇盛家村等地开展红色送书活动；与南门街道签署“红色堡垒”共建协议，在柳锦花园小区楼道内完成“红色墙绘”。

持续推进全域修志进度和质量，《章水镇志》《月湖街道志》进入出版阶段，《横街镇志》《海曙区人民法院志》等10余部镇志、部门志处于编纂阶段。高质量完成《海曙年鉴（2020）》的编纂，并在区交通运输局试点全区首部部门年鉴——《海曙区交通年鉴》，初稿完成。

【《海曙区月湖街道志》编纂完成】 2020年11月，《海曙区月湖街道志》历时4年编纂完成。全书设置20编，共70余万字，以月湖文化为主线，突出历史特点，记述街道区域1000余年历史，涵盖存废的街巷、桥梁、河道、寺庙及老字号、非物质文化遗产等历史资料。同时突出街区特点，记述街道自1956年成立以来街区管理和服务职能的发展轨迹。

【《海曙区章水镇志》编纂完成】 2020年底，《海曙区章水镇志》完成编纂。2017年6月成立《章水镇志》编纂委员会、编辑部，历时3年，四修纲目，三易其稿。全书设置19编61章，共93万字。全面记录章水镇地域、人文、系统特色，并根据章水镇经济社会的特点增设旅游经济篇、红色老区篇、侨胞侨属篇，强化林业、农业、扶贫、水利、移民安置等特色章节，设立“红色章水”“侨胞之乡”“小水电之乡”等多个专记，体例得当、资料翔实。

（秦　威）

10月15日，《宁波府城隍庙》首发仪式在宁波府城隍庙举行

相关链接：

六园：指古林为核心的现代都市农业集聚园、集士港湖泊河现代农业园、鄞江四明山区域产业转型科技示范园、洞桥沙港农业可持续发展示范园、章水杖锡樱花种质基地为核心的产业观光园、龙观和章水的中药材生产园。

三区：指都市农业生态休闲区、现代农林特精品区、现代生态产业示范区。

海曙区人民代表大会

综　述

【概况】 2020年，宁波市海曙区第十一届人民代表大会实有代表256人。其中，工人代表39人，占15.23%；党政干部代表65人，占25.39%；专业技术人员68人，占26.56%；非中共党员89人，占34.77%；妇女代表76人，占29.69%；具有大专以上文化程度的代表223人，占87.11%。全年召开常委会会议6次、主任会议8次，听取和审议工作报告33项，作出决议决定16项，对10部法律法规执行情况开展检查和调研，审查规范性文件17件，任免地方国家机关工作人员23人次。

深入学习贯彻党的十九届五中全会精神和习近平总书记关于坚持和完善人民代表大会制度的重要思想，着力增强“四个意识”、坚定“四个自信”、做到“两个维护”。忠实践行“八八战略”、奋力打造“重要窗口”，主动对标争当“重要窗口”排头兵的新定位，坚决扛起人大的政治担当、工作担当和职责担当。坚持把党的全面领导贯彻到人大履职的全过程各方面，就行权履职中的重大问题、重要事项和重点工作及时向区委请示报告。

积极应对新冠肺炎疫情，将助力疫情防控和经济社会发展大局作为履职重任。开展“十四五”规划调研和审议，通过实地调研、专家座谈和建言“十四五”代表主题活动等方式，提出意见建议97条。参与、监督和助推“拔钉清零”百日攻坚、创建文明城市“六连冠”等中心工作，全力服务经济社会发展和改革攻坚任务。

6月13—15日，宁波市海曙区召开第十一届人民代表大会第四次会议

听取和审议2020年上半年经济运行和计划执行情况报告，跟踪监督民营企业发展促进条例实施情况。加强与省、市人大常委会联动，专项监督数字经济发展情况。审查和批准2020年海曙区国有土地上房屋征收计划，6个计划征收项目、29个储备项目、3个新增项目列入年度计划。

听取和审议预算执行、预算调整、决算、审计以及审计查出问题整改情况报告，审查批准2020年政府债务限额和新增地方政府债券预算调整方案的报告。听取和审议2019年度国有资产管理情况综合报告和企业国有资产管理情况专项报告，对2018年度审议意见研究处理情况进行“回头看”。

紧盯8项年度民生实事项目，开展精准监督。听取和审议年度环境状况和环境保护目标完成情况报告，调研视察公共卫生服务体系建设、生活垃圾分类、“美丽城镇”建设、农贸市场改造提升工作情况。

针对《中华人民共和国土壤污染防治法》《院前医疗急救管理办法》《宁波市居家养老服务条例》等进行执法检查，提出检查意见35条。听取“七五”普法实施情况报告，促进全民知法守法。开展市、区两级领导代表进联络站接待群众工作，征集《宁波市全民健身条例（草案）》《宁波市住宅小区物业管理条例（修订草案）》等修改建议50条。

完成58名员额法官和32名员额检察官的履职评议，实现一届期间履职评议全覆盖。持续关注司法体制综合配套改革、司法责任制落实工作情况，备案审查“两院”（法院、检察院）418件重要案件和重大事项，践行司法为民理念，提升司法质量、效率和公信力。

组织省、市、区三级人大代表开展“僵尸车”和电动三轮车整治专题调研，向省、市人大提出立法建议。开展矛盾纠纷调处化解“最多跑一地”工作专项监督，拓展人大代表通过联络站参与基层治理、促进社会和谐的积极作用。配合省人大做出推进社区社会组织参与基层治理的决定，推动加快从“事”向“制度”和“治理”转变。

健全常委会组成人员联系代表和代表列席常委会会议制度。探索建立代表联络站对接矛调中心主题接待制度，创新推出“代表微聊”，216名区人大代表共建立135个微信群，吸收2600余名选民参与。丰富“代表钉”使用功能和场景应用，增强平台体验感和互动性。全年通过“代表直通车”流转代表建议17件，开展实体接待和网上接待406次，推动解决事项649件。

贯彻新时代党的建设总要求，压实全面从严治党主体责任，及时学习贯彻中央重大决策和省、市、区委部署要求，将党建工作融入履职全过程。完善机关党建工作，丰富支部活动，筑牢忠诚根基。坚定不移正风肃纪，驰而不息改进作风，着力营造风清气正的良好政治生态。拓展履职培训的内容和载体，努力提升人大干部的政治素养、理论水平和实践本领，营造唯实惟先、善作善成、更专更精的团队文化。巩固深化“不忘初心、牢记使命”主题教育成果，推动履职能力和工作水平持续提高。

全面贯彻浙江省乡镇人大工作条例和街道人大工作条例，制定实施人大街道工委向常委会报告工作制度，指导全面设立街道居民议事组织，组建居民议事员445人，推出“居民云议事”“履职积分制”“点长议事”等特色做法。

【人大议案建议督办】 2020年，代表议案建议实施政府领导重点领办、人大常委会领导重点督办和各工委对口督办制度，落实建议办理“三见面”机制。探索开展建议分类督办，将优化教育资源配置、加强乡镇路网建设两大类16件建议确定为类督办件。区十一届人大四次会议代表提交的105件议案建议全部办结，建议解决率62.1%，比上年同期提高4.1个百分点。

全面推行“代表督事”制度，打造“一线问情、调研合议、跟踪督办、公开评价”全流程闭环模式。动员人大代表参与“打赢两战促发展”“文明城市创建·代表督”等主题活动，分别提交意见建议260条和595条。开展区、镇两级代表活动218次，组织辖区省代表活动3次、市代表海曙中心组活动19次，188名省、市、区三级代表向原选举单位或选民报告履职情况。

（楼　强）

重要会议

【区十一届人大四次会议】 2020年6月12—14日，宁波市海曙区召开第十一届人民代表大会第四次会议。大会依法选举徐强为海曙区人民政府区长，吴超为海曙区人民检察院检察长，王田荣、刘燕、宋亦农、陈坚平、凌旭涛、曹新平当选为海曙区十一届人大常委会委员。大会通过海曙区2020年民生实事项目、海曙区第十一届人民代表大会社会建设委员会组成人员名单。大会表决通过区政府工作报告的决议、海曙区2019年国民经济和社会发展计划执行情况及2020年国民经济和社会发展计划的决议、海曙区2019年预算执行情况和2020年预算的决议、区人大常委会工作报告的决议、区人民法院工作报告的决议、区人民检察院工作报告的决议。

【区十一届人大常委会会议】 2020年4月24日，区十一届人大常委会举行第二十四次会议。会议听取和审议《关于2019年度海曙区环境质量状况和环境保护目标完成情况的报告》，听取、审议并表决通过《海曙区人大常委会关于批准将宁波枢纽庄桥—宁波段增建三四线工程项目等国有土地上房屋征收项目列入2020年度国民经济和社会发展计划报告的决议》《海曙区人大常委会关于建立街道居民议事会制度的实施办法》《海曙区人大常委会关于人大各街道工委工作报告的决议》《关于海曙区十一届人大三次会议以来补选代表的代表资格审查报告》。会议表决通过主任会议、区监委、区法院提请的人事任免案。区人大常委会主任陈志国，副主任童经纬、金波、林兵、孙铭龙、舒建国出席会议。会议由区人大常委会副主任陈小春主持。副区长张盈军列席会议。

6月1日，区十一届人大常委会举行第二十五次会议。会议预审区2019年国民经济和社会发展的计划执行情况与2020年国民经济和社会发展计划草案的报告、区2019年预

6月12—14日，宁波市海曙区第十一届人民代表大会第四次会议依法选举海曙区人民政府区长，人民检察院检察长、十一届人大常委会委员

算执行情况和2020年预算草案报告、2020年海曙区民生实事候选项目相关情况说明的报告以及区人大常委会工作报告。会议表决并原则通过区十一届人大四次会议相关事项、2020年海曙区民生实事项目票决办法（草案）、代表资格审查委员会关于海曙区十一届人大三次会议以来代表变动情况的报告。会议表决通过主任会议关于接受代表辞职及补选区人大代表的决定。会议投票表决通过相关辞职事项和区政府、主任会议提请的人事任免案，接受褚孟形辞去海曙区人民政府区长职务的请求，决定任命徐强为海曙区人民政府副区长，代理海曙区人民政府区长职务。会议由区人大常委会主任陈志国主持，副主任童经纬、金波、林兵、孙铭龙、陈小春、舒建国出席会议。区委常委、区政府党组成员薄慧敏列席会议，57名区人大代表在分会场以视频会议的方式列席会议。

6月30日，区十一届人大常委会举行第二十六次会议。会议投票表决通过区政府提请的人事任免案，决定任命李冠杰为海曙区人民政府副区长。区人大常委会主任陈志国、童经纬、金波、林兵、孙铭龙、陈小春出席会议。会议由副主任舒建国主持。副区长王懿栋列席会议。

8月27日，区十一届人大常委会举行第二十七次会议。会议听取市人大代表的述职报告，听取并审议区社会矛盾纠纷调处化解“最多跑一次”相关情况的报告、区2020上半年国民经济和社会发展计划执行情况的报告、区2019年财政决算草案的报告、区2019年度本级预算执行和其他财政收支的审计工作报告、区贯彻执行《中华人民共和国土壤污染防治法》的报告、区院前急救体系建设情况汇报、区十一届人大常委会第二十三次会议审议意见处理情况的报告、代表资格审查报告以及代表辞职事项和人事任免事项。会议表决通过区人大常委会关于批准海曙区2019年区级财政决算的决议、区十一届人大四次会议以来补选代表的代表资格审查报告和提请任命区人大常委会部分街道工作委员会委员的议案。会议对区政府关于区十一届人大常委会第二十三次会议审议意见处理情况的报告进行满意度测评，投票表决通过相关人员辞职事项和区政府、区监委、区人民法院、区人民检察院提请的人事任免案。会议由区人大常委会主任陈志国主持，副主任童经纬、林兵、孙铭龙、陈小春出席会议。副区长宣业靖、区政协副主席吴军良、区人民法院院长傅勇、区人民检察院检察长吴超、区监委副主任汪锡超列席会议。

7月15日，区人大召开“代表督事”工作推进会

10月30日，区十一届人大常委会举行第二十八次会议。会议听取并审议“两官”（法官、检察官）履职评议的报告、区数字经济发展情况的报告、区2019年度企业国有资产管理情况的报告、2020年海曙区政府债务限额和新增地方政府债券预算调整的报告、海曙区国民经济和社会发展第十四个五年规划基本思路、年度征收计划调整情况的报告、海曙区贯彻执行《宁波市居家养老服务条例》的报告、“乡村振兴”战略决定贯彻实施情况报告、区十一届人大常委会第二十一次会议审议意见处理情况的报告。会议表决通过2020年海曙区政府债务限额和新增地方政府债券预算调整方案的决议、将新典新村及周边地块等3个国有土地上房屋征收新增项目列入2020年度国民经济和社会发展计划的决议、区人大代表补选事项和区人民法院、区人民检察院人事任免事项。会议对区政府关于区十一届人大常委会第二十一次会议审议意见处理情况的报告进行满意度测评。区人大常委会主任陈志国，副主任林兵、孙铭龙、陈小春、舒建国出席会议。会议由区人大常委会副主任童经纬主持。区委常委、常务副区长李冠杰，副区长毛孟军，区人民法院院长傅勇，区人民检察院检察长吴超，区监委副主任贺海宁列席会议。

12月21日，区十一届人大常委会举行第二十九次会议。会议听取并审议2019年度海曙区预算执行及其他财政收支审计查出问题整改情况的报告、海曙区2020年预算调整意见的报告、区十一届人大第二十七次会议审议意见处理情况的报告、区十一届人大四次会议代表议案建议办理情况的报告、区十一届人大四次会议以来补选代表的代表资格审查报告。会议作出《海曙区人大常委会关于召开第十一届人民代表大会第五次会议的决定》，表决通过《海曙区人大常委会关于批准〈关于海曙区2020年预算调整意见的报告〉的决议》。会议对区十一届人大常委会第二十七次会议审议意见处理情况的报告进行满意度测评。区人大常委会主任陈志国，副主任童经纬、孙铭龙、陈小春、舒建国出席会议。会议由区人大常委会副主任林兵主持。副区长张盈军、区政协副主席刘良飞、区监委副主任汪锡超、区人民法院副院长任啸雷、区人民检察院副检察长杨建平列席。

【区十届人大常委会主任会议】2020年4月17日，区十一届人大常委会召开第30次主任会议。会议听取关于2019年海曙区政府投资项目项目库执行情况和2020年项目库建立情况、关于退役军人事务管理局工作开展情况、关于建立宁波市海曙区人大常委会街道工作委员会年度工作报告制度的情况说明、关于区人大常委会贯彻落实《浙江省街道人大工作条例》的实施意见、关于表彰代表履职积极分子和优秀议案建议的通报（草案）、关于区人大常委会第二十三次会议审议意见，讨论区十一届人大常委会第二十四次会议有关事项。

6月1日，区十一届人大常委会召开第31次主任会议。会议研究《关于海曙区人大代表列席区人大常委会会议的办法（试行）》、《海曙区人大常委会关于开展数字经济发展情况专项监督调研的实施方案》、宁波市海曙区人大代表活动经费管理使用的意见，讨论区十一届人大常委会第二十五次会议有关事项。

6月30日，区十一届人大常委会召开第32次主任会议。会议讨论区十一届人大常委会第二十六次会议有关人事任免事项。

7月29日，区十一届人大常委会召开第33次主任会议。会议听取《中华人民共和国审计法》贯彻落实情况、废弃矿山生态环境治理情况、听取《宁波市生活垃圾分类管理条例》贯彻执行情况；会议研究《海曙区人大常委会法官检察官履职评议实施方案（草案）》、《宁波市海曙区人民代表大会常务委员会关于街道财政预算监督办法（试行）》、《海曙区人大常委会关于联系监督2020年海曙区民生实事项目的实施方案（草案）》、《海曙区人大常委会组成人员分工联系区人大代表的方案》、代表督事指导意见及区十一届人大常委会第二十四次会议审议意见。

8月20日，区十一届人大常委会召开第34次主任会议。会议听取和审议关于海曙区矛盾纠纷调处化解“最多跑一地”情况的调研报告、关于海曙区2019年财政决算草案的报告、区政府关于2019年度海曙区预算执行和其他财政收支情况的审计工作报告、区政府关于2020年海曙区上半年国民经济和社会发展计划执行情况的报告、关于海曙区贯彻执行《中华人民共和国土壤污染防治法》的报告、关于海曙区《院前医疗急救管理办法》贯彻实施情况的报告。会议研究区十一届人大第二十三次会议审议处理情况的报告，听取代表资格审查报告，讨论市人大代表述职及人事任免事项。

10月21日，区十一届人大常委会召开第35次主任会议。会议研究疫情防控专项资金使用情况、海曙区贯彻实施《宁波市科技创新促进条例》的情况及区人大常委会第二十七次会议审议意见，讨论区十一届人大常委会第二十八次会议有关事项。

11月24日，区十一届人大常委会召开第36次主任会议。会议听取关于海曙区“七五”普法完成情况的报告、关于海曙区村（社）组织换届工作开展情况的报告、关于海曙区2020年债务管理情况的报告，研究区十一届人大常委会第二十八次会议审议意见。

12月17日，区十一届人大常委会召开第37次主任会议。会议研究关于联系监督2020年海曙区民生实事项目的督查报告，讨论区十一届人大常委会第二十九次会议有关事项。

（楼　强）

重要活动与代表建议

表4

2020年海曙区人大常委会视察活动一览表

时间	视察主题
3月28日	区人大常委会监察和司法工委组织视察“清廉教育”基地建设情况
4月16日	区人大常委会教科文卫民侨工委组织视察海曙公共卫生服务体系建设情况
5月22日	区人大常委会财经工委组织开展“优化营商环境、促进公平交易”主题视察活动
5月29日	区人大监察和司法专（工）委联合社会建设专（工）委视察新冠疫情后立体化社会治安防控体系及基层社区治理工作开展情况
7月14日	区人大常委会财经工委组织对海曙区《中华人民共和国审计法》贯彻落实情况进行执法检查
10月12日	区人大常委会专题视察海曙区法、检两院工作

表5

2020年市人大代表海曙中心组视察调研活动一览表

时间	市人大代表海曙中心组组别	视察调研活动
1月8日	市人大代表海曙中心组	视察宁波国家高新区展示厅和工业互联网研究院
4月20日	第三、四组联组	视察四明山生态文明建设
4月23日	第一小组	视察宁波东海集团有限公司
5月15日	第四小组	视察宁海模具产业园区

续表5

时间	市人大代表海曙中心组组别	视察调研活动
5月28日	第二、三组联组	视察白云庄社区居家养老服务中心、西门街道居家养老互助中心和望春街道居家养老服务中心
6月23日	第一、三组联组	到海曙区社区垃圾分类收集点和再生资源分拣中心开展联组视察活动
8月6日	第四小组	视察奉化大堰村文化资源和民宿经济融合发展情况
9月30日	第二、三组联组	到和义观达律师事务所和市司法局公共法律服务中心就市公共法律服务开展情况进行联组视察
10月23日	第四小组	视察调研市疾控中心和健而顺医疗科技有限公司
11月10日	第二小组	视察海曙区未成年人司法综合保护中心、鄞州区人民检察院“检医合作一站式”办案场所、东钱湖检察室青少年法治教育基地，专题调研宁波市未成年人司法保护工作
11月11日	第一小组	视察调研前湾新区
11月17日	市人大代表海曙中心组	督查市民生实事项目——中小学校和幼儿园扩容建设工作
11月30日	省人大代表海曙、鄞州联组	视察广博纳米新材料生产基地和市中级人民法院
12月3日	第一小组	视察宁波星箭航天机械有限公司
12月18日	第四小组	视察宁波市智慧城市科技馆，调研智慧城市、旅游项目建设情况

2020年海曙区人大常委会各类会议、活动一览表

表6

时间	会议	会议内容
1月9日	政治理论学习会	专题学习习近平总书记在“不忘初心、牢记使命”主题教育总结大会上的重要讲话
5月19日	“习近平总书记在浙江、宁波考察时的重要讲话精神”专题宣讲会	区人大机关全体党员干部集中观看学习贯彻“习近平总书记在浙江、宁波考察时的重要讲话精神”专题宣讲会
5月27日	机关干部责任大讨论活动	区人大机关支部以党小组为单位分组开展“不负韶华，攻坚担当”机关干部责任大讨论活动，非中共党员干部列席参加会议并开展讨论
7月15日	“代表督事”工作推进会	高桥镇、洞桥镇、石碶街道介绍“代表督事”工作经验做法并展开交流。区人大常委会主任陈志国对下一步工作安排进行部署
8月28日	半年度政府工作通报暨《民法典》培训会	区委副书记、区长徐强代表区政府通报上半年工作情况、“十四五”发展形势分析和下半年主要工作安排，市人大代表叶明解读《中华人民共和国民法典》
10月10日	常委（扩大）履职能力培训班	市委党校许正博士、慕金副教授分别作主题授课，区人大常委会主任陈志国传达浙江省第十三届人大四次会议精神

2020年各级人大领导到海曙区视察调研活动一览表

表7

时间	调研领导	视察调研活动
3月19日	市人大常委会党组书记、主任余红艺	在豪雅集团、太平鸟集团开展“三服务”活动，调研服务业复工复产情况
3月20日	市人大常委会党组副书记、副主任翁鲁敏	到广博集团股份有限公司、雅戈尔集团股份有限公司调研复工复产工作
3月23日	市人大常委会副主任王建康	巡查月湖水生态综合治理工作
5月14日	市人大常委会法工委副主任郑雅楠、社会建设工委副主任赵岚岚	开展《宁波市电梯安全条例（草案）》立法调研
5月22日	市人大常委会党组副书记、副主任，市委统战部部长胡军	调研人大工作
6月3日	市人大常委会党组副书记、副主任，市委统战部部长胡军	开展农贸市场建设管理专项视察监督
7月3日	市人大常委会法工委副主任肖子策	开展《宁波市爱国卫生条例》立法后评估座谈

续表7

时间	调研领导	视察调研活动
7月3日	市人大常委会教科文卫工委副主任孔萍、市体育局副局长徐健	开展《宁波市全民健身条例（草案）》立法调研
8月13日	市人大常委会副主任王健康	视察章水镇半坑水站和李家坑水站，跟踪监督农民"喝好水"工程进展情况
8月18日	省人大常委会副主任李学忠	在白云街道人大代表联络站开展代表接待活动
8月31日	市人大常委会副主任王建康	察看月湖湖水治理情况
9月4日	市人大常委会代表人事选举工委主任董学东	调研县、乡两级人大换届选举工作
9月17日	市人大常委会监察和司法工委主任何乐君	调研"僵尸车"治理工作和社会矛盾纠纷调处化解"最多跑一地"改革情况
9月28日	市人大教科文卫委员会	视察古林镇文体中心、海曙区文体中心，调研海曙区公共文化服务保障工作
10月21日	省人大常委会副秘书长陈安	到段塘街道人大代表联络站考察信息化建设工作
10月21日	市人大民宗侨外工委主任王爱民	视察救护师资培训现场、天一阁·月湖景区红十字救护站、海曙区红十字救护培训基地，督导2020年宁波市民生实事项目"公共应急救护服务项目"
11月24日	市人大常委会党组书记、主任余红艺	到白云街道人大代表联络站，关于《宁波市全民健身条例（草案）》《宁波市住宅小区物业管理条例（修订草案）》开展征求意见建议主题接待活动
12月2日	副市长、市人大代表许亚南	到集士港镇人大代表联络站，关于《宁波市全民健身条例（草案）》《宁波市住宅小区物业管理条例（修订草案）》开展征求意见建议主题接待活动
12月11日	市人大常委会副主任戎雪海	在西塘河开展巡河活动
12月24日	市人大常委会副主任李谦	在西门街道监督调研"老旧住宅小区改造"实施工作情况

【区人大常委会主题接待活动】 2020年4月14日，区人大常委会党组书记、主任陈志国在石碶街道人大代表联络站企业联络点，开展"打赢两战促发展"代表进联络站主题活动。

4月16日，区人大常委会副主任林兵在古林镇人大代表联络站开展"打赢两战促发展"人大代表主题接待活动。

4月20日，区人大常委会副主任孙铭龙在洞桥镇人大代表联络站开展"打赢两战促发展"代表进联络站主题接待活动。

4月20日，区人大常委会党组副书记、副主任童经纬在白云街道人大代表联络站开展"打赢两战促发展"代表进联络站主题接待活动。

4月22日，区人大常委会副主任舒建国在横街镇东海集团人大代表联络点开展"打赢两战促发展"三级代表进联络站主题接待活动。

8月7日，区人大常委会主任陈志国在段塘街道人大联络站就"僵尸车"整治问题开展主题接待暨重点建议督办活动。

9月10日，区人大常委会副主任孙铭龙到洞桥镇人大代表联络站，就"文明城市"创建、矛调中心建设、环境综合治理与保护等问题开展主题接待活动。

9月16日，区人大常委会副主任陈小春在高桥镇围绕全面推动实施乡村振兴战略工作开展主题接待活动。

9月24日，区人大常委会副主任舒建国在横街镇就环境卫生、环保督查等相关问题开展主题接待活动。

【代表议案建议】 2020年区十一届人大四次会议期间，区人大代表共提出议案建议105件。其中，转为建议处理的议案6件、建议99件，均交由区政府有关职能部门办理。各承办单位均在规定办理时限内办结并答复代表。代表对办理工作满意的有100件，占95.2%，基本满意的有5件，占4.8%；对办理结果满意的有97件，占92.4%，基本满意的有8件，占7.6%。

（楼 强）

表8 2020年海曙区人大交流接待活动一览表

时间	交流单位	考察调研活动
10月12日	上海市浦东新区人大常委会主任田春华率考察团	到海曙区段塘街道代表联络站考察
10月14日	象山县人大考察团	考察海曙区农业农村工作
10月20日	广东省深圳市福田区人大常委会副主任章海容率考察团	考察海曙区民生实事项目人大代表票决工作
11月10日	湖州市长兴县人大常委会副主任徐骅率考察组	考察海曙区科技型汽配、机电企业
11月24日	温岭市人大考察团	调研海曙区历史文化街区保护利用工作
11月26日	昆明市盘龙区人大考察团	考察海曙区乡村振兴工作
12月9日	杭州市拱墅区人大常委会考察团	考察历史文化街区保护利用工作
12月10日	南宁市青秀区人大常委会副主任肖翔升率考察团	考察海曙区智慧城市管理、垃圾分类工作

海曙区人民政府

综　述

【概况】 2020年，海曙区实现地区生产总值1201.18亿元，比上年同期增长2%；一般公共预算收入115.83亿元，增长3%；城乡居民人均可支配收入分别增长4%、7.2%。

坚持“源头查控+硬核隔离+精密智控”，全市首创公安、卫健合署溯源模式，全力防控新冠疫情。全力推进复工复产，制定出台支持企业发展的十九条意见等政策措施，开展融资畅通工程。出台实施支持外贸企业拓市场抗风险的政策意见。

以数字经济为引领推动制造业高质量发展，有效建立17个强链补链项目，规模以上数字经济核心产业增加值增长9.7%，“雅戈尔”成为全市首家本土千亿级企业。启动实施全市首个“5G+工业互联网”试点项目，“智能成型行业工业互联网平台”项目入选省级工业互联网平台创建名单，“蓝卓supOS工业操作系统”成为全市唯一入选工信部跨行业跨领域工业互联网平台名单。建筑业总产值居全市第三。不断提升总部经济能级，3个总部项目进展顺利。推进宁波国际消费城市示范区建设，社会消费品零售总额增速居全市第一，东鼓道获评“全国城市轨道交通商业示范街”，成为“浙江省数字生活新服务样板区”创建试点。加快发展现代都市农业，“356”乡村产业振兴行动启动实施，获评省级农业绿色发展先行区，认养农业、稻下经济、林下经济等模式创新发展，“古林蔺草”成为国家级农产品地理标志登记产品，粮人粮机专业合作社获评全国“全程机械化+综合农事”服务中心典型案例。

编制“十四五”发展规划和26个专项规划，顺利推进国土空间总体规划编制，基本完成临空经济示范区发展规划。全力推进155个重大项目，市级重点工程完成率居全市第二。推进临空经济示范区建设，开工建设12166套机场四期安置房，机场货邮吞吐量达11.9万吨，比上年同期增长12.3%。有序实施区块开发，加快建设铁路宁波站、鄞奉、轨道周边等区块，丁家区块前期工作取得突破性进展，宁波中医药特色街区规划方案编制完成，基本完成永寿历史文化街区房屋处理工作。加快推进征迁工作，完成征迁62.5万平方米，月湖西区零星征收项目、高塘二村等8个地块实现清零。加快城市有机更新，全面完成32个老旧小区改造项目，老旧小区加装电梯25部，总量居全市第一。项目招引取得突破，“德勤”宁波分公司、“海康威视”、“银河水滴”等一批优质项目正式落户。持续提升重大平台承载力，望春工业园区高新技术产业增加值占比超80%，月湖金汇小镇上榜省级特色小镇“亩均效益”领跑者。

积极融入长三角一体化发展国家战略，与上海市长宁区签订战略合作协议，全面铺开产业发展、人才科技、公共服务等领域交流合作，31家定点医疗机构实现长三角区域异地联网结

图为章水镇二号集中居住地块，用于安置章水镇的高山移民

算。深入推进“最多跑一次”改革，创新设立审批“陪办制”，不断优化“一件事”流程，事项网办率居全市第三。稳步推进综合行政执法改革，铁路宁波站枢纽综合治理创新和服务环境优化改革试点进展顺利。全面开展“亩均论英雄”改革，加快实施3个村级工业园升级改造试点。持续深化“标准地+承诺制”改革，出让土地32宗，消化批而未供土地278.6公顷，盘活存量土地102.6公顷，实现低效用地再开发102.8公顷。加快提升“81890”平台能级。积极推进国企改革。持续激发创新活力，举办“智能C端科创训练营”，宁波工业互联网研究院等5家产业技术研究院累计新建创新平台24个、孵化科技企业23家。不断壮大创新主体，规模以上企业研发费用、有效发明专利拥有量分别增长17%、10.5%。省级优秀众创空间4家，总量居全市第一。积极构建“汇海”人才政策体系，“3315系列计划”入选数连续3年居全市第一。加快打造人才集聚平台，获省“人才工作考核优秀区”、市人才工作金奖荣誉。加强校地合作，与浙江工商职业技术学院、宁波财经学院签订战略合作协议。

加快基础设施建设，完成庙洪路等7条市政道路建设，获评省“海绵城市建设示范区”。全面开展城乡环境综合整治，深入实施“两路两侧”、“四边三化”、围挡整治等行动，“三改”“一拆”分别完成年度任务的150.2%、354.5%。推进“美丽海曙”建设，生态文明建设综合评价全省排名跃升40位，完成第二轮中央生态环保督察迎检各项任务，创建省“生态文明建设示范区”。高标准常态化推进“文明城市”创建，月湖成为“清可见底”的标杆，天一广场、中山路、南站广场等4个区域成为全市首批“席地而坐”城市客厅示范。加快“智慧城区”建设，所有镇（乡）街道实现5G基站布局全覆盖。积极破解交通拥堵，打通9条城市断头路，新增停车位16496个。深入实施“乡村振兴”战略，全面完成农村饮用水达标提标任务，集士港、龙观获评首批“美丽城镇”省级创建样板。加快创建省“‘四好农村路’示范区”，国、省道路况综合评价居全市第一。

结对帮扶的贞丰县如期实现脱贫“摘帽”，完成国家考核，区内9000元以下低收入情况全面消除，所有行政村集体经济总收入达到100万元以上。城镇新增就业20290人，城镇失业人员再就业7423人。户籍人口基本养老保险参保率达99.4%，困难群众医疗保险覆盖率100%。粮食播种面积和总产量、生猪存栏数和出栏数均超额完成年度任务。农贸市场改造提升全面实施，星级菜市场实现全覆盖。不断深化“以老助老、守望相扶”养老服务模式，建成投用20个示范型（区域性）居家养老服务中心。上线运行全省首个退役军人优抚信息系统，1人系全省唯一入选全国“最美退役军人”。在全省首创“区块链+”校外培训机构服务平台“甬信培”，海曙区成为全市唯一获评省“人工智能教育实验区”。推进“健康海曙”建设，建成投用PCR实验室，有效构建市第一医院、国科大宁波华美医院牵头的紧密型医联体格局。举办全国非遗曲艺周“阿拉非遗汇”等活动，天一阁博物院获评国家一级博物馆，创成省“公共文化服务体系示范区”。实施“培育和践行社会主义核心价值观行动”，新增2家“全国文明单位（校园）”。推出文旅融合精品线路90余条。全面开展全民健身运动，举办“一带一路”国际跑酷大师赛等品牌赛事活动。实施社会治理“激活行动”，获评省“社区治理和服务创新实验区”。基本完成第七次全国人口普查，全面完成村社换届工作。区档案馆获评国家综合档案馆省级示范。启动实施第二轮“安全生产综合治理三年行动”，安全生产事故起数和死亡人数均下降25%。有效化解金融风险，39家P2P网贷机构全部出清。放心消费指数居全市第一，获评省“食品安全区”。获评省“防震减灾工作优秀区”。推进法治社会建设，新增省级“民主法治示范村（社区）”10家。持续推进“平安海曙”建设，群众综合满意度连续两年居全市第一。创成省“‘无欠薪’示范区”、省“无信访积案区”。

学习贯彻习近平总书记考察浙江重要讲话精神。推进依法行政，自觉接受人大、政协监督，高质量办理建议提案313件，建立常务会议常态化学法制度，镇（乡）街道合法性审查实现全覆盖，获评“法治浙江（法治政府）建设先进单位”。加快数字化转型，迭代升级协同办公平台，创新建立无纸化会议系统。注重效率提升，有效落实“首问负责即问即办”制度，8项工作获省、市政府督查激励。强化清廉建设，驰而不息整治“四风”，常态化抓好省委巡视反馈意见整改落实，进一步强化财政、审计监督职能，非急需、非刚性支出压减1.62亿元。

（姜 波）

5月的龙观乡庄顶公路

重要会议

2020年海曙区政府常务会议一览表

表9

时间	会议名称	会议内容
1月16日	区政府2020年第一次常务会议	听取关于海曙区2019年重大项目推进及2020年重大项目安排、海曙区道路交通安全综合治理攻坚行动开展等情况的汇报。审议并原则通过《海曙区2019年财政预算执行情况和2020年财政预算草案》《海曙区农贸市场长效管理考核办法》等
3月13日	区政府2020年第二次常务会议	听取关于确定海曙区2020年度国有土地上房屋征收计划项目、储备项目，海曙区2020年度集体土地房屋拆迁项目计划、进一步加强粮源组织、区公安工作等情况的汇报
3月17日	区政府2020年第三次常务会议	审议并原则通过《2020年海曙区镇（乡）街道高质量发展单考单奖实施办法》《2020年海曙区目标管理考核主要经济指标（“双底线”）考核办法》等
3月30日	区政府2020年第四次常务会议	听取2019年“转型升级提质年”活动总结等情况的汇报，审议并原则通过《海曙区2020年“转型升级提质年”活动实施方案》《关于建立健全城乡融合发展体制机制和政策体系的实施意见》《区委区政府区政协2020年度协商工作计划》等
4月3日	区政府2020年第五次常务会议	听取关于全区安全生产工作等情况的汇报，审议并原则通过《海曙区推进“六争攻坚、三年攀高”行动2020年实施方案》等
4月14日	区政府2020年第六次常务会议	听取关于2020年区委经济工作会议筹备工作及各类奖项评选、建立2020年海曙区政府投资项目库等情况的汇报，审议并原则通过《海曙区推动村级工业园升级改造实施意见》《海曙区产业项目用地管理办法（试行）》等
5月19日	区政府2020年第七次常务会议	审议并原则通过《海曙区高质量推进乡村产业振兴行动方案》《关于加快推进新时代民政事业高质量发展的实施意见》《海曙区“千吨万人”以上饮用水水源保护区整治工作实施方案》《海曙区“无废城市”建设工作方案》《宁波市海曙区地震应急预案》等
6月16日	区政府2020年第八次常务会议	听取关于中央、省环保督察问题整改、2020年度海曙区老旧小区改造项目调整、海曙区2018—2019年度区级文明单位评选等情况的汇报。审议并原则通过《上海市长宁区人民政府与宁波市海曙区人民政府战略合作框架协议》等
7月21日	区政府2020年第九次常务会议	审议并原则通过《海曙区促进东西部扶贫协作和山海协作的招商引资、劳务合作及消费扶贫的实施办法》《宁波市海曙区小微企业和个体工商户“两直”补助工作实施方案》《海曙区第二轮安全生产综合治理三年行动计划》《海曙区城镇老旧小区改造三年行动方案（2020—2022年）》等
8月18日	区政府2020年第十次常务会议	听取关于海曙区推进宁波市中医药特色街区建设工作等情况的汇报，审议并原则通过《海曙区“无废城市”建设实施方案》《海曙区“三线一单”生态环境分区管控方案》《宁波市海曙区防汛抗台抗旱应急预案》《海曙区既有房屋使用安全应急预案》《2020年政府工作报告目标任务责任分解》《2020年海曙区民生实事项目目标任务责任分解》等
9月7日	区政府2020年第十一次常务会议	听取关于关于海曙区院前急救网络建设方案、关于2020年1—8月全区道路交通安全综合治理工作、全区“扫黑除恶”专项斗争工作等情况的汇报。审议并原则通过《关于加快推进生态文明建设示范区创建高水平建设新时代美丽海曙的意见》《推进健康海曙行动实施方案》《海曙区农村污水工程建设实施意见》《海曙区人民政府办公室关于促进3岁以下婴幼儿照护服务发展的实施意见》等
9月29日	区政府2020年第十二次常务会议	听取关于2020年全区政府信息化项目相关工作、全区“文明城市”创建工作等情况的汇报，审议并原则通过《关于加快以数字经济为引领促进产业转型升级高质量发展的若干意见》《2020年海曙区经济高质量发展奖项评定办法》《海曙区招商选资扶持政策》《海曙区关于实施“菁英汇海”青年人才集聚工程的实施意见》等

续表 9

时间	会议名称	会议内容
10 月 19 日	区政府 2020 年第十三次常务会议	听取关于秋冬季疫情防控工作、清华大学宁波校友会创新人才中心合作建设方案、调整 2020 年度地方储备粮轮换计划等情况的汇报，审议并原则通过《关于高质量推进乡村振兴高水平实现全民小康的意见》《关于高水平建设新时代美丽乡村的实施意见》《关于改革完善医疗卫生行业综合监管制度的实施意见》等
11 月 6 日	区政府 2020 年第十四次常务会议	听取关于 2020 年海曙区“东西部扶贫协作”“山海协作”工作进展等情况的汇报，审议并原则通过《关于贯彻落实改革重大政策措施推进食品安全治理现代化的实施方案》《海曙区人民政府质量奖管理办法（2020 年修订）》等
11 月 27 日	区政府 2020 年第十五次常务会议	听取关于区社会矛盾纠纷调处化解中心相关建设事宜等情况的汇报，审议并原则通过《关于建设高水平交通强区的实施意见》《关于高质量推进现代都市农业发展的若干意见》等
12 月 15 日	区政府 2020 年第十六次常务会议	听取关于 2020 年海曙区“百创汇海计划”申报评审工作等情况的汇报，审议并原则通过《关于贯彻落实习近平总书记重要讲话精神扎实推进长三角一体化发展的若干措施》《海曙区以新发展理念引领制造业高质量发展实施方案（2020 — 2025 年）》《海曙区村级工业园升级改造政策扶持试点办法》等。
12 月 30 日	区政府 2020 年第十七次常务会议	听取关于元旦春节期间疫情防控工作、2021 年海曙区民生实事候选项目等情况的汇报，审议并原则通过《海曙区加强和改进乡村治理三年行动计划（2020 — 2022 年）》《海曙区关于高水平建设生产供销信用“三位一体”农合联的实施意见》《海曙区全面加强知识产权工作的实施意见》《关于海曙区 2020 年国民经济和社会发展计划执行情况及 2021 年国民经济和社会发展计划草案的报告》《关于海曙区 2020 年财政预算执行情况和 2021 年财政预算草案的报告》《政府工作报告》等

2020 年海曙区政府其他会议一览表

表 10

时间	会议名称	会议内容
1 月 14 日	全区扫黑除恶专项斗争推进会暨镇（乡）街道社会矛盾纠纷调处化解中心建设现场会	总结全区“扫黑除恶”专项斗争、矛盾问题化解处置等工作，部署 2020 年重点工作
3 月 3 日	全区“项目攻坚提速年”活动动员大会	表彰先进单位，部署 2020 年项目攻坚工作
3 月 14 日	全区安全生产工作专题会议	部署 2020 年安全生产重点工作，专题部署全区建筑工程安全生产大检查工作
3 月 17 日	全区美丽城镇建设工作视频会议	部署“美丽城镇”建设工作
3 月 18 日	全区积极应对新冠肺炎疫情切实做好稳外贸稳外资工作视频会议	总结回顾 2019 年稳外贸稳外资工作，部署 2020 年重点任务
3 月 31 日	全区文明城市创建暨“两路两侧”整治提升工作会议	部署“文明城市”创建、“两路两侧”整治提升工作
4 月 1 日	全区公安工作会议	表彰先进单位及个人，部署 2020 年公安工作
4 月 2 日	区政府全体（扩大）会议	审议《政府工作报告（审议稿）》《2020 年海曙区民生实事候选项目（审议稿）》，总结通报全区消防安全工作，部署 2020 年政府重点工作
4 月 8 日	海曙区—贞丰县东西部扶贫协作高层联席会议	签订《2020 年海曙区对口帮扶贞丰县项目协议》和定向捐赠协议
4 月 17 日	全区“转型升级提质年”活动暨低效用地再开发工作动员会	部署 2020 年低效用地再开发工作
4 月 18 日	全区对口工作领导小组暨山海协作工作领导小组会议	部署扶贫协作、对口支援和“山海协作”工作
5 月 9 日	全区争先创优行动专题研究部署会	部署争先创优行动

续表10

时间	会议名称	会议内容
5月13日	海曙区—义龙新区东西部扶贫协作联席会议	签订2020年东西部扶贫协作框架协议，确定2020年重点工作
5月15日	海曙区—贞丰县东西部扶贫协作高层联席会议	签订2020年东西部扶贫协作框架协议，确定2020年重点工作
5月22日	全区民政会议	表彰先进单位及个人，部署2020年民政重点工作
5月26日	海曙区推进宁波市中医药特色街区建设工作会议	部署宁波市中医药特色街区建设工作
6月16日	全区食品安全暨放心消费工作会议	部署食品安全、放心消费工作
7月7日	全区安全生产综合治理三年行动部署暨防汛防台工作会议	部署安全生产综合治理、防汛防台工作
7月11日	“十四五”规划和国土空间规划编制工作座谈会	部署“十四五”规划、国土空间规划编制工作
7月15日	全区建议提案办理工作会议	总结回顾2019年建议提案办理工作，部署2020年建议提案办理工作
7月20日	全区疫情防控工作领导小组会议	部署疫情防控工作
8月3日	全区文明城市创建工作推进会暨防台工作部署会	部署“文明城市”创建、防台工作
8月21日	区政府全体（扩大）会议暨争先创优工作部署会	总结回顾上半年政府工作，部署下半年重点工作、争先创优工作
8月21日	区政府廉政工作会议	总结回顾2019年廉政工作，部署2020年廉政工作
9月17日	全区深化“最多跑一次”改革推进政府数字化转型专题会议	部署“最多跑一次”改革、数字化转型工作
9月17日	全区秋冬季疫情防控工作会议	审议《海曙区秋冬季新冠肺炎疫情防控工作方案》《海曙区秋冬季新冠肺炎疫情防控应急预案》《关于进一步做好冷链食品常态化疫情防控的通知》，部署秋冬季疫情防控工作
10月22日	海曙区“十四五”规划纲要征求意见座谈会	部署“十四五”规划纲要编制工作
10月30日	2020年健康海曙建设领导小组暨医改工作会议	部署2020年“健康海曙”建设、医改工作
11月23日	全区“拔钉清零”百日攻坚专项行动暨征拆工作推进动员大会	传达省委十四届八次全面精神，部署“拔钉清零”百日攻坚专项行动
12月29日	全区疫情防控工作领导小组会议	部署冬春季疫情防控工作

（姜　波）

重要活动

【裘东耀到海曙调研】 2020年1月21日，市委副书记、市长裘东耀到海曙区开展节前市场稳价保供和食品安全工作检查，实地查看月湖菜市场。3月24日，裘东耀到海曙区专题检查生产生活秩序恢复情况。4月14日，裘东耀调研海曙区产业技术研究院建设发展工作，实地走访宁波市智能制造技术研究院、宁波智能技术研究院和宁波工业互联网研究院。7月5日，裘东耀到海曙区检查防汛工作。

【海曙区政府与中国工商银行宁波市分行战略合作】 2020年2月28日，海曙区政府与中国工商银行宁波市分行签约全面深化战略合作协议，在基础设施建设、功能性平台提升、实体经济发展、产业科技创新以及中小微企业培育等领域开展战略合作。

【宁波智能技术学院举行揭牌仪式】 2020年4月23日，宁波智能技术学院举行揭牌仪式。副市长陈炳荣，香港科技大学教授、宁波智能技术研究院院长李泽湘为宁波智能技术学院揭牌。宁波工程学院党委书记苏志刚致辞。宁波智能技术学院作为“两院一园”的重要组成部分，致力于建成“智慧宁波”和“数字宁波”创新人才培养高地，培养高水平、创新创业复合型人才，引领中国新工科教育改革，促进具有创新思维的大学生实现硬科技创业孵化，提升新工科研究水平。

【宁波阿里中心落户海曙】 2020年6月28日，宁波阿里中心在海曙区宁波国际大厦揭牌。数字宁波有限公司、阿里云新制造创新中心也一同揭牌。阿里中心计划围绕云计算、大数据和物联网、人工智能领域的人才赋能和创新创业扶持，陆续启动智能制造及信息科技生态企业引导落户工作，引进不少于30家企业、20名以上高层次人才，推动至少100家宁波本土企业实现技术升级，全面参与宁波、海曙的建设发展，帮助宁波市、海曙区政府和中小企业加快数字化转型，为全区乃至全市的产业数字化、数字产业化提供更多生态及人才。省委副书

宁波阿里中心

记、市委书记郑栅洁，阿里巴巴集团董事局主席兼首席执行官张勇为阿里中心揭牌，并参加项目签约仪式。

【镇（乡）街道投融资机制改革启动】 2020年8月18日，海曙区镇（乡）街道投融资机制改革暨第一批资产整合及划转启动签约仪式举行。望春工业园区、古林镇、洞桥镇、石碶街道分别与海曙国有资本投资经营集团有限公司签订资产整合及划转协议，全面启动镇（乡）街道投融资机制改革，镇（乡）街道财政体制改革迈出关键一步。此次以区内镇（乡）街道资产整合及划转为切入点实施的投融资机制改革，旨在进一步提高融资化债能力，实现国有资产保值增值。

【海曙区政府与中国建设银行宁波市分行战略合作】 2020年9月8日，海曙区政府与中国建设银行宁波市分行全面深化战略合作协议签约仪式举行，进一步拓展双方合作领域，深化双方合作关系。区委副书记、区长徐强和中国建设银行宁波市分行党委书记、行长方建平致辞。区委常委、区政府党组成员薄慧敏和中国建设银行宁波市分行党委副书记、副行长许永良签约。中国建设银行宁波市分行副行长韩国辉出席。

【清华大学宁波校友会创新人才中心签约合作】 2020年11月20日，清华大学宁波校友会创新人才中心签约仪式举行。清华大学宁波校友会会长薛维海，区委副书记、区长徐强，副区长张盈军等出席仪式。区科技局、宁波盛骐科技服务有限公司、清华大学宁波校友会现场签署三方合作协议。薛维海代表清华大学宁波校友会对海曙区给予的支持表示感谢，希望能以清华大学宁波校友会创新人才中心为依托，搭建平台帮助海曙引进高端人才、推介优质项目，进一步营造良好创新创业氛围，实现合作共赢。

【海曙区政府与宁波城建投资控股有限公司战略合作】 2020年12月2日，海曙区政府与宁波城建投资控股有限公司战略合作协议签约仪式举行。副市长沈敏，市政府副秘书长金伟平，区委副书记、区长徐强，区委常委、常务副区长李冠杰，宁波城建投资控股有限公司董事长钟建波等出席仪式。

2020年各级考察调研团到海曙区调研活动一览表

表11

时间	考察调研团	考察调研项目
8月26日	中国人民大学应用经济学院教授方芳、历史学院教授马克锋及相关博士、硕士研究生组成的中国人民大学调研组	调研外贸企业经营情况及外贸外资工作，实地调研华茂集团总部并与集团相关负责人开展座谈交流
9月9日	曾都区政府代表团	
9月18日	国务院第七次全国人口普查领导小组办公室副主任、国家统计局总统计师曾玉平	调研、督导人口普查工作
10月9日	复星国际集团董事长郭广昌	实地考察星悦中心项目、中医药特色街区
10月27日	国家统计局党组成员、副局长李晓超	调研就业形势及企业用工情况
11月4日	省教育厅调研组	
11月16日	国务院教育第一督察组	实地走访海曙外国语学校
11月16日	国家知识产权局商标局局长崔守东	调研商标品牌工作，实地调研宁波金氏实业有限公司和宁波君禾泵业股份有限公司

（姜　波）

区政府办公室工作

【概况】 2020年，区政府办公室围绕“六争攻坚、三年攀高”行动、“三大主题年”活动和“六稳”“六保”各项工作任务，立足海曙区域经济社会发展实际，切实履行统筹谋划、沟通协调的核心职能，持续提升重大项目、重要活动、重点工程推进力度。高质量做好“十四五”发展、国土空间总体规划等事关长远的谋划，“德勤”宁波分公司、宁波阿里中心、“海康威视”等一批优质项目引进落户，铁路宁波站等区块加快开发，宁波中医药特色街区完成规划方案编制，“拔钉清零”百日攻坚成效明显，全区经济工作会议、文明城市创建点位检查等工作服务保障规范到位。

围绕政府中心工作，发挥“智囊团”“参谋部”作用，积极为领导决策献计献策。高标准起草《政府工作报告》等综合性材料80余篇，完成《“十四五”期间海曙经济社会发展若干问题研究》《“十四五”时期海曙区推进长三角一体化发展思路研究》等重点调研课题。深化政务信息工作，全年向省、市府办报送信息622条次，被各级政府办公厅录用266条次，获省、市政府领导批示16条次。

牵头做好全区“首问负责即问即办”工作，整合全区88家首问热线电话，出台系列制度文件，高效协同的办事机制初步建立。深化机关内部“最多跑一次”改革，实现重要事项网办全覆盖。严格按照上级关于整治形式主义突出问题减轻基层负担工作要求，创新无纸化、智慧化模式，统筹压缩文件会议规模，全年区政府制发“三类文件”控制在规定配额内，办会数量下降15%。发挥流动人口服务管理工作网络作用，全年3279人参加积分申评，流动人口随迁子女量化积分入学、流动人口积分落户等各项工作有序开展。

深化落实区政府重大行政决策合法性审核制度，审核区政府合同或其他法律文书送审件41件、全区行政机关签订合同3605件。启动重大行政决策执行情况第三方评估工作，《海曙区农村集体资产管理办法》被列为首个评估对象。重新选聘政府法律顾问，参与政府涉法事务协调会15次。做好区政府行政规范性文件审核备案工作，及时备案率达100%，未出现备案纠错文件。加大重点领域信息发布力度，全区累计公开民生领域信息8000余条。政务公开指数全省排名上升至第10位，区政府网站作为唯一的基层政府门户网站获评2018—2020年度“宁波市文明网站”。

以“模范机关、廉洁机关”创建为抓手，深化“第一议题”制度，深入学习领会习近平新时代中国特色社会主义思想的精神实质和丰富内涵。组织开展理论学习中心组学习、“周二夜学”51次。深化“暖心工程”，保障干部成长“有为、有位、有面”，提拔正科1人、副科3人，平级转任3人，职级晋升3人。积极响应区委“红海行动”号召，以“曙一曙二”党员志愿服务团队建设为抓手，创新“强效率、督进度、知冷暖”三队并行工作模式，进一步丰富基层服务载体。

【政务督查】 2020年，区政府办公室围绕各级民生实事项目开展政务督查，省、市、区47项民生实事均完成年度目标任务。深化重点工作“定期专项督查+实地督查+通报反馈”操作模式，紧盯疫情防控、环境综合整治、“文明城市”创建等重点工作进度，编发《政务督查通报》9期，实地督查20余次。严格落实领导批示件办理，办理市、区政府主要领导批示件2251件。克服疫情等因素影响，按期办结市、区“两会”建议提案351件。

（王丽洁）

重点民生实事项目

【概况】 2020年，海曙区民生实事项目共8项，各项目均按期完成年度目标任务。

【安置房建设项目】 2020年，海曙区后仓地块安置房、黄隘地块安置房、董家桥地块安置房3个项目3月开工建设，4月段塘安置房工程（环城西路以西1#地块）项目开工，至年底，均完成桩基施工。9月，信谊小学东侧安置房项目开工建设。

【道路建设改造项目】 2020年，段塘东路（环城西路—规划四路）9月开工建设；庙洪路（徐家漕路—中山西路）道路10月正式通车；学院路（望童路—联丰路）12月正式通车。

【主干道沿线综合整治项目】 2020年，翠柏路（柳汀街—蔡家河）综合整治工程3月开工建设，完成半幅污水工程、主车道底层沥青及部分人行道铺装；解放路沿线建筑立面整治工程基本完成。

【学校建设项目】 2020年，新芝小学迁建工程（暂名）9月开工，完成桩基工程，进行围护支撑施工；集士港镇中学扩建工程8月完成竣工验收并交付使用。

【“美丽河湖”建设工程】 2020年，海曙区完成古林镇照天港河、洞桥镇洞桥新河、鄞江镇南塘河等河道护岸工程5.8千米，沿河景观绿化提升6.8万平方米；完成石碶街道、古林镇、洞桥镇等河道清淤12万立方米；10条区级河道视频监控安装全部完成。

【文化设施建设项目】 2020年，长春门公园开工建设。项目位于南郊路地块，分两期工程建设，一期工程为澄怀学堂、陈巷陈宅、惠庆医院3处文保建筑的抢救性修缮，工程于4月开工，10月通过现场验收。二期工程为公园绿化，工程有序推进。

【“暖心养老”服务保障项目】 2020年，海曙区新建月湖街道、江厦街道、段塘街道3个区域性居家养老服务中心，新建兴园社区、莲桥社区、汪源社区、丽雅社区4个村（社区）居家养老服务站；适老化改造65户困难老年人家庭，配置鼓楼街道、望春街道、龙观乡等8个镇（乡）街道“爱心车轮”老年助餐车。

【农贸市场改造提升项目】 2020年，龙观乡农贸市场于10月开工建设；段塘街道南苑农贸市场、集士港镇白岳农贸市场、古林镇包家农贸市场和黄古林农贸市场4家农贸市场完成改造并开始营业；白云街道联丰农贸市场、西门街道高塘农贸市场、段塘街道段塘农贸市场、石碶街道华盛农贸市场4家农贸市场启动改造。

（叶　辉）

外事工作

【概况】 2020年，全球新型冠状病毒肺炎疫情暴发，海曙区正常对外国际交流活动中断。疫情暴发后，根据防疫工作的相关要求，未接待来访外宾，未举办相关外事活动。

（朱　杰）

侨务和港澳事务

【概况】 2020年，海曙区侨联获评全市"侨联工作标杆单位"。召开区侨联全委会扩大会议，参加"重要窗口、侨有担当"大讨论，举办全区侨界代表人士培训班。率先发布《告海内外海曙籍侨胞书》，运用"七查三核法"做好返境侨胞精密智控工作，引导侨界为抗疫捐款捐物800余万元。积极为侨界发展建言献策，提交政协提案26份、人大建议6份，获评年度先进界别，政协主席团专题视察侨乡文化基地建设。邀请欧洲宁波总商会到海曙投资考察，牵线香港FNT基金会捐赠教育设施。引进各类高新技术项目20个，省级人才1人、高新技术人才1人。指导开展"贤聚四明"全祖望文化节，建成沙港侨贤馆和甬上名人文化陈列馆分馆，成立"海曙乡贤之家"，《人民日报》（海外版）4次刊载海曙侨界故事。为归国留学生发放500份侨爱专包，指导各基层侨联开展各具特色的疫情防控服务活动。深入220余家侨企开展"三服务"，点对点帮助解决后疫情阶段企业生产经营实际困难。推进涉侨事项"最多跑一次"改革，所有涉侨政务事项均实现"最多跑一次"。省侨联主席连小敏对区侨务工作进行批示，全区各镇（乡）街道基层侨务工作亮点纷呈、多点开花。2家众创空间园区"侨胞之家"被评为"全市侨界双创基地"，高桥、古林、段塘侨联被评为全市基层侨联组织示范单位。组织海创会代表赴西安学习社团建设先进经验。组织举办"后疫情时代海创发展研讨会"等"海智回归"系列创业创新活动，以海创之星等形式，举办"星耀海曙"海创系列活动。举办全区第六次留学人员和家属代表大会，表彰抗疫先进留学人员及家属。策划开展"海燕归巢　曙你飞扬"留学生暑期夏令营系列活动，为海外留学生提供27家单位135个实习岗位。

7月17日，"海燕归巢·曙你飞扬"海曙留学生活动开营

【区海创会成立五周年活动】 2020年1月11日，海曙区海创会举行成立五周年暨2019年会活动。会议回顾海创会换届以来在服务海曙经济社会发展、推进社团进步、会员企业创业创新及发展公益事业等方面的努力，并计划在2020年进一步发挥海创会凝聚人心、内引外联的平台作用，推进海曙区乃至宁波市海外留学归国人员的创业创新发展。年会现场为成立的海创党支部进行授牌，并表彰获得"最佳学术奖""最佳贡献奖""最美海创人"等荣誉的10位"海创之星"。

【后疫情时代海创发展研讨会】 2020年4月26日，区海创会牵头举办"后疫情时代海创发展研讨会"，海曙区20余名优秀海归代表分享创业经历，探讨后疫情时代企业发展遇到的困难，共克时艰。与会人员展开"头脑风暴"，不仅关于企业品牌、技术、发展、应用等展开探讨，还各自分享创业体会，用亲身经历启发辖区"海归"，助力海曙发展。市侨联、区人大、区政协、区金融办、区人才办等相关部门参加。

【连小敏调研海曙区基层侨联工作】 2020年5月27日，省侨联党组书记、主席连小敏到海曙区调研基层侨联工作。连小敏实地考察望春街道清风社区"侨胞之家"，对"凝聚侨心、汇集侨智、发挥侨力、维护侨益"的为侨服务宗旨表示肯定，评价清风社区"侨胞之家"有阵地、有队伍、有活动。

【新乡贤工作推进会】 2020年6月19日，全区新乡贤工作推进会在章水镇召开，重点镇（乡）街道新乡贤工作分管领导、乡贤理事会会长20余人参加会议。会议回顾和展望各自的新乡贤工作经验和下步工作计划，关于如何宣传乡贤理事会在村域治理中的作用、如何选好理事会"领头雁"及会员等经验进行互学交流。

【阿思科力生物科技公司落户海曙】 2020年7月7日，经过3年筹备，浙江阿思科力生物科技有限公司（简称“阿思科力生物科技公司”）在集士港镇“海创之家”开业投产。“阿思科力”是专业从事细胞药物产品的高新技术企业，以李华顺为首的6人核心研发团队是宁波市“3315系列计划”重点引进的科研团队。这是继“奥丞生物”“瑞瑧生物”后，又一落户海曙的生物医药领域高端人才团队和项目。“海创之家”充分发挥新侨创业创新阵地“筑巢引凤”作用，引导团队项目落户。

【“海燕归巢·曙你飞扬”留学生活动】2020年7月17日，“海燕归巢·曙你飞扬”海曙留学生活动在龙观乡开营，30余名海曙籍海外留学生参加活动。活动通过户外运动、团建破冰、参观王升大米食博物馆等形式，提高留学生的社会实践能力和综合素质，向留学生展示宣传海曙。

【欧洲宁波总商会到海曙考察】2020年7月28日，欧洲宁波总商会会长李永平一行到海曙考察。考察团参观海曙区桃源湾开发建设基地和杉杉新能源基地，对海曙区蓬勃的开发热潮和美好发展前景表示热切关注。

【区留联会换届完成】2020年8月31日，海曙区第六次留学人员和家属代表大会召开（以下简称“区留联会”），大会表彰一批在抗疫期间表现突出的留学人员和家属，审议通过区留联会第五届理事会工作报告，修改《海曙区留学人员和家属联谊会章程》，并选举产生区留联会第六届理事会，宁波立华制药有限公司总经理洪舟当选会长。

【第三届全祖望（史学）文化节】2020年9月25日，第三届全祖望（史学）文化节在洞桥镇沙港村全祖望故居开幕。2020年是史学家、文学家、浙东学术文化集大成者全祖望315周年诞辰、逝世265周年。文化节以“弘扬”为主题，围绕“史学”、“乡贤”和“风韵”三大板块，通过开展“长三角文史专家学术沙龙”“全山石艺术人生展”“中华全氏宗亲聚贤大会”等系列特色文化活动，弘扬史学文化、乡贤文化和地域特色文化。开幕式现场，位于全祖望故居内的谢山书院、双韭山房向公众开放，位于沙港村境内的南塘河两岸设立的“太史滨河公园”、甬上名人文化陈列馆沙港分馆、史学文化长廊、洞桥沙港乡贤馆先后举行揭幕、开馆仪式。

【区海创会西安访学活动】2020年10月27—31日，海曙区海创会赴西安开展访学活动。在为期5天的访学活动中，区海创会拜访陕西省侨联，参观访问西安交通大学，并与当地“海归”青年进行交流，考察侨企学习创新经验，了解学习新时期西部城市在千年文化底蕴中重新焕发的侨商文化、海创文化。

（郑　凌）

机关事务管理局

【概况】2020年，区接待办共接待各类宾客138批3635人次，与上年同期相比，接待批次基本持平，人数下降44.49%。圆满完成全国妇联党组书记黄晓薇、中央第三环保督察组组长耿惠昌等领导到海曙调研和全省步行街改造提升现场会等大型会议的接待保障任务，配合招商团队完成阿里巴巴宁波中心、“德勤”宁波分公司、“海康威视”、“银河水滴”等多个重大项目落户海曙，深入脱贫攻坚一线服务，保障区党政代表团赴黔西南州和丽水市开展对口协作帮扶。

完成全省党政机关办公用房管理信息数据报送工作，收集镇（乡）街道有效数据143条。登记年度办公用房使用情况，收集有效台账资料77份。开展办公用房监督检查，核实各单位办公用房实际使用情况。集中公开处置首批行政事业单位闲置房产，拍卖23套闲置住宅房屋。

为大型会议、重大活动提供用车保障，全年出车6497车次，行驶里程334543千米。更新公车6辆，报废公车4辆，拍卖2辆，截至12月底，共有公车74辆。

【机关节能管理和垃圾分类工作】2020年，区机关事务管理局进行节电技术改造，节省电费7万余元。配置更换4个集中办公区110余个垃圾分类桶，增设公共区域垃圾分类宣传倡议展板39个。开展节能与垃圾分类宣传活动2次，发放节能与垃圾分类宣传手册各4000余册。区行政中心获评2019—2020年国家级“节约型公共机构示范单位”。

【机关内部“最多跑一次”改革】2020年，区机关事务管理局重点以“互联网+政务”服务实施“机关内部最多跑一次”，通过“钉钉”“浙政钉”的“机关内部最多跑一次”移动办公软件办理机关内部事务，申请公共会议室、人员出入证、车辆通行证、机关食堂饭卡办理等工作。实现9个事项在线办理，办件量21367件，办理率100%。

（黄般若）

5月26日，区机关事务管理局和区分类办在区行政中心联合开展“垃圾分一分，海曙美十分”垃圾分类宣传活动，向机关干部发放分类宣传手册及倡议书

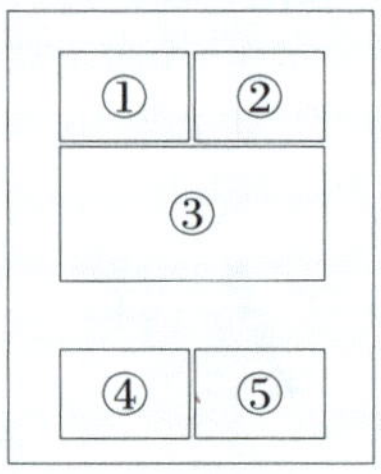

①1月，新能源动力系统产业园建设中

②3月初，栎高线（广泽路至甬梁线段）改造提升工程项目接近尾声，工人们对路边绿化植被进行修整、补种

③3月，姚丰安置房项目建设中

④5月，姚丰学校项目施工中

⑤8月，姚江东路竣工

中国人民政治协商会议海曙区委员会

综　述

【概况】 2020年6月，中国人民政治协商会议第五届宁波市海曙区委员会第四次会议召开。会议听取和审议政协第五届宁波市海曙区委员会常务委员会工作报告、第五届宁波市海曙区委员会常务委员会提案工作报告，并列席宁波市海曙区第十一届人民代表大会第四次会议，听取和讨论政府工作报告及其他有关报告，组织大会发言（书面），审议通过政协第五届宁波市海曙区委员会第四次会议决议。大会共收到以提案形式提出的意见建议274件，立案224件，并案处理后197件，全部提案按期答复。确定将《后疫情时期助力海曙民营企业转型升级的建议》等8件提案作为区政协五届四次会议重点提案，由区政府领导根据分工领办、区政协主席会议成员根据分工督办。《关于新冠肺炎疫情下加大支持民企发展力度的建议》等18件提案被评为优秀提案。

贯彻落实中央及省、市、区委关于加强新时代政协系统党的建设部署要求，首次召开全区政协系统党的建设工作会议，协助区委制定《关于加强新时代人民政协党的建设工作的实施意见》。创新政协党的组织设置，以专委会为依托，设立6个专委会功能型党支部，97名党员委员全部编入支部，实现党的组织对党员委员全覆盖。完善党的制度建设，建立区政协党组成员联系专委会党支部、党员委员联系党外委员机制，率先制定专委会党支部规则。

发挥委员工作室作用，健全主席会议、专委会、界别和联委会分层指导机制，完善专项资金、考评激励、交流宣传等保障机制，将委员工作室活动统一纳入管理。创建委员工作室“一室一品”品牌，省、市政协领导多次指导，全市政协委员工作室创建工作推进会在海曙召开。一年来，22家委员工作室（委员会客厅）开展各类活动50余次，服务各界群众2300余人次。

做好团结联谊工作，组织“砥砺奋进·同心同行”庆祝新中国和人民政协成立70周年系列活动，举办“政协人新时代新风貌”工作研讨会、“我和人民政协的故事”征文、全区各界人士中秋茶话会、民族团结共建、宗教互访共贺、书画摄影展、线上知识竞答等形式多样、参与面广的主题活动。首次召开各民主党派、工商联负责人和无党派人士代表座谈会。出版第八辑史料《甬城古港》，有效发挥政协文史工作存史育人作用。

开展“不忘初心、牢记使命”主题教育，把“新时代人民政协的新样子”专题讨论融入主题教育，围绕“五个如何”开展深入研讨，召开意见征求座谈会，面向社会各界征求意见建议。强化作用发挥，党组成员带头领题调研，帮助破解民生难题，激发广大委员、机关干部增强一线意识、保持一线状态、展现一线作为。加大政协重要会议、重大活动、特色工作和委员履职的宣传策划力度，在市级以上媒体刊发各

6月30日，全市政协系统书画作品巡回展（海曙站）在天一艺创街开幕

类稿件62篇，其中《光明日报》《人民政协报》等国家级媒体录用21篇，《海曙区政协高质量开展“请你来协商”》《海曙区政协委员与区委书记共话数字经济》《双向发力展现新作为》等一批反映履职成果的稿件获全国政协和省政协认可。

【“请你来协商”活动】 2020年，区政协加强“请你来协商”工作，协助区委制定《关于深入推进“请你来协商”平台建设工作的实施意见》，及时研究出台区政协实施方案。围绕党政中心工作、全区发展要事开展专题协商，党政主要领导带头与委员、专家及群众代表共商发展良策。聚焦群众利益诉求和民生关键小事，组织界别、联委会开展“小微协商”。全年举办“请你来协商”活动35次，形成协商建议书12篇，获党政主要领导批示10篇。

（胡锡超）

9月24日，区政协五届十七次常委会会议召开

重要会议

【区政协五届四次会议】 2020年6月12—14日，中国人民政治协商会议第五届宁波市海曙区委员会第四次会议召开。会议听取和审议政协第五届宁波市海曙区委员会常务委员会工作报告、第五届宁波市海曙区委员会常务委员会提案工作报告。全体区政协委员列席宁波市海曙区第十一届人民代表大会第四次会议，听取和讨论政府工作报告及其他有关报告，组织大会发言（书面），审议通过政协第五届宁波市海曙区委员会第四次会议决议。

会议期间，经建委等19个专委会、界别、联委会通过书面交流的形式提交大会发言。会议表彰海曙区工商业联合会等6个界别先进集体、集士港联委会等4个联络委员会先进集体、王英等19名优秀政协委员。

【区政协常务委员会会议】 1月16日，区政协五届十三次常委会会议召开。会议听取区政府关于区政协五届三次会议以来提案办理情况和2019年度协商议政、民主监督意见建议采纳情况。协商讨论区政府工作报告，审议通过关于召开区政协五届四次会议的决定，会议议程和日程，区政协常委会工作报告和提案工作报告及报告人名单，区政协五届四次会议秘书长、副秘书长和会议会风会纪监督组名单，2019年度各类先进事项，《海曙区政协常委提交年度履职报告工作办法（试行）》等，协商通过有关人事事项。

6月1日，区政协召开五届十四次常委会会议。会议协商区相关人事事项，协商决定区政协委员调整和区政协机构相关人事事项，通报区政协五届四次会议调整事项，传达学习全国两会精神。

9月24日下午，区政协五届十七次常委会会议召开。会议围绕2020年区政协常委会督办的“后疫情时期扶持民营企业发展”系列重点提案，开展提案办理协商。协商通过委员调整和有关人事事项，审议通过《中国人民政治协商会议第五届宁波市海曙区委员会常务委员会关于加强自身建设的意见》。

10月23日，区政协五届十八次常委会会议召开。会议审议区政协常委会重点课题“关于推进我区中医药事业高质量发展的建议”。各位常委以书面形式反映社情民意信息。

（胡锡超）

重要活动

2020年区政协主席会议专题协商（议政、视察）活动一览表

表12

时间	活动地点	专题协商（议政、视察）活动	活动成果
3月26日	古林镇文体中心、南门街道综合文化站和白云街道综合文化站	公共文化设施建设	形成《关于“进一步提高我区公共文化服务水平”的协商建议书》

续表12

时间	活动地点	专题协商（议政、视察）活动	活动成果
5月7日	区政协3406会议室	2019年度全区政府投资项目情况和2020年政府投资项目库建立情况	围绕发挥政府投资项目牵引带动作用、突出重点和统筹兼顾、强化管理和优化服务等内容提出意见建议
5月12日	“星坐标”大厦、洪渡新村、凯碟（均霖）服饰有限公司、石碶街道6条“万”字头道路	安全生产监管体系建设	形成《“进一步推进健康海曙工作”议政建议书》
5月18日	区政协3406会议室	教育设施专项规划	围绕加大社会面普法力度、推进法治领域供给侧改革等内容提出意见建议
5月25日	迪昂进出口公司（宝珀制衣公司）、嘉乐企业工业园、太平鸟集团	纺织服装产业改造提升	形成《关于我区纺织服装产业改造提升的建议》
6月28日	横街镇扶贫攻坚产业园区、浙东大竹海、章水镇箭峰新村	脱贫攻坚工作	围绕发展村级集体经济、产业帮扶、就业安置脱贫等内容提出意见建议
7月30日	阳光豪生大酒店	海曙区“十四五”规划编制	形成《区政协“十四五”规划编制专题协商会协商建议书》
9月3日	区政协3406会议室	现代都市农业建设	形成《“现代都市农业建设”协商建议书》报送区委、区政府
10月19日	中新创智（宁波）产业园首期项目、三生生物科技有限公司二期项目	重大项目建设	围绕提升项目审批效率、推动项目数字化转型、创新招商模式和机制等内容提出意见建议
10月22日	洞桥镇沙港村全氏乡贤文化项目、章水镇乡贤馆和“侨之家”项目	侨乡建设	围绕挖掘乡贤文化、发挥侨联优势、调动乡贤积极性等内容提出意见建议
10月30日	阳光豪生大酒店	宁波临空经济示范区规划发展	形成《区政协“临空经济示范区规划发展”专题协商会协商建议书》

2020年区政协委员恳谈会、约谈会一览表

表13

时间	会议主题	会议成果
6月30日	打造“美丽庭院”助推乡村旅游助力乡村振兴	围绕提出打造空间文化、融入电商经济、增强互动体验等内容提出意见建议
7月3日	经济形势分析	形成《关于报送“经济形势分析”委员恳谈会协商建议书的函》
7月20日	农产品销售	围绕农产品质量提升、销售人才培养、销售平台培养等内容提出意见建议
11月5日	未来学校STEM教育试点工作	围绕加强顶层设计、配强师资力量、提高全社会重视程度等方面提出意见建议

【“请你来协商”专题网络议政会议】2020年3月23日，区政协举行“内活经济、外防输入”网络专题协商会。在“飞群议事厅”开辟“请你来协商”网络议事新平台，185人参与线上互动，共同探讨交流全球疫情蔓延下如何有效应对的“海曙方案”，为后疫情时代海曙如何“转危为机”贡献政协力量。

【市、区政协联动民主监督活动】2020年5月25日，区政协召开争创全国文明城市“六连冠”民主监督动员会，动员全体政协委员积极履行民主监督职能，为高分创建全国文明城市贡献智慧和力量。

5月28日，市政协党组副书记、副主席叶双猛率队到海曙区，围绕“文明城市”创建、城乡生活垃圾分类、老旧小区综合改造、高水平全面建成小康社会补短板等主题开展市、区两级政协民主监督活动。先后赴永寿小区、新西城菜市场、西成新村及宁波实验学校等地，察看“文明城市”创建氛围营造、老旧小区改造、环境卫生秩序、生活垃圾分类等工作情况。座谈听取区文明办、区发改局、区住建局、区综合行政执法局相关工作汇报。

9月25日，区政协举行委员企业家联谊会成立大会

6月30日，以“美丽宁波”和抗击疫情为主题的全市政协系统书画作品巡回展（海曙站）在天一艺创街开幕。从6月30日持续至7月15日，展出由市和各县（市、区）两级政协组织创作并择优选送的95幅艺术作品。

【区政协政情通报会】 2020年9月4日，区政协举行政情通报会。区委常委、常务副区长李冠杰代表区政府通报上半年政府工作、全区经济社会发展、下半年区政府重点工作安排及提案办理情况。

【区政协委员企业家联谊会成立】 2020年9月25日，海曙区政协委员企业家联谊会举行成立大会。区政协副主席刘良飞主持会议，区政协党组副书记、副主席吴军良在会上宣读《关于成立宁波市海曙区政协委员企业家联谊会及有关事项的决定》，区政协主席、联谊会会长毕东华和中习集团董事长、联谊会执行会长陈春明揭牌。会议邀请省发展和改革委员会巡视员、浙江大学区域与城市发展研究中心特约研究员周丹作“国内外经济形势与‘十四五’规划”专题报告。

【提案办理“回头看”暨民主评议会】 2020年12月11日，区政协召开2020年度提案办理“回头看”暨民主评议会。会议听取区综合行政执法局、区商务局、区教育局等提案承办单位年度提案整体办理情况汇报。与会委员围绕提案办理工作进行发言交流，并对3家承办单位进行评议打分。

（胡锡超）

重点提案

【概况】 2020年，区政协创新开展并案处理，对主题相似、内容相近的提案进行统一协商、统一答复。形成“后疫情时期扶持民营企业发展”类提案、“物业提升”类提案等。

【关于后疫情时期扶持民营企业发展类提案】 2020年，区政协形成关于“后疫情时期扶持民营企业发展”类提案，区发改局回复：将通过强化融资保障、强化人才保障、强化权益保障、强化机制保障，进一步提振民营企业发展信心；以国内大循环为主体、国内国际双循环相互促进的新发展格局为导向，通过提升企业竞争力、创新消费模式、助企开拓市场，做好助企转型升级相关工作；继续主动靠前服务，帮助企业用好用足各类政策，通过抓好企业降本减负、抓好产业扶持政策、抓好政策推送服务、抓好政策绩效评估，让企业有更强获得感；进一步提升政府服务能力，通过优化政府公共服务、持续优化商务环境、加强政企互联互通，把服务更加直接高效地落实到企业急需处，全面增强服务实效。

【关于进一步优化营商环境促进海曙民营经济高质量发展的建议】 2020年，区政协形成关于进一步优化营商环境促进海曙民营经济高质量发展的建议，区发改局回复：将紧紧围绕突出问题、主要矛盾，在加强政策扶持、强化企业帮扶、提升政务服务等方面，有针对性地做好相关工作。通过抓好企业降本减负、抓好产业扶持政策、抓好政策推送服务，进一步加强政策支持力度；通过深化企业帮扶活动、优化金融生态环境、增强企业经营能力，进一步破解企业经营困局；通过持续优化政务环境、商务环境、法治环境，进一步提升政府服务能力。

【关于建设环三江口专业服务业集聚区的提案】 2020年，区政协形成关于建设环三江口专业服务业集聚区的提案，区发改局回复：专业服务业是现代服务业的重要组成部分，从北上广深等一线城市发展历程看，专业服务业不仅直接创造经济价值，更有利于推动经济结构调整和产业优化升级，促进经济高质量发展。海曙区将对照宁波市“3433”方案，基于海曙功能定位、产业基础和发展潜力，聚焦现代贸易、现代金融、现代物流、现代商务、科技信息、文创旅游、医疗健康、教育培训、家庭服务九大重点领域，构建“333”现代服务业产业体系；在新一轮产业政策发布的基础上，加快制定出台具体实施细则，并在来年政策兑现时，从快、从优做好申报兑现的相关工作；通过调研全区人力资源产业发展需求，结合海曙实际，推动出台海曙区人力资源服务产业发展政策，努力聚集市内外优质人力资源企业，形成人力资源产业一体化、服务一条龙模式，为海曙企业提供更高校、更精准的人力资源专业服务；通过积极开展停车位的建设规划研究，努力向市里争取停车场建设相关用地，要求新建楼宇配备标准数量的地下停车位，并结合楼宇更新项目，制定扶持奖励政策，因楼制宜强化产业集聚，引导培育电子商务、专业服务、教育培训等特色楼宇，推进专业服务业楼宇改造。

【关于整治西河街交通乱象的建议】 2020年，区政协形成关于整治西河街交通乱象的建议，宁波市公安局交通警察局海曙大队回复：将联合区综合行政执法局，结合相关建议，对西河街进行清理整改，加强管理；通过与区综合行政执法局联合执法，进一步加强日常巡查，严肃查处沿线人行道违停、沿街店铺占道（跨门）经营、乱扔乱堆杂物、乱设摊等违法行为，做好西河街交通整治工作；加强警力严管西河街路段及周边交通道路，加强西河小区违法抓拍；向上级建议，重新铺装西河街路面，提升交通设施功能。

【“物业提升”类提案】 2020年，区政协形成“物业提升”类提案，区住建局回复：近年来，在原有规章制度的基础上，结合海曙实际，先后出台《海曙区物业服务工作提质实施意见》《海曙区物业住宅小区提质提价实施方案》《关于开展海曙区住宅小区环境整治常态化工作的通知》等政策文件，进一步完善管理体系，强化物居业三方协调机制，继续完善物业服务业扶持政策，持续规范物业服务行为，充分发挥业主委员会的自治作用，倡导机关党员干部发挥模范带头作用；建立对老小区物业管理工作进行扶持的老小区物业管理奖励补贴政策，并对老旧小区提供物业服务的企业，在新项目招投标时，按服务面积给予加分；通过加强党建引领，不断提升物业服务品质；探索“以质定价、质价相符”的物业收费动态调整机制，切实提升老旧小区物业管理品质，促进物业行业健康发展；以“文明城市”创建为契机，以常态化整治为要求，对物业小区加强督查，排摸漏洞。同时，每月开展一次整治检查落实情况“回头看”，确保整治成效长期保持。

【关于振兴海曙浙贝产业的几点建议】 2020年，区政协形成关于振兴海曙浙贝产业的建议，区农业农村局回复：将通过制定出台浙贝母种植土地相对集中流转补助政策和大户补助政策，建立种质资源库，推行贝母标准化生产，推行贝母机械化应用等，逐步推进浙贝的规模化生产；通过积极培育新型经营主体，打造贝母产业“共享”模式，不断提高浙贝生产组织化程度；通过开展浙贝母古法炮制技艺传承和应用，加大与大专院校和科研单位合作，加大浙贝母花等衍生物的开发利用，加强人才培养等，进一步加强科技创新，研发新品；通过挖掘特色乡土文化，开发以浙贝母为主题的乡村旅游项目，培育引进大企业等举措，加强产业融合，发展新业态。

【关于打造人工智能试验区的建议】 2020年，区政协形成关于打造人工智能试验区的建议，区经信局回复：海曙数字经济发展起步早、发展快，稳定性和韧性不断提升，但也存在诸多短板和不足。面临数字产业比重低、竞争力弱、缺乏空间及园区载体等问题，将通过加快打造工业互联网产业集聚区和互联网创新集聚区，谋划姚江南岸数字产业集聚带，推动“多点”联动发展，强化产业布局，构建“两核一带多点”集聚创新平台体系，提升数字经济科创浓度与产业密度；注重数字经济对全区产业结构优化升级起到的推动作用，通过大力发展工业互联网，谋划人工智能，探索发展区块链，加快促进产业集聚和新兴业态培育，做专做强一批新兴产业；聚焦制造业数字化转型，通过推动企业数字化转型，提升两化融合发展水平，布局数字新基建，促进制造业实现发展质量、效率、动力全面变革，全面提升产业竞争力，培育形成产业新优势。

浙贝母种植

【关于复兴宁波市中医药文化药行街的建议】 2020年，区政协形成关于复兴宁波市中医药文化药行街的建议，区卫生健康局回复：建议将宁波市中医药特色街区建设工作纳入宁波市级“十四五”规划及市重点项目，及时对接国家、省中医药部门和市级对口单位，争取上级职能部门在资金、街区内土地储备、人才政策等方面的支持。结合“十四五”规划编制、《宁波市中医药传承创新发展三年行动方案》，围绕街区功能定位，继续完善总体规划布局；围绕工作任务分工，针对存在的困难问题，做好与市级部门的对接，特别是针对规划区域内资产的产权处置工作，要与市产权单位深入沟通；加快建立项目建设团队。筹建集中医药特色街区建设、招商、运营管理的专业公司，选聘一批优秀专业人员，进一步推动项目建设工作。

（胡锡超）

相关链接：

“333”现代服务业产业体系：3个“3”分别指现代贸易、现代金融、现代物流；现代商务、科技信息、文创旅游；医疗健康、教育培训、家庭服务九大重点领域。

3433：“3”“4”“3”“3”分别指现代贸易、现代物流、现代金融等三大五万亿级产业，做优文化创意、旅游休闲、科技及软件信息、商务服务等四大五千亿级产业，做精餐饮服务、健康养老、房地产租赁和物业服务等三大五百亿级产业，做深运动健身、高端培训、家庭服务等三个细分产业。

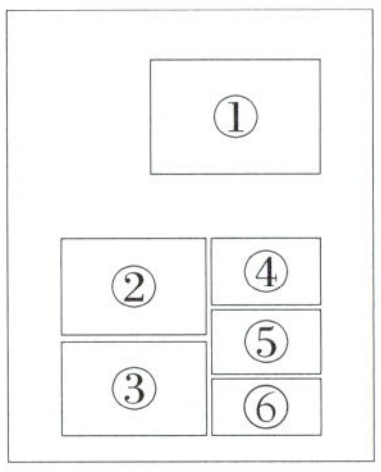

① 6月30日，区政协举行委员恳谈会，以“打造‘美丽庭院’助推乡村旅游助力乡村振兴”为主题开展专题协商

② 9月10日，市政协主席会议成员集体视察清风社区“文明城市”创建工作

③ 9月4日，区政协举行“书香政协、委员读书”启动仪式

④ 7月30日，区政协召开“十四五”规划编制专题协商会

⑤ 10月30日，区政协举行“宁波临空经济示范区规划发展”专题协商会

⑥ 12月11日，区政协召开2020年度提案办理“回头看”暨民主评议会

纪检·监察

综 述

【概况】 2020年，区纪检监察组织紧扣打好“三大攻坚战”、“六稳”“六保”、长三角一体化发展战略、服务民营经济发展等重大部署，跟进监督、做实监督，发送监督提醒通知书202份，确保决策部署落地见效。全力配合中央巡视工作，抓好省委第七轮巡视持续整改和第九轮巡视共性问题整改，省委巡视组移交的问题线索全部办结。出台《关于在当好建设“重要窗口”模范生的进程中争当排头兵彰显纪检监察担当的实施办法》，重点打造12项标志性成果，当好推动者、保障者、展示者。

贯彻《党委（党组）全面从严治党主体责任规定》，协助区委健全主体责任落实体系，开展“四责协同”联述联评、“三交底”廉政谈话、“一书三单”督责，促进主体责任和监督责任互相贯通、形成合力。协助区委加强政治生态动态分析和研判工作，推动政治生态分析评估制度向基层延伸，完善村（社区）党组织主体责任报告评议制度，把压力传导至“神经末梢”。坚持失责必问，全年有1个党组织、27名党员领导干部因履行管党治党责任不力被问责。

加强镇（乡）街道纪检监察工作规范化建设，深化完善“委领导+纪检监察室+派驻机构+镇（乡）街道纪检监察机构”片区协作机制，建立日常管理、请示报告、内部监督等制度，统一纪检监察各类文书，基层纪检监察机构履职质效明显提升。织密监察网络，在村（社区）全部建立监察工作联络站，编制《村（居）务监督委员会履职指南》，建立“四查十核”监督工作机制，细化80项监督要点，明晰49条监督路径，相关做法得到市纪委主要领导批示肯定。

把政治建设摆在首位，建立学习习近平总书记重要讲话和指示批示精神第一议题制度，不断提高政治能力。开展“强素质、提能力、塑形象”专题教育和警示教育月活动，锤炼过硬政治品格。成立机关党委和机关纪委，打造“清风”志愿服务品牌，带头推进清廉机关、模范机关建设。落实“周二夜学”制度，深化“良师带徒”“钉钉云课”等载体，突出案例教学、实战练兵，不断提升业务素养，培训600余人次。组织开展全系统课题调研和特色创新项目创建，10篇优秀课题和13个优秀项目获奖。启动青年纪检监察干部“储能计划”，开展纪检监察业务“四优一能”评选、“不负韶华、青春担当”交流会等活动，强化示范引领、推动比学赶超，选送的干部在全市纪检监察系统主题演讲比赛中获第二名。严格执行纪检监察干部“十二个严禁”负面清单和“五个特别”行为规范，深化队伍状况立体研判制度，对苗头性、倾向性问题及时提醒教育，从严管好纪检监察权这个“治权之权”。

5月始，海曙区“清廉教育村社行”主题巡展在全区各镇（乡）街道巡回展出

【区纪委九届六次全会】 2020年1月22日，中国共产党宁波市海曙区第九届纪律检查委员会第六次全体（扩大）会议举行。全会传达学习习近平总书记在十九届中央纪委四次全会上的重要讲话精神、中央纪委全会工作报告和省纪委十四届五次全会、市纪委十三届五次全会精神，回顾总结2019年纪检监察工作，研究部署2020年任务。全会由区纪委常委会主持，审议通过区委常委、区纪委书记、区监委主任李晓东代表区纪委常委会所作题为《奋力推进纪检监察工作高质量发展，为我区高水平全面建成小康社会提供坚强保障》的工作报告，审议通过会议决议。出席会议的区纪委委员22人，列席193人。

【“四责协同”联述联评】 2020年4月27—28日，区纪委区监委组织召开全面从严治党“四责协同”专场评议会，听取党委（党组）班子2019年度主体责任落实情况、“第一责任人”履责情况、班子成员履行“一岗双责”情况和纪检监察组织履行监督责任情况。横街镇党委、横街镇纪委，段塘街道党工委、段塘街道纪工委，区经合局党组、派驻第五纪检监察组，区民政局党组、派驻第八纪检监察组4家主体单位、4家纪检监察组织的12名领导干部同台竞述、同场评议、同步领责。

【村（社区）监察工作联络站成立】 2020年4月，区纪委区监委推动村（社区）监察工作联络站建设。至月底，全区272个村（社区）均设立监察工作联络站，共聘任站长、联络员885人，选聘镇村两级监察信息员413人。5月，区监委出台《海曙区村（社区）监察工作联络站工作办法（试行）》《海曙区村（社区）监察信息员工作制度》，推动监察工作联络站规范履职。12月，下发《“进一步强化村（居）务监督委员会、监察工作联络站履职推动实体化运作”相关要求》，明确“四有四亮”规范化建设要求，探索实行“监事日”、接待接访、专项督查、廉情发布等四项运行机制，提升基层监督水平。监察工作联络站成立以来，全区监察联络员和信息员报送问题信息360余条。

【区纪检监察系统“强素质、提能力、塑形象”专题教育活动】 2020年7—12月，区纪检监察系统开展为期6个月的“强素质、提能力、塑形象”专题教育活动，打造讲政治争做学习标兵、讲实干争做工作先锋、讲担当争做团结楷模、讲正气争做廉政表率的“四讲四争”海曙纪检监察铁军。专题教育活动分5个专题，包括坚持“初心使命”，聚焦思想政治建设；坚持“警钟长鸣”，聚焦警示教育学习；坚持“问诊把脉”，聚焦问题检视剖析；坚持“固本强基”，聚焦能力素质提升；坚持“对症下药”，聚焦整改锤炼铁军。同时，7月下旬至8月下旬，区纪委区监委在系统内开展“警示教育月”活动，包括召开一场警示教育会议、汇编一本纪检监察干部违纪违法典型案例警示录、召开一次专题民主生活会和组织生活会等“十个一”活动。

乡镇纪检监察干部进村入户走访低收入农户

【青年纪检监察干部“储能计划”】 2020年5月，区纪委区监委启动实施青年纪检监察干部“储能计划”，围绕“学、练、赛”3个环节，对青年干部实施全方位、多层面的培养锻炼，提高青年干部的素质能力。量身定制“学习套餐”，包括初任培训、“云”课培训、全员培训；开展“党员干部全员下基层一线破难、青年干部全员大解放一线解忧、非办案部门全员齐办案一线纾困”“沙场秋点兵，亮剑争先锋”“晒业绩、比作为、齐点赞”等活动；通过以赛代练、以赛促学的方式，在系统上下营造比学赶超、争创一流氛围，建设专业化高素质的纪检监察干部队伍。

【纪检监察业务“四优一能”评选】 2020年，区纪委区监委开展纪检监察业务“四优一能”评选活动，采取“晒业绩、比作为”方式，提升青年纪检监察干部业务能力。经综合评选，共产生优质审查方案4份、优质审查（审理）报告5份、优质谈话笔录4份、优质案卷8份，评选出谈话、信访、案审、监督、信息、宣传6个方面业务能手29人。

（王召波）

党风政风监督

【概况】 2020年，区纪检监察组织深入落实区委“作风建设提效年”要求，深化“四问四提升”护航行动，严肃查处贯彻重大决策部署只表态不落实、维护群众利益不担当不作为等形式主义、官僚主义问题37个，处理39人，党纪政务处分21人。实行基层减负季度监测制度，着力解决发文多、表格多、检查多、过度留痕等困扰基层的突出问题，巩固“基层减负年”成果。持之以恒推动落实中央八项规定精神，深化联查联治机制，紧盯易发多发老问题和隐形变异新动向，严肃查处享乐奢靡问题49个，处理60人，党纪政务处分40人。开展制止餐饮浪费行为专项监督，检查单位388家次，发现督改问题32个，推动完善制度6项。扎实推进私人会所“回头看”专项整治，共督促整改问题5个。开展“烟票”背后的“四风”问题专项整治，全区党员干部主动上交香烟、烟票价值18万余元，查处党员干部违规收受“烟票”等问题4个，党纪政务处分4人。

开展中央环保督察移交问题监督执纪问责，成立督责组抓实46.5件交办件的跟踪督办、督责问责和“回头看”工作，约谈相关责任人4人。开展统计领域数字造假监督执纪问责，联合监督检查8次。扎实推进“清廉村居”建设专项行动，聚焦民生惠农、“三资”管理等重点领域，严肃查处侵害群众利益的不正之风和腐败问题80起，处理98人，党纪政务处分35人。圆满完成“扫黑除恶”专项斗争决胜之年、收官之年任务。严明村（社区）组织换届纪律，督促严格执行“十严禁”“十不准”要求，对6340名村（社区）组织候选人进行资格审核，取消换届候选人（自荐人）资格4人、劝退8人，把牢村（社区）组织换届人选“廉洁关”。出台《海曙区农村基层干部履职禁令“双十一”》，开列履职禁令22条。

深化派驻机构“六个一体化”改革，出台《派驻机构工作办法（试行）》，进一步规范日常监督、问题线索处置、审查调查等内容，促进派驻机构更好履职。制定《派驻机构轮驻监督暂行办法》，定期进驻被监督单位“号脉问诊”，引进会计师事务所等第三方专业力量精准发现问题，提高派驻监督质效。推动成立区属国企纪委，配备专职纪委书记，完善国企监督体系。推进“智慧纪检监察”建设，成为全省检举举报平台处置子平台和基层综合业务应用系统试点，建成综合业务应用系统等信息化项目，开发“四项监督”协同系统，为规范高效履职提供科技支撑。

区纪委区监委紧盯重点领域、关键环节、重要点位，针对疫情防控措施和责任落实情况进行监督检查

【扶贫开发和扶贫协作专项监督】2020年4月13日和6月8日，区纪委区监委先后制定《2020年扶贫及帮扶领域专项督查工作方案》《2020年扶贫及帮扶领域实地监督检查方案》，建立责任清单和任务清单，深化扶贫及帮扶领域巡察、联督联查、问题线索“起底”“督办”“清零”、督导调研，确保监督有章有法、有力有效。密切与贵州省贞丰县纪委监委、义龙新区纪检监察工委等对口扶贫地区纪检监察组织的协作配合，采取“云端连线”、实地督查等方式，强化对口帮扶监督。加强对涉农资金使用、低收入农户增收等落实情况的监督检查，累计走访低收入农户2449人、查勘帮扶项目136个，发现解决问题34个，问责处理扶贫及帮扶领域腐败和作风问题15人。

【派驻机构轮驻监督】2020年10月15日，区纪委区监委出台《派驻机构轮驻监督暂行办法》，强化对各监督单位近距离、嵌入式、常态化的日常监督。各派驻纪检监察组轮流进驻各监督单位及其下属单位，采取个别谈话、受理信访举报、查阅资料账册、召开座谈会、列席有关会议、一线走访调查等方式，重点围绕各监督单位贯彻落实决策部署情况、落实全面从严治党主体责任情况、依法履职秉公用权情况等方面，开展监督检查、进行全面政治体检，提升派驻监督质效。

【公共资源中私人会所整治“回头看”】2020年，海曙区高标准开展两轮公共资源中私人会所排查整治。2月28日和5月19日，区纪委办公室先后印发《开展全区公共资源中私人会所整治“回头看”工作方案》《关于进一步加强公共资源中私人会所整治“回头看”工作的通知》。其间，实地查勘2014年关停、转型的15家高档经营场所，起底排摸153个公共资源场所、1061个国有产权物业，向相关主管部门发送监督提醒通知书8份，督促整改问题5个。10月28日，区纪委办公室再印发《关于贯彻落实〈关于建立公共资源中会所整治长效机制的实施意见〉的通知》，督促各单位党（工）委（党组）按照“谁主管、谁负责”原则，常态化开展排查整治，健全日常监管机制，持续巩固公共资源中私人会所整治“回头看”成果，严防“会所歪风”反弹回潮。

【“烟票”背后“四风”问题专项整治】2020年3月4日，区纪委办公室印发《开展“烟票”背后“四风”问题专项整治工作方案》，成立专项整治工作组，召开各成员单位专项整治工作推进会，明确工作重点、细化具体分工。区纪委区监委牵头组织市场监管、税务、公安、商务等职能部门人员成立检查组，选取部分重点关注对象

洞桥镇石臼庙村“清廉步道”

开展监督检查，累计走访烟酒商行、超市10家，查阅发票600余张、电子销售记录1万余条。整治期间，全区主动上交烟票66张、香烟60条，合计金额18万余元；查处党员干部违规收受“烟票”等问题4个，党纪政务处分4人。

【农村基层干部履职禁令实行】 2020年10月28日，区纪委办公室印发《海曙区农村基层干部履职禁令“双十一”（试行）》。禁令包括规范用权禁令十一条、为民作风禁令十一条，分别围绕重大事项决策、“三资”（农村集体资金、资产、资源管理）管理、工程招投标、“三务”（村级党务、村务、财务公开）公开、民生服务等重点领域，及基层干部“四风”问题隐患，梳理出禁止性负面清单，为村干部履职设定“高压线”。

【疫情防控“四查”监督机制建立】 参见“专记”类目“2020年海曙区抗击新冠疫情”分目

（王召波）

纪律审查和监察调查

【概况】 2020年，区纪检监察组织坚持“严”的主基调，突出重点削减存量，“零容忍”遏制增量，推行线索提级分析、案件催督办等制度，全年共立案179件，党纪政务处分163人。其中，查处区管干部14人、科级干部13人，移送司法机关5人，挽回经济损失1142万余元，严肃查处一批严重违纪违法案件。

充分发挥区委反腐败协调小组作用，规范党员和监察对象违纪违法问题线索移送，推进纪法贯通、法法衔接。坚持依规、依纪、依法安全文明办案，制定谈话场所管理办法，开展应急演练，守牢“零安全事故”“零疫情”底线。充分发挥“四种形态”党性教育、政策感召、纪法威慑的综合效果，全区运用“四种形态”处理579人次。落实“一案五必须”制度，推动以案促改、堵漏建制，向存在问题单位发出纪检监察建议43份。理顺机关纪检监察工委管理机制，规范派驻纪检监察组移送案件工作流程。

联合区信访局出台《镇（乡）街道纪检监察信访举报分类处置实施办法》，推动信访事项及时就地解决；建立初次检举控告办理“三督三提”工作机制，对“多年、多层、多头”信访开展专项攻坚，开展“农村涉纪信访专项提升月”整治行动，推动检举控告减存量、遏增量。区纪委区监委入驻区矛调中心接访，全年受理信访举报248件，其中检举控告181件、重复举报61件。坚持严管厚爱、激励约束并重，对129名受处分人员开展回访教育，为9名受到失实检举控告的党员干部澄清正名。在高压震慑和政策感召下，2名干部主动投案。

【“清廉村居”建设】 2020年4月14日，区纪委区监委发出《关于贯彻落实〈省纪委省监委强化清廉村居建设有力推动基层治理专项工作意见〉的通知》，明确任务、细化举措、落实责任。5月8日，区纪委区监委召开强化“清廉村居”建设有力推动基层治理专项工作推进会，对专项工作进行再动员再部署。5月15日，区纪委区监委印发《“强化清廉村居建设有力推动基层治理”加强监督执纪工作任务分解》，压紧压实监督执纪工作责任。海曙区在全市较早实现镇（乡）街道纪检监察机构自办案件全覆盖。2020年，各镇（乡）街道纪检监察机构共处置问题线索353件，立案131件，其中自办案件68件，比上年同期分别增长58.3%、22.4%和30.8%。

【初次检举控告处置办法实施】 2020年9月，区纪委区监委出台《初次检举控告处置实施办法》，创新建立“三督三提”工作机制，推动初次检举控告办理制度化规范化。细化实名初次检举控告工作流程，落实“受理告知、办理联系、结果反馈”要求；做好初次检举控告件办理的跟踪指导，注重“督办理质效、督群众工作、督处置到位”；定期分析研判各地检举控告受理办理情况，通过“提示告知、提醒通报、提级约谈”，进一步压紧压实各方责任，推动信访举报减存量、遏增量。

【党纪政务案件“三阶式”回访】 2020年6月5日，区纪委区监委出台《关于开展党纪政务案件“三阶式”回访工作的办法》，按照“谁处分谁回访”分级分工负责原则，对党纪政务轻处分案件、重处分案件、典型关联案件3类案件在处理结果生效后的一段时间内，按“标准访”“重点访”“延伸访”等不同教育策略进行回访，有效提升回访教育工作实效，让“有错干部”重新振作、争做“有为干部”。全年共回访教育129名受处分人员。

（王召波）

廉政宣传教育

【概况】 2020年，区纪委区监委协助区委深入推进“清廉海曙”建设，开展“6+3”领域清廉创建深化提升行动，建立“1名委领导+1个委机关联系室+1个派驻机构”负责1个领域清廉建设督导机制，推动各责任单位推进“清廉机关”“清廉村居”“清廉学校”“清廉医院”“清廉企业”“清廉文化”创建，并对公共资金监督管理、公共资源交易管理、公共资产经营进行监管，共培育区级示范观察点92个。抓好清廉品牌建设，推动全市清廉社区建设现场推进会、全市家风家训阵地建设现场会在海曙召开，在全市清廉民营企业建设工作推进会上作典型发言，水岸心境社区获评市级“清廉社区示范观察点”，东福园饭店获评“全市清廉民企创建示范单位”。深入推进“清廉文化”建设，联合有关单位策划开展“书香廉风天一阁”分会场活动、“清廉海曙”系列公益广告展播等，宁波家风馆、中国（海曙）御史文化陈列馆、“书香湖语”天一阁·月湖廉景线等清廉教育基地建成投用。

加强任前教育提醒，对27名拟提任的区管领导干部进行任前廉政测试，对17名新任“一把手”开展“三交底”廉政谈话，传导管党治党责任压力。编印《海曙区党员干部违纪违法典型案例警示录（2018—2020）》《海曙区基层党员干部“第一种形态”及典型违纪案件处理30例》，建成海曙区法纪教育基地。开展“清廉教育村社行”，组织“镜鉴常在、警钟长鸣”村社干部巡回警示教育展。开展职务犯罪案件庭审“云旁听”，组织全区党员干部和公职人员在线观看庭审直播7万余人次。

加强与主流媒体、报刊等沟通联系，在《中国纪检监察报》、《中国纪检监察》杂志、《浙江日报》等媒体以及中央纪委和省、市纪委网站发稿628篇，讲好正风反腐的海曙故事。

【“清廉教育村社行”主题巡展】 2020年5月始，海曙区“清廉教育村社行”主题巡展在全区17个镇（乡）街道巡回展出。巡展瞄准群众身边腐败问题和不正之风，选取近3年来查处的34起村社干部违纪违法典型案例，细分违反政治纪律和组织纪律、违反中央八项规定精神、农村集体“三资”领域问题、违反社会公序良俗四大类，以“草根”宣讲员讲解、法纪大篷车、“漫说违纪”等因地制宜的形式，在村社组织换届前后直接“进村入户”，教育警醒村社干部正确行使手中权力，守牢纪法底线。参观受教育的村社党员干部2100余人次。

【区法纪教育基地投用】 2020年，海曙区法纪教育基地建成投用，面积约260平方米。展厅以一体推进“三不”为主线，分为序厅领航启帆篇、主厅激浊扬清篇、终厅清风廉韵篇3个部分。其中，主厅突出不敢腐的法纪震慑，以反腐无禁区、拍蝇无死角、监督全覆盖、纠风不止步为主题，分别展示领导干部、其他党员干部及公职人员职务犯罪案件，群众身边的“微腐败”及村社干部严重违纪违法案件，违反中央八项规定精神典型问题；终厅突出“不敢腐”机制建设和“不想腐”氛围营造，以“治本清源防腐败、清廉文化扬清风”为主题，展示近年来海曙区纪检监察工作特色成果、“清廉海曙”各领域创建图景等。

（王召波）

海曙区法纪教育基地

相关链接：

四有四亮：指办公有场所、对外有标示牌、监审有公章、工作有记录；在办公场所醒目位置亮身份、亮职责、亮承诺、亮反映渠道。

四责协同：指构建党委主体责任、党委书记第一责任、班子成员“一岗双责”、纪委监委监督责任“四责协同”机制，建立完善“责任共同体”，层层传导压力，压实管党治党责任。

“三交底”廉政谈话：指对新任党（工）委、党组主要负责人开展廉政谈话时，就主体责任履职清单、所在单位问题清单、重要廉政风险清单面对面谈话交底，明确任务要求，落实工作责任。

“一书三单”督责制度：指针对监督检查发现的各类问题，向相关单位党组织和纪检监察组织发送《监督提醒通知书》《督办单》《建议单》《限期整改单》，推动管党治党责任落实。

“四查十核”监督工作机制：指聚焦议事决策、信息公开、行权规范、为民作风等四大方面，深入监督检查工程项目建设实施、资金管理使用、资产资源处置、惠民利民政策落实等10项内容，推进小微权力规范运行。

“四问四提升”护航行动：指通过问“症”，助群众满意度进一步提升；问“需”，助公共服务质量进一步提升；问“效”，助机关办事效率进一步提升；问“绩”，助干部担当作为进一步提升。

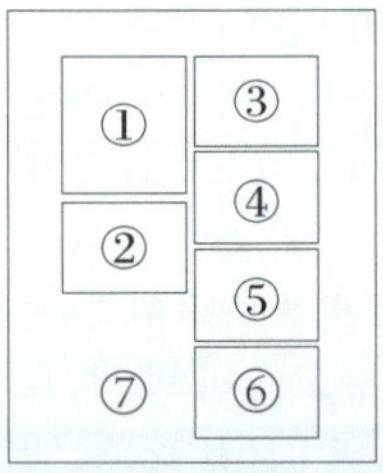

① 望春街道水岸心境社区"清廉小道"
② 月湖街道县学社区居民议事厅
③ 高桥镇民乐村"三治"融合长廊
④ 石碶街道冯家村"清廉"主题公园
⑤ 江厦街道莲桥社区清廉教育馆
⑥ 南门街道万安社区"清风园"
⑦古林镇葑水港村家教家风家训园

民主党派·群众团体

中国国民党革命委员会宁波市海曙区基层委员会

【概况】 2020年，中国国民党革命委员会宁波市海曙区基层委员会（简称“民革海曙区基层委员会”）下辖支部8个，新成立第八支部。至年底，新发展党员6人，累计党员116人，其中中高级职称67人，具有硕士以上学位29人，各级人大代表、政协委员25人。

民革海曙区基层委员会获评2020年省委会思想宣传工作先进集体。七支部获得省级示范支部称号，“知行苑”获评年度民革全省“五好”党员之家，“同心苑”获评年度民革全省“五有”党员之家。一支部、六支部获市级示范支部等称号。六支部、七支部被民革市委会评为防疫先进组织。

【民革海曙区基层委员会换届】 2020年10月29日，民革海曙区基层委员会换届大会召开，大会听取并审议通过民革海曙区第一届基层委员会工作报告，选举产生民革海曙区基层委员会第二届委员。钱军当选为主委，李杰、刘慧杰、裘隽彦、袁怡、吕红霞、吴祖峰、李霞、陈奕雄8人当选副主委。民革海曙一至七支部分别召开选举会议，海曙八支部召开成立会议，选举产生各支部委员会。

【民革海曙区基层委员会参政议政】 2020年，民革海曙区基层委员会首次向区政协提交大会集体提案《关于完善我区土地流转工作机制的建议》并获区委书记批示；建言建设档案验收实行“容缺承诺”改革服务项目，获区长批示。市、区“两会”期间，党员中的市、区人大代表向大会提交建议10件，市、区政协委员向大会提交提案24件。施建耀的《关于系统规划治理河道水质的建议》被市人大评为优秀建议，尤海娅的《关于有效推进海曙区养老服务工作的建议》被区人大评为优秀建议。党员撰写社情民意45篇，31篇被市委会录用，10篇被省委会及以上录用。其中《我国槟榔泛滥食用已成为隐形精神毒品亟待加强管控》被省委办公厅录用并上报中共中央办公厅；《我国公益诉讼存在的诸多问题亟待解决》被全国政协录用。共征集年度调研课题8个，其中3个课题为市委会重点调研课题。七支部的《关于繁荣夜间经济，提升宁波经济活跃度的调研》《关于推进我市法治乡村建设的建议》和六支部的《关于发挥文化建设作用探索我市乡村传统文化传承与发展的建议》被民革省委会参政议政研讨会录用，并获市委统战部“2020年民主党派基层组织优秀调研成果”；一支部的《关于我市山洪地质灾害防御机制建设的若干建议》荣获市委统战部“2020年民主党派基层组织精品调研成果奖”。

【民革海曙区基层委员会社会服务】 2020年，民革海曙区基层委员会与贵州省贞丰县妇联联合组织“美丽乡村振兴之技能帮扶”活动，为60余名妇女举办家政育婴培训班。组织开展“寻渊它山 同心筑梦”活动，开办23场次讲座，700余人受益。组织开展法律援助，发布民法典小视频180

10月29日，民革海曙区基层委员会换届大会召开，大会选举产生新一届民革海曙区基层委员会领导班子

条，开办讲座5场。组织开展“它山医”医疗帮扶1次。组织开展“村团联姻”“山货下山”活动，精准帮扶，实现“造血式”消费扶贫，组织开展“畅想哆来咪”活动，为鄞江燕玲学校务工子女提供雅马哈竖笛，开设竖笛吹奏课等。组织开展“爱心光明行”，牵线中国关心下一代体育健康基金会，提供30余台VR训练仪，为90名学生普及近视预防知识及建立屈光发育档案、视光检查。

（王　洁）

中国民主同盟会宁波市海曙区基层委员会

【概况】 2020年，中国民主同盟会宁波市海曙区基层委员会（简称“民盟海曙区基层委员会”）发展新盟员3人，现有盟员97人。基层委员会下设教育一支部、教育二支部、综合一支部、综合二支部4个支部。

【民盟海曙区基层委员会换届】 2020年12月5日，民盟海曙区基层委员会召开换届大会。大会听取主委孙铭龙关于民盟海曙区第一届基层委员会的工作报告，选举产生区基层委员会和4个支部第二届委员会委员。柳竹青任主委，朱盈、陈秀丽、阎云泉任副主委，鲍海波、陈俊、吴斌、周荣、张志刚任委员。基层委盟员中有市人大代表1人、市政协委员1人、区人大代表3人、区政协委员4人。

【民盟海曙区基层委员会参政议政】 2020年，民盟基层委员会提交区政协集体提案《关于进一步优化学前教育的建议》，获区委书记批示。陈秀丽提交市人大建议《关于加强学校和幼托机构流感疫苗接种的建议》《关于尽快出台〈宁波市急救医疗服务条例〉的建议》。龚浩强提交区人大建议《关于在海曙规划建立“顾方舟旧居”的建议》。李明妃提交区人大建议《关于支持海曙区古林镇儿童体质发展监测的建议》。夏永敏提交区政协提案《关于加快推进海曙“智慧社区”建设的建议》。金华祥提交区政协提案《关于广博阳光丽园一期、二期供水改造的建议》。陈洪波提交区政协提案《将多层住宅加装电梯工作列入民生工程的建议》。杨立波提交区政协提案《加大人才引进工作力度 促进健康海曙建设快速发展》《关于设立“天一读书节”的建议》。金华祥提交《关于在鄞江镇筹建宁波国际艺术交流院的提议》。周东旭提交《关于开展纪念宁波建城1200年系列活动的建议》。

【民盟海曙区基层委员会社会服务】 2020年，民盟基层委员会盟员在疫情防控、复工复产复学中参加各种渠道抗疫志愿服务，进行捐款捐物。阎云泉组织发动市美协水彩画艺委会和区美术家协会画家200余人创作抗疫美术作品200余件，参与“众志成城 抗击肺炎”画作线上爱心义卖活动。民盟海曙区基层委员会与集士港镇深溪村结对共建“美丽乡村”，为该村整理式改造提供规划设计方案。民盟海曙区基层委员会与贵州贞丰结对助学捐助4万元。依托盟员企业家龚浩强开展“橙计划”公益项目，在吉林省延边邀请20名儿童参加活动。

（王　洁）

中国民主建国会宁波市海曙区基层委员会

【概况】 2020年，中国民主建国会宁波市海曙区基层委员会（简称“民建海曙区基层委员会”）发展新会员7人，现有会员124人。下设5个支部，另在参政议政、社会服务、会员服务3个专业委员会的基础上增设调研宣传委员会。会员中有1名省政协委员、4名市人大代表和政协委员、14名区政协委员和人大代表。

民建海曙区基层委员会获2016—2020年“浙江省民建优秀基层组织”称号和“浙江民建抗疫先进集体”称号。三、四、五支部获“2020年度民建宁波市优秀支部”称号。三支部获“民建宁波市社会服务工作先进集体”称号。

【参政议政】 2020年，民建海曙区基层委员会上报社情民意信息21篇，提案、议案13篇，其中5篇个人提案被省、市人大、政协录用，7篇社情民意被市政协、民建市委会录用。曹云《关于尽快出台应对新型肺炎疫情中小企业专门扶持政策的建议》被列为市人大2020年1号建议，部分建议在《浙江省新型冠状病毒感染的肺炎疫情防控领导小组关于支持小微企业渡过难关的意见》中被采用，并被“人民政协”“浙江人大”“浙江政协”等媒体平台报道。温传明《关于加强我市装修垃圾治理及产业链建设的建议》获市委统战部民主党派基层组织优秀调研成果表彰。许淑敏《关于建立宁波新旧动能转换示范区加速推进海曙新空间产业发展的建议》获评区人大代表优秀提案。集体提案获区委书记批示，童绍数、尹继群调研文章获区委统战部一等奖。

【杨黎明调研民建海曙区基层委员会】 2020年9月，民建中央调研组在民建中央法制委员会副主任杨黎明带领下到民建海曙区基层委员会调研，调研应急状态下企业权益保护等相关议题。杨黎明对民建海曙区基层委员会提出的建议表示充分肯定，并把相关建议纳入课题内容递交相关政府部门。

【民建海曙区基层委员会“四个二”支部工作制度】 2020年，民建海曙区基层委员会坚持“四个二”支部工作制度，即要求每个支部每个专业委员会全年至少开展2次有质量的活动，发展2名高素质会员，完成2篇参政议政调研文章，组织2次社会公益活动，以具体详细的量化标准促进基层组织各项工作有序开展。在原参政议政、社会服务、会员服务3个专业委员会的基础上增设调研宣传委员会，分别负责收集和撰写提案、建议、社情民意，谋划、组织社会服务品牌建设，组织会员活动和服务会员，对各项工作进行前期调研和后期的宣传等。定期召开基层委扩大会，组织骨干会员学习时事政治、通报政府中心工作。

【民建海曙区基层委员会社会服务】2020年，民建海曙区基层委员会投身抗疫一线或通过多种渠道捐款捐物。会员为社会捐款（含建立基金）2640万元。结对10名贞丰县鲁容乡纳翁村贫困学生、11名章水镇困难学生和铁路宁波站“蓝精灵”志愿服务队。与区金融发展服务中心开展结对共建；与民建新昌基层委建立兄弟组织，开展互访互学；各支部与海曙老年支部结对。保持与蜜岩村的密切联系，承办“农夫市集”，增加外贸产品的内销，打造助推乡村振兴、增加乡村农民收入的社会服务品牌。

（王　洁）

中国民主促进会宁波市海曙区基层委员会

【概况】2020年，中国民主促进会宁波市海曙区基层委员会（简称“民进海曙区基层委员会”）发展新会员5人，累计会员173人，平均年龄54.6岁。其中在职会员117人，占比67.6%；副高及以上58人，占比33.5%。会员中有市人大代表、政协委员3人，区人大代表、政协委员7人。基层委员会下设6个支部。

全年上报社情民意19篇，其中周海杰《我国进口成品油消费税征缴存重大漏洞亟待重视解决》《建议多措并举降低企业电子发票应用成本以数字技术减轻企业负担》被全国政协和民进中央录用。俞乾文《法律认可金融机构借贷利率上限高于民间借贷50%以上，亟待予以统一》被民进中央录用，《严防租房市场“野蛮人”引发社会不稳定》被民进省委会录用。严海波《关于〈中华人民共和国动物防疫法〉的修改建议》被市政协录用。市、区两级人大代表、政协委员在“两会”期间共递交议案建议11件，并全部立案办理。

申报民进市委会调研课题3个，其中叶辉、周海杰合作的“基于区块链技术的电子发票管理研究”、陈少华主持的“中小学创客教育现状研究与对策”成为市委会立项课题。周含撰写的调研报告《在海曙区十四五规划编制专题协商会上的发言》在海曙区“十四五”规划专题协商会上发言。基层委员会发动全体会员开展中国民主促进会成立七十周年“我为民进祝福”活动。

【民进海曙区基层委员会换届】2020年10月24日，民进海曙区基层委员会第一届委员会第五次会员大会暨换届大会召开。大会听取民进海曙区第一届基层委员会工作报告，选举产生民进海曙区第二届基层委员会。谢飞红当选为主委，陈少华、李江美、陈振总、周含当选为副主委，竺慧文、周海杰、黎丽、张志儿、谢晓颖、王幼娟当选为委员。此后还完成东恩中学支部、十五中学支部、宁波市实验小学支部和幼教支部换届，调整支部领导班子成员。

10月24日，中国民主促进会海曙区第一届基层委员会第五次会员大会暨换届大会召开，选举产生民进海曙区第二届基层委员会

【民进海曙区基层委员会社会服务】2020年，民进海曙区基层委开展“山货下山”活动，幼教支部为章水镇大皎村销售羊尾笋3725公斤，销售额97500元。由李江美副主委发起的“牵手甬库情”活动，为新疆库车11所幼儿园募集教育教学物资款18120元，捐赠绘本图书1200本，并挂牌“海书库”。由陈少华副主委创办的“民进社会服务实践基地”——21世纪车间共举办两次主题活动，服务社区小公民50人次。

（王　洁）

中国农工民主党宁波市海曙区基层委员会

【概况】2020年，中国农工民主党宁波市海曙区基层委员会（简称“农工党海曙区基层委员会”）吸收新党员8人，组织关系转入6人，处于考察期的入党积极分子2人，累计有党员80人。农工党海曙区基层委员会获“农工党中央全国社会服务先进基层组织”“农工党省委会2020年度先进基层组织”“农工党市委会2019年调研工作先进单位”“反映社情民意信息工作先进单位和宣传工作先进单位”称号。

在政协“区委书记与委员面对面”协商会中，与区政协委员、“智库”成员和专家就宁波临空经济示范区规划发展提出建议意见。10名党员与区政协委员和无党派人士代表关于《海曙区卫生健康事业发展“十四五”规划》提出建议意见。参加区委统战部民主党派建言“十四五”民主监督活动的座谈交流。组织党员参加各类政情通报会、重大项目评审会等。集体提案《关于推动临空经济 培育发展海曙新经济增长极的建议》被区政协评为优秀提案，田芳《关于进一步加强老旧小区整治的建议》被区政协评为2019年度优秀提案。14篇信息、调研被全国、省、市政协、农工党中央、省委会等录用，18篇宣传稿被农工党市委会录用。农工党海曙基层委的《关于加快推动宁波舟山港建设 做强我省港口经济优势的建议》获市委统战部2020年民主党派基层组织精品调研成果奖。《关于推动临空经济 培育发展海曙新经济增长极的建议》《加快我市生物医药产业发展的对策建议》《我市流感疫苗接种一针难求引发民众恐慌亟须高度重视》《充分发挥社会组织在城乡社区治理中的作用》获市委统战部民主党派基层组织优秀调研成果奖。

【农工党海曙区基层委员会换届】 5月25日，农工党宁波市海曙区总支部党员大会暨基层委员会成立大会召开，会议选举产生第一届基层委员会领导班子，下设联合一支部、联合二支部。高秀峰当选主委，陆文波、黄跃祥当选副主委，薄丁旖、周宏沧、朱政玉、夏宇、王卫亚、史蝉燕当选委员。

【农工党海曙区基层委员会社会服务】 2020年，农工党海曙区基层委员会在南门街道开展“童心飞扬”活动；在鄞江镇启动“它山谧”志愿服务项目；在鼓楼开展心肺复苏知识培训进社区活动；在高桥镇民乐村开展“情系桑榆健康下乡”活动，开设中医、骨科、内科、外科、妇科、儿科等多个科室义诊，服务群众超过1000人次；赴贵州贞丰县卡务村开展对口帮扶活动，鲁完意捐赠3万元，作为15名贫困学生助学金，许光阳为卡务村贫困老人、儿童开展义诊服务。18名农工党党员医生参与到疫情防控主战场，夏宇牵头建立新冠疫情心理咨询热线，组织20余名心理咨询师和医务工作者对一线医护人员、病患家属进行心理干预。

（王　洁）

中国致公党海曙区总支部

【概况】 2020年，中国致公党宁波市海曙区总支部（简称“致公党海曙区总支”）发展、转入新党员8人，累计有党员60人。总支部下设3个支部。党员中有市人大代表2人、市政协委员2人、区政协委员6人。

选派党员参加宁波市委会的迎新茶话会，开展“参政议政论坛”“行业政策介绍”等活动，为支部成员搭建参政议政、理论学习、了解支部动态的平台。学习兄弟党派的先进经验，总支与致公党江北支部开展结对交流活动，加强支部间的沟通和交流，二支部与萧山基层委三支部结对交流，走访参观城厢街道回澜南苑小区老旧小区改造情况，关于老旧小区改造进行交流探讨；三支部和省直综合二支部开展双向学习交流活动，就党派建设进行深入探讨。

完成《发挥政府引导基金在精准招商和新兴产业发展的建议》《基于数字化管理手段下进一步优化工伤认定流程的研究》《宁波机电产业出口发展对策研究》《关于破解宁波市疫情下中小微企业生存可持续发展的实战研究》《关于进一步规范城乡垃圾分类处置的对策建议》《关于加强老旧小区补缺型养老服务供给研究》6篇调研课题。尹向红参与的“高压气溶胶解构排水固结机理、关键技术与工程应用”课题获“浙江省岩土力学与工程学会技术进步特等奖”。尹向红撰写的《关于建立建筑渣土处置长效管理机制的建议》获评政协宁波市委员会“十五届三次会议优秀提案”。完成10篇社情民意信息，其中华骋珅的《关于优化〈宁波市生活垃圾分类管理条例〉执法》、赵纬的《应对疫情影响支持民营企业渡过难关的建议（合稿）》、江辉的《关于推动小微企业园提质发展的建议（合稿）》被市委会采纳。上报市委会14篇宣传信息，其中报致公党中央录用5篇、省委会录用6篇。

【致公党海曙区总支社会服务】 2020年，致公党海曙区总支发挥在海曙牡丹社区建立的“致爱驿站”服务功能和社会影响。“致爱”导师服务团在疫情期间带领义工为公安干警等一线防疫人员理发服务300余人次。为复工复产无偿及低价提供蔬菜等食品。党员撰写减费降税提案为帮助民营企业渡过难关献计献策。党员们积极参与“致公爱心小包裹”认捐活动，援助海外华人、华侨渡过疫情险阻。支部党员积极参加“同心共创文明城市”志愿者活动和海曙区民主党派、无党派人士贵州贞丰结对帮扶活动。总支为贵州省鲁容乡卡务村的10名贫困学生捐款2万元，牵头组织市委会的医疗专家为该村贫困老人和学生义诊。组织党员前往浙江省遂昌县迎新村开展结对帮扶和消费扶贫活动。

（王　洁）

九三学社宁波市海曙区基层委员会

【概况】 2020年，九三学社宁波市海曙区基层委员会（简称“九三学社海曙区基层委”）发展新社员5人、转入3人，累计有社员73人。基层委员会下设3个支社。社员中有1名省政协委员、2名市人大代表和政协委员、8名区政协委员和人大代表。九三学社海曙区基

11月7日，九三学社宁波市海曙区基层委员会换届大会召开，大会选举产生海曙区基层委员会和一支社、二支社、三支社第二届委员会委员

层委被九三学社中央委员会评为“九三学社创建75周年全国优秀基层组织”。

全年上报社情民意信息24篇，被中央、省、市各级录用35篇次。其中，龙再浩、丁燕君的《有效防控疫情输入需尽快改进口岸卫生检疫工作》被九三社中央录用，并被市政协单篇录用；龙再浩的《加强新型冠状病毒样本的管理刻不容缓》被省委统战部录用。童若飞的《关于进一步推进我市建筑渣土处置工作的建议》获市委书记郑栅洁批示。省、市、区“两会”期间，提交提案建议10余篇，其中提交省政协2篇、市政协1篇、市人大3篇。九三学社海曙区基层委提交集体提案《关于推进海曙区社会矛盾纠纷调处化解中心建设的建议》。集体提案《关于复兴宁波市中医药文化（药行）街的建议》被评为区政协优秀提案。周海滨的《关于进一步促进发展我市中医药事业传承创新发展的建议》被评为优秀议案。

参与多个市、区级课题报告的研究与撰写。其中，一支社报送的《我市再生水应用推广的政策与机制研究》获评市委统战部“2020年民主党派基层组织优秀调研成果”。九三学社海曙区基层委报送的《关于打造口岸疾病防控体系建设“宁波样板”的建议》获市委统战部精品调研成果奖。以施惠祥、龙再浩、丁燕君等为主撰写的《加快综保区建设，推动前湾新区打造对外开放新高地》《青年工作委员会推进宁波口岸疾控体系现代化建设的研究》《关于提升“十四五”时期金融服务民营企业能力的研究》均得到社市委认可。许瑾瑾、施惠祥的《以机场三期启用为契机全力推动空港货运发展的研究》与皇甫薇薇的《关于加快简易工伤处理“一件事”网上掌上联办的调查报告》和曾徐的《关于拓展81890服务职能，深化81890全面改革的建议》等获得区委统战部的认可。

【九三学社海曙区基层委员会换届】2020年11月7日，九三学社海曙区基层委换届大会召开。大会听取九三学社海曙区第一届基层委员会工作报告，选举产生海曙区基层委员会和一支社、二支社、三支社第二届委员会委员。施惠祥当选主委。

【九三学社海曙区基层委员会社会服务】2020年，九三学社海曙区基层委积极响应九三学社中央、区委统战部等组织的扶贫项目。通过“扶贫购”的方式购买山区产品，通过捐款方式为贞丰县卡务村15名贫困老人送温暖，认领龙峰村“微心愿”，为山区居民实现愿望。开展“知”识下乡，挖掘社员特长，组织形式各样的“送医下乡”、“送书下乡”及“数说海曙”区情讲座、“创业创新讲座”、“儿童教育”公益讲座、“普惠金融进社区”等社会服务活动。开展“智”力帮扶，推动庆元—海曙山海协作项目，为庆元县提供项目免费设计并谋划后续合作项目。

（王　洁）

海曙区总工会

【概况】2020年，海曙区有基层工会组织3078家，其中单建企业工会2791家、联合工会287家；覆盖企业1.58万家，职工入会率97.6%。全区有工会会员37.12万人，其中农民工24.95万人。区总工会在市总工会年度重点工作考核中取得特等奖。

区总工会推进产业工人队伍建设改革，举办全区产改工作专题推进会及培训班。在“雅戈尔”“君禾泵业”作为省市试点单位的基础上，确定集士港、石碶等5家单位为试点镇（乡）街道，“华茂”等40家单位为试点企业。举办全省电子商务技能竞赛等精英赛、群英赛12场，通过以赛代评、“名师带徒”等活动，加大产业工人队伍建设培养力度。实施海曙劳模工匠培养选树计划，发挥劳模（工匠）创新工作室示范引领作用，推选“全国先进工作者”王理顺等各级劳动模范和模范集体、“五一奖状奖章”、“工人先锋号”、工匠先进等50人（个）。

推广“职工说事”制度，覆盖五星级工会120家，建成“职工说事”工作室78家，推动民主管理向企业经营管理的重大问题、职工关心的热点难点问题延伸。推行集体协商精细化模式，全区21家单位被评为“宁波工资集体协商精细化示范单位”，海曙区连续获得两届“全市工资集体协商竞赛”集体一等奖。参与海曙“无欠薪”工作，以劳动关系预警预防预控、劳动争议调裁诉联动化解为主要内容，加快实现调裁诉一站式服务、职工维权最多跑一地要求。区职工服务中心接待劳动法律法规咨询求助293件，为职工挽回经济损失210余万元。以鼓楼街道总工会夏蓉菁工作室和横街镇总工会“178”工作室两家市级调解室为引领，推进基层调解组织建设，把劳动关系矛盾防控在源头、化解在基层。

持续提升“春送岗位、夏送清凉、金秋助学、冬送温暖”工会四季服务品牌及医疗互助保障、“四进三送”健康服务、一线职工体检休养等实事项目，全年医疗互助保障参保22万余人次，安排600名一线优秀职工参加体检休养活动、1500名职工参加流动体检车活动。开展企事业单位文体联赛、“书香海曙”主题阅读、职工健步走、文艺小分队送演出等职工文体活动。推进扶贫协作，全区各机关单位、企事业单位共采购扶贫地区农产品1919.72万元，援助贵州省贞丰县“新市民·追梦桥”项目，联合“81890”匠道志愿服务中心开展贞丰、义龙籍在海曙职工建档帮扶、走访慰问等工作。区总工会制作对口帮扶工作视频片《情比金贵》，获全国总工会“讲扶贫故事、展工会风采”短视频大赛二等奖。

举办党组中心组（扩大）学习会、“曙说”劳模宣讲、“工会云课堂”等活动，强化职工群众政治引领。坚持党建带工建、深化基层工会改革，建立区家庭服务行业工会联合会等区域性行业性工会，推进“专挂兼”复合型工会工作者队伍建设，持续深化“工会+职工+社工+义工”的“四工联动”海曙模式。推进工会组织和会员实名制数据库等网上工会建设，“海曙职工之家”微信公众号在全省县（市、区）新媒体排行中始终保持前十。开展“红五月——大学习、大走访、大调研、大服务”“当一周工人，体工会初心”等主题活动。

【工会“降本减负”惠企政策】参见“专记”类目“2020年海曙区抗击新冠疫情”分目

4月28日，海曙区劳模工匠座谈会召开

【庆“五一”劳模工匠座谈会】 2020年4月28日，海曙区劳模工匠座谈会召开。海曙区来自各行各业的9名劳模工匠和3个先进集体代表，围绕“发挥先锋模范作用、勇挑发展重担”的主题进行座谈。表示工匠劳模要积极发挥先锋模范作用，勇于担当、主动靠前，带头维护职工队伍的团结稳定，以主人翁的姿态，为海曙经济发展和社会稳定贡献力量。

【第四届全市企事业单位文体联赛三人篮球比赛在海曙举行】 2020年5月31日，由市总工会、市体育局主办，区总工会等承办的“展示职工风采·决战六争攻坚”第四届全市企事业单位文体联赛开幕式暨首场三人篮球比赛在海曙区文体中心启动。124个代表队报名参赛，总人数超过500人，创历史之最。最终，舟山港队、轨道交通队、宁波机场队分获男子组前三名。政始中学队、李惠利医院队、体工大队分列女子组前三名。

【区总工会机关“当一周工人，体工会初心”活动】 2020年6月15日始，区总工会25名机关干部分4批到辖区内企业，开展“当一周工人，体工会初心”活动。机关干部走进工厂车间，向工人师傅学习劳动技能，与一线工人同吃同劳动。

【省跨境电子商务技能竞赛在海曙开赛】 2020年9月20日，由省总工会主办，市总工会、区总工会、宁波市启格职业培训学校承办的2020年浙江省跨境电子商务技能竞赛在海曙区开赛。经各地工会推荐参赛，层层选拔，8支队伍150余名选手入围。比赛首次在职工技能竞赛中采用多方远程视频连线的方式，这既是后疫情期间疫情防控的要求，也是改变竞赛组织方式，把技能竞赛和现代科技有机结合的一次全新尝试。整个竞赛环节全程对外现场直播。经过激烈的角逐，最终宁波代表队获得第一名，海曙区总工会代表队、台州市总工会代表队分别获得第二、三名。

【区总工会扶贫短视频获全国二等奖】 2020年10月，“讲扶贫故事　展工会风采”全国工会扶贫短视频故事征集活动评选结果揭晓，在入围投票环节的89部作品中，经过网络投票、专家评审等环节，由区总工会制作的《曙光——情比金贵》荣获全总二等奖。影片通过纪实手法，围绕“扶贫扶志并重、全面关爱服务”的主旨，生动展现海曙区自脱贫攻坚战打响以来，凝聚工会力量，主动作为、真抓实干，与贵州黔西南州贞丰县、义龙新区两地工会近3年来结对帮扶的工作历程。

【产业工人队伍建设改革工作推进会】 2020年11月26日，海曙区产业工人队伍建设改革工作推进会在区档案馆召开。会议传达学习习近平总书记在全国劳动模范和先进工作者表彰大会上的重要讲话精神，并对推进海曙产业工人队伍建设改革工作做出重要部署。会议强调，新时代产业工人队伍建设改革，是习近平总书记亲自点题、部署、指导的重大改革任务。推进产改工作，打造一支高素质的产业工人队伍，既是贯彻落实习近平总书记重要指示和重要讲话精神，以及上级有关部署的重要举措，也是海曙区高质量发展的关键一环。海曙区委副书记、政法委书记张启表出席会议并讲话，区委常委、常务副区长李冠杰主持会议。区有关部门、各镇乡街道及系统直属工会、产改试点企业代表等参加会议。

【“调裁诉”联动工作机制启动】 2020年12月16日，区总工会联合区人力社会保障局、区人民法院等单位启动“调裁诉”对接平台，构建“工会+人社+法院”调裁诉对接格局，实现职工依法维权“最多跑一次”。为不断加强基层调解组织的建设，区总工会建成区级调处中心1个、市级调处工作室2个，区级调处工作室5个和镇（乡）街道调处工作室11个，实现全区劳动关系工会调处工作室全覆盖。

【工会“基层组建、基层改革”工作会议】 2020年12月21日，区总工会召开工会“基层组建、基层改革”工作会议。会议围绕组建攻坚行动、深化基层工会改革、工会志愿服务等重点，对全区工会的基层工会组建、基层工会改革、工会志愿服务和推优入党等工作进行部署。集士港镇、望春街道和江厦街道3家基层群团改革试点单位进行典型发言。

（刘嗣杰）

共青团海曙区委员会

【概况】 2020年，海曙区有基层团委45个、基层团工委11个、团总支22个、团支部994个，专职团干部728人、兼职团干部1263人，团员16343人。有官方微博“海曙共青团”、微信公众号“海曙青年”、抖音号“海曙小青”、“一直播”账号“海曙共青团”等新媒体宣传平台，统筹发布各类信息要讯。全区有全国级青少年维权岗2家、省级6家、市级14家、区级26家。省级健全青联组织社团基础工作试点、《浙江省中长期青年发展规划》实施培育试点和市青少年"真善美"种子工程示范点落户海曙。在省、市志愿服务项目大赛中获奖项目总数居全市前列，"我为烈士寻亲"志愿服务项目获省、市级双金奖。"区青年志愿者团队"获评区级"在疫情防控一线表现突出的战'疫'先锋团队"。培育和推介洞桥镇张家垫村党支书张云入选省"青春助力乡村振兴带头人'青牛奖'30强"，宁波起源生态农场获评省级"示范性青创农场"。连续6届获宁波市少先队辅导员技能技巧比赛团体金奖。"小红曙"青春宣讲项目获"海曙区宣传思想文化工作创新大奖"，获《浙江日报》头版点赞。"海曙'礼小青'青年志愿者助力文明城市创建"工作在《宁波日报》头版专题报道，团区委获评区"争创全国文明城市'六连冠'嘉奖集体"。

【纪念五四运动101周年主题团日活动】 2020年4月30日，"绽放战'疫'青春 坚定制度自信"海曙区纪念五四运动101周年主题活动在联谊宾馆举行。活动分3个阶段。表彰在宁波市防控疫情阻击战中表现突出的团员、基层团组织、青年志愿者服务组织、青年突击队以及青年志愿者；邀请各位青春代表讲述战"疫"故事；举办"郑益欢青年志愿者服务队"授旗仪式，成立"郑益欢志愿服务队"。区委副书记、政法委书记张启表对在抗疫一线做出贡献的全区团员青年表示感谢，并深切寄语，希望广大青年朋友们勇于担当、善于担当、自觉担当。

【"百万甬城青年文明传递专项行动"启动】 2020年6月25日，由团市委主办，团区委和石碶街道联合承办的宁波共青团助力全国文明城市"六连冠"统一行动日暨"百万甬城青年文明传递专项行动"启动仪式在海曙区石碶街道雅渡村文化礼堂举行。海曙区委常委、宣传部部长张宁辉，团市委书记金昕分别作动员讲话。仪式结束后，与会领导、团员青年代表、青年志愿者和少先队员代表一同参与环境卫生整治志愿服务。

【区青年工作联席会议第一次全体会议】 2020年6月30日，海曙区青年工作联席会议第一次全体会议召开。团区委书记林锦介绍《宁波市中长期青年发展规划（2019—2025年）》和海曙区青年工作联席会议制度有关情况，会议审议通过《海曙区青年工作联席会议工作规则》和《海曙区青年工作联席会议成员单位职责分工》。区委副书记、政法委书记张启表出席会议并讲话，强调做好青年工作是巩固扩大党执政青年群众基础的战略之需、高质量建设国内一流强区的应有之义和更好推动青年成长成才的关键之举。

【"创意点亮城市角落"小区微改造座谈会】 2020年7月17日，"创意点亮城市角落"小区微改造座谈会在鼓楼街道孝闻社区召开，海曙团区委副书记曹小波，鼓楼街道、西门街道、宁波市城建设计研究院、园林设计院相关负责人及15名高校青年代表参加座谈。高校青年代表集中观摩小区微改造相关的视频和案例，听取2名社区书记对社区基本情况的介绍，提出诸多解决设施老旧、地面破损、小区绿化差等问题的建议。宁波市城建设计研究院给出专业性建议，为同学们创新思路、实现改造方案的落地与转化提供参考。随后，参会人员前往要进行微改造的地点进行实地考察并合影留念。

【青年大学生基层实习计划启动暨"家燕归巢"联盟成立仪式】 2020年7月23日，"未来'曙'于你"青年大学生基层实习计划启动暨"家燕归巢"联盟成立仪式在区文化体育中心举行。海曙区部分重点特色企业负责人和实习实践学生代表参加活动。区委常委、区政府党组成员薄慧敏介绍海曙区位优势、产业发展动能和青年人才工作，对青年学子提出殷切期望。活动现场，为基层实习挂职服务团队授旗，并成立海曙区"家燕归巢"青年联盟，为8个城市分会授牌。随后，区人社局专题推介海曙区人才政策和海曙区重点企业（项目）。活动旨在广泛联络海曙籍在外高校学子，鼓励回乡发展，并为海曙籍在外高校学子创新创业、社会交往奠定基础。

【第一期基层团干部培训班】 2020年8月12—13日，2020年海曙区第一期基层团干部培训班开班。来自各镇（乡）街道、机关事业单位、企业、学校等领域的44名团干部参加培训。培训重点围绕团干部的思想教育、团线业务、团务知识开展，并举办"红船杯"党团知识竞赛、青年阵地实地调研等活动。

【区少工委九届二次全委（扩大）会议暨"真善美"种子工程试点工作推进会】 2020年9月25日，海曙区少工委九届二次全委（扩大）会议暨"真善美"种子工程试点工作推进会在集士港镇中心小学召开。区少工委委员、各中

6月25日，宁波共青团助力全国文明城市"六连冠"统一行动日暨"百万甬城青年文明传递专项行动"启动仪式现场

12月7—9日，海曙区年轻干部“青蓝工程”综合素养提升班举办，其间，开展学习党的十九届五中全会精神研讨交流会

小学少先队大队辅导员、各中学团组织书记100余人参加会议。会议通过《关于区少工委委员卸职替补确认案》，聘任陈佳颖为区少先队总辅导员，聘任邵琦、徐波为区少先队副总辅导员。区教育局副局长、区少工委主任於宏华，海曙团区委副书记、区少工委主任曹小波分别就分批入队、推优入团等重点工作进行部署。

【青年企业家传承与创新研修班】2020年9月27—29日，团区委联合区工商联主办“海曙区青年企业家传承与创新研修班”。区委常委、统战部部长陆利明出席开班仪式并讲话，对新生代企业家们提出希望。研修班邀请复旦大学社会发展与公共政策学院院长、经济学博士梁鸿，医事法研究中心主任、法学博士刘士国，国际金融系教授、博士生导师牛晓健和中国经济研究中心副主任、复旦大学经济学教授殷醒民分别从中国国情、《中华人民共和国民法典》对企业与企业家的影响、供应链金融与融资管理、疫情下中国宏观经济政策等方面进行解读授课。全区60名青年企业家参加研修班。

【“青春致敬抗美援朝”海曙站活动】2020年10月23日，由团区委、区退役军人事务局、区志愿者协会承办，宁波影都协办的“青春致敬抗美援朝”海曙站活动在宁波影都（东门店）举行。海曙区“我为烈士来寻亲”志愿服务团队和从事老兵关爱帮扶的青年志愿者代表共同观看电影《金刚川》。活动特别邀请志愿军老兵邵振国、宁波籍志愿军烈属陈荷珍，到现场向青年志愿者讲述光荣历史。

【新时代文明实践志愿者服务项目大赛】2020年10月28日，海曙区新时代文明实践志愿者服务项目大赛在古林镇蜃村文化礼堂召开。各街道和社区、社会组织、社工机构组织71个优秀项目参赛，内容涵盖应急救援、卫生健康、互助关爱、心理疏导、理论传播、青年突击、文化服务等多个领域。最终评选产生3个金奖、6个银奖、9个铜奖和12个优秀奖。“有我陪伴，你不孤单”关爱留守农村老人志愿服务项目、绿蚁乐投智能垃圾分类——关爱环卫工人志愿服务项目、“甬·志愿大篷车”海曙区乡村便民服务志愿项目3个项目获得金奖。

【“青春助推转型升级先锋行”活动】2020年11月20日，由团市委主办、团区委承办“青春助推转型升级先锋行”之“走进雅戈尔、旷世居家”活动。各区县（市）团委、市直属单位团组织、市直机关团工委下属团组织的30名团员青年参加活动，先后考察雅戈尔集团品牌展馆、智能生产工厂及宁波旷世居家用品有限公司，了解企业在疫情冲击下复工复产的坚定信心和现实问题。

【年轻干部“青蓝工程”综合素养提升班】2020年12月7—9日，区委组织部、区委党校、团区委联合举办海曙区年轻干部“青蓝工程”综合素养提升班，47名年轻干部参加培训。3天培训以集中授课、团队协作、事迹宣讲、风采展示、团队素拓活动、党团知识竞赛等形式，提升参训年轻干部的综合素养。“青蓝计划”是海曙区针对年轻干部培养，通过“精准选、精心育、精细评”，全链条优化年轻干部的培训模式。

【区第二期基层团干部培训班】2020年12月22—23日，2020年海曙区第二期基层团干部培训班开班。来自各镇（乡）街道、机关事业单位、企业、学校等领域的50余名团干部参加培训学习。培训重点围绕团干部的思想教育、党性教育、团务知识展开，并加入团队协作环节如“关心关爱”心理调适主题活动、团队拓展等内容。

（郑思莹）

海曙区妇女联合会

【概况】2020年，海曙区有镇（乡）街道妇联17个、机关（园区）妇委会10个、村（社区）妇联261个。36个党政工作部门中，28个部门的领导班子配备女干部43人，占总数的77.8%，其中正职女干部14人。17个镇（乡）街道中，4个镇（乡）街道领导班子配备正职女干部4人，占23.5%。

坚持把学深悟透习近平新时代中国特色社会主义思想作为首要政治任务，组建“四明女儿大宣讲——海曙巾帼红”宣讲团，举办“海曙女儿 窗口担当”——“她力量”党课宣讲。推进新媒体传播矩阵建设，各级建立“工作群”“姐妹群”570余个。在“海曙女性”微信公众平台推送文章180余篇，阅读量超20万次。《人民日报》、《新华每日电讯》、《中国妇女报》及“学习强国”App等媒体刊发区妇联相关报道16篇。

成立全市首家“四新”领域妇建联盟——“甬尚特色街区妇女之家”。成立宁波市智能制造技术研究院妇联，组建“巾帼云创客妇女微家”。从项目人群、项目内容、项目成效等方面对执委履职进行规范化引导，全年执委领衔的19个项目全部完成验收。启动全域公益红娘联盟项目，构建枢纽型红娘联盟组织，举办线上培训22次、研讨会2次，为3000余对新人提供婚恋服务。推进“促进婚姻家庭和谐服务项目”和“老妇女主任关爱项目”，惠及妇女超过2万人次。

疫情期间，发动女企业家捐赠抗疫物资314万余元，“女能手”捐赠新鲜蔬菜水果3250公斤。开展“美美与共”女企业家素养提升培训班2期，组织女企业家学习信息化、智能化方面新知识、新政策。启动“女性创业就业培训直通车”进文化礼堂行动，举办母婴护理培训班、美妆美甲班，将妇女群众所需培训技能送到家门口。提升“巾帼文明岗”创建内涵，举办“巾帼文明岗”创岗工作培训班，指导1家单位创建全国岗、14家创建市级岗、28家创建区级岗。5家单位创建为省级岗，1人获评省巾帼建功标兵。发动妇联执委、女企业家等参与对口帮扶，为贵州省黔西南州贞丰县第七小学、丽水市庆元县山头村捐款39万元，为50名贞丰县易地搬迁帮扶对象开展家政基本技能培训。

启动“12338”热线主席接访日工作。区妇女儿童维权窗口接待群众来电来访105件，其中接待来访54件、来电51件，调处率达100%。依托“海曙女性”公众号，推送“平安家庭”各类信息30条，总阅读量超3.62万次。编印发放“平安家庭”“反家暴”等宣传册6万份。整合金石榴女律师维权站海曙分站资源，将海曙分站41名女律师全部下沉至17个镇（乡）街道。

【“美丽乡村”建设】 至2020年，海曙区“美丽庭院”创建三年行动取得预期成效。5月，区妇联联合区委宣传部举办海曙“寻庭记”美丽庭院视频大赛，30个视频获优秀奖。11月，区妇联通过听取汇报和现场走访方式，对各涉农镇（乡）街道妇联“美丽庭院”创建进行验收检查。至年底，全区创建市级“美丽庭院”特色带2条、示范村2个、“最美庭院”17户。创建区级“美丽庭院”示范村12个，区级“美丽庭院”达标户2000户、示范户50户。

【预防性侵未成年人工作】 2020年，区妇联发挥区预防性侵未成年人工作组办公室工作职责，牵头起草《关于建立性侵未成年人推动儿童权益保护合作机制的意见》，组建区未成年人保护心理援助团队、区“花季关护”讲师团，为未成年被害人及其家庭提供个案辅导、家庭治疗41次，组织开展未成年人安全教育专题讲座7场。区妇联、区教育局、区人民检察院联合编印《防性侵手册》学生版、教师/家长版13000册，开发《爱护我们的身体（儿童版）》《如何保护孩子远离性侵（家长版）》宣教片，实现辖区中小学、村文化礼堂、社区家长学校全覆盖。

【家庭文明建设】 2020年，区妇联联合区文明办、区生态环境局海曙分局开展寻找2020年度海曙区“海尚最美家庭”“绿色家庭”活动。全区1户家庭获评全国“五好家庭”，4户家庭获评省级“先进家庭”，25户家庭获市级荣誉。新增区级“小海狸”亲子阅读点6个，1家单位获评第二批“全国家庭亲子阅读体验基地”，组建亲子阅读家族“智库”，发布全区亲子阅读家族智库领衔项目，8家单位获评市级示范“家长学校”。协助推进“宁波市家风馆”（宁波市清廉家风馆）项目筹建，宁波家风馆于11月3日揭牌运营，接待市内外游客8600余人次。

【“女性创业就业培训直通车”进文化礼堂行动】 2020年，区妇联启动“女性创业就业培训直通车”进文化礼堂行动，通过1个中心培训点和N个走进农村文化礼堂点，把妇女群众所需的培训技能送到家门口。通过举办母婴护理培训班、美妆美甲班，采用线上理论学习与线下实际技能操作相结合方式，对妇女群众进行专业化、系统化技能培训。培训女性2500余人。

【区妇联十一届五次执委（扩大）会议】 2020年1月9日，海曙区妇联十一届五次执委（扩大）会议召开。区委副书记、区政法委书记张启表出席会议并讲话，区妇联党组书记、主席刘燕作工作报告。区妇联十一届全体执委，全区各镇（乡）街道妇联主席、副主席，党委部门（机关）妇（工）委会主任（负责人），区妇联机关全体干部等70余人参加会议。

【心理防“疫”在线微课堂】 参见“专记”类目“2020年海曙区抗击新冠疫情”分目

【疫情主题家庭教育“线上学堂”】 参见“专记”类目“2020年海曙区抗击新冠疫情”分目

【“曙·馨”女性素质提升计划第一期培训班】 2020年6月5日，区妇联在

6月5日，区妇联举办“曙·馨”女性素质提升计划第一期培训班

宁波市甬江商务管理学校梁祝校区举办“曙·馨”女性素质提升计划第一期培训班。培训班组织参观清廉文化陈列馆，安排“新冠后谈养肺”讲座，并开展女性手工制作课程。全区30余名正处级女领导干部参加培训。

【“四明女儿大宣讲——海曙巾帼红”宣讲团成立】2020年6月9日，由区委宣传部、区妇联共同举办的“四明女儿大宣讲——海曙巾帼红”宣讲团成立暨首场宣讲活动海曙区古林镇仲一村“美丽庭院”举行。活动现场成立“四明女儿大宣讲——海曙巾帼红”宣讲团，古林镇张家谭村党委书记洪幼芬以《撸起袖子加油干 开创美好新未来》为题进行宣讲，活动设置巾帼“云”带货农产品推介环节，2名来自古林镇的“巾帼云带货人”推介纯手工白麻筋草席和园艺盆景。

【“妇联服务进文化礼堂”项目启动】2020年8月20日，海曙区“妇联服务进文化礼堂”项目启动仪式在洞桥镇上凌村文化礼堂举行。项目以满足广大农村家庭、农村妇女的需求为导向，共推出女性创业就业技能、法律维权、“美丽庭院”打造、家庭教育、礼仪课堂和养生知识6类培训咨询服务活动。海曙区各镇（乡）街道妇联副主席，洞桥镇各村妇联主席、妇女代表等80余人参加活动。

【全市“四新”领域妇联组织建设现场推进会】2020年9月30日，全市“四新”领域妇联组织建设现场推进会在南塘老街召开。“四新”领域妇联组织建设是指在新领域、新业态、新阶层、新群体4个新领域中建立妇联组织，旨在最大限度地把妇女群众团结到妇联组织中。区委副书记、政法委书记张启表致辞，市妇联党组书记、主席顾卫卫讲话。各区县市妇联组联工作分管领导，各园区妇工委主任，南门街道党工委领导，各镇（乡）街道妇联主席，南塘老街、鼓楼沿历史文化街、月湖金汇小镇姐妹驿站（妇女微家）代表等60余人参加活动。

（翁赛娟）

海曙区科学技术协会

【概况】2020年，区科协开展第四个“全国科技工作者日”活动，为全区18家企业（园区）科协的科技工作者送上节日的问候。策划组织“决胜全面小康，践行科技为民”为主题的2020年“全国科普日”活动，在鼓楼步行街举办的战疫先进人物故事分享、疫情防控知识普及、抗疫服饰展示、免费心理咨询等科普体验活动，吸引群众2000余人参与。

利用上级科协提供的各类优质科普资源，实施“基层科普行动计划”，提升全民科学素质服务。全年投入100余万元用于科普基础设施建设，新建20座标准科普画廊，建成月湖街道“21世纪车间”机器人科普实践基地、章水镇院士文化礼堂科普馆，联合区气象局建成古林镇气象科普馆和白云街道气象科普公园，拓宽区级青少年科普阵地。深化中老年智能手机操作技能普及工程，当年培训学员13800人次。持续开展“科普五百惠民行动”，区科协与市科协同步给予活动专项经费1∶1配套补助，提升基层科协工作积极性，组织开展科普活动和报告32场。

向上级科协推荐“百佳企业科协”“百佳企业工作者”“科技追梦人”，其中宁波尚善口腔企业科协获评省“百佳企业科协”，狮丹努集团企业科协主席徐建昌获评省“百佳企业科协工作者”，古林镇中心小学老师胡金伟获评市“科技追梦人”。

深化学（协）会联络制度，推动科协组织向基层延伸，在科技工作者相对集中的企业和园区发展企业科协、园区科协。新建企业科协5家、园区科协1家。全区累计建成企业（园区）科协24家。

【顾方舟纪念展】2020年1月3日，在“糖丸爷爷”顾方舟逝世一周年之际，市科协、市卫健委、海曙区委、宁波经济建设促进协会等在中山公园逸仙楼组织举办“为了祖国的花朵”——宁波籍人民科学家顾方舟纪念展。顾方舟之女顾晓曼出席纪念展，将父亲生前使用过的显微镜捐赠给宁波甬上名人文化研究院收藏。展览分为“一生一事”“病毒肆虐”“功在千秋”“纪念缅怀”“国家功勋”“顾方舟与宁波”“顾方舟与名人”7个篇章，展览顾方舟生前使用的科研仪器和“人民科学家”荣誉奖章，还原顾方舟潜心研究脊髓灰质炎预防级控制的42载科学生涯。

【防疫科普宣传】参见“专记”类目“2020年海曙区抗击新冠疫情”分目

【市第11届学术大会乡村振兴分会场活动在海曙举行】2020年11月27

龙观科普公园

日，宁波市第11届学术大会乡村振兴分会场活动在宁波南苑饭店举办。分会场以“乡村振兴贡献青春 重要窗口展现新貌”为主题，重点就强化乡村振兴人才支撑、加快培育新型农业经营主体、推动乡村产业迈上新台阶等内容进行讨论发言。此次分会场会议共征集学术论文42篇，向市学术大会论文集推荐41篇，评出分会场优秀论文10篇，在现场为优秀论文作者颁发荣誉证书。来自各学（协）会、科技工作者、优秀论文作者等105人参加会议。

（沈雷雄）

海曙区工商业联合会

【概况】 2020年，海曙区工商业联合会有会员1994人，有镇（乡）街道、园区商会18家，注册异地商会3家，注册村级商会6家。在构建亲清政商关系、深化基层商会改革、营造良好营商环境上抓重点、创品牌、求突破。组织的“优化法治营商环境 增强企业安全感”项目被中华工商时报社评为“2020年度创新中国最佳案例”。区工商联获评全省工商联系统年度先进单位、2019—2020年度浙江省“五优”县级工商联。三次入选省工商联“两个健康”优秀案例，其中，《主动作为 靠前服务 助力外贸企业攻坚克难》获年度最佳案例，《关于政府财政工作报告的建议》获市工商联重点调研课题合作项目一等奖。

以古林镇“亲清家园”为样板，继续扩大镇（乡）街道“亲清家园”覆盖面和影响力。古林“亲清家园”模式得到市委统战部高度认可，作为全市可推广复制的“亲清家园”建设标准，构建形成“党委政府搭台，商会唱戏，第三方服务组织具体运营，企业参与”的运营架构。推进“清廉民企”创建，在雅戈尔集团和东海集团基础上，新增19家民营企业参与“清廉民企”创建，实现基层商会全覆盖。

出台《推进工商联所属商会改革与发展实施意见》，以“一会一品”发展思路，积极培育和发展海曙区商会组织，支持帮助商会更好承接公共服务、参与社会服务，推动商会组织向民营经济发展各类行业和领域覆盖。推动基层商会规范化建设，实现全区基层商会“五有五好”全覆盖，重点推进高桥镇商会争创全国“四好”商会、古林镇商会争创全省“四好”商会。在深圳、上海、北京一线城市排摸资源，联络异地海曙企业家，争取实现海曙异地商会组织建设零的突破。集中力量办好首届“浙江商会周”活动。发挥商会服务“两个健康”的重要作用，20家基层商会（含2家异地商会、创二代联谊会）共举办25场活动。

畅通政企沟通渠道，办好“亲清直通车·政企恳谈会”专场活动。邀请企业家代表和相关职能部门领导面对面沟通反映情况，跟踪落实、协助解决，形成工作闭环。区工商联和商会领导组成工作专班，深入基层商会和民营企业走访调研，聚焦企业发展热点难点问题，形成“亲清大走访·月报”上报。与区公安分局合作，以高桥镇商会“经桥服务中心”为样板，推动5个分中心和11个警企服务站落地建设；借力推动“金融超市”“人才集市”“科服前哨”“锋领律师”驿站覆盖基层商会，延伸服务末端。

强化理想信念教育，全面提高党对民营经济人士的领导。全区工商联会员企业负责人担任市第十五届人大代表的有6名、市第十五届政协委员的有8名，区第十一届人大代表有27名、区第五届政协委员有32名、区党代表有6名。发挥民营企业家主体作用，健全完善经济领域政策法规征求企业家意见制度，形成高质量的大会发言、集体提案，上报的《关于进一步优化营商环境促进海曙民营经济高质量发展的建议》入选区政协大会发言提案。实施新生代企业家“栽树工程”，开展青年企业家“传承与创新”培训，学制13个月，增进青年企业家对中国共产党和中国特色社会主义的政治认同、思想认同和情感认同。

发动基层商会和广大企业家参与黔西南东西部扶贫、山海协作和区内“村企结对”行动，49家企业与贵州贞丰县2个贫困村、丽水莲都区5个贫困村以及区内25个贫困村开展村企结对、项目对接，30万元资金用于“山海协作”结对村建设，379万元资金用于区内薄弱村建设。发动企业投身“光彩事业”，太平鸟集团“爱心鸟窝”公益团队为贵州贞丰孩子捐赠价值300万元的衣物、130套校服和130套生活用品，捐赠30万元用于贞丰县第八小学“宁波太平鸟艺术馆”建设。启动“鸟人一对一助学”计划、“太平鸟快乐开学季公益计划”、开展土布设计帮扶活动等新型公益活动。

【“海曙外贸金融服务周”专项活动】 2020年4月28—30日，区工商联联合区商务局、区金融服务中心联合推出“海曙外贸金融服务周”专项活动。活动前期，通过“基层商会微信群”“海曙商务”微信公众号、外贸企业QQ群等方式，面向海曙外贸企业群体开展微型调查，精准了解企业对金融服务、政策的需求。活动期间每天举办一场推介会，12家银行机构在现场介绍疫情期间针对外贸企业的金融产品和优惠政策，会后与意向企业实现点对点面谈。另外，针对企业普遍反映的出口信保、不可抗力风险法律服务、防疫物资出口等问题，借助海曙“联盟智库”资源，邀请中国出口信用保险宁波分公司、浙江天册（宁波）律师事务所、海曙海关为企业分别作题为《疫情发展对海外买方影响及出口企业应对建议》《疫情视角下出口业务的不可抗力应用实务》《出口防疫物资政策解读》的专题讲座，为企业在疫情期间提供更多信保、法律、通关等方面的支持。共计100家外贸企业参与活动，近90家企业与银行达成初步合作意向。

【“创二代”联谊会“‘疫’无情‘创’甬动”主题沙龙】 2020年5月9日，区“创二代”联谊会携手宁波市杭州商会在“天一晓著”举办“‘疫’无情‘创’甬动”主题沙龙。秘书长谢佳恒介绍联谊会基本情况、发展历程及疫情期间相关工作开展情况等。沙龙特别邀请浙江金道（宁波）律师事务所高级合伙人冯皓律师作题为《企业经商营商中怎样做到用法律保护经营者和消费者的合法权益》的专题讲座。农业

5月9日，区“创二代”联谊会携手宁波市杭州商会在天一晓著举办“‘疫’无情‘创’甬动”主题沙龙

银行宁波海曙支行相关工作人员向与会企业家讲解农业银行普惠金融信贷产品，为企业复工复产提供金融服务和支持。沙龙上，参会的“创二代”及杭州商会企业家们根据各自企业的实际情况，分享交流疫情后企业复工复产情况。

【“亲清直通车”·政企恳谈会】 2020年5月22日，区工商联召开“亲清直通车”·政企恳谈会。会议以“强信心，保增长”为主题，区工商联（商会）主席（会长）、太平鸟集团董事长张江平和参会企业家代表与区发改局、区财政局、区经信局、区税务局等10个部门相关负责人进行交流恳谈。会议传达省工商联关于举办“亲清直通车政企恳谈会”文件精神。会上，张江平代表民营企业家向区发改局赠送“服务面对面 政企心连心”感谢牌，感谢区发改局在疫情期间为助力企业抗疫复工做出的多项努力。民营企业家代表进行交流发言，从融资、生产要素成本、政策的扶持力度和落实情况等方面，提出许多诚恳的意见建议。相关部门根据职能进行积极回应和针对性解答，并表达会跟踪落实解决，最大力度地为企业解决困惑、排忧解难，助力企业更好发展。

【青年企业家传承与创新研修班】 2020年9月27—29日，由区工商联、团区委联合主办的“海曙区青年企业家传承与创新研修班”在复旦大学宁波研究院举办。此次研修班是区委统战部、区工商联实施“栽树工程”培育新生代企业家的重要举措。研修班邀请复旦大学社会发展与公共政策学院院长、经济学博士梁鸿，医事法研究中心主任、法学博士刘士国，国际金融系教授、博士生导师牛晓健和中国经济研究中心副主任、复旦大学经济学教授殷醒民分别从中国国情、《中华人民共和国民法典》对企业与企业家的影响、供应链金融与融资管理、疫情下中国宏观经济政策等方面进行解读授课。全区60名青年企业家参加研修班。

【区金融超市（高桥镇商会店）开业】 2020年10月28日，海曙区金融超市（高桥镇商会店）开业。首批入驻金融超市高桥商会店的有中国银行、工商银行、建设银行等14家金融机构。营业后的金融超市为企业开展金融服务，各银行立足中小微企业的需求，为企业免费提供融资对接、信息管理等服务，企业在金融超市可以获取便捷、个性化的金融服务。

【工商业界“暖春”行动】 参见“专记”类目“2020年海曙区抗击新冠疫情”分目

（顾 盈）

海曙区文学艺术界联合会

【概况】 2020年，区文联全面推进“送欢乐下基层”文艺惠民工程、“到人民中去”文艺志愿服务活动、“曙色”系列文艺展览展示活动三大品牌建设，开展文艺演出、展览展示、公益培训、志愿服务等文艺活动100余场。1月，开展“我们的中国梦”写福送春联进南站、进社区、进工地、进企业、进农村文化礼堂文艺志愿服务活动；5月，联合市文联举办“5·23”中国文艺志愿者服务日暨“脱贫攻坚 决胜小康”送欢乐下基层走进洞桥镇张家垫村大型文艺惠民活动；6月，启动“生态海曙”浙江省摄影大赛，联合天一阁·月湖景区管委会举办“十洲新韵 妙笔丹青”天一阁·月湖美术作品展；9月，联合区委宣传部、区文广旅体局举办海曙区第二届原创音乐大赛。10月、11月，分别举办海曙区首届“文学周”和首届“摄影周”活动。

稳步加大协会会员发展力度，不断扩大区级以上文艺家协会会员数量，累计区级文艺家协会会员2052名，其中国家级91名、省级343名、市级753名。包根满、张小君、陈效平入选第七批宁波市文艺家工作室。钱利娜、吴新星获“2019年度宁波市文艺特别荣誉奖”，韩良根获“宁波文艺奖（摄影）”，陈效萍获“宁波文艺奖（民间文学）”。区作协会员王亚萍、王棣入选“浙江省新荷人才库”，区摄协会员张仁健入选“2020年宁波市青年文艺人才春蕾计划”，区摄协会员王斐参加省摄协举办的“2020新峰计划摄影师工作坊”。

【文化精品创作】 2020年，区文联立足本土，坚持原创。电视动画片《布袋小和尚》第三季获得第三十届浙江电视“牡丹奖”优秀作品奖。歌曲《守望》获得浙江省第十一届音乐舞蹈节“浙江省舞台艺术·兰花奖”金奖。诗歌集《南枝笔记》入选首批浙江省文化基金项目。女声表演唱《伴山伴水伴着你》、群舞《弄潮儿》分别获得宁波市第十三届音乐舞蹈节音乐类金奖和舞蹈类金奖。省级文艺精品项目《两地秋》完成初稿。与宁波出版社合作的纪实报告文学《星星点灯》顺利推进。长篇小说《大地烟云》、小小说集《秋天的梨花》、民间文学《对面那扇窗》、歌曲《为你守候》列入年度市“文艺精品重点项目”。出版文艺成果集《曙色文心》。微视频《曙色》《承诺》获得宁波市基层文艺社团风采大展示微视频大赛“红杜鹃奖”。小篆对联《抗疫对联》、水彩画《众志成城》入选“宁波市文联抗疫主题优秀文艺作品”。

【文艺惠民工程】 2020年，海曙区各文艺家协会利用微信公众号，开展各种线上文艺活动。作家协会在首个“宁波读书月”举办“疫情下的文学作品赏析”系列文学网络讲座；书法家协会举办“曙墨祈祥・武汉加油”书法网络展；美术家协会举办水粉画、油画、中国画、艺术设计迎春网络展；舞蹈家协会参加中国文联和中国舞蹈家协会主办的“‘5・15’一起舞”群众舞蹈网络展演活动；月湖诗社推出《每月之声》，发表社员优秀朗读作品。同时，举办各种线下展览展示活动。摄影家协会联合市、区文化馆举办“以艺战疫”主题摄影展——“冬春鼓楼街”徐菊芬摄影作品展、“最美逆行”——海曙区抗疫主题优秀摄影作品展；美术家协会举办“曙色雅韵”海曙区美术家协会小幅水彩画学术展；书法家协会举办“四明・1200”千年古城揽胜诗锦书法展；戏曲家协会举办“中国梦・梨园情”暨“曙色戏韵走进海曙月湖”庆重阳演出活动；民间文艺家协会“艺曙小分队”赴章水镇进行振兴乡村慰问演出；收藏家协会举办“古韵新生”古书画修复团队作品展；叔孺印社举办海曙地名诗专题创作活动；舞蹈家协会举办“海舞风潮”海曙区舞蹈家协会舞蹈创作基地成立暨优秀舞蹈作品展演。

【文艺助力“乡村振兴”】 2020年，海曙区文联下属各文艺家协会继续发挥文艺资源优势，深化农村文艺结对共建工作。根据各村实际需求，制定个性化文艺共建项目共28项，惠及群众数万人。组织艺术家参与“美丽乡村”建设，区美协完成对石碶街道下杨村的墙绘设计和创作任务，与高桥镇的共建项目协助打造高桥文艺示范小镇，协助集士港镇推进深溪艺术村建设。

【疫情防控文艺宣传】 参见“专记”类目“2020年海曙区抗击新冠疫情”分目

【区首届“文学周”】 2020年10月18—24日，海曙区举办首届“文学周”，其间，举办“书香古邑 诗意海曙”征文揭晓、优秀作品展示、“影视和文学碰撞”分享会、“作家进校园”活动、中国微型小说理论研讨会及首届中国微型小说理论奖颁奖会、海曙区青年作家作品把脉会等系列文化活动。

【区首届“摄影周”】 2020年11月13—20日，海曙区以“生态海曙”为主题举办首届“摄影周”。其间，举办包括天一阁・月湖景区“金秋艺术季”启动仪式暨“生态海曙”全省摄影大赛颁奖典礼、“书香海曙”主题摄影工作坊、“告别摄影中的平庸和单调”手机摄影公开课、“海曙区最美古村摄影创作基地”授牌暨“最美乡村”摄影作品展、专题摄影讲座、基层协会摄影作品展、“美好生活，从微笑开始”——走进百梁桥村文化礼堂摄影公益活动等系列活动，宣传和展示海曙区生态文明建设和城乡协调发展成果。

（毛 培）

11月，海曙区首届摄影周系列活动之“生态海曙”浙江省摄影大赛作品向公众展览

海曙区残疾人联合会

【概况】 2020年，海曙区有持证残疾人18061人，其中视力残疾2854人、听力残疾2796人、言语残疾342人、肢体残疾7018人、智力残疾1882人、精神残疾2581人、多重残疾588人。

全年发放困难残疾人生活补贴3046人、重度残疾人护理补贴8945人、残疾人家庭“低保”补贴1762户；发放生活补助金50813人次、残疾学生和残疾人子女助学补贴409人；发放城镇职工养老保险补贴1108人、城乡居民养老保险补贴108人、城乡居民医疗保险补贴2196人。为277名残疾儿童开展康复服务，包括听觉言语康复、孤独症康复训练等，GMS（全身运动）康复训练28人。残疾儿童、精神残疾人、"三截一瘫"家庭医生签约4004名，签约服务率96.7%；持证残疾人签约15260名，签约服务率82.96%。完成残疾人辅具配送367件，100名重度肢体残疾人辅具或康复器材租赁，对70名患住院精神残疾人进行补贴；与区卫健部门配合，使用精神病服药即时结报信息系统，1995名精神残疾人基本用药免费，64名18~60周岁精神残疾人ADL（精神障碍作业疗法）和适应性训练。

完成残疾人家庭无障碍改造282户，创建省级"无障碍社区"3家，"康复体育进家庭"385户。开展15个社会助残创新项目，部分项目采取了线上线下相结合的形式。阳光合唱队音乐艺术辅导项目、"伴我高飞"特殊青少年技能培训项目均开设云课堂；残疾人美发美容服务项目将服务从单一的理发服务拓展到美容化妆教学服务；书画绘爱项目将服务群体延伸至横街镇和龙观乡。携手81890志愿服务中心、海曙区爱多公益志愿服务团队发起"阳光书房 点燃智慧 照耀人生"公益项目，每月开展文化阅读沙龙、传统手工制作，定期扩充书吧图书种类和数量。联合市图书馆打造"爱在甬途 阅读无限"无障碍电影赏析公益项目，通过图书馆丰富的公共文化资源，为广大残障读者搭建多元化无障碍阅读服务网络，项目惠及残疾人3200余人次。以残疾人主题节日为契机，结合无障碍出行，携手聋人协会开展象山采风及疫情预防与公筷公勺推广主题宣传活动，联合盲人协会开展赴东钱湖韩岭赏秋暨盲友才艺展示活动，联合智力亲友协会带领区内5家"阳光家园"近60名学员出游古韵慈城，并进行"平安建设"宣传教育，联合肢残人协会到余姚大隐风景区观光并举办肢残人士趣味运动会。

以"海曙助残"微信公众号为海曙区残疾人的"掌上通""手机报"，优化残疾人对接心愿、婚恋交友、技能培训、心理疏导服务等15个项目。根据市新媒体研究中心的"宁波市公众号影响力周排行榜"，"海曙助残"微信公众号稳居全市公益类公众号3~7名。2020年4月，延勤助残服务队获市委、市政府通报表扬；4月3日，"灿益工坊·印象宁波"获评"浙江省残联系统担当作为最佳案例"；8月20日，"名中医"卓立甬当选宁波市第二届"最美浙江人·最美残疾人"；9月20日，浙江省首届残疾人公益集体婚礼（宁波分会场）在海曙区举行。

【残疾人扶贫就业工作】 2020年，区残联在海曙区设立8家残疾人扶贫基地、20家"残疾人之家"、7家工疗车间，近400家用人单位为残疾人提供就业岗位。实施就业优先政策，推动区内企业按比例安置残疾人职工900余人；通过福利企业、工疗车间形式集中就业400余人。50名残疾人实现自主创业。

2020年海曙区残疾人扶贫基地一览表

表14

序号	名称	序号	名称
1	宁波市海曙区港通果蔬专业合作社	5	宁波市海曙糖街西瓜专业合作社
2	宁波市海曙蓝宝石果业专业合作社	6	宁波市海曙龙观原享农场
3	宁波市海曙民创粮蔬专业合作社	7	宁波市海曙秀章花木场
4	宁波市海曙浩凯果业专业合作社	8	宁波市海曙石碶银恩家庭农场

2020年海曙区"残疾人之家"一览表

表15

序号	名称	序号	名称
1	宁波市海曙区段塘街道怡情残疾人服务中心	11	宁波市海曙区集士港晨阳阳光家园
2	宁波市海曙区月湖街道县学社区银杏残疾人服务中心	12	宁波市海曙区夕阳红颐乐园
3	宁波市海曙区满天星残疾人服务中心	13	宁波市海曙区君乐阳光家园
4	宁波市海曙区白云街道云乐社区添翼助残服务中心	14	宁波市海曙区望春街道徐家漕社区绿森林阳光家园
5	宁波市海曙区西门街道彩虹桥残疾人服务中心	15	宁波市海曙区南门街道尹江岸社区快乐鸟残疾人服务中心
6	宁波市海曙区鼓楼街道博爱残疾人服务中心	16	宁波市海曙区鄞江镇敬老院
7	宁波市海曙区广安养怡院	17	宁波市海曙区龙观乡敬老院
8	宁波市海曙区孔舍残疾人康复服务中心	18	宁波市海曙区甬恒阳光家园
9	宁波市海曙区卓远愈养中心	19	宁波市海曙区江厦街道享复残疾人服务中心
10	宁波市海曙区聚乐阳光家园	20	宁波市海曙区洞桥镇敬老院

2020年海曙区工疗车间一览表

表16

序号	名称	序号	名称
1	宁波奇卓家居用品有限公司	5	宁波市启福龙鞋业有限公司
2	宁波茂迪塑业有限公司	6	宁波市海曙天骄针织有限公司
3	宁波聚色工艺品有限公司	7	宁波市海曙新艺洁具有限公司
4	宁波弘顺工艺品有限公司		

【助残“最多跑一次”】2020年，区残联通过建设“海曙区智慧残联”信息系统，打破“数据孤岛”，加大与条、块数据对接协调，完善平台纠错、核查功能，推进残疾人人口基层数据库清理工作。协调各业务部门实现数据库数据一致性，实现“一数一源”，部门协同、数据互动、同步更新、自动分发，全面、准确、及时掌握残疾人基本服务状况和需求信息。通过工作人员、志愿者、鉴定医生“跑下去”，公众号、“12385”热线24小时服务、网格群多渠道助残。全领域全生命周期一件事通办，集成14项助残服务事项，实现“一次办证，全生命周期全领域覆盖”，办理时限压缩50%以上。线上有速度、线下有温度，跑出残疾人的满意度。仅2020年家庭无障碍改造一项，各级残联干部代跑超1000次，残疾人满意度100%。

【残疾人防疫保障服务】参见“专记”类目“2020年海曙区抗击新冠疫情”分目

【延勤助残服务队获市级表扬】2020年4月，“延勤助残服务队”作为优秀社会组织，获市委、市政府通报表扬。2019年，区残联和段塘街道升级街道精神、智力障碍人员托养机构，建成“党建+”助残基地——“延勤楼”，将王延勤先进事迹陈列馆和段塘街道“阳光家园”结合，建成集党员学习和志愿服务、体验和实践双重功能的联合体。并组建一支近百人的助残服务队，成立延勤助残服务队党支部，定期到“延勤楼”阳光家园为残疾学员开展活动。

【“灿益工坊”获评省残联系统最佳案例】2020年4月3日，在浙江省政府残工委会议上，海曙区的“主流街区的残疾人庇护文创产品的商店——‘灿益工坊’”项目获评全省残联系统担当作为最佳案例，系全市唯一。2019年区残联在南塘老街扶持成立专门销售残疾人庇护文创产品的商店——“灿益工坊”，形成残疾人文创产品“研发、培训、就业、销售”产业链。店内产品有50个品种，出自全市15个残疾人机构或个人，月销售额20万元，残障文创从业者月收入达5000元以上。“灿益工坊”线上线下开展的茶叶“带货”，5天内助东钱湖11名残障茶农将滞销的500公斤新茶全部售出。

【卓立甬当选市“最美残疾人”】2020年8月20日，浙江省第二届“最美浙江人·最美残疾人”发布会举行，海曙区“名中医”卓立甬获评浙江省第二届“最美浙江人·最美残疾人”，系宁波市唯一。卓立甬患有先天性四肢多关节挛缩，四肢难以弯曲，多年来凭借顽强的毅力发奋图强，在中医学领域颇有建树，先后获得全国“百名时代风采人物”“宁波市人民满意医务工作者”“优秀残疾人”“宁波市最美职工”“宁波市名中医”等荣誉。

【省首届残疾人公益集体婚礼在海曙举办】2020年9月20日，由区残疾人工作委员会承办的浙江省首届残疾人公益集体婚礼（宁波分会场）在海曙区梁祝婚庆园举行。婚礼邀请副省长王文序证婚，中残联主席张海迪致祝福词，为来自宁波和舟山的14对残障新人举办婚礼。梁祝婚庆产业园、薇拉宫邸婚庆会所为残障人士提供公益服务，雅戈尔集团等8家企业为每对新人赞助价值1万余元的新婚大礼包。自2014年始，海曙区推出一系列残障人士婚恋交友项目，依托“宁静港湾”等助残社会组织开展“残障人士交友联谊会”、“残障人士婚恋辅导项目——沟通成长”沙龙、“聊聊孩子们

位于南塘老街的专门销售残疾人庇护文创产品的商店——“灿益工坊”

的婚事”特殊婚恋沙龙等活动，打通残疾人婚恋文化圈，创建“守望相助、报团取暖”的交友环境。

（孙燕燕）

海曙区红十字会

【概况】 2020年，区红十字会召开第七届三次理事会，出台《海曙区红十字会关于加强新时代红十字基层组织建设的意见》文件，指导8个镇（乡）街道红十字会完成换届。全年接受社会资金捐助809.7万元、物资87.8万元，其中接受社会疫情防控捐助745.6万元、物资折价87.2万元；增配村（社区）赈济救援装备16套，增强全区红十字应急救援能力。公共场所配置AED（自动体外除颤器）20台。石碶街道黄隘村、横街镇水家村建成“博爱家园”。实现造血干细胞捐献2例、人体器官捐献2例、角膜捐献5例、遗体捐献4例。2020年发展成人红十字会员3321人，完成师资注册64人，执证救护员培训2321人，普及培训1.9万人。

制定《志愿服务项目扶持资金管理办法》，建立、调整造血干细胞采集、服务志愿队。红十字志愿者深入农村、社区、敬老院、学校等广泛开展疫情防控，进行红十字人道宣传和便民惠民服务。镇（乡）街道和社区基层红十字会结合各地实际组织形式多样的志愿服务活动。“救”在身边红十字应急救护培训志愿服务项目获2020年海曙区新时代文明实践志愿服务项目大赛银奖。

“5·8”世界红十字日、“5·12”防震减灾日、“6·14”国际献血日等纪念日宣传红十字运动和红十字知识，发放宣传资料2000余份。参与省会组织的网上红十字运动知识竞赛，市红会“云端红五月”红十字感言，绘画、摄影、知识问答竞赛活动，征集作品50余条（幅）。涌现出“五保户”遗体捐献志愿者——俞国平老人、信守十年承诺造干捐献志愿者——区道德模范提名者傅盈、60床爱心棉被助力疫情防控老兵翁国海等一批先进人物典型事迹，两篇信息被“学习强国”转载学习。

【造血干细胞捐献】 2020年3月31日，区全媒体中心工作人员傅盈在省中医院成功捐献造血干细胞，成为区第8例捐献造血干细胞的志愿者。11月10日，造干捐献志愿者张丽娜在市第一医院采集190毫升造血干细胞混悬液，为一名重症小朋友带去重生希望，成为浙江省第624例、宁波市第109例、海曙区第9例捐献造血干细胞的志愿者。

【“5·8纪念日”竞赛】 2020年5月8日，为纪念第73个“5·8”世界红十字日宣传活动主题，区红十字会动员广大红十字工作者、会员、志愿者积极参与网上竞赛答题和讲、拍、画“红五月”作品竞赛评比活动。收到感言、摄影、绘画各类稿件50余条（幅），其中有85岁高龄老人、小学一年级学生踊跃投稿，部分感言、摄影、绘画作品在“海曙发布”、《海曙新闻》上刊发宣传，区红十字会推荐的5幅作品入选市红十字会系统绘画类获奖作品名单。

【区红十字会七届三次理事会】 2020年5月28日，区红十字会召开第七届理事会第三次会议，理事会理事、受表彰单位代表近70人参加会议。副区长、区红十字会会长王懿栋出席会议并讲话。会议表彰2019年度先进集体和个人，选举调整区红十字会第七届理事会常务理事、区红十字会第七届理事会会长、副会长，审议通过区红十字会2019年度工作报告、区红十字会2019年度捐赠款物接受和使用情况报告。

【“应急救护培训”夜学堂】 2020年9月29日，区红十字会联合区委办、区府办、区科技局，为60余名机关工作人员开展以“应急救护培训”为主题的夜学堂活动。夜学课堂邀请市级红十字应急救护培训师讲授现代救护新概念、如何挽救生命等培训内容，详细介绍心肺复苏和AED设备使用的步骤、程序和注意事项，提高机关干部对生命安全的保障意识和突发事件的应对能力。

【“99公益”项目】 2020年，区红十字会启动“99公益自动除颤仪护老前行”项目，通过腾讯公益平台公开向社会募集善款，为海曙城区8个街道居家养老服务中心配置自动体外除颤仪，守护老年人的生命健康。线上共募集1830名爱心人士善款7万余元，线下募集4万元。

（孟令霞）

8月17日，区红会组织应急救护培训师在东恩中学开展AED设备使用和维护管理培训

法治·军事

政法委及综治

【概况】 2020年，区委政法委以解决影响社会稳定的源头性问题和影响群众安全感的突出治安问题为重点，圆满完成各个重要节点的维稳安保任务，确保全区不发生影响社会稳定的群体性事件。全年累计落实等级响应124天，组织集中会商111次，护航村（社区）组织换届有序开展，牵头建立信访快查快办机制，组建工作专班并实体化运作；牵头开展全区安全稳定隐患、涉疫情重大涉稳风险隐患排查专项行动。指导办理项目工程、拆迁安置、村（社区）换届等各领域重大决策风险评估事项123个。海曙区全年未发生暴力恐怖事件、危害国家安全和政治稳定的事件，未发生“一票否决”的事项，连续16年获评省级“平安区”。

以社会治理“激活行动”为主抓手，不断提升区域社会治理水平。深化“警网”融合工作，在高桥镇、石碶街道、南门街道试点基础上，在全区推广，打通基层治理“四个平台”、派出所工作平台技术壁垒，实现政务与警务平台互通，人口数据、事件处置的双向共享、工作互认，融合基层网格与社区民警的工作，全年累计移交或共同处置治安隐患等各类事件2044起。抓好“雪亮工程”部门监控资源联网，加强各部门资源共享，协调全区视频点位按照管理权限，向各政府部门、镇（乡）街道开放使用，提高属地应急处置、城市管理、基层治理能力。以宣传带动全区“平安建设”，牵头开设、有序运行“平安海曙”微信公众号，共推送82期177篇。南门街道防疫做法、章水镇“平安三率”做法、白云街道社会治理工作被《宁波政法》录用；江厦街道商圈治理做法被省委政法委《浙江政法》录用；海曙区《强化党建引领促进“激活行动”》被中央政法委《长安》杂志录用。

全面推广政法一体化单轨制协同办案模式，政法一体化系统智能化应用能力进一步增强。推进诉源治理工作，完善立案、诉前调解机制，加大刑事和解力度，坚持将非诉讼纠纷解决机制挺在前面，从源头上减少诉讼增量，全年诉讼案件稳步下降。开展“执法司法规范化水平提升年”活动，以开展一次案件集中评查、开展虚假诉讼协同治理、建立一支执法监督员队伍、破解一批执法司法难题、健全一批制度规范、开展一次集中教育整顿的“六个一”活动为抓手，排查各类案件7349件，发现各类问题2133个，整改问题2085个，整改率97.7%，进一步提升执法司法质效和公信力。

开展政法队伍“作风建设提效年”活动，以《中国共产党政法工作条例》为总牵引，制定20项贯彻《条例》任务清单，增进政法队伍政治共识，坚定政法队伍理想信念。启动全区“最美政法人”“十佳政法干警”“十佳政法基层单位”评选活动，选树一批讲政治、讲纪律、忠诚履职、奉献担当的先进典型，举办“不忘初心、奉献担当”海曙区打造新时代政法铁军主题活动。在全区政法各部门、“两代表一委员”中选拔出20名政治过硬人员，组成执法监督员队伍，走进政法机关开展执法执纪、效能建设、作风建设等专项督查检查，及时发现、警示、整改有关问题。全区政法队伍精神风貌更加昂扬，凝聚力进一步增强。

【“平安海曙”建设】 2020年，海曙区进一步完善平安建设工作机制，制定出台《关于全区开展“平安三率”提升决胜攻坚行动的通知》，列出镇（乡）街道16条、各部门21条任务清单，逐一明确责任单位和任务时间，做到宣传全方位、多层次、立体化、全覆盖。开展“平安‘1+10’星火相传动”、快递平安宣传贴、网上扫码答题等宣传活动，进一步扩大宣传覆盖面。先后制定出台《平安海曙建设专项攻坚行动方案》《海曙区矛盾纠纷大排查大化解工作实施方案》等一系列专项工作方案，通过整治行动，全区刑事警情、发案量比上年同期分别下降13.4%、5.51%，特别是持刀持械斗殴警情下降59.46%，群众安全感显著提升。持续加大对电信网络诈骗、消防火灾、道路交通、命案等较为薄弱环节的统筹督导力度，以专项整治补齐工作漏洞，筑牢安全防线。

【区委政法工作会议】 2020年3月20日，区委政法工作会议召开。各镇（乡）街道副书记、政法委员、综治办主任，全区政法各单位全体领导班子成员，区委宣传部、区委统战部等相关部门分管领导共91人参加会议。会议传达中央、省市政法工作会议精神，回顾2019年来全区政法工作取得的成绩及当前存在的问题，并对2020年全区政法工作进行部署。区委副书记、政法委书记张启表出席会议并发表讲话。

【建设平安海曙工作会议】 2020年5月7日，全区建设平安海曙工作会议召开。各镇（乡）街道党（工）委书记、政法委员，区属各单位、区机关各部门主要负责人，区委政法委全体班子成员共104人参加会议。会议表彰2019年度全区平安建设先进单位，并进行授牌颁奖，西门街道等5家单位分别进行交流发言。

（王　诚）

依法治区

【概况】 2020年，海曙区以“区域治理现代化”和“执法司法规范化水平提升”为抓手，持续推进重点项目攻坚行动，明确实施以“法治争先、服务争优、行业争收、安全争效、队伍争为、党建争强”为主要内容的“六争协同”工程，为建设国内一流强区提供坚实的法治保障，海曙区获评“2020年度法治浙江（政府）建设先进单位”。

【法治政府建设】 2020年，区政府办公室严格履行重大行政决策法定程序，编制并公布《关于印发海曙区人民政府2020年度重大行政决策事项目录的通知》，强化重大行政决策预公开工作，列入目录的重大行政决策全部征求社会公众意见。加强重大行政决策合法性审核工作。开展重大行政决策执行情况第三方评估工作，委托第三方评估机构对《关于印发海曙区农村集体资产管理办法的通知》进行政策实施情况评估。

充分发挥政府法律顾问职能作用。组织法律顾问参与政府应急征用、环城西路南段770号产权问题、海光大厦3间不动产登记事项等政府涉法事务协调会15次。

加强业务培训和学法用法。联合区司法局组织全区行政机关法治政府建设业务培训，各镇（乡）街道和有关部门单位分管领导及业务科室负责人120余人参加培训。落实领导干部学法制度，全年组织领导班子学法18次。

【行政复议】 2020年，海曙区行政复议发案量共计102件，比上年同期下降24.44%，共办结行政复议案件72件；全区行政诉讼发案量166件，下降21.7%，行政诉讼案件败诉率下降10.26%。结合上级安排稳步进行“双下降”工作，对重点乡镇街道、部门开展“双下降”专项法治督察，及时掌握行政诉讼案件进展情况；指导被警示单位开展自我整顿；优化行政诉讼案件预审预调制度、报备制度等预警防范体系，降低各单位行政诉讼中的法律风险。

【行政执法监督】 2020年，海曙区印发《中共海曙区委法治督察工作实施办法》，线上组建海曙区法治督察员群，建设专业化执法队伍，组织174名全区行政执法人员参加法律知识培训及考试，全区通过率76%。推进证照分离工作，围绕全区动物防疫条件合格证核发、农药经营许可等6个事项的证照分离改革执行情况开展行政许可案件专项监督。

【行政规范性文件管理】 2020年，区府办加强行政规范性文件管理，对14件行政规范性文件草案进行合法性审核，出具合法性审核意见书15份，提出的57条意见全部被采纳。强化政策解读，坚持做到区政府行政规范性文件与政策解读材料同步公开。及时做好区政府行政规范性文件的备案工作，14件区政府行政规范性文件按规定报送市政府、区人大常委会备案，未发生备案纠错文件。同时开展行政规范性文件清理，组织开展涉及营商环境、外商投资、野生动物保护等领域行政规范性文件专项清理5次和1次全面清理工作。

【行政机关合同审核】 2020年，推进行政机关合同审核工作。全年审查区政府行政合同及相关法律文书41件，出具书面审查意见41份，涉及合同标的额17.55亿元。加强行政机关合同备案管理工作，全年收到其他行政机关报送备案的标的额3000万元以上的合同22件。

（项　成　姜一寅）

社会矛盾调解

【概况】 2020年，海曙区社会矛盾纠纷调处化解中心（简称“区矛调中心”）整合区综治中心、人民来访接待中心、诉讼服务中心、公共法律服务中心、行政争议调解中心、“12309”检察服务中心、社会治理综合指挥中心、“12345”统一政务咨询投诉举报平台、公安信访等线上线下工作平台，成建制入驻中心。整合政法委、信访、司法、人社、公安、法院、检察等13个部门相关职能以及人民调解、心理服务、仲裁公证等社会力量，投诉讼调解、信访接待、劳动仲裁等13个窗口。全年，区矛调中心进驻部门共受理各类矛盾纠纷事项总数40083件，其中信访28643件、司法9993件、法院速裁庭1173件、劳动仲裁104件、检察服务中心95件，化解率96.9%。

【区矛调中心机构建设】 2020年，海曙区成立区委建设海曙区社会矛盾纠纷调处化解中心领导小组，由区委书记任组长，区委副书记任常务副组长，常务副区长和公检法一把手任副组长；建立海曙区矛调中心党组，区委副书记任党组书记。区矛调中心行使“四权一督”职能，对各进驻的职能部门具有工作任务分流指派权、工作人员绩效考核权、工作人员指挥调度权、工作进展检查督办权，并联动纪检、组织部门开展责任监督问责。各派驻单位工作人员原行政隶属关系不变，派驻工作期间实行双重管理考核机制，日常工作由区矛调中心实行统一领导、统一管理、统一调度，业务工作接受原单位指导、管理。

【“基层治理四平台”提档升级】 2020年，海曙区打造横向联动、纵向贯通的区乡一体综合信息指挥系统，进一步强化镇（乡）街道社会治理数据共享、系统协同、标准建设、能力支撑，推动“基层治理四平台”成为镇（乡）街道的基础工作平台。全年“基层治理四平台”流转办理事件175150起（一级112927起，二级10430起，三级51587起，四级206起），事件有效处置率99.65%，事件满意度97.9%，事件合格率96.62%。推进与“81890”整体智治服务平台、数字城管智慧平台等系统数据共享、业务协同，构建区、部门、镇（乡）街道、村社及网格五级社会治理的工作闭环机制。如通过“警网融合”，网格与警辅力量匹配对接、整体联动，双向互推和处理案（事）件1170件。健全网格事项准入机制，完善以质量为导向的网格长（员）评价考核体系，健全落实网格绩效考核和薪酬待遇制度，提升网格信息报送质量。提升网格员业务能力，开展培训370余次，参加3900余人次。

【矛盾纠纷多元化调处体系建设】 2020年，区矛调中心完善矛调体系，建立三级矛调体系。村（社区）矛调服务站就近化解和处理简单矛盾纠纷，镇（乡）街道矛调中心化解复杂纠纷，区矛调中心通过“区级领导牵头、部门联动、镇（乡）街道协同”方式处理疑难纠纷，确保小事不出村、大事不出镇（乡）街道、矛盾不上交。实现“一个窗口”受理群众提出的各类事项，对中心受理的事项，统一以“省矛调协同应用系统”为切入口，健全与13个入驻部门（单位）的业务协同对接机制，准确区分事项类型，分类流转导入办事程序。全年接待群众9795批次22749人次，受理事项11669件，化解率96.9%。推动“省矛调协同应用系统”有效对接打通“基层治理四平台”及法院、信访、人力社保、司法行政等部门业务系统，为矛盾纠纷“一网通调”提供有力支撑。采取常驻、轮驻、随叫随驻相结合的方式，综合运用诉调、警调、检调、仲调、专调、访调的“六调联动”工作体系。统筹区域调解资源力量入驻中心，4个行业性专业性调解组织、2个社会组织进驻区矛调中心，配备14名专职调解员。打造特色调解品牌室。推进组建矛调专家顾问团，通过行业专业调解、联席联合调解、现场说事调解等方式巡回调解，打造老百姓“家门口”的解纷工作站。

（国媛媛）

海曙区社会矛盾纠纷调处化解中心

公 安

【概况】 2020年，海曙公安分局有5个内设机构、25个直属机构。下辖17个镇（乡）街道派出所及1个广场治安派出所。全年1人立一等功，4个集体、4人立二等功，3个集体、24人立三等功，21个集体、91人受嘉奖表彰，23人受市局通报表扬。

【社会治安防控体系建设】 2020年，海曙公安分局把智慧安全改造工程列为2020年度全区老旧小区改造项目范畴，纳入新建居民小区方案会审和竣工验收范围，科学制定建设规划，明确安防建设标准，完成42个小区安防建设（市局考核任务20个）。高标准推进“智安小区”建设，海曙区470个住宅小区中269个小区完成感知设备安装，208个小区数据整合到“宁波社会治安防控实战应用平台”，并先后建成鼓楼世纪城、集士港印象巴黎、高桥晴园三期、石碶东方阁等为代表的“智安小区”示范点，基本实现示范小区常住人口现住址、流动人口登记率100%，破获各类案件30余起，抓获在逃人员、涉毒人员15人，治安、刑事发案比上年同期下降33.3%，多个小区“零发案”。推进“智安单位”“平安单位”建设，推进数据信息共享，运行“智慧内保”信息系统，全年完成55家，其中示范单位2家，超额完成市局40家的考核指标。

【刑事侦查】 2020年，海曙公安分局对现发命案等严重暴力犯罪案件严格落实破案责任，坚持快侦快破。全年全区故意杀人、伤害致死案共发4起破4起，破案率100%，比上年同期（发8起破8起）发案率下降50%；抢劫案件发7起破7起，破案率100%，抢夺案发1起破1起，“两抢”案件发案（发14起破13起）下降42.9%；“五类案件”发32起破26起（其中放火发3起破3起，强奸发29起破23起），破案率81.25%，上升3.83%。破获两起近20年的命案积案，抓获命案在逃人员7名，提前完成“云剑—2020”命案积案攻坚会战任务。

以“蓝剑”专项行动为抓手，围绕护航企业发展，立案侦查侵犯知识产权案件17起，抓获犯罪嫌疑人15人，涉案金额2000余万元。推进“猎狐”专项行动，先后抓获3名境外在逃人员，考核排名列全市并列第 位。全年受理经济犯罪案件50起，立案44起，破案27起，打击处理犯罪嫌疑人101人，移送起诉案件32起107人，追赃挽损5000余万元，打击传统侵财犯罪全年绩效位列全市第二。打击民族资产解冻类诈骗犯罪十人以上团伙1个，超额

18.9%完成侦破入室盗窃案件，全局起诉盗窃、抢夺和掩饰、隐瞒犯罪所得、犯罪收益3类犯罪嫌疑人完成率65%，超额124.5%完成打击跨区域“盗抢掩”犯罪。

排摸接收涉黑恶各类线索159条，其中成案线索108条，成案率80.6%；打处67条，处理涉案人员252人。打处网络黑恶团伙17个，抓获犯罪嫌疑人146人，破获案件156起；打掉涉黑涉恶团伙24个，抓获涉案人员285名；查处涉黑涉恶腐败及“保护伞”23人；向区扫黑办发送建议函12份，涉及海曙区12个部门以及奉化区4个部门，全部得到行业主管部门反馈。省厅督捕的5名在逃人员、市局悬赏通告的4名在逃人员均全部归案，提前完成在逃人员清零任务。

围绕“净边2020专项行动”“肃毒铲源”攻坚行动，破获涉毒违法犯罪案件518起，破获团伙案件11起；抓获犯罪嫌疑人97人，移送起诉83人；缴获各类毒品312.15克；查处吸毒人员466人，强制隔离戒毒165人。

配齐配强专业侦查力量，全力打击食品药品环境领域犯罪，侦破涉食品药品环境相关案件73起，抓获犯罪嫌疑人116人，破获省督办案件5起。推进“昆仑2020”专项行动，强化与相关部门执法队伍间线索通报和案件移送，深入打击捕杀交易滥食野生动物违法犯罪。

【户籍与出入境管理】 2020年，海曙公安分局户证中心接待群众约10万人次。户籍业务方面，办理户口迁移63889人次，比上年同期增加76.43%；受理审批户口11124份，增加126.14%；项目变更455份，增加47.73%；制作第二代居民身份证57739份，增加9.96%；制作二代临时居民身份证5611份，减少12.22%；发放二代居民身份证56542份，增加8.66%。

出入境方面，现场劝退1500人次，电话劝退5785人次。受理公民因私出国（境）6466人次。其中，护照签发1171人次，比上年同期减少94.56%；往来港澳通行证签发1171人次，减少91.5%；往来台湾通行证签发86人次，减少98.82%。

11月14日，户证中心民警帮助群众办理线上业务

【警卫安保工作】 2020年，海曙公安分局完成“3·29”“12·8”等重要警卫任务，全年完成一级警卫2批次、二级警卫1批、三级警卫5批次、各类保卫任务10批次，出动警力1800余人。严格按照各级警保卫规格部署首长在甬期间的安全警卫工作，圆满完成各类警保卫任务。围绕“平安考试”的安保目标，做到超前部署、严格责任，确保各类考试安全顺利举行，完成高考、中考、学考等11项各类考试安全保卫工作。

【危爆物品管控】 2020年，海曙区共有涉危爆单位94家（民爆经营单位1家、运输单位1家、爆破作业项目8个、剧毒经营单位1家、易制爆从业单位82家、刀具生产厂家1家）、放射源单位5家、公务用枪23家、民用枪支55支。全区75家易制爆企业进入全省危险化学品管控子系统，实现网上实时监控民爆物品的流向使用，电子雷管使用率达100%。针对海曙区在危爆物品安全管理中有2家重大隐患、1家一般隐患的企业被市局检查通报，1家企业被市局挂牌督办等情况，海曙公安分局在全区范围内组织开展危爆物品专项检查整治工作，组织开展危爆物品从业单位自查自纠、派出所检查和海曙公安分局抽调力量交叉检查，逐条逐项对照要求进行叠加式排查，累计主动查处剧毒和易制爆企业违规案件14起，罚款15.72万元。对检查中发现的危险物品管控风险隐患多、企业主体责任不落实、派出所监管能力有待提升等集中问题，针对性开展问题隐患限期整改、加强危管民警专题培训、不定期组织“回头看”、挂牌督办等工作措施，全力消除风险隐患。

【校园安全保障】 2020年，海曙区共有中小学、幼儿园249家，共设立校园警务室249个，配备保安员、专职治安保卫人员980人，配备防护设备设施5139件，安装技防设备329套。

成立由海曙区副区长、公安分局局长任组长的2020年全区中小学幼儿园“护校安园”专项工作领导小组，在治安大队下设办公室。8月，局长宣业靖为全区中小学、幼儿园校（园）长上“强化综合治理，共筑平安校园”专题安全课。疫情复学期间，从严从细从实抓好复课前校园联防联控，确保校园疫情防控到位。严格落实校园周边200米“文明城市”创建工作要求，更新、完善“校园安保工作规范和任务清单”，条目式逐一列明工作要求。针对安保检查中集中存在的保安员年龄大、视频监控不符合规范等问题开展研究，形成工作报告报区委、区政府。为避免多头检查、重复检查等情况，明确由治安大队牵头规范和统筹安排反恐等业务警种入校活动和检查工作。完善突发事件预案，全年开展演练2次。

【破获"星融众创"非法吸收公众存款案】 2020年9月22日，宁波星融众创商务信息咨询有限公司李某花等因非法吸收公众存款案被判决。2016年3月，被告人王某与曹某年（另案处理）合伙成立宁波星融众创商务信息咨询有限公司（前身系宁波华融普惠资产管理有限公司），王某担任法人。在宁波市多个县区设立分公司及门店，在未经金融监管部门批准的情况下，通过集中讲课、分发传单、客户介绍客户等形式，推广上海佩辉金融信息服务有限公司开发的"微拍贷"平台，公开宣传"微拍贷"推出的理财产品，并许诺给予5%～14.8%的固定年化收益率和到期还本付息的收益回报，吸引社会不特定公众以存款形式投资，涉及投资人1万余人，吸收资金26.7亿余元，造成损失8.3亿余元。

【破获"2000·6·27"高桥镇故意杀人积案】 2020年，海曙公安分局成立命案积案侦查专班，制定《海曙分局2020年命案积案侦查工作方案》，抽调刑侦、技侦、网侦、高桥派出所等骨干民警，破获陈年积案，"2000·6·27"高桥镇高桥村杨某振家夫妇二人被杀案被侦破。通过比对案件DNA，比中犯罪嫌疑人方某平，专案组组织精干警力进行全方位侦控，5月6日抓获方某平。犯罪嫌疑人交代2000年6月27日晚上，爬围墙上二楼盗窃时被事主发现，打斗中杀死夫妇二人的犯罪事实。

【破获"2020·5·14"古林俞家村持刀拦路抢劫案】 2020年5月22日，海曙公安分局刑侦大队在江苏扬州市广陵区施井村一暂住房内抓获犯罪嫌疑人王某宝，破获5月14日古林镇俞家村发生的拦路持刀抢劫恶性案件。因案件性质恶劣，影响极坏，刑侦大队立即联合网安大队、行动大队和古林派出所抽调精干力量成立专案组开展侦查，通过现场治安监控及周边社会监控锁定目标，并通过技术手段，分析研判出犯罪嫌疑人身份信息，最终实施跨省抓捕。经突击审问，犯罪嫌疑人对持刀抢劫犯罪事实供认不讳。

（李鹏展）

检　察

【概况】 2020年，区人民检察院出台《关于全力服务保障机场四期工程建设的实施意见》，以打击犯罪、监督履职、促进治理等内容为切口，为项目建设"开路排障"。建立涉重大项目建设办案效果评估机制，尽可能降低对项目建设的不利影响。立足加快推进重点区块开发，开展行政非诉执行专项监督，助推拆除违章建筑，办理该类案件79件。围绕构建全域创新体系，明确知识产权执法标准，探索权利人实质性参与刑事诉讼工作，获评"全省知识产权保护工作先进集体"。

坚决贯彻区委决策部署，积极应对疫情大考，抽调检察干警参与一线联防联控逾2000人次。出台《关于疫情防控期间保障民营企业复工复产的八条措施》，21名业务骨干对口服务84家规模以上企业。参与互联网金融风险专项整治和反洗钱专项行动，批准逮捕非法吸收公众存款、非法买卖外汇等犯罪嫌疑人19人，起诉84人。平等保护各类市场主体，起诉非法经营、合同诈骗等破坏市场经济秩序犯罪嫌疑人10人。积极回应民营企业内部贪腐案件查处难、核心知识产权保护难等呼声，起诉职务侵占、侵犯知识产权等犯罪嫌疑人22人。综合考量犯罪情节、社会危害性等因素，妥善办理民营企业涉罪案件，依法不起诉15人。强化追赃挽损，推动银行、证券等金融机构开通资金结算划转绿色通道，确保企业资金链安全。9起案件获评全市检察机关服务"六稳""六保"典型案例。获"全国检察宣传先进单位"等省、市级以上先进荣誉21项，1案例入选最高人民检察院《未成年人检察工作白皮书》，18件案事例被评为省、市级精品、优秀案事例，3人立三等功。

【刑事检察】 2020年，区人民检察院共依法批捕各类刑事犯罪嫌疑人639人，起诉1605人。依法从严惩处涉暴、涉毒等严重危害社会安定和人民安宁犯罪，批捕115人，起诉194人，第一时间提前介入并依法快捕快诉"5·7"抢夺公交车方向盘危害公共安全案。批捕黑恶犯罪嫌疑人27人，起诉127人，追捕3人。依法起诉黑社会性质组织1个、恶势力犯罪集团和团伙12个。引导侦查机关扣押、冻结黑恶犯罪违法所得192万元，查封房产32套。

起诉阶段羁押率由2018年的57.9%降至2020年的36.3%，纠正违法活动12件，监督立案6人、撤案14人，纠正漏捕19人、漏诉12人，提请抗诉、发出再审检察建议8件，其中7件当年度获改判或发回重审。

依法同步审查减刑、假释、暂予监外执行9件。针对刑事执行中存在的问题，发出纠正违法通知书11份。开展"判实未执""应收未收"专项清理活动，监督收监罪犯3人。

依法从严批捕制售假药劣药、有毒有害食品等犯罪嫌疑人6人，起诉

9月4日，区人民检察院第六检察部检察人员担任洞桥镇法治副校长

13人，筑牢民生安全检察防线。严厉打击群众反映强烈的各类电信网络诈骗犯罪，批捕24人，起诉68人。

【民事行政检察】 2020年，区人民检察院强化民事、执行案件的全程全面监督，提请抗诉、发出再审检察建议12件，其中9件获改判。严厉打击“套路贷”、劳动争议等领域“假官司”，依法监督纠正虚假诉讼案件8件。开展涉企民事执行案件专项评查，发出执行监督检察建议6份。组织开展民事纠纷、行政争议实质性化解专项活动，邀请代表委员、律师、基层干部参与公开听证会，共化解民事纠纷2起、行政争议15件。

【公益诉讼】 2020年，区人民检察院发出诉前检察建议50份，提起民事公益诉讼3件。办理的全市首例宠物医疗机构整治案，获评“全省检察公益诉讼三周年”优秀案例，并在全市推广。聚焦国有资产管理、违法用地整治等领域，参与专项治理9项，实现法定四大领域全覆盖。深化“保障千家万户舌尖上的安全”专项监督活动，对因食品药品违法犯罪而被处罚的自然人和单位，督促相关部门将其纳入食药安全“黑名单”。加强公益诉讼“等”外领域探索，针对乡（村）道限高、限宽设施设置不规范影响120急救车通行现象，开展专项监督。

【检察参与区域社会治理】 2020年，区人民检察院融入社会治理“最多跑一地”改革，“12309”检察服务中心整体入驻区矛调中心。创新“乡村+小巷检察官”模式，联动村（社）调解组织和社会力量化解矛盾13起。发出社会治理类检察建议11件。办理全省首例利用软件抢挂国家级名中医就诊号案，总结挂号网站漏洞，向市相关部门发出检察建议。持续落实最高人民检察院“一号检察建议”，7名检察官担任中小学法治副校长，致力防范校园违法犯罪发生。助力精准扶贫，及时救助因案致贫、因案返贫被害人及其近亲属42人，比上年同期增长200%，发放救助金48.5万元。

【司法公开】 2020年，区人民检察院深化检务公开，通过“12309”中国检察网发布程序性信息2673条，公开法律文书1191份。做好“群众来信件件有回复”工作，畅通“12309”检察服务热线、构建线上线下检察服务中心和推行远程视频接访系统。开展保障律师执业权利专项活动，保障律师会见、通信、阅卷等权利，接待律师阅卷535人次。

向区人大常委会报备重大事项和重要案件297件次。策划《画说民法典》系列主题宣传漫画，被最高人民检察院定向推送给全国人大代表。加强与省、市、区人大代表的日常联络，邀请代表参加“同舟共济，检护明天”等主题检察开放日活动，征求意见建议，共议检察发展。通过“代表钉”推送《代表联络动态》和检察新闻，为代表及时了解检察情况、更好地监督履职提供便利条件。

借力“两微一端”等新媒体平台提升司法透明度，获“全国检察头条号十佳”“浙江政法抖音头条号创新奖”等多项荣誉。运用微视频、微动漫等方式多维度展现检察工作，《愿你安然无恙》《精准帮教 点燃希望》微视频获全国检察“‘三微’十佳作品奖”。1人获评“全国检察宣传先进个人”。

【全省首家未成年人司法综合保护中心成立】 2020年，区人民检察院联合区妇联推动成立全省首家由党委领导、政府主导、部门联动建设的未成年人司法综合保护中心，4月16日正式揭牌。中心以保护未成年人合法权益、呵护未成年人健康成长为目标，联动公安、检察、法院、司法局、司法社工组织、团委等，精准帮教涉罪未成年人；联动妇联、教育局、民政局、卫健局等多部门和社会公益组织，精准保护被性侵害未成年人；联动教育局、社区、街道等，深入持续开展“法治进校园、进社区”活动；联动人力社保局、文广局等相关部门，开展涉及众多未成年人合法权益保护的行政执法活动。针对未成年人性侵害案件，由检察机关联动人民法院，根据区域内年度性侵害未成年人案件办理情况发布白皮书，倒查未成年人被性侵害隐患，由相关职能部门压实职责；针对未成年人犯罪案件，公安、检察、法院、司法机关和司法社工机构联合进行精准帮教。针对未成年人检察工作，检察机关通过刑事检察、民事检察、行政检察、公益诉讼，落实法律监督，推动开展未成年人综合保护工作。

【贾宇到区人民检察院调研】 2020年4月17日，省人民检察院党组书记、检察长贾宇到区人民检察院调研指导。贾宇走访区未成年人司法综合保护中心，要求对标新的更高要求，固化已有优势，激发潜在优势，为浙江检察工作成为“重要窗口”中的一抹亮色增光添彩。

【“护航民企发展”检察开放日】 2020年10月22日，区人民检察院联合区工商联开展“服务‘六稳’‘六保’护航民企发展”检察开放日活动，邀请民营

4月16日，全省首家未成年人司法综合保护中心揭牌

企业家代表及媒体记者参加。区人民检察院介绍检察职能并通报服务保障民营经济发展有关工作情况，讲解企业法律风险防范的要点。与会人员围绕提升司法规范化水平、服务保障民企发展、加强改进检察工作等进行座谈交流。

（朱亦忻）

法　院

4月24日，区人民法院行政庭举办公众开放日活动

【概况】 2020年，区人民法院受理各类案件25616件，办结25938件，比上年同期分别下降4.9%和4.7%。人均结案数全省第三、全市第三，一线法官人均结案数448件，执行法官人均结案数621件。被最高人民法院授予“全国优秀法院”称号。全院获得市级以上集体荣誉4项、个人荣誉7项。

加大调解工作指导力度，助推区矛调中心建设，入驻团队诉前化解纠纷593件，确认人民调解协议289件，简案速裁260件。联合区人力社保局、区总工会建立劳动争议调裁诉对接工作机制，为劳动者提供“一站式”高效调处服务。与区税务局签署合作协议，建立信息共享机制，规制职业放贷人的诉讼行为，打击“套路贷”犯罪，引导民间资金健康有序流转，全年民间借贷收案量在2019年下降13%的基础上，比上年同期再下降21.8%。坚持能动司法，针对社会治理、行业监管等方面存在的问题和漏洞，及时向有关单位和组织发送司法建议13份。

探索实行民营企业负责人羁押必要性审查机制，对16名企业法定代表人和实际控制人进行审查，决定对其中10人予以取保候审，并判处缓刑。坚持善意文明理念，解除企业名下价值9000万元财产的查封。一小时内迅速办结财产解封事项，帮助涉诉企业顺利参与近3000万元项目的投标。努力释放市场要素，运用简化审理模式，审结破产、清算案件32件，平均审理天数比上年同期下降36.1%。推进知识产权“三合一”审判工作，审结涉“冠生园”“乐卡克”等各类知识产权侵权案件1053件，判决民事赔偿金额4690.6万元，判处刑事罚金183万元。

获批国家级立案辅助系统试点，从源头上强化立案风险管控，主动审查案件1359件，发现涉众型案件164件，疑似滥诉、虚假案件24件。移送虚假诉讼线索5条，涉案631万元，罚款5人14.2万元，判处刑罚3人。深化司法领域“最多跑一次”改革，引入导诉志愿者，加强对线下群众尤其是老年人的诉讼辅导，现场一次立案成功率98%。践行首问责任制，为群众提供法律咨询服务1.5万次。深化移动“微法院”运用，在线质证、调解4404次，在线开庭776次，让人民群众充分感受到“指尖诉讼、掌上办案”的便利。

优化人民法庭布局，设立古林巡回法庭，为临空经济示范区建设、机场四期重点工程提供司法保障。深化物业纠纷集中审理模式，累计清理物业欠费4729户，实现辖区总计27个小区物业费欠缴清零。全市首家引入银行保险行业调解委员会开展金融纠纷诉调对接，调解成功155件，涉案金额7.2亿元，为当事人节省诉讼费450余万元。普法宣传方式多样化，开发微信普法小程序“海法学苑”，微信公众号推送普法文章185篇，开展新农村建设法律问题等主题的公众开放日活动10次，借助“海法护航”特色品牌开展《中华人民共和国民法典》等普法宣传6次。

【刑事审判】 2020年，区人民法院新收一审刑事案件1149件，审结1144件，比上年同期分别下降6.5%和7.9%。判处罪犯1735人，其中判处五年以上有期徒刑167人。推进刑事审判方式改革，审结认罪认罚从宽案件864件，对710名被告人依法适用非监禁刑。打击涉众型经济犯罪，审结集资诈骗、非法吸收公众存款等犯罪案件34件68人，涉案金额78.8亿元。保持反腐败高压态势，审结职务犯罪案件6件6人，其中副处级以上干部2人。严厉打击网络犯罪，审结全省首例利用软件恶意抢挂国家级名中医就诊号案件。筑牢公共安全“警戒线”，审结交通肇事、危险驾驶等案件170件，判决抢夺公交车方向盘案被告人有期徒刑4年。

【民商事审判】 2020年，区人民法院新收一审民商事案件13828件，审结13893件，比上年同期分别下降8.2%和10.5%，涉诉金额63.8亿元。维护和谐稳定的家庭关系，审结婚姻、继承等家事纠纷案件590件。保护劳动者合法权益，审结劳动争议案件196件，为357名务工人员追回劳动欠薪1209.6万元，到位金额比上年同期上升54.9%。助力房地产市场平稳健康发展，审结涉房屋买卖、租赁、建设工程等案件764件，涉诉金额7亿元。保障电商、物流等新业态良性发展，审结网络购物合同、运输合同纠纷案件43件。

【行政审判】 2020年，区人民法院新收一审行政诉讼案件174件，审结222件，调撤率29.7%。判决行政机关败诉18件，败诉率8.1%，其中全区行政机关败诉11件，败诉率8%。受理行政非诉审查案件126件，裁定准予执行118件。推动行政首长出庭应诉机制，行政机关负责人出庭应诉率首次达到100%。紧扣行政争议“双下降”重点工作，发布行政审判白皮书，行政机关人员参与庭审旁听69人次；打造“行政微讲团”，为行政机关开展法律培训7次。规范当事人依法行使诉权，完善行政滥诉防控机制，出台《关于认定与处置滥诉行为的若干意见》。

【案件执行】 2020年，区人民法院新收执行案件9068件，执结9309件，强制执行到位金额7.9亿元。发挥执行职能，做好“六稳”工作、落实“六保”任务，贯彻区委全面依法治区委员会《关于加强综合治理从源头切实解决执行难问题的实施意见》。推行“执行分段+分组”的新模式，实现案件繁简分流。创新终结本次执行案件的接续管理机制，常态化开展“回头看”工作，查询旧案2167件，办结案件703件，执行到位金额3.9亿元。循环使用劳动报酬周转金，326名劳动者提前10天收到劳动报酬280余万元。加大违法制裁力度，联合海曙公安分局成立“打击拒执犯罪工作联络室”，移送拒执线索17条，对1名拒不交付查封车辆的被执行人判处刑罚；对2962人做出罚款决定，纳入失信被执行人名单4999人次，限制高消费5992人次。

【“扫黑除恶”专项斗争收官】 2020年，区人民法院受理涉黑涉恶案件31件117人，审结33件125人，判处5年以上有期徒刑30人，重刑率25.2%，10月底提前实现案件清零目标。加大“黑财清底”“打财断血”工作力度，专项斗争期间共判处罚金1400余万元，判处追缴、没收违法所得1800余万元，其中一件涉黑案入选全省“扫黑除恶”十大优秀案例，其名下财产拍卖成交额近2500万元。巩固专项斗争成果，出台《关于建立扫黑除恶长效工作机制的意见》。

【涉疫案件办理】 参见“专记”类目“2020年海曙区抗击新冠疫情”分目

【民事诉讼程序繁简分流改革】 2020年，区人民法院被最高人民法院列为改革试点法院。小额诉讼案件推行缓交诉讼费举措，缓交费用143万元，3846件案件适用小额诉讼程序实现一审终审，比上年同期上升218.6%。用足用好简易程序，适用简式裁判文书审结案件6415件，总结海曙审判经验，在最高人民法院调研会上做经验交流。探索普通程序独任制审理，381件简单的普通程序案件实现法官独任审理，促进司法资源的优化配置。

【无纸化办案模式推行】 2020年，区人民法院探索全流程无纸化办案模式。完成立案材料的电子化和卷宗的精准编目，全年实现无纸化立案15887件，电子送达诉讼文书15.2万次。引导法官养成无纸办案习惯，全市率先建成电子质证平台，实现证据展示无纸化。出台电子卷宗归档指引，电子化精简归档案件7090卷。联合区司法局确认辖区行政机关电子送达地址，推进无纸化办案模式在行政争议案件中的应用。强化政法一体化办案系统应用，通过电子实时推送的方式实现“让数据多跑路”。

【自动履行正向激励机制建设】 2020年，区人民法院推进信用体系建设，联合区信用办等9家单位建立联席会议制度，在立审执各环节充分告知风险，督促当事人自动履行义务。发布涉149个主体的诚信履行名单，对接宁波银行等3家银行推出“诚信履行贷”，对自动履行当事人给予正向激励。机制运行以来，1140个案件当事人主动履行1.25亿元，3名当事人获得银行授信140万元，为45名当事人减免诉讼费2.6万元。为涉及3.3亿元债务的733个市场主体修复信用，并完善信用修复定期审查机制。

（李　志）

司法行政

【概况】 2020年，海曙区监管社区矫正对象477人，无脱漏管现象发生。开展矛盾纠纷排查1068次，主动调解案件量较上年同期提升23.5%，调解各类案件12185件，成功率达99.2%。办理法律援助案件908件，为群众、企业挽回经济损失731万元；海曙区三级公共法律服务平台共接待来电来访法律咨询11802人次，其中来访群众3606人次，接听来电咨询及视频咨询8196个，办理认罪认罚法律帮助案件1338件，办理群体性劳动纠纷案件33件345人次，挽回经济损失732万余元。

开展法治讲座、培训300余场以及广场普法活动200余场、“送法进村（社区）”300余次，发放普法宣传资料15万余份（册）。进一步加强新媒体普法力度，“海曙普法”微信公众号制作、发布微信270期600条。新增省级“民主法治村（社区）”10家，全区共有“全国民主法治示范村”1家、省级38家、市级105家。

强化社会普法组织孵化扶持和规范管理，积极开展社会大普法“六优”培育工作，启动法治护航村社换届专项宣传，推选培育村（社）“法治带头人”“法律明白人”536名，实现村（社）全覆盖。强化开展《浙江省民营企业发展促进条例》《中华人民共和国社区矫正法》《中华人民共和国民法典》等热点的专题宣传活动，《四世同堂》《学好用好民法典，守护你我幸福生活》两个作品入围省普法办“民法典与我”微视频评选活动，《四世同堂》获评“浙江省普法十佳优秀微视频”。

推进律师行业党建工作规范化运行，完成8个党支部的换届选举工作和区律师行业委员会的换届选举工作。为优化营商环境提供优质法律服务，发挥“锋领律师驿站”作用，开展“百家律所千名律师进万家企业”专项法律服务工作，实现各辖区企业提供法律咨询、法律讲座等法律服务常态化，服务企业704家，排查涉企矛盾纠纷数43件，开展法治体检300余次。建立“17+1”镇（乡）街道和电商园区“锋领律师驿站”，打造“81890”品牌项目，确保市场主体法律顾问网格化全覆盖试点工作有序进行。深入实施律师行业“三名”（名所、名品、名律师）工程，全年全区律所业务收入达到22034万元，比上年同期增长21.7%。

12月2日，婚姻家庭馆揭牌仪式在梁祝文化园举行

【人民调解】 2020年，海曙区建有调解组织318个，有调解员1210人、专职调解员164人，其中特级1人、一级6人、二级14人、三级27人。积极探索区人民调解协会实体化运作方式，通过政府购买服务、编外用工充实入协会等形式，加强协会组织建设和服务保障，区人民调解委员会专职人民调解员首配到位。坚持品牌培育，强化行业性专业性调解组织建设，形成以区调委会为支撑，婚姻家庭纠纷、劳动争议、交通事故和物业纠纷等行业性专业性调委会为助力的“1+4”调解模式。石碶街道人民调解委员会获评“全国模范人民调解委员会”，洞桥镇人民调解委员会陈杰调解工作室获评省级“金牌人民调解工作室”。

【社区矫正】 2020年，海曙区成立区社区矫正委员会，优化协管员管理，规范社区矫正制度。提升社区矫正智能化水平，打造“多位一体”移动监管平台电子，监管从“8小时内”向“8小时外”延伸，实现电子报到全覆盖，9月，海曙区被司法部指定为“全国‘智慧矫正’县级试点单位”。推出“四启”帮教品牌，分组实施针对性教育帮扶，全年监管社区矫正对象477人，联合共建26个社区服务和活动基地，组织开展教育活动66场，参与6075人次。结合疫情防控要求，升级通信设备方便远程视频会见帮教，163名罪犯与325名家属实现远程视频会见。

【公共法律服务】 2020年1月，区公共法律服务中心整体入驻区社会矛盾纠纷调处化解中心。中心充分发挥互联网“云服务”的优势，引导群众通过“浙里办”App、微信公众号及“12348”浙江法网、政务网等渠道实现网上办理公共法律服务，区公共法律服务中心获评“全国公共法律服务工作先进集体”。稳步推进“公证E通”（线上公证服务）布点建设，优先在石碶、洞桥、龙观、章水、横街、高桥布点。持续开展法律援助，举行“法援惠民生 助力农民工”“法援惠民生 扶贫奔小康”等品牌活动，实现“应援尽援，应援优援”；提升法律援助队伍业务素质，优化民事、刑事、劳动仲裁等多个律师专家库；进一步完善法律援助案件质量评估体系，加强法律援助案卷规范化管理。

【“12·4”宪法宣传日启动暨民法典婚姻家庭馆揭牌仪式】 2020年12月2日，海曙区“12·4”宪法宣传日启动暨民法典婚姻家庭馆揭牌仪式在梁祝文化园举行。活动首次采用“主会场+分会场”模式全程直播，吸引线上线下4.2万余人次参与，20余家单位派出“法律服务员”开展现场法律咨询服务。

【石碶街道人民调解委员会获评全国模范】 2020年12月9日，司法部发布《关于全国模范人民调解委员会和全国模范人民调解员公示公告》，石碶街道人民调解委员会上榜，全市仅2家单位入围。石碶街道人民调解委员会不断深化城郊“枫桥经验”，实现“小调解促大平安”。近3年累计调解各类案件1800余件，调解涉案金额1200余万元，调解成功率达98%以上。

（姜一寅）

人民武装

【概况】 2020年，海曙区人民武装部（以下简称区人武部）始终坚持把理论武装作为加强思想政治建设的首要政治任务，作为推进武装工作和后备力量建设思想组织保证。以提高首长机关组织指挥能力和民兵分队遂行任务能力为重点，稳步提升备战打仗能力。对接拟制国防动员方案，探索建立战备值班分队备勤模式；有效提升干部和文职人员军事素养。狠抓实战化训练，完成重点位置实兵部署和重要目标协防演练，受到省军区、军分区首长机关肯定；参加军分区第二届岗位练兵比武暨应战能力检验评估，区人武部被评为“应战能力一级团单位”。以新冠疫情等应急任务需求为牵引，锤炼民兵队伍应急应战能力。

【国防动员】 2020年，区人武部发挥军地工作合力，提升国防动员体系能力。多次召开专武会议，专题部署任务和组织业务集训，完成全区普通民兵、基干民兵组建任务。高标准完成兵役征集任务。结合第20个“全民国防教育日”，举办国防教育展览；联合区委宣传部，邀请专家开展党委中心组理论学习暨四套班子“军事日”活动；对接区全媒体中心，做好“八一光荣榜”和军人荣誉墙的宣传发布；联合区退役军人事务局，开展“最美退役军人”“最美军属”表彰活动。

【基层建设】 2020年，区人武部进一步规范基层建设标准和目标，在原有2家“五星”、3家“四星”武装部基础上，新增7家“五星”武装部、7家“四星”武装部。推荐优秀专武干部调整使用，对接协调专武干部列后备，调整使用9名优秀专武干部，对3名作用发挥不明

6月，区民兵应急连、应急排组织集中训练，图为应急分队训练场景

显的专武部长调整岗位。投资40余万元，完善基础设施。

【安全管理】 2020年，区人武部依法从严治军，开展“政策法规学习月”“军车交通安全月”活动，组织学习安全法规，增强干部职工知法懂法守法意识。修订完善《海曙区人武部正规化建设24条》规定。建立日检查、周汇报、月讲评的安全管理制度，明确分工，责任到人。组织3次保密清理清查，全年未发生事故案件。

【民兵预备役建设】 2020年1月，区人武部组织部机关和民兵应急连举行年度开训动员，全体参训人员通过摩托化机动至待机地域。3月，拟制下发《关于做好2020年深化民兵调整改革工作的通知》，组织潜力修改充实、数据信息核准，做好民兵整组准备。6月，分别组织区民兵应急连和应急排进行阶段性集中训练，围绕民兵应急队伍必备的军事理论、军事技能、本职业务等内容，以抗洪抢险、森林（草原）灭火、轻武器射击水上分队等专业训练和任务行动训练为主，提升遂行“战时应战、及时应急、平时服务”多样化任务能力。5月，组织2批次民兵应急分队集中备勤，开展从筹划准备、机动进驻、现地展开到返回撤收“一个过程”全要素演练。

【民兵保障卡首发】 2020年9月19日，区人武部在中山广场举行第20个全民国防教育暨民兵保障卡发卡仪式。仪式上发放首批定制民兵保障卡，后续再发放，覆盖海曙全部的在编基干民兵。民兵保障卡是区人武部、中国工商银行宁波鼓楼支行合作定制发放的联名借记卡，是全市首批、全省权益最多的民兵保障卡；持有者能免费办理民兵工资及各种补助费用、公交地铁优惠等权益，并在部分场所与现役军人享受同等待遇。

【退役军人就业创业专场对接会】 2020年10月中旬，海曙区组织退役军人参加以“甬尚老兵　曙你最美”为主题的退役军人就业创业教育培训专场对接会。参加对接会的26家企业提供百余个岗位，38%人员初步达成就业意向。

（张洋铭）

人民防空

【概况】 2020年，海曙区人民防空办公室（以下简称区人防办）抓好人防指挥部常态化建设，共组织“4·4”全国哀悼活动日、“5·12”防灾减灾日、“9·18”警报试鸣日警报试鸣。开展防空地下室平时使用和维护管理大检查，并组织人防工程维护管理培训。开展人防宣教活动，“5·12”期间，在乡镇广场、街道、社区利用宣传栏等开展人防宣传；结合纪念人民防空成立70周年”时间节点，依托区民防馆举办“献礼新中国人民防空成立70周年”——海曙区人民防空宣传展。完成人民防空专业队伍整组，推进区人防指挥部编组分工调整。召开海曙区人防指挥部专题会议，按省、市人防指挥部要求组织完成人民防空实战化演习。

【人防宣传活动】 2020年5月，区人防办开展“5·12”人防宣传活动。主要以横幅宣传、手册宣传和网络宣传为主，宣传范围包括镇（乡）街道、社区等，在乡镇广场、街道宣传栏、社区宣传栏等重点部位悬挂宣传横幅，放置人防宣传手册，提升广大市民国防观念和人防意识。9月28—30日，为庆祝和纪念人民防空成立70周年，区人防办在区民防馆举办“献礼新中国人民防空成立70周年”——海曙区人民防空宣传展，展览内容涵盖中国人防发展历程、人防荣誉、队伍建设、人防演练、人防法规、急救知识等内容，活动现场通过悬挂宣传横幅、设置咨询台、播放人防应急宣传片、发放人防知识宣传手册等形式向广大居民宣传人防法律法规、突发事件预防知识等。

【防空地下室大检查活动】 2020年6月上旬始，区人防办组织成立区防空地下室平时使用和维护管理大检查工作领导小组，设立专班，对已竣工的防空地下室开展平时使用和维护管理检查，对发现的问题督促相关管理单位进行整改。

【人防工程维护管理培训】 2020年11月中旬，区人防办组织辖区各有关单位120余人，参加市人防办举办的为期2天的人防工程维护管理培训班。邀请省地下建筑设计研究院高级工程师汪裕宝、周珺茹等进行授课，内容涵盖人防工程概论、人防工程建筑结构、风、水、电等专业知识。

（叶　存）

相关链接：

“四启”帮教品牌：指素养提升“启智”计划、融入社会“启力”计划、思维重构“启心”计划、青少年成长“启飞”计划。

农业农村·水利·防汛防台抗旱

综　述

【概况】 2020年，海曙区下辖9个涉农镇（乡）街道、164个行政村。农村经营统计范围内有股份制的村经济合作社179个（集士港镇19个、古林镇24个、高桥镇20个、横街镇28个、鄞江镇12个、洞桥镇19个、章水镇18个、龙观乡10个、石碶街道16个、望春街道11个、段塘街道2个）。其中，164个为村股份经济合作社，15个为社区股份经济合作社。有在册农户10.95万户，在册人口27.5万人，股东28.8万人。

全区水域主要为河道、湖泊、人工水道、水库、山塘、其他水域6类，水域面积共计约36平方千米，水域面积率6.05%。有山塘96座，总库容191万立方米。水库24座，总库容28374万立方米，其中大型水库2座（周公宅水库、皎口水库，由市水利局管理）、中型水库1座（溪下水库）、小型水库21座。平原河道364条，总长度770.59千米，水面面积2383.81万平方米，其中，省级河道2条，总长度49.85千米，分别为奉化江27.45千米、姚江22.4千米；市级河道4条（鄞江、剡江、西塘河、南塘河），总长54.54千米；区级河道28条，总长178.55千米。

海曙区编制“十四五”农业农村发展规划，推动各类规划在村域层面“多规合一”。以古林镇智农茂新和鄞江镇农创金陆等“美丽乡村综合体”建设为载体，探索城乡融合型近郊村庄建设；全域推进“美丽城镇”创建，集士港镇、龙观乡通过省首批样板综合评价验收；启动培育洞桥镇沙港村小集镇式中心村创建，推动村庄集聚发展；以旧村改造新村建设作为农村住房改建的重要抓手，推进农村“三居”专项行动。出台《关于高水平建设新时代美丽乡村的实施意见》，促进农业、旅游、文化等产业融合发展，推动“美丽乡村”建设串点连线，打造江南水乡韵味突出、浙东民俗风情鲜明的新时代美丽乡村大花园。新建省市级“美丽乡村示范镇”1个、“美丽乡村”41个和“风景线”1条，新建A级景区村庄17个。“宁波黄古林蔺草—水稻轮作系统”被评为中国重要农业文化遗产，系宁波历史唯一。深入推进农村人居环境整治提升三年行动，持续开展农村垃圾、厕所大整治。农村公厕规范化实现全覆盖，海曙区获评省级“生态文明建设示范区”“全省生活垃圾分类工作优秀区”。推进“整洁田园行动”，全面推行化肥农药实名制购买和定额制使用，新建省级农资店15家，农作物秸秆综合利用率达96.5%，主要农产品质量安全监测合格率达100%。

溪下水库

落实粮食安全区县（市）长责任制，成立区农业专班，统筹推进全区粮食、生猪生产工作平稳开展，获评浙江省第三届“河姆渡杯”粮食生产先进区。全力打通粮食供应链，构建稻米产业化联合体，运营区现代农业综合服务中心，部署粮食收购资金供应管理各个环节，全年保障收购粮款5000万元。加强保障型蔬菜基地建设，优化品种结构，全区蔬菜播种面积稳定在8万亩，产量保持在14万吨。出台《海曙区高质量推进"356"乡村产业振兴行动方案》，建成鄞江镇、龙观乡等省级"特色农业强镇"，创建市级"现代农业庄园"3个、"多彩农业美丽田园示范基地"5个。组织开展农业核心关键技术攻关，推广应用农业新品种，实施种养基地数字化改造8个，推广农业新品种面积1.6万亩。3个稻米样本分别获评"2020浙江好稻米"金奖和优质奖产品，2个稻米样本分别获宁波市"十大好稻米"金奖和优质奖。开展中国特色优质黑猪新品种选育研究，建立"金乌猪"种质核心群。深化"三区六园"建设，推动数字农业发展，总投资7亿元的6个园区完成投资总额的70%以上，国家级数字农业建设试点项目基本完成。加强农业区域公共品牌建设和管理，打造产业区域公用品牌2个，黄古林蔺草成功获得"品字标浙江农产"品牌称号。加大农业品牌线上线下推广力度，组织召开浙贝母产业融合发展研讨会，发布浙贝IP形象"贝贝"。

出台《关于大力推进"两进两回"行动的实施意见》，全力加强乡村人才队伍建设。打造全市首个青年人才驿站和青年人才服务综合体，建成运营宁波"人才之家"和海曙人才创业园。培养造就"一懂两爱"三农工作队伍，开展"水稻—红螯螯虾"综合种养技术示范点建设工作，推进樱花茶园建设项目和樱花茶试制，加快樱花品种结构调整。实施现代农业领军人才、青年农场主、农村创新创业带头人和农村实用人才培养行动，培育区级及以上示范性家庭农场15家、"农创客"26名，培训农村实用人才758人次。

实施农村民生提升行动，加快农村基础设施提档升级。实施"通户、通景、通行、通富、通畅、通安"的"六通工程"，初步形成大庄至观顶、荷梁线穿镇段、梁祝大道、广泽路等为代表的富有海曙特色的"山区、穿镇、景区、平原"四类"美丽经济交通走廊"模式，全区所有行政村实现通"四好农村路"和通客车、快递服务全覆盖，新建和改造提升农村公路85.2公里，新建村级农村物流服务点55个。全力提升农村防汛保安基础，推进鄞江堤防、樟溪河干流等整治工程，获评省"海绵城市建设示范区"。加快推进农村饮用水达标提标行动，改造提升高山单村独立水站30座，农村饮用水达标提标人口覆盖率达100%。实施信息进村入户工程，累计建成5G站点1372个，所有镇（乡）街道实现5G基站布局全覆盖。推进农贸市场改造提升，乡村星级文明规范农贸市场覆盖率达100%。健全乡村基础设施分级分类投入机制，出台《海曙区乡村公路管理养护考核办法》《海曙区农村生活污水治理设施运行维护管理办法》等政策，落实农村基础设施长效管护。

（厉迪桑）

农业经济

【概况】 2020年，海曙区有耕地面积13000公顷（其中永久基本农田面积10433公顷）、山林面积31000公顷。农林牧渔业总产值23.03亿元，增加值16.80亿元，增长2.3%，占GDP比重1.3%。其中，农业产值18.75亿元，比上年同期增长2.1%。有蔺草、茶叶、贝母、竹笋、樱花、锦鲤等特色农业主导产业。其中，"宁波蔺草""樟村浙贝"获国家质检总局颁发的原产地保护标记；"大雷黄泥拱笋"和"樟村浙贝"获得国家地理标志证明商标；"古林蔺草"获中华人民共和国农产品地理标志登记证书。

粮食种植面积约9704公顷。粮食产量达66277吨，小麦和晚稻每亩单产分别为0.3吨和0.6吨，分别比上年同期增长21. 8 %和10.1%，为近年来的最高单产。

茶园面积可采摘面积695公顷，产量1073吨。以杨梅、葡萄、柑橘、水蜜桃和蜜梨为核心的果树种植面积1047公顷，水果总产量56532吨。

牧业产值9975万元。有畜禽养殖场16家，其中，猪场8家、牛场2家（奶牛、肉牛各1家）、蛋鸭场4家、蛋鸡场1家、羊场1家。年内生猪出栏1.67万头、牛出栏315头、羊出栏0.12万只、家禽出栏8.03万羽。

渔业产值8336万元。淡水养殖面积179公顷，水产品总产量2120吨。形成锦鲤、甲鱼、光唇鱼、脊胸蛙等特色品种繁养一体化养殖模式，有国家级水产养殖健康示范场1家、省级水产养殖健康示范场2家，郭斌养鲤场获"亚洲最佳锦鲤场"称号。

【海曙区创建省级"农业绿色发展先行区"】 2020年1月，省农业农村厅发文公布全省首批农业绿色发展先行县与示范区认定名单，海曙区成功创建为浙江省级农业绿色发展先行县；同时，古林镇被认定为浙江省级农业绿色发展示范区。创建完成后，海曙区继续以《浙江省农业绿色发展指标体系（2020）》为依据，从农业主体、农业生产、农业资源、农业环境、农民生活等5个方面入手，综合推进农业绿色发展，2020年投入1.64亿元财政扶持资金，扶持省级现代农业园区和特色农业强镇建设，包括围绕贝母、蔺草等传统优势主导产业，大力开展绿色农产品"三品一标"认证；以古林镇蜃蛟片区优质高效水稻大田种植数字农业技术集成示范项目为重点，加快智慧农业产业布局；加大海曙农业"机器换人"力度，构建立体化的农业生态体系等。至年底，基本形成具有海曙特色的农业生态模式和绿色样板。

【"它山堰"牌白茶首获特别金奖】 2020年7月，在第十届"中绿杯"名优绿茶评比中，海曙区"它山堰"系列茶叶获1个特等奖、3个金奖、2个银奖。摘得特别金奖的为"它山堰"牌御金香白茶，采自龙观乡的五龙潭生态茶园，属御金香品种，于2013年6月被认定为国家植物新品珍稀良种，为黄色系白化茶种，开采期一般为每年清明前。"它山堰"牌御金香白茶还曾获得第八届"中绿杯"全国茶叶评比金奖、浙江绿茶博览会金奖、第二届中国国际茶叶博览会金奖、第5届庐山问茶会茶叶评比金奖等奖项。

（厉迪桑）

农业执法

【概况】 2020年，海曙区按照浙江省、宁波市关于开展农业“绿剑”系列集中执法行动的统一部署，由区农业综合行政执法队牵头，对种子、农药、肥料、兽药、饲料和饲料添加剂等各类农业投入品进行全覆盖的执法监管。执法监管以“检打联动、打防结合”为工作机制，重点查处农资经营中制售假劣农资的违法行为，共出动执法人员392人次，检查企业156家次，共发出4份责令改正通知书，办结5起行政处罚案件，罚没款1.14万元。出动执法人员535人次，对区内的养殖场、屠宰企业开展巡查256家次，发现并移交菜牛、瘦肉精案件线索8起，查处生猪违规调运案件1起。加强对动物诊疗环节的监管，出动执法人员126人次，检查动物诊疗机构63家次，发现并办理案件2起，罚款3万元。

开展渔业执法行动，组织开展内河执法巡查89次，出勤人员453人次，收缴各类船只（筏、轮胎）等33只、各类电捕工具25只、各类网具95顶。联合区市场监管、综合行政执法等部门，多次开展联合执法行动，出动检查人员537人次，检查农贸市场81家次、经营户及餐饮单位822户次，查处违禁渔获物75公斤。其中当场处罚9起、立案1起。

推进“美丽生态牧场”建设，创建省级“示范性美丽牧场”2家。区内屠宰企业共屠宰生猪53.8万头，在屠宰环节中，处理检疫检验不合格生猪1452头、不合格生猪产品503.8吨。屠宰菜牛2.95万头，处理检疫检验不合格肉牛30头、不合格牛产品32.4吨。

【农业生产废弃物包装处理】 2020年，海曙区深入维护农田生态安全，推进农药、废旧农膜等农业生产废弃物包装的无害化收集和处置。按照“田间无废弃物”目标，实行农业生产废弃物收集处置区域全覆盖，回收种类全覆盖。至年底，集中收集农业生产包装废弃物131.71吨，处置134.06吨。其中，农药废弃包装物回收19.44吨（回收率109%），处置19.44吨（处置率120%）。

【非洲猪瘟疫情监测】 2020年，海曙区完善区动物疫病实验室的设施设备，提升检测能力，发挥该实验室的平台作用，对辖区内养殖、屠宰、肉品加工等企业以及无害化收集点等场所定期开展非洲猪瘟等重大动物疫病疫情监测。共监测动物血清、病理组织、环境拭子等样本7438份，分别为禽流感病原学专项监测1500份、非洲猪瘟病原学专项监测4090份、春秋防集中监测1638份、犬猫产地检疫210份。根据监测结果显示，辖区未发现非洲猪瘟等重大动物疫病疫情。

（厉迪桑）

“它山堰”系列茶叶炒制过程中

农业产业化

【概况】 2020年，海曙区有区级及以上农业生产龙头企业29家，其中，市级以上20家、省级以上4家、国家级1家。新增省级骨干农业生产龙头企业1家（宁波方兴食品有限公司）、市级农业龙头企业1家（宁波安和达菜篮子配送有限公司）。新增省级农业产业化联合体1个、各类农家乐休闲农业经营主体22家。新增“农创客”25人，人数72人。

鄞江茶果特色农业强镇被认定为浙江省第三批省级特色农业强镇。集士港镇新后屠桥村七彩田园示范基地等5个基地被认定为宁波市多彩农业美丽田园示范基地，耕泽院庄园等3家单位被认定为宁波市现代农业庄园。

筹划、组织开展海曙区第二届开茶节、第八届海曙区浙东大竹海毛笋节、海曙区农民丰收节（稻田小青龙特别活动）、海曙李家坑吊红节等区域特色农业节庆活动13场次，农业休闲观光的总人数达185万人次；休闲农业总收入1.5亿元，比上年同期增长4.9%。

【鄞江省级“特色农业强镇”建设】 至2020年底，鄞江镇基本完成自2018年起步、计划建设3年的省级“特色农业强镇”创建任务。建设期间，鄞江镇制定“一线一心两区六基地多点”的产业规划，强化茶果特色产业布局，包括1条山水小城精品农业风景线，1个农业综合服务中心，2个特色产业区块（精品茶果生产示范区和茶果产业深度融合区），6个集高效生产、科技展示、休闲观光等功能于一体的主导产业示范基地以及多处农旅融合休闲点。截至年底，建设取得阶段性成果，

3年期间，完成基础配套设施建设、主导产业深度融合发展、农业农村景观、公共服务等重点工程项目12个，累计完成投资6992万元。2020年，鄞江镇实现农业产值5.47亿元，茶叶、水果产值3.66亿元，旅游业直接收入2亿元，比创建前的2017年分别增长13.3%、24.1%和53.8%。

【"米氏稻米"获评省级"农业产业化联合体"】2020年，海曙区米氏稻米产业化联合体被评定为"浙江省农业产业化联合体"。该联合体成立于2015年，由宁波米氏实业有限公司领衔，联合宁波市海曙区庄圆粮食专业合作社等5家专业合作社及宁波陆宝食品有限公司（王升大博物馆）1家稻米文化传承基地共同创建。米氏稻米产业联合体采用订单农业、"保底收益+超额分成"的"两次分红"、风险防范等利益联结方式，该模式可有效降低农户生产风险，带动农户增收，实现合作共赢。2020年，联合体共签订订单种植面积826.67公顷，直接经济收益3778万元，7850余家农户实现增收致富。

【"水稻—小青龙"稻田综合种养模式】2020年，海曙区以农业绿色发展、农业供给侧结构改革为主线，开展"水稻—小青龙"综合种养项目建设，通过在稻田放养澳洲龙虾"小青龙"，改变单一的种稻模式，增加稻田亩收益。至年底共建成6个"水稻—小青龙"示范基地，每个示范点面积均超3.33公顷，总建设面积33.24公顷。综合种养的龙虾产量亩均达100公斤、水稻产量亩均达495公斤。该种养模式全程未使用化肥、农药，用菜籽饼、农家肥等"绿肥"代替，并利用太阳能杀虫灯、性诱剂等物理防治手段防治虫害，通过种植香根草、显花植物等来维护农田生态平衡。该模式下养殖的成年龙虾块头比普通小龙虾大几倍，含肉率45%左右，实现良好的生态与经济效益。

【海曙区获评省级"特色农产品优势区"】2020年年底，浙江省农业农村厅等7部门联合认定68个省级特色农产品优势区，其中，海曙区"浙贝母特色农产品优势区"入围，为全区唯一。浙贝母在海曙区种植历史超过300年，以章水镇为核心种植区，辐射带动龙观乡和鄞江镇，常年种植面积稳定在666.67公顷，年生产鲜贝母7000吨，全产业链产值超过3亿元，涉及农户8000余户，从业人员约3万人。2013年，"樟村浙贝"被认定为"地理标志证明商标"。凭借"樟村浙贝"，海曙区成为闻名遐迩的中国"浙贝之乡"、"原产地注册标记"保护地、浙江省中药材强区和道地药材基地。

（厉迪桑）

9月25日，"稻田—澳洲小青龙"2020海曙区农民丰收节分会场活动在鄞江镇举行，现场进行"直播带货"，推广稻渔共养项目的"稻虾米"产品

农业机械化

【概况】2020年，海曙区水稻生产耕、种、收综合机械化率达到90.1%，粮食生产基本实现全程机械化。全区农机总动力13.93万千瓦，有农田作业拖拉机449台、水稻插秧机246台、农用植保无人机73台、联合收割机196台、谷物烘干机244台，粮食批次烘干能力达3860吨，粮食机械化烘干率达90%以上。有国家级农机示范专业合作社2家（宁波市海曙粮人粮机专业合作社、宁波市海曙南瑞粮机专业合作社），省级农机示范专业合作社8家（华丰粮机专业合作社、绿光粮机专业合作社、岐阳农机专业合作社、粮人粮机专业合作社、南瑞粮机专业合作社、横涨粮草专业合作社、西杨粮机专业合作社、顺吉粮机专业合作社）。

【海曙区入选"全国平安农机示范区"】经农业农村部、应急管理部联合认定，海曙区被评为2020年全国平安农机示范区。为提高农机安全应急处理能力，2020年海曙区深入开展"平安农机"创建活动，以道路拖拉机安全隐患为整治重点，出动执法人员100人次，开展执法检查20次，检查车辆60余台，查处违法车辆25台，查扣1台报废变型拖拉机。在此基础上，探索建立健全农机安全生产的长效机制，全年未发生农机安全事故。

【粮人粮机专业合作社入选国家级典型示范】2020年，海曙粮人粮机专业合作社凭借"数字化赋能农业"项目，入选全国"全程机械化+综合农事"典型示范合作社。该合作社位于古林镇，于2008年6月成立，经过10余年发展，有股东65户，经营土地面积804公顷，有各类农机具179台（套），农机总值达1534万元，拥有烘干中心、加工车间等操作面积7200平方米，停机库、维修车间、农资服务部等后勤保障面积2100平方米。近年来，合作社通过发挥组织优势，争取政府支持，以"信息+知识+智能装备"为核心，全方位、全角度、全链条数字化改造农业，参与“乡村振兴”计划，全面推进农业“机器换人”，大力发展水稻生产全程机械化作业，成立综合农事服务中心，搭建起农机维修检测点、育秧烘干中心、金融信贷、农业保险、政策咨询、技术辅导、农产品展示展销等7个服务平台，为社员及周边农户提供低成本、便利化、全方位的服务，实现为农服务全覆盖。

（厉迪桑）

鄞江金泉农场种植的天目蜜李

农村经营管理

【概况】 2020年，海曙区农村经营统计范围内有合作社110家。其中，全区有规范化合作社37家，其中市级示范性12家、省级示范性2家、国家级示范性1家。拥有示范性家庭农场51家。其中，区级示范性家庭农场21家、市级示范性家庭农场21家、省级示范性家庭农场9家。

截至年底，全区村级集体经济组织的总资产达180.8亿元，比上年同期增加9.6%，其中，货币资金存量48亿元，增幅11.6%。村级集体经济总收入12.4亿元，增加13.1%，其中，经营性收入7.2亿元，增加6.2%；经营性收入30万元以上的行政村145个，占全区行政村总数的88%；经营性收入15万元以下的行政村数从2019年的29个减少到13个，减幅达55%。

【政策性农业保险推行】 2020年，海曙区向全区农村经营户继续推行政策性农业保险，参保险种49个，承保农户近1.6万户，比上年同期增加7.8%；保险金额约16亿元，增加1.6%；保费规模2513万元，增加10.7%；新增浙贝母种植气象指数保险、葡萄综合险2个特色险种。由于2020年属小灾年份，至年底，各保险公司办理灾害理赔32个险种，理赔户次1580余户，理赔资金超过600万余元，简单赔付率达24.4%。在赔付品种方面，水稻203万余元、小麦82万元、生猪（含能繁母猪）78万余元、奶牛12万元、家禽（鸡鸭）13万余元、大棚及农业生产用房11万元、大棚作物24万元、蔺草36万余元、蔬菜价格指数及露地蔬菜49万元、水果（梨、桃、杨梅）38万余元、茶叶18万元、农业从业人员雇主责任险（含护林员）48万余元。

【村级集体资金网银收款推广】 截至2020年8月，海曙区实现全区村级集体资金二维码收款全域覆盖。该项工作是区农业农村局为深化农村集体经济数字管理平台建设的一项创新性工作，属全市首创。初期以古林镇薛家村、葑水港村为试点，村民通过使用微信、支付宝扫码，可快速将款项划转到二维码绑定的村银行账户，与传统的收款渠道相比，网银收款安全性更高、便捷性更强。至年底，全区村社现金收款比往年同期减少55.3%。

（厉迪桑）

水　利

【概况】 2020年，2个重点水利工程列入海曙区“项目攻坚提速年”工程，分别为鄞江堤防整治工程、樟溪河干流整治工程（龙王溪段）。至年底，鄞江堤防整治工程完成投资4.75亿元，一期工程Ⅰ、Ⅱ标段完成工程量60%，Ⅲ标段完成施工招标，Ⅳ标段完成项目部组建并开工建设；二期工程完成监理、施工Ⅴ标段招标，Ⅵ、Ⅶ、Ⅷ标段开展施工图设计，启动段工程于6月30日通过完工验收。樟溪河干流整治（龙王溪段）工程完成2号桥下游挡墙、堰坝及3座桥梁的施工，完成投资0.36亿元。

【农业农村用水保障】 2020年，海曙区有农村独立水站63座，其中章水镇29座、横街镇26座、龙观乡8座。2018年至2020年，共完成45座水站的建设改造，投资总额5532万元，其中，章水镇29座、横街镇8座、龙观乡8座，惠及户籍人口16313人。延伸镇（乡）水厂管网覆盖人群，新增8045人。农村饮用水达标提标三年省级任务清单指标为4699人，实际完成24358人。全区农村饮用水达标提标人口覆盖率达100%、农村供水工程供水保证率在95%以上、水质达标率在90%以上、城乡规模化供水工程覆盖人口比例达95.4%。

【水环境治理】 2020年，海曙区以“安全流畅、生态健康、文化融入、管护高效、人水和谐”为目标，开展“美丽河湖”河道长效管理。至年底，樟溪河完成14万立方米的河道清淤，完成省、市下达任务指标的280%，成功创建为省级“美丽河湖”。古林镇照天港河生态河道整治工程、石碶街道星光村段南塘河整治工程、横街镇横里河整治工程完工验收，共整治2.4千米，完成任务指标的240%，所有河道管理范围划界批复完成。

【水资源管理】 2020年，海曙区规范取水许可管理，严格落实水资源有偿使用制度。办理取水许可29件、注销13件。监管的取水单位达到59家，其中，3家为市级审批取水单位，56家为区级审批取水单位。征收水资源费547万余元，征收水费1523万余元。在水土保持工作中，落实生产建设项目水土保持"三同时"（建设项目中的水土保持设施，必须与主体工程同时设计、同时施工、同时投产使用）制度，办理水土保持审批166件，征收水土保持补偿费238万余元，水土保持设施验收备案31个。

【水政执法】 2020年，海曙区共开展日常水政巡查93次，涉河涉水建设项目检查34次，快艇巡河9次，处理水事案件4起，发放涉河项目监督检查表3份，发放责令改正（停止）违法行为通知书7份。"清四乱"工作取得阶段性成效，排查处置问题2个，全部销号。基本完成海曙"无违建河道"创建，至年底，拆除沿河两岸河道管理范围内的违建18处，拆除面积5600余平方米（包括2018年、2019年创建河道），拆除河道阻水设施（构筑物）3处；完成姚江海曙段沉船废船等清障任务，清理沉船4艘、网箱8顶、鱼簖3处、非法设置的地笼网等拦河渔具600余顶。在"无违建河道"创建中，开展"回头看"，未发现有新增违建现象。

（厉迪桑）

防汛防台抗旱工作

【概况】 2020年，海曙区新（改）建1个水文站、21个小型水库水位站，以北渡、黄古林国家超标准洪水应急能力水文测站为重点项目，建成29个水文站，有效提升洪涝监测能力。推进山洪灾害防御区域调查评价，重新梳理排查山区所有村落，划定防御区域，明确防御对象清单，山洪灾害村数量由17个行政村（25个自然村）增加至41个行政村（63个自然村）。

4月8日，市、区防汛检查组检查五龙潭景区地质灾害风险防范区

面对汛期异常多变的气候形势，周密部署、科学防御，成功应对"黑格比""美莎克"等台风和"6·18"等多场强降雨侵袭，完成全年防汛防台工作任务。

10月以来，由于长时间无有效降雨，区内水库蓄水量较往年明显偏少，山区溪坑接近干涸，横街镇、章水镇、龙观乡、鄞江镇等非大管网集中供水的区域供水形势严峻。通过水利工程应急调度及新建提水泵站、车辆送水等工程和非工程措施，缓解群众饮水困难问题。

【汛前（汛中）安全大检查】 2020年，海曙区实施度汛隐患"销号关口"工作机制。3月起，开展汛前检查，落实属地自查、行业自查、区级抽查的"三查"工作机制，共发现152处隐患。在此基础上，全面建立风险隐患清单、排查治理双重预防等"闭环管理制度"，对所有隐患逐一落实整改措施和整改期限，至6月底，全部整改"销号"到位。7月初，开展主汛前防汛防台重点领域度汛隐患专项检查行动，共检查可能存在的度汛风险点76处，发现的风险问题均及时得到整改处理。

【防汛防台行政首长责任制建立】 2020年，海曙区结合每年例行的村（社区）防汛防台形势图修订工作，全面建立行政首长负责制，即区领导包镇（乡）街道，镇（乡）街道领导包村（社区），村（社区）干部包户到人。至4月底，263个有防汛防台任务的村（社区）编制完成村级形势图267张。17个镇（乡）街道与区政府签订防汛防台工作责任书，全面认领各项防汛防台工作任务。

【灾害监测预警预报信息联报机制建立】 2020年，海曙区整合各部门水雨情（气象、洪涝、地质灾害）监测预警预报及相关业务平台数据资源，建立海曙区洪涝台旱灾害监测预警预报信息联合发布机制。该机制初步建成集在线洪涝监测、洪涝信息发布、视频集成展示、防汛应急管理、应急一张图等模块功能于一体的海曙区洪涝应急管理信息系统，为防汛防台风决策提供重要技术支撑。同时，可视化指挥调度系统建设完成，以视联网为基础的视频会议系统升级改造，实现省、市、区三级视频网的贯通。

（厉迪桑　董玉婷）

工业·建筑业

工业经济

【概况】 2020年，海曙区落实宁波市委、市政府对培育“246”万千亿级产业集群和推进制造业高质量发展工作的各项部署，聚焦传统产业转型和数字经济培育，推进制造业高质量发展。

在统筹推进医疗应急物资保障和复工复产工作的同时，海曙制造业实现“V型”回升、逆势增长，规模以上工业增加值比上年同期增长4.5%；规模以下工业增加值增长3.1%，名列全市第二。累计完成工业投资31.5亿元，增长5.7%。数字经济核心产业制造业实现增加值18.2亿元，增长9.7%。“亩均论英雄”改革成效显著，规模以上工业亩均税收、亩均增加值、单位能耗工业增加值、单位排放工业增加值四项指标增速均位居全市第一。至年底，累计建成数字化车间、“智能工厂”11家，培育各级“单项冠军”与“隐形冠军”、各类专精特新“小巨人”企业50家，创建各级“绿色工厂”、节水型企业11家，建设小微企业园20家。

提升以工业互联网产业为龙头的数字经济产业体系，新引进宁波阿里中心、杭州产链数字科技有限公司、银河水滴科技有限公司等重点平台和企业。围绕推进制造业智能化发展，以数字化转型赋能传统制造业发展。浙江蓝卓工业互联网有限公司入选2019—2020年度中国工业互联网“50佳”榜单，其研发的supOS工业操作系统入选国家重点专项立项清单，宁波市智能制造技术研究院的智能成型行业工业互联网平台入选2020年浙江省工业互联网平台创建名单。探索出一条从“机器换人”到“企业上云”再到“5G+工业物联网”的智能制造之路，6家企业入列全市“5G+工业互联网”试点项目计划，2家企业分别入选浙江省“未来工厂”、浙江省数字化车间与智能工厂。

传统制造业改造提升和“亩均论英雄”改革工作获得浙江省政府督查激励，并在全省、全市传统制造业改造提升现场会上作交流。持续推进小米生态链工业园区、“万企设备联网计划”等一批传统制造业改造提升标杆项目。传统制造业改造提升18项关键性量化指标成绩位列全市前茅。先进制造业与现代服务业融合不断加快，新增省级服务型制造示范企业和平台各1家。

优化完善重点企业梯队培育体系，制订《海曙区聚焦关键核心技术打造制造业单项冠军行动计划（2020—2025年）》。新增工信部专精特新“小巨人”企业4家、市级培育企业11家，浙江省“隐形冠军”企业1家，宁波市制造业“单项冠军”示范企业5家、培育企业7家。宁波旷世智源工艺设计有限公司在香港交易所上市。一体化推进“小升规”“雏鹰”“放水养鱼”“凤凰”“雄鹰”全省“五企”培育体系行动，全力培育“大优强”企业，推动企业“四上”（规模以上工业企业、具有资质等级的建筑企业、限额以上批零住餐企业、规模以上服务业企业）发展。

加快完善行业特色公共服务平

雅戈尔智能工厂

台体系，新增国家级工业互联网平台1家，省级工业互联网平台1家，市制造业重点服务平台1家，市级中小企业公共服务平台示范2家、培育单位2家。宁波智能制造技术研究院利用"智云端"中小企业智能制造公共服务平台，为宁波200多家制造企业提供智能化诊断、智能工厂规划与设计等智能制造一体化解决方案。

东海集团获评国家级"绿色工厂"，宁波旦可韵有限公司的羊绒衫获评国家级绿色设计产品，宁波同创强磁材料有限公司、宁波明州环境能源有限公司获评省级"绿色工厂"，4家企业获评市级"绿色工厂"。宁波三峰机械电子股份有限公司、宁波尤利卡太阳能股份有限公司获评浙江省节水型企业，3家企业获评市级节水型企业，7家企业通过自愿性清洁生产审核。依法依规推动落后产能退出，完成淘汰落后产能企业20家，推动长利风玻璃、绿罡等一批绿色化技术改造项目建设。

发挥纺织服装产业优势，补关键核心环节短板，形成1条标志性产业链，时尚纺织服装产业增加值增速位列全市前列。建立强链补链长效机制，加大重点产业链供应链断链断供风险排摸和重点产业链关键环节强链补链项目排摸，完成全部规模以上工业企业产业链情况的排摸，储备53个保链项目，完善运行监测预警体系。精准推进产业链合作，举行传统制造业企业与阿里巴巴集团的"春雷计划"专场对接会，组织企业参展宁波时尚节、义乌国际智能装备博览会等展会，帮助企业有效拓宽线上营销渠道。推进优质产品市场拓展，40家企业共计110余种产品入选2020年度宁波市优质产品推荐目录。

深化推进工业"亩均论英雄"改革，实现规模以上工业亩均税收49.7万元，比上年同期增长15.9%；亩均增加值244万元，增长18.5%；单位能耗工业增加值每吨标准煤3.21万元，增长40.8%；单位排放工业增加值每吨标准煤6994.5万元，增长133.7%。同时，促进低效主体提质增效，完成低效企业达标提升129家，盘活土地66.87公顷，新增税收3344万元。

【海曙区传统制造业改造提升工作获省政府督查激励】 2020年5月，浙江省政府办公厅发布通报，对2019年落实有关重大政策措施真抓实干、取得明显成效的6个市、县（市、区）予以督查激励，海曙区成为宁波市唯一的加快传统制造业改造提升成效明显的区。海曙区全面按照传统制造业改造提升工作各项要求，通过数字化、绿色化、品质化、资本化、集群化五大转型举措，加速提升质量效益，较好完成传统制造业改造提升工作关键性量化指标，转型效果显现。其中，纺织服装作为体量最大的传统制造业，产业总量约占全市三分之一，品牌数量约占全市五分之四，拥有"雅戈尔""杉杉""太平鸟""博洋""维科"等纺织服装知名品牌，是浙江省"415"先进制造业集群纺织服装集群重点培育区块，也是宁波市纺织服装产业集群的核心，被省政府确定为首批服装制造业改造提升试点单位，并成为第四批工信部产业集群区域品牌建设试点区和消费品工业"三品"战略示范城市。

【"春雷计划"专场对接会】 2020年7月28日，区经信局组织召开"引云入海，共谋未来"——海曙制造企业与阿里巴巴集团"春雷计划"专场对接会，近200家制造业企业参加。对接会通过借助阿里巴巴集团的数字化能力，帮扶企业转变思维，创新经营模式，扩大销售市场。会议邀请阿里巴巴集团各业务条线的负责人为到会企业解读阿里巴巴专业的B2B电商批发采购平台——"1688"、"C2M"（Customer-to-Manufacturer，用户直连制造模式）超级工厂、"淘宝天猫"的政策，并安排专业"阿里小二"与企业开展精准对接。对接会鼓励阿里巴巴集团为海曙区制造企业继续提供入驻便利、渠道畅通、快速带货、金融扶持等服务，以线上市场拉动线下市场形式，全方位形成产、供、销、购全渠道流畅的局面。

【全市成型制造业领域数字化转型推进工作现场会在海曙召开】 2020年9月2日，全市成型制造业领域数字化转型推进工作现场会在海曙区召开。各区县（市）、区成型制造业领域重点企业参会。会上，区经信局介绍海曙区传统制造业转型升级的现状，提出将深入推进新一轮宁波市制造业企业智能化技术大改造行动计划，实施海曙区"产业赋能十大专项行动"，通过优质的政策供给、创新供给和服务供给，加快新兴产业集群培育，把传统产业集群改造好，凝聚起产业集群高质量发展的强大动能。宁波市智能制造技术研究院分别与发那科机电有限公司、中国移动、杭州海康威视数字技术股份有限公司和油机（机械）工业有限公司达成战略生态合作协议，共同建立5G+智能制造产业链生态合作联盟。市经信局肯定海曙区前期成型制造业领域数字化转型的工作，强调要继续从加大资金投入、落实鼓励企业数字化改造和扶持服务平台发展的政策入手，实现各项任务指标等方面扩大"智能制造"强项优势。

【参展宁波国际服装节】 2020年10月24日，2020年宁波时尚节暨第24届宁波国际服装节召开。展前，区相关部门采取专项资金扶持、现场走访调研、个性化指导等方式，促成雅戈尔股份有限公司、宁波博洋控股有限集团、宁波杉杉股份有限公司等43家企业参展，合计展位数312个，约占全市总展位数的三分之一，参展企业数、展位数均位居全市第一，产品涵盖服装、服饰、箱包、设备和面辅料五大时尚门类。展会期间，专门设立海曙制造展区，以及面积达500余平方米的智尚国际服装产业园专区，集中展示海曙区时尚制造企业成果与产品。此次宁波时尚节首次采取"双线会展"的创新办展模式，围绕"双线新赋能、产业链构建"主题，参展企业参与云展厅、云论坛、云对接、云特卖和线下举办时尚展览、时尚发布、消费体验等7个板块系列活动，提升"时尚海曙"魅力。

【工信部材料司调研海曙区稀土永磁材料产业】 2020年11月25日，工信部材料司稀土处在宁波市经信局和中科院宁波材料所专家陪同下，到海曙区调研稀土永磁材料产业。调研组先后走访宁波同创强磁材料有限公司和

宁波金鸡强磁股份有限公司车间

宁波金鸡强磁股份有限公司，听取企业的经营情况汇报，查看企业生产现场，并与企业负责人在稀土原材料市场供需、产品价格、应用领域拓展等方面作深入交流。

（蒋翠清）

智慧城市与数字经济建设

【概况】 2020年，海曙区围绕打造宁波市“智慧城市先行区”目标，通过促协同、提能级、育平台、优应用等举措，全力推进智慧城市建设。

引入区块链、人工智能等新兴产业领域企业，与阿里巴巴集团控股有限公司、杭州海康威视数字技术股份有限公司、杭州趣链科技有限公司等头部企业建立战略合作，宁波阿里中心、浙江城市数字技术有限公司、杭州产链数字科技等企业陆续落地。其中，产链数科在海曙的分公司——宁波产链数字科技有限公司推出“产链供应链金融平台”“工程项目建设区块链监管平台”“甬信培”“中小企业融资担保平台”等优秀区块链应用案例。同时，引进新企业，培育老企业，做强小企业，产业发展迅速。至年底，全区数字经济核心产业制造业恢复情况好于规模以上工业，增加值达到18.2亿元，比上年同期增长9.7%。55家软件和信息技术服务业企业实现软件业务收入59.5亿元，增加34.8%。

加快党政领域的智慧应用建设。智慧党建方面，依托“锋领e家”系统、“锋领汇”微信公众号和区智慧党建中心，建立基层党建大数据指导管理体系，发挥党员在社会治理过程中的先锋模范作用，形成链条化管理模式。在“锋领汇”微信公众号实现党费自助交纳、活动全程纪实、上级精神学习等即时化操作功能；开发组织生活基地线上平台“海曙新红图”，28个红色教育阵地实现线上3D展示、一键预约、菜单定制、活动纪实等功能；开发两新组织信息管理系统，推动实现两新组织底数全方位掌握，通过将相关两新组织定位到具体的园区、楼宇，收集两新组织所属行业、性质、党组织覆盖、党建指导员进驻等标签信息，实现精准定位、精准统计。医疗卫生服务领域方面，深化“最多跑一次”改革，推进“互联网+医疗服务”优化升级，丰富互联网医疗、护理、药事服务内涵，形成“网上看病”“在线结算”“送药上门”的闭环式规范管理和服务。教育方面，推进“互联网+”教育，教育部“未来学校实验区”落地海曙，入选浙江省人工智能教学试验区。完成教育城域网万兆主干升级扩容工程，实现全区中小学万兆到校，IPv6（互联网协议第6版）全面落地，新一代Wi-Fi6无线教育城域网覆盖全区中小学。社会治理方面，海曙区智慧巡控项目依托警用地理系统，以警力路线在线展示、警情热点自助分析、巡逻态势宏观掌控、巡逻规范自动推送、量化考评科学有据的创新做法，实现巡控力量一屏展示、勤务安排及时提醒、目标要求清晰明确、工作质效图表显现、管理功能个性选择的预期目标。城市管理方面，海曙区噪声预警管控项目通过前端一体化采集设备，采集声音分贝数值，依托数据模型运算，以舞前预告、超分贝预警、连续噪声机器报警等流程，结合警灯闪烁和警方语音提示，实现对广场舞噪声的全自动管控。

海曙区获2020年度长三角智慧城市建设优秀组织奖（全市唯一）。supOS工业操作系统入选中国工业互联网“50佳”榜单。宁波市智能制造技术研究院的智能成型行业工业互联网平台入选2020年省级工业互联网平台创建名单。浙江蓝卓工业互联网信息技术有限公司、宁波市智能制造技术研究院及宁波工业互联网研究院共同入选工信部2020年工业互联网创新发展工程支持项目。宁波公共信息服务运营有限公司开发的防疫抗冠公交出行追溯系统入选工信部疫情防控和复工复产复课大数据产品和解决方案名单（全市唯一）。“宁波城市服务统一App（平台）”项目获“2020年度浙江省新型智慧城市建设数字治理优秀成果奖”及2020宁波市智慧城市综合应用十佳案例荣誉。举办宁波市成型制造业领域数字化转型推进工作现场会和全市工业互联网研究院推介会。

【数字经济产业扶持】 2020年，海曙成立数字经济发展领导小组，在整合原有政策基础上，制定出台新版《海曙区数字经济专项资金管理办法》。在原管理办法对新兴产业试点示范补助基础上，新增“新技术产业扶持补助”专项，对提供5G、工业互联网、人工智能、区块链等技术服务企业，按照合同金额比例补助，通过政策引导、资金扶持，着力构建以数字经济为引领的“1+N”产业政策体系，力争实现全区数字经济产业腾飞。

【5G通信基础设施建设】 2020年4月，海曙区在宁波市率先发布《关于加快推进海曙区5G通信基础设施建设的

实施意见》，建立包括相关部门和各镇（乡）街道在内的5G基础设施建设联席会议机制。多次召开5G建设推进协调会，协调解决5G基站建设过程中的重大问题和共性困难，实现区内学校、医院、公园、行政机关等公共资源点位的5G网络建设免费开放。至年底，累计建设开放5G站点1329个，完成年度目标的121%。所有镇（乡）街道均有5G基站布局，实现机场路以东主城区范围5G信号全覆盖，机场路以西镇（乡）街道区域5G信号全接入，网络覆盖面和建设水平居于全市前列。

【参展智博会】 2020年9月13日，2020世界数字经济大会暨第十届智博会在宁波举办，包括世界数字经济大会主论坛、5G应用创新生态大会、国家新型智慧城市创新发展论坛专题分论坛等活动。海曙区组织宁波工业互联网研究院、宁波市智能制造技术研究院、宁波产链数字科技有限公司等14家区内企业参展，参展面积超900平方米，参展企业规模和数量创历年新高。首台全电式注射智能成型中心、基于区块链技术的融资担保实时监控平台、5G+环保无人船、OmniSys智能协作机器人系统、自动阅卷系统、嵌入式超级电容智能管理系统、首个基于空间地图的海曙区工业大数据平台（试运行版）、海曙公安噪声预警管控系统、首个面向青少年的“健康大脑”等区内数字经济领域的新技术、新产品、新成果亮相。活动期间，辖区企业寰采星科技（宁波）有限公司的高精度金属掩膜版二期工程项目和北京虎渡能源科技有限公司的高速高效电机及高端成套设备产业化项目在主论坛会场现场签约，项目总投资24亿元。海曙区获优秀组织奖，参展企业在5大领域共获得7个奖项，获奖成果超过往届，位居各县（市、区）首位。

【海曙区获评2020长三角智慧城市建设优秀组织奖】 2020年12月，“城市数字化 助力一体化”——2020首届长三角城市数字化转型创新论坛暨长三角产业和信息化发展研究联盟年会在上海智慧城市体验周期间召开。会上，评选表彰8个长三角智慧城市建设优秀组织奖，海曙区经信局获选，成为全市唯一的获奖单位。近年来，区经信局围绕建设智慧城市、网络强区和软件名城，坚持新发展理念和高质量目标，加快推进以5G为代表的新一代高速网络建设，推动政府数字化转型，加强智慧治理和服务能力，促进数字经济发展，助力海曙区在智慧城市建设方面取得较多成果。

（蔡　哲）

宁波望春工业园区

【概况】 2020年，宁波望春工业园区注册企业千余家，职工人数1.7万人。实现地区生产总值26.7亿元，比上年同期增长4.4%；规模以上工业增加值20.74亿元，比上年同期增长9.1%；规模以上工业生产总值102.5亿，增长2.8%；固定资产投资8.12亿元，其中工业投资7.8亿元；高新技术产业增加值17.1亿元，增长13%；研发投入4.11亿元，增长40%；财政总收入4亿元，增长2.3%；实现一般公共预算收入2.28亿元，增长5.6%。

园区有各级资本市场挂牌企业13家、高新技术企业39家、国家级“科技孵化器”1家、国家级“众创空间”1家、国家级“小微型企业创业创新示范基地”1家、省级小微企业园4家、博士后工作站3个、院士工作站2个。累计建成各级工程中心90家。硕士及副高以上职称的高层次人才300余人。

【望春工业园区出让5宗地块】 2020年4月29日，宁波望春工业园区5宗出让地块［WCH-06-p1地块、WCH-06-m1-a地块、WCH-06-m1-b地块、WCH-06-p3地块、核心区V-1-1地块（A-2）］完成摘牌。面积共计11.41公顷，出让用途均为工业用地，且均根据产业类别设定相关“标准地”指标和要求。

【“三生生物科技”二期奠基】 2020年8月，宁波三生生物科技有限公司二期奠基仪式在望春工业园区举行。该项目为新建一个集研发、生产、仓储为一体的生物医药产业智能制造中心，包括研发大楼与展厅、化药制剂车

9月13日，第十届智博会上，辖区企业“寰采星”“虎渡”的项目分别在主论坛会场现场签约

间、生物制药制剂车间和综合仓库，建成后可加快产城一体化开发。宁波三生生物科技有限公司成立于1958年，立足动物高效繁殖管理领域，聚焦生物科技产品，为规模养殖提供先进的流程化管理，促进畜牧行业持续健康发展。

【“三生生物科技”获国家科学技术二等奖】 2020年8月3日，科技部公布2020年度国家技术发明奖初评通过项目，望春工业园区企业宁波三生生物科技有限公司参与完成的“良种牛羊卵子高效利用快繁关键技术”项目被推荐为二等奖，实现海曙区企业国家科学技术奖数量零的突破。该项目由宁波三生生物科技有限公司高级工程师翁士乔参与完成，通过发明牛羊卵子活体采集新技术，独创卵子细胞核与细胞后同步成熟技术，攻克卵子体外培养质量差的国际难题，可有效实现牛羊优质核心种质大规模扩繁。

（任　宁）

建筑业

【概况】 2020年，海曙区有资质内建筑业企业245家，建筑业总产值449.5亿元，比上年同期增长5.3%，在省外完成产值107.7亿元，下降2.7%。主营业务收入348.1亿元，增长9.7%。实现营业利润8.4亿元，下降20.0%。房屋建筑施工面积3409.2万平方米，增长7.4 %，其中，新开工面积1228.6万平方米，增长11.4%。区建筑企业承建的12项工程获2020年度浙江省建设工程“钱江杯”。

制定《2020年度安全生产目标责任制考核细则》，签订《2020年度安全生产目标管理责任书》。受理安全质量监督项目108个，竣工备案79个，受监项目209个，在监项目总面积1056万平方米。共发放安全质量告知函4份，警示约谈企业68家，通报批评项目19个，信用扣分项目43个，重点监管项目7个，提交行政处罚项目22个，要求暂停承接业务企业4家。

参评宁波市结构优质工程7个。

6月12日，海曙区普济医院工地项目举办建筑工程安全生产、文明施工暨生产安全事故应急演练现场观摩会

通过区级“安全生产文明施工标化工地”10个，申报市级“安全生产文明施工标化工地”9个，其中，获评市级“安全生产文明施工标化工地”7个。新办理的安监登记房屋建筑项目全部参与“平安工地”创建，9个项目被评为市级“平安工地”示范工程。

【建筑工程安全应急演练】 2020年6月12日，海曙区普济医院工地项目开展建筑质量安全提升行动现场观摩会及安全事故应急演练。此次活动作为全市第19个安全生产月主题活动的重点内容，模拟承重脚手架倒塌事故发生、报告、救援等一系列程序。在建项目的建设、施工、监理企业安全生产负责人、项目经理和总监共260余人参加。

【保证金制度改革】 2020年7月始，区住建局全面落实工程建设领域保证金制度改革，以工程保函替代保证金，健全“工程保函+信用”挂钩机制，大幅降低保证金缴纳金额，切实减轻建筑业企业负担。至年底，办理政府投资项目投标保证金48次，涉及企业2158家次，降低或免缴投标保证金1.13亿元。面向信用评价高的建筑业企业实施免缴投标保证金，共办理44个，涉及企业408家次，免缴金额8995万元；办理农民工工资在保企业154家，直接减免农民工工资保证金2145万元，以保函形式释放农民工工资保证金1.11亿元。

【建筑业“质量月”活动】 2020年9月，海曙区开展建筑业“质量月”活动。其间，全区各企业、项目部共召开质量分析会61场，开展质量控制小组活动42次，参与职工2835人次。区住建局聚焦住宅质量通病治理，检查预拌混凝土企业16家，发放限期整改通知书16份，抽样检测建筑用砂19份。另外，还抽查区内部分住宅全装修工程，下发检查记录单9份，出具5份工程质量限期整改通知书。至年底，发现的问题均限期整改完毕。

【建筑起重机械安全专项检查】 2020年10月12日至11月5日，海曙区开展建筑起重机械安全专项检查，检查各责任主体履职情况和建筑起重机械现场运行情况。共检查塔吊122台、施工电梯51台、物料提升机10台，下发整改通知书55份、停工整改通知书10份，警示约谈4家责任单位，在全区范围内对7家单位通报批评。检查结束后7日内，所有发现的起重机械安全问题全部整改完毕；有4家单位因未严格落实安全生产主体责任、内部机制不完善，限制其进入区内建筑市场。

【装配式建筑年度目标任务超额完成】 2020年，全区累计落实装配式建筑项目面积超过450万平方米。其中，2020年新备案面积204.2万平方米，完成年度目标任务（150万平方米）的136.1%。2020年，区住建局通过以点带面、示范引领、面上推动，推进以装配式建筑为代表的新型建筑工业化，助力区内装配式建筑发展提速增效。此外，严格执行全市钢结构装配式住宅试点要求，以政府（国有）投资的住宅项目和房地产开发住宅项目为试点，新备案西门街道HS08-05-06地块等6个钢结构装配式住宅项目，面积9.5万平方米，提前完成年度目标。

（江亦海　黄驿雯）

房地产业

【概况】 2020年，海曙区房地产开发投资173.1亿元，比上年同期增长18.8%。商品房销售面积109.03万平方米，比上年同期增长17%。其中，住宅成交86.92万平方米，增长10.1%。

对45件房地产开发企业完成暂定级资质核准，房地产开发企业暂定级资质变更7件。通过21个批次的房地产开发项目预售许可审批。

受理存量房房产交易合同网签备案19890件。其中，自行成交备案合同11505件、经纪成交备案合同8385件。购房资格核查11296件。至年底，备案房地产经纪机构451家，比上年同期增长25%。备案从业人员6074人，增长51%。办结房屋租赁合同备案458家。

2月起，区住建局走访调研宁波恒厚实业有限公司、浙江信达地产有限公司、宁波仁禾房地产开发有限公司、宁波保利实业投资有限公司、宁波北辰京华置业有限公司等房地产开发企业，了解新冠肺炎疫情期间房地产企业在防疫物资准备、复工计划安排、复工审批情况等方面存在的问题和困难，并在防疫物资提供、政策保障上给予支持和帮助。

启动治理规范长租公寓专项行动，进一步规范房屋租赁市场行为。召开行动部署大会，组建“海曙区治理规范长租公寓市场工作专班”，制定实施《海曙区治理规范长租公寓市场专项行动方案》，对辖区内长租公寓企业开展“拉网式”排摸、登记、检查，并做好分类处置工作。

【房地产党建联盟推进会】 2020年5月26日，海曙区召开“房地产行业党建联盟”推进会。会上，审议通过《2020年房地产党建联盟活动方案》，区住建局与雅戈尔置业控股有限公司、宁波万科企业有限公司、北辰地产集团有限公司宁波城市中心、招商局蛇口工业区控股股份有限公司宁波公司、中铁房地产集团华东有限公司宁波事业部等成员单位签订《党建联盟共建协议书》。年内，区内房地产党建联盟克服新冠肺炎疫情影响，开展“党建联盟助力老小区改造”活动，5家联盟成员单位参与南门街道万安社区汇头巷东南角的老小区改建，将废弃边角料地块改建为小区停车场；开展“房产销售公益回报社会”慈善筹款活动等。

【房地产行业供需推介会】 2020年6月18日，海曙区举办房地产行业供需推介会，区内房地产、建筑业和供应链等6大行业领域的54家骨干企业，近200名企业负责人参加。会上，12家企业在现场签订供需意向战略联盟协议，通过建立政企互信、抗疫互助、供需互通的工作机制，帮助区内房地产建筑业和供应链企业在新冠肺炎疫情期间化危为机，恢复疫情前的生产活力。

【住宅全装修品质管控交流会】 2020年11月17日，海曙区举办住宅全装修品质管控交流会，20余家房地产开发企业参与。市、区住建局相关负责人要求开发商更加注重建筑材料质量、施工工艺标准、实体工程质量等方面的把控，降低正式交付风险，切实落实销售、宣传以及售后服务过程中的责任；建设单位切实负起首要责任；施工单位切实承担主要责任。会上，各企业交流分享工地开放日的检查活动和购房人质量监督小组的技术经验、品质管控经验，并共同前往万科海潮映月楼盘项目进行装修工序样板房和交付样板房参观交流。

【房地产诚信销售规范活动】 2020年12月30日，区住建局开展“以诚心初心，筑平安之基”为主题的房地产诚信销售规范活动，36家房地产开发企业和7家房地产经纪企业参与。活动发布公益片《老百姓看得懂的购房指引》，该视频由区住建局联合海曙区房地产党建联盟拍摄，从购房流程、所需材料、合同签订等方面，介绍购买商品房全流程的注意点、关键点，起到对房产销售进一步管理和规范。表彰海曙区2020年度房地产诚信销售企业，有3家企业获评行业优秀信用标杆企业；另有3家企业获“海曙区2020年度房地产平安组织奖”。

6月18日，海曙区房地产行业供需推介会在芝士公园举办

高塘三村危旧房改造项目签约现场

（邵 燕 李亚军）

住房保障和棚户区改造

【概况】 2020年，海曙区住房保障实行“以公共租赁住房保障为主，实物保障与货币补贴并举”的保障方式，稳步提高公共租赁住房补贴保障比例，持续扩大住房保障人口覆盖面，建设城乡一体化的住房保障政策体系。区公共租赁住房实收租金1413.57万元，租金收缴率98.68%。做好住房保障网上办、“掌上办”“一证办”，推进公租房申请“一件事”受理，新增受理事项2638条。其中，网上办数量2377条，网上办受理率达90%。

高塘三村危旧房改造项目征收签约完成。环城西路52弄、高塘一村、高塘二村危旧房改造项目土地完成出让。

开展公租房租金补贴复审，引导有限的保障资源合理分配到最需要的家庭，取消157户家庭的租赁补贴保障资格，退房132户。

【房屋安全治理】 2020年，海曙区排查辖区2475户农村困难家庭住房安全情况，完成4户困难家庭危房解危工作，建筑面积300平方米。开展全区城乡房屋大排查，共计21233幢，建筑面积1710.8万平方米。其中，城镇房屋8797幢，建筑面积1449.61万平方米；农村房屋12436幢，建筑面积261.19万平方米。对排查中发现存在安全隐患的房屋，通过“腾、拆、修、控”等方式，分别完成治理。对全区29处医学观察隔离点的房屋安全情况进行全面排摸及治理。

【公共租赁住房保障】 2020年，海曙区新增公租房保障家庭2105户。其中，租赁补贴1421户、实物配租684户，共发放租金补贴1826.54万元。至年底，区内有7520户家庭享受公共租赁住房保障。其中，租金补贴家庭3009户、实物配租家庭4511户。政府投资公租房（含租赁补贴）累计保障人数占城镇常住人口数比例达2.68%。出台新冠肺炎疫情期间公租房防控的实施细则，对参加疫情防控一线的医护、环卫、公交、物业4类行业区本级公租房保障对象（含主申请人和共同申请的家庭成员），以家庭为单位，实施租金补贴减免政策。其中，35户增发3个月租金补贴，84户减免3个月房租，共优惠资金114746元。

【公共租赁住房管理服务】 2020年，海曙区对公共租赁住房已配房源的使用情况进行定期排查，对发现的二次出租、出借、闲置等违规情况进行及时纠正。开展公共租赁住房小区物业服务考核测评，确保小区物业实行优质、专业的服务管理。开展公共租赁住房消防安全隐患整治，投入专项经费61.18万元，所有公租房配置灭火器。做好公共租赁住房小区日常维护和保养工作，完成报修任务1733次。

【应家限价房申请审核】 2020年，海曙区继续开展应家地块限价商品房余房受理，共1162户家庭申请，占全市总受理量的31.2%，受理户数位列全市第一。至8月31日，审核完毕，最终核准户数884户，占全市总核准量的28.1%。2019年启动的全市应家保障性住房申购工作，海曙、江北、鄞州、镇海、北仑、奉化、大榭开发区、国家高新区、东钱湖旅游度假区在内的市区城镇中低收入家庭、大学本科及以上毕业生和具有技师职业资格或中级及以上专业技术资格的人员、外来务工人员、引进人才均被纳入，可按照政策申请，基本实现相应人员全覆盖。

【行政非诉手段催讨公租房租金】 2020年，为有效解决公租房欠租难题，海曙区以行政非诉讼司法为手段，分批次对10户无故拖延支付租金长达6个月以上的家庭，向区人民法院申请强制执行，共追回租金61797.8元，收回滞纳金14316.4元，成为全省首个应用行政非诉手段催讨公租房租金的地区。至年底，全区公共租赁住房实收租金1413.57万元，年度租金收缴率98.68%。

【3处危旧房改造项目完成出让】 2020年5月28日，环城西路52弄危旧房改造地块完成出让，面积约0.43万平方米，成交楼面价每平方米23310元，该区域周边地块一并完成出让。6月22日，高塘一村危旧房改造地块（西门街道地段HS08-05-06）完成土地出让，面积约1.20万平方米，成交楼面价每平方米24030元。同日，高塘二村危旧房改造南侧地块（西门街道地段HS08-04-01d）完成出让及划拨，面积约2.07万平方米，成交楼面价每平方米23470元；二村北侧地块作为教育用地，通过划拨方式用于新建小学项目。

【高塘三村危旧房改造项目签约完成】 2020年6月12日，海曙区高塘三村危旧房改造项目完成签约。该项目共涉及改造户数831户，建筑面积约5.23万平方米，于2019年12月26日启动签约，2020年初受到新冠肺炎疫情影响，一度中断。自4月13日以来恢复签约工作，其间，区相关部门会同属地街道采取“黑+白”“5+2”等模式加快签约进度。针对个别中介买入房源，企图拖延时间从中牟利的违规现象进行严厉整治。截至签约期结束，共签约826户，签约率99.76%、搬迁率99.76%。

（王　勇　任芳靓　席　勇）

老旧小区改造

【概况】 2020年，海曙区编制老旧小区改造“十四五”规划，计划至“十四五”规划期末，实现老旧小区改造城乡全覆盖。年内，完成32个老旧小区的改造任务，覆盖中心城区9个街道，改造面积约200万平方米，总投资4.7亿元，涉及居民2.4万户。其间，同步开展加装电梯、雨污分流改造等民生实事工程，坚持“统筹改一次”。年内，泸州市江阳区、佛山市南海区以及余姚市等地区工作组相继到海曙考察学习老小区改造及加装电梯工作。

【城镇老旧小区改造】 2020年3月起，海曙区克服新冠肺炎疫情影响，老旧小区改造工程陆续进场施工，改造项目面积约200万平方米，总投资约4.7亿元，项目主要内容包括对老小区外墙脱落、线路杂乱、停车难、绿化杂乱等顽疾进行改造。在经过项目立项审批、进场施工及竣工验收后，32个改造项目于12月底全面完工，惠及居民2.4万户。改造过程中，面向社会公开发布改造信息50余条，张贴宣传海报200余份，吸纳人大代表、政协委员民主监督意见14条，回应群众关切200余条，开展在线访谈2次，协调处理信访件16件。在小区改造同时，开展环境综合整治，每月定期对小区内环境进行自查，全年处理乱张贴楼道6000余个、违法倾倒垃圾300余起、乱停车2451起，开展相关执法行动220次。

【“污水零直排”改造】 2020年，海曙区完成一品园、二耀庭等8个小区“污水零直排”改造，涉及白云、南门、西门、段塘4个街道，总投资约2060万元。改造的地下管道长度约23327米、立管长度约4664米。改造期间，加强对排水设施的日常管理养护，实施管网巡查、检测、清淤和维修等，落实长效管理机制。

【既有住宅加装电梯】 2020年，海曙区按照《宁波市既有多层住宅加装电梯专项攻坚行动方案》文件要求，继续推进既有多层住宅加装电梯工作。至年底，26部加装电梯通过审查，南都绿洲小区29号等25部电梯加装工作完成。同时，对列入2020年改造计划的38个老旧小区开展加装电梯条件进行排摸，为建立加装电梯项目储备库提供准确的数据支持和群众意见收集。优化加装电梯“网上申报、网上审查、网上服务”模式，正常情况下，5个工作日完成审查手续，缩短加装电梯的整体工期。

（黄佳宁）

相关链接：

“246”万千亿级产业集群：指宁波市根据自身的产业基础和区位优势，把握新一轮科技革命和产业变革趋势基础上，于2019年提出的新目标。“2”指的是建设绿色石化、汽车2个万亿级产业集群；“4”指的是建设高端装备、电子信息、新材料、软件与新兴服务等4个五千亿级产业集群；“6”是建设关键基础件（元器件）、智能家电、时尚纺织服装、生物医药、文体用品、节能环保等6个千亿级产业集群。

小升规：指规模以下小微企业转型升级为规模以上企业。

雏鹰行动：指为梯度培育中小微企业向“专精特新”发展，打造一批隐形冠军企业，浙江省政府决定自2019年起开展“雏鹰行动”，计划到2022年，科技型中小企业达到6万家以上，入库培育隐形冠军企业1000家以上，产生隐形冠军企业200家左右。

“放水养鱼”行动：指遴选一批细分市场有竞争优势、成长性好、具有关键核心技术的优质企业，建立企业培育库，从财政、税收、金融、土地等方面予以政策支持，帮助企业做大做强。

凤凰行动：指2018年10月9日，浙江省企业上市和并购重组推进工作电视电话会议发布的以推进企业上市和并购重组为核心的行动计划。“凤凰行动”主要目标是，经过4年（2017—2020年）努力，进一步巩固提升浙江省在资本市场上的全国领先地位，建设金融强省，企业上市和并购重组工作促进经济转型升级成效显。

雄鹰行动：指浙江省于2019年出台《关于实施“雄鹰行动”培育具有全球竞争力一流企业的通知》，提出到2022年，制造业和生产性服务业年营业收入超千亿元的企业力争达到20家，进入世界500强的企业6家。将支持优质企业特别是上市企业开展技术、业务、品牌和渠道等重点要素的兼并重组，提高市场竞争力。

隐形冠军：指长期专注并深耕于产业链中某个环节或某个产品，能为大企业、大项目提供关键零部件、元器件和配套产品以及专业生产的成套产品企业。

单项冠军：长期专注于制造业某些特定细分产品市场，生产技术或工艺国际领先，单项产品市场占有率位居全球前列的企业。

浙江省“415”先进制造业集群体系：指2020年3月16日，在全省制造业高质量发展大会上，《浙江省培育先进制造业集群行动计划》正式发布，提出至2022年，全省构建完成“415”先进制造业集群建设体系。“4”，即绿色石化、数字安防、大湾区汽车制造、大湾区现代纺织4个世界级先进制造业集群；“15”，即加快培育航空航天、量子信息等15个优势制造业集群。

品字标：指浙江省委省政府部署构建的以“品”字为品牌标识的浙江区域公共品牌，按照“企业主体、市场认可、社会参与、政府监管”要求，以“先进标准+严格认证”的模式，形成品牌培育、发展和保护机制，培育一批代表浙江高质量发展形象的浙江品牌，已建立“品字标浙江制造”“品字标浙江农产”“品字标浙江服务”等子品牌。

商贸·经济合作

现代服务业

【概况】 2020年，海曙区服务业实现增加值823.92亿元，比上年同期增长1.6%，服务业占GDP比重达到68.6%。其中，批发零售业增加值153.15亿元，增长3.6%；交通运输、仓储和邮政业增加值82.35亿元，下降22.0%；金融业增加值123.36亿元，增长7.7%；营利性服务业增加值178.15亿元，增长8.9%；非营利性服务业增加值142.10亿元，增长1.2%。

面对新冠肺炎疫情的严重冲击，组建服务业工作专班，统筹推进疫情防控和服务业发展，按照全市"争先进位"要求，分部门和属地落实落细专班工作。做好服务业发展顶层设计，基于海曙功能定位、产业基础和发展潜力发展重点，谋划编制《海曙"十四五"服务业发展规划》。转变招商方式，采取小分队招商、平台招商、以商引商、"云推介、云签约"等方式，促进奥山中国投资总部、北京银河水滴安防总部等10余个项目签约，总投资约70亿元。宁波阿里中心、寰采星科技有限公司、"爱库存"运营中心、浙江城市数字技术有限公司、宁波产链科技公司等一批优质项目，全球百强"独角兽"企业贝恩资本，全球四大会计师事务所之一——"德勤"等一批知名国际机构的宁波总部落户海曙。根据市服务业局召开支持灵活用工平台企业发展协商会的相关要求，研究促进海曙区平台经济发展工作，辖区企业浙江小创云商务服务有限公司、宁波源和商业管理有限公司纳入市级灵活用工平台试点。

"岭·读"城市书房

金融业保持稳定态势，截至年底，全区金融机构人民币存款余额2776.7亿元，贷款余额3127.5亿元，比上年同期增长12.1%和18.1%。2020年是第一轮"凤凰行动"收官之年，新增上市企业1家，宁波三生生物科技股份有限公司入选2020年宁波市科创板拟上市企业储备库。"凤凰行动"实施3年以来，新增3家上市公司，共有15家境内外上市企业。增强金融创新驱动，突出"保险+治理"，推进国家保险创新试验区建设，在全省率先推出野生动物肇事责任险、浙贝母种植保险2个险种，加快推进公路巨灾险、人防险等新型险种研发。依托月湖西区历史街区保护项目，达成38亿元保险资金合作计划，成为全市2020年首笔大规模保险资金落地项目。推进22个省级批发零售业改造提升试点项目，获得浙江省政府办公厅"推进批发零售业改造提升成效明显县（市、区）"的通报嘉奖。出台《海曙区建设宁波国际消费城市示范区行动方案》，通过实施品质化消费供给提升工程、标志性消费场景塑造工程、多元化消费品牌建设工程、引领性消费热点培育工程、开放型消费平台打造工程等五大工程，擦亮"消费在海曙"品牌底色。打造海曙区成为全市文旅网红打卡地，全区第一家由文保建筑改建的城市书房"岭·读"城市书房开馆，成为海曙文保单位活化利用、文旅融合示范的代表。打造旅体融合休闲地标，利用龙观乡四明山东麓“浙东绿肺”资源和绿谷龙观森林健身步道系统，申报体育旅游精品景区。出台商务服务业领域专项扶持政策，鼓励商务服务业企业加快数字化更新改造。人力资源服务业加快发展，承办2020年宁波市数字贸易产业人力资源服务供需对接会，促进人力资源产业领域全方位合作，引进宁波市外人力资源服务机构12个，人力资源机构总产值超60亿元。深入实施律师行业“三名”工程，引入上海汉盛律师事务所品牌，2名海曙律师获评“领军型”律师，3人获评“骨干型”律师。科技服务业企业队伍壮大，宁波工业互联网研究院孵化浙江蓝卓工业互联网信息技术有限公司、浙江国利网安科技有限公司、宁波中控微电子有限公司等多家高科技公司。浙江麦迪森智能科技有限公司、宁波市汇丰人力资源服务有限公司获得2019年度宁波市服务业十佳“创新之星”称号，宁波丰厚软件有限公司获得2019年度宁波市服务业十佳“成长之星”称号。引导园区申报宁波市电子商务产业基地等级评定，集仕芯谷电商园申报市3A级电商产业园并评审通过，富港电商城、宁波空港物流园区申报宁波市4A级电商产业园。跨境出口业务全年实现出口额1.5亿元。在实现全物流跨境出口通关基础上，打造跨境通关多样化模式，联合海关、邮政、跨境物流、跨境综服平台等，率先在宁波开展跨境电商B2B直接出口（9710）、跨境电商出口海外仓（9810）清单模式试点业务，实现“9610、9710、9810”三类跨境电商出口模式全覆盖，口岸功能不断健全。

宁波市恒厚实业有限公司总部大楼通过验收并投用，万科印象城、海曙恒一城市广场开业。宁波温州商会大厦摘得顺德华庭南侧2号地块，正式开工建设，浙江中外运集团总部大楼项目启动。加大总部项目引进力度，引进顺丰速运华东区创新基地项目、银河水滴安防总部项目、奥山中国投资总部项目、乡伴文旅宁波总部等一批优质总部项目。强化重大文旅项目招引，上海春秋旅行社宁波分社旅游旗舰店落户月湖金汇小镇，为全市首家。鄞江镇晴江岸“田旅综合体”项目启动建设，打造共享型新乡村休闲康养综合体。

宁波阿里创新中心落户，宁波智尚产业园与阿里巴巴集团签约合作，淘宝直播产业带基地及淘宝大学培训基地在园区揭牌，助力宁波企业数字化升级转型。宁波工业互联网研究院、上海交通大学宁波人工智能研究院、宁波智能技术研究院、宁波智能制造技术研究院等重大平台有序运行，补齐高能级创新平台短板。2020宁波·海曙中医中药中国行启动仪式暨海曙区药行街复兴论坛举行，《海曙区中医药产业发展“十四五”规划》编制工作稳步推进。开发建成海曙区首个楼宇信息管理系统并推动系统上线，形成楼宇经济运行发展监测体系。实施商务楼宇品质提升工程。开展老旧楼宇改造和整规行动，促进楼宇效益提升，浦发银行大厦、“天一星坐标”等项目进行升级改造。

（白琼烨）

商贸流通

【概况】 2020年，海曙区完成商品销售总额3283.2亿元，增长9.2%，增幅排名全市第三。社会消费品零售总额785.8亿元，比上年同期增长1.4%，增幅排名全市第一。海曙区被宁波市政府评为商贸流通工作综合一等次。

高度重视国际消费城市示范区和夜间经济先行区建设，通过顶层设计、精准施策、举办活动等，释放消费潜力，提升品质消费，培育新兴消费，营造“消费海曙”的良好环境，获评浙江省“夜间经济”试点城市。天一广场、南塘老街被确定为宁波市的“夜间经济”坐标。全省高品质步行街改造提升现场会在海曙召开，天一商圈服务大提升项目入选“浙江公共场所服务大提升”10月份亮点项目。南塘老街获评省首批“高品质步行街”，东鼓道获评“全国城市轨道交通商业示范街（区）”，鼓楼沿获评大众点评“必吃街”，鼓楼中山社区和Upark商业公园获评市级“邻里社区”，集士港镇祝家桥村获评“浙江省商贸发展示范村”。

紧跟消费热点，结合全国消费促进月、浙江金秋购物节等，举办“宁波购物节”海曙区活动，“海曙消费促进月”“海曙汽车节”“天一广场汽车夜市”“海曙区夜间经济集中点亮仪式”等主题活动，打响“海曙消费”与“夜海曙”品牌。开展“邂逅春暖•约惠海曙”消费促进系列活动和2020宁波购物节海曙区系列活动，投入资金1400万元，派发2轮9批次消费券，撬动零售、住宿、餐饮、景区消费超过1.1亿元；举办2轮购新车送加油卡活动，投放3000张500元加油卡，举办3次汽车展（夜市），重点汽车销售企业销售额比上年同期增长12%；开展夜间经

2020年春节，鼓楼沿文创商店新春饰品销售呈红火景象

济集中点亮活动和商家优惠促销等，拉动17家百货、超市、家电卖场销售额增长9%。区商务局被“宁波购物节”组委会授予优秀组织奖，海曙区夜间经济集中点亮仪式获评十大亮点活动。

2月末，重新开放的南塘老街

【南塘老街获评省首批“高品质步行街”】2020年3月，《浙江省商务厅等11部门关于公布首批浙江省高品质步行街名单的通知》印发，海曙区南塘老街获评“浙江省首批高品质步行街”。南塘老街于2019年列入全省首批高品质步行街改造提升试点，区商务局指导南塘老街项目管理公司按照省高品质步行街试点工作的总体要求，对照任务清单和专家组反馈意见，在优化街区环境、完善公共设施、加强品牌建设、打造诚信经营、提升项目品质等方面投入资金，进行改造提升。改造后的南塘老街总长约1.2千米，总建筑面积约8.4万平方米，其中地上建筑面积5.8万平方米，地下建筑面积2.6万平方米，总投资10.3亿元。

【“邂逅春暖·约惠海曙”消费促进活动】2020年4月17日至5月31日，海曙区推出“邂逅春暖·约惠海曙”消费促进系列活动，通过区政府派送消费券、加油卡和商家优惠促销，释放居民消费潜力，促进商贸、旅游消费回暖。4月30日、5月7日、5月14日通过支付宝平台分三轮投放购物、住宿、餐饮、景区消费券24.8万张，同“口碑”合作推出餐饮代金券活动，并在支付宝平台设置口碑、饿了么、银泰三大会场，累计发放各类消费券、代金券、红包等1200万元。截至5月31日，拉动零售、住宿、餐饮、景区消费1亿元以上。动员各商家发起优惠促销活动，消费者在商家折扣上使用消费券、享受折上折，放大消费券派送效应。5月15至31日，天一广场联合和义大道购物中心等开展“天一购物节”，1200家品牌商户参加，推出50余项促销活动，日均客流量在18万人次以上。5月，17家百货、超市、家电卖场实现销售额6.33亿元，比上年同期增长11.3%，其中，宁波杉井·奥特莱斯广场等7家百货销售额增长18.1%。发动辖区56家汽车销售企业参加海曙区第二届汽车节，在各商家推出优惠活动的基础上，区政府推出购新车送3000张500元加油卡活动。天一广场车展和古林车展共实现汽车销售1亿元。

【全省高品质步行街现场会在海曙召开】2020年8月18—19日，浙江省步行街改造提升现场会在海曙区召开，南塘老街试点做法在大会交流并接受现场考察，得到与会领导肯定。会上，浙江高品质步行街发展联盟正式成立，海曙区南塘老街、东鼓道成为首批联盟成员。会议旨在贯彻落实全国步行街改造提升工作现场会议精神，总结交流前期省级高品质步行街改造提升试点工作，对推动步行街改造提升工作进行再部署、再动员。会议结束后，组织开展步行街改造提升业务培训。

【宁波购物节海曙区活动】2020年8月20日至10月20日，为期两个月的“2020宁波购物节·浙里来消费”活动开幕。海曙区在购物节强调政府引导、市场运作、公众参与、开放合作，以“GO！ HAISHU 购·海曙”为主题，统筹和整合全区丰富的商业载体和品牌资源，突出政企互动、商家和消费者互动、文商旅联动，通过“夜海曙·潮生活”“新海曙·Fun生活”“购海曙·够缤纷”“悦海曙·享美食”“惠海曙·买车季”“乐海曙·赏动漫”“智海曙·畅想5G”七大版块，将海曙的文化历史与时尚商业全面融合，打响“海曙消费”与“夜海曙”的优势品牌，展现海曙商业模式创新、品牌集聚、服务优质的整体水平。购物节期间，区内大中型商业广场、购物中心、街区、百货、超市、家电、餐饮、汽车等行业近1000家商户开展80余个主题活动、300余个子活动，刺激消费增长。

【海曙区获评省“夜间经济试点城市”】2020年8月24日，《浙江省商务厅等7部门联合关于省级“夜间经济”城市试点工作的通知》印发，经过7个省级部门对各地上报试点实施方案组织专家评审和公示，海曙区成功入选省级“夜间经济”试点城市名单。同时，天一广场、南塘老街也被确定为宁波市的“夜间经济”坐标。自省商务厅提出“夜间经济”试点城市申报以来，海曙区开展相关调研，召开申报推进会，结合辖区特色，加紧申报材料完善，提高申报质量，促进夜间经济大繁荣、夜间环境大改善、夜间民生大发展。

【东鼓道商业街获评国家级示范街（区）】2020年11月27日，城市轨道交通资源经营2020年年会在贵州省贵阳市举办，东鼓道商业街成为全国3个获评“城轨交通商业示范街（区）”之一的街区，并现场授牌。东鼓道商业街区作为全省首座地铁地下商业街区和

12月18日，海曙印象城开业

全国面积最大两站区间地铁商业综合体，于2017年8月开业，2020年，区商务局等部门通过出台租金减免政策，策划各类线上直播，推广消费券等多种途径，在商业街营造良好的运营环境；同时，继续挖深、创新东鼓道的商业新形式，打造集餐饮、娱乐、购物于一体的"一站式"时尚主题商业特色街。截至2020年年中，东鼓道的客流量和销售额基本恢复至新冠肺炎疫情前水平。

【祝家桥村获评省首批"商贸发展示范村"】2020年12月，浙江省商务厅公布全省首批现代商贸特色镇和商贸发展示范村名单，集士港镇祝家桥村获评省首批"商贸发展示范村"。祝家桥村总面积2.2平方千米，由11个自然村组成，常住人口8650人，其中外来人口5122人，农村人均收入超过37000元。该村于2019年提出创建浙江省商贸发展示范村的申请，2020年，严格按照《浙江省商贸发展示范村认定管理办法》标准和细则，有序推进新村建设与社区邻里中心建设；实施村内2个商业街区的街景完善和环境卫生整治，以优质服务提升营商环境。

【新增2家省级重点流通企业】2020年12月4日，浙江省商务厅等7部门联合印发《关于增补顾家集团有限公司等26家企业为浙江省重点流通企业的通知》，海曙区杉井商业管理（宁波）有限公司、宁波果品批发市场有限公司2家企业入选，入选数量占全市总数的50%。至年底，宁波市累计有省重点流通企业26家，其中海曙区8家，在全市各县（市）、区中排名第一。该评选工作开展以来，海曙区及时与符合要求的辖区企业联系，指导企业认真准备自主申报材料，做好迎接实地考察和综合评审工作，使2家企业顺利通过评选。入选后，对于推动辖区产品开拓国内市场、扩大消费、创新流通方式、提高流通效率，以及市场保供、商贸业稳定发展有显著效应。

【海曙印象城开业】2020年12月18日，总投资超过12亿元的海曙印象城开业，开业头3天销售额突破3800万元。海曙印象城于2018年4月12日开工建设，是宁波城西首个大型购物中心，也是海曙区首个印象城项目。建筑面积17万平方米，地上6层和地下2层，与轨道交通1号线梁祝站无缝连接，是宁波首个"双首层"概念购物中心。设有256个铺位，开业前夕招商入驻率达95%。此外，引入近20家宁波首店、超40家区域首店，填补区域大型商超空白，提升城西人民的生活品质。

（赵士坤　陈建立）

石碶市场区

【概况】2020年，石碶市场区（下属公司宁波轻纺城股份有限公司）商品成交额43.05亿元，比上年同期下降20%。上缴税收524.32万元，下降41.04%。市场区收入总额2952.39万元，下降15.59%。

3月2日，市场恢复营业，严格执行扫码、测温、佩戴口罩等防疫规定。年内，在市、区消防大队，石碶派出所的指导下，开展2次消防安全逃生演练，主辅区及周边区域和副食品一、二层及周边区域的2256个店铺参与演练。增加4公斤灭火器134具、室外灭火器箱25只、职工电瓶车集中充电桩插座19只，更换4公斤灭火器140具，更新烟感、温感喷淋57只、疏散灯37只、应急指示灯62只、公用路灯47只、公用电风扇40台、水龙头19只、感应冲洗阀14只。

9月27日，石碶市场区召开工会会员大会，表决通过《宁波轻纺城股份有限公司员工守则》。11月12日，石碶市场区管理中心持有的宁波轻纺城股份有限公司股权无偿划转至区国投集团。

【宁波轻纺城综合整治】2020年6至9月，石碶市场区以文明城市创建为契机，对轻纺城市场开展综合整治，全力清除乱搭乱建、占道经营、无序停车等不文明乱象，提升市场整体形象。6月5—19日，拆除西饮街二层屋顶1000平方米的违章建筑；对市场屋顶屋内的垃圾统一进行清运，共清除屋顶垃圾120车、200余吨，解决轻纺城长期存在的顽疾。6月6—17日，对全市场约10万平方米的经营区域进行地面和立面深度大扫除。整治期间，曝光不文明行为407次，根据实际情况，对26户违规占道经营的商铺给予停电1~10天的处罚。同时处理违章停车约4800辆，拖离乱停乱放电瓶车18000余辆。

【宁波轻纺城广场升级改造】2020年7月29日起，宁波轻纺城广场进行升级改造，9月29日正式开放并投入使用。改造期间，重点对市场内的交通运行秩序重新进行设计，停车场改装成一进一出2个开口。市场内共设置机动车出入口8个，其中5个为正常使用出入口，3个为备用出入口。在重要节点增设交通警示标志，引导车辆按设定的流线行驶，减少交通混乱。合理利用空间，新划定机动车停车位231

个、非机动车停车位150个，缓解停车压力。升级停车系统支付平台，减少车辆停留时间，优化交通秩序。改造完成后，出入口车流交织、秩序混乱状况有所好转。

（李含笑）

粮食流通

【概况】 2020年，区粮食和物资储备局与区发改局采取合署办公模式，内设粮食科，负责全区粮食安全保障体系建设，包括粮油供需平衡、粮食市场调控、订单粮食收购、储备粮油管理、仓储设施建设、物资储备及流通统计和质量监管在内的行政执法监督管理权。下辖国有独资粮食收储企业——宁波市海曙粮食收储有限公司，下辖粮库1个、粮站7个、资产管理分处6个，有职工68人。

粮食作物播种面积约11213.3公顷，总产8.06万吨，粮食自给率30.4%。完成全年储备粮轮换工作，储备粮超过30000吨，其中早籼稻谷5564吨、粳稻谷3959吨、晚籼稻谷9947吨、小麦6873吨，应急成品粮储备4100吨（折原粮5857吨），食用油130吨。

执行粮食订单指导性计划，规模稳中有升，2020年达到2.2万吨。落实三季粮食收购工作，收购入库地产粮食2.5万吨，其中小麦2501吨、早稻3262.3吨、晚稻19227.9吨。完成订单收购22000吨，其中小麦2000吨、早籼稻谷2477.2吨、优质晚籼稻谷12576.5吨、粳稻谷4666.3吨、“甬优1540”280吨。

【粮食应急保障能力提升】 2020年，海曙区发布《2020年度宁波市海曙区粮食供给应急预案》，全面提升粮食安全与应急保障能力。至年底，全区有粮食应急供应网点55个、应急输送企业1家、生产企业2家；应急日加工能力达到1050吨（“梁桥米业”750吨、“米氏实业”300吨）。配备应急发电组1200千瓦时，民营最低粮食库存保持4500吨。冬季，在区内高山地区4个供应点囤放大米7吨，用于保障严寒冰冻气候山区居民的口粮。

【新增应急成品粮储备】 2020年，海曙区根据《关于落实全省新增成品粮储备规模的通知》要求，及时调整辖区应急成品粮的地方储备结构。至年底，在原有1200吨应急成品粮基础上，以公开招标形式，新增2900吨，总规模达到4100吨，进一步增强全区粮食调控和供给安全能力。

【国家级“优质粮食工程示范县”创建】 2020年，海曙区“优质粮食工程示范县”创建项目通过国家粮食局审批。该项目投资总额3345万元（其中中央资金1004万元），以产、购、储、加、销“五优联动”为主要内容，以县级粮食质量检测站和“中国好粮油”主体为载体进行建设。截至12月，完成宁波市海曙粮食收储有限公司粮油检测站项目验收和“中国好粮油”项目建设。

【小麦收购完成】 2020年6月，全区小麦收购工作基本结束，国有企业累计收购小麦2501吨。由于上半年天气较适合小麦生长，质量普遍较好，绝大部分达到中等收购标准以上。小麦收购价格为每50公斤112元，订单小麦每50公斤另加价补贴23元，对种粮大户（生产经营面积和全年粮食种植面积均在3.33公顷以上）投售订单内

古林粮库

小麦实行直接补贴，每50公斤补贴7元。站点为农户提供免费上门服务，帮助农户调节烘箱水分、温度、除杂，指导解决烘箱故障。收购期间，站点延长收购时间，方便农户快速售粮。

【夏粮收购完成】 2020年8月，海曙区完成年度夏粮收购任务，共收购入库早稻3262.3吨，其中订单3262.3吨，实现早稻订单全覆盖。早稻收购价格为每50公斤124元，订单早稻每50公斤另加价补贴23元，对种粮大户（生产经营面积和全年粮食种植面积均在3.33公顷以上）投售订单内早稻实行直接补贴，每50公斤补贴8元。其间，未出现农户“卖粮难”、投诉多等问题，农户满意率调查100%。为保证收购进度，海曙粮食储备收购站点与农户通过电话、微信等方式保持联络，时时掌握收购时间、售粮排队程度、收割和烘干进度，农户根据实际情况合理安排收割、烘干、售粮等工作。20余天的收购期内，粮站收购人员每日在7：00前开秤收粮，至烘干粮食全部入库下班，夜间安排职工管理烘箱，提供24小时代烘干服务。

【中晚稻收购完成】 2020年12月，海曙区完成中晚稻收购任务，共收购入库中晚稻19227.9吨，其中晚籼稻谷14448吨，粳稻谷4779.9吨。为确保中晚稻收购平稳有序进行，区粮食部门加强调研，摸清中晚稻生产情况，通过调销腾并、清空库存，提前备好备足仓容和收购资金，满足农民出售余粮的需要。合理设置收购网点，做好收购服务工作，以方便农户售粮。推广“一站式”服务，入库全部采用散粮机械化流水线入库，方便售粮农户。在各收购点备足收购仓容、机械设备、收粮人员，收粮期间早开门晚关门，做到人等粮、仓等粮、钱等粮。同时，主动联系中央储备库和其他县市粮食部门，做好粮食的余缺调剂。

【防疫粮食保供稳价】 参见“专记”类目“2020年海曙区抗击新冠疫情”分目

（陈华章）

供销合作

【概况】 2020年，区供销社有下属事业单位2家、全资企业2家、参股企业1家、基层供销社6个、新型基层社3个、参股资金互助会1个。领办参办的专业合作社18家、管理指导的村级综合服务社53家、农村农资经营加盟店45家。

春笋上市期间成立促销领导小组，与横街镇政府、区外加工企业对接，加大春笋销售力度。举办春笋直播活动，通过“直播带货”销售模式宣传区内优质春笋，吸引超过50万人次参与，解决横街、章水、龙观等镇（乡）春笋销售难题。

部分镇（乡）街道的现代农业服务中心升级改造期间，加强指导服务，指导中心更新功能。参股企业宁波市海曙区禾丰农资连锁有限公司针对古林以特色米食为主产业的实际，在机械化育秧、烘干等方面提供帮助，打造古林镇特色现代农业服务中心；以飞防服务为特色，指导集士港镇现代农业服务中心结合农资供应、庄稼医院，为农户提供生产服务，同时加大农资贴息贷款申报力度，解决农户贷款难等问题。

加强对产业农合联运作的指导，发挥产业农合联作用。新冠肺炎疫情期间，茶叶产业农合联通过“机器换人”、战略合作、线上销售等方式保障茶叶生产销售。葡萄产业农合联组织会员开展培训并印发9期《宁波市海曙区葡萄通讯》，指导区内葡萄种植户计划生产；注册区域葡萄协会公共品牌“广泽天骄”，举办品牌推介会，引导会员树立品牌意识，加强交流合作。贝母产业农合联10月参与协办宁波浙贝母产业融合发展研讨会，助力海曙区的浙贝母产业发展。

加强对社有房产的管理。按照制度要求，执行房产招租流程，新签订租赁合同17份，租金较上一轮增加30.5万元，涨幅达6.34%。其中，通过维修改造原闲置房产后新出租房产3处，该项工作促进年收入增加19万元，提高房产利用率。做好安全生产检查工作。重点检查有无“三合一”（人员住宿场所与加工、生产、仓储、经营等场所在同一建筑内混合设置）场所、电瓶车违停违充等现象，共进行实地安全生产检查207人次，查出安全隐患22处，均督促相关责任人第一时间予以解决。

【农资供应服务】 2020年，宁波市海曙区禾丰农资连锁有限公司及其连锁网点、宁波金惠利农业科技服务有限公司两家区内主要的农资供应企业，开展农资供应、农技推广、测土配方、统防统治、专业培训等服务。新冠肺炎疫情期间，企业做好物资储备、供应农资，关注农资运输通行情况，帮助办

11月，古林镇茂新村晚稻收割

理人员、车辆出入通行证，保证农资运输畅通；春耕期间，两家公司共储备各类化肥4800吨、农药215吨、农膜46吨，库存量比上年同期增加7%。复工复产以来，共出动配送车300余次，为120余户种植大户、500余户散户配送各类化肥2610吨、农膜14吨和价值449万元的农药。“双夏”（天气最热，台风最多的大暑至立秋的半个月内要全面完成夏收夏种农事）期间，采用延长工作时间，加大宣传、优惠力度等方式，保障农资配送到位，两家农资公司共赠送农资商品4.45万元，农资优惠让利3.8万元。

【“海曙供销”农特产网购服务】 2020年，区农合联“阿拉优鲜”小程序接入“海曙供销”公众号平台，居民可通过公众号购买本地及对口扶贫地区的优质农产品。年内，该平台线上销售金额达100万元。新冠肺炎疫情影响海曙最严重期间，平台日订单量20余单，居民购菜渠道有所拓宽。4月，举办区农特产品产销对接洽谈会，促成4家农合联会员单位新签约，其产品在“海曙供销”公众号上线。

【涉农信用贷款贴息补助】 2020年，海曙区针对新冠肺炎疫情期间受影响的各类涉农主体，将上半年贴息补助的贴息率上浮1个点。疫情发生以来，新增34名会员申请，申请金额1350万元。6月，对2019年度申报贷款贴息的58户会员进行贴息结算，共发放贴息款10.6万元。

【区供销社第一次代表大会及理事会、监事会】 2020年11月27日，海曙区供销社召开第一次代表大会、第一届理事会、监事会第一次会议（简称供销社“三会”）。会议听取区供销社筹备工作报告，审议通过《宁波市海曙区供销合作社联合社章程》，选举出第一届理事会理事7人（其中主任1名、副主任2名），监事会监事3人（其中主任1名）。

【“风味海曙”农特产品宣传册印发】 2020年12月，“风味海曙”宁波市海曙区农特产品宣传册印发，涵盖9个涉农镇（乡）街道的蔺草、鲜果、蔬菜、花卉、茶叶等33种时鲜信息，汇集120余家农合联会员的农产品，帮助农户拓宽销售渠道。

（刘佶松）

4月3日，区供销社在横街镇举办春笋直播促销活动，推介区内优质春笋

总部经济

【概况】 2020年，海曙区新增总部经济企业20家，包括宁波阿里中心、顺丰速运华东创新产业总部基地、海康威视宁波科技公司、银河水滴安防总部等优质总部项目。其中，宁波阿里中心落户海曙区，可助力海曙深度参与宁波的数字化建设，助力打造长三角一体化发展的“宁波样本”。

【总部经济政策调整优化】 2020年10月，《中共海曙区委、海曙区人民政府关于加快以数字经济为引领促进产业转型升级高质量发展的若干意见》文件出台，对海曙区总部经济相关政策进行调整优化。其中，关于总部经济有如下调整：“按照计容积率建筑面积每平方米1000元的补助标准”一项调整为“按照企业自持部分的计容积率建筑面积每平方米1200元的补助标准”。通过上述调整，有利于优化区域投资环境，进一步加强总部经济发展导向，提振企业发展信心，促进产业转型升级高质量发展。

【温州商会总部大厦项目开工】 2020年10月，温州商会总部大厦项目参加省、市扩大有效投资重大项目集中开工仪式，项目正式开建。项目北至顺德路，西至盛海路，南至用地红线，东至庙前河沿河绿地。建设单位为宁波新温商置业有限公司，项目拟打造一个多元开放的现代化温商总部基地办公区。

【鸿坤集团投资总部项目签约】 2020年12月11日，中国（浙江）自由贸易试验区宁波片区建设推进大会举行，现场签约19个重点项目，海曙区鸿坤集团投资总部项目位列其中。该总部项目总投资约1.5亿美元，首期注册资本8000万美元，拟通过鸿坤集团旗下香港鸿鑫投资有限公司到海曙区投资，成立鸿坤宁波投资总部，负责国内的产业园区投资事项。成立于2002年的鸿坤集团在北京创立，是拥有“鸿坤资本”“鸿坤产业”“鸿坤文旅”“鸿坤地产”四大业务板块的复合型控股集团。

（丁　彬）

电子商务

【概况】 2020年，海曙区实现电子商务零售额348.9亿元，排名全市第三，全省第16位；比上年同期增长22.1%，

9月8日，海曙区跨境电商创业创新中心成立

增速位列全市第二。围绕宁波“国际电子商务中心城市”和宁波跨境电子商务综试区建设的部署，加快构建电商产业发展支撑体系，做大做强农村电商、跨境电商和服务业电商，全面培育新兴产能。

【淘宝直播产业带基地揭牌】 2020年6月19日，位于宁波智尚产业园的淘宝直播产业带基地揭牌。阿里巴巴集团与该园区签约合作后，以助力纺织服装企业数字化升级转型，将园区打造成为浙江省数字化试点园区为目标，依托园区的优势，在园区内建设淘宝直播产业带基地。10月28—30日，阿里巴巴淘宝直播产业带暨首届智尚国际服装直播节举行，包括阿迪达斯在内的近60家知名店铺参与，近60名主播通过淘宝、抖音App等平台，每天进行5场以上直播，线上销售额达到1亿元。

【淘宝大学培训基地揭牌】 2020年6月19日，宁波首个阿里巴巴淘宝大学基地在宁波智尚产业园揭牌。淘宝大学是阿里巴巴集团旗下的核心教育培训部门，阿里巴巴集团与宁波智尚产业园合作后，瞄准纺织服装行业在数字经济转型中面临的平台、链接、人才缺口等问题，在园内搭建起服装产业与“网红”直播的桥梁，将园区打造成本土新媒体营销人才的输出平台，定向培养新媒体(直播、视频等)人才。7月28日，淘宝大学宁波培训中心首期课程“数字化时代，外贸企业转型”举办，区内服装、家电产业的300余名外贸企业和产业带制造企业负责人、电商企业高管、创业者等参与。

【海曙跨境电商创新创业中心成立】 2020年9月8日，由宁波(国际)电子商务产业园和浙江国贸数字科技有限公司共同打造的海曙跨境电商创业创新中心成立。成立后，中心汇聚一批跨境电商相关的服务商，为跨境电商企业和创业项目提供全球开店、人才培育、数字营销、运营孵化、供应链体系、政府合规化运作等相关服务。10月15日，该中心启动为期3个月的第一期“麒麟计划”，20家企业的40名学员加入到此次由亚马逊集团集中孵化班举办的集中培训和学习，学习完成后，中心以“麒麟计划”专业化团队为源头，通过“传帮带”，培养出更多跨境电商人才，帮助更多外贸企业完成跨境电商创新和转型。

【海曙区入选省“数字生活新服务样板县”创建名单】 2020年12月，经浙江省数字生活新服务样板区创建评审会评审，浙江3个地级市和22个县(市)、区入选首批数字生活新服务样板区创建名单，海曙区入选。数字生活新服务标杆创建工作是浙江省认真贯彻落实习近平总书记考察浙江重要讲话精神，加快建成数字生活新服务强省和具有国际水准的新型消费中心而开展的重要活动。2020年，海曙区依托区位交通优势及阿里中心入驻优势，在数字商贸、数字学习、数字出行、数字文旅、数字健康、数字政务等六大领域形成较好的发展基础。入选样板县后，规划成为全市乃至全省的数字经济发展门户区、政府整体智治先行区、数字化民生服务示范区，并进一步成为接轨国际、辐射区域、惠及民生的国际新型消费城区。

(陈海洋　成振江)

宁波(国际)电子商务产业园

【概况】 2020年，宁波(国际)电子商务产业园获评浙江省小微企业园、2020年度浙江省优秀众创空间、宁波市创业孵化示范基地等省、市荣誉7项，增挂“宁波(海曙)数字经济产业园”牌子。新引进企业404家，注册资金25.9亿元。年内，园区经济经受住新冠肺炎疫情考验，限额以上商品销售额136.68亿元，比上年同期增长48.3%；其他营利性服务业营业收入9.36亿元，增长37.8%；数字经济相关产业产值达到165亿元，完成全年目标的165%。

以邮路口岸为重点抓手，建立“邮政跨境仓+第三方物流公共仓”双轨承运模式，打通杭州空港、宁波海港、广西陆港等转关通道，实现“海陆空邮”立体式全链路物流体系。围绕跨境“阳光监管”，实现跨境出口B2C、B2B(跨境电商B2B直接出口和跨境电商出口海外仓)3类模式全覆盖。全年邮路口岸跨境电商出口单量、货值分别增长80%、145%。

建立“红领擎”服务团队，围绕“园区谋发展，党员争先锋”活动，精准服务企业。坚持新冠肺炎疫情防控和复工复产两手抓两手硬，创立商务楼宇防疫工作“3+4”模式(“3”，即园区管理中心、园区物业公司、园区各企业负责人三类主体；“4”，即四方面措施)，安全有序做好复工期间的新冠肺炎疫情防控工作。通过云端对接，利用各类直播平台，举办人力资源、知识产权、税务、法律等政策解读，使各项扶持措施精准“滴灌”园区企业。

【宁波邮路口岸开通中欧班列临时邮路】 2020年4月7日，经宁波邮局海关现场验放并办理完成转关监管程序，首批邮件自宁波国际邮件互换局转关运输至义乌国际邮件互换局，并通过“义新欧”中欧班列运往西班牙、意大利等14个国家。这是宁波地区的国际邮件首次经由铁路联运方式输往境外。该批邮件总重近8吨，共17977件，涉及服装、鞋帽、日用品等类别。

【宁波首票跨境电商B2B出口清单业务】 2020年7月1日，宁波地区首票跨境电商B2B出口试点清单业务在邮路口岸成功验放。该试点可有效填补全市跨境电商B2B出口业务在海关、外汇、税务等方面的政策空白，将出口海外仓等业务精准纳入跨境电商政策板块，助推跨境电商新业态健康快速发展。至此，宁波邮路口岸实现“邮政+非邮”全物流，转关至海港、空港、铁港、陆港等口岸出境的多渠道通关模式。

【“数字贸易·品牌出海”跨境电商直播论坛】 2020年9月8日，“数字贸易·品牌出海”跨境电商直播论坛暨海曙区跨境电商创业创新中心启动仪式举办。会议在浙江省商务厅、宁波市政府指导下，由宁波市商务局、海曙区政府、浙江省电子商务促进会共同主办。会议聚焦宁波“225”外贸双万亿行动，与会企业、银行、高校达成物流、金融、人才培育等合作协议，通过完善跨境电商产业生态服务链，助力企业“店开全球”。同时，启动跨境电商创业创新中心，为区内企业提供产业孵化、业务培训、人才交流等跨境电商配套服务，400余名企业代表、跨境电商平台服务商、相关部门负责人、高校代表到场参加。

【宁波国际邮件互换中心项目结顶】 2020年11月18日，宁波市重点项目“宁波国际邮件互换中心项目”结顶。该项目总建筑面积约7万平方米，功能分布为2幢生产用房、2幢管理用房、1幢检疫处理用房及其他辅助设施，预计2022年投入使用。2020年，电商园区全力克服新冠肺炎疫情造成的人员紧缺、原料紧张等难点问题，3月起，多方筹措力量做好建设保障工作，并提前完成年度任务。

（盛泳杰）

对外经济贸易

【概况】 2020年，海曙区外贸基本盘保持稳定，全年进出口实绩企业2744家，进出口总额747亿元，比上年同期增长1.9%。其中，出口额648.5亿元，增长2.4%；进口额98.5亿元，下降5.4%，进出口规模居全省前十位。参加中国进出口商品交易会线上展（简称“线上广交会”）、中国华东进出口商品交易会线上展（简称“线上华交会”）两大传统展会的区内企业有264家次747个展位，参展商品涉及家用电器、机械设备、餐厨家具、玩具、服装、办公用品、户外休闲用品等。参加第三届中国进口博览会。全区有浙江省重点出口名牌15个、宁波市出口名牌12个。

对北美洲国家市场出口比上年同期增长12.31%，其中，机电产品出口增长6.57%，纺织服装出口增长1.63%。境外投资核准中方投资额19769.82万美元，完成考核指标的112.97%；境外承包工程营业额20059万美元，完成年度考核指标的105.57%。

完成服务贸易进出口总额86.82亿元，比上年同期增长13.3%，其中服务贸易出口总额64.54亿元，增长13.97%。

完成跨境电子商务449.54万票，累计金额19.15亿美元，完成年度考核指标的110.87%。

年内，海曙区获2020年度宁波市开放型经济综合工作二等次、外经工作二等次、跨境电商工作二等次、服务贸易工作三等次。

【“宁化通”获评省级外贸综合服务平台】 2020年，辖区外贸综合服务企业——宁化通集团创立的宁化通外贸综合服

11月18日，宁波国际邮件互换中心项目结顶

1月7日，“甬商回归”项目签约仪式举行

务平台获评省级外贸综合服务平台（成长型）。该平台于2018年设立，重点面向本地化工、纺织、五金、医疗及建材等企业开展外贸服务，2020年，“宁化通”平台更强调进出口并重，全年累计服务企业300家，出口2.7亿元，比上年同期增长78.3%。其中，通过该平台出口的跨境电商报关业务突破1000万美元，比上年同期增长400%。

【海曙数字外贸平台上线】 2020年3月，面对新冠肺炎疫情给企业造成的参展困难，海曙区与上市企业米奥兰特国际商务展会有限公司合作，建立全省首个区县级数字外贸平台——海曙数字外贸平台，帮助外贸企业线上抢订单、拓市场。平台涵盖数字资讯、数字展厅、数字商洽、数字验信等核心服务业务，包括分析贸易成交数据及趋势，帮助企业精准开拓市场；利用海外城市巡展及远程在线参展服务，建立O2O（Online To Offline，线下商务机会与互联网结合，互联网成为线下交易平台）外贸拓市场新模式；利用在线客服团队，提供大数据匹配和谈判撮合；接入中信保、海外企查查等第三方机构，确保安全成交等内容。至12月底，332家外贸注册企业在平台上线，其中244家企业上传企业产品，产品共计5025项。宁波宁兴贸易集团有限公司、宁波东方宏业进出口有限公司等多家外贸企业通过平台与境外客户达成合作意向。

【小微外贸企业服务月活动】 2020年5月至6月上旬，海曙区与中国出口信用保险宁波分公司联合开展2020年海曙区小微外贸企业服务月系列活动。围绕小微企业普遍关注的“保生存”“拓市场”“防风险”3个热点问题，开展银企对接、数字外贸培训和防风险讲座。该活动持续5周，17个镇（乡）街道和1个工业园区按照地理位置分组，设立5个专场，确保政策服务覆盖到辖区所有小微外贸企业。有331家企业参会、357人参加5场专场活动，其中有234家企业现场投保。

（方 强 赵 伟）

招商引资

【概况】 2020年，海曙区实际完成大市外内资引进168.42亿元，完成市对区考核任务的131.6%。“浙商回归”项目完成87.68亿元，完成市对区考核任务的128.9%。

新引进企业6157家（不包含自然落户企业），注册资金303.33亿元。其中，注册资金5000万元以上企业119家。新设各类外资企业51家，全区完成合同利用外资6.3亿美元，居全市县（市）、区第一位；实到外资2.2亿美元，完成全年考核任务的106.3%，进度居全市第一位。

【“甬商回归”项目签约】 2020年1月7日，“甬商回归”项目签约仪式举行，26个项目签约，总投资310亿元，签约项目聚焦汽车零部件、高端装备、新材料、生物医药等产业的研发生产和智能化改造，与“246”万千亿级产业集群建设高度契合。签约会上，海曙区人民政府与寰采星科技有限公司高精度金属掩模板项目签约，总投资12亿元。会议同时表彰“甬商回归服务之星”“甬商回归优秀社团”“甬商回归红娘”获得者，区经合局局长曹磊获评“甬商回归服务之星”，海曙区推荐的上海众旦科技有限公司副总裁谢涛获“甬商回归红娘”称号。

【5个市重点项目签约】 2020年3月9日，宁波市重点项目网上签约会在海曙区政府分会场举行。会上，海曙区分别与总投资5亿元的年产2000吨高性能烧结钕铁硼项目、总投资3000万元的建筑垃圾混凝土制备轻质碳酸钙粉末项目、总投资2亿元的智能农林节水灌溉设备制造项目、总投资4000万元的新能源材料电池的

研发及产业化推广项目和总投资2亿美元的奥山中国投资总部项目5个项目签约。

【宁波阿里中心项目引进】 2020年5月，阿里巴巴集团与海曙区签约，确定宁波阿里中心项目落户海曙。此后1个多月时间内，海曙区以全方位跟踪式服务，多措并举保障项目落地。成立“曙橙办”，组建服务小分队，与阿里巴巴集团“一对一”联系、“点对点”答疑、“面对面”服务；开通“绿色通道”，1天时间内完成企业工商注册，提供相应政策支持保障；统筹全区各相关部门，明确重点推进的11个合作方向。6月28日，宁波阿里中心在甬水桥畔的原宁波国际大厦顺利揭牌。

【3个项目签约宁波投资贸易云洽会】 2020年6月8日，2020宁波投资贸易云洽会暨中东欧商品云上展开幕。原定6月举办的中国—中东欧国家博览会暨国际消费品博览因受新冠肺炎疫情影响取消，宁波市政府改以网络形式召开投资洽谈展览活动。展览期间，海曙区与总投资5亿元的北京银河水滴安防总部项目、总投资6亿元的采埃孚电子刹车零部件项目和总投资14亿元的顺丰速运华东创新产业总部基地项目3个项目签约。

【“双招双引”专题培训班】 2020年8月11日，2020年全区半年度招商选资工作座谈会（培训班）在龙观乡半山伴水度假村召开，各镇（乡）街道、相关职能部门负责人等参加。培训班邀请阿里巴巴集团蚂蚁金服集团战略发展部总监俞无名、德勤管理咨询合伙人张晖分别分享阿里巴巴集团企业文化和后疫情时代中国经济的展望，并就当前企业发展状况、人才创业、宏观环境等方面内容集中授课。

【“阿里巴巴”全面合作框架协议签署】 2020年10月27日，世界“宁波帮·帮宁波”发展大会举办，宁波与阿里巴巴（宁波）有限公司签署全面合作框架协议。协议签订后，阿里巴巴公司规划在海曙区打造“数字经济发展门户区”“政府整体智治先行区”“数字化民生服务示范区”，围绕11个领域推进一系列具体合作项目。海曙区借力“阿里巴巴”，在餐饮、商超、便利等20余个传统生活场景，打造线下“数智街区”“数字MALL”“数字社区”，开辟线上品牌馆、老字号馆、非遗馆。双方并在“区块链+”领域推进合作，“阿里巴巴”围绕电子政务、民生建设、监督管理、产业升级，在海曙落地“电子政务”“电子证照”“行政执法”“真品溯源”“创新金融”“医疗健康”“企信链”等一揽子区块链行业解决方案，并在海曙区尝试构建“城市大脑”平台，创新试点项目，提升城市治理和惠民服务智慧化程度。

（史颖昭　张　耀）

东西部协作扶贫

【概况】 2020年，海曙区从组织领导、资金支持、产业合作、劳务协作、人才支援、携手奔小康、挂牌督战7个核心内容入手，助推对口地区脱贫攻坚和经济社会发展。制定出台《2020年海曙区东西部扶贫协作、对口支援工作要点及任务分解》《2020年度海曙区东西部扶贫协作考核指标及评分标准》等政策文件。区委、区政府领导分别于5月、9月带队赴贵州省贞丰县、义龙新区实地对接东西部扶贫协作工作，并联合贞丰县、义龙新区召开双方联席会议8次；全年区委常委会、区政府常务会议等专题研究部署东西部扶贫协作工作5次。11月，成立脱贫攻坚迎检领导小组，专题召开海曙区迎检工作部署会议。

海曙区向西部选派专业技术人员52人。完成党政干部培训10期2740人次、专业技术人员培训278期14200人次。安排财政帮扶资金7500万元，其中贞丰县5000万元、义龙新区2500万元，全年实施对口帮扶项目18个，覆盖贫困人口44456人。引导汇聚全社会的帮扶资金2836万元，“社会扶贫网”注册近13000人。组织50余家企业赴对口地区投资考察，至年底，落地企业14家，实际到位资金10.88亿元。

帮助对口地区贫困人口到浙江省就业1672人，在当地就近就业2191人，到其他地区就业947人。接收对口地区贫困学生到宁波市就读职业院校54人，开展对口地区贫困人口就业培训1705人次。

开通复工专列、专车、专机，助力贫困人口返岗复工，新华社、“浙江新闻”客户端、《宁波新闻》栏目等10余家媒体报道由宁波首架“扶贫+复工”专机。实施“爱心岗位”和劳务协作奖励政策，给予用工企业补贴车费或包车回家费用，鼓励辖区企业提升贫困户招聘就业比重，实施来宁波就业贫困户在宁波就业先期培训等，减轻在宁波就业贫困户的后顾之忧。

2020年海曙区“东西部扶贫协作及对口工作”资金拨付情况表

表17

时间	拨付单位	拨付款项
3月	义龙新区	挂职干部工作经费20万元
3月	贞丰县	挂职干部工作经费30万元
6月	新疆库车	库车馆项目资金补助30万元
8月	重庆万州区	万州区“市区共建”远程医疗项目经费100万元
10月	贞丰县	挂职干部工作经费20万元
11月	新疆	援疆干部工作经费10万元

6月6日，鼓楼沿节假日扶贫市集

【专项扶贫协作激励机制实施】 2020年，海曙区联合对口地区，继续实施专项扶贫协作激励机制。开展脱贫攻坚“春风行动”和多场“东西部协作”现场专场招聘会，提供2000余个就业岗位。兑现2019年招商引资及劳务协作政策补助资金，贞丰县、义龙新区、海曙区9家企业获得奖励资金99.99万元。实施《海曙区促进贵州省黔西南州（贞丰县、义龙新区）招商引资和劳务合作、消费扶贫实施办法》，鼓励引导辖区各类企业赴贞丰县、义龙新区投资，并给予最高30万元的补助。

【贵州省考察团到海曙考察】 2020年4月7—9日，贵州省贞丰县委一行到海曙考察学习暨开展招商引资，实地走访调研集士港山下庄村、鼓楼沿商圈，召开海曙区—贞丰县东西部扶贫协作高层联席会议。7月3—5日，义龙新区党工委一行到海曙区，考察海曙消费扶贫展示馆建设、海曙区产业园区、美丽乡村建设、乡村全域旅游等工作，召开海曙区—义龙新区东西部扶贫协作座谈会。9月2—3日，贞丰县县政府一行到海曙调研对接，考察宁波智能技术研究院、宁波府城隍庙，召开海曙区—贞丰县东西部协作高层联席会议。10月13—14日，兴义市委一行到海曙区，考察美丽乡村建设情况，走访宁波帅特龙集团，召开海曙区—义龙新区高层联席会议。

【海曙区委考察团赴贵州考察帮扶】 2020年5月12—15日，海曙区委率团20余人到贵州省贞丰县、义龙新区开展对口帮扶协作。考察团慰问贞丰县卡务村贫困户，实地走访2019年、2020年扶贫项目，并与贞丰县、义龙新区召开东西部扶贫协作高层联席会议，签订2020年东西部扶贫协作框架协议。同时，与卡务村签订稳岗就业、社会组织帮扶协议，宁波市贵客商贸有限公司与卡务村签订消费扶贫协议，区人社局和义龙新区劳务协作部门签订劳务协作协议，区国投公司和义龙新区有关部门签订定向捐助协议（捐助1000万元打造楼纳村“AAA级景区村庄”）。

9月21—23日，海曙区政府率团20余人到贵州贞丰县、义龙新区开展对口帮扶协作。考察团走访当地贫困户，实地考察贞丰县白层镇火龙果园区、里秀村百香果基地、义龙新区楼纳村等多个项目，并与贞丰县、义龙新区召开东西部扶贫协作高层联席会议。会上，雅戈尔集团股份有限公司与贞丰县教育局签订200万元的捐赠协议，宁波市贵客商贸公司分别与贵州钏泰农业、贵州鲁容惠农科技、贵州履正商贸有限公司签订消费扶贫采购协议。

【东西部消费帮扶】 2020年6月，市支援合作局和海曙区合作创新的宁波市首个对口消费扶贫展示馆——海曙馆开业，馆内设有以对口县命名的消费扶贫馆“贞丰馆”。南塘老街设有以贵州特色小吃为卖点的“阿拉贵客米粉馆”等。6月6日始，海曙区消费扶贫方案实施，组织开展11期“进机关、进企业、进学校、进医院、进社区”活动，26家企业参与鼓楼沿节假日扶贫市集。同月，开展64个社区“大篷车”消费扶贫进社区活动；区机关每周开展一次扶贫地区农特产品销售活动，推进“线上线下”对接促销、旅游促销、展会促销、主题促销等十大消费扶贫行动，至年底，采购、销售对口贫困地区农特产品1.88亿元，带动当地贫困人口5844人。9月30日至10月2日，举办“曙汇众爱 益起赶集”海曙区2020年全国扶贫日暨消费扶贫市集活动，21家爱心企业设摊，近500人注册成为“社会扶贫网”爱心人士。

（江朝晖　陈吟佳）

“山海协作”对口帮扶

【概况】 2020年，海曙区加大与“山海协作”结对地区沟通交流，在产业合作、乡村振兴、消费帮扶、结对共建等方面开展合作。有“山海协作”产业合作项目4个（含3年续建项目），实际到位资金2.21亿元（完成年度任务1.3亿元的170%）。其中，与丽水合作项目3个、到位资金1.6亿元；与衢州合作项目1个、到位资金0.61亿元。落实援建资金380万元，其中财政资金280万元（完成年度任务110万元的255%）、社会帮扶资金100万元（完成年度任务50万元的200%）。实现消费帮扶总金额827.14万元（完成年度任务600万元的138%）。2名干部和2名专技人才在丽水挂职。

新冠肺炎疫情防控期间，密切关注对口地区的疫情防控工作，提供力所能及的支援。区经合局摸排涉及对口地区产业合作企业的复工复产和防疫需求情况，协调帮助衢府官邸酒店解决减免租金事宜，促成衢府官邸酒店三期项目签约落地。区教育局与庆元县教育局资源共享，分享《海曙区学校（幼儿园）新型冠状病毒感染的肺炎疫情防控工作导引1.0版》、《关于防控疫情延迟开学期间在全区中小学全面实施线上教育教学工作的方案》和网上教学资源等。在庆元县挂职的区疾控中心医生李保军放弃春节休息时间，第一时间返回挂职单位庆元县疾控中心，始终奋战在抗疫一线，相关事迹在中国新闻网网站报道。

召开海曙区对口工作领导小组暨“山海协作”领导小组会议。与庆元县结对以来，双方党政班子每年至少1次到对口地区开展考察调研，加深双方的沟通交流与协作共建。“山海协作”工作开展情况列入区委常委会、区政府常务会，研究解决有关问题。谋划产业合作、社会事业合作、消费帮扶等领域的创新举措。年内，组织开展鼓楼沿扶贫市集暨大篷车进社区活动，搭建消费扶贫平台，营造消费扶贫氛围；新增庆元县淤上乡涂坑村为第二个“乡村振兴”示范点，签订协议，制定规划；下发《关于促进东西部扶贫协作和山海协作的招商引资、劳务合作及消费扶贫实施办法的通知》，进一步加大政策支持力度，提高帮扶协作精准性。组织区内企业到庆元县开展投资洽谈活动，并组织排查区内企业在26个加快发展县的产业合作项目。区科技局、区商务局、区经合局、九三学社基层委员会等单位先后组织企业到对口地区考察洽谈4批次。匠神实业投资有限公司与淤上乡人民政府签订浙南旅养小镇投资意向协议，正房文旅投资管理有限公司与衢州市城市建设投资集团有限公司签订水亭门历史文化街区商铺租赁协议，宁波小象食品销售公司、宁波匠品汇生态农业有限公司分别与庆元县农产品企业签订采购协议。至年底，庆元智慧汽车产业园年度到位资金8103万元；庆元县百山祖避暑乐氧小镇“生态古民居”项目年度到位资金7869万元；正房文旅投资管理有限公司与衢州市城投控股有限公司合作开发衢府官邸酒店三期项目年度到位资金6052万元；博洋控股集团在遂昌县开发的神龙谷苔藓世界研学基地项目年度到位资金79万元。

将“乡村振兴”示范点建设作为年度重点工作来抓，将年度援建资金的大部分用于“乡村振兴”示范点建设。提出“乡村吹哨、部门报到”的要求，号召区各级部门联动，帮助“乡村振兴”示范点建设取得实效。研究明确由挂职干部担任驻村干部，具体联系协调“乡村振兴”示范点的建设工作。派出工作组到庆元县屏都街道蔡段村考察调研，对照建设规划，了解建设项目进展情况并提出意见建议，根据蔡段村的具体需求，协调解决了村图书室图书捐赠、慈善帮扶资金援建项目等问题。经过2年建设，蔡段村面貌改观显著，产业更加兴旺，村民安居乐业。

7月，海曙区名优教师团队赴贵州省黔西南州义龙新区送教

动员全区助力对口地区农产品销售，区经合局会同区商务局、区总工会对参与消费帮扶的企业开展资格申报认定。在海曙名特优农产品展销中心设立“庆元800”区域品牌农产品专柜，组织“本来生活网”到庆元县走访种植户和加工企业，对接特色农产品，筹划开展甜橘柚品牌推广活动，帮助庆元农产品拓宽销售渠道。区总工会组织职工赴对口地区疗休养，其中赴丽水95批2415人次，赴衢州120批2650人次。

根据上级要求的年度援建资金任务指标不低于110万元以及2020年度合作协议，2020年度，海曙区对庆元县财政援建资金250万元于5月拨付到位。为新增“乡村振兴”示范点建设规划编制，追加财政援建资金30万元于11月拨付到位。根据上级要求的年度社会帮扶任务指标不低于50万元，各部门广泛发动部门、企业、慈善机构开展社会帮扶活动，社会帮扶资金共到位100万元。

加强海曙、庆元两地政府部门间的多领域交流合作，两地科技局签订促进科技资源共享合作协议；两地教育局签订教师培训创新合作协议；两地卫健局签署中医药特色专科紧密合作协议；两地文广旅体局签署“山海协作”结对共建协议，先后组织开展文化走亲采风培训、“山海协作”写生作品联展、“山海相约·景庆同行”疗休养踩线活动等。两地自然资源和规划分局、总工会、团委之间签订土地资源占补平衡指标调剂协议、职工疗休养合作协议、团组织结对共建协议。动员社会力量助力“山海协作”，开展新一轮村企结对活动，海曙区内5家企业与庆元县5个乡村结对共建，签订结对协议，企业每年向结对村提供10万元援建资金。团区委、区慈善总会、区工商联、区妇联等单位组织所属企业和社会组织捐款捐物。

【结对帮扶平阳县】 2020年，海曙区严格实行省、市有关帮扶要求精神，推

11月12日，海曙区党政代表团赴庆元考察，召开海曙区—庆元县山海协作联席会议

动与温州市平阳县的结对帮扶工作。区相关部门、派驻平阳的驻村工作组等在对该县怀溪镇凤垟村充分调研基础上，结合当地自然资源和历史人文丰富的实际，投入30万元资金，与当地镇村合力编制《凤垟村（畲龙）村庄发展规划》，用“旅游+”思维将畲族文化与农村旅游要素融合，助力该村创建完成A级景区村。据了解，凤垟村位于怀溪镇西部，由畴垟和垟边2个自然村撤并而成，全村共455户1811人，常住人口612人（其中低收入农户82户129人）。村级集体产业基础薄弱，集体经济收入来源单一，村内年轻劳动力不足，多为孤寡老人，是平阳县重点帮扶村之一。年内，海曙区拨付财政援建资金130万元，帮助怀溪镇凤垟村开展扶贫帮困和旅游配套设施建设，相继完成黄岭脚生态停车场、黄岭脚至畲龙公园公路和桥梁、小岭溪防洪堤、村民饮用水改善工程、村庄核心区外立面一期改造工程等项目。结对帮扶强调“造血式”，规划投入75万元，用于小水电项目的投资合作，参与水头、麻布2个镇的“飞地抱团”项目。除助力文旅兴村外，海曙区驻村工作组还助力怀溪镇党委开展村社换届，5月，开展低收入农户“两不愁三保障”等工作落实情况走访排查，动态掌握低收入农户生活生产情况。与部分村级组织负责人谈心谈话，年内，凤垟村完成村党组织、村委、村监委和股份经济合作社的换届，新一届班子成员与组织前期排摸人员一致。

【庆元县党政代表团到海曙考察】2020年5月25—26日，由庆元县委书记带领的党政代表团到海曙考察。考察组走访集士港镇山下庄村，考察新农村建设情况；在宁波工业互联网研究院了解最新研究方向、成果以及产业园建设情况等；到宁波市庆元商会，了解商会会员数量、日常运作、活动开展情况等；在庆元生态农产品展销中心察看展陈产品、询问销售情况。党政代表团一致认为海曙区在新村建设、产业培育等领域的好经验好做法值得学习借鉴，希望两地继续加强“山海协作”，拓宽合作领域，促进共赢发展，共同打造“山海协作”工程升级版。

【海曙区委赴平阳县考察】2020年11月11日，海曙区委一行赴平阳县怀溪镇凤垟村考察结对帮扶工作。考察组实地走访了解“凤垟之窗”游客服务中心项目建设情况，听取当地镇村干部对凤垟村基础设施建设等介绍，并希望凤垟村充分发挥自然、人文资源优势，因地制宜谋求致富之路，探索农旅融合发展路径，持续完善各类基础设施配套，进一步提升村庄整体面貌，为后续发展乡村旅游产业打下坚实基础，推动村级集体经济和低收入农户增收。同时，考察组与选派至该村的海曙驻村干部沟通，要求强化驻村帮扶工作的思想认识，摸清村庄情况，精准开展帮扶工作，认真履职尽责，确保完成帮扶各项任务。

【海曙区党政代表团赴庆元考察】2020年11月12日，海曙区党政代表团赴庆元考察，并召开海曙区—庆元县山海协作联席会议。庆元县对2018年结对以来，海曙在推动“乡村振兴”、项目扶持、产业转型升级、群众增收致富、民生事业发展等方面给予的关心支持和大力帮扶表示感谢。并希望两地以更高站位推动协作机制升级，以更大力度推动“乡村振兴”升级，以更宽领域推动民生互促升级。海曙区表示今后将通过深化两地协作，寻求更多产业契合点，拓宽“两山”转化通道；发挥各自的“产”“销”优势，推进消费帮扶，促进文旅、农旅产业融合发展等。会上，海曙区与庆元县签订淤上乡涂坑村“乡村振兴”示范点共建协议，海曙5家结对企业与庆元5个结对村代表签署村企结对合作协议。在庆元期间，海曙区党政代表团到屏都街道蔡段村、淤上乡涂坑村考察山海协作工作推进情况。

（江朝晖　陈吟佳）

相关链接：

两不愁三保障：“两不愁”，即稳定实现农村贫困人口不愁吃、不愁穿；“三保障”，即保障其义务教育、基本医疗和住房安全，是农村贫困人口脱贫的基本要求和核心指标。

交　通

交通建设

【概况】 2020年，海曙区在新冠肺炎疫情常态化防控背景下，克服阻力，推进重点交通项目建设，累计完成交通固定资产投资7.25亿元，完成率达142.5%，促投资稳增长作用显著。继续推进《海曙区“十四五”时期综合交通体系建设思路研究》和《海曙区综合交通设施专项规划（2021—2035）》等综合性规划编制，起草印发《中共海曙区委　海曙区人民政府关于建设高水平交通强区的实施意见》。

“四好农村路”三年行动计划完成。联丰路西延（环镇路—桃源书院段）新建工程等交通重点工程稳步推进。启动杭甬高速集士港互通工程前期研究。规划G228（通途路—荷梁线）完成初步线位规划。荷梁线二期、汇士路等一批储备项目前期工作稳步推进。

【“四好农村路”三年行动计划完成】 2020年，区交通运输局提前半年完成“四好农村路”三年行动计划。该项工作近三年来累计投入20余亿元，涉及西片区9个镇（乡）街道公路项目70余个，包括新改建农村公路84千米、大中修农村公路142千米，建设美丽经济交通走廊210千米，整体任务完成率达117%。海曙区获评第四批“四好农村路”省级示范县、全省2020年“万里美丽经济交通走廊”达标县。截至年底，“建好、管好、护好、运营好”的农村公路新格局基本形成。

完成大中修工程的张鄞线（洞桥段）

【联丰路西延新建工程】 2020年，省级重点工程项目联丰路西延（环镇路—桃源书院段）新建工程完成年度投资1.65亿元，工程形象完成33%。工程位于横街镇域内，全长2.26千米，采用一级公路设计标准建设，兼顾城市道路功能，设计速度60千米/小时，双向四车道，总投资4.25亿元。项目建成后，可推进联丰路西延区域路网通达性和服务水平，进一步加强横街镇、四明山区及桃源湾地块与主城区的联系，缓解机场路以西区域堵车严重问题，加快四明山区旅游及桃源湾地块开发，带动横街镇镇区向四明山麓谷地延伸。

【杭甬高速集士港互通工程】 2020年12月，海曙区启动杭甬高速集士港互通工程前期研究工作，并将项目上报省“十四五”规划高速公路建设储备项目库。项目规划在杭甬高速大隐和段塘出口中间新增1个高速出入口，作为西部片区的交通门户。新增的集士港互通计划打造成为海曙西片区交通新门户，实现姚江新城、高桥副中心、集士港副中心对外快速联通，加速实现该片区与宁波主城区、东部新城、余姚、慈溪、北仑，以及绍兴、杭州、舟山等地的衔接。

【规划G228国道新建工程】 2020年，海曙区初步完成G228国道海曙段新建工程线位规划。工程向北跨余姚江大桥连接江北区、余姚市，对内串联高桥、集士港、横街、古林、鄞江、洞桥等多个乡镇，向南连接奉化区，全长约18千米。全线分江北界至通途路与通途路至荷梁线两段。其中，江北界至通途路段起于江北连接线，跨余姚江大桥，向南沿高桥镇民乐村东侧与通途路相接；通途路至荷梁线段起于通途路，终于荷梁线，串联海曙中部多个乡镇。

（王一波）

运输管理

【概况】 2020年，区交通运输局做好交通运输领域新冠肺炎疫情防控和复工复产相关工作。9月，全面完成交通综合行政执法体制改革，以新机构继续加大运输市场监管力度，相继开展道路运输市场整治、危运专项整治、公路超限治理、非法沙石作业点整治等各类专项行动10余次，办理交通行政执法案件2248件，处罚金额659.38万元。完成中秋、国庆“双节”等重大节假日运输及雨雪冰冻天气公路保畅任务，累计保障旅客出行20余万人次，未发生重大安全责任事故。

【客运市场整治】 2020年，区交通运输局联合属地公安、交警等部门，以南站区域、客运中心站、机场等交通枢纽场站周边为重点，相继开展“秋风八号”“利剑1号”等专项整治行动，严厉打击非法营运、违规网约车及违规客运车辆现象，整治运输秩序。年度累计查处道路运输违章行为1248起，其中无证营运208起，网约车违章185起，巡游出租车违章662起，大客车违章193起，罚款金额355.90万元，辖区内道路运输市场秩序不断改善。

【危险品运输专项整治行动】 2020年6月，区交通运输局深刻吸取“6·13”沈海高速温岭段道路交通槽罐车爆炸事故教训，成立道路危险货物运输专项整治工作领导小组和工作专班，开展“雷霆行动”危险品运输专项整治行动。整治期间，对辖区12家危运企业开展入户监督检查，累计排查隐患216条，完成整改216条，查处危运车辆违法违规案件6起，处罚辖区内危运企业18家次。实施危运企业网格化管理，由区交通运输局6位负责人每人包干落实2家企业，作为“监管责任网格长”；企业主要负责人为“主体责任网格长”，并设置企业网格员、监管部门网格员、属地乡镇安监网格员、保险公司联络员等人员共同监管。8月，区交通运输局聘请第三方机构对12家危运企业实行全方位体检，帮助企业提升安全生产管理水平。

【防疫应急保障】 参见“专记”类目“2020年海曙区抗击新冠疫情”分目

【节庆日运输保障】 2020年中秋、国庆“双节”期间，受新冠肺炎疫情影响，海曙区交通客运市场流量下降明显。区交通运输局树立“安全至上、以人为本、服务至上”的理念，在节前召开专题会议，落实分工，完善节日运输应急预案，要求各部门做好运输服务保障、安全管理、疫情防控等工作。9月30日至10月8日，辖区铁路发送旅客60.4万人次，到站旅客60.1万人次；城铁宁波站发送旅客2.12万人次，到站旅客2.33万人次。公路客运发送旅客197028人次，发车7426班次。轨道交通2号线宁波火车站进站客流31.02万人次，出站客流28.42万人次。宁波栎社国际机场进出港2335架次，进出客流量316616人次。

【公路超限运输专项整治行动】 2020年11月，区交通运输局开展“2020秋风行动”治超专项整治行动，牵头联合交警、综合行政执法等部门，以流动巡查和定点设卡相结合的模式，重点查处超限超载、车辆改装、滴漏撒等违法行为。同时，在214省道、龙溪线、上蜃线等重点路段开展重点打击，24小时全天候不间断巡查。全年累计查处超限运输车辆917辆，滴漏撒污染路面违法行为20起，上缴罚没款264.24万元。针对细夹线擅自开挖公路行为，开出涉路施工处罚首张罚单，路权路产监管实现常态化，路域环境明显改善。全年共投入使用11个点位、21套非现场治超执法设备，辖区重点交通路段实现全覆盖。

【首批江海联运船舶投入使用】 2020年11月，区交通运输局为金增公司新引进的符合营运资质的两艘货船发放“船舶营业运输证”，12月12日，这两艘货船首航舟山至宁波必利盛码头，实现杭甬运河到东海的江海联运，极大缩短运输周期，降低运费开支。首批江海联运船舶的投用，使海曙腹地的内河港口辐射能力扩张至沿海，一定程度缓解公路运力紧张的局面，为全区综合运输体系新格局提供支持。

12月12日，海曙区首批江海联运船舶投入使用，实现杭甬运河和东海无缝对接

【非法沙石作业点整治】 2020年12月，区交通运输局联合生态环境、海事、住建、市场监督、属地镇（乡）街道等多部门，联合开展非法沙石作业点整治行动10次。在鄞江航道部分点位加装船舶限高设施；开具责令停业通知书、约谈沙场业主等，拆除部分沙场卸料斗等吊装设备，有效处置鄞江水域9处沙场非法经营行为，提前完成违法经营码头整治三年行动。

（王一波）

铁路宁波站

【概况】 2020年，铁路宁波站发送旅客1347.58万人次，到站旅客1373.31万人次，日客流量7.45万人次。广场区域配备执法管理人员268人，采取24小时无休模式，通过重点地段定点管理与全区域步巡结合，提高路面见警率、管事率。教育罚款“黄牛”351人次，拘留37人次。查处非法营运（含网约车）138辆、出租车违法218起、大巴车违法13起。清理户外广告168处，教育纠正占道跨门经营480起，收缴宣传品10起，规范共享单车停放8530辆次。机动车违停抓拍3500余起，现场处理交通违法11218起。

春运、国庆等重大节假日期间，南站综管办、铁路宁波站、汽车南站、轨道交通等部门联勤联动，完成节假日保障任务。完善疫情防控、运输保障、防台防汛等相关应急预案，制定《铁路宁波站区域新冠肺炎防控工作预案》，成立闸机身份识别组、体温检测组、分流转运组等工作专组，形成现场转运分流管控模式，并成为宁波市其他交通卡口的借鉴样本。至12月31日，一线工作人员连续抗疫344天。

【宁波站枢纽综合治理创新和服务环境优化改革】 2020年，南站综管办响应浙江省委“‘最多跑一次’改革向人群密集的公共场所延伸”的号召，推动“最多跑一次”改革项目在火车站区域延伸扩面，集中开展枢纽综合治理创新和服务环境优化改革。年内，推出枢纽功能提升、服务管理精细、“数字南站”建设、设施设备提质、视觉形象美丽5大类工程45个项目，其中，区级项目31个，南站综管办承办项目22个，均完成验收，旅客在铁路宁波站区域出行更安全、更舒适、更温馨。

宁波站广场“席地而坐”城市客厅示范区域

【宁波站环境整治提升“四大工程”】 2020年，铁路宁波站区域开展环境提质、执法提效、交通提速、服务提升“四大工程”。通过补种绿化、盆景点缀、池塘清淤、园艺造景等，打造景区化南站，并于7月挂牌成为全市首批“席地而坐”城市客厅示范区域。开展各类执法整治，加强对区域不文明现象、违法行为的查处力度，保障区域有序和谐。完善交通指示标牌，实施“主任当路长”“机关包路口”行动，推动交通畅行，同宁波市妇儿医院、富邦大酒店对接，派驻交通志愿者，警医、警企共建文明交通。组织开展志愿服务活动，提供区域指引、咨询、帮扶等服务活动，提升窗口区域文明形象。

【宁波站区域党群志愿服务中心投用】 2020年11月10日，宁波站区域党群志愿服务中心揭牌并投入使用。中心坚持党建引领，围绕“同一片海”理念，汇聚南站综管办、铁路宁波站、汽车南站、火车站地区公安分局、轨道交通、城际铁路、公交场站等各单位党组织力量，打造区域党建志愿服务品牌。上墙展示区域车站历史、组织架构、抗疫记录、“最多跑一次”改革、志愿服务等各项内容，让志愿者、过站旅客群众了解宁波火车站发展历程和服务精神。

（刘妍珣）

宁波汽车南站

【概况】 2020年，宁波汽车南站共运输旅客256.9万人次。受新冠肺炎疫情影响，部分线路停开，全年运营线路44条。其中，在国庆、中秋等节假日期间，共保障旅客出行40.19万人次。

面对新冠肺炎疫情对运输保障的严重冲击，车站毫不放松抓好疫情防控。围绕加强防疫安全中心，抓好各方面安全生产工作。设立宁波汽车南站疫情防控小组，组织落实上级关于疫情防控的各项要求，严格执行驾乘人员、旅客佩戴口罩上岗、乘坐制度；落实每日消毒通风、卫生清洁等防疫措施。引进自动体温检测仪，进一步提高进站旅客体温异常排查工作效率，做到“严防控”和“保畅通”双兼顾。加强安保力量，规范液体查验和人检标准，全力做好安全保障。加强宣教，提升应急处置能力，共开展以学习贯彻落实安全法律法规和企业各种规章制度为内容的安全会议及教育培训154次，参加人员1467人次。贯彻每月1次安全例会制度，每月开展1次以上全站消防、用电及防火防盗等安全生产的全面检查。

【汽车南站出行智能化建设】 2020年，宁波汽车南站持续推进旅客出行过程中的智能化建设，提升旅客出行效率。完善旅客身份证读卡系统、人脸识别系统；新增5台触屏式自助服务机，旅客点击屏幕即可购票或打印乘车凭证；旅客进站口安装4台“人、证、票”三合一自动比对闸机，出站口设置2个单向门。通过上述智能设备的应用和普及，满足广大旅客快速便捷的出行需求。

【汽车南站文明创建】 2020年，宁波汽车南站围绕争创全国文明城市“六连冠”目标任务，对照测评体系，高标准、严要求推进基础设施完善、站容站貌整改、环境卫生综合整治等各项工作。基础设施方面，对厕所进行智慧化升级改造，设置空位提醒功能；人性化布置无障碍厕所，新添绿植，安装洗手皂器，提升如厕体验。全面升级母婴室，扩大区域面积、完善部分设施、提升服务层次，为哺乳及照料婴儿提供舒适贴心的私密空间，建设“情系母婴，温馨旅途”的候车环境。站容站貌方面，在售票大厅、候车室等显著位置宣传“文明健康、有你有我”“公筷公勺”等公益广告，营造浓厚的氛围；组织志愿者开展禁烟控烟、垃圾分类活动，劝阻乱扔烟蒂、乱扔垃圾、座椅躺卧等不文明行为。清洗场站外墙面，更新指引标志，在楼顶安装发光字，提升车站的绿化、美化、亮化效果。环境卫生综合整治方面，做好场站的绿化养护、杂草清除和病虫害防治；加强消防安全防控体系建设，做好各类设备设施的维护保养；坚持问题导向，加强全站区域日常巡查，对发现问题有效整改落实。

【汽车南站客票电子化推行】 2020年4月始，宁波汽车南站正式上线电子发票，逐步取代传统纸质发票。电子发票可对接购票订单系统，实现订单支付后自助开票。电子客票的运行，提升节能减排效益，同时提高开票信息管理水平。至年底，车站窗口售票、自助购取票、人工取票均可打印乘车凭证。

【甬舟夜间班线运营】 2020年11月15日始，宁波至舟山夜间定制班线（22：10、23：10）正式运营，方便舟山旅客夜间到宁波的中转。定制班线从宁波火车站南广场始发，途经舟山定海、临城、终到站为沈家门。运营初期，车站岗亭设置电子显示屏，滚动播放宣传语，“3561”服务台做好旅客电话问询、客流引导工作，并利用微信公众号和抖音App宣传夜间班线。

（李　佳）

汽车客运中心

【概况】 2020年，宁波市汽车中心站日均发车175班次，日均发送旅客1721人次。城西客运站日均发车6班次（含配载），日均发送旅客42人次。

客运中心站区域综合管理中心联合古林派出所，在客运中心区域开展黄牛专项整治11次，传唤惩治“黄牛”33人次，劝离350余次。开展“人、证、票”三合一查验工作，准确核实身份信息，为未携带身份证旅客开具临时乘车证明2.87万人次。为旅客找到遗失物36件，其他服务群众工作970起。

结合“五整顿两提升”的工作要求，对辖区盲点进行精细化梳理整改，常态化对区域内无照经营、违规广告灯箱、跨门经营、垃圾处置、机动车和非机动车违停、乱涂写乱张贴等违规现象开展深度管理。处置无照经营11起、跨门经营30余起，实施人行道机动车违停抄告826辆，整改移除违规空调外机6台，“智慧城管”处理案件36件，督促辖区单位补种绿化20余处，停车场违规整改3起，拆除违规店招广告2块，规范“共享单车”停放1200余辆次，清理乱张贴、乱涂写100多处，劝离无证摊贩40余起，垃圾分类宣传和督导检查70余人次，辖区内无明显违规现象，绿化市政养护整改及时。

运管、公安部门联合执法，重点开展非法网约车、“黄牛”喊客拉客整治专项行动，打击无证经营、超范围经营等违法违规行为。查纠出租车违章62起、大巴车违章移交5起、网约车违章运营16起，教育劝离“残的”322次。

【客运中心春运保障】 2020年春运期间，汽车中心站发车3987班次，发送旅客106268人次；城西客运站发车211班次，发送旅客2600人次。市客运中心站区域综合管理中心完善春运各项工作方案、落实值班制度、畅通信息渠道、建立物资储备库，做好旅客疏导、转乘服务、维稳应急保障等工作，落实区域执法管理力量，强化巡查管理。处理“黄牛”拉客35人次，接群众求助12起，现场处理纠纷9起。联合运管部门整治“黑车”非法营运等违法行为，规范大客车营运8起，劝导教育违规出租车89起；处理机动车违停15起，规范“共享单车”、非机动车

春运期间，客运中心强化疫情防控管理

停放320辆次；纠正占道、跨门经营12起，驱离流动摊贩8起；联合区交通、城管及高校、社会爱心团体，组织志愿者152人次，服务旅客4.2万人次。区域内交通安全事故“零发生”，文明执法“零投诉”。

（成方州）

轨道交通建设

【概况】 2020年，海曙区轨道交通建设推进管理中心继续协助、配合各区级部门做好轨道交通建设及运营开发过程中的房屋拆迁、政策处理等各项工作，做好项目建设的要素保障和资金管理工作，确保海曙区轨道交通建设推进顺利。

宁波轨道交通4号线全线开通，站点出入口完成复绿改造、借地归还及场地恢复等扫尾工作。宁波轨道交通5号线布政站、张家潭站、同德路站、石碶站、雅渡站完成主体施工，实现全线“洞通”、车辆段完成土建施工，全线的拆迁工作基本完成。

【全市轨道交通第三期建设海曙域内规划】 2020年12月14日，国家发改委批复宁波市城市轨道交通第三期建设规划（2021—2026年）。主要涉及轨道交通6号线一期（海曙区境内长约17.4千米，共设11个站点和一座车辆段）、轨道交通8号线一期（海曙区境内长约8.16千米，共设7个站点）、轨道交通1号线西延（海曙区境内长约1.5千米，设1个站点石路头站）。区轨道中心全面配合宁波市轨道交通集团有限公司，做好海曙区域内轨道交通第三期建设规划申报的各项相关工作，包括在符合市、区综合交通规划的前提下，细化与空、铁及道路运输系统的无缝对接研究方案，牵头组织相关部门与有关镇、街道进行前期政策对接等。

【轨道交通4号线运营】 2020年12月23日，宁波轨道交通4号线正式开通运营。4号线海曙段全长5.1千米，设有5个车站，分别为翠柏里站、大卿桥站、柳西站、宁波火车站站及兴宁桥西站。为保障4号线顺利建成通车，年内，区轨道交通建设推进管理中心解决一大批制约工程建设的难题，相继完成柳西站A出入口的占地补偿，宁波工程学院翠柏校区占地区域部分围墙的拆建，大卿桥停车场的修建补偿款，天海华庭小区的安保增配补偿款，大卿桥站出入口占用后河小区的占地补偿，天然气管道改造的临时借地等事项。

【轨道交通5号线项目征迁】 2020年，宁波轨道交通5号线经堂庵跟车辆段地块上的房屋拆迁任务基本完成。此段是5号线的控制性节点工程，需征用集士港镇土地总面积约3.3公顷，涉及拆迁住宅297户；需征用古林镇土地总面积约3000平方米，涉及拆迁住宅28户。12月25日，经堂庵跟车辆段区域内的4户祠堂全部完成拆迁。

（张丰钰薇）

宁波栎社国际机场

【概况】 2020年，宁波栎社国际机场完成旅客吞吐量897.16万人次，比上年同期下降27.73%；完成货邮吞吐量11.92万吨，增长12.28%；航班起降7.54万架次，下降15.77%。年旅客吞吐量全省排名第二位，全国排名第31位。2020年，宁波机场国际及地区旅客吞吐量15.73万人次，下降89.78%；国际货邮吞吐量2.89万吨，增长172.08%；国际及地区起降3227架次，下降73.39%。其中国际旅客达到9.43万人次，下降88.12%。

新增海南博鳌、新疆库车、贵州毕节等10个国内通航城市，恢复3条国际（地区）航线，航班恢复率在全国40个千万级机场中排名第五，在华东地区排名第一。截至2020年12月，机场共开通客运航线128条，其中国内航线108条、地区航线5条、国际航线15条；通航城市101个，其中国内航点81个、地区航点5个、国际航点15个。2020年参与机场运营的航空公司达44家，平均每日超206架次航班从机场起降。

2020年宁波栎社国际机场主要航空公司基本情况表

表18

航空公司	旅客运输量		货邮运输量		平均客座率（%）
	实际（万人次）	比上年（%）	实际（万吨）	比上年（%）	
中国东方航空公司	187.1	-28.6%	1.4	-20.1%	71.5%
春秋航空公司	146.7	-8.0%	0.8	50.3%	75.5%
中国南方航空公司	112.1	-14.3%	1.0	-6.0%	75.7%
浙江长龙航空公司	65.5	-16.2%	0.5	14.1%	75.9%
海南航空公司	57.1	-42.0%	0.4	-29.0%	70.5%
中国国际航空公司	56.7	-22.2%	0.4	-14.9%	71.2%
四川航空公司	52.6	-24.4%	0.7	-2.4%	72.3%

2020 年宁波栎社国际机场新开通的部分国内航线表

表 19

航空公司	航线	开通日期	航班号	机型	班期
四川航空	宁波⇌泸州⇌西昌	7 月 16 日	3U8020	321	周二、四、六
多彩贵州	宁波⇌宜宾	9 月 9 日	GY7230	190	周一、三、五、七
春秋航空	宁波⇌兰州⇌克拉玛依	6 月 16 日	9C6327	320	周二、四、六
东方航空	宁波⇌库车⇌西安	7 月 11 日	MU9049	320	周二、四、六
春秋航空	宁波⇌兰州⇌嘉峪关	7 月 27 日	9C6363	320	周一、三、五、七
春秋航空	宁波⇌北海⇌常德	10 月 25 日	9C6263	320	周一、三、五、七
长龙航空	宁波⇌襄阳⇌丽江	5 月 5 日	GJ8537	320	周二、四、六
长龙航空	宁波⇌毕节⇌丽江	5 月 3 日	GJ8523	320	周一、三、五、七
长龙航空	宁波⇌南阳⇌兰州	5 月 5 日	GJ8983	320	周一、三、五
青岛航空	宁波⇌铜仁⇌遵义	5 月 6 日	QW6027	32N	周一、三、五、七
多彩贵州	宁波⇌遵义⇌贵阳	5 月 5 日	GY7164	190	周二、四、六

全年宁波机场安全运行形势总体平稳，开展机坪安全、空防安全、消防安全、危险品运输安全等隐患排查治理，开展监督检查76次，发现隐患76个，全部整改完毕。全面实现民航及地方政府指标任务，宁波机场与民航华东局的安全责任书考核结果为优秀，通过“平安民航”考核，取得华东地区13个千万级机场中第四名的历史性好成绩，成为省内唯一一家获评省级“平安单位”暨“智安单位”的民航机场。提升旅客服务水平，启动“阳光心航线”服务品牌工程建设，围绕7个子品牌实现理念系统、视觉系统和人才系统三大升级，全年获各级荣誉4项。

【口岸出境免税店设立获批】 2020年6月18日，财政部发布《关于增设口岸出境免税店等问题的通知》，同意在宁波栎社国际机场T2航站楼内设立口岸出境免税店，获批免税店规模为252平方米。口岸出境免税店面向已办妥出境手续、即将登机前往境外及出境交通工具上的旅客，销售免征关税、进口环节税的进口商品，以及实行退（免）税（增值税、消费税）进入口岸出境免税店销售的国产商品。

【宁波机场总体规划（2020版）获批】 2020年9月29日，民航局正式批复《宁波栎社国际机场总体规划（2020版）》。批复内容为宁波栎社国际机场定位为区域枢纽机场，机场近远期飞行区指标均为4E，近期2030年按照满足年旅客吞吐量3000万人次、货邮吞吐量50万吨、飞机起降架次25.3万架次需求规划；远期2050年按照满足年旅客吞吐量6000万人次、货邮吞吐量120万吨、飞机起降架次48.3万架次的需求进行规划。近期规划用地面积12.02平方千米，远期规划用地面积20.3平方千米。

5月7日，埃及航空MS3070航班（宁波—开罗）成为宁波机场首条“客改货”航线，也是宁波机场开航以来首条非洲航线

【国际货运航线扩面】 2020年，宁波机场恢复5条全货机航线，并首次开通直达非洲、东南亚和俄罗斯的全货运航线，国际货运航线辐射面扩大。4月始，机场航空货邮月吞吐量实现正增长，6—12月平均增幅超过25%，其中7月完成1.23万吨，比上年同期增长62%，创单月货邮吞吐量及增速历史新高。全年完成国际全货机（含客改货）货量4.45万吨。

【口岸防疫】 参见“专记”类目“2020年海曙区抗击新冠疫情”分目

（周　虹）

公共停车管理

【概况】 2020年，海曙区有独立、配建、结合地块建设、临时建设及学校、医院、机关企事业单位等各类公共停车场363家，泊位52477个，公共停车场面积104.95万平方米。新增非机动车泊位23908个，修复53978个；全区非机动车泊位总量为187070个。

【咪表管理】 2020年，海曙中心城区设有咪表管理路段33条，咪表设备436台，咪表收费泊车位831个。其中，重点治堵路段8条，咪表124台，泊车位241个；一级区域路段22条，咪表291台，泊车位550个；二级区域路段1条，咪表21台，泊车位40个；配备现场咪表管理工作人员65人。全部咪表可用微信、新市民卡、咪表卡、互联互通公交卡进行支付。

【智慧泊车】 2020年，甬城泊车智慧停车平台启用以来，海曙区新建“智慧停车”泊位1102个。其中，一级收费区域路段17条，泊位453个，二级收费区域路段21条，泊位649个。

海曙区公共停车场数量一览表

表20

序号	单位	停车场数量（家）	泊位数量（个）	面积（万平方米）
1	江厦街道	56	9015	18.03
2	月湖街道	20	4136	8.272
3	鼓楼街道	47	2966	5.932
4	西门街道	10	1690	3.38
5	南门街道	99	11674	23.348
6	白云街道	15	1624	3.248
7	望春街道	31	7400	14.8
8	段塘街道	7	585	1.17
9	石碶街道	19	3090	6.18
10	古林镇	10	1343	2.686
11	高桥镇	3	1608	3.216
12	鄞江镇	1	375	0.75
13	集士港镇	2	2114	4.228
14	洞桥镇	33	4339	8.678
15	章水镇	2	90	0.18
16	龙观乡	8	428	0.856
合计		363	52477	104.954

海曙“智慧停车”第一批次泊位情况表

表21

序号	路名	所属街道	收费等级	建设泊位（个）	数据采集模式
1	环城西路北段188弄（环城西路—铁路线）	望春街道	二级	29	高位视频
2	环城西路北段86弄（环城西路—念久巷）	望春街道	二级	17	高位视频＋地磁＋巡检车
3	念九巷（中山西路—环城西路北段86弄）	望春街道	二级	30	地磁＋巡检车
4	永和居易南侧道路（环城西路—铁路线）	望春街道	二级	34	高位视频
5	胖泽巷（环城西路北段138弄—至北）	望春街道	二级	13	高位视频
6	广安路（海上花苑—环城西路）	望春街道	二级	55	高位视频
	小计泊位数			178	
7	后河巷（文化路—翠柏路）	西门街道	二级	32	地磁＋巡检车／人工
8	胜丰路（文化巷—文化路）	西门街道	二级	84	地磁＋巡检车

续表21

序号	路名	所属街道	收费等级	建设泊位（个）	数据采集模式
9	文化路（文化巷—永丰西路）	西门街道	二级	56	地磁＋巡检车
10	文化巷（胜丰路—文化路）	西门街道	二级	24	地磁＋巡检车
11	西湾路198弄（西湾路—河）	西门街道	二级	20	高位视频
12	高塘路（西河街—新高路）	西门街道	一级	44	地磁＋巡检车
13	后漕巷（柳庄巷—西河街）	西门街道	一级	8	地磁＋巡检车
14	柳庄街（柳庄巷—西河街）	西门街道	一级	49	地磁＋巡检车
15	卖鱼路（前莫家巷—体育场路）	西门街道	一级	47	地磁＋巡检车
16	体育场路（翠柏路—卖鱼路）	西门街道	一级	14	地磁＋人工
17	西河街（卖鱼路—柳庄街）	西门街道	一级	21	地磁＋巡检车
18	西湾路（翠柏路—新芝路）	西门街道	一级	51	地磁＋巡检车／人工
19	新高路（新芝路—高塘路）	西门街道	一级	28	地磁＋巡检车
20	永丰西路（通途路—高塘路）	西门街道	一级	26	地磁＋巡检车
21	长安巷	西门街道	一级	12	高位视频
	小计泊位数			516	
22	环城西路南段95弄	白云街道	二级	28	地磁＋巡检车
23	蓝天路（白云街—蓝天路）	白云街道	二级	18	地磁＋巡检车
24	蓝天路（环城西路—蓝天路）	白云街道	二级	36	地磁＋巡检车
25	蓝天路（机场路—环城西路）	白云街道	二级	51	地磁＋巡检车
26	白云街（环城西路—蓝天路）	白云街道	二级	29	地磁＋巡检车
	小计泊位数			162	
27	白杨街（白杨街—苍松路）	南门街道	二级	25	地磁＋巡检车
28	白杨街（白杨街—万安路）	南门街道	二级	8	地磁＋巡检车
29	白杨街（中山西路—白杨街）	南门街道	二级	23	地磁＋巡检车
30	白杨街45弄（白杨街—万安路）	南门街道	二级	19	地磁＋巡检车
31	万安路（白杨街—中山西路）	南门街道	二级	18	高位视频
32	咏归路（苗圃路—中山西路）	南门街道	一级	27	地磁＋巡检车
33	苗圃路（咏归路—马园路）	南门街道	一级	15	地磁＋巡检车
34	苗圃路39弄（苗圃路—迎春街）	南门街道	一级	19	高位视频
35	迎春街（咏归路—马园路）	南门街道	一级	42	高位视频
36	吴家塘路（常青路—柳汀街）	南门街道	一级	11	地磁＋人工
37	吴家塘路108弄（苍松路—吴家塘路）	南门街道	一级	14	地磁＋巡检车
	小计泊位数			221	
38	仓基街	月湖街道	一级	25	高位视频
	小计泊位数			25	
	合计泊位数			1102	

（林桂玲）

邮电·大数据服务

邮　政

【概况】 2020年，中国邮政集团有限公司海曙区分公司（以下简称"海曙邮政"）有邮政从业人员500人，设有25个邮政营业点、18个金融网点、11个经营部。

全年业务收入7036.51万元，比上年同期增长11.84%，完成确保目标的105%，奋斗目标的102.47%。其中，代理金融业务收入3817万元，达到目标的105.4%，增长16.4%。函件业务受新冠肺炎疫情综合影响较大，特别是电影票滞销造成收入有较大降幅，业务收入79.41万元。销售政务图书2859本，报刊业务收入676.16万元。

2月2日始，海曙邮政市场部积极响应上级号召，下沉到双东坊等重点小区开展投递快件"点对点"帮扶。上半年新冠肺炎疫情严重时期，海曙邮政投递量为470万件。

【惠农合作协议签订】 2020年12月，区农业农村局、海曙邮政及中国邮政储蓄银行股份有限公司海曙区支行签订惠农合作三方协议。惠农合作是近年来海曙邮政为稳固农村市场实行的战略布局和重要抓手，协议签订后，三方发挥自身优势，推进农村金融市场创新变革。其中，邮政分公司利用自身在农村金融等现代农业发展方面的资金、渠道、网点优势，面向区内农民合作社、家庭农场等新型农业经营主体，以及农业产业链上下游客户、个体农户等客群，从农业产前、产中、产后入手，集中力量帮助解决融资难、销售难和物流难等问题。

（费晓春）

通　信

【概况】 2020年，中国电信股份有限公司宁波分公司海曙分局（下称"海曙电信"）下设支局16个、服务网点190余个。累计完成主营业务收入6.43亿元。移动手机用户57.2万户，宽带用户30.78万户，"中国蓝电信电视"高清用户17.1万户。规划到2022年建成5G基站800个，截至2020年12月中旬，建设开通599个，完成率为78.7%，实现海曙核心城区和重点镇（乡）街道的信号连续覆盖，交通干线、重要场景重点推进的"面、线、点"相结合的建设情况。经过网优测试，海曙城区DT路测（无线网络优化数据采集）覆盖率指标97.18%，上下行速率分别达到每秒传输150比特和每秒1600兆位，符合城区路测指标要求。

利用5G发展机遇，坚持5G SA（5G独立组网）方向，推动与中国联通开展全省5G网络共建共享，双方充分利

海曙移动在乡镇进行5G基站建设

用3.5千兆赫室外200兆、室内300兆的频率带宽优势，为客户提供全新的高速上网体验，200兆带宽峰值达2.7千兆，平均下载速率达每秒800比特，处于行业绝对领先地位。至年底，全区城镇、乡村电信千兆光纤接入率达100%，光纤接入端口达10936个，实现全市光网全覆盖。同时，计划进一步加快10G PON光网（Passive Optical Network，无源光网络）升级改造，加大在城区的覆盖面，并快速向农村延伸，满足用户千兆光网的使用需求。新冠肺炎疫情期间，海曙电信承接区内隔离区域的监控安装任务，并配合区政府做好防疫宣传。年内，海曙电信被评为海曙区战“疫”先锋团队，海曙电信团支部获评中国电信集团“五四红旗团支部”，解放南路营业厅获得宁波市“青年文明号”荣誉称号。白云、解放南路2个营业厅被宁波市消费者权益保护委员会评定为“宁波市第十四届消费者信得过单位”，解放南路、联丰、南苑街、鄞江、横街5个营业厅获评浙江省电信公司优秀门店。

2020年，中国移动海曙分公司（下称“海曙移动”）完成出账收入11.75亿元。通信用户101.16万户，通话用户96.21万户。累计开通5G基站822个，助力宁波获得全国“5G网络标杆城市”称号。光纤覆盖39万户。海曙移动获评海曙区战“疫”先锋团队，高桥支局获评“浙江省巾帼文明岗”，联南营业厅获评“浙江省青年文明号”，团支部获批“宁波移动五四红旗团支部”，古林支局、高桥支局获评“宁波移动青年文明号”。

2020年，中国联合网络通信有限公司宁波市海曙分公司（下称“海曙联通”）下辖6个支局、8家营业厅、2家社区服务网点、3个县级分部门（综合支撑部、政企客户部、网络运行部），共有员工120余人。主要承担中国联通在海曙地区的通信建设与业务发展任务，分公司实现全年通信业务收入超2.3亿元，比上年同期增长超过10%。联通加大5G网络建设力度，新建5G基站超过600个，其中宏站570个、室分超过30个，实现城区5G连续覆盖以及各重点乡镇5G覆盖。在原有基础上，不断加强和补充4G网络覆盖力度，共新建4G基站65个，其中新建宏站25个、室分40个。继续加大光网建设力度，在新建交付小区及老小区改造中实现重点光网全覆盖，FTTH接入（光网络单元直接安装在住家用户或企业用户处）新增覆盖8000户，新增端口3000个。投身全区企业的复工复产服务，2月起，组织员工前往部分困难企业赠送口罩、消毒液等防疫物资。同时，主动对接区政府，承接企业复工复产的现场帮扶和系统技术支撑工作，复工技术指导服务覆盖6000余家企业。协调公司技术专业团队，开发软件平台，助力企业复工信息上报和审核，减轻政府在后台的审核压力。

【全市首个信创项目】 2020年，海曙移动与海曙区委办合作建设宁波市第一个信创项目。项目基于移动公司的IT底层架构和标准，形成自有开放生态。重点在数据安全、网络安全等基础应用中，不断强化自有核心技术；在核心芯片、基础硬件、操作系统、中间件、数据服务器等领域逐步实现国产替代。

【海曙电信防范打击通讯（网络）诈骗】 2020年，海曙电信推出防范打击通讯（网络）诈骗行为的系列举措。设立语音安全管理中心、400安全中心，并建设区级防电信诈骗平台、重点业务管理系统等。与海曙公安分局反诈中心深入合作，实施专人派驻方法，不断完善快速查询处置机制，主动向公安推送涉诈线索。根据相关行动要求，建立“不良信用通信网用户”处理流程，处置完成9批不良信用用户的号码。根据国家互联网基础信息管理要求，进一步加强接入网站管理；严格执行备案管理，网站实名备案率达99.99%。做好涉黄涉非信息、违法不良信息、工信部网页篡改等事件的处置，及时处置率100%。完善数据安全和用户个人信息管理制度，明确数据分类分级标准；落实工信部App侵害用户权益专项整治要求，全区违规收集、使用用户个人信息问题发生率为零。海曙联通、各镇（乡）街道派出所面向区内100余家企业员工，开展多次反诈科普知识进企业宣传活动。其中，乡镇公安反诈网格片区民警负责电信网络反诈内容的主题宣讲，各片区的联通客户经理辅助民警，现场发放反诈单页广告并提供咨询问答。每次宣传活动均引导企业员工填写问卷调查表，进一步提高企业员工反诈意识。

【海曙电信助推政府数字化转型】 2020年，海曙电信聚焦“整体智治”要求，全力支持以“最多跑一次”改革为牵引的政府治理现代化建设，助力

视频网络会议安全维护

海曙移动与区农业农村局合作研发5G无人船

政府提升基于数字化的智慧化治理能力。承建海曙党政网建设，完成党政网千兆优化升级工作；承建“政务云”，为4个区级部门提供上云服务；整合升级“12345”平台，方便群众“一号接入，最多拨一次”；以“中国蓝电信电视”为载体，建设家庭电视智能终端办事服务平台，助推全区“最多跑一次”改革再深化。承建2个乡镇的“村级监控”项目与“基层治理四个平台”项目等的建设。承建海曙区天一阁改造工程、天翼看家监控点等，推动区内视频汇聚平台升级演进。

【教育、医疗、农业领域信息化建设】2020年，海曙电信重点推进全区教育、医疗、农业领域的信息化建设。教育领域中，承建全区177所学校教育骨干网的建设，为各校提供“数字校园”服务，覆盖师生超30万人。医疗领域中，深化医联体和县域医共体建设，为各医疗机构提供可靠稳定的网络资源、安全可信的云计算资源保障。推进“互联网+”医疗云服务，至年底，服务的区内医疗机构达11家，医院上“云”渗透3家。农业农村领域中，加快“美丽城镇”建设，完成电缆光缆“上改下”建设，其中城区63.4千米、乡镇93.6千米；自主研发推出“美丽乡村”视频监控管理平台在区内多个乡镇使用，部分农村初步实现全面数字化治理。

【移动5G无人船项目】2020年，海曙移动与区农业农村局合作研发5G无人船项目。依托5G高带宽、低时延特性和物联网、大数据、人工智能等新技术支持，5G无人船可到达水库中央等人不易达到的水域，全天候开展自动巡航、水质信息实时监测等各项工作，并实现在线实时连续水质数据采集、远程巡河、高效水底探查和搜救等多种功能。同时，在5G数据传输技术支持下，较大程度减少信号延迟情况，弥补人工在检测、巡查、采样和搜救上的局限性。以水底探测为例，工作效率提升5至8倍。此外，该款5G无人船可将数据的采集、分析与回传同步进行，技术人员在手机App上能清楚看到无人船远程传输回来的第一手数据，直接汇报给相关部门，有效节约人力，并提高效率和准确率。该项目获得“绽放杯”5G应用征集大赛全国三等奖。

（任红斌　潘岱玲　张　晶）

大数据发展与服务

【概况】2020年，海曙区大数据发展服务中心负责统筹推进全区大数据的发展工作，牵头协调和推进政府数字化转型工作，指导数据资源安全体系建设，推进大数据信息基础设施建设和管理，负责全区大数据中心平台建设和公共数据资源管理。

加快推进区级依申请政务服务事项接入“政务服务2.0”平台，1288个事项完成梳理验收，1266个事项完成预验，1178个事项完成业务验收，995个事项上线运行，实现线上线下融合推动的个人、企业全生命周期“一件事”系统集成，并创新探索不动产、租赁房屋落户、涉路施工活动许可、征收拆迁等8个“一件事”。

区级政务服务大厅完成适配，收件1596件，率先完成公安大厅分中心与“政务服务2.0”的适配改造。通过“81890”服务平台汇总企业、群众和基层问题，与“基层治理四平台”数据实现打通，做到实时交互。在88个部门设置“首问热线”，热线统一转接至“81890”服务平台，设立17个镇（乡）街道的子平台，根据事项处置权限，由镇（乡）街道和区级分流处置，实现治理主体的高效协同。至年底，政务服务网上可办率97.88%，掌上可办率98.45%，承诺时限压缩比99.12%、跑零次率99.21%、即办率96.07%，完成政务服务2.0事项上线，政务服务办件量292万件，网办率达91%。

围绕政府数字化转型重点，加快推进重点领域项目建设和核心业务的场景应用，鼓励支持各部门探索推进数字化应用创新，重点支持具有前瞻性、实用性的涉及数据共享和服务民生项目，推进区内资源统筹整合，为全市贡献“海曙样板”。引导企业、个人、团队，参加全省公共数据开放和应用创新大赛，“81890生活通”获评二等奖。

先后开展网络安全“百日攻坚”行动，落实2020年公安部“护网行动”相关要求，进一步查找网络安全隐患并进行深入整改。负责全区性会议联调和会议保障工作，全年共保障全国电视电话视频会议、视联网视频会议等各类视频会议350余次，实现“零差错”。

【协同办公系统建设】2020年，海曙区基于“浙政钉”2.0平台实现移动办公，推进各单位依托“浙政钉”2.0，加快开发办公、监管、决策类微应用，全面整合办公业务移动端。推进部门间非涉密事项接入系统工作，40个

9月,"81890生活通" App参加2020宁波数据开放创新应用大赛总决赛,获大赛二等奖

"百日攻坚"行动,全面普查梳理全区自建信息系统,编制数据共享目录,实现数据目录化、目录全局化、全局动态化。31个单位75个自建系统,编制共享开放目录750个,数据项11050个,目录归集数据量超过1000万个,年数据接口调用量约828万条。其间,重点推进"证照分离"改革、政务办事、城市公共服务等数据归集共享。推进"数据高铁"建设,优化数据归集模式,减少数据交换环节,海曙流动人口管理系统和海曙五水共治系统接入"数据高铁"实现数据实时采集。加快公共数据开放和应用创新,完善数据开放目录,开放数据集达234个、开放数据项3000项以上。

部门完成系统接入工作,累计办件量11625件,在线有办件事项数161件,占事项总数57.09%。公务员职业生涯"一件事"与事业单位工作人员职业生涯全周期管理"一件事"上线。完成全区协同办公系统建设并上线运行,加速机关内部"最多跑一次"。

【政府信息化项目建设】 2020年,海曙区共统筹安排全区政府信息化建设项目139个。重点推进审计大数据分析平台、区人社局数据应用管理平台等政府运行领域数字化应用;楼宇信息管理系统、海曙区工业大数据平台、海曙企业码系统等经济治理领域数字化应用建设;"智慧养老综合服务"平台、"未来学校"及"智慧校园"平台、"智慧健康"平台等民生治理领域数字化应用。提升海曙数字政府建设水平,带动形成县乡一体、部门间协作、政银企社联动的协同高效运转机制。

【"双随机、一公开"信息化监管】 2020年,海曙区全面推进以信用监管为基础的"双随机、一公开"监管。推动跨部门联合监管,深入挖掘"互联网+"监管应用场景,理顺新型监管模式下工作机制,依托全省统一的行政执法监管系统,实现监管风险闭环处置。至年底,"双随机"抽查事项覆盖率94.05%,跨部门监管率达到15.42%,现场执法掌上执法率达到98.49%。28家区有关单位(含18家使用统建系统的单位以及10家使用自建系统的单位)全部完成测试案件录入并开始正式使用系统执法。

【"浙里办"政务服务升级】 2020年,海曙区推进"浙里办"服务内容迭代升级,为自建政务服务移动端(App)、公众号整合工作提供技术支撑,实现掌上办事"一端通办",提升"浙里办"App个人和企业用户实名注册数与日活跃用户数。至年底,全区个人实名注册用户数53万人,日平均活跃用户数2万人次。

【数据共享开放"百日攻坚"行动】 2020年5月始,海曙区开展数据共享开放

【"81890生活通"App获奖】 9月,2020世界数字经济大会暨第十届中国智慧城市与智能经济博览会在宁波国际会展中心举行,"81890"作为海曙区特色案例在市政府数字化展厅展出。其间,"81890生活通"App参加2020宁波数据开放创新应用大赛总决赛并进行路演展示,获大赛二等奖。"81890生活通"平台设生活照料、搬迁搬运、水电维修等14大类服务模块,细分为304小类服务项目,可满足衣食住行乐全方位生活需求。开通24小时客服,全天候回复市民求助。同时,借助智能化管理平台一站式打通流程,为企业提供更多订单机会,并可在平台进行员工招聘。

(叶　浩)

5月,大数据中心到区行政服务中心调研"政务服务2.0"

金　融

金融监管

【概况】 2020年，海曙区地方金融监督管理局成立，并按照“还政予政”原则，将原区金融服务中心的内设机构地方金融科及其承担的行政职能划转至区地方金融监督管理局，区金融服务中心更名为区金融发展服务中心，协助做好相关工作。建立地方金融组织分类监管机制，依托年审、现场检查等机制，加强行业监管，对经营情况、内部控制等进行综合评价，督促地方金融组织合规经营。

开展金融风险专项排查整治活动，重点排查放贷助贷类机构、P2P（“点对点”网络借款）等涉及非法集资的风险机构，关注重点机构，及时上报风险线索。同时，高度关注投资受损群体维权情况，全年共收到浙江省统一政务咨询投诉举报平台流转的投诉件28件，均按时妥善处理解决，并协助市地方金融监管局做好4起省外案件的通知登记工作。

【地方金融组织监管】 2020年，区金融发展服务中心负责对区内小额贷款、融资租赁、融资担保、典当行、商业保理、地方资产管理等金融机构的申报组建、业务指导和行业发展等工作。全年，监管员列席各小额贷款公司股东会、董事会、监事会5次，走访地方金融组织累计59家次，协助处理信访投诉件3件。

【互联网金融风险专项整治】 2020年，海曙区继续开展P2P网络借贷机构整治。加快总部网贷机构清退。2020年初，宁波市口径注册在海曙区的39家P2P网贷机构全部销号关闭，其中立案20家，正在清退1家。挤压网贷分支机构，于2020年年底实现P2P网贷分支机构“清零”。协助做好追赃挽损，探索P2P网络借贷机构立案后续资产和债权处置模式，通过聘请专业律师团队追缴涉案资产，最大限度挽回群众经济损失。推动鼓楼街道恒隆中心金融风险网格化排查市级试点工作，建立区、镇（乡）街道和网格三级立体化排查体系，落实“地毯式”扫楼扫街排查，建立“一企一档”，建设机防为主、人防为辅的金融风险预警监测机制。

（余倩妮）

金融服务

【概况】 2020年，全区金融业实现增加值123.36亿元，比上年同期增长10.1%；金融业贡献税收18.83亿元，增长6.8%。至年底，全区人民币贷款余额3127.5亿元，增长18.1%；人民币存款余额2776.7亿元，增长12.1%；保险保费收入62.75亿元，下降1.09%；保险赔付支出35.36亿元，增长4.96%。

【金融“扫需求”专项行动】 2020年，海曙区面向全区1.8万户有企业码的企业开展“扫需求”专项行动。“扫需求”是宁波市金融工作专班开展的一项专项行动，通过市金融综合服务平

7月30日，“海曙区防范非法集资 推进普惠金融宣传活动”举行

台"扫入"全市企业融资需求，摸清企业贷款需求底数。在此基础上，相关银行第一时间与企业进行对接。以此初步建立市、区、镇乡街道三级协同和"四级联动"金融服务体系，助力稳企业保就业。

【中国人寿资管公司保险资金合作计划】 2020年，中国人寿资管公司与海曙区达成38亿元保险资金合作计划。至年底，落地保险资金10亿元，用于月湖西区历史街区保护项目。2020年，海曙区一方面排摸重要领域、重大工程和重点项目的需求，建立融资项目需求库；另一方面，从畅通险资对接渠道入手，加大与各金融保险总部资本的对接力度，邀请机构到宁波了解走访实体项目，切实推动保险资金引进和落地，服务地方经济社会发展。

【"育苗贷"产品推广】 2020年，区金融发展服务中心、区教育局和相关金融机构合作，为辖区民办幼儿园定制专用信贷产品"育苗贷"，旨在为受新冠肺炎疫情影响较严重的民办幼儿园提供专项帮扶，重点用于保工资、保运转，属于浙江省首创的特色金融服务产品。"育苗贷"以信用方式发放贷款，单笔贷款最高额度可达100万元。在区教育局层面，给予每家幼儿园50万元一年期贷款内补贴一半利息的扶持政策；在市区信用联社层面，对于符合相关帮扶政策的民办幼儿园，贷款利率最低至年化4.5%，并可享受部分免息政策。年内，市区信用联社为相关民办幼儿园减免利息15.23万元。

【全市首个野生动物肇事责任险试点】 2020年7月，发生多起野猪损毁村民农田事件。8月27日，章水镇与中国太平洋财产保险股份有限公司宁波分公司签订辖区野生动物肇事责任险，为宁波市首个野生动物肇事责任险试点地区。保险累计赔偿限额100万元，期限一年，投保单位每年需交付相应的保险金额。每次事故赔偿限额10万元，其他人身财产损害的情况按相应标准限额赔偿；对于农作物的损失理赔标准以一亩为单位计算，不足一亩按实际损失面积的比例赔付。

1月16日，宁波旷世控股有限公司在香港联合交易所主板挂牌上市

【全省首单浙贝母种植气象指数保险】 2020年10月，海曙区首单浙贝母种植气象指数保险落地，为鄞江镇浙东贝母专业合作社田海波的2公顷浙贝母提供保险。首单投保的2公顷浙贝母涉及保费7200元，保额9万元，保险期间自当年10月1日至次年5月31日止。

（余倩妮）

上市服务

【概况】 2020年，海曙区加快推进"凤凰行动"海曙计划，建立上市后备企业库，创建企业常态化走访机制和走访日志共享制，累计为234家企业兑现"凤凰行动"补助资金3166万元，加大企业对接多层次资本市场服务力度。宁波旷世控股有限公司于2020年初登陆香港交易所主板，成为2020年宁波的第一家上市企业，宁波三生生物科技股份有限公司入选全市科创板拟上市企业储备库。牵头举办海曙区新三板企业座谈会、海曙区上市公司董秘座谈会、资本市场联络员培训交流会、创业板注册制改革政策培训会等活动，与宁波股权交易中心合作举办海曙区人才企业宁波股权交易中心集中挂牌等活动，惠及企业60家。至年底，全区境内外上市企业共15家，排名全市第三，新三板企业12家，宁波股权交易中心挂牌企业286家，全区实现直接融资67.26亿元。

【"旷世控股"在港交所主板上市】 2020年1月16日，宁波旷世控股有限公司（简称"旷世控股"）在香港联合交易所主板挂牌上市，股票简称：旷世控股，发行股份10504.2万股，发售价每股1.28港元，总募集资金1.34亿元港币。旷世控股主要生产经营工艺蜡烛，成为海曙区第四家在香港主板挂牌的上市企业。

【3家企业入围市"最具投资价值企业"30强】 2020年7月9日，区内3家企业在"2020寻找宁波最具投资价值企业"活动中成功入围30强，分别是寰彩星科技（宁波）有限公司、宁波奥丞生物科技有限公司、宁波众远新材料科技有限公司。此次评选从5月19日启动，620家企业报名参赛，创下历届报名企业数量新高，包括众多制造业单项冠军培育企业、"3315人才计划"企业和私募投资机构已投企业。此次评审专家来自协立投资、燕园资本、匀升投资等国内优质投资机构以及东元创投、银盈资本、润宁投资等本土投资机构，从参赛企业的商业模式、竞争优势、目标市场、技术专利等多方面考量评估，最终评选出30强企业名单。

【上市公司董秘座谈交流会】 2020年6月4日，区金融发展服务中心于月湖金汇小镇召开海曙区上市公司董秘座谈会。座谈会汇集14家境内外上市公司董秘，14家上市公司围绕2019年发展经营情况、存在问题和困难、下一步工作计划以及对海曙区金融服务工作相关建议逐一交流发言。

【创业板注册制改革培训会】 2020年9月23日，区金融发展服务中心于月湖金汇小镇举办创业板注册制改革政策培训会。培训会汇集区内22家后备企业，区金融发展服务中心介绍海曙区资本市场总体情况和相关工作推进情况，邀请锦天城律师事务所合伙人章晓洪对创业板注册制改革政策进行解读，以案例形式对上市政策进行分析，根据企业现场提问答疑解惑，通过此次培训会，进一步加快企业创业板上市步伐，推进企业利用多层次资本市场做大做强。

（余倩妮）

月湖金汇小镇

【概况】 2020年，月湖金汇小镇新入驻企业40家，注册资金80.5亿元。累计入驻企业800余家，注册资金超700亿元。小镇整体实现税收超13亿元，其中新引进的企业实现税收3.1亿元，比上年同期增长40%。甬兴证券旗舰营业部、德恒律师事务所、澜海基金等企业入驻小镇核心区月湖西区一期，宁波人才之家入驻小镇客厅。至年底，39家企业入驻，整体出租率为83.3%。

接待各类政商领导调研考察和意向客户220余批次。“小镇客厅”（屠氏别业）累计举办浙江省特色小镇投融资对接会新材料专场、海曙区上市后备企业资本助航对接会等各类活动15场次，协调解决初创型企业、拟上市公司资金问题。

【“月湖金汇”品牌商标获批】 2020年，“月湖金汇”品牌商标正式获批，成为全国特色小镇中为数不多具有品牌商标权的特色小镇。获取商标后，月湖金汇小镇在所有会议设备标注月湖金汇LOGO，并在鼓楼地铁站设立宣传灯箱，提高小镇知名度。当年，引进“宁波人才之家”落户小镇，进一步提高创业创新能力。

【“特色小镇走进丽水”活动】 2020年9月27—28日，月湖金汇小镇对接维科产业投资管理有限公司等金融机构，共赴丽水特色小镇开展交流。交流会上，月湖金汇小镇重点介绍月湖金汇小镇建设经验、私募基金支持产业发展作用，促进两地资源信息互通。11月26—27日，在市金融办指导下，月湖金汇小镇及10余家股权投资机构赴丽水参加宁波金融特色小镇丽水行活动，相关负责人交流金汇小镇建设经验。

【月湖金汇小镇获评省级特色小镇领跑者】 2020年11月18日，浙江省特色小镇规划建设工作联席会议办公室公布2019年度省级特色小镇“亩均效益”领跑者名单，月湖金汇小镇入选。月湖金汇小镇自2016年列入省级特色小镇培育名单，立足区域实体经济和产业基础，创新建立特色小镇领跑行动指标体系、工作体系和政策体系，以“新金融+历史文化”双轮驱动促项目推进和投资入库工作提速。并以“最多跑一次”改革为引领，组建服务小分队，建立企业日常走访机制，协助解决企业经营过程中遇到的实际困难，为入驻企业开通备案、工商、税务等绿色通道。

（余倩妮）

月湖金汇小镇

银　行

【概况】 2020年，海曙区银行业有宁波市分行6家，一级支行及村镇银行55家，二级支行、社区支行及分理处193家。全区银行业人民币各项存款余额2776.74亿元，比上年同期增长12.1%，人民币各项贷款余额3127.55亿元，增长18.1%。基本形成全国性、区域性、地方性和国际性银行机构并存及服务性功能互补的银行机构体系。

【工商银行宁波市分行】 2020年末，工商银行宁波市分行存款余额为2345.94亿元，贷款余额2744.90亿元，分别较2020年初增加71.15亿元和158.18亿元。拥有员工4000余人，服务对公客户近5.2万户，服务个人客户超800万户。工行宁波分行获“发展杰出贡献金融企业”“金融品牌奖”“市民喜爱银行卡发卡行”“宁波口碑榜之2020年度优秀亲和力银行”“优秀实体经济服务银行”“普惠金融·责任金口碑”“宁波市金融机构抗疫复产模范榜”等荣誉称号。

中国工商银行宁波市分行

【浦发银行宁波分行】 2020年末，浦发银行宁波分行本外币存款余额900.56亿元，比上年同期增长43.5%；贷款余额775.62亿元，增长17.1%，拥有员工1300余人，服务企业客户规模超3万户，个人客户超200万人。浦发银行与宁波市政府签署战略合作协议，未来3年提供累计总额度不低于人民币2000亿元的融资支持，并于2020年内参与“稳投资千亿专项计划”。新冠肺炎疫情期间，累计为生产困难企业减费让利超过1200万元。

【农业银行海曙支行】 2020年末，农业银行海曙支行下设9个二级支行和1个支行营业室，全行本外币各项存款余额105.1亿元，本外币各项贷款余额120亿元。支行以党建为统领，深化改革转型，通过精细化管理，不断推进自身业务可持续发展。大力推进普惠业务，定制“纳税e贷”“抵押e贷”“房抵e贷”等产品，累计发放生产经营类普惠贷款超过5亿元；充分融合5G技术、智慧改造以及历史人文理念，打造智能驱动型、主动服务型、文化特色型的服务网点；同区域内重大项目深化合作，加大公共板块投入，在宁波市银行系统内率先实现土地出让金系统银行端和财政端数据实时对接，并积极推广“医保电子凭证”、电子社保卡等民生项目。

【中国银行海曙支行】 2020年末，中国银行海曙支行本外币各项存款余额96.52亿元，本外币各项贷款余额124.33亿元。支行下辖13个二级支行和1个支行营业部，共有员工254人。2020年度，支行“孙雯劳模创新工作室”被评为宁波市第六批劳模工匠创新工作室，发挥劳模工匠骨干核心作用和创新实践中的示范引领作用。

【建设银行海曙支行】 2020年末，建设银行海曙支行实现税前利润2.71亿元，本外币贷款余额146.9亿元，较上年增加26.25亿元。截至年底，支行住房租赁上线房源1000套；普惠贷款客户数1687户，较2020年初增加524户，余额合计184022万元，较2020年初增加97350万元。海曙支行所辖17个网点全部配备基础惠民服务设施，为环卫工人、出租车司机、快递员等户外工作者及“老弱病残孕”、走失儿童提供便利的饮水、休息场所。建立5家“爱心妈咪小屋”，为孕期、怀孕期和哺乳期的女性提供一个私密、干净、舒适、安全的休息场所。

【交通银行海曙支行】 2020年末，交通银行海曙支行效益指标保持良好，人民币时点存款达59.83亿元，余额比2020年初增长30%，支行对公团队获“大额存款贡献奖”；人民币贷款时点45.9亿元，较上年增长3.95亿元。根据区教育局助力民办幼儿园复工复产的要求，给予融资总量为3000万元的专项贷款，为10家幼儿园累计发放优惠利率贷款600万元。对中小微企业贷款实行利率优惠，累计优惠利息187万元。

【宁波银行湖东支行】 2020年末，宁波银行湖东支行形成9家网点、240余名员工的规模。全年日均存款155.8亿元，年末存款余额156.6亿元，较2020年初增加12.3亿元；日均贷款48.8亿元，年末贷款余额64.8亿元，较2020年初增加26.4亿元。响应抗疫援企号召，通过投放再贷款、减免利息和手续费等方式，帮扶受新冠肺炎疫情影响客户，助力复工复产。发挥金融科技优势，参与辖区内机关事业单位十余项系统升级改造项目，助力政务服务升级。通过财资大管家、外汇金管家、票据好管家、政务新管家和易收宝“四管一宝”产品，为头部企业提供了资金管理、汇率管理、结算管理等方面的一揽子解决方案。专营团队服务中小企业。累计上门走访对接中小微企业7000余次，支持优质中小企业成长。对接居民融资需求，同时始终坚持为客户创造价值，在资产配置、保值增值、私银服务等领域形成比较优势，为客户提供专业财富管理服务。

（余倩妮）

保　险

【概况】 2020年，海曙区保险机构有市级分公司（含宁波中心支公司）16家。保险机构实现保险业务收入62.75亿元，其中财产险和人身险分别实现收入30.20亿元和32.55亿元，各类赔付给付35.4亿元。

【人保财险宁波分公司】 2020年，中国人民财产保险股份有限公司宁波市分公司对接国家"一带一路"和宁波"246"万亿级产业集群，克服新冠肺炎疫情冲击，保障车险综合改革平稳过渡，实现保费收入53.11亿元，市场份额28.66%，全年承担风险保障金额6.28万亿元，支付赔款36.57亿元，上缴地方各类税收5.23亿元。助力一线抗疫复工，推出"抗疫保供"蔬菜价格指数保险、政策性小微企业复工防疫保险、员工法定传染病保险、雇主责任险扩展传染病责任保险等多项产品。联合推出公共普惠型产品——"市民保"，全国首创突发公共卫生事件救助保险，创新推出和低收入农户综合性保险，稳步推进农业保险"扩面、提标、增品"，推出全国首单水稻"完全成本+收益"补充保险。优化"保险+科技+服务"模式，牵头成立安责险风险防控服务中心、起重机械风控服务运营中心等实体化风险管理平台。

【中国太保产险宁波分公司】 2020年，中国太平洋财产保险股份有限公司宁波分公司实现保费收入35.86亿元，比上年同期增长8.72%。其中，车险保费收入24.13亿元，增长4.81%；非车险保费收入11.73亿元，增长17.74%。主动服务新冠肺炎疫情防控和复工复产，于大年初一紧急为赴武汉的医护人员每人捐赠320万元保险保障；配合行业开发政策性复工防疫保险，签出全市首单，累计签单2041笔，占行业总量42%。小额贷款保证保险、关税保证保险业务规模均位列宁波市场第一。首创堤防（海塘）灾害综合保险获宁波市重大保险创新项目立项，以杨梅、紫菜、白对虾为代表的自营农险主要险种稳步扩面，全国首创泥螺养殖气象指数保险，全省首创罗氏沼虾综合保险，签出猪饲料成本指数"保险+期货"和草莓气象指数保险全市首单。

中国人保财险大厦

【中国人寿宁波分公司】 2020年，中国人寿保险股份有限公司宁波市分公司对接宁波"246"万千亿级产业集群、聚焦乡村产业振兴，融入国家"双循环"发展，实现总保费29.8亿元，比上年同期增长8.2%。融入长三角一体化发展，服务地方经济提质增效，提供全方位、高质量保险保障和金融服务，全年各类业务赔款支出2.49亿元。强化民生保障，坚持保险回归本源，持续开展大病保险、农村小额保险、计生保险、健康保障委托经办业务等项目，覆盖人群超460万人次；合作开发"宁波市民保"普惠保险产品，累计为超过26万人提供保险保障；开展保险助力脱贫攻坚和乡村振兴，支出精准扶贫资金超60万元。深化金融服务改革，坚持科技赋能，使用人工智能、大数据、物联网等技术构建线上投保、智能核保、智能保全、智能理赔等，融科技创新于金融服务全过程，实现无纸化智能投保全覆盖，全年个人无纸化率、团体无纸化率分别达99.99%、99.76%；为客户提供理赔服务超10万人次，向客户推荐客户节、VIP等增值服务活动，覆盖客户超30万人次。抗击新冠肺炎疫情期间，向全市医护人员和轨道交通一线人员赠送保险，开展公益捐赠、保险责任扩展、减免租金、线上助农直播、"万员助万企"等活动，做好"六稳""六保"工作，支持企业复工复产，被市政府授予金融机构2020年"融资畅通先锋奖"。

【中国人寿财险宁波市分公司】 2020年，中国人寿财产保险股份有限公司宁波市分公司实现保费收入14.41亿元，比上年同期增长8.45%。推出"防疫情，保民生"系列产品，参与地方政策性新冠肺炎疫情防控综合保险。参与"万员助万企"专项行动，与500余家企业对接服务。实施减费让利，减费让利规模达170余万元。全力保障"六稳""六保"，为2395家企事业单位提供保费优惠、保期延长和缓缴保费等特殊政策。加快与公众利益关系密切领域的产品开发和业务发展，累计为2056家企事业单位和个人，提供超过62亿元的环境污染责任、食品安全责任、医疗责任等保险保障。在食责险、安责险、环境污染责任险运营中，创新采用"保险+服务""保险+服务+监测"等模式，为客户提供全方位的风险保障服务。

【中国人保寿险宁波分公司】 2020年，中国人民人寿保险股份有限公司宁波市分公司实现总保费收入6.26亿元，新单保费收入4.03亿元，其中新单期交保费1.16亿元，实现十年期及以上首年期交保费2511万元，月均有效人力350人。开展新冠肺炎疫情防控，发挥保险保障作用，通过扩展保险责任，落实惠企政策，助力企业复工复产和降本减负。围绕高质量转型发展要求，持续推进"大个险"三位一体建设，加快渠道专业化转型，落实"温暖工程"活动，提高客户服务品质，全面查漏补缺健全内控体系，织密风险防控网。为助力脱贫攻坚，宁波市分公司落实消费扶贫任务13.33万元，累计参与1434人次。

【新华人寿宁波分公司】 2020年，新华人寿保险股份有限公司宁波分公司总保费收入46009.1万元，比上年同期增长11.8%，其中新单保费16168.3万元，增长15.8%。开展"创富不忘初心 公益回馈社会"爱心助农公益活动、"疫情防控'保'健康 大爱无疆'险'担当"公益体检活动等公益活动助力疫情防控。新华人寿保险公司基金会连续三年向宁波市环卫工人捐赠人身意外伤害保险，累计受捐人数3.96万人，捐赠保额39.6亿元。获得"宁波金融系统疫情防控和复工复产先进集体（团队）""2020年度宁波十佳保险服务团队（运营管理部）"荣誉称号。

（余倩妮）

中国人寿保险宁波市分公司

地方金融组织

【概况】 2020年，海曙区有小额贷款公司4家，典当企业10家，融资租赁公司12家，融资担保公司7家（其中市级2家、区级5家），资产管理公司1家，信用互助社1家。

【海曙永鑫小贷公司】 2020年，海曙永鑫小贷公司累计发放小额信贷1.94亿元，累计业务311笔，年末贷款余额1.67亿元，共计减免44.93万元。

【海曙鹏源小贷公司】 2020年，海曙鹏源小贷公司累计发放小额信贷1.30亿元，累计业务498笔，年末贷款余额0.37亿元。

【海曙德丰小贷公司】 2020年，海曙德丰小贷公司年末贷款余额0.77亿元。

【金江互联网小贷公司】 2020年，海曙金江互联网小贷公司累计发放小额信贷7.21亿元，累计业务2392笔，年末贷款余额3.26亿元。

【浙江香溢德旗典当有限责任公司】 2020年，浙江香溢德旗典当有限责任公司共发生业务1270笔，年末典当余额1.37亿元，典当总额6.55亿元。

【宁波典当行有限责任公司】 2020年，宁波典当有限公司共发生业务3070笔，年末典当余额0.05亿元，典当总额0.37亿元。

【宁波十鼎典当有限公司】 2020年，宁波十鼎典当有限公司共发生业务382笔，年末典当余额0.17亿元，典当总额0.84亿元。

【宁波鑫义典当有限公司】 2020年，宁波鑫义典当有限公司共发生业务34笔，年末典当余额0.12亿元，典当总额0.25亿元。

【宁波和裕典当有限公司】 2020年，宁波鑫义典当有限公司共发生业务83笔，年末典当余额0.09亿元，典当总额0.30亿元。

【浙江香溢融资租赁有限责任公司】 2020年，浙江香溢融资有限责任公司发生客户21户，年度融资租赁资产总额8.11亿元，其中售后回租7.2亿元，不良租赁资产率为0。

【国骅融资租赁有限公司】 2020年，国骅融资租赁有限公司融资租赁资产总额1亿元，均为售后回租资产，不良租赁资产率10.22%。

【宁波富博融资租赁有限公司】 2020年，宁波富博融资租赁有限公司融资租赁资产总额0.82亿元，其中直接融资租赁资产总额0.27亿元，售后回租资产总额0.55亿元。

【宁波渔业融资担保有限公司】 海曙宁波渔业融资担保有限公司在保余额6.78亿元，全部涉农，代偿率为0，累计减免担保费55.9万元，惠及514户渔民。

【宁波农信融资担保有限公司】 2020年，宁波农信融资担保有限公司在保余额0.52亿元，均为政策性业务，累计减免担保费28.84万元，惠及38户小微企业和"三农"主体。

【海曙中小企业融资担保有限公司】 2020年，海曙中小企业融资担保有限公司在保余额6.03亿元，均为政策性业务，累计减免担保费722.9万元，惠及573户小微企业和"三农"主体。

（余倩妮）

旅游

综述

【概况】 2020年，海曙区接待国内外游客1871.5万人次，实现旅游总收入271.6亿元。至2020年末拥有星级宾馆16家，其中五星级宾馆4家，四星级宾馆4家。

【文旅融合消费新场景开发】 2020年，区文广旅游体育局为提振疫后文旅消费活力，开发主题活动和特色文商旅融合IP，打造夜间文旅融合消费新场景。挖掘府城文化、藏书文化、运河文化、梁祝文化等文旅资源，并紧扣重要节庆，打造特色文旅夜经济IP。梁祝文化园景区开发夜间旅游产品，举办首届梁祝文化节暨梁祝夜游嘉年华，通过景区夜间亮化，打造东晋时代场景，开展“七夕牵手节”夜游等特色主题活动，当晚吸引游客近300人。引导1844·和义艺术生活中心、月湖金汇小镇等沿江、热门商圈组织开放夜市，吸引夜间消费客流。1844·和义艺术生活中心推出的好乐地（Holiday）市集整体摊位规模达150家，每周推出不同主题活动，带动该商圈营业额和客流量显著上升，原有商户业绩平均提升5%～10%。借力地理文化优势，凸显历史街区的夜市特色，推出“百年南塘 三市再现”南塘老街甬城欢畅夜生活集市，鼓励商家桌椅外摆，将南塘老街营业时间延长至22时。据统计，集市开放以来，南塘老街工作日及周末夜间人流量分别较往常增加约3000人、5000人。

6月13日，月湖金汇小镇夜市

【五一假期旅游市场回暖】 2020年的五一假期为国内新冠肺炎疫情初步缓解后，首个可实行跨市、跨地区旅游的节假日。截至5月5日，全区4个A级旅游景区共接待游客38229人次；乡村旅游累计接待6.92万人次，营业收入达265.97万元，旅游市场呈现有序复苏态势，游客出游意愿有所提升，全区未发生涉旅安全事件和有效游客投诉。其间，各景区为吸引客流，推出高品质、多种类、富体验的旅游产品，如5月1日天一阁·月湖景区举行第二届“十洲雅韵·千载华裳”五一汉服游园会；梁祝文化园推出民国、70—80年代、90年代三大主题“年代照相馆”活动，为群众提供摄影无限随意拍摄、年代特色服装试穿等套餐服务，5月1日开放首日吸引游客1500余人。同时，为严格执行防疫规定，假日期间所有景点均实行预约制，海曙旅游官方微信公众平台“千年海曙”于4月30日推出天一阁博物馆、梁祝文化园、浙东大竹海等景区的平台预约通道。此外，引导全区国家AAAA级及以上旅游景区保证入口、停车场和人流密集点等区域有3路以上信号必须接入省文旅“诗画浙江”大数据平台。相关部门严格落实工作人员假期值班、领导暗访制度，区文化市场综合行政执法队出动检查人员11人次，检查文化旅游企业51家次，检查五龙潭景区、梁祝文化公园等重点景区景点临时隔离点设置，合理布局验码、测温、验票，提醒游客佩戴口罩，符合游客接待在核定最大承载量30%以内等情况。

【“缸鸭狗汤圆”入选省“优秀非遗旅游商品”】 2020年7月，浙江省文化和旅游厅公布第二批浙江省优秀非遗旅游商品推荐名单，海曙区“缸鸭狗汤圆”系列入选。省文旅厅对各县（市、区）推荐申报的项目进行专家评审及评估后，最终确定名单。创始于1926年的“缸鸭狗”是宁波汤圆的第一品牌，创始人江定法用自己的宁波话小名“江阿狗”做招牌，取谐音“缸鸭狗”，“一缸、一鸭、一狗”图形绘于牌匾之上，成为宁波旅游美食的特色之一，“宁波汤圆制作技艺”于2012年被列入浙江省非物质文化遗产名录。

（毛静娜）

旅游开发与建设

【概况】 2020年，海曙区创建“A级景区村庄”15个，其中“AAA级景区村庄”5个。浙东大竹海入选区级研学基地、半山伴水度假村入选区级研学营地。

围绕全域旅游理念，坚持“多主体培育、多业态打造、多产业融合”的思路，全面发展乡村旅游，鼓励有条件的乡镇及旅游企业探索“旅游+”模式，推进旅游产业转型，在挖掘都市旅游发展潜力的同时，帮助传统乡村旅游业提质升级，助力“乡村振兴”。

为致敬奋战在抗疫一线的医护工作者，全部A级以上景区2020全年对全国医护人员实行免门票政策，医护工作者凭有效证件到专用窗口换票后即可浏览景区。

【景区文明创建】 2020年，海曙区继续推进辖区重点景区的文明创建。加大宣传、营造氛围，各景区加强公益宣传力度，引导游客遵德守礼、文明旅游、绿色出行。增设醒目的文明宣传景观小品，确保主干道每500米设置3处公益广告，并通过门口LED显示屏全天播放文明城市创建、社会主义核心价值观等宣传内容；同时，景区餐厅张贴厉行节约的宣传海报，工作人员在客人点餐时提醒适量点菜，响应“厉行节约、拒绝浪费”倡议。对照《宁波市文化广电旅游局文明城市创建实地检查内容》，相关单位赴景区检查时坚持不留盲点，逐条对标实地检查，并对前期市文明办和各创文专业组发现的问题整改情况进行“回头看”。各景区结合区文明办的工作要求和创建时间节点，抓紧时间严格对标整改，确保整改落地不反弹。景区进一步健全完善海曙区旅游志愿服务队伍，做好文明旅游志愿服务，开展主题实践活动，推进志愿服务常态化，为游客现场提供旅游景点介绍、道路指引、停车、购物等旅游咨询服务。景区文明劝导员提高认识，做到对游客的不文明行为早发现、会劝导、能作为。

【“文化基因解码工程”推进会】 2020年11月27日，海曙区召开“文化基因解码工程”推进会，邀请5位文化专家参加，现场对海曙区文化资源、文化元素调查摸底及数据入库情况、文化资源分类标准和总体推进等情况进行现场把脉、针对性辅导并答疑。文化基因解码工程是指通过全面挖掘文化内涵，解码每一种文化形态，找到文化存在的内在“基因”，以促进文旅融合发展，助推社会经济发展。为顺利推进该项工作，海曙区通过“全面普查、重点解码、多维评价、实体应用”，对全区文化元素进行系统梳理和重点解码。会议截止时，全区收集近300个文化元素，会议初步确定20个重点文化元素和3个重点文化基因解码元素。

（毛静娜）

旅游营销与节庆活动

【概况】 2020年，海曙区为降低新冠肺炎疫情对旅游行业的影响，加快行业复苏，搭建供需沟通平台，邀请旅行社、景区、民宿等不同类型的企业参与年度旅游营销座谈会，面对面交流经营难题与产品需求，为企业抓住“疗休养”出游小高峰出谋划策。激发文旅消费潜力，支持鼓励景区、乡镇借力特色旅游节事活动集聚人气，谋划推出应时应景的乡村游主题精品线路，如横街镇的“竹农下山”文旅节、浙东大竹海景区推出的“观光+挖笋”游等。响应全省文化和旅游系统以“疫去春来·浙江文旅消费季”为主题的“六大行动”创新营销推广模式，鼓励景区、旅行社、酒店等上下游企业实施联动销售，推出订房折扣、买赠服务等让利举措。举办助企惠民系列活动，活动产品涵盖“吃、住、游、购、娱”等各大旅游消费领域，满足不同人群的消费需求。

年内，组织开展“乡约宁波、春满海曙”海曙乡村旅游季——“去龙观‘森’呼吸”活动。策划推出“跟着春秋游宁波 自由行产品采购上线仪式暨宁波海曙文旅对洽会”活动，邀请春秋旅行社全国各地分社负责人对接海曙文旅产品，刺激跨省团队旅游市场复苏。组织开展“2020海曙文旅新发展暨五龙潭风景名胜区再出发合作大会”和“2020港澳青少年游学推广活动暨内地游学联盟大会”等，推介海曙旅游产品和精品研学线路。运营维护“千年海曙”微信公众号平台，组织开展“2020海曙网络狂欢节”活动，加大线上宣传推广力度。

【海曙乡村旅游季——“去龙观‘森’呼吸”活动】 2020年4月25日，“乡约宁波、春满海曙”海曙乡村旅游季——“去龙观‘森’呼吸”活动在宁波半山伴水度假村（龙观乡）举办。活动发布2020海曙区精品线路，包括“老城文化之旅”“都市休闲之旅”“浪漫时尚之旅”“山水清新之旅”“四明缤纷之旅”“红色记忆之旅”“博古通今之旅”“古道徒步之旅”“乡野拾趣之旅”“美食寻味之旅”，推介2020龙观乡全域旅游产品（十大“网红”打卡地、十大惠民旅游产品、龙观“十二道龙味”），以短视频形式分享“龙观48小时”、“去龙观森呼吸”万人游首发式

4月25日，“乡约宁波、春满海曙”海曙乡村旅游季——“去龙观森呼吸”活动举行

等。市、区两级以及各镇（乡）、街道相关负责人，龙观各旅游企业负责人，旅行社、疗休养单位、新闻媒体等代表参加此次活动。

【“跟着春秋游宁波”自由行产品上线】2020年7月31日，“跟着春秋游宁波”自由行产品采购上线仪式暨宁波海曙文旅对洽会活动在宁波饭店举办。这是海曙区在跨省游初步恢复后的首场文旅对接活动。会上，4家海曙A级景区负责人、9家海曙高星级酒店负责人、春秋旅行社全国19个分社的营销负责人出席，双方全方位进行了解沟通。活动现场，浙江春秋国际旅行社有限公司宁波分公司与海曙区旅游协会签订旅游合作协议，承诺后续开展深入合作。

【海丝之路（中国·宁波）文化和旅游博览会在海曙开展】2020年9月25日，宁波国际会展中心2020海丝之路（中国·宁波）文化和旅游博览会开幕。展会设5个展馆，展出面积约3万平方米，海曙区组织辖区旅游企业、酒店民宿等组建海曙馆，以“都市时尚”为主题，围绕“一城山水，千年书香”的理念，展厅整体设计构思由“海曙旅游”LOGO演化而来，分区块展现海曙特色美食、美景及民宿。展会期间，海曙馆累计发放海曙旅游手册、旅游地图5000余份，售出1700余单旅游产品，销售额近16万元，获展会“优秀展示奖”。为调动市民和游客热情，海曙展位准备各类优质优惠的旅游线路、价格亲民的景区门票、设计精美的文创产品。春秋旅行社带来999元的跨省4天游，五龙潭风景名胜区、梁祝文化园和浙东大竹海提供半价门票，宁波饭店准备多样特色小吃，其中，春秋旅行社的各类跟团旅游产品售出百余套跟团游产品。此外，海曙展位还推出中奖率高达100%的抽奖活动。

【2020港澳青少年游学推广活动暨内地游学联盟大会在海曙举办】2020年10月27日，宁波万豪酒店承办2020港澳青少年游学推广活动暨内地游学联盟大会。游学联盟成立于2015年7月，成员单位通过创新合作、共拓市场，推动港澳入境游市场发展，加强内地与港澳在文化、旅游、教育等相关行业协同发展。开幕会上，浙江省担任联盟新一届轮值主席单位。活动发布2020年度“港澳青少年内地游学推荐产品”，宁波市“浙东寻根文化之旅——打造同根同源文化”产品入选，该路线包括天一阁、南塘老街等区内文化旅游景点和教育场所。

（毛静娜）

旅游行业管理

【概况】2020年，海曙区域内旅游饭店（含星级饭店、花级酒店和绿色旅游饭店）共34家。其中，有国家星级饭店16家，包括五星级饭店4家（宁波南苑饭店、宁波凯洲皇冠假日酒店、华侨温德姆至尊豪庭大酒店、宁波万豪酒店）、四星级饭店4家（宁波大酒店、浙海大酒店、宁波嘉和大酒店、宁波新园丽呈酒店）、三星级饭店8家（宁波饭店、宁波云海宾馆、宁波中山饭店、宁波海俱大酒店、宁波香溢大酒店、宁波福来顿商务酒店、宁波天成酒店、维也纳国际酒店城西店）。

有国家绿色旅游饭店12家（宁波凯洲皇冠假日酒店、宁波万豪酒店、石浦大饭店华府店、威斯汀酒店、海曙天港禧悦酒店、宁波富邦大酒店、阳光豪生大酒店、宁波大酒店、宁波嘉和大酒店、宁波饭店、宁波云海宾馆、南苑五龙潭度假酒店），南苑五龙潭度假酒店被新评为国家银树叶级绿色旅游饭店，其中有6家饭店也是星级饭店。

有省特色文化主题酒店1家。南塘阅居酒店为金鼎级特色文化主题酒店，同时也是五花级酒店。

有市花级酒店12家，其中五花级酒店3家（南塘阅居酒店、达人邑酒店、真和逸庭酒店）、四花级酒店5家（南苑E家城南店、南苑E家集士港店、星程酒店、宁波天港漫非酒店奥特莱斯机场店、天一广场亚朵酒店）、三花级酒店4家（丽呈睿轩宁波天一广场火车站酒店、锦江之星机场店、四季青藤酒店宁波火车站店、南苑E家横街店）。真和逸庭酒店被新评为五花级酒店，天一广场亚朵酒店被新评为四花级酒店，锦江之星机场店、四季青藤酒店宁波火车站店、南苑E家横街店被新评为三花级酒店。

有旅行社99家（旅行社69家、分社30家）。其中，五星级旅行社2家（浙江飞扬国际旅游集团股份有限公司、宁波中国青年旅行社有限公司）、四星级旅行社6家（宁波市锦江旅游汽车服务有限公司、浙江飞扬联创旅游有限公司、宁波大地国际旅行社有限公司、浙江天天商旅国际旅行社有限公司、浙江春秋国际旅行社有限公司、宁波达人旅游集散有限公司)、三星级旅行社3家(宁波市职工旅游有限公司、宁波旅行社有限公司、宁波市旅游集散服务中心开发有限公司)。浙江天天商旅国际旅行社有限公司、浙江春秋国际旅行社有限公司和宁波达人旅游集散有限公司被新评定为四星级旅行社。

【旅游企业脱困复苏】 2020年,区文广旅游体育局响应省、市号召,协同区总工会优化2020年职工疗休养方案,通过设计多元路线、丰富产品供给,引导旅游企业用足用好全区旅游资源集聚优势,最大程度推动旅游企业复苏。相关部门通过排摸,精准掌握企业需求困难,在疗休养中推介宾馆饭店32家、景区景点4家、民宿17家。同时,打破既有条线框架,扩大疗养选择范围,结合"文商体旅"深度融合,为职工提供"朝在田舍、暮看三江,俯仰陈迹、转瞬今朝"的深度体验,开发多类型的疗休养产品,共推出区内疗休养路线10余条、春秋游疗休养路线70余条,涵盖"吃、住、游、购、娱"。如将三江夜游、杉井奥特莱斯等都市商贸游和李家坑古村等乡村田园游相结合,联动提振城乡消费;推出李敏烈士故居、龙观革命史迹陈列馆等研学游项目,促进红色文化深入人心;协同龙观禅那、向阳舍等民宿,设计120余款特惠疗养产品,宁波南苑饭店等宾馆饭店推出特惠房券、餐券等优惠福利产品170余项,提升民宿、饭店知名度;设计浙东大竹海土灶饭、赵大有博物馆制年糕等特色团建项目,满足职工多元需求。提供60万元经费补助,专项用于茅镬古树公园登山步道等6条登山(健身)步道建设,带动沿线民宿、饭店消费,培育旅体消费习惯。构建"闭环式"智控体系,深化接待疗休养职工旅游企业监管和疫情防控小周期滚动排查,倡导疗休养职工错峰出游,确保服务质量和安全保障。

【"春秋旅游"宁波旗舰店开业】 2020年6月16日,"春秋旅游"宁波旗舰店在天一阁·月湖景区内金汇小镇开业,旗舰店创新旅行社门市部形式,以航空客机"客舱"进大厅和开放式门店设计,创新旅游消费体验。开业仪式上,"春秋航空"宣布自6月16日起开通宁波至新疆克拉玛依的航线,航线航距3600千米,是宁波首条飞北疆的航线,也是宁波机场国内航线中航程最长的航线。

【区第二届文旅体消防安全技能比武大赛】 2020年10月23日,第二届海曙区"防风险、保平安"文旅体消防安全技能比武大赛在区文体中心举行,区内文化市场、宾馆饭店、体育团体等行业的30家单位组成27支队伍90余人参加,观摩学习人员500余人。比赛项目包含接消防水枪、定点灭火、盖消防毯3个项目,以完成时间长短和操作规范程度作为评判标准。通过比武大赛,进一步深化文旅体全行业消防安全比武大赛品牌建设,在全区和全市层面有着更加显著的示范意义,推动全区文旅体行业消防安全工作水平再上新台阶。

【"文化在途·书香为家"海曙书香酒店朗读会】 2020年10月30日,区文广旅游体育局主办"文化在途·书香为家"海曙书香酒店朗读会活动,宁波南苑、凯洲皇冠假日、宁波万豪、威斯汀酒店等8家酒店参加。通过此次朗读会,酒店逐步向高品质转型升级迈进,旅游和文化进一步实现深度融合,同时引导市民、游客多读书、读好书,打响"书香海曙"品牌。至2020年底,第二批在建的书香酒店达到6家。

【全区旅游饭店技能大赛】 2020年11月18日,区文广旅游体育局联合区总工会、区人社局和团区委组织旅游饭店从业人员技能比武,21支代表队和88名选手参赛。该次大赛共设置5个项目,分中式铺床及小景设计、中餐婚宴创意摆台、前台班组例会演示、直播带货比赛和礼仪操比赛,全方位展示旅游饭店一线服务人员的职业风采。为适应特殊时期消费者的消费新模式,提升服务人员综合业务水平,比赛首度推出直播带货竞赛项目。赛后,海曙区推选2支队伍参加宁波市饭店服务技能大赛。

【新增3家四星级品质旅行社】 2020年12月,宁波达人旅游集散有限公司、浙江春秋国际旅行社有限公司和

三江夜景

浙江天天商旅国际旅行社通过浙江省四星级品质旅行社验收。评审期间，专家组根据《旅行社品质等级划分与评定》和《旅行社管理与服务规范》新标准，对参评旅行社进行明察暗访；在必备条件达标基础上，进一步从基本条件、管理品质、设施品质、营销品质、诚信品质和服务品质7个方面打分。据了解，3家旅行社在新冠肺炎疫情期间全力配合区文化和广电旅游体育局，妥善完成受疫情影响的春节旅游团组退团退订工作。在旅游行业复工复产期间，推进企业转型升级，强化公司内部管理，不断优化服务质量，提高全员专业技能，带动全区旅行社不断向高品质旅行社发展。

（陈宇骏）

5月1日，第二届“十洲雅韵 千载华裳”——五一汉服游园会在天一阁·月湖景区举行

天一阁·月湖景区管委会

【概况】 2020年，天一阁·月湖景区管委会通过打造文化和旅游深度融合的优质国家AAAAA级旅游景区，将文化自觉与文化自信凝练、浓缩于文化创新与旅游发展中，推动天一阁·月湖景区成为最具代表性的“宁波元素”，天一阁·月湖景区获得“2020宁波最佳旅游景区”称号。

统筹推进景区二期提升工程建设，对接宁波文化紫道镇明路示范段项目前期工作。协助推进月湖南北地下通道主体贯通，优化绿化恢复方案，与景区整体风貌融合。牵头实施宁波二中东桥的桥梁改建工程，系统提升桥梁景观品质。创建宁波首批“席地而坐”城市客厅示范区，落实“每日巡查”制度，天一阁·月湖景区管委会获全国文明城市“六连冠”集体嘉奖。按照将月湖打造成全市内河湖泊“清可见底”的试点和标杆的要求，开展排污情况摸底调查，会同相关单位推进月湖水治理整体方案。在天一阁和月湖十洲景观打造创新彩绘围墙围挡。引进互动性强的三维立体针雕游乐设施吸引游客，达到主客共享文化旅游空间。

举办“好风明月是生涯”——2020天一阁·月湖中秋诗词晚会、“十洲雅韵 千载华裳”——五一汉服游园会、中秋国庆灯展等传统文化类活动。举办“月湖月讲”暨“燕归月湖”吴冠中木版水印作品展、“十洲新韵 妙笔丹青”名家写生活动及作品展览、“稚爱月湖”——国庆少儿摄影展、春节名家摄影展等特色活动。开展“皓哥读书”、“书香宁波日”亲子帐篷阅读等读书活动。其中，中秋诗词晚会、五一汉服游园会全程线上直播，累计收看人数达200余万人次。出版“天一阁 月湖文丛”首部专集《天一阁·月湖历代诗词汇编》，并举办新书发布会，辑录自北宋至民国历代吟咏月湖和天一阁的诗词1256首，其中月湖诗词达1080首。联合区纪委推出清廉文化游线，编印《天一阁·月湖“书香湖语”清廉文化地图》。参加2020海丝之路（中国·宁波）文化旅游博览会，景区展厅获“最佳展品奖”，中央电视台等多家媒体报道。

对标公共资源中会所整治4个“不能”标准，组织开展月湖景区公共资源中私人会所整治“回头看”工作，严防“会所歪风”反弹回潮。景区内原有的全部高档经营场所（私人会所）均整改到位。提升业态品质和游览价值，故宫博物院原院长单霁翔和著名书画篆刻家童衍方的工作室落户景区，宁波印社入驻蒋宅，设立中国·宁波篆刻艺术简史陈列馆。举办天一阁·月湖景区首届金秋艺术季活动，联动景区内10余家开放单位举办富有特色的文创、书画、非遗等文化展示，致力于打造“月湖艺术联盟”。

做好景区安全防疫和有序开放各项工作，制定《景区疫情发现和应急处置预案》；严格实行“亮码测温”、节假日门票预约、游客分流等工作制度；印发新冠肺炎疫情防控知识中英文宣传单，严格落实“外防输入、内防反弹”各项部署。组织开展景区安全生产和文物安全管理培训，景区内所有开放单位及相关工作人员参加。月湖东岸安装3套共5台涉水监控系统技防辅助设备，巩固月湖水域违规游泳专项整治成果。实施游客中心红十字驿站提升改造工程，通过提升管理水平，更新设施设备，建立红十字人道救助阵地。开发景区微信小程序，安装导游导览触摸屏，提供特色路线导游、景点介绍等智能服务，提升游客对景区的满意度。

景区在“2019年度宁波旅游景区先进评比表彰”活动中获评“2019年宁波市最具人气景区”，在宁波市首届“2020宁波旅游总评榜”评选中获评“2020年宁波最佳旅游景区”，获“浙江省巾帼文明岗”等称号。

【“十洲雅韵 千载华裳”五一汉服游园会】 2020年5月1日，第二届“十洲雅韵 千载华裳”——五一汉服游园会在天一阁·月湖国家AAAAA级旅游景区举行。60余位汉服爱好者在景区西广场表演传统礼仪舞蹈《春天》，并表演投壶、游园等传统活动，活动邀请两位主播进行全程直播，让广大市民在家就能“云游园”，累计138万人次观看。

【天一阁·月湖景区亮相文旅博览会】 2020年9月25—27日，海丝之路（中国·宁波）文化旅游博览会在宁波市国际会展中心举行。天一阁·月湖景区管委会以“海丝明珠千年月湖”为主题，通过展出书籍、绘画等海丝展品，将景区文旅融合的成果进行综合呈现，天一阁·月湖景区展厅多次亮相中央电视台《朝闻天下》《午夜新闻》《晚间新闻》《中国新闻》等栏目，景区展厅获此次文博会“最佳展品奖”。

【“好风明月是生涯”中秋诗词晚会】 2020年9月27日，“好风明月是生涯”——天一阁·月湖中秋诗词晚会在天一阁·月湖景区西广场举行。晚会以“海丝明珠 书香月湖”为主题，集文化性和艺术性为一体，通过历代名家吟咏天一阁·月湖的诗词朗诵及歌舞曲艺表演，展现城市深厚的历史文化底蕴。

【天一阁·月湖景区获评市首批“席地而坐”示范区】 2020年10月，天一阁·月湖景区获评宁波市首批“席地而坐”城市客厅示范区。6月24日始，景区启动“席地而坐”城市客厅示范区域创建工作。其间，成立清洗队伍，按照16小时动态保洁作业制度，实现早晚班清洁制。引入高压清洗设备，采用人机结合，更加高效率、高质量地完成冲洗。每月开展一次景区全域深度保洁工作，包括基础设施护栏、垃圾箱、木凳石桌、亭廊等城市家具的保洁；结合人工冲洗、拖地，保障景区环境全方位无死角清洁干净。

【天一阁·月湖景区首届“金秋艺术季”活动】 2020年11月13至12月31日，首届“金秋艺术季”活动在天一阁·月湖国家AAAAA级旅游景区举行。活动期间，天一阁·月湖景区管委会联动景区20余家开放单位，推出30余项活动，充分调动景区业态人文艺术资源，吸引国内艺术名家关注和落户景区。同时，开展两个月的高规格高质量艺术季活动，其间，“书香海曙”主题摄影工作坊于11月15日在月湖畔成立，中国当代新锐摄影师、中国十佳创意摄影师、浙江摄影金像奖获得者欧阳世忠被特聘为导师。

（陈鲁萍）

五龙潭景区

【概况】 五龙潭景区位于龙观乡，是一处以自然风光为依托，以中华龙文化、浙东山乡风情、民俗文化内涵、以溪流飞瀑、怪石险峰为特色的风景名胜区。现为国家AAAA级旅游风景区、省级风景名胜区，面积16.17平方千米。

2020年受新冠肺炎疫情影响，五龙潭景区总客流达26万人次，比上年同期减少50%，其中青云峡漂流6.5万人次，观瀑水景玻璃天桥7万人次。景区在重要节假日均采取预约和严格的限流措施，倡导游客错峰出游。

为加强景区周边市容环境秩序，开展为期一周的专项综合整治行动，劝离无证设摊5起，规范占道经营8处，规范门牌店招、乱堆放、乱晾晒等行为10处，有效提高五龙潭景区周边市容环境秩序，提升旅客满意度。

五龙潭景区玻璃天桥

【海曙文旅新发展暨五龙潭风景名胜区再出发合作大会】 2020年11月26—27日，2020海曙文旅新发展暨五龙潭风景名胜区再出发合作大会在宁波富邦大酒店举办。大会适逢五龙潭风景名胜区成立20周年，此次活动有上海、江苏、安徽等地的54家旅行社代表，宁波本地35家地接社、入境旅行社、酒店民宿代表参加。在大会现场，区文广旅游体育局负责人向出席活动的160余名嘉宾推介海曙区文旅特色资源、文旅主题线路以及游客招徕政策，龙观乡负责人向在场嘉宾推介五龙潭景区的旅游惠民产品。

【五龙潭风景名胜区获评省首批“乡村氧吧”】 2020年12月9日，经过近一年的深度挖掘、科学评估、实地考察和专家论证，五龙潭风景名胜区获评首批浙江省“乡村氧吧”。景区以奇山秀水幽谷、山乡风情浓郁为特色吸引游客，拥有龙潭飞瀑、青云天瀑、鸣凤水、7D悬空玻璃天桥、青云峡漂流等知名景点，集游览观光、休闲度假、礼佛朝圣、山地健身功能于一体。经过3期建设，景区符合评选要求的空气负氧离子含量高，气候舒适度达“适宜”的月份有3个月以上；生态环境良好；交通便利；休闲旅游生活设施较为完备；有较为完善的基层气象防灾减灾体系等条件。

（王超亚）

城乡建设与管理

城乡规划

【概况】 2020年，海曙自然资源规划分局推进全区国土空间总体规划的编制工作，完成生态保护红线、永久基本农田、城镇开发边界“三线”的初步划定方案。开展临空经济示范区、国家级资源循环利用产业园、智能制造产业园等重大平台和丁家地段、中医药特色街区等重点区域的规划研究，完成西门地段、集士港南地段、启运路鄞奉片区等重点区块的控制性详细规划调整。设计海曙区委党校地块、集士港镇绿岛设计联盟地块、月湖西区马衙街以北地块、鄞江镇游客服务中心地块等项目的规划条件。

推进和保障环城南路西延工程、鄞县大道（鄞县大桥—同德路）综合整治工程、岭墩建筑渣土消纳场项目、轨道交通5号线一期工程、梁祝110千伏输变电工程等重点工程建设项目的规划审批，开展鄞州大道快速路改造工程、机场快速路南延工程海曙段、清水环通一期项目、秋实路（环城南路—宁波西互通）、古林110千伏输变电工程等重大工程建设项目的方案前期研究和技术审查。做好机场区域路网及河网规划研究、中医药特色街区的详细规划编制等。

制定《宁波市自然资源和规划局海曙分局2020年“项目攻坚提速年”活动实施方案》，结合“三服务”活动，开展项目规划审批服务，完成市疾控中心、区疾控中心、宁波中外运大楼、宁波栎社国际机场四期安置房、五江口地块、新芝小学、高桥中心小学等项目建筑工程规划许可证的核发。完成市厨余垃圾处理厂、高桥印象城、段塘学校、江南村安置房、雅戈尔江上一期、琴桥西停车场等项目的验收。

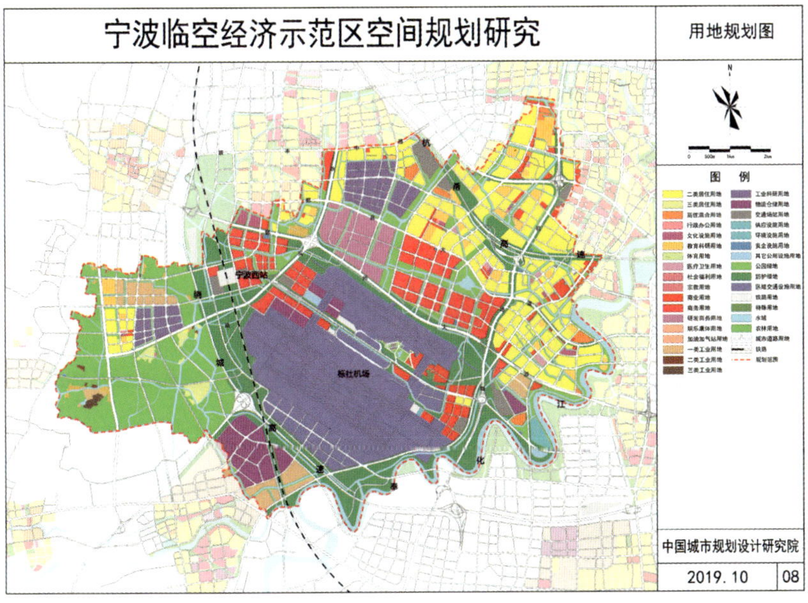

宁波临空经济示范区空间规划研究

开展测绘与基础地理数据管理，完成测绘项目验线管理36个，推进“两书两证”归集、测绘数据保密检查“回头看”、测绘成果质量评估，开展绕城内三维更新、1:500基础地形图、控制网改造等基础测绘和全区红蓝线梳理整合及标准化改造等数字化项目的基础数据管理工作，累计收集全区基础地形图数据和遥感影像数据约3万幅，入库日常及农房一体权调数据成果4.67万宗。

【市政工程专项类规划整合】 2020年，海曙自然资源规划分局推进《海曙区综合交通设施专项规划》、《海曙区水利设施专项规划》和《海曙区电力设施专项规划》等基础设施的专项规划编制，组织开展临空经济示范区综合交通规划研究及机场北片区控规调整论证，完成海曙区道路红线和河道蓝线梳理整合及标准化改造等工作。协同有关部门（单位）开展机场区域周边骨干道路及河道、水域调整方案、雷达站和全向信标台迁建等规划研究。

【建设工程竣工规划核实办法试行】 2020年4月，海曙自然资源规划分局在先行先试、持续完善基础上，正式印发实施《海曙区建设工程竣工规划核实操作办法（试行）》。该文件将建设用地复核验收、竣工规划核实等项目合并为一次集中验收，取消8个环节、12件申请材料，实现5个工作日内核发《建筑工程规划核实确认书》。

【鼓楼公园路、郡庙天封塔入选省“历史文化街区”】 2020年4月，浙江省政府公布第六批浙江省历史文化名镇名村街区名单。海曙区鼓楼公园路、郡庙天封塔入选历史文化街区名单。鼓楼公园路历史文化街区南至中山路北侧、东至蔡家巷并向北延伸、北至公园路、西至呼童街，面积8.2公顷。街区内有省级以上文物保护单位3处，另有地下文物埋藏区——宁波子城。郡庙天封塔历史文化街区东至开明街和大来街、南至大沙泥街、西至解放南路、北至药行街县学街，面积6.7公顷。区内有市级文物保护单位2处，街区西侧紧邻郁家巷历史文化街区，南侧紧邻莲桥街历史地段，以互为犄角的天封塔和宁波府（四明郡）城隍庙为主体，是宁波城市内最具明显标识性的传统街区，历史上是宁波府城内最重要的居民公共活动场所。至此，全区共有1个国家级历史文化名村、1个省级历史文化名镇、4个省级历史文化名村、7个省级历史文化街区。

【新版基础地理信息数据库启用】 2020年7月，海曙区基础地理信息数据更新（2019年）项目通过验收，各项指标均按预定目标和设计要求完成。该项目对全区重点变化区域241平方千米的1:500基础地理信息数据进行更新维护，并完善基于互联网的地理信息底层数据，收集各类地形图矢量数据和多时相遥感影像数据，实现全区电子地图、POI数据、地名地址库数据和1:2000地形图全覆盖，2.5维地图及360度街景绕城以内“全覆盖”。

（谢作袁）

房屋征收

【概况】 2020年，海曙区围绕旧城改造、基础设施建设，启动18个（含3个跨年度项目）征收项目，涉及征收面积34.2万平方米，征收户数为276户。其中，竹木市场地块项目（一期）、海曙区第二医院二期扩建（东地块）、宁波栎社国际机场四期黄隘地块与后仓北地块、望童路9弄1—2号等15个项目实现“清零”。

年内完成“拔钉清零”15户。共作出征收补偿决定32件，完成强制腾空搬迁2户。共收到行政诉讼案件27件，收到行政复议案件2件。同时，做好房源筹措管理、安全生产管理等工作。

【房屋征收重点工程项目】 2020年，海曙区启动竹木市场地块项目（一期）、宁波枢纽庄桥至宁波段增建三四线项目（海曙段）等6个征收项目。竹木市场地块项目（一期）、宁波枢纽庄桥至宁波段增建三四线项目（海曙段）、海曙区第二医院二期扩建（东地块）项目实现100%签约，海曙区第二医院二期扩建（西地块）项目、庙会广场周边道路及绿化（含水中路综合整治及小广场建设）项目、启文路以东非住宅地块项目为跨年度项目。其中，前两个项目分别于12月3日、12月28日作出征收决定。另有宁波栎社国际机场四期黄隘地块、宁波栎社国际机场四期后仓北地块、望童路9弄1-2号等12个项目采用收购形式完成签约，签约率达100%。

【房屋征收遗留项目“清零”】 2020年，海曙区完成3个房屋征收项目的“清零”，完成9个地块净地移交。完成“拔钉清零”的有高塘二村危旧房改造项目、假山巷66号危旧房改造地块、月湖西区二期2号地块项目；完成地块移交的有高塘一村、高塘二村危旧房改造地块，高塘幼儿园、高塘早教园收购项目，段塘国有非住宅征收项目太平鸟地块、新芝8号地块、联通地块、香溢大酒店南侧与东侧地块。

【安置房源管理】 2020年，海曙区稳步推进征收项目的抽签定位、结账交房和遗留户的补抽签工作。至年底，安置房共1814套房源，主要安置高塘三村、竹木市场等征收项目以及望童北苑、丽象佳苑、春城花园北侧、信谊小学东等征收项目的居民。其中，高塘三村征收项目共计297套现房抽签定位、内部结算、对外结账交付完成，并完成9套历年遗留项目安置房的补抽签。

（陈伟燕）

郡庙天封塔历史文化街区

旧村改造

【概况】 2020年，海曙区投入旧村改造资金25.51亿元，其中土地征收、拆迁补偿、安置房工程建设投入23.55亿元，银行利息支出1.96亿元。

审核汇总各镇（乡）街道上报的年度拆迁项目，经项目可行性研究分析后，形成2020年集体土地房屋拆迁计划，并被列入《2020年海曙区“项目攻坚提速年”活动实施方案》。经年中调整，确定年度拆迁项目32个。完成签约1808户，拆迁面积40.07万平方米，完成率达97%，27个项目实现“清零”。起草《宁波市海曙区征收集体所有土地房屋拆迁实施办法》，推动解决一区两政策的矛盾。

推进海曙区新一轮城中村改造三年计划，启动2020年第二批次6个城中村项目的改造，主要集中在集士港镇、古林镇、石碶街道。共签约2309户53.11万平方米，年度任务完成率达100%。编制冯家、雅渡、薛家3个村的城中村改造“一村一方案”，上报宁波市城中村改造领导小组备案。

在稳步推进宁波栎社国际机场四期扩建、海曙区第二医院扩建、轨道交通5号线、鄞江镇堤防整治工程、学院路二期等重点项目的同时，配合做好出让地块的土地规划条件出具，供地勘测图出具及国安、文保、无压覆矿等土地出让前期准备，完成地块出让前期储备入库审核涉及地块平整及水、电、通信设施迁移。出让土地7宗，总面积56.03万平方米，总成交价155.4亿元。划拨土地9宗，总面积9.77万平方米，用于海曙区公共设施的建设。

按计划实施旧村改造村民安置房项目建设，新开工及在建项目共计4个。其中，姚丰安置房项目主体结构完成，段塘安置房（粮丰街以东地块）附属工程完成40%，段塘安置房（环城西路以西2号地块）主体结构完成，段塘安置房（环城西路以西1号地块）地下室结构完成80%。

【机场四期项目前期工作】 2020年，宁波栎社国际机场四期工程总体规划获国家民航局批复。按照市、区两级要求，制定《海曙区推进和保障机场四期工程建设工作实施方案》。由区旧改中心统筹属地镇（乡）、街道和有关部门，开展相关拆迁工作和安置房建设前期准备工作。年内，按照“安置房先行”原则，2批次6个安置房项目全部开工建设。

机场四期配套项目董家桥安置房项目施工现场

【城中村改造“十四五”规划编制】 2020年，《海曙区城中村改造“十四五”重点专项规划》编制完成，确定姚江南滨水改造区、奉化江西岸滨江生活改造区、临空综合枢纽改造区等重点板块7个。该规划对照海曙区“十四五”规划编制目录清单，按照精简、必要、分类原则，立足区域实际，紧密结合城市总体规划和土地利用总体规划。

【段塘安置房（环城西路以西1号地块）开工】 2020年4月，段塘安置房（环城西路以西1号地块）安置房开工。项目东至规划地块，南至段塘中路，西至看经路，北至段塘东路，总用地面积47988平方米，总建筑面积20.07万平方米，其中，地上面积13.37万平方米，地下室1层，建筑密度19.11%，容积率2.79，绿地率30%。规划建设住宅16幢高层，最高26层，总户数1216户，概算总投资31.62亿元。建设单位为海曙区旧村改造管理服务中心，代建单位为海曙区房屋投资建设有限公司，工期1200天。

【拆迁“清零”百日攻坚】 2020年11月下旬始，《海曙区重点项目拆迁“清零”百日攻坚专项行动方案》实施。方案主要针对2020年度重点项目和2021年拟出让用地涉及的剩余拆迁户。启动半月内，历时10年的古林HS08-01-03a地块和历时2年的海曙区第二医院东侧、学院路等5个项目“清零”。

（满　政）

市政建设

【概况】 2020年，海曙区完成庙洪路（徐家漕路—望春路）、海曙实验学校周边道路（中山西路—澄波街）、阳光豪生大酒店东侧路、学院路（望童路—联丰路）工程项目、蛟河路（鄞县大道—万兴路）道路工程、集士港镇日葵路（碧莲路—集市港河）工程、布政西路西延（集古路—广蔺路）改建工程、蕙兰路道路工程（一期）项目、鄞奉路（长丰桥—长春路）综合整治工程、高桥镇秀丰村、蒲家村1号居住地块东侧配套道路新建工程、高桥镇万科商住地块配套道路工程等12个市政道路项目建设。

【集士港镇日葵路工程验收】 2020年5月，集士港镇日葵路（碧莲路—集市港河）工程完成初步验收。项目于2019年9月开工建设，道路西起碧莲路，东至集士港河，全长429.02米，标准断面宽度16米，建设标准为城市支路。

【蕙兰路道路工程（一期）工程验收】 2020年6月，蕙兰路道路工程（一期）工程完成初步验收。项目于2019年8月开工建设，道路西起联丰路，东至广蔺路，道路全长536米，标准断面宽度24米，道路为城市支路。

【高桥镇秀丰村、蒲家村1号居住地块东侧配套道路新建工程验收】 2020年8月，高桥镇秀丰村、蒲家村1号居住地块东侧配套道路新建工程完成初步验收。项目于2019年11月开工建设，道路南起蒲秀路，北至幸福路，道路全长295米，标准断面宽度24~30米，道路为城市支路。

【鄞奉路（长丰桥—长春路）综合整治工程验收】 2020年8月，鄞奉路（长丰桥—长春路）综合整治工程完成初步验收。项目于2019年10月开工建设，道路南起长丰桥，北至长春路。沿线道路改造、桥梁改造、沿线绿化景观提升、建筑立面工程改造。

【布政西路西延（集古路—广蔺路）改建工程验收】 2020年9月，布政西路西延（集古路—广蔺路）改建工程完成初步验收。项目于2018年5月开工建设，道路西起于广蔺路，东至集古路，道路全长368米，标准断面宽度为28米，道路等级为城市次干道。

【庙洪路（徐家漕路—望春路）工程验收】 2020年9月，庙洪路（徐家漕路—中山西路）工程完成初步验收。项目于2018年3月开工建设，工程南起徐家漕路，北至中山西路，道路全长约660米，道路标准横断面宽度为44米，建设标准为城市主干路。

【阳光豪生大酒店东侧路工程验收】 2020年10月，阳光豪生大酒店东侧路工程完成初步验收。项目于2019年12月开工建设，道路南起中山西路，北至海曙实验学校周边道路，路线全长233米，红线宽16米，工程建设标准为城市支路。

【皎河路（鄞县大道—万兴路）道路工程验收】 2020年11月，皎河路（鄞县大道—万兴路）道路工程完成初步验收。项目于2019年8月23日开工建设，道路南起万兴路，北至鄞县大道北，全长约为745米，标准断面宽度为24米，建设标准为城市支路。

【学院路（望童路—联丰路）工程验收】 2020年12月，学院路（望童路—联丰路）道路工程完成初步验收。项目于2019年3月开工建设，项目位于高桥镇，道路南起联丰路，北至望童路，道路全长约910米，道路标准横断面宽度为36米，建设标准为城市主干路。

【海曙实验学校周边道路（中山西路—澄波街）工程验收】 2020年12月，海曙实验学校周边道路（中山西路—澄波街）工程完成初步验收。项目于2019年12月开工建设，道路南起中山西路，北至澄波街，道路全长约320米，道路标准横断面宽度为24米。建设标准为城市支路。

【高桥镇万科商住地块配套道路工程验收】 2020年12月，高桥镇万科商住地块配套道路工程完成初步验收。项目于2019年12月开工建设，汇贤路和环镇北路道路西起梁祝大道，东至现状河流，汇贤路道路全长约161米，标准断面宽度为16米，环镇北路道路全长约164米，标准宽度为24米，道路为城市支路。

（常　润）

完成工程验收的庙洪路

公用项目建设

【概况】 2020年，区公建中心承建公建项目33个。其中，段塘学校改扩建工程、长春门文化公园一期、市青少年宫艺术剧院等15个项目完工。海曙区新芝小学迁建工程、丽园南路学校新建工程、海曙区公共卫生中心业务用房新建工程、沁园路西段（福德路－薛家北路）及姚丰学校周边沿河景观绿化配套工程4个项目开工。

【段塘学校扩建工程完工】 2020年8月7日，宁波市海曙区段塘学校扩建工程完工。工程位于段塘中路以北，鄞奉路以西，环城南路以南，南塘河以东，项目用地面积约5公顷，总建筑面积52816.36平方米，其中地上面积为33086.78平方米，地下面积19729.58平方米。由南、北两个校区组成，通过地下通道相连，共有7个单体加2个门卫，设置54个班级。其中，南区为小学部，共30个班级，由3幢教育楼、1幢实验楼、1幢综合楼组成；北区为初中部，共24个班级，由1幢教育楼、1

扩建完工的段塘学校，更名为宁波市海曙区雅戈尔实验学校

幢体艺楼和室外运动场组成。共设置地下停车位389个、地上5个，其中社会公共停车位250个。

【新芝小学迁建工程开工】 2020年9月30日，新芝小学迁建工程开工建设。工程位于西湾路延伸段以北、高塘菜场以西、新高路以南、新芝路以东，用地面积约为2.57公顷，总建筑面积约39527.92平方米，其中地上面积21783.14平方米，地下面积17744.78平方米，设364个机动车停车位，其中160个停车位为社会公共停车位。学校规划小学36个班，设置教学楼、综合楼、体育馆等，由地下室1层、地上5层教学综合体及相应配套设施组成。

【长春门文化公园一期工程完工】 2020年10月22日，海曙区长春门文化公园一期工程完工。工程建设地点东起立交路，西至南塘河，北起长春路，南至铁路桥，工程主要对区域内的现状遗留文保建筑澄怀学堂、惠庆医院、陈巷陈宅等3幢建筑进行保护性修缮工作，工程总建筑面积约1100平方米。

【丽园南路学校新建工程开工】 2020年12月24日，海曙区丽园南路学校新建工程开工建设。项目位置东至丽园路，南至南苑街，西至现状用地，北至沿河绿化带。学校总用地面积5.64公顷，总建筑面积约75301.57平方米，其中地上面积56087.59平方米，地下面积19213.98平方米。学校办学规模为66个班，涵盖小学部36个班、中学部30个班，设有中小学教学楼、实验楼、报告厅、行政楼、食堂和体育馆。规划机动车停车位384个，其中地上停车位6个、地下停车位378个。

【区公共卫生中心业务用房新建工程开工】 2020年12月29日，区公共卫生中心业务用房新建工程开工建设。中心业务用房新建工程位于古林镇，东、南至沿河绿化用地，西至求精路，北至纬一路。项目总占地面积约0.61公顷，总建筑面积约27329.4平方米，其中地上面积17487.11平方米，地下面积9842.29平方米。建设集疾控、急救、应急指挥、监督于一体的公共卫生中心，配有机动车停车位200个，其中地上5个、地下195个。

（李丽红）

南站区域开发建设

【概况】 2020年，海曙区南站区域开发建设管理中心配合宁波市铁路建设办公室工作部署，开展宁波枢纽庄桥至宁波段增建三四线工程。全年完成工程15373.23万元。协调完成增建铁路三四线工程（海曙段）征收、房屋功能置换、沿线红线内林木、施工便道等工作。

【宁波枢纽庄桥至宁波段增建三四线工程】 2020年，通苏嘉甬铁路的重要组成部分——宁波枢纽庄桥至宁波段增建三四线工程（海曙段）克服新冠肺炎疫情影响，超额完成市铁办下达的工作任务，涉及海曙区的沿线主线路基均基本满足施工要求。其中，咽喉工程余姚江特大桥作为全线首开工点于7月底开工；累计完成沿线红线内3565棵林木的处置工作；完成沿线三电迁改及地方管线工作。

（成方州）

公用事业

【概况】 2020年，海曙区全社会用电量累计达56.91亿千瓦时，比上年同期增长1.44%。全社会用电最高负荷129.50万千瓦，增长14.38%。海曙供电分公司售电量累计完成47.10亿千瓦时，增长2.07%；售电收入31.68亿元，下降1.19%。部属线损率2.47%，下降0.13个百分点。

截至年底，海曙区共有500千伏变电站1座，主变2台，总容量2000兆伏安。220千伏变电站5座，主变12台，总容量2700兆伏安。110千伏变电站21座，主变46台，总容量2170兆伏安。110千伏用户变5座，主变10台，总容量358兆伏安。35千伏公用变电站2座，主变3台，总容量37.50兆伏安。35千伏用户变14座，主变24台，总容量249.30兆伏安。

全区共有110千伏输电线路48条，线路长度277.30千米。35千伏输电线路5条，线路长度76.45千米。10千伏输配电线路483条，线路长度2238.57千米。10千伏开关站、环网站721座。10千伏公用配电变压器4677台，总容量2777.87千伏安。

【电网建设】 2020年，海曙区供电局全面做好一批重大输变电工程的建设以及前期工作。保障薛家110千伏输

集星变（电站）

变电站、澄浪—中山110千伏线路两大工程按时开工。推进梁祝110千伏输变电工程前期工作。落实古林110千伏输变电工程、马郎—新庄110千伏线路工程、云林第3台主变扩建等一批“十四五”项目的规划可行性研究工作。

【集星变（电站）投产】 2020年初，海曙供电公司克服新冠肺炎疫情影响，保障220千伏集星变及相关线路工程复工复产。至3月底，工程建成投产，容量480兆伏安，成为当年全省投产的第一个220千伏变电站。项目为海曙西部区域提供新建110千伏变电站电源点供电，投产的具体项目包括：110千伏出线8回，辐射区域覆盖高桥、集士港、古林等乡镇；10千伏出线13回，主要为集士港镇供电。

（王佳媛）

城市管理

【概况】 2020年，海曙区城市化管理区域“智慧城管”覆盖率达100%，全区共发现问题381631件，立案311745件，其中区级部门应解决272269件，已解决272269件，解决率100%，及时解决率99.73%。启动镇乡三级平台考核机制，打造镇乡三级平台与区级平台共存共治。

开展全区车辆违法占道、菜场周边专项整治、涉水涉河、乱张贴等专项整治，共劝导无照流动经营15893起，立案查处470起。

“综合执法进小区（村）”在完成中心区域小区全覆盖的基础上，同时向西片镇（乡）街道以及行政村提质拓面，85个社区、6个村、263个小区实现执法入驻，形成“进城区进城镇进乡村”三级网络。共处理问题8900余起，集中整治1370余次、立案3450余起。

在全省率先研发推广现场移动执法信息化应用平台，通过“一软件一系统一终端”无缝对接，大幅度简化现场执法办案流程。首创的移动执法信息化系统获评浙江省县乡法治政府建设“最佳实践”优秀项目。累计办理一般程序案件4550件、简易程序案件3612件。

【执法队伍规范化建设】 2020年，区综合行政执法局按照全省综合行政执法基层执法队所“最佳实践”创建活动“八个方面”的总体要求，在总结借鉴基层中队规范化建设经验做法的基础上，开展“最佳实践”基层执法中队创建培育行动。其中月湖中队、石碶中队被评为宁波市基层执法队所“最佳实践”中队。6月15日，海曙区成功举办“全市基层执法规范‘最佳实践’现场交流会”。

【“综合执法进小区（村）”行动】 2020年，“综合执法进小区（村）”行动实现海曙中心城区全覆盖，并在西片区镇（乡）街道开展试点。至年底，所有镇（乡）街道均完成2020年初预定的进2个小区（村）综合执法的目标，执法进小区共85个社区263个小区，执法进村6个，实现人员到位、责任到人，形成“信息收集、服务告知、管理督促、执法保障、司法介入”小区执法工作“五步法”。共处理问题8900余起，集中整治1370余次，立案3450余起。

【菜市场周边区域专项整治】 2020年，区综合行政执法局制定菜市场周边区域整治攻坚行动方案。各属地中队根据文明创建点位实施经验，实行定人定岗定责管理方式，并建立长效管理机制。年内，各主要菜市场周边区域共计教育劝导无照流动经营行为15893起，立案查处470起，罚款38441元；教育占道经营行为13664起，处罚108起，罚款33087元；教育不文明吊挂、晾晒行为3285起；教育占绿毁绿行为72起，处罚16起，罚款5720元；抄告人行道违法停车1022辆；查处违章搭建4起。

【“乱张贴”专项整治】 2020年，区综合行政执法局对非法小广告展开集中整治，重点清除电线杆、路标、围挡、交接箱等公共设施和道路两侧、居民小区周边的非法小广告1533015处。8月，与海曙电信、联通、移动三大通信运营商协调，对小区内乱张贴关联手机号进行关停联动处置。执法队员协同各社区、物业，对小区内乱张贴行为进行全面排摸、取证。至年底，共关停3批38个关联手机号，立案处罚28起，70%以上的当事人到属地中队接受调查处理。

【移动执法信息化应用建设】 2020年，区综合行政执法局推进移动执法信息化运用系统建设，通过“一软件一系统一终端”（移动终端执法软件+后台信息化执法管理系统+手持移动执法终端PDA）的无缝对接，将科技化手段转化为城管执法的实际成果。

海曙区在宁波市率先启动移动执法新模式，提升全区城市精细化管理水平。7月，区综合行政执法局“现场移动执法的信息化应用”被浙江省政府授予“浙江省县乡法治政府建设‘最佳实践’优秀项目”称号。同时，该项目被浙江省综合执法指导办公室授予“2020年度全省综合行政执法改革‘最佳实践’项目”称号。

【城市化管理区域“智慧城管”全覆盖】2020年，海曙智慧城管按照“分步实施，平稳推进”原则，在初步实现建成区城市化管理区域智慧城管覆盖率100%的基础上，进一步健全镇乡智慧城管运行体系，完善“发现—处置—考核”工作闭环。6月，中心对镇乡三级平台正式启动考核机制，优化案件上报数量、派遣准确率、处置及时率的考核分析，打造镇乡三级平台与区级平台共存共治。同时，通过线上确认、会议协调、线下确权的模式，梳理无法明确产权的案件，明确处置流程。

【车辆违法占道专项整治】2020年4月，区综合行政执法局集中整治辖区人行道乱停车、毁绿占绿停车、僵尸车、共享单车乱停放、占道洗车等各类车辆占道违法行为。累计出动人员38847人次，僵尸车拖离31辆，移交公安处置10辆；共享单车清拖6948辆，立案查处3起，罚款3641元；占道洗车教育劝导276起，立案查处31起，罚款8030元。

【综合行政执法协作配合机制建立】2020年5月，海曙区建立城市管理领域综合行政执法协作配合机制，在9个街道组建由执法、市政、绿化、区环卫、街道保洁、第三方养护等各单位负责人参加的联合工作群，同时梳理全区所有城市管理领域涉及事项。至年底，各单位共上传疑难问题1119件，督查人员在日常督查中共发现问题926件，全部由各相关单位认领处理，其中641件由属地中队执法介入处理。

【犬类管理】2020年6月1日，区综合行政执法局与海曙公安分局联合发文，出台养犬管理整治方案。并以11个镇（乡）街道的重点管理区为重点，联合海曙公安分局开展3批次综合整治专项行动。行动期间，每周四为日常整治日，重点处置住宅小区、公园、主干道、菜场周边不文明携犬出行行为，流浪犬、违规饲养禁养犬、犬只未登记和一户多犬等问题，累计出动执法人员9862人次、车辆2200余次，共计发放养犬宣传资料1600余份，开展宣传教育1100余次。相关新闻媒体报道35次，教育整改2683起，处罚328起，罚款7160元，收容流浪狗522条。

11月7日，区综合行政执法局集士港中队开展文明养犬宣传活动

【涉水涉河执法检查百日整治】2020年6月，区综合行政执法局开展城区“涉水涉河执法检查百日整治”专项行动，摸清污染内河水环境非法排放污水、偷排倾倒建筑泥浆等问题情况。对在建工地泥水处置、较大的商住区域及机关事业单位垃圾污水处置、垃圾中转站车辆与场地冲洗、餐饮业油水分离和污水排放、垃圾收集点污水处置等五大类行为开展排查，共计排查单位和个人2548起，累计立案查处23起，共罚款122598元。

【燃气实名制专项检查】2020年9月，海曙区全面实施燃气实名制专项执法检查，对燃气经营企业未落实实名制销售、销售充装单位擅自为非自有气瓶充装瓶装燃气等行为进行专项整治。共出动执法人员965次，检查燃气经营企业51家，检查燃气用户673家，书面整改8件，立案数2起。整治期间，共计责令整改未实名制燃气行为8起，立案处罚3起，罚款31000元。

（陈闻宁　吴欢欢）

市容管理

【概况】2020年，海曙区保洁面积780.79万平方米。区综合行政执法局承担152条主要道路保洁、机械化清扫、洒水及2446组果壳箱、11307只垃圾桶的养管任务。中心城区内有垃圾中转站3座，年清运垃圾16.14万吨、清运粪便2.84万吨，实现日产日清。125座公厕通过市场化方式养管。对区内9个街道和3家市场化运作单位共计318条道路实施量化考核。

4月，全面开展消桶、确桶、净桶的“三桶”专项行动。8月，启动“撤桶并点、桶边督导、定时定点”和“破袋投放”的“3+1”专项攻坚行动，创新推出“移动微公交”补齐定时短板、“撤桶设卡”解决高层公寓楼管理难、“身份证”打卡引入别墅区等举措。至年底，完成省级垃圾分类示范小区28个，示范片区3个，市级垃圾分类示范小区154个，定时定点收运和投放商业街3条，定时定点收运和投放小区76个的创建工作。海曙区被评为2020年度全省生活垃圾分类工作优秀县（市、区）。

对天一商圈、鼓楼沿、天一阁·月湖景区等重点区域周边实施高标准常态化管理。推动新高路、西湾路“无证早市”等市容乱象得到缓解，咏归、白云、南苑等菜市场周边秩序得到规范。至年底，共教育劝导各类无照经营、占道经营、三乱、垃圾堆放等行为共4681起；无照流动经营处罚2201件，罚款157667元；占道经营立案查处155起，罚款73403元。推进责任区制度基础工作，推动沿街责任单位责任书签订和上墙等基础工作覆盖和监督检查。8176家责任区单位完成责任书签订7561家，上牌数量889家，其中引领性单位签订687家、上牌588家。抓好中山路一体化养管，健全“序化队员24小时巡查+执法中队监督考核”的工作模式。

【道路清爽行动】 2020年，区综合行政执法局根据宁波市“道路清爽行动”要求，全面落实“一把扫帚”保洁模式和“日扫夜洗”作业模式，基本实现城区道路保洁“全覆盖”目标。建立区环卫保洁中心和服务外包两支保洁队伍，通过每月开展考核通报、常态分析存在问题、倒逼落实整改措施，提升道路保洁水平。针对部分区域路面油污等保洁顽疾，督促落实“点对点”清洗模式，做到“发现一个、解决一个、提升一片”。2020年，海曙区位列中心城区市容环卫工作“道路清爽行动”第一。

【公厕改造提升】 2020年，海曙区完成府桥街、吴家塘、咏归等9个公厕的提升改造工作。同时配置第三卫生间、无障碍厕间、爱心驿站等人性化设施，增添绿色植物人文小景，改善公厕环境。管理上实行“一厕一码”，增加互联网智能化监管设备配置，并联网市、区级智慧环卫平台，以“云管理”提高管理效率。

【“席地而坐”城市客厅示范区域创建】 2020年，区综合行政执法局深入拓展“席地而坐”城市客厅示范区域日间高标准保洁和夜间“大面积冲洗、洗刷顽固性污渍”保洁机制。通过使用高压风暴式洗地机、坦能M20车等科技化装备，大幅度提高保洁效率。7月，中山路（海曙段）、天一广场、月湖景区、南站区域广场4个“席地而坐”城市客厅示范区域全部通过市级验收。

【“三桶”专项行动】 2020年，海曙区推进确桶、净桶、消桶的“三桶”专项行动，累计管理移交执法整改件1000余件，发放责令整改通知书300余份。推动沿街店铺垃圾清运由“被动清理”向“主动上门收集”转变，避免垃圾积存和随意丢弃影响辖区市容环境卫生，同时通过合理的人员配置和工作安排，解决以往环卫管理中存在的“管理效率低、服务区域小”等问题。

6月18日，区综合行政执法局开展沿街店铺“三桶”行动宣传

【“移动微公交”收运模式】 2020年，海曙区在垃圾清运工作中开展“移动微公交”收运新模式，通过设置“微站点”，开通“微公交”，以“定时定点+流动投放”等方式补齐定时清运的短板。“微公交”上装载1个厨余、3个其他垃圾桶，并配备可回收物备用箱。小区主干道上共设4个“微站点”，每个站点立有一块“站牌”，上面注明停靠时间段各有不同。“微公交”每日自9：00起在沿途各站点停靠半小时，至11：00结束运行。

【“垃圾分类+资源回收”两网融合】 2020年，海曙区深入推进“垃圾分类+资源回收”两网融合工作，17个镇（乡）街道布点智能回收柜435台、集装箱回收柜1台，全区城镇小区“两网融合”全覆盖。2020年1月，位于古林镇郭夏村的海曙区可回收物分拣中心完工并投入使用，占地10391平方米，实现日处理量15吨左右。全年回收总量超过5000吨，为海曙全域约60万人提供生活垃圾可回收物分拣服务。

【中山路一体化养管】 2020年，区综合行政执法局根据前期统一管理标准，建立“行政执法+序化管理”提升道路市容秩序，建立序化队员24小时巡查+执法中队强化监督考核模式。针对中山路路段的实际情况，安排执法中队与序化队员力量，处理人行道违停、占道、无照经营等违法行为。至年底，针对沿街店铺污染路面、占道堆物、个人横穿马路踩踏绿化等违法违规行为，立案查处13起，罚款12894元；开展人行道专项整治5起，抄告违停车辆514辆，规范共享单车停放102556辆，整治商户占道经营400余起，清理乱堆放杂物272处。

【"3+1"专项攻坚行动】 2020年8月，海曙区全面启动垃圾分类"3+1"攻坚行动。"3"指抓牢源头质量关键环，因地制宜做好撤桶并点、桶边督导和定时定点投放三项机制；"1"指新增厨余垃圾投放的破袋环节，实现厨余垃圾高质量。攻坚推进过程中，各街道、小区因地制宜、创新举措，在攻坚一线发挥出"冲刺跑"的强劲动力。

（郑水萍　李　蓓）

设施养护

【概况】 2020年，海曙区实有道路设施车行道长度约168.4千米，面积约293.4万平方米；人行道面积约96.7万平方米；排水管网长度291千米。针对原排水管道发生破损情况，进行管道更换；针对排水设施缺乏现状，实施雨水设施配套增设。截至年底，在白云街、雅源北路354号门口、蓝天路77号门口等多个点位，新增、更换排水管网1632米，综合提升排水能力。

完成城隍庙周边及都市仁、小区周边、丽园南路及新典路花卉大道等景观提升改造工程。

【桥梁养护】 2020年，海曙区继续实施155座桥梁巡查及检测专项任务，落实巡、检、养一体化系统管护，并创新实行桥梁"安全护航进社区"行动，全面排摸核实非中心养管范围住宅小区内桥梁设施，同步进行40余座小区内桥梁桥检。开展段塘中路桥、柳西北桥2座桥梁护栏升级改造，设置带景观灯的护栏；对苍松路公铁立交桥加装防撞栏杆，保证上部桥梁行车安全。

【市政道路养护】 2020年，区综合行政执法局稳步推进市政设施养护任务。累计完成粮丰街、冷静街等23条道路（路段）沥青路面大中修工程，涉及面积82000平方米（完成36条路段，67887平方米）；完成丁家街等8条路段的混凝土路面维修改造工程，涉及面积3000平方米（完成6条路段）；完成丽园路、粮丰街等33条路段的人行道维修（包括盲道整治）工程，涉及面积20000平方米（完成45条路段，20522平方米）。同时，结合人行道维修改造，实施树穴缺陷整治，整治缺陷树穴2258个。在沥青路面养护工作中，探索新工艺、新材料的实施应用，对府桥街和丽园南路实施沥青同步碎石预防性养护，实施面积6100平方米；在大桥街等混凝土道路小面积修补工程中，采用薄层修复新工艺进行修补，解决路面轻微破损却必须进行开挖修复带来的交通组织难题。

【积水点改造】 2020年7月，区综合行政执法局对辖区内积水严重的东恩中学涵洞和新典路粮丰街交叉口实施工程改造。东恩中学涵洞改造期间，新建160米压力管和一座每小时排水200立方米的提升泵；新典路粮丰街交叉口低洼地改造期间，新建116米雨水管网，抬升检查井及新建、改造雨水口，抬高沥青路面4000平方米，平均"垫高"路面20厘米，翻修人行道1400平方米。对7座下穿立交桥进行重点防控，制定下穿立交桥积水应急预案，并在各个下穿立交桥进行强排演练。同时，16座泵站，东恩中学、偃月街、西湾路、粮丰街新典路口4个低洼积水点位，各类涵洞、截污井30个点位全部接入远程操作中控平台，安排工作人员在泵站远程中控室24小时值班，实时监控。

【星级公园创建】 2020年上半年，海曙区对辖区公园进行分级分类，完成自评分级，共评定五星级公园2个、四星级公园8个，并根据公园园长制实施细则选定上报10个四星级以上的公园的专职园长及市民园长人选。下半年，月湖公园及中山公园成功获评市首批五星级公园，天封公园、爱心公园等7个公园获评市四星级公园。

【"桥头跳车"专项整治】 2020年，区综合行政执法局继续实施桥头接坡段安全整治。年内，在对桥梁伸缩缝至桥头接坡段末端车行道进行路面铣刨和沥青摊铺的基础上，对28座桥梁接坡段加设护栏700余米，消除与周边绿地等因高差引发的安全隐患。

【绿化景观提升】 2020年，海曙区完成城隍庙周边及都市仁和小区周边景观提升改造工程。内容包括花坛改造及花境建设，清理城隍庙庙前区域，保留原有湖石，以造型罗汉松搭配八仙花、月季等植物，形成一个精致的花境景观；在都市仁和小区周边景观提升改造工程利用罗汉松、青枫等特色植物搭配色块的组合对小区外人行道上原有的花坛进行景观提升。下半年，在月湖景区南区新增380平方米的花境、北区新增70平方米的三角梅主题花境各1处，在保证三角梅存活前提下，搭配多种花境植物，实现植物花期色彩的最佳搭配效果。

【花卉大道建设提升】 2020年，海曙区在丽园北路打造花卉大道的基础上，开展丽园南路及新典路花卉大道建设提升项目。其中，丽园南路改造范围北起丽园北路与中山西路交叉口，南至丽园南路与启运路交叉口，道路总长约4.3千米；新典路改造范围自机场路高架交叉口起至环城西路交叉口，道路总长约1.4千米。工程内容主要包括绿化改造、道路及部分侧石修复、道路护栏改造，改造后整体形成月季大道。

【"绿艺之家"志愿者服务品牌】 2020年，海曙区"绿艺之家"累计公益授课超过2000课时，成为宁波市的知名公益品牌，取得社会效应和专业效应"双赢"。年内，"绿艺之家"公益团队参与宁波市花艺职业技能大赛等各类花事活动，开展公益性插花课程及花艺讲座超过70场，为市民宣传绿化小知识和城市绿化管理条例。2012年以来，海曙区"绿艺之家"志愿者服务队及孙立军工匠工作室，持续到社区、学校、机关单位开展公益性插花课程及花艺讲座，宣传绿化小知识、城市绿化管理条例，并于2016年在梁祝公园成功创办宁波市花朝节，成功注册。

（李　莎　陈小军）

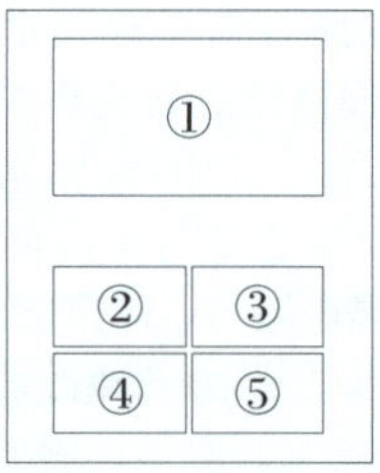

①3月9日，北斗河落叶清扫

②4月22日，区市政设施养护中心工作人员调试控制中控平台系统，对泵站、截污井进行24小时远程实时监控，保障排水通畅

③4月22日，区综合行政执法局石碶中队执法队员在栎和家园小区使用无人机排查小区屋顶乱堆积、乱搭建情况

④4月，区综合行政执法局天一中队执法队员沿街进行文明检查

⑤10月，区综合行政执法局用叉车拖离“僵尸车”

国土资源管理·生态环境保护

自然资源管理

【概况】 2020年，海曙自然资源规划分局制定年度用地报批计划，完成22个项目、36.47公顷的农用地转用和土地征收报批，新增建设用地规模28.67公顷，占用耕地5.07公顷。全年垦造新增耕地、建设用地复垦分别验收8.47公顷和17.2公顷，分别完成相应年度任务的121%和102%。

供应具体建设项目用地，累计供应建设项目用地129宗、374公顷（其中出让32宗、106.4公顷；划拨91宗、262.27公顷，集体使用6宗、5.33公顷），实现合同土地出让金233亿元，推动实现海西实验学校、龙观乡门户区生态景观公园工程等一批重点基础设施项目正式开工建设。

开展生态修复治理，完成废弃矿山开工率100%、交工率90%的年度目标，完成新增百万亩国土绿化、200公顷森林抚育、2个"一村万树"示范村建设、5.5万株珍贵树种植、5棵古树名木保护等"森林宁波"年度建设任务，松材线虫病除治呈现小斑面积、病死数"双下降"，相比上年同期分别下降15.2%、44.7%。

茅镬古树群

开展自然资源执法，按照省、市领导小组的工作要求完成9个违建别墅问题的整改，累计核查办理涉自然资源领域"扫黑除恶"案件25宗，全区卫片执法违法占耕比例控制在0.4%，15个2019年度耕地保护督察反馈问题、4个历年例行督察挂账问题基本解决完成。办理涉林行政案件31起，处理违法行政对象31人（家），罚款40万元，申请法院强制执行15起。高标准启动农村乱占耕地建房专项整治行动。

推进不动产登记"最多跑一次"改革，推出登记与税务"一窗受理"、二手房交易与水电气联动过户、跨境过户"云帮办"等特色业务，全年累计核发不动产权证8.43万本，完成日常及农房一体权调数据成果入库4.67万宗。

【存量建设用地盘活三年行动】 2020年，海曙区加快推进存量盘活攻坚，共盘活存量建设用地99.8公顷，消化批而未供土地276.53公顷，完成低效用地再开发102.73公顷。三年来累计盘活存量建设用地325.07公顷，消化批而未供849公顷，低效用地再开发372.33公顷，完成率分别达到116.1%、122.8%、151.7%，全面完成海曙区存量用地盘活三年行动的各项任务。

【划拨土地规划许可证和决定书同步核发】 2020年，海曙自然资源和规划分局在宁波栎社国际机场四期黄隘地块安置房、后仓地块安置房、董家桥地块安置房3个重点民生项目中，启动土地划拨项目"一证一书"试点工作。实现建设用地规划许可证、国有建设用地划拨决定书同步办理、同步核发，项目收件到完成供地时间从原有的20天缩减至3天。

【区"关注森林"组委会成立】 2020年，海曙区成立以区政协主要负责人担任主任的海曙区“关注森林”组委会。组委会主要职责是贯彻生态文明思想，在区政协的指导下，搭建对外交流平台，传播绿色理念，联合开展林业发展重大问题的调查研究和建言资政活动，统筹协调关注森林活动工作，推动全区开展关注森林活动。相应的执行委员会由海曙自然资源和规划分局主要负责人担任。

【征地区片综合地价调整】2020年6月，经海曙区人民政府常务会议讨论通过，海曙区人民政府下发《关于调整海曙区征地区片综合地价的通知》，公布新一轮征地区片综合地价。新一轮征地区片综合地价包括土地补偿费（占40%）和安置补助费（占60%）两项，按区片划分为三级。调整后的结果与上一轮价格水平相比，平均增幅约10%。

【农村乱占耕地建房专项整治启动】2020年12月，根据上级关于加强农村乱占耕地建房问题专项整治的相关要求，《海曙区农村乱占耕地建房问题专项整治三年行动方案》发布，并成立以区政府主要负责人为召集人的海曙区农村乱占耕地建房问题专项整治行动联席会议。联席会议办公室设在海曙自然资源规划分局，负责对专项整治行动的日常工作开展、督导指导和统筹协调。

（谢作衷）

环境综合治理

【概况】2020年，海曙区依托“蓝天保卫战”“碧水攻坚战”“净土清废战”等三大污染防治攻坚战，全面推进气、水、土污染治理。完成《海曙区重污染天气应急预案方案》编制，全面实施《2020年海曙区打赢蓝天保卫战工作计划》，持续深化工业废气治理，完成53个工业废气治理项目，包括29台燃气锅炉低氮改造、1个重点工业园区废气整治、12家VOCs（volatile organic compounds，挥发性有机化合物）排放企业的污染治理、10台工业炉窑专项整治和1个臭气异味治理项目。

启动新一轮蔺草行业的环境污染整治提升，制定蔺草行业专项整治方案，涉及28家区内蔺草企业，共处置废草460余吨。加强农村秸秆焚烧管控，海曙区秸秆禁烧高位监控系统项目启动。

加强油气和机动车污染防治，完成5家加油站油气回收监控设备安装和2248台非道路移动机械登记上牌，2套黑烟车电子抓拍系统投运，生态环境、交警等部门联合开展上路检查，立案处罚超标排放车辆10辆次，711辆国三标准以下运营柴油货车淘汰。

制定并印发《海曙区“千吨万人”以上饮用水水源保护区整治工作实施方案》，完成2个饮用水源保护区的规范化建设工作，包括勘界立标、短信提示及稳定方案编制等。对保护区内14家工业企业进行分类整治，租赁村集体厂房生产经营的5家企业全部完成关停（搬迁），剩余自有厂房的9家全部落实过渡期间改造，确保污水“零直排、零落地”。

持续推进固体废物源头减量和资源化利用，在全市率先印发《海曙区无废城市建设工作方案》，明确相应工作举措和清单，有序推进海曙“无废城市”建设。加强对工业企业（单位）危险废物申报登记资料的审核指导，完成危废企业信息系统入网728家，固废企业信息系统入网189家。严格建设用地土壤风险管控，完成6个企业用地土壤污染调查和20个地块土壤污染状况调查报告评审。

【饮用水水源保护区勘界立标】2020年5月以来，海曙区对皎口水库、周公宅水库及溪下水库饮用水水源保护区全面开展勘界立标工作，推动“千吨万人”以上饮用水水源保护区整治出成效。此次勘界立标工作由海曙生态环境分局牵头，通过三方询价，确定服务机构。依据新划定的饮用水源保护区范围，结合现场详勘，进行科学布设界桩及标识牌具体点位。10月底，项目完工，对保护区勘界立标项目进行现场验收。此轮新增界桩、交通警示牌、宣传牌及危化品运输车辆禁入标识牌共计41块，在原有保护区标识标牌设置的基础上，全区累计设置界桩及各类标识牌137块。

【生态环境局海曙分局基层站所成立】2020年6月10日，宁波市生态环境局海曙分局基层站所挂牌成立。原宁波市生态环境局海曙集士港分局更名为宁波市生态环境局海曙分局生态环境一所，宁波市生态环境局海曙分局第一环保所更名为宁波市生态环境局海曙分局生态环境二所，宁波市生态环境局海曙分局第二环保所更名为宁波市生态环境局海曙分局生态环境三所。宁波市生态环境局海曙分局基层站所包括宁波市生态环境局海曙分局生态环境一所、宁波市生态环境局海曙分局生态环境二所、宁波市生态环境局

8月，海曙区开展乱占耕地建房专项整治前调查

高桥镇航拍图

海曙分局生态环境三所，为宁波市生态环境局海曙分局所属公益一类事业单位。海曙分局基层站所的成立，进一步推动全区生态环境保护改革。

【海曙区创建为省级“生态文明建设示范区”】 2020年11月，浙江省人民政府印发《浙江省人民政府关于命名第四批省级生态文明建设示范县（市、区）的通知》，海曙区名列其中，成功创建为省级生态文明建设示范区。近年来，海曙践行“绿水青山就是金山银山”理念，统筹推进生态环境保护和经济高质量发展，坚持规划引领，优化空间布局。依托四明山区域的良好生态基底，推进绿色生态空间向区域中、东部地区辐射、拓展，使山水、田园、城市相融合，构建起“一区一廊两网多节点”的生态格局总框架，建立起全域空间管控的绿色发展体系。开展全域治污，加强生态修复。深入推进污染防治攻坚战，打好“蓝天保卫”“治水提升”“净土清废”三大攻坚战。同时，践行绿色发展，加快产业数字化和绿色化转型，一批企业成功创建国家级“绿色工厂”、数字化车间和智能工厂。推动服务业能级提升，加快发展现代高效生态农业，以田园综合体、现代农庄等平台建设为重点，促进农业与旅游、文化、康养等产业互促互动发展，产业结构持续优化。挖掘地方文化特色，结合生态工程、环境教育基地，打造“生态文化+生态旅游”金名片，引导公众参与生态文明建设。

【樟溪河入选省“美丽河湖”】 2020年12月，经省、市专家组联合验收，樟溪河获评“浙江省美丽河湖”，至此，全区拥有省级“美丽河湖”3条。樟溪河段始于章水镇皎口水库，向东横穿章水镇、龙观乡，终点至鄞江镇它山堰，全长13.8千米，平均面宽65米，水域面积达88.91万平方米，是海曙区山区涝水外排的主要通道之一。该河治理过程中坚持生态治理与美丽景观打造深度融合。如采取生态岸坡，保留一定浅滩宽度和植被空间，深潭浅滩搭配，为生物的生长发育提供栖息地；搭建亲水平台、亲水河埠头等，既方便沿线居民生活，又营造亲水性。同时，开展河道划界、违建清理及“四乱”清理专项行动，在沿岸设置视频监控设施等手段，严格管控破坏河道水利设施、侵占河道、污染河道的现象发生；设置水位测站1处、水文测站1处，实时监控河道水情变化，有效发挥行洪作用，河道两岸堤防达到10~20年一遇。

【高桥镇获评省“园林城镇”】 2020年12月，浙江省园林城镇评审结果公布，高桥镇入选。该镇有绿化覆盖面积229.49公顷，绿化覆盖率37.62%，人均公园绿地面积达11.96平方米。2020年，该镇聚焦“城西客厅、浪漫绿城”创建目标，将省级园林城镇创建与“美丽城镇”省级样板工作相结合，采取“规划建绿、拆违还绿、见缝插绿、借景扩绿、以水补绿”等措施，形成“点线面”多元覆盖的镇区绿化体系。

【2乡镇获省“美丽城镇样板城镇”】 2020年12月，全省新时代美丽城镇建设工作2020年度样板城镇考核验收结果发布，集士港镇、龙观乡获评。2020年以来，集士港镇、龙观乡坚持在发展经济时注重建设美丽环境，通过精心筹划、全员参与、集中整治，推动项目布局与产业新一轮升级，促进产城融合的“美丽城镇示范乡”形成。

（黄　徐）

环境质量监测

【概况】 2020年度，海曙区环境空气质量综合指数为3.23，比上年同期下降0.46；环境空气质量优良率为91.9%，上升1.5个百分点；其中，优天数比例为38.7%，良天数比例为53.2%，轻度污染天数比例为7.8%，中度污染天数比例为0.3%，无重度及以上污染天；$PM_{2.5}$（大气中细颗粒物量直径小于等于2.5微米）浓度为每立方米20微克，下降28.6%，PM_{10}（大气中颗粒物粒径在10微米以下）浓度为每立方米41微克，下降14.6%，SO_2（大气中二氧化硫含量）浓度为每立方米38微克，下降11.1%，NO_2（大气中二氧化氮含量）浓度为每立方米31微克，下降8.8%，CO（大气中一氧化碳含量）浓度为每立方米1.0微克，下降9.1%，O_3（大气中臭氧含量）浓度为每立方米146微克，下降1.4%。海曙区参评9个市控以上断面水质综合评价为良好，功能达标率为100%；优良率为88.9%。在原9个断面基础上增加3个区控断面，12个区控以上断面水质综合评价为优，功能达标率为100%；优良率为91.6%，地表水环境基本达到目标考核要求，2个饮用水源地水质仍保持优良率100%。

【环境质量监测网格化】 2020年，海曙区每月对33条区级河长制河道的266个点位和84条镇（乡）街道级河道的84个点位开展检测。上半年，完成姚江大横河水质自动监测站建设验收联网，全面勘测调整确定海曙区地表水拟建自动监测站55个（市建11个、区建44个）点位，起草《海曙区地表水水质自动监测站建设二年行动方案》，完成市控以上、姚江支流等11个点位的"四通一平"建设和站房架设联网工作，形成每月水质检测分析报告，为水质提升治理做好数据分析支持。基本完成各镇（乡）街道环境空气监测点位建设和验收（7个国标站、9个非标站和8个降尘缸），督促望春工业园区完成了环境空气自动站建设和验收。构建覆盖镇（乡）街道的环境空气监测网络和水环境监测布局，提升水气一体化监测信息化自动化能力，为环境精准治理提供高效、科学依据。

【温室气体排放清单编制】 2020年9月，海曙生态环境分局召开2020年度温室气体排放清清单编制工作启动会。通过查阅资料、数据分析、现场调研等方式，至12月初，完成清单报告初稿，并通过专家评审。编制温室气体排放清单是应对气候变化的一项基础性工作，有利于准确掌握温室气体排放源和吸收汇的关键类别，为制定切实可行的节能减排目标和任务措施提供基础数据支撑。

【生态环境保护"十四五"规划编制】 2020年11月，《海曙区生态环境保护"十四五"规划》通过区发改局组织的初审。2019年底，海曙区在总结"十三五"生态环境保护工作成效经验基础上，启动生态环境保护规划前期研究，梳理出评估重点指标、重点任务和重大项目完成情况，于2020年4月底提交区发改局。8月以来，规划框架初步形成，先后召开两次研讨会，多次征询相关部门意见，并根据国家及省、市、区的新思路、新要求持续更新。

（黄　徐）

环境执法

【概况】 2020年，海曙区组织开展"护水卫蓝""清废净土"等环境执法行动，严厉打击环境违法违规行为，保持生态环境执法高压态势。结合打击危险废物环境违法犯罪行为、挥发性有机物"百日攻坚"、海曙区工业企业护水等市、区各项专项执法行动和"双随机"抽查等工作，全面开展实战练兵，规范执法流程、移动执法装备使用和相关证据材料制作等，出动执法人员1900余人次，检查企业800余家次，立案查处违法企业（个人）34家（人）次，处罚金额368.91万元。

制定海曙生态环境分局关于贯彻落实"首问负责，即问即办"制度建立"环保110"的实施细则，进一步明确信访办理相关要求和注意事项，提高信访办理质量。

新冠肺炎疫情严重期间，对全区46家各类医疗机构开展医疗废水消毒处理、医疗废弃物特别是涉疫废物贮存和处置情况专项检查，防止二次传播。并制定海曙区企业复产环保事项告知书，包含复工复产检查准备、环保设施运行管理、重点环节疫情防护、优化环保事项办理途径等内容，助力企业复工复产。

【机动车环保执法】 2020年，海曙生态环境分局联合宁波市机排中心和海曙交警大队开展机动车环保路查执法6次，现场抽检146辆柴油货车，查处尾气检测超标10辆。首批完成2套黑烟车电子抓拍系统的安装，并组织市机排中心、海曙交警支队完成验收评审，截至12月底，系统抓拍到405辆黑烟超标车辆，移交交警部门38辆。超额完成非道路移动机械摸底调查和编码登记1298辆的年度任务。同时，非道路移动机械累计上牌2248台。联合市机排中心对非道路移动机械开展2次秋冬季专项执法行动，检测20台非道路移动机械。推进加油站油气回收在线监控建设，完成5家加油站在线监控设备的安装任务。

【迎检第二轮中央环保督察】 2020年，海曙区深入推进中央环保第一轮督查以及省督反馈的21项问题和134件交办信访件的整改，组织开展"回头看"，对重点问题建立"一件一册"台账。系统开展长江经济带、区域突出生态环境问题大排查，排查整改各类问题48个，根本上解决一批群众关切的、区域性环保热点难点问题。制定区信访维稳组工作方案，明确中央督察组交办信访件的办理流程、时限和相关工作要求，并建立各相关单位信访调处工作联络体系，确保督察组交办信访件受理、分办、调处和材料上报有序开展、按时完成。督察组交办海曙区的相关问题完成整改，并进行"回头看"核查，制作整改清单，明确责任部门和整改时限，由各分管区领导牵头，按限定期限完成整改任务。

（黄　徐）

4月初，海曙区在宁波西高速出口和机场路后袁段安装黑烟车电子抓拍系统

节能降耗

"光伏扶贫"建设示范点李岙村

【概况】 2020年度，海曙"能源双控"（万元GDP单位能耗控制和地区能源消耗总量控制）形势平稳，根据宁波市经信委、市发改委和市统计局统计，海曙GDP能耗比上年同期下降约3.5%，能耗总量下降约1.5%，煤炭消费总量控制在5000吨以内（宁波中华纸业有限公司除外），全社会用煤炭量约0.35万吨，完成市下达的能源"双控"任务指标。全区全社会用电能耗比上年同期下降4.6%（扣减明州环境能源有限公司），全社会能耗下降3.24%，单位GDP能耗下降5.14%，超额完成年度市下达目标任务。

开展长输油管道保护，根据宁波市石油长输管道保护工作目标管理责任书，2020年落实长输油管线巡查机制，未发生管道安全亡人伤人事故，未发生管道泄漏爆炸等事故案件，管道安全风险分级管控能力提升。完成中石化甬城站、中石油鱼山站和公运中心加油站3个综合供能服务站建设任务。

完成2019年度"生态文明先行示范区"市对区考核和"生态文明先行示范区"对镇乡街道目标考核。

【"节能绿色行"宣传活动】 2020年6月是宁波第13个节能宣传月，区发改局"惠民服务"小分队联合海曙供电分公司、宁波国能光年新能源有限公司在6月5日赴龙观乡桓村开展"节能先行、绿色发展"——节能降耗宣传活动。活动现场通过发放节能宣传小册子、展示节能宣传展板、免费派发LED灯、开展节能降耗"应知应会"有奖问答等多种形式，在山区农村宣传普及节能降耗知识，开展节能新产品、新技术现场推介。此外，实地考察"光伏扶贫"建设示范点李岙村。

【夏季用电保障】 2020年夏季，受高温、台风天气影响，海曙区全社会用电需求持续攀升，其中，8月10日全区电力网供负荷达117.996万千瓦，比上年同期增长10.9%；全社会负荷达125.19万千瓦，增长10.6%，均创下历史新高。对此，区发改局、海曙供电分公司编制年度有序用电工作方案，推出多项科学措施，确保电网安全平稳运行。挖掘企事业单位用电避峰潜力，平衡电力供需缺口。合理优化电网架构，通过技术调控分流2019年重过载线路和主变，制定局部有序用电方案。每日实时监控电网运行，对重要线路针对性使用红外测温仪监测变压器等设备实时温度，启用无人机特巡，监视电网薄弱环节，及时消除安全隐患638处。加强值守，强化应急保障，安排输、配、变各专业工种200余人、抢修值班人员24小时待命，在高温、高负荷期间及时排除故障并恢复供电。由区发改局牵头，协同区机关事务管理局等多部门开展能源专项监察，对辖区内公共机构、大型商超、银行网点、办公楼宇等公共场所空调温度以及城市景观过度照明进行专项监察，在全社会倡导低碳生活、绿色出行，提高全社会节能节电意识。

【市能源局调研海曙能源"十四五"专项规划】 2020年10月16日，市发改委副主任、市能源局以及市发展规划研究院相关处室负责人到海曙区调研"十四五"能源专项规划编制工作。区发改局汇报"十三五"能源管理重点工作完成情况，着重介绍"十四五"海曙区能源规划的总体思路，提出"紧盯一个目标、完善两项制度、构建三个体系、实施四大工程"的总体设想，全力推进海曙区能源高质量发展。同时，结合"十四五"规划时期区域产业发展、能耗总量控制、重点工程推进、传统产业转型升级等重点、热点问题汇报具体想法和建议。市能源局在听取汇报后，肯定海曙区"十三五"规划期间能源工作取得的成效，认为海曙区能源工作底子清、工作实、思路明、亮点多。并就正在编制的能源"十四五"专项规划提出"三增强、两促进、保安全、补短板、强服务"具体要求，全面谋深、谋细、谋实能源"十四五"专项规划，服务于城市能极增长、产业发展和民生福祉。

（王伟忠）

相关链接：

国三标准：指中国第三阶段汽车排放标准。国家第三阶段的排放标准相当于欧洲Ⅲ号的排放标准，尾气污染物含量相当于欧Ⅲ的含量，其中，新车必须安装一个车载自诊断系统，可通过实时监控车辆排放来控制达标，保证欧Ⅲ排放标准的执行。

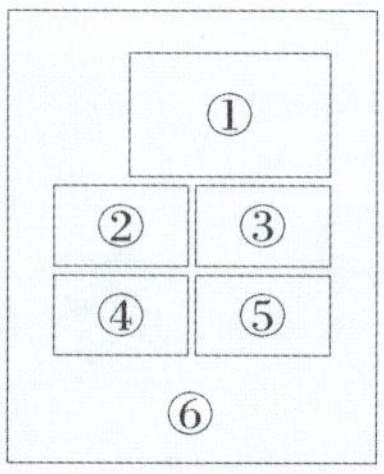

① 集士港镇春华路街景
② 龙观乡新景
③ 高桥镇西塘河生态景观带
④ 高桥镇新景
⑤ 集士港镇新景
⑥ 龙观乡晨光

综合经济管理

发展规划管理

【概况】 2020年，海曙区实现地区生产总值1201.18亿元，按可比价计算，比上年同期增长2%，三次产业占比调整为1.3∶30.1∶68.6。一般公共预算收入115.83亿元，增长3.0%；固定资产投资增长4.0%；社会消费品零售总额785.77亿元，增长1.4%；城镇居民人均可支配收入71391元，增长4.0%；农村居民人均可支配收入39888元，增长7.2%。

【区“十四五”规划编制】 2020年3月，海曙区召开“十四五”规划编制启动会和培训会，正式进入规划编制阶段。区发改局牵头，在“十四五”规划重大前期课题研究基础上，广泛征求各方意见和建议，起草“十四五”规划基本思路，并提交区委、区政府审议。之后，起草规划纲要框架，同时配合区委政研室起草区委关于制定“十四五”规划的建议。12月，区委全委会通过关于制定“十四五”规划的建议，区发改局以此为依据，加快开展“十四五”规划纲要（草案）的起草，经过广泛征求社会各界意见和建议，进一步修改完善后，“十四五”规划纲要提交区委、区政府和人大常委会审议，并提交区人代会审议，最终发布实施。在规划纲要编制同时，组织全区有关单位大力开展专项规划的编制，并加强对专项规划的统筹，实现总体规划与专项规划的协调一致。

【国民经济和社会发展计划编制】 2020年6月，区发改局对照“十三五”规划各项目标任务，编制《海曙区2020年国民经济和社会发展计划》，经区人大审议批准后实施。8月，对年度计划实施情况进行年中总结，按程序向区人大常委会汇报。至年底，基本完成计划规定的各项目标任务。

（黄　哲）

三江汇聚 海曙新景

财　政

【概况】 2020年，海曙区财政总收入187.97亿元，比上年同期增长2.0%，其中一般公共预算收入115.83亿元，增长3.0%，占全区财政总收入的61.6%。税收收入100.01亿元，增长6.6%，税收收入占一般公共预算收入的86.3%。完成非税收入30.35亿元。完成一般公共预算支出101.92亿元，增长7.7%。

面对新冠肺炎疫情严峻形势，坚持依法依规组织收入，强化收入联动与分析机制，防范因收入波动带来的财政运行风险。统筹非税收入、国有资源有偿使用收入等，确保收入稳定可持续增长。全力压减一般性支出，全年完成非重点、非刚性等一般性支出压减1.62亿元，将节省资金统筹用于疫情防控、经济扶持等。制定更为严格的盘活存量资金举措，盘活区级资金4.5亿元，调整用于急需资金保障的重点项目。争取中央“两直”资金8.69亿元，在全市各区县（市）区本级排名第二。按照直接惠企利民的要求，以轻重缓急、公平公正的原则，聚

荷梁线(章水段)沿线绿意葱茏

焦重点民生，结合海曙区新冠肺炎疫情防控、困难群众补助、纾企解困、基础设施建设等资金实际需求，分配至保居民就业、保基本民生、保市场主体等领域。

围绕加快推进临空经济示范区建设，做好宁波栎社国际机场四期工程项目垫付资金保障。对接村级工业园区升级改造项目攻坚，出台扶持政策，综合运用财政奖补、金融互动、产业基金引导等方式，带动村级低效用地再开发。保障重点区块开发，加快五江口、丁家湾、姚丰等重点区块建设，推进中医药特色街区以及城中村改造。制定财政扶持政策方案，保障宁波阿里中心、阿里云创新中心等优质项目落地。聚焦"乡村振兴"战略，着力构建支持实施乡村振兴战略完善的财政政策体系和体制机制，打造现代都市农业示范区，高水平推进新时代美丽乡村建设。

全年民生领域支出74.38亿元，比上年同期增长11.1%，占一般公共预算支出的73.0%。其中，社保和就业支出10.2亿元，主要用于城乡居民养老、城乡居民医保财政补助等，梳理规范被征地农民参保企业职工养老保险。健全社会救助体系，推进居家养老服务中心建设，加快推进保障性安居工程。教育与卫生健康支出分别为10.1亿元、7.2亿元，用于姚丰学校、海曙区中医医院迁建等教育、卫生基础设施建设，以及全面推进教育均衡发展和城乡教育共同体建设，完善重大疫情防控救治体系和公共卫生体系。此外，推进文旅融合，完善公共文化服务体系，支持开展"百川工程""天然舞台"等文化惠民活动，大力开展全民健身运动；推进老旧小区环境整治、城乡污水零直排、垃圾分类处理等项目，加快城乡道路和水利基础设施建设。

深化财政管理改革，制定新一轮区对镇乡财政管理体制调整方案，完善基层财政治理的体制机制。加快构建便民利民的财政票据服务体系，启动全市首个区(县)行政事业单位财政电子票据改革；国库支付电子化改革实现全覆盖，预算单位转账支付实现"跑零次"；成立国资国企工作专班，推进集团公司实体化、市场化转型。做好区属国有资产清理整合、国有不动产权证补办等工作，盘活存量经营性国有资产，提升集团公司投融资能力；加强政府债务管理，依托债务检测平台，动态监管海曙区债务属性和规模。

【农村综合改革业务培训】 2020年3月4日，海曙区农村综合改革办公室(海曙区财政局)召开农村综合改革业务培训会议，区财政局、区审计局、区发改局、各有关镇(乡)街道农村综合改革相关分管负责人和业务人员参加。会上，区财政局对海曙区农村综合改革工作做简单介绍，同时要求各镇(乡)街道应从全区范围和整体谋划的角度对农村资源进行通盘考虑，进一步提高政策站位，充实优化项目储备，规范项目管理，落实管护责任。并就农村综合改革新旧政策对比、操作流程进行解读，同时对2020年的项目申报情况和日常管理注意事项进行明确。

【政府综合财报培训】 2020年7月2日、3日、6日、10日，区国库局组织开展4次政府综合财报培训，全区预算单位的编报人员参加。培训对进一步压减一般性支出工作提出要求；票据管理中心向各单位传达省财政厅财政票据"双随机"检查的要求。培训主要讲解政府财务报告编报软件操作系统，通过集中编报方式分批次开展上机培训，辅导财务人员填报，现场教学并答疑解惑，完成报表填报任务。

【部门预算编制部署暨业务培训会】 2020年9月30日，海曙区2021年部门预算编制部署暨相关业务培训会议召开。区级部门分管领导、各预算单位主办会计、镇(乡)街道财审办主任及总会计、区财政局业务科室有关负责人参会。会议分析当前财政经济运行面临的复杂严峻形势，结合上级关于财政预算管理改革的相关精神和要求，提出五点要求：按照零基预算要求科学核定支出，准确把握区委区政府中心工作，集中财力优先保障重点、刚性支出。落实过"紧日子"要求，2021年非刚性、非重点项目支出要可压尽压、应压尽压，对于重点支出，按照从严从紧、能省则省的原则审核安排。推进全面绩效管理，切实提高财政资金使用效益，推进财政政策提质增效。把握关键时间节点，全力推进预算管理一体化改革。逐步梳理完善各领域区与市财政事权和支出责任，加快形成各司其职、各负其责、运转高效的财政保障体制。

(高　瑜)

国有资产管理

【概况】 2020年，海曙区全力深化国资国企集团化改革攻坚。成立国资国企工作专班，下设专项工作小组，聚焦国资国企集团公司规模化指标、经营性资产整合、投融资能力提升、重大项目攻坚等多个方面，发挥区属国有资本在完善基础设施建设配套、加快重大区块开发、促进产业转型升级等方面的主体和引领作用。妥善解决区划调整所承接债务对应的资产划转确认，以镇（乡）街道资产整合为切入点，推动全区投融资体制机制改革，助推集团公司进一步发挥国有资产的集聚和规模效应。

持续深化国资国企市场化改革。建立健全国资监管相关制度，规范企业负责人业务支出，逐步调整集团公司主营业务部分事项审批流程，有利于集团公司及时抓住市场机遇，促进国有企业市场化发展。在房地产开发、不动产投资、矿产投资、城市服务等板块，集团公司逐步加大市场化业务布局，择优引入合作方，探索混合所有制改革，取长补短、相互促进、共同发展，切实提升企业市场化营收水平和能力。

【首批行政事业单位国有房产公开拍卖】 2020年9月，海曙区首批30套行政事业单位国有房产公开拍卖结束。拍卖的30套国有存量房分布在五江湾、广泽嘉园等小区，建筑面积从44.48平方米至93.73平方米不等，起拍价从76.47万元至210万元不等。公开拍卖起拍总价为3984.51万元，最终总成交价5107.51万元，成交率100%，平均溢价率超25%。其中，蓝天路109弄20号604室房屋最终成交价为113.97万元，溢价率高达49.04%。拍卖采用网络竞拍形式，125人参与竞拍，历时8小时。

（高　瑜）

税　务

【概况】 2020年，海曙区累计组织税收收入178.30亿元，增幅4.98%；非税收入4.48亿元，降幅13.08%；社保基金收入64.15亿元，降幅20.69%。办理出口退税59.57亿元，降幅11.62%。

持续减税降费，利用一户一档、免跑退税、智能引导式申报等手段，推动政策操作、兑付、纠错等环节加速提效，借助征纳沟通平台、网格化群等“非接触”渠道开展宣传辅导，联合企业开展“税费优惠‘码’上享”活动，年内累计新增减税降费39.3亿元。

深化法治税务建设，全面推行“三项制度”（行政执法公示制度、执法全过程记录制度、重大执法决定法制审核制度），完成执法公示平台发布工作，编制权责清单，列明8大类136项权责事项。提升税收征管质量，实行分类、分批、分策、分责“四分”引导模式，确保首次个税汇算清缴平稳落地。完成2019年度企业所得税汇算清缴工作，年度应纳所得税额61.8亿元，比上年同期增加30亿元。做好土地增值税清算、房土两税困难减免审核等工作。加强跨部门合作，建立耕地占用税部门信息交互机制、环境保护税复核信息传输平台等。完善自然人社保费征缴机制，做好近23万城乡居民“两费”（养老保险费、医疗保险费）及灵活就业人员社保费征收，平稳有序划转水土保持补偿费等3项非税收入项目征管职责。加大税收监管力度，开展征管规范创新版、税收征管质量“5C”评价试点，加强“信用+风险”动态监管，加大对重点行业、重点领域的税收监管力度。推进大企业税收风险分析和风险应对，加强增值税发票风险管理，加强境外税收风险管理，试点国际税收重点项目。

推进专票电子化改革试点，总结经验做法，确保实现“开票顺、受票益、服务优、风险控”。开展车购税协办试点，形成以常规业务网络申报为主、特殊业务窗口办理为辅的办税方式。推进“非接触式”办税，开展“便民办税春风行动”，推出4大类25项89条便民举措，实现193个事项“最多跑一次”。推进网上办、“掌上办”、就近办、自助办，办税缴费“非接触式”业务占比达到93.6%，网上申报率在99%以上。开设“一周一主题”直播课，制作各类指南汇编二维码，推出发票“线上申请+免费邮寄”等服务，实现“云”上宣传、“码”上查询、“网”上办事。做好个性化服务，深化“退税云管家”品牌，退税时间最快2.12个工作日。与7家银行合力打造“税务贷”超市，新增服务小微企业5277户次，累计实现以“信”换“贷”额度26.91亿元。

【“依法治税”工作】 2020年，区税务局全面推行“三项制度”，完成执法公示平台发布上线，组织公职律师直接参与重大执法决定法制审核，开展执法全过程记录工作。编制区税务局及下辖税务所的权责清单，列明8大类

疫情防控时期，区税务局推出“网上申领发票，免费邮寄上门”服务，推广“非接触式”办税

136项权责事项。强化内控机制建设和税收执法督察，开展重点领域行政执法专项整治，保障严格公正文明执法。落实长三角区域税务轻微违法行为"首违不罚"清单机制，申报、发票类税务违法行为按照"同事同罚"处罚，推动跨区域税收执法统一。

【专票电子化改革试点】2020年，区税务局作为宁波市两家先行先试单位之一，会同宁波市税务局工作专班等开展专票电子化改革试点。先行制定《海曙局进一步落实专票电子化试点工作安排》，并由区税务局负责人亲自抓、亲自部署，稳妥推动试点工作开展。截至12月31日，全区共推行试点企业147户，累计开具增值税专用发票277份，金额合计755.3万元，税额合计80.2万元。

【"税务贷"超市建设】2020年5月，区税务局依托纳税服务与金融服务的互利对接，与7家银行合作，为税、银、企三方架起桥梁纽带，合力打造"税务贷"超市服务平台。针对新冠肺炎疫情期间小微企业迫切的资金需求，区税务局按照实际情况向银行提供纳税人名单（资金需求方），银行依据纳税人个性需求提供"税务贷"产品。依托该平台，疏通企业发展融资渠道，帮助小微企业渡过难关，促进复工复产，推动纳税信用贷工作持续优化。此次合作新增服务小微企业5277户次，累计实现以"信"换"贷"26.91亿元。

【"非接触式"办税缴费】2020年，区税务局为做好常态化新冠肺炎疫情防控工作，以及全面落实首问责任、一次性告知、限时办结、预约服务等办税服务制度，主动引导纳税人、缴费人进行预约办理、错峰办理、快速办理，打造"网上办税为主、自助办税为辅、实体办税兜底"的多元融合办税模式。至年底，非接触式办税缴费服务比例达到93.6%，网上申报率稳定在99%以上。

【个人所得税年度汇算清缴】2020年，区税务局通过现场支持、疑难问题后续反馈等多种形式，提升个税年度汇算涉税咨询服务质量。制作9个宣传辅导视频，利用"甬税钉"征纳沟通平台等网络平台，以网格化、纳税人学堂等多种渠道开展培训辅导。动员社会力量开展个人所得税汇算清缴工作宣传，调动扣缴义务人、涉税中介、志愿者、行业协会、镇（乡）街道、党政机关等全面参与。3—6月上年度综合所得汇算清缴期间，辖区内实际参与的扣缴单位有13869家，实际纳税申报人数为230357人。

【财产行为税"十税合一"申报】2020年，区税务局围绕服务市场主体，对财产和行为税（含城镇土地使用税、房产税、车船税、印花税、耕地占用税、资源税、土地增值税、契税、环境保护税、烟叶税，不含城市维护建设税，城市维护建设税分别与增值税、消费税合并申报）进行合并申报，通过精简申报表单，简化办税资料，优化系统功能，进一步减轻办税负担，激发市场主体活力。截至年底，申报数近2.95万户。

（陈　斌）

市场监督管理

【概况】2020年，全区新设立内资企业10166家，注册资本（金）958.02亿元，比上年同期分别增加4.6%和174.5%。其中，设立私营企业9768家，注册资本（金）902.02亿元，分别增加4.8%和178.2%。新设立个体工商户11193家，资金数额10.17亿元，分别增加7.4%和51.5%。新设农民专业合作社4家，出资额1515万元，分别比上年同期下降20%，增加204.2%。新登记外商投资企业及分支机构94户，投资总额13.85亿美元，注册资本10.84亿美元，其中，外方认缴8.49亿美元，分别减少47.5%、21.8%、35.9%和24.4%。

查处各类行政处罚案件507起，罚没款1276.25万元。受理消费者投诉举报18078件，为消费者挽回经济损失669.6万元。放心消费指数测评位列全市第一。区市场监管局获评全省"放心消费在浙江"成绩突出集体。

【省"放心消费重点区"建设】2020年，海曙区推进省"放心消费重点区"建设，累计培育"放心消费单位"5537家，其中"无理由退货承诺单位"1609家、"放心工厂"581家、"放心街区（放心商圈）"3个，创建省级"放心乡镇"1个、省级"放心村"1个。放心消费工作覆盖面不断向重点区域、重点行业拓展，总数累计近1.5万家，占全区市场有效主体总数的40%以上。在2019年宁波市放心消费"三度一率"（消费环境安全度、经营者诚信度、消费者满意度、消费对经济增长贡献率）社会评价指数测评中，海曙区放心消费指数

1月30日，区市场监管局执法人员查获一起涉疫用品案件

为0.947，位列全市第一。在2020年度全省放心消费工作会议上作放心消费商圈建设的典型发言。11月3日，与上海市长宁区市场监管局签署共建放心消费电商平台战略合作框架协议，双方围绕电子商务发展、消费权益保护、电商平台建设、消费机制监管等6方面展开深度合作。年内，区市场监管局获评全省“放心消费在浙江”成绩突出集体。

【市场监管典型案件查处】 2020年，区市场监管局对食品安全、商标侵权、虚假广告、产品质量、不正当竞争等重点领域实施常态化执法整治，查获一批典型大要案。在房地产领域，查办宁波海曙绿地明州置业有限公司虚假宣传案，罚款100.5万元。在冷链食品领域，查办27吨无合法来源的冷冻鸡爪案件，罚款406.35万元。在消费者权益保护领域，查办深圳市珍爱网信息技术有限公司宁波分公司其他消费侵权行为案，该案被省市场监管局推荐为典型案例选送至“长三角执法协作论坛”进行交流。

【轻微行为免罚清单出台】 2020年3月，区市场监管局出台《轻微违法行为免予处罚事项清单十六条》，对新冠肺炎疫情期间和复工复产阶段的企业轻微违法行为、日常监管中常见的首次轻微违法行为予以免罚，引导监管对象主动纠正，助力复工复产，提振企业发展信心。免予处罚事项主要为违法情节轻微的16类行为，包括为解决员工就餐新设食堂未及时办证、特种设备超期未及时检验、经营过期食品但未实际售出等情形，涉及广告、电子商务、餐饮、食品流通、特种设备等企业。同时，对企业采取告知承诺制方式，加大教育引导，着重对职业投诉举报扰乱市场经济的不良行为予以规范，进一步优化区域营商环境。

【“两直”资金纾困补助工作】 2020年7月，海曙区贯彻落实国务院新增财政资金“直达市县基层、直接惠企利民”要求，成立小微企业和个体工商户纾困工作专班，高质量完成“两直”资金直补，累计发放资金14183.75万元，兑付小微企业和个体户14824家，其中应发中央资金13800万元，“两直”资金兑付率达100%。区市场监管局采取“线上自主申报+线下窗口申报”方式，开放救济窗口受理异议申报，监督协同联动，并加强后续核查，确保中央财政直达资金发放又快又准。

【“保健品虚假宣传案”入选市“十佳案例”】 2020年12月3日，区市场监管局查获的“保健品虚假宣传案”在宁波市第三届十佳“以案释法”评选活动中被评为典型案例，系全市市场监管系统唯一获评案例。此次评选活动共39个优秀候选案例参与，经各单位推荐、审核初选、公众投票、评委会评审，选出“十佳案例”予以现场颁奖。评审专家认为海曙区查处案件从保健品会销切入，首次穿透式打击幕后策划黑手，一举查获浙江省首起集团性虚假宣传会销大案，关停整改全省涉事264家门店，实现执法效果最大化，为保健品“坑老”乱象治理提供全新思路。

（夏　静）

工商行政管理

【概况】 2020年，海曙区出台新冠肺炎疫情防控期间复工复产工作方案。认真做好登记注册服务，内外资企业新设及累计数量与2019年相比增幅明显。采取“提前编制个性化注册流程”“全程代跑代办”“绿色通道不打烊”模式，助力阿里巴巴（宁波）有限公司落户海曙。推广“企业开办全程网上办”服务，基本实现开业执照申领3小时内完成。

强化主体资质监管。做好各类市场主体的年度报告，登记企业年报比例达92.32%，个体工商户年报比例达84.96%。实施企业信用监管，依法将4895家企业列入经营异常名录，937家企业经申请审核予以移出经营异常名录，1093家企业主动办理注销、自动移出经营异常名录等。牵头推广“互联网+”监管平台，通过海曙区小微企业服务平台对接企业893户，融资2.3亿元。顺利完成小微企业个体户“两直”纾困补助工作，实现中央“两直”资金百分百兑付。

优化农贸市场硬件环境，夯实建设管理基础，全区星级市场覆盖率达100%。根据农贸市场改造提升三年计划的既定目标任务，抢抓农贸市场改造提升工程进度，月湖、南苑、白岳、包家、古林5个农贸市场完成改造。结合文明城市创建，对城区农贸市场进行全面清洗，改善市场环境。

【农贸市场专属“甬行码”】 参见“专记”类目“2020年海曙区抗击新冠疫情”分目

2月3日，区市场监管局执法人员对疫情期间农贸市场进行检查

【首张经营范围规范化登记营业执照发放】 2020年1月起，海曙区在完成市场登记业务系统经营范围采集功能改造基础上，启动市场主体经营范围登记规范化工作。1月2日，宁波京和服饰有限公司作为海曙区第一家经营范围规范化登记的企业，首次申报就通过预核，避免企业反复修改和审核人员多次核准的问题。市场主体经营范围登记规范化工作依托市场主体经营范围“智能化”登记系统，经营范围由手工填报调整为“勾选式”填报，申请人通过自主查询，自由选择规范条目，即可完成经营范围填写。系统根据所选条目，自动判别企业登记是否涉及其他许可事项，生成“一般经营项目”和“许可经营项目”。此外，通过关键词搜索查询，系统可生成与之相关的经营范围以供选择。至年底，系统制定的经营范围规范表述目录达1300余条，涵盖常用经营项目，解决企业经营范围申请填报难、各地登记标准不一致等问题。

【企业登记档案“上云”】 2020年1月始，区市场监管局结合“最多跑一次”改革，全面推广企业登记档案“上云”业务，方便企业“足不出户”在线查询、下载、打印本企业自成立以来提交的所有登记档案。2016年宁波市新一轮行政区划调整后，原鄞州区注册企业档案存储维持原状，给部分企业办理相关手续带来极大不便。以三生（中国）健康产业有限公司为例，该公司在宁波设立登记子公司41个，涉及7个不同级别、不同区域的登记机关，以往申请政府补贴，需前往各个属地登记机关查询打印，存在跑腿多、排队长、打印慢等问题，借助“上云”业务，实现一键办理，节约大量时间成本。该举措推出以来，受到企业好评，尤其是新冠肺炎疫情发生以来，实现查档惠企服务“不断档”。据统计，区市场监管局共有在册企业登记档案55416卷，注销（吊销）企业登记档案54863卷。2020年，7000余家次企业享受到档案查询服务“零次跑”便利。

【“五化”市场改造】 2020年6月，区市场监管局出台《海曙区全面推进农贸市场和专业市场服务大提升行动方案》，对照农贸市场、专业市场“便利化、智慧化、人性化、特色化、规范化”的“五化”提升创建标准，紧密结合海曙实际，开展具有海曙特色的“五化”市场创建工作。12月1日，省市场监管局发布《关于全省第一批农贸市场和专业市场“五化”改造情况的通报》，经过市级预验收、省级督导组实地复核验收，全省完成第一批农贸市场和专业市场“五化”改造任务，共有260家市场通过验收，其中，海曙区的南苑菜市场、月湖菜市场、中基二手车交易市场、途众二手车交易市场4家商品市场入选。

（夏　静）

食品药品监督管理

【概况】 2020年新冠肺炎疫情发生初期，区市场监管局保障药械、口罩、消毒液等防疫物资供应，保障农贸市场的经营秩序，处理涉疫投诉举报873起，立案处罚涉疫案件16起。保障药店额温枪有序供应，在监控设备不符合防疫要求的零售药店统一安装摄像头，确保所有治疗发热、咳嗽类药品下架撤柜、盘存登记，完整准确记录购买人员信息。工作人员长期驻点医疗药品生产企业，帮扶解决口罩、额温枪、防护服等紧缺防疫物资生产过程中遇到的技术、资金、原材料等难题。帮助宁波长城卫生材料厂转产民用口罩，成为宁波市防疫用品的定点生产单位。宁波菲特医疗器械有限公司成为全市首家生产医用一次性防护服的企业。

协调多方力量，推进食品安全综合治理，落实食品安全党政同责管理机制，海曙区获得“浙江省食品安全区”称号。重点解决农贸市场及周边业态环境，从业人员的健康证办理，校园周边食品安全等问题，助力宁波高分创建全国文明城市“六连冠”。8个镇（乡）街道食安办分级分类管理通过区级验收并完成公示。9家农村家宴放心厨房改造提升工程完工，建成42家校园“智能阳光厨房”。牵头推进进口冷链食品“物防”工作，在食品流通领域开展多次进口冷冻畜禽肉水产品专项检查，对全区进口冷冻食品经营者及冷库全面排查建档。开展“浙冷链”（全省冷链食品追溯系统溯源码）精准追溯，累计激活主体565家，累计赋码66954张、出库入库扫码148601个，激活主体率、赋码率、扫码率、准确率各项指标均位列全市第一。引入第三方专业机构对地产食品企业进行食品安全评估，实现“一企一策”管理。突出药械安全监管重点，开展“送药上山进岛”便民服务点和24小时“网订店送”药房建设。

2月5日，区市场监管局驻企服务人员在医用红外额温计生产企业检查产品质量

5月27日，区市场监管局对5家"送药上山进岛"便民服务点进行授牌

【全市首张一次性医用防护服注册证发放】 2020年2月22日，宁波菲特医疗器械有限公司经省药监局正式核准二类医疗器械注册，成为宁波市首家、全省第二家一次性医用防护服生产企业。一次性医用防护服为二类医疗器械，产品风险较大、生产难度大，对企业技术能力、质量管理水平要求较高。新冠肺炎疫情发生后，区市场监管局迅速号召防疫物资意向生产企业积极投身抗疫，并通过上门帮助企业整理注册申报材料，协调解决原材料运输难题等，鼓励企业加大研发力度，促成宁波菲特医疗器械有限公司仅用一个月时间成功研发医用一次性防护服。经送检省医疗器械检验院，该产品的主要性能指标均一次性通过检验。企业日产防护服1000件，全力供应武汉和湖北的抗疫一线。3月4日，在武汉一线抗击新冠肺炎疫情的中国工程院院士、华中科技大学同济医学院专家马丁，通过视频连线向宁波菲特医疗器械有限公司表示感谢。

【"送药上山进岛"便民服务点建设】 2020年5月，区市场监管局联合上药控股宁波医药股份有限公司，在龙观乡雪岙、观岭、梅树、龙谷、金谷村卫生服务室设立5个"送药上山进岛"便民服务点。该项工作为2020年浙江省十大民生实事项目，村民在服务点问诊时提出送药入户需求，由卫生室医生通过宁波云医院平台，依次完成电子处方开具、审核付费、药品由第三方物流在24~48小时配送入户等流程，群众也可自行通过宁波云医院App、微信小程序发起问诊，由入驻宁波云医院的各家医院医生开展远程诊疗服务，处方审核付费后实现送药入户。该模式搭建起处方药与慢性病病患者间的桥梁，让群众购药用药更加人性化、信息化、便利化，满足群众对药品品种的多样化需求。此外，通过搭建云医院平台和村卫生室间的桥梁，实现医保对接，群众可以通过医保购买所需药品。相关做法得到省药监局肯定。

【"3·15"曝光餐饮企业突击检查】 2020年"3·15"晚会上，连锁餐饮企业汉堡王相关问题被中央电视台曝光。7月16日晚，区市场监管局按照上级要求，对辖区4家汉堡王门店进行突击检查，重点检查是否存在使用过期食品、偷工减料、篡改食品使用期限等违法行为。经检查，所有门店现场均具有处置的食品原料以及耗材处理记录，未发现过期食品原料、修改日期、偷工减料等行为，但存在未设置专用耗材处置垃圾桶、未安装阳光厨房、超过使用期限的食品销毁无照片或视频记录等问题。执法人员现场要求商家切实落实食品安全主体责任，开展自查，并根据检查意见立即整改，做到现场情况、监控记录、台账记录的"三统一"。

【学校群体性食源性疾病事件应急演练】 2020年12月11日，由市食药安委办主办、区食安办承办的全市学校群体性食源性疾病事件应急演练在海曙区举行，全市教育、卫健、市场监管系统共计150余人到场观摩学习。应急演练采取桌面推演形式，各县（市、区）的10支代表队参与演练互动。各代表队观看学校群体性食源性疾病事件处置短视频，并在现场就涉及事件的发现和报告、核实病例和处置、现场流行病学调查、实验室检测、医疗救治、风险评估和媒体沟通、应急响应与终止等相关环节的处置开展问答，由专家对代表队答题情况进行点评，并公布标准答案，巩固演练效果。此次演练改变以往一支队伍台上演练其余队伍台下观摩的模式，10支队伍均上场参与答题，增加体验感和参与度，检验全市群体性食源性疾病事件应急处置多部门联动机制的实效性。

（夏　静）

质量技术监督

【概况】 2020年，海曙区修订《海曙区人民政府质量奖管理办法》《海曙区人民政府质量奖评审管理实施细则》。1家企业获评宁波市政府质量创新奖，8家企业申报海曙区区长质量奖。新增"品字标"企业5家，发布"浙江制造"标准5个，采标率比上一年度提升3个百分点，完成41家企业对标达标提升工作。推动宁波黄古林工艺品有限公司的"古林蔺草"获评全省首批"品字标农产"，全市仅2家。开展质量基础"一站式"服务平台建设，为海曙时尚服装服饰产业提供政策支持服务。东海集团有限公司的《计量技术助力提升高端智能水表制造水平》入选全省"计量助推企业提质增效"典型案例，系宁波市唯一。宁波大竹海

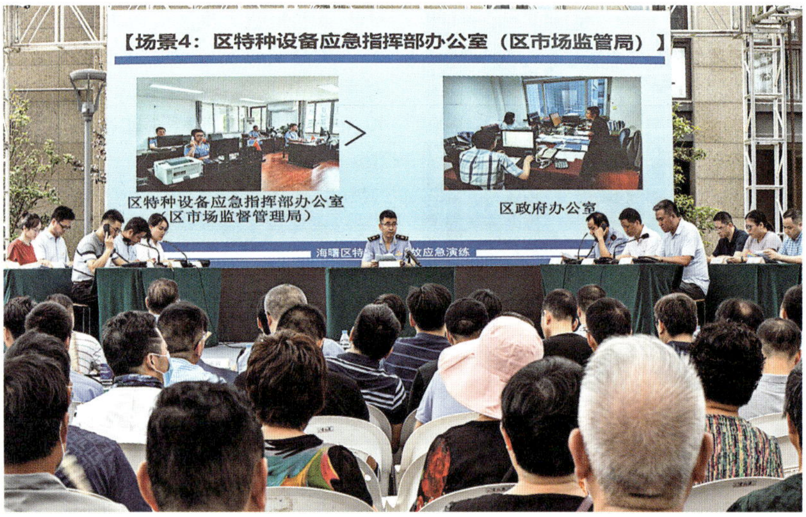

6月17日，宁波市电梯安全宣传活动启动仪式暨海曙区特种设备事故应急演练活动在高桥镇逸家园小区举行

农业开发有限公司成为全区首家获得“丽水山耕”和“有机产品”双认证的企业。围绕玩具、文具、校服等重点监管产品，开展安全守护行动和质量提升行动，落实电动自行车生产销售的监管职责。

构建特种设备安全共治格局，公众聚集场所特种设备监督检查覆盖率、隐患整改率均实现100%。开展特种设备安全专项整治三年行动。联合宁波市市场监督管理局首次引入物联网技术，开展全市特种设备事故应急救援演练。

【“浙江制造”团体标准制订】 2020年，区市场监管局克服新冠肺炎疫情和标准制定周期拉长等影响，推进“浙江制造”团体标准制订工作，年内共发布5个“浙江制造”团体标准，发布数比上年同期增长150%。根据辖区制造业产业结构现状及发展趋势，以“龙头”“单打冠军”“隐形冠军”工业企业作为主要对象，联合市标准化研究院专家，入企开展调研和摸排，提供全方位、个性化指导服务，主动加强与省品牌建设联合会、标准制定牵头组织单位及相关领域专家等的沟通联系，解决企业在“浙江制造”标准制定过程中遇到的瓶颈与困难。《工业缝制设备用轴位螺钉》《园艺电泵》《多层片式陶瓷电容器电极镍粉》《天然气管道自闭阀》《水冷型增压空气冷却器》5项标准先后在省品牌建设联合会发布。

【“区长质量奖”评选】 2020年3月9日，海曙区政府发布《关于表彰2019年度区长质量奖获奖企业的通报》，根据《海曙区区长质量奖评定管理办法》，经海曙区区长质量奖评定委员会评审并报区政府常务会议审议通过，宁波路润冷却器制造有限公司、宁波伊司达洁具有限公司、宁波甬嘉变压器有限公司、浙江亚太酒店物业服务有限公司4家企业被评为2019年度海曙区“区长质量奖”获奖企业。

【东海集团经验案例入选省典型案例】 2020年5月，东海集团有限公司的《计量技术助力提升高端智能水表制造水平》入选全省“计量助推企业提质增效”典型案例，系宁波市唯一。宁波东海集团有限公司是一家专业从事智能化能源和资源计量管理的高新技术企业，提供智慧城市公共领域计量产品和服务。近年来，东海集团通过工业计量体系保障建设，针对计量产品特点，将计量进一步嵌入产品设计、研发等全寿命周期管控，在质量、标准等领域成绩显著，形成的优秀经验案例《计量技术助力提升高端智能水表制造水平》在全市脱颖而出，入列全省“计量助推企业提质增效”十大典型案例，并入选全国60个典型案例。

【特种设备事故应急演练】 2020年6月17日，2020年宁波市电梯安全宣传活动启动仪式暨海曙区特种设备事故应急演练活动在高桥镇逸家园小区举行。此次演练活动是全市首次结合物联网技术在电梯安全中应用的综合性演练。现场应急预案推演阶段，通过前期处置、分级响应、指挥协调、现场应对、信息发布和后期处置等多个环节，向现场观摩人员展示特种设备事故发生后各职能部门开展应急联动的全过程，检验特种设备事故应急预案的合理性和可操作性。随后实战演练阶段，通过“小区现场实操+大屏视频连线”的形式，完整展现电梯搭载的物联网监控系统发现运行异常，自动向“96333”、电梯维保单位及电梯使用单位发送报警信息，随后工作人员完成紧急救援的全过程。

【“宁波大竹海”竹笋产品通过双认证】 2020年7月，宁波大竹海农业开发有限公司的竹笋产品通过“丽水山耕”国际认证联盟认证和“有机产品”认证，成为全区首家获得“丽水山耕”和“有机产品”双认证的企业。“丽水山耕”品牌认证是面向全省优质生态农产品开展的农业区域公共品牌认证，被誉为农业版的“浙江制造”品牌认证。宁波大竹海农业开发有限公司位于浙东大竹海景区，竹林面积3466.67公顷，系全国单体面积最大的竹林集中地。公司种植的竹笋采用有机野生采集管理模式，生产全过程不使用化学合成的农药、肥料、生长调节剂、饲料添加剂等，有效保护采集区的生态环境，实现景区生物多样性。

【雅戈尔纺织品服饰检测中心获国家实验室认证】 2020年8月，经中国合格评定国家认可委员会（CNAS）审定批准，雅戈尔集团下属的纺织品服饰检测中心通过国家认可实验室认证。该委员会是由国家认证认可监督管理委员会唯一批准设立并授权的国家认可机构，标志着雅戈尔纺织品服饰检测中心具有国家及国际认可的管理水平和检测能力。雅戈尔集团自2018年成立雅戈尔纺织材料研究院以来，相继设立纺织品服饰检测中心、功能纺织面料开发中心、成衣后整理技术研究中心和科技项目管理中心。纺织品服饰检测中心有16个专业功能实验室，2019年为集团内部企业提供检测服务128186项，此次纺织品服饰检测中心涉及服装检测常用项目314个，均通过CNAS的认证，获得认可证书。

【生物质锅炉使用情况排查】 2020年9月，区市场监管局联合各镇（乡）街道、园区对辖区生物质锅炉使用情况开展全面排查。结合发证名单逐一核实，形成清单化管理。共核实全区在用生物质锅炉23台，停用生物质锅炉10台。重点检查在用生物质锅炉是否存在使用燃煤、木材、木屑等非生物质燃料行为，以及停用生物质锅炉是否存在非法使用情况等。督促锅炉使用单位严格落实安全主体责任，切实把好锅炉使用安全环保关。对检查中发现的安全管理制度不全、安全附件未及时检验、锅炉运行台账记录不全等问题，进行现场指导，帮助使用单位立即改正。对无法现场整改的，下发“安全监察指令书”责令限期整改。对发现的1台违规使用燃煤的生物质锅炉，当场责令停止使用燃煤，改用生物质燃料，并第一时间函告区环保部门。

【“华缘新材料”获市政府质量创新奖】 2020年12月28日，宁波市人民政府发布《关于表彰2020年宁波市人民政府质量奖及质量创新奖获奖企业的通报》，海曙区华缘新材料股份有限公司获2020年宁波市人民政府质量创新奖，系全区唯一。华缘新材料主营的纤维增强塑料轨道设施部件在国内市场占有率排名第一，参与国家标准起草2项，建有省级企业研究院和博士后工作站，有发明专利24项，获评“国家重点新产品”3项、省“科技进步二等奖”3项、市“科技进步奖”4项。企业商标在2013年被认定为“浙江省著名商标”，产品2015年被认定为“浙江省名牌产品”。

【“古林蔺草”获评“品字标浙江农产”】 2020年12月31日，宁波黄古林工艺品进出口有限公司的古林蔺草“特色品牌转化”模式被浙江省品牌建设联合会授予《“品字标”公共品牌标识使用授权证书》，系全省首批获评“品字标浙江农产”的企业，全市2家之一。至年底，海曙区有各类蔺草加工企业80余家，原料基地4000公顷，年销售总额22.3亿元，从业人员2.5万人，联系带动农户4万余户，是全国最大的蔺草生产和出口基地。

（夏　静）

物价监督管理

【概况】 2020年，区市场监管局强化防疫用品、猪肉、粮油、蛋菜等重点民生用品和教育、医疗、商业零售等重点民生领域的价格监管，处理价格举报投诉145件，查处价格违法案件20起，涉及医疗药品、商品零售、停车收费、电费价格等领域，罚没款62.18万元。开展涉企收费、转供电环节专项清查，检查转供电主体200余家，清退多收电费1500余万元，惠及终端用户20000余家。推进公平竞争审查，营造健康的市场环境，清理存量文件174份，增量文件336份，废止6份。

【农资市场价格监管】 2020年3月，区市场监管局开展“稳价格保春耕”专项行动，加强农资价格监管，维护农资市场价格秩序。走访调研宁波三生生物科技有限公司、宁波市海曙康盛饲料有限公司等4家生产企业，开展化肥、种子、农膜、农药等农资价格政策指导，为企业疫情防控、复工复产提供服务。除个别农资因原料进价上涨略有提价外，农资价格与2019年同期基本保持不变，市场供应充足，农资价格平稳有序。巡查全区52家农资经营单位，检查化肥、种子等农资明码标价及价格政策执行情况。针对个别经营户存在的明码标价不规范等问题，责令立即整改，逐一发放《涉农价格政策提醒函》，要求做到价格自律、诚信经营，未发现有价格欺诈、囤积居奇、捏造散布涨价信息、哄抬价格等价格违法行为。

【涉企收费专项检查】 2020年4月，区市场监管局下发《关于保障稳企降费政策落实开展涉企收费自查自纠的通知》，在全区范围内开展涉企收费专项检查。重点检查各级党委、政府惠企政策和相关配套措施落实落地情况，以及涉企违规收费问题突出的领域。具体为水电气价格、企业房屋租金、物流领域相关收费、融资过程相关收费、行政审批中介服务费用、各类保证金等六大领域。对不按规定执行涉企收费和优惠政策、加重企业负担的

4月2日，区市场监管局执法人员紧急开展粮油等生活必需品价格检查

违法违规行为进行全面清理，向存在违规问题的2家单位发送整改函。

【生活必需品价格检查】 2020年4月，针对部分超市出现粮油等生活必需品抢购现象，为确保市场供应秩序正常，稳定粮油等生活必需品价格，区市场监管局组织开展粮油市场价格检查。重点检查是否存在囤积居奇、哄抬价格、捏造散布涨价信息等行为，执法人员对辖区"华润万家""沃尔玛""三江""新江厦""大润发"等大中型超市逐一检查。检查发现个别超市存在大米未标明产地及明码标价不规范、优惠标示不明确问题，责令其限期整改。同时约谈超市负责人，发放《市场价格行为提醒告诫书》，提醒其切实加强价格自律，不得扰乱正常的市场价格秩序。

【转供电环节专项清查】 2020年，区市场监管局主动对接供电部门，贯彻执行国家降低一般工商业电价政策措施。在摸排全区转供电主体数量、分布、终端用户基础上，采取"清单管理"模式，开展转供电环节电价专项清查，覆盖辖区商业综合体、产业园区、物业公司、写字楼、交通场站等。并多次召开转供电价格推进会、座谈会、协调会，解读自2018年4月1日以来国家的7次降价政策，告诫转供电主体不得以任何理由截留、拖延退费。共收到自查自纠表183份，签订承诺书196份，对未按要求清理或退款的14家转供电主体予以立案查处。累计检查转供电主体200余家，清退多收电费1500余万元，惠及终端用户20000余家。

（夏　静）

知识产权保护

【概况】 2020年，区市场监管局强化政府指导功能，推进行业品牌化、公用品牌建设工作。新增宁波市电工电气行业协会集体商标1件。区南站综管办实施商标全类注册方案，"宁波站区域"申请中英文版权登记。"杖锡山樱花"申报31类樱花地理标志证明商标。海曙区党外知识分子联谊会注册6大类特产食品、服务类商标"山货下山"。区农民合作经济组织联合会注册9个类别"海西悠"商标。海曙章水镇乡村振兴投资发展有限公司注册3个类别的"章水味道"商标。新评定星级品牌指导服务站6家，其中，集士港镇品牌指导服务站、宁波市电工电气行业协会品牌指导服务站获评宁波市三星级品牌指导服务站。新注册商标8187件，累计有效注册量43099件，居宁波市第三。新增专利授权量4588件，比上年同期增长30.1%，其中，发明专利授权量436件，增长2.8%。

累计发放各类专利专项资金补助345万元，项目包括国内外发明专利授权补助、优秀专利奖补助、领航企业补助等。试水网络直播，在线开展知识产权宣传。鼓励企业实施贯标认证、申请高质量发明专利、PCT（Patent Cooperation Treaty，国际专利合作条约）体系以及申报高价值专利组合培育项目。完成企业贯标认证13家。宁波市凹凸重工有限公司、宁波思明汽车科技股份有限公司等3家企业被评为2020宁波市第一批知识产权运营服务体系建设专利导航项目。推荐13家企业23件专利产品申报第一届宁波市高价值专利大赛，1件外观设计获设计优秀奖，4件发明专利获优秀发明奖。宁波市汽车零部件产业知识产权联盟向市场监管局报备制造业集群知识产权联盟。

【知识产权宣传网络直播】 2020年4月23日，区市场监管局联合宁波国际电子商务产业园管理中心，在园区内开展"4·26"知识产权保护直播宣传活动。执法人员与专业律师借助政务微博、抖音App等平台，以直播形式向辖区企业和网民讲授商标专利版权注册实务、知识产权抢注热点、知识产权维权途径等内容，并逐一解答网友提问。直播持续1小时，累计有3344人次观看。此次网络直播活动是区市场监管局首次以网络直播的方式开展知识产权宣传，也是该局在防疫期间非接触式开展"三服务"的全新尝试。

【电工电气行业协会集体商标注册】 2020年6月，经国家知识产权局商标局核准，由宁波市电工电气行业协会申请的集体商标成功注册，全区累计拥有集体商标2件。市电工电气行业协会成立于2012年，会员企业主要由输配电及控制设备等的制造企业组成，相关产品广泛应用于电力系统、轨道交通、新能源、汽车制造、房地产建筑等领域。2019年7月，该协会正式向国家商标局提交申请，注册宁波市电工电气行业集体商标。2020年3月，国家商标局对该商标进行公告，6月底

4月23日，区市场监管局开展"4·26"知识产权宣传网络直播

正式核准注册。

【知识产权质押融资】 2020年11月25日，宁波博洋控股集团有限公司以旗下总评估价值12亿元的500件商标为质押，获批农业银行海曙支行担保债权金额6亿元，并取得总授信1亿元，成为全市纯商标授信额度最大的质押融资项目。将知识产权质押权融资作为推进企业在市场低迷时期更好更快发展的有效途径，可缓解辖区企业融资难等问题，推动企业价值链向中高端延伸。全年全区完成知识产权质押融资8.58亿元，其中，商标质押融资6.51亿元、专利质押2.07亿元。

（夏　静）

11月5日，区审计局举办新一届审计特邀监督员聘任会议暨审计现场调研活动，11名监督员履新

审　计

【概况】 2020年，区审计局共实施审计项目19个，其中，经济责任审计项目10个、政府投资项目4个、财政和专项审计（调查）5个。年内移送问题线索7起，后续处理5人。2020年度全区审计工作、内审工作蝉联全市审计系统考核优秀。章水镇领导干部任期经济责任审计项目被评为全国优秀审计项目。

统筹审计项目实施，对同一单位同一事项做到现场“最多审一次”。出台《一级预算单位审计全覆盖工作方案》，加强与相关部门的协调配合，统筹抓好国家审计、社会审计、内部审计“三支队伍”的工作协同，基本实现审计“全覆盖”目标。坚持“科技强审”理念，通过开展审前大数据关联分析，形成问题疑点清单，开展针对性核查，提高精准监督能力。编制《审计发现共性问题清单》，总结梳理5类129个方面的共性问题，列举表现形式、适用法律法规和对策措施建议，供全区各单位在工作中参考。

围绕“直达市县基层、直接惠企利民”的“两直”资金、“保工资保运转保基本民生”情况、“最多跑一次”改革推进情况、“公务支出公款消费”情况等内容，实施多项政策落实情况的跟踪（专项）审计。将政策审计与年度其他各审计项目有机结合，拓宽政策审计的宽度，减少同类审计项目资源重复投入。

加强审计队伍建设，通过导师带徒、课题研讨、成果交流、项目评优等形式，提高年轻干部、业务骨干的综合能力素质。深化“清廉审计”建设，并新聘任11名特邀审计监督员。

【内部审计】 2020年，内部审计工作被列入全区目标管理考核。区审计局组织开展内审人员业务培训，提高人员的业务能力。出台《宁波市海曙区内部审计工作备案制度》，加强对重点单位的指导监督。将内审工作开展情况作为经责审计重要评价指标，并单独出具内审建议书；同步安排并指导被审计单位内审人员开展对其下属单位的审计。年内，1家内审会员单位获评全国内部审计工作先进集体，2家区属单位内审机构和2名区属单位内审工作者获评市级先进。

【财政审计】 2020年，财政审计工作促进财政资金上缴国库7789.36万元，盘活存量资金1069万元。推动13个政府投资项目调整或收回，进一步推动基建资金清理盘活，避免资金长期闲置沉淀。引导区监管部门加强对区属国有企业对外投资项目的监管，并督促相关单位及时上缴国有资产处置收入1528.06万元，保证国有资产收益完整。持续跟踪房产调查项目整改情况，推动解决全区行政事业单位和国有企业不动产登记历史遗留问题和文保房管理问题。

【经济责任审计】 2020年，海曙区贯彻上级关于经济责任审计的最新规定，针对不同单位和被审计领导干部特点以及问题高发领域，确定审计重点，并开展分类实施。年内，10家单位12名领导干部接受经济责任审计。通过分析领导干部在贯彻落实上级重大决策部署和履职尽责方面存在的问题，推动体制机制完善，促进领导干部提升干事创业、担当作为水平，提高管理能力。

【国有企业审计】 2020年，海曙区首次开展对区属两大国企集团（海曙国有资本投资经营集团有限公司、海曙开发建设投资集团有限公司）国资管理情况审计调查（调研），提出完善产业布局、推进优质资产转换等方面的意见建议。两大国企集团采纳审计建议，进一步完善参与竞拍类项目的业务流程设计，并提交区政府常务会议讨论通过，有效防范国有资本投资风险。其中，区开投集团开展不动产登记历史遗留问题的处置工作，保障国有资本的保值增值。

【疫情防控资金和捐赠款物专项审计】 2020年，区审计局将应对新冠肺炎疫情防控资金和捐赠款物专项审计作为“一号政治项目”，围绕捐赠物资、财政资金、稳企保障3个方面，对辖区20家单位实施专项审计。截至年底，督促近千万元结余资金及时拨付使用，推动面向医护人员的补助发放到位；促进相关单位规范捐赠款物管理，加快应急物资场所的建设。

【投资审计转型】 2020年，海曙区落实上级关于投资审计的转型要求，全面退出工程结算审计，加大对政府投资项目的预算执行、决算情况审计及对项目审批、招投标、工程增量等关键环节、重点领域的监督。年内，完成26个工程项目决算审计，审计总投资79.91亿元，促进增收节支1.77亿元。严格项目计划管理，对纳入计划的项目严把审计质量关，并做好审计结果公告；对未纳入计划的项目，结合专项审计调查、预算执行审计、经责审计等方式，加强监督，扩大覆盖面。继续推行“竣工决算二审制”，解决因建设或施工原因造成的审计时间长、工程款支付迟的问题。修订完善投资审计项目《重大事项议事制度》《协审单位管理考核办法》等，加强对协审单位的监督管理。

【扶贫政策落实情况跟踪审计】 2020年，区审计局通过区本级预算执行情况审计的延伸覆盖，开展扶贫政策落实情况的跟踪审计。重点关注农村饮用水达标提质、经济薄弱村项目资金管理运行和行政村综合补助经费落实等情况。针对发现的问题，及时提出意见建议，促进相关单位完善管理，优化扶贫项目实施机制。

（施江锋）

统　计

【概况】 2020年，区统计局举办全区镇（乡）街道、园区统计人员培训班等各类业务培训20余场次，培训部门、镇（乡）街道、企业统计人员等近1000人次。走访指导企业800余家，完成宁波市新一轮行政区划调整以来企业走访指导的全覆盖。

推进统计执法检查“双随机、一公开”抽查，执法检查46家，经济处罚2家单位，共罚款0.6万元。

制作发布统计月报12期、统计快报255期、分析合集4期，编印中英文版本《海曙概览2020》。完成《海曙区专业服务业发展研究》课题，获2019年度宁波市统计研究课题优秀奖。研究高质量发展指标监测体系，通过评价导向，助推全区高质量发展水平不断提升。“海曙统计”微信公众号推送微信152篇，影响力位居全国统计系统县（市）、区级前列。

完成经济普查资料开发和行业盘点，编印经济普查年鉴和简要本，发布3期经济普查公报，区统计局被评为省级经济普查成绩突出集体。开展第七次全国人口普查，推进机构组建、宣传动员、综合试点、划区绘图、入户摸底、长短表登记、数据比对复查等各项工作，查全查准全区人口情况。开展“平安浙江”建设、全面从严治党民意调查等社情民意调查。

【统计基层基础建设】 2020年，区统计局在前期推进镇（乡）街道成立统计工作站、配齐专职统计队伍的基础上，进一步巩固规范化建设成果。编制《海曙区全员统计工作手册》，细化工作职责。出台统计工作站规范化验收和星级评定办法，评定“三星级统计工作站”2个、“二星级统计工作站”1个、“一星级统计工作站”7个。

【防范和惩治统计造假】 2020年，区统计局继续深化防范和惩治统计造假责任制工作，推进源头数据质量管控。区、镇（乡）街道统计负责人等签订《关于统计机构总负责人和统计人员防范和惩治统计造假弄虚作假责任制规定》告知书。面向企业负责人和统计人员，发放并要求其签收《海曙区统计人员法律告知书》。邀请区纪委监委参加统计联镇走访活动，通过专题通报、个案分析等方式，公开曝光查处的典型追责案例，为统全统准源头数据奠定基础，推进数据质量持续向好。

（潘灵琳）

应急救援

【概况】 2020年，区应急管理局全面落实“提本质、遏较大、减总量、保安全”应急管理工作要求，推动主体责任落实，狠抓基层应急基础设施和队伍建设。深化重点领域的应急问题专项整治，加强风险管控措施，推进安全生产和应急管理综合能力提升，确保

9月1日，海曙区召开区域安全风险评估专题协商交流会

安全生产和自然灾害形势持续稳定，为全区经济社会发展创造平安和谐的环境。

【应急预案体系构建】 2020年，针对全区应急管理职能体系调整后，各类应急预案亟待完善的实际，区应急管理局督促区内相关部门及时修订出台与区级规格配套的应急预案，完善区级应急预案体系建设。制定并印发《海曙区防汛防台抗旱指挥部工作规则》，参与指导区级专项预案演练5次。指导监督开展生产安全事故、地震、地质灾害发生场景的应急救援演练，为建立快速高效的应急响应机制打下基础。

【区蓝天救援队成立】 2020年7月15日，由区应急管理局监管指导的宁波市海曙区蓝天救援队成立。区蓝天救援队是一支民间公益性应急救援队伍，有正式队员22人、预备队员24人、志愿者36人。主要职责是参与汛期、火灾、危险水域等各种灾害事故、场所的救援；开展应急培训和演练，普及防震减灾知识，协助区级部门做好防汛、火灾等事故的应急救援。救援队配备有充气式冲锋舟、水上智能遥控救生器等先进应急救援装备器材，定期举行专业培训和应急演练。

【市应急管理局调研海曙综合应急救援队建设】 2020年9月8日，市应急管理局到海曙区部分乡镇与规模以上企业，对综合应急救援队伍建设情况进行调研。调研组实地查看乡镇、企业专职消防队队伍建设情况，要求加强各队伍力量的协同配合，进一步发挥应急消防作用。同时，针对辖区部分镇（乡）平原地区小微企业多、山区村庄范围广、离镇区消防队距离远的实际情况，建议海曙区需以村级消防队伍为单位，提升人员素质，重点加强微型消防站设施设备的日常维护保养，确保关键时刻调得出、用得上，实现灾害发生时应急救援力量第 时间到位。

【防疫应急保障】 参见“专记”类目“2020年海曙区抗击新冠疫情”分目

（董玉婷）

11月5日，海曙区举办消防技能比武竞赛

消防救援

【概况】 2020年，海曙区消防救援大队接警2060起，其中成灾火警142起。出动消防车3778辆次，出动警力2.32万人次；抢救被困人员99人，疏散人员75人，保护财产价值3623.4万元。

开展“11·9消防日”全民公益行动主题活动。严格落实消防安全知识宣讲小组常态化宣讲和消防监督员“每周一日”宣传教育机制，对社会单位系统开展消防安全培训。至年底，宣讲团累计开展培训130场，受众2万余人，消防监督员开展培训180场，累计受众2万余人，重要节点向目标人群发送短信提示信息10万余条。发挥消防队站和消防安全体验馆作用，组织消防救援人员和社会群众参观体验，累计对外开放85场。在省、市级主流级媒体推出专题节目，在中央和省级媒体累计发稿30篇。

【火灾隐患整治】 2020年，海曙区对8108家社会单位开展消防安全检查，发现并督改火灾隐患或违法行为1621处，下发行政处罚决定书367份，下发临时查封决定书18份，责令“三停”（停产、停业、停止施工）单位89家，处理举报、投诉案件591起，罚款256.2万元。办理公众聚集场所投入使用、营业前消防安全检查258家，指导服务社会单位252家，为服务对象直接节省资金2000余万元。8家重大火灾隐患单位摘牌并验收。

开展群租房与老旧小区消防安全整治，核查出租房27.3万户，下发整改通知12.3万份，完成隐患整改14.8万处，关停出租房1245户，打开逃生窗14.7万户，拘留26人，行政处罚1565起，罚款16.2万元；67个老旧小区基本完成改造，安装智能充电桩，消防车道画线，每个楼道增配灭火器、增配微型消防站等。在打通“生命通道”行动中，完成151家社会单位的消防车道画线。针对违章建筑严重影响企业消防安全的情况，联合区住建、“三改一拆”办等部门，累计拆除152处严重影响消防安全的违章建筑。

【消防演练】 2020年，海曙区消防救援大队先后组织开展8次全要素、全过程的实战综合演练，开展“单位熟悉”（熟悉重点单位建筑物使用及重点部位情况；熟悉重点单位内部的消防设施情况；熟悉重点单位的消防组织及其灭火救援任务分工情况）786次，灭火演练652次，其中夜间演练186次。

【消防救援力量培养】 2020年，海曙区消防救援大队召开镇（乡）专职消防队队长例会、微型消防站站长联席会议4次，每月组织专职消防队开展轮训、协同演练和实地帮扶，完成7个乡镇的专职消防队综合通讯指挥系统建设。依托古林微型消防站，实施微型消防站标准化体系培训，500人次完成培训考核任务。举办全区文旅体系统微型消防站安全技能比武大赛、全区“119”多种形式消防队伍大比武。建立市级水域救援专业队，购置水域救援装备50余件，并赴安徽参加抗洪抢险，1名指战员因表现突出，立个人三等功。

（林瀚森）

安全生产监督管理

【概况】 2020年，区应急管理局上报各类生产安全事故6起，死亡6人，比2019年同期减少2起、2人，分别比上年同期下降25%、25%。全区未发生较大以上生产安全事故，未发生造成重大损失和影响的自然灾害事故，总体形势保持平稳。

【“百日大会战”专项整治】 2020年，区应急管理局统筹推进“百日大会战”专项整治“回头看”23项重点工作的落实。采用派单督办和督查通报等形式，按期全面完成宁波市下达的第三批2889家小加工、小作坊企业复核检查任务。对各级暗访发现的问题隐患，加强督促整改。依托危化品领域专家力量，分两组对辖区危化品使用企业开展安全现状大排查，建立风险清单，排查确认危化品使用企业205家，组织安全评价评估和专家检查64家次，启动危化品使用企业安全生产规范化管理试点，指导418家小企业、小微企业和涉危化品企业在“浙江省危化品监管一图一表系统”上登记申报，纳入日志管理。

【安全生产综合治理三年行动计划】 2020年，区应急管理局印发《海曙区第二轮安全生产综合治理三年行动计划》，明确全区专项整治三年行动的目标任务、主要内容。其中包含1个总方案、3个专题方案和9个领域专项实施方案，形成“1+3+9”方案体系。组建由13个部门单位成员组成的工作专班，从公安、交通运输、消防、住建等4个部门各抽调1名工作人员进驻专班，实体化运作，推进三年行动任务落实。定期召集各专题、专项牵头部门召开会商会议，总结行动开展情况，研究分析综合性安全生产问题，部署安排下阶段重点工作，协调推进共性难点问题解决。至年底，完成年度任务146条，完成率达100%。

【安全生产专项整治】 2020年，区应急管理局先后开展高温熔融工艺、“三场所两企业”（涉燃爆粉尘作业场所、喷涂作业场所、有限空间作业场所，金属冶炼企业和涉氨制冷企业）、危险化学品企业等领域的专项执法检查。印发《海曙区高温熔融金属作业安全治理工作方案》，对排摸出的27家区内企业开展执法检查，查出隐患问题87条，全部落实整改。检查有限空间企业99家次，责令限期整改企业25家，整改145条隐患。邀请第三方专业机构的危化专家，排摸辖区127家化工医药企业，督促企业完成专项安评和备案。吸取“6·13”温岭槽罐车爆炸事故教训，对辖区8家危化生产经营企业开展全面检查，发现的隐患均整改完毕。

【医疗企业安全生产保障】 2020年2月，区应急管理局实地走访海曙长城卫生材料厂、宁波瑞诺医疗科技有限公司、宁波市海曙嘉晟模具厂等涉及医用口罩、医疗器械和医用生产原材料的重点企业，掌握企业生产情况，帮助企业解决实际困难。对已恢复生产和不停工的企业跟踪落实每天一次上门安全生产指导服务工作，进行安全风险研判，全力保障生产企业生产中不发生任何安全问题。在了解到海曙长城卫生材料厂存在订单大量积压、机器无人调试、安全生产存在不稳定因素的现实困难之后，联合洞桥镇安监所，为企业提供24小时蹲点指导服务。

【“安全生产月”暨云课堂“安全课”活动】 2020年6月1日，海曙区安委会负责人、区安委会有关成员单位分管负责人，各镇（乡）街道分管负责人等在区行政服务中心集中收看浙江省安委办线上举行的“安全生产月”启动仪式和云课堂专家论坛。启动仪式上，省安委办、省应急管理厅发布2020年全省安全生产公益广告，全省各地、各领域的代表围绕安全宣传进企业、进农村、进社区、进学校、进家庭交流安全生产经验。省公安厅、省建设厅、省交通运输厅、省消防救援总队等部门负责人分别就各自领域安全生产专项整治、安全生产月活动进行发言。省安委会副主任、省应急管理厅厅长表示，安全是最大民生，对标浙江“重要窗口”新目标新定位，通过安全生产月在坚定安全发展理念、聚焦活动重点、常态长效推进宣传，提升全社会的安全生产意识和安全生产能力。5位安全生产专家采取讨论座谈形式，就安全生产责任落实、安全风险防控、城市安全发展、应急处置工作、应急管理数字化监管进行交流探讨。

【生产安全事故应急演练】 2020年10月27日，2020年海曙区生产安全事故应急演练在鄞江镇百威（宁波）啤酒厂内举行，区消防救援、生态环境、卫生健康、公安派出所、交警、应急局等多部门联动参与。演练模拟百威公司在季节性停工检维修过程中，发生氨气大量泄漏和有限空间作业的事故，严重威胁周边企业安全。经企业与各部门有序开展应急救援，成功处置险情。

（董玉婷）

防灾减灾

【概况】 2020年，区应急管理局围绕国家级和省级综合减灾示范社区创建工作，指导各村（社区）广泛开展科普宣教活动，全面提升基层综合减灾和应急能力。至年底，高桥镇民乐村顺利通过省级“综合减灾示范社区”创建考评，作为创建样板，在全市推广。加强灾害信息员队伍建设，夯实基层防灾减灾基础，致力提升基层应急能力，筑牢防灾减灾救灾的人民防线。

【避灾安置场所规范化建设】 2020年，区应急管理局协调各镇（乡）街道，分步推进避灾安置场所规范化建设。统一各避灾安置场所的管理制度、功能分区、物资储备事项，及时修订和调整预案和物资代储相关协议，科学使用预算资金，协调各镇（乡）街道分步推进建设，按时完成27个避灾安置场所建设任务，全区累计有规范化避灾安置场所124个。同时，推进97个避灾安置场所的可视化建设，完成设备安装并实现数据传送联通。

【森林火灾扑救应急演练】 2020年7月中旬以来，受持续晴热高温、林区避暑休闲人员增加等诸多因素叠加影响，海曙区部分山区的野外火源管理难度加大。8月25日，区森林防灭火指挥部办公室组织开展森林火灾扑救应急演练，区应急管理局以及各镇（乡）林业站站长、森林消防队业务骨干等参加。演练模拟龙观乡外牌楼水库旁发生山林火情，乡林业站接到报告后，立即启动乡级森林火灾扑救应急预案，组织扑火队伍及群众开展扑救。因火势过大，龙观乡向区森林防灭火指挥部办公室请求支援，区森林防灭火指挥部抽调附近乡镇的森林扑救队伍紧急驰援，并在现场成立扑火前线指挥部。在统一指挥下，各扑火分队分别按各自职责实施扑火作业。队员使用灭火弹、背负式风力灭火机、细水喷雾器、森林消防高压水泵等扑救工具全力扑灭明火，并继续做好余火清理工作，留足人员看守火场，防止死灰复燃。

【地震灾害风险评估】 2020年9月14日，中国地震局工程力学研究所所长孙柏涛、省地震局震防中心副主任余刚群一行到海曙区开展地震灾害风险评估。工作组先后到章水镇郑家村和洞桥镇前王村，抽样选取当地不同结构类型、不同年代、量大面广的特色典型房屋进行详查。通过座谈交流、查阅数据、实地考察、无人机航拍、行车记录仪采录等方式，对相关地区建筑物的抗震能力、分布以及数量占比等情况进行初步调研。通过普查，系统掌握海曙地震灾害风险基本现状、地震灾害风险隐患底数、重点地区抗灾救灾能力等数据，为有效开展地震灾害防治、保障经济社会可持续发展提供灾害风险信息和科学决策依据。

【灾害信息员人身意外险推出】 2020年12月，海曙区与人保财险海曙支公司合作，在全省率先推出面向灾害信息员的人身意外险。此意外伤害险对象覆盖全区296名灾害信息员，规定凡海曙区域内参加巨灾理赔工作造成的人身伤害事故，不限时间地点均可得到赔偿；每起事故每人人身伤亡赔偿限额5万元，总保额超1400万元。

8月25日，海曙区在龙观乡组织开展森林火灾扑救应急演练

【市地震与地质灾害应急救援演练在海曙举行】 2020年12月2日，宁波市地震与地质灾害应急救援演练在海曙区举行。分别模拟2个场景：章水镇发生4.9级地震，造成部分房屋倒塌、受损，有人员伤亡；受连日强降雨影响，高桥镇突发山体坍塌和滑坡地质灾害险情，房屋被埋、人员受困。演练期间，通过三级联动方式，较好处置突发地震与地质灾害险情，同时全面检验全市应对地震与突发地质灾害应急响应的能力，为进一步完善应急响应机制，提高应急联动、抢险救灾能力提供经验。

（董玉婷）

政务服务和公共资源交易管理

【概况】 2020年，海曙区受理各类审批服务事项309.39万件，提前办结率达99.96%。区级交易平台完成公共资源交易项目1200宗，比上年同期增加19.05%。其中，工程建设项目202宗，比上年同期增长45.32%，节资率为7.77%；政府采购项目783宗，节资率4.49%。其他交易项目122宗，增长46.99%。镇（乡）街道交易平台完成交易项目556宗，增长14.40%。

【企业投资项目实现“阶段申报”】 2020年，为解决因审批办理过程增加、备案表下载端口不明晰、内部审批人员短信提示不及时、牵头部门变更反馈权力等造成的多项问题，“海曙区投资在线平台3.0”（工程审批系统2.0）完成新赋码政府投资项目100%“阶段申报”工作，标志企业投资项目基本实现“阶段申报”。该项工作得到省发改委投资处、市发改委审批处认可，并在全省逐步推行。海曙区新赋码的

8月10日，区政务服务办召集婚姻登记"一次跑不成"问题审联体会议，区人大代表、区政协委员，区人民检察院、海曙公安分局、区民政局等部门相关人员及律师、群众代表参加会议

所有非涉密投资项目，从登记赋码至竣工验收全过程的审批事项一律纳入3.0平台办理，经过2个月磨合，2019年底，以政府投资项目为试点，开始推行"阶段申报"工作。

【"无证件（证明）办事之城"改革】2020年，海曙区加快政务服务数字化转型，推动"无证件（证明）办事之城"改革工作。在窗口统一配置"宁波电子证明　共享核查平台"账号，依托"人脸识别""刷码识别"等技术，实现"人证合一"，确保各类电子证明准确核查与使用。不断丰富和拓宽"无证件（证明）办事"场景，相继在不动产登记、企业注册登记、婚姻登记、人社医保等47个领域落实应用"无证件（证明）办事"，包含1464项事项。年内，共计办理4486个证件（证明），基本实现群众日常办事所需全覆盖，并在全市率先实现公共资源交易领域"招投标无证件（证明）身份验证"。在各办事大厅239个窗口，统一配置摄像头和扫码枪，并依托"平台"数据动态排查风险点，确保关口前移。

【群众"一件事"发现机制构建】2020年，海曙区通过广泛收集、分析研判、检验检测等环节，精准挖掘群众"一件事"办事需求，构建"一件事"发现机制。建立包含200余人的问题"勘探队"，记录整理群众反映需要跑多个地方、跑多次的"麻烦事"，并放入"一件事"研究"样本框"。聚焦各级各部门发布的新政策，探寻"一件事"办事需求，部分"一件事"纳入"审联体"研究范围，论证可行性。根据省定、市定"一件事"落地中碰到的新情况新变化，根据结合本地实际，按照"一地一案"原则，加以补充完善。全年收集"一件事"样本22个，研判"立项"15个，推出租赁房屋落户"一件事"、房屋拆迁注销登记"一件事"等办理标准规范9个。

【村（社）24小时便民服务新模式试点】2020年，为加快实现偏远村（社）居民高频事项"掌上办""跑零次"，海曙区以高桥镇为试点，分别选取地理位置偏远的民乐村、人口流动频繁的长乐社区，开展村（社）24小时便民服务。新的服务模式引进"宁波办事"综合自助服务终端机，将民政、计生、社保、医保、残联等210余项民生事项统一纳入村（社）便民服务中心的服务范围，并推出"网格+专职代跑员"，村（居）民不出村（社）就能享受代办、咨询、帮办、指导办等服务，实现随时办、就近办，填补"八小时工作制"外的盲区。

【"一小时预约响应"机制推行】2020年初，出于防疫安全要求，海曙区行政服务中心关闭大部分现场办理窗口，只开放少数群众急需且必须到现场办理的窗口，其他办理事项只开设值班窗口。为解决给群众办事造成不便的问题，中心特别推出"一小时预约响应"机制，各进驻中心部门的电话全部设置呼叫转移，电话24小时开机，群众通过电话预约确认后，工作人员一小时内到达现场并提供办理服务，确保疫情防控期间服务"不断档"、质量不下降。

【工程建设项目线上招投标】2020年，海曙区深化"最多跑一次"改革，兼顾疫情防控和复工复产，以东恩中学应急维修工程项目为试点，创新引入线上招投标模式，成为全市首个通过现场直播的方式完成开标的工程建设项目。为确保阳光公正，开标直播室设置主持、记录和监管专职人员，依托"浙政钉"直播功能，与10家投标单位进行实时互动。现场开标、唱标、摇出下浮率至开标结束，全程仅用时20分钟。

【限额以下工程建设项目招投标全程电子化】2020年，依托新启用的限额以下工程建设电子选取系统，海曙区口腔医院开明分院装修工程发布电子邀请函，招标单位、参选报价单位、监管中心均通过该系统电子选取，实现所有主体"跑零次"。与传统招投标相比，全流程电子选取可促进公共资源交易的公开透明，同时，投标单位无须到达开标现场，在线上可完成报名、标书制作上传、查看随机抽取中标情况等，大幅降低交易成本。

（陈奕霖）

相关链接：

"两直"资金：指财政部通过建立特殊转移支付机制，直达市县基层、直接惠企利民资金。

防灾减灾"两个坚持"：指坚持以防为主、防抗救相结合，坚持常态减灾和非常态救灾相统一。

税收征管质量"5C"评价：指税务征收、纳税服务、风险管控、税务检查、自我就转增和法律救济评价。

人力资源和社会保障

综　述

【概况】 2020年，海曙区城镇新增就业人口20290人，城镇失业人员再就业7423人，就业困难人员再就业2745人，城镇登记失业率为2.49%。接收高校应届毕业生7746人，发放创业担保贷款1.49亿元。发放就业补贴1.69亿元、失业保险稳岗返还超1.7亿元。户籍人口养老保险参保率达99.44%，减免（征）社保费21.7亿元。“3315计划”人才入选数连续3年居全市第一，人才总量达27.88万人。

深化“无欠薪”工程建设，开发用工监测微信小程序，创建省“无欠薪示范区”。运用劳动纠纷多元化解模式，仲裁结案率、调解成功率、网络办案率达98.5%、85.5%、21.9%。

【人力资源和社会保障工作会议】 2020年4月29日，海曙区召开2020年全区人力资源和社会保障工作会议。会议全面贯彻落实区委、区政府有关决策部署和省、市人社工作会议精神，回顾总结上年工作经验，部署推进2020年具体工作，确保顺利完成全年目标任务。区委常委、常务副区长谭国洪在会上讲话，区人社局党组书记、局长钟金龙作主题报告。

【人社服务大厅启用电子社保卡扫码盒】 2020年7月起，区人社大厅社保、医保、就业服务、人才服务等业务功能区37个经办窗口启用电子社保卡扫码盒。参保人除携带身份证或社保卡等实体证件外，可凭电子社保卡进行线下扫码，在窗口正常办理相关社保、医保等业务，以及享受参保证明打印、社保信息查询、养老金测算、养老保险关系转移等80余项人社业务服务。通过该服务，实体社保卡与电子社保卡线上线下进一步有机融合、协同并用。

（刘　平）

人才工作

【概况】 2020年，海曙区“百创汇海”计划继续深化。“3315计划”人才入选数连续3年居全市第一。新建成海外引才引智工作站3家、博士后工作站3个。多次开展校招活动，组织企业赴10所高校开展招聘对接。发放购房补贴1.17亿元。新增高技能人才7038人。在全市率先开展快递工程专业助理工程师和工程师职称评审工作。

【职称政策“云宣讲”活动】 2020年4月10日，区人社局走进宁波交通工程建设集团有限公司开展职称政策“云宣讲”活动。“云宣讲”活动设立8个分会场，以视频形式向企业的专技人才和职称工作负责人进行电子证书管理和职称评审政策的专题解读。宁波交工厦门、杭州湾等地分公司的150余名相关人员收看。

【新兴产业高层次人才洽谈会】 2020年4月25日，海曙区举办“互联互通·智引未来”2020年新兴产业高层次人才洽谈会，全区15家重点行业企业参会，343名中高层次人才进场应

4月27日，海曙区举办2020年新兴产业高层次人才洽谈会

聘。其中，硕士及以上学历人数超5成，经洽谈，达成初步面试意向65人。

【参加市数字贸易产业人力资源服务供需对接会】 2020年7月16日，宁波市数字贸易产业人力资源服务供需对接会在宁波国际会展中心举行，海曙区内的17家企业与11家人力资源机构参加。活动现场，宁波（国际）电子商务产业园与宁波保税区人事劳动社会保障局签订合作框架协议；宁波嘉乐投资控股有限公司与浙江纺织服装职业技术学院、宁波现代纺织服装产业学院达成校企合作协议。

【“百创汇海”高层次人才海外创业大赛】 2020年8月1日至12月31日，海曙区举办首届海曙“百创汇海”高层次人才海外创业大赛。大赛聚焦打造智能经济、数字经济、时尚经济三大产业集群，410名来自全球的高层次人才报名参加，82个申报项目涵盖新材料、新能源、高端装备、生物医药、节能环保、新一代信息技术为代表的六大战略性新兴产业或高端服务业，至活动结束，共有11个高端人才项目入围决赛。

【参展“高洽会”】 2020年9月18日，宁波市第二十二届高层次人才智力引进洽谈会（简称“高洽会”）暨长三角青年人才招聘会举行，50家海曙区优质企业参加高洽会，发布岗位600余个，收到简历1152份，其中硕士以上学历415人，占比36%，376名人才与用人单位达成初步意向。区人社局在活动期间举办“英才‘海’聚·‘曙’你未来‘直播带岗’”活动，由相关负责人介绍海曙区的区情和引才政策，“直播带岗”活动吸引1.6万余人观看。

【“‘甬’动青春·‘曙’你未来”活动】 2020年11月8—9日，区人社局组织辖区11家重点企业赴位于南昌市的华东交通大学、南昌航空大学等高校，开展“甬”动青春·“曙”你未来招聘会。参会企业提供岗位近100个，需求人才超500人。招聘会现场吸引200余名大学生投递简历，95人达成初步意向。

（刘　平）

3月20日，区人力社保局举办“海曙有你　复产有力”春季综合性人才洽谈会

就业创业

【概况】 2020年，海曙区发放各类就业补贴1.69亿元、创业类补贴5000余万元。实施失业保险扩围政策，发放失业金1.2亿元、失业补助金760余万元，惠及9.3万人次。506名就业困难人员通过公益性岗位实现再就业。19个社区（村）获评市级高质量就业社区（村）。

举办“匠心汇海”职业技能竞赛14场，培训技能人才34616人次。建立技能等级认定试点企业5家。深化东西部扶贫劳务协作力度，吸纳贵州省黔西南州建档立卡人员稳定就业529人，区人社局副局长赵开宏获浙江省东西部扶贫协作“突出贡献奖”。

【全市首架“扶贫+复工”包机】 2020年2月21日，由区人社局牵头组织的全市首架“扶贫+复工”包机抵达宁波栎社机场，接回黔西南州贞丰县、义龙新区员工155人，其中建档立卡贫困人员97人，分别被安排到辖区9家企业就业。为助力企业复工，2月初，区人社局开展企业用工需求排摸，在此基础上计划组织人力资源公司派专员奔赴贵州，与当地政府对接合作，推进对口帮扶和员工返工相关事宜。区经合局与东方航空公司协商，在最短时间内确定包机返工事宜。此项工作被中央电视台《朝闻天下》等媒体宣传报道。

【首趟复工专列】 2020年2月29日晚，海曙区组织的首趟复工专列运送741名阜阳籍务工人员抵达海曙，返岗百余家海曙区企业。2月始，海曙区组建工作专班，通过电话问访、重点走访、问卷查访等形式，对730家企业进行用工情况排摸，根据排摸情况，赴疫情较轻的安徽阜阳开展人员返岗工作。为提升复工效率，同时做好防疫安全，工作专班对每名务工人员按照镇（乡）街道区域进行划分，抵达海曙后分批返回企业。

【春季综合性人才洽谈会】 2020年3月21日，海曙区举办“海曙有你　复产有力”春季综合性人才洽谈会。120家海曙企业参加，提供岗位4100余个，收到线上简历631份，1378名求职者入场，300余名人才与用人单位达成初步意向。

【海曙·贞丰东西部扶贫劳务协作暨民营企业招聘月专场招聘会】 2020年7月14—15日，宁波市海曙区·黔西南州贞丰县2020东西部扶贫劳务协作暨民营企业招聘月专场招聘会在贞丰县举行。招聘会主要面向贞丰县、义龙新区易地扶贫搬迁户，培训后未就业人员，返乡回流人员等在内的应聘者。13家海曙民营企业提供普工、装配员、包装工、保洁员、美发、美容学徒等用工需求1942个，35名务工者在现场与海曙企业签约就业。

【市“世界青年技能日”主题宣传活动在海曙举行】 2020年7月15日，由市人社局和海曙区共同主办的2020年宁波市“世界青年技能日”主题宣传活动在高鑫广场举行。活动以“未来与宁波·共成长：新青年、新技能、新梦想”为主题，推出咖啡、烘焙、折扇制作、智能机器人、插花、保健按摩、小儿推拿、美甲化妆、盘发剪发等20余个技能体验项目。活动现场放置宣传展板，展示全区技能人才队伍建设和职业培训发展成果及近年来技能人才政策实施情况及成效。

（刘　平）

社会保障

【概况】 2020年，海曙区户籍人员养老保险参保率达到99.44%，居全市前列。企业职工社保缴费单位4.06万家，养老保险、失业保险、工伤保险缴费人数分别为38.4万人、36.1万人、43.4万人；各类待遇享受领取人数累计210.46万人次，待遇发放总额46.28亿元。开展社保精准扶贫，重点困难对象核查率、参保率达到100%。

【社保卡20周年惠民服务季海曙站活动】 2020年1月9日，由市人社局主办，区人社局承办的“相随20年·相伴您一生”社保卡20周年惠民服务季（宁波）海曙站在宁波市社保大厦举办。活动发放宣传资料300余份，提供政策咨询500余次，换领第三代社保卡和签发电子社保卡250张。

【镇（乡）街道社保基金专项检查】 2020年6月18—28日，区人社局成立专项业务检查小组，对2020年度洞桥、石碶、章水、集士港、江厦、西门6个镇（乡）街道的社会保障和公共就业服务中心开展专项检查。涉及退休人员社会化管理经费使用情况、公益性岗位走访及经费使用情况、灵活就业补贴及创业者社保补贴、2017—2019年历年整改落实情况4项内容。经查，镇（乡）街道下放业务经办、经费使用基本符合规定，历年整改情况总体较好，基层业务规范性和准确性有较大提升。

【国有企业退休人员社会化管理服务承接培训会】 2020年10月15日，区人社局组织召开国有企业退休人员社会化管理服务承接培训会，各镇（乡）街道社保服务中心负责人及企退管理服务工作人员参加培训。培训会传达学习《中共宁波市委办公厅宁波市人民政府办公厅关于印发〈宁波市国有企业退休人员社会化管理工作实施方案〉的通知》文件精神，研究部署国有企业退休人员人事档案移交工作。

【“智慧人社服务一生”电子社保卡启用服务活动】 2020年11月17日，区人社局、月湖街道在月湖盛园联合举办社会保障和公共就业服务主题活动日暨“智慧人社服务一生”电子社保卡启用服务活动。现场通过设立宣传展台、横幅展板，趣味有奖问答，上传抖音视频等形式，进行人社领域应用、政策宣传。活动共向群众发放宣传资料200余份、有奖问答奖品100余份，接待群众咨询180余人次。

（刘　平）

劳动关系

【概况】 2020年，海曙区深化“无欠薪”建设，开发微信用工监测小程序，开展执法监察，加强《农民工工资支付条例》宣传，全年受理举报投诉案件1857件，结案率100%，被评为省“无欠薪示范区”。

推进“六有、六统一”基层调解组织建设和仲裁“云维权”“掌上仲裁”建设，92.48%以上的劳动人事争议化解在基层。强化源头治理、主动预防，深入推进“双爱”活动，开展工伤、仲裁“普法进企业”等活动，指导企业规范管理和用工。召开稳定劳动关系专题会议，印制《疫情期间劳动关系政策指南》，维护新冠肺炎疫情期间劳动关系的和谐稳定。

【区首批仲裁监督员上岗】 2020年1月，经过公开选聘、公示等一系列法定程序，7人成为首批海曙区劳动人事争议仲裁社会监督员，聘期两年。仲裁监督员来自区总工会、律师事务所、社区等单位，主要从事窗口服务或者法律相关工作。受聘后，通过庭审旁听、工作通报、座谈交流等方式，对海曙区劳动仲裁工作人员的工作态度、服务水平、职务廉洁等进行全方位监督，了解区仲裁院的行风建设。同时，担负起向社会公众宣传劳动人事争议仲裁工作的责任，并及时收集反馈社会各界的意见和建议。

【稳定劳动关系专题会议】 2020年3月16日，海曙区召开稳定劳动关系专题会议，部署新冠肺炎疫情期间稳定劳动关系工作。会议强调要坚持预防为先、快速为要、调处为主，全力做好劳动纠纷源头治理工作，巩固“无欠薪”创建成果，提高劳动争议调处效能。要严格落实属地责任，切实强化协同协办，用足用好工作载体，努力维

3月6日，全区稳定劳动关系专题工作会议召开

护全区劳动关系总体和谐稳定。区人社局党组书记、局长钟金龙作工作部署，包括全面落实社保减负政策、积极开拓就业创业渠道、切实加强劳动用工领域情势研判等工作。

【“根治欠薪夏季行”活动】 2020年7月27日至8月31日，区人社局开展“根治欠薪夏季行”活动。其间，区人社局联合住建、交通、农业等部门，强化对企业日常劳动用工和工资支付行为的监管，处置欠薪案件和欠薪隐患苗头，共检查在建工程项目26个、企业200余家，处置欠薪案件29件，涉及金额28万元。

【区劳动保障监察大队获评省“无欠薪”建设先进集体】 2020年12月28日，浙江省根治欠薪工作领导小组发文，表彰“无欠薪”县（市、区）建设先进集体和先进个人，海曙区劳动保障监察大队位列其中，是宁波市受表彰的4个集体之一。

（刘　平）

人事管理

【概况】 2020年，海曙区面向优秀高校应届毕业生实施招考2场，招聘优秀高校应届毕业生96人。实施面向社会招聘事业人员，招录事业人员70人。推出面向全国招聘文博类优秀人才的事业招聘，指导教育、卫生系统公开招聘8次。

推进事业单位工作人员职业生涯周期“一件事”改革，全面运行“一件事”管理服务平台。落实海曙区新冠肺炎疫情防控一线医务人员临时性工作补助发放。开展机关事业单位养老保险制度改革。

【职业生涯全周期“一件事”管理服务平台启用】 2020年7月15日，事业单位工作人员职业生涯全周期“一件事”管理服务平台启用，15个事业单位人事管理事项纳入“一件事”管理服务平台。此系统线上模式可缩短办理时限、精简办事材料，办理时限由10余个工作日压缩至1~2个工作日，实现“跑零次”。至年底，办件量1650件。

【事业单位新聘用人员初任培训班】 2020年12月7—9日，由区委组织部、团区委、区人社局、区委党校联合举办的海曙区2020年度事业单位新聘用人员初任培训班在浙江万里学院开班。153名事业单位新聘用人员、年轻的事业单位干部代表参加为期3天的培训。

（刘　平）

流动人口服务管理

【概况】 2020年，海曙区共有流动人口55.13万人。按性别分，男性30.5万人，女性24.63万人；按年龄分，16周岁以下5.52万人，16~60周岁47.15万人，60周岁以上2.46万人；按学历分，本科及以上学历1.69万人，大专2.78万人，高中（中专、中技、技工学校）6.75万人，初中及以下43.91万人。招收流动人口随迁子女7566人，入读区内初中、小学。将符合条件的流动人口子女纳入公益普惠性学前教育公共服务体系，共招收14268名流动人口随迁子女入园。

推进流动人口公共租赁住房货币化补贴，出台《宁波市海曙区人民政府办公室关于调整公共租赁住房部分实施标准和政策的通知》。149户流动人口家庭获得公共租赁住房租赁补贴；全年新增流动人口公共租赁住房保障家庭60户204人，累计保障流动人口家庭473户。推进量化积分落户应用，20户流动人口家庭办理积分落户。

突出信息化运用，提升服务管理质效。通过“阿拉警察”App、二维码门牌、企业自主申报系统等信息化手段，便利流动人口通过互联网在线申报，提高居住登记主动申报率。采取社区民警、辅警、网格员错时工作制，为流动人口提供送证上门、法律咨询等便民服务，开展宣传活动50余次，发放宣传资料50000余份，累计张贴出租房屋二维码261450张，提供上门送证服务2000余次。

对流浪人员开展排查，累计发现、救助流浪人员160余人。

【流动人口技能培训】 2020年，海曙区培育建设宁波市保姆市场、浙江商业技师学院、宁波梁祝文化产业园和宁波海丽职业培训学校首批4家现代服务业技能创业孵化实训基地，累计开展技能创业培训1258人次，成功创业79人。培育技能大师工作室，鼓励和引导获宁波市级以上荣誉的高技能人才和有绝技绝活的技术能手建立技能大师工作室。至年底，百对师徒结对，培育各类高技能人才152人。设立海曙区企业新型学徒制培训基地，探索“政—校—企”合作培养模式，在区内推行“招工即招生、入企即入校、企校双师联合培养”的新型学徒制。

【劳务协作扶贫】 2020年，海曙区与贵州贞丰县、义龙新区分别签订对口帮扶协作框架协议，成立黔西南州贞丰县、义龙新区驻海曙区劳务协作工作站，向两地在宁波的务工人员提供就业创业、社会保障、劳动维权等方面的综合服务。借力第三方机构在扶贫政策宣传、组织输送等方面优势，发挥爱心企业吸纳贫困劳动力的作用，不断提高劳务协作组织化专业化水平，全年累计吸纳黔西南州建档立卡人员在海曙稳定就业522人，培训1082人次，发放扶贫各类补贴174万余元，惠及企业54家次。

【方伟华获评“全国优秀农民工”】 2020年12月15日，浙江恒威集团生产副总经理方伟华获“全国优秀农民工”称号。多年来，方伟华潜心钻研，持续提升核心业务能力，有效攻克多个企业生产技术难题，公司生产的线切割中走丝机床位在国内中高端市场有较大影响力。2020年疫情期间，方伟华帮助企业员工申领各类相关补助，并组织“陪聊团”，纾解员工心理压力，在企业营造良好的生产、生活环境。除获评“全国优秀农民工”外，他还先后获得“浙江省百佳农民工”“宁波市首席工人”“宁波市优秀外来务工人员”等荣誉称号。

（叶少艾）

科 技

综 述

【概况】 2020年，海曙区科技局高标准推进“科技争投”攻坚行动，为全区高质量发展提供科技支撑。全年高新技术产业增加值84.66亿元；规模以上工业企业研发费用20.6亿元；高新技术产业投资20.0亿元。

深入实施“初创、高新、领军”计划，加快中小型企业备案和各类认定进度。聚焦研发机构与高端平台、众创空间建设，为区域创新主体培育提供新动能。进一步完善“工业、建筑业、服务业”产业投入驱动体系，全年全行业研发投入超过32亿元，比上年同期增长18.1%，其中工业21.49亿元、服务业3.43亿元、建筑业7.49亿元。面向重大科研项目开展针对性辅导，进一步引导科技成果资本转化。

充分利用国家高层次人才服务区域发展新平台“科技领军人才创新驱动中心”落户海曙优势，聚焦海曙区战略支撑产业、优势主导产业和战略新兴产业，挖掘企业发展需求，加强资源整合和跟踪服务，围绕产业链，配置创新链，构建人才链，促进区域科技创新和产业发展。经常性开展战略规划咨询、产业基础对接、成果项目落地等活动，不断提高服务效率和服务质量，推动人才与本土企业的深度融合，减轻企业负担。

组建科技小分队，深入企业、社区等基层一线，及时做好科技政策兑现、抗疫项目申报等工作。强化科技信贷风险池作用，为企业提供贷款金额超1亿元。加强科普教育基地建设，密切与国家（省）级学会联动，院士工作站建设顺利，工业互联网研究院院士工作站获评市级企业院士工作站。

【科技活动周】 2020年8月24日，由区科技局（区科协）主办的2020年海曙区科技活动周启动。此次活动周共设置2个分会场，实地展示企业科技战疫成效及高端产业技术平台的技术成果。并邀请部分市民，尤其是青少年走进区内科技类企业及高端产业技术平台，采取“沉浸体验+实验互动”形式，展示海曙区近年来的科技成果，近距离感受科技成果所带来的变化与帮助。

【“科技领军人才海曙行”活动】 2020年9月，“智汇海曙，制赢未来”科技领军人才海曙行活动举行，海曙区在科技部人才中心支持下，邀请国内高校、企业的9位科技领军人才到区内参观考察，面向专家推介海曙区科技项目成果。同时，组织5位专家到宁波中天海德液压有限公司等5家本土企业，通过“一对一”现场对接、定制方案等，破解企业在制造工艺、电子信息等方面的发展难题。

【宁波工业互联网研究院入选省级名单】 2020年11月，省科技厅公布2020年度省级新型研发机构拟认定名单，宁波工业互联网研究院有限公司（工研院）凭借优秀的平台建设、项目研发和出色的引才能力入选。申请截止时，

9月，“智汇海曙，制赢未来”科技领军人才海曙行活动举行

工研院引进高科技人才290余人，入驻院士2人，孵化企业8家，承担国家级项目6项。此外，在申报科技部国家工业互联网国际专业化众创空间的同时，国家工业互联网平台应用创新推广中心中标工信部重点平台项目。此次工研院入选，标志着海曙区产业技术研究院建设取得较大进展，也为海曙区推进高水平新型研发机构建设，提升区域创新体系整体效能，高水平打造国内一流创新型城区提供有力支撑。

（何海丰）

科技创新

【概况】 2020年，海曙区主要科技创新指标保持平稳增长、持续向好态势，技术交易额提前完成年度目标任务，国家高新技术企业、科技型中小企业培育等指标创历史新高。实现高新技术产业增加值84.66亿元，比上年同期增长3.5%；规模以上工业企业研发费用20.60亿元，增长13.5%；高新技术产业投资20.04亿元，增长16.5%；1—12月科技服务业实现营业收入25.76亿元，增长17.4%。

【防疫科技应用项目立项数居全市首位】 参见“专记”类目“2020年海曙区抗击新冠疫情”分目

【科技创新服务企业系列活动】 2020年7月9日，海曙区科技服务企业系列活动开幕。活动包含3个部分，开幕式当日召开“智汇海曙”人才团队技术成果对接会，对接会聚焦先进技术合作，进行技术成果推介和合作洽谈。7月13日，举办海曙区科技惠企政策宣讲会，来自170家辖区企业的300余名负责人、员工参会，邀请市生产力促进中心高级工程师郭斯勇、部长林方平分别对2020年度宁波市高新技术企业认定申报实务和科技大市场服务功能、技术合同登记及相关政策研读等主题进行讲解。此外，还开展多次面向区内重点企业技术创新能力的问诊活动，助力企业破解创新难题。

【284家企业获评市“科技型中小企业”】 2020年10月，市科技局公示2020年度宁波市科技型中小企业名单，浙江凌图科技有限公司等284家海曙区企业入列，涵盖新材料、生物医药、新能源与节能、电子信息等高新技术领域。至此，全区市级科技型中小企业达1398家，位居全市前列。

【宁波海曙时尚服装服饰产业创新服务综合体获评省级综合体】 2020年11月，浙江省产业创新服务综合体创建名单公示，全省40家综合体入选，宁波海曙时尚服装服饰产业创新服务综合体成为全区首个省级产业创新服务综合体。宁波海曙时尚服装服饰产业创新服务综合体以宁波嘉乐投资控股有限公司为基地，以智尚服装产业园为平台，聚焦服装服饰新动能培育和传统动能修复，通过政府引导、企业主体，高校、科研院所、行业协会以及专业机构共同参与，集聚服装服饰各类创新资源，为服装服饰企业创新发展提供全链条服务。

（何海丰）

科技项目与科技成果

【概况】 2020年，海曙区围绕重大科研项目，开展科学技术奖要素辅导，推荐申报省、市科学技术奖8项。宁波三生生物科技有限公司通过国家科学技术二等奖初评，实现海曙区企业获评国家级科学技术奖励初评入选零的突破。工研院教授褚健成为首位入选市“顶尖人才”项目的企业专家。

推进科技大市场建设，开展海曙区科技创新服务企业系列活动，赋能区内企业技术创新能力提升，初步摸排技术需求13项，达成意向6项，全年技术交易额突破17.5亿元，比上年同期增长15.9%。引导成果资本转化，鼓励资本市场融资，宁波三生生物科技有限公司入选宁波市科创板拟上市企业储备库。

【产业技术研究院建设】 2020年，海曙区聚焦高端平台建设，成立由区委书记、区长担任双组长的产业技术研究院工作推进小组，以高效联动、定期会商、闭环管理为工作机制，推进多个研究院建设发展。保障望春工业园区宁波国家高新区“一区多园”工程稳步推进，引进宁波阿里创新中心，宁波工业互联网研究院、上海交通大学宁波人工智能研究院、宁波智能技术研究院、宁波智能制造技术研究院等重大平台运行平稳。至年底，各研究院共集聚人才456人，新建创新平台24个，孵化高科技企业21家，申请专利93项。

【防疫科技应用项目立项数居全市首位】 参见“专记”类目“2020年海曙区抗击新冠疫情”分目

宁波市智能制造技术研究院

【“三生生物”通过国家科学技术奖初评】 2020年8月，国家科学技术奖励工作办公室公布2020年度国家科学技术奖的初评结果，共有46项国家自然科学奖项目、47项国家技术发明奖通用项目、133项国家科学技术进步奖通用项目获评。其中，由宁波三生生物科技有限公司技术副总翁士乔参与完成的良种牛羊卵子高效利用快繁关键技术获2020年度“国家技术发明奖”农林养殖组二等奖，实现海曙区企业获评国家级科学技术奖励初评入选零的突破。该项目成果在全国大规模推广，在“光明”“三元”“奥群”等种业龙头企业扩繁优质种牛75万头次、种羊16万只次。

【海曙区省级“优秀众创空间”总数列全市第一】 2020年10月，省科技厅公布2020年度“优秀众创空间”名单，宁波市10家单位被授予省级“优秀众创空间”称号，海曙区海蓝宝众创空间、海中金创业园、宁波电商城、创客157创业创新园4家众创空间入选，获评数量居宁波第一，这是海曙区首次获评省级“优秀众创空间”。

（何海丰）

科普工作

【概况】 2020年，海曙区科协深化学（协）会联络制度，不断推动科协组织向基层延伸，新建企业科协5家、园区科协1家。至年底，累计建成企业（园区）科协24家。

在新冠肺炎疫情常态化防控背景下，动员各镇（乡）街道科协、学（协）会及科技工作者，发挥专业优势，依托科普e站、科普画廊和微信公众号，开展防疫科普宣传，精准推送科普文章，下发《新冠肺炎防控企业复工员工防护指南》、防疫手册、宣传挂图等防疫复工科普宣品2万余份。科协全体干部赴高桥镇蒲馨社区参加一线防控；区医学会和心理协会主动请战，组建志愿者队伍加入到防疫一线，相关做法被2月26日人民论坛网报道。

11月27日，宁波市第十一届学术大会乡村振兴分会场在海曙区举办

实施“基层科普行动计划”，充分利用上级科协提供的各类优质科普资源，拓宽科普阵地，为提升全民科学素质服务。全年合计投入100余万元用于科普基础设施建设，新建20座标准科普画廊，建成月湖街道“21世纪车间”机器人科普实践基地、章水镇院士文化礼堂科普馆，联合区气象局建成古林镇、白云街道2个气象科普公园。深化中老年智能手机操作技能普及工程，培训中老年学员13800人次。持续开展“科普五百惠民”行动，区科协与市科协同步给予活动专项经费1:1配套补助，提升基层科协工作积极性，组织开展科普活动和报告32场。

向上级科协推荐“百佳企业科协”“百佳企业工作者”“科技追梦人”，其中，宁波尚善口腔企业科协获评省“百佳企业科协”，狮丹努集团股份有限公司科协主席徐建昌获评省“百佳企业科协工作者”，古林镇中心小学教师胡金伟获评宁波市“科技追梦人”。

【“全国科技工作者日”活动】 2020年5月29日，海曙区组织开展第四个“全国科技工作者日”活动。区科协、区科技局走访市级科普教育基地尚善口腔、宁波三生生物科技有限公司等18家企业（园区）科协，向科技工作者送去慰问，并和部分企业负责人就科技人才政策、企业复工复产中遇到的问题进行交流。

【“全国科普日”活动】 2020年9月20日，区科协、科技局、鼓楼街道在鼓楼步行街城楼广场举办以“决胜全面小康，践行科技为民”为主题的展览及科普活动。现场举办包括战疫先进人物故事分享、疫情防控知识普及、抗疫服饰展示、免费心理咨询等科普体验活动，2000余人参加活动。

【市第11届学术大会乡村振兴分会场活动在海曙举办】 2020年11月27日，宁波市第11届学术大会乡村振兴分会场在海曙区举办。分会场以“乡村振兴贡献青春　重要窗口展现新貌”为主题，各学（协）会会员、科技工作者、优秀论文作者等105人参加活动。会议围绕如何强化“乡村振兴”人才支撑、加快培育新型农业经营主体、推动乡村产业迈上新台阶进行讨论发言。分会场共征集学术论文42篇，向市学术大会论文集推荐41篇，评出分会场优秀论文10篇，并在现场为各位优秀论文作者颁发荣誉证书。

【顾方舟纪念展】 参见“民主党派·群众团体”类目“海曙区科学技术协会”分目

（沈雷雄）

气象科技与防灾减灾

【概况】 2020年，区气象局将气象课题研究同服务海曙经济社会发展相结合，完善气象观测站网布局。聚焦茶叶、樱花、水稻等海曙特色农产品，建立樱花花期观赏物候期预报模型、早稻产量预报模型，新增布设农田小气候站和实景观测设备，提升樱花花期预报、单季晚稻百亩方超高产攻关、茶叶灾害防御的气象科技支撑能力。

围绕新时代气象防灾减灾能力六大提升行动，提高基层气象防灾减灾能力，推动气象防灾减灾纳入区网格化管理体系，创建省级气象防灾减灾标准化村（社区）11个，气象融入村社区防汛防台形势图。同时，逐步完善覆盖城乡的气象科普体系，推动气象科普进农村、进社区、进企业、进学校。

【立体气候观测系统建设】 2020年，海曙区初步形成由地基、空基、天基组成的立体气候观测系统。地面气象监测网络方面，升级、迁址、新建气象监测站4个，至年底，共有地面观测站24个，自动站网密度达5千米。并建有大气成分观测站、大气电场仪、闪电定位监测仪、雪深仪、能见度观测仪等设备。不断优化完善空基和天基检测网络，共享市气象局建设的双偏振多普勒天气雷达、毫米波雷达、激光能见度雷达、风廓线雷达和微波辐射计等设备；实时获取省气象部门的3个探空观测、10部天气雷达、超过2500个地面气象站以及中国气象局发布的风云系列极轨和静止气象卫星云图产品。

【负氧离子等级预报技术研究】 2020年，区气象局开展的“负氧离子等级预报技术研究”项目获市气象局科技研究开发与成果转化三等奖。项目分析宁波负氧离子时空分布特征、负氧离子浓度与气象要素和环境要素的关系，建立负氧离子预报模型，建立负氧离子等级预报业务产品平台。项目开发的负氧离子浓度分析、等级预报和空气清新度产品和技术，为海曙杖锡风景区评选浙江省“避暑气候胜地”、五龙潭风景区评选“乡村氧吧”提供气象科学依据。

【茶叶全生育期观测】 2020年，区气象局推进茶叶气象立体观测系统建设。在五龙潭茶场新增布设观测设备，实时获取不同高度温度、湿度等气象要素信息，实现气象要素梯度观测，为建立茶叶生长各时期农业气象指标库、开展茶叶气象灾害研究提供数据支撑。在大岗山茶场布设高清视频监控设备，360° 捕捉气象观测设备和附近茶园实景图，通过光纤数据传输实景图像，远程掌握低温、霜冻、雨雪等灾害性天气等对茶树生长的影响，积累茶叶气象灾害物候观测资料。

四明山（杖锡）樱花

【樱花花期气象预测】 2020年，海曙区完成浙江省气象局科技项目——宁波四明山樱花花期预报研究。项目利用气候预测资料分析有效积温、气候偏离值对多年气候平均值的调整等，建立樱花花期观赏物候期预报模型，利用该模型，结合智能网格预报产品和樱花实景监控设备，并联合市生态环境气象中心发布樱花花期气象预测。相关做法入选省“三服务”活动月度十个好典型，获评宁波市气象局2020年度创新项目。

【省“气象防灾减灾标准化村（社区）”建设】 2020年，海曙区全面开展省级气象防灾减灾标准化村（社区）创建。按照省级气象防灾减灾标准化村（社区）需具备完善的防灾计划、服务体系、信息员队伍、气象监测与服务设施、应急准备与响应、防雷减灾、科普培训与宣传、长效机制等八有标准，安排业务人员多次到创建村（社区），实地检查软硬件设施，查看台账资料，提出相关建议。年内，新建11个省级气象防灾减灾标准化村（社区），全区总数达到88个。

【气象灾害防御知识科普】 2020年，海曙区初步构建完成覆盖城乡的气象科普体系。在“3·23”世界气象日、防灾减灾日、全国科普日等重要节点，开展气候变化科普宣传，推进气象科普知识进农村、进社区、进企业、进学校。创建龙观乡大路村和洞桥镇上水碶村农村文化礼堂气象科普点；依托高桥小学和广安社区两个全国气象科普基地，开展线上科普活动；制作科普视频《台风灾害那些事儿》，获全市气象科普优秀作品二等奖。

【气象因子对水稻高产的影响研究】 2020年，区气象局调研海曙区数字农业园、洞桥天胜农场等地，根据水稻种植区气象服务需求，新建自动监测站点，申报宁波市气象科技项目《气象因子对海曙区水稻高产的影响研究》。该项目利用水稻产量和水稻生长期气候资料，得出最优产量预报方程，建立海曙区早稻产量预报模型；总结水稻达到高产丰收的最佳气象条件和气候资源配置，为新型农业生产经营主体和海曙区单季晚稻百亩方超高产攻关提供气象服务。

（沈铭劼）

教　育

综　述

【概况】 2020年，海曙区有中小学63所，其中初中12所、九年一贯制学校11所、小学39所、特殊学校1所，在校中小学生79979人；幼儿园131所，在园幼儿33282人。义务段入学率、中小学巩固率均为100%，初中升入高中段比例为100%，“三残”（智残、体残、肢残）儿童入学率100%。有事业编制教师4915人，省特级教师11人、正高级教师7人、市名教师30人、市学科骨干教师50人、市名（骨干）校长17人、市甬派教育管理名家培养对象9人、市名（骨干）班主任6人，9名教师入选市领军与拔尖人才第一、二、三层次培养人选。

开工新建丽园南路学校新建项目、新芝小学迁建项目九年一贯制学校新建项目、横街幼儿园（凤岙园区）新建项目等8所学校（幼儿园）。建成投用海曙区雅戈尔实验学校新建项目、集士港镇初级中学扩建项目、海曙区望童幼儿园3所学校（幼儿园）。获评浙江省首届“人工智能教育实验区”、浙江省区域推进语言文字规范化区。

统筹推进校园疫情防控和教育教学，在全省率先发布校园疫情防控工作导引和操作手册，推出“小贷助民”纾困服务，建立驻校联校指导员机制，面向家长学生开通“海星蓝”教育心理公众号，及时发布“网上预习”计划，累计为23家民办幼儿园提供贴息贷款1790万元，录制微课1700余节。

2020年，海曙区青少年宫获评第六届全国文明单位，海曙中心小学（本部）获评第二届全国文明校园。海曙区获评浙江省区域推进语言文字规范化区。区教育局获2020年度省“教育工作业绩考核优秀单位”、省“教育宣传先进集体”、省“教育系统先进工会组织”、市“争创全国文明城市‘六连冠’集体嘉奖”、市“社会管理工作成绩突出集体”等荣誉。

【“未来学校”校长论坛】 2020年1月7日，海曙区“未来学校”校长论坛举行，各中小学校（园）长等400余人参加。首批“未来校长”培育对象中的4位校（园）长周汉斌、陈伟平、章民、俞华萍围绕“未来学校的思与行”作论坛发言。北京一〇一中学教育集团总校校长陆云泉为论坛作点评，并作《面向未来的“生态智慧教育”》专题报告。

【“海教·HUI客厅”成立】 2020年6月30日，区教育局举行机关党建服务品牌“海教·HUI客厅”启动仪式，局班子领导、全体机关干部参加。启动仪式后，宁波大学马克思主义学院执行院长李包庚作《建设新时代全面展示中国特色社会主义制度优越性重要窗口——习近平总书记考察浙江重要讲话精神解读》专题报告。

6月30日，海曙区教育局举行“海教·HUI客厅”启动仪式

【海曙中心小学西校区挂牌】 2020年8月29日，过渡中的高塘、新芝小学挂牌海曙中心小学西校区。新海曙中心小学设东、西两个校区，实行一套班子、一体化管理，两校区原招生服务区保持不变。高塘地块拆迁后，区块内的新芝小学、高塘小学原有学生全部搬迁至原宁波八中校址进行过渡，原高塘二村地块新建一所36个班规模的小学，计划2023年建成投用。

【宁波广济中心小学入选省STEAM教育案例】 2020年10月15日，浙江省第三届STEAM教育大会在温州召开。会上公布浙江省STAEM教育学校实践样态优秀案例名单，宁波广济中心小学入选，成为全省20个之一，全市唯一。该校自2008年开展“基于综合实践素养培育的科技活动”，经过多年实践，不断探索让学生在做中学、玩中学、学中创的STEAM实施路径，形成较成熟的STEAM教育学校实践样态。学校先后获评“首批全国科技体育传统学校”，国家实用新型专利或市级以上奖项30余个。STEAM教育团队的课程案例被《中国教师报》《浙江日报》等省级以上媒体报道10余次。

【海曙区与上海长宁区签订教育合作协议】 2020年11月25日，区教育局与上海市长宁区教育局签订教育合作框架协议，海曙区雅戈尔实验学校与上海市新泾中学，海曙区集士港镇中心初级中学与上海市娄山中学，宁波市孙文英小学与上海市长宁区法华镇路第三小学，集士港镇中心小学与长宁区适存教育集团适存小学分别签订结对协议。结对后，两地合作开展“访问学者”、校际结对交流、教师培训、学术研讨等项目。自此，继上海黄浦区、杭州拱墅区后，上海长宁区成为海曙区在长三角内的第三个全面教育合作单位。

【海曙区入选省“人工智能教育实验区”】 2020年12月11日，“浙江省人工智能教育实验区”名单公布，海曙区成为全市唯一入选单位。高桥镇中心初级中学入选省“人工智能教育实验校”。海曙区加大人工智能、机器人等在教育领域的探索和应用，累计有1所省“智慧校园试点校”、3所省“数字化校园示范校”、2所省“数字教育资源应用实践基地校”、4所省“机器人教学示范学校”。高桥镇中心初级中学扎实开展机器人教学，在电教、科协机器人各类比赛中，获得全国级奖项13项、省级奖项27项、市级奖项31项。

（郑　骐）

学前教育

【概况】 2020年，海曙区通过浙江省“规范幼儿园办园行为”专项督导。闻裕顺幼儿园（丽园园区）、宁波市实验幼儿园（青林园区）、宁波市第二幼儿园（青林园区）3所幼儿园获评浙江省现代化幼儿园，宁波市第一幼儿园、闻裕顺幼儿园、启文幼儿园、宁波市实验幼儿园4所幼儿园获评浙江省先进教研组。

新增横街镇凤岙幼儿园、望童幼儿园，高桥镇海润佳园幼儿园等3所公办幼儿园，乡镇公办中心幼儿园建设实现全覆盖。宁波市二轻第一幼儿园、气象路幼儿园、古林镇布政幼儿园、集士港镇金色童年幼儿园橄榄树分园4所幼儿园被评为省二级幼儿园，撤并洞桥镇佳豪幼儿园，等级幼儿园覆盖率达到98.4%。新增宁波市红旗幼儿园等9所普惠性民办幼儿园，普惠性幼儿园招生覆盖率达到91.9%。

【海曙学前教育入选市级教改案例】 2020年4月8日，首届宁波市教育改革创新十大典型案例（2019年度）公布，海曙学前教育发展中心构建“一网五片，融合联动”课改协作机制案例入选。这是继“浙江省2019年教研工作亮点”和“宁波市新时代教师队伍建设改革成绩突出集体”之后，海曙区学前教育发展中心获得的又一荣誉。区教育局自2018年9月成立学前教育发展中心，创造性构建“一网五片，融合联动”课改协作机制。“一网”指把全区各级各类幼儿园融合成一个大研修网络；“五片”指以区域5个品牌园为核心，将全区幼儿园划分成5个教研协作片，将公办园和民办园、城区园和乡镇农村园之间不同的价值观、教研视角，通过资源共享、联盟研修的方式，重新进行科学定位，创造适合每所幼儿园的发展区。该发展模式有效促进片区内的教研生态、教研质量、教师队伍建设及幼儿园课程建设水平提升。

【《Hey，我是一个幼师》入选教育部优胜短视频】 2020年9月10日，教育部教师风采短视频评选结果公布，章水镇中心幼儿园的《Hey，我是一个幼师》成为全国40个优胜作品之一，也是浙江省唯一。作品用流行的说唱形式，通过原创歌词、轻松的旋律和朗朗上口的节奏，表现幼师工作，展现幼师在教育中积极阳光、活泼向上的良好形象。

【区幼儿教育研究会换届】 2020年8月29日，海曙区幼儿教育研究会换届选举大会暨第六届第一次会员（代表）大会在高桥镇中心幼儿园召开，区教育局教研室副主任、省特级教师胡剑红当选第六届会长。会议邀请宁波大学教师教育学院学前教育系教师林兰作

11月19日，“月湖之约”园长管理论坛举办

《面向21世纪的幼儿教育——探究取向主题课题的理念与实践》主题报告。

【"月湖之约"园长管理论坛】 2020年11月19日，海曙区"月湖之约"园长管理论坛举行，全区各级各类幼儿园园长、副园长、后备干部180余人参加。4名幼儿园园长代表以"坚定文化自信 落实立德树人"为主题进行论坛发言，南京师范大学副教授、南京市鹤琴幼儿园园长张俊作点评并作专题报告。

（郑　骐）

义务教育

【概况】 2020年，海曙区围绕"进一步加快优质均衡进程、率先实现教育现代化"目标任务，全面推进城乡教育共同体建设，城乡学校同步课堂应用平台建成投用，农村义务教育学校结对帮扶实现全覆盖。宁波市第十五中学、田莘耕中学、镇明中心小学、古林镇中心小学、鄞江镇中心小学获评浙江省现代化学校。参加宁波市教育系统第十八届艺术节，获一等奖31个。海曙外国语学校少先队员毛一安获评全国优秀少先队员，中原小学少先队大队辅导员林舒菡获评全国优秀少先队辅导员。

【优秀学生获奖情况】 2020年，在浙江省"新时代好少年"颁奖典礼上，高桥镇博泽学校学生朱荣奥获评"自强自立好少年"。朱荣奥在9岁时被诊断患有淋巴性白血病，面对疾病，他坚强勇敢，坚持与病魔斗争，并于2017年重回学校，在德智体美劳方面表现出色，为同学做好榜样，创造生命的奇迹。

在"童心共促真善美　争做新时代好队员"宁波市庆祝中国少年先锋队建队71周年主题活动上，由信谊小学学生周韵可创作的宁波市少先队卡通形象大使——"红小宁""红小波"公布。卡通形象人物凸显"书藏古今，港通天下"的宁波文化底蕴和人文精神。

市实验学校四年级学生王泽野发明的智能头盔申请国家新型实用专利。该智能头盔强化与电动车的配合使用，使用者只有戴上头盔，电动车才能启动。

【"未来学校实验区"海曙模式】 2020年4月9日，由教育部学校规划建设发展中心和未来学校研究院共同主办的《"未来路线图"实验学校发展指南1.0》"云发布会"在线举行，区教育局党委委员、副局长於宏华分享努力构建"未来学校实验区"的海曙模式。海曙区自2019年实施"未来学校"校长和名优教师专项培训等2个项目，通过3年努力，培养符合未来学校要求的校长25人、"名优教师"150人，打造一批具有区域代表性和全国影响力的绿色、智慧的未来学校先导校，进一步凝聚海曙教育新品牌。

【全市首个爱国主义教育基地手绘地图发布】 2020年6月1日，海曙区发布宁波市首个"爱国主义教育基地手绘地图"，活动由区委宣传部、区文明办、区教育局联合策划开展，是"曙色少年行"中小学生爱国主义教育活动之一。该地图标注有天一阁博物馆、张苍水纪念馆及宁波市档案馆、樟村四明山革命烈士陵园、梅园革命史迹陈列馆、开明街鼠疫灾难陈列馆等25个爱教基地坐标、基本信息及爱国主义精品寻访线路，还标识它山堰、鼓楼、月湖以及三江口等，让青少年在了解爱国主义教育基地的同时，熟悉海曙区重要地标。

【古林镇蜃蛟小学入选省"三全育人"培育学校】 2020年7月17日，省教育科学研究院公布首批"三全育人"（全员育人、全程育人、全方位育人）德育落实机制典型培育学校名单，古林镇蜃蛟小学入选。此次案例征集由浙江省教育科学研究院组织，征集典型案例70项，经过专家评审和线上答辩，共推选出典型培育案例36项。蜃蛟小学借助蜃蛟村当地的名胜古迹和深厚的古村文化，以"乡情育人"为总框架，展开人文篇、农耕篇、米食篇三方面的研究与体验式社会实践活动，引导学生感受蜃蛟独特的人文历史文化、农耕文化和米食文化，培养学生审美、动手实践、团队协作等能力。

【华天小学获《新闻联播》报道】 2020年9月1日，中央电视台《新闻联播》播出"今天全国大中小学迎来秋季开学"新闻，对华天小学师生填写"各班剩余中餐量称重登记表"进行报道。华天小学将爱惜粮食作为开学第一课，动员全校师生厉行节约、减少浪费，践行"光盘行动"。

【陈根芳到海曙外国语学校考察】 2020年11月4日，省教育厅党委书记、厅长陈根芳到海曙外国语学校考察。实地参观学校丝路文化一带一路主题墙、魅力教师风云榜、"青林三叶携爱同行"党建示范点等，听取学校办学特色、学校规模、师资队伍、教学质量和党建工作等情况的汇报。

【"月湖之约"教育管理论坛】 2020年11月25日，区"月湖之约"教育管理论坛举行。4名中学校长、4名小学校长、8名中青年干部代表以"坚定文化自信 落实立德树人"为主题作论坛发言。中国教育科学研究院资深研究员、教育部教育装备中心协同创新中心首席专家毕诚教授作《人才培养模式变革——新时代新教育新教师》专题报告。全区各级各类学校（幼儿园）校（园）长等400余人参加。

【古林镇中心小学入选省级劳动教育培育学校】 2020年12月1日，浙江省教科院公布"劳动让生活更美好·劳动教育升级方案"培育学校名单，古林镇中心小学入选。全省共有119项案例参加评选，最终41项获选。古林镇中心小学依托古林镇独特的历史文化、席乡底色、空港经济区、工业重镇等乡情特点，从2015年起进行蘑菇养殖课程的开发与研究。在课程方案的实施过程中，学校在明确课程资源优势和课程供需的基础上，利用校园内的资源建立和拓展校内特色劳动实践基地开发本体课程。校内土地被开辟成试验田和蘑菇房，校园里有枇杷、杨梅等果树区、花卉种植区等，学校以此作为学生劳动教育课程学习体验的主要场所，开发和拓展"校园种养"的课程。

（郑　骐）

民办教育

【概况】 2020年，海曙区试点推进“甬信培”校外培训机构一站式服务平台建设，打造全省首个校外培训机构服务平台，探索校外培训机构“区块链+双重保险”三位一体管理新模式。建立健全突发事件应急处理机制，成功处置多起校外培训机构涉稳重大突发公共事件。扎实推进教育领域“最多跑一次”改革，教育事项网上办理开通率、掌上办理开通率、跑零次实现率达到100%。

【校外培训机构突发应急机制建立】 2020年，区教育局建立健全校外培训机构突发事件应急处理机制，处置3起校外培训机构涉稳重大突发公共事件。发动区属培训机构共同担负社会责任，以提供公益援助课程的形式，把突发停业关门的培训机构学员分流至同类型培训机构，并引导家长学员理性司法维权，及时开启保险赔付流程。

【“甬信培”校外培训机构服务平台试点】 2020年7月，区教育局在市教育局指导下，联合浙江趣链科技有限公司，在全市试点推进“甬信培”校外培训机构一站式服务平台建设。该平台积极构建教育局、教培机构、家长三方共同参与的风险防范机制，主要借助区块链技术，对机构的基本信息、购课交易信息、资金流向、经营状况等进行“全流程”监管，并实行财务状况监管和预警机制，一旦机构出现财务状况低于预警标准等问题，监管部门会及时收到预警并介入调查。11月起，开始试运行，至年底，入驻平台的校外培训机构达102家。

（郑　骐）

社区教育

【概况】 2020年，海曙区通过开展“海贝计划”、全民终身学习活动周、“海之梦”中小学社会实践活动、社区教育进农村文化礼堂等系列活动，推进全区终身教育和学习型社会建设。古林镇成人文化技术学校成功创建为省现代化学校，章水镇社区老年大学被评为宁波市社区标准化老年大学。年内完成成人高中双证制培训148人、扫盲培训20人、家政人才培训6797人次，7名教师、4名学员在市终身教育技能（才艺）大赛中获奖，一等奖数量居全市首位。

【“海之梦”中小学生社会实践活动】 2020年8月，“海之梦”中小学生社会实践活动举行。活动连续开展7年，受新冠肺炎疫情影响，2020年活动首次通过线上实践的形式进行。白云街道等城区8个街道分别选取图书馆、超市、银行、中医馆等不同点位，拍摄职业体验活动视频。区内8982名新六年级和新初二年级的学生完成线上注册，在通过学习体验视频、完成5次挑战问答、上传自拍实践视频后，4294名学生获得“海之梦”实践证书。

【市终身教育技能（才艺）大赛一等奖总数居全市首位】 2020年10月23日，宁波市终身教育技能（才艺）大赛在甬江职高举行，全市成教系统的127名教师、57名学员参加。比赛共设3项教师技能赛、2项教师才艺赛和2项培训学员技能赛，全面考核参赛选手的理论和业务能力。区社区学院整合优质师资，组成专家团队，精心指导。最终，区内选手获评一等奖4个、二等奖2个、三等奖5个，一等奖总数居全市首位。

宁波市达敏学校

【“海贝计划”家庭教育获评省成教品牌项目】 2020年11月，海曙区社区学院推进实施的“海贝计划”家庭教育获评浙江省成教品牌项目。学院成立海曙区家庭教育发展指导中心，全面构建“一体四翼”区域家庭教育实施体系，实施“慧智明家教、爱馨入家园、普惠联家校、养正蕴家风”四大行动。

（郑　骐）

特殊教育

【概况】 2020年，海曙区以宁波达敏学校为核心，不断提升特殊教育品牌建设和品质提升。《浙江教育报》头版刊登达敏学校的教学改革故事《给特殊儿童一个不一样的未来》。11月，市妇联、市教育局联合对申报“宁波市第八批示范性家长学校”的单位进行综合考评，达敏学校被授予“第八批宁波市示范性家长学校（家庭教育指导站点）”称号。

同时，通过建立并完善特殊教育管理体系和保障机制，扎实推进普通学校资源教室的建设，横街镇中心小学、市实验学校、东恩中学入选宁波市第三批示范性资源教室名单，全区特殊教育质量进一步提升。

【特殊儿童入学评估】 2020年6月20日，海曙区2020特殊儿童入学评估工作在宁波市达敏学校举行。评估分3个阶段，第一阶段是专家组观察评估新生的集体活动；第二阶段是对学生家长的访谈，了解学生的基本情况和主要问题；第三阶段则是专家组对学生的日常生活技能、沟通表达、粗大动作、精细动作、认知、身体机能发展、生长发育情况和社会适应性等各领域进行综合评估，并给出具体的医疗康复和教育安置建议。

【达敏学校工会获评市“示范基层工会”】 2020年7月30日，宁波市达敏学校工会委员会获评“2019年度宁波市示范基层工会”。达敏工会22年来坚持开展“绿色教师节，最美爱生日”活动，连续13年通过“爱心无限，一线情牵——特教服务热线87286303”服务省内外有特殊需要的家庭，持续开展“恒爱读书，书香达敏”读书节活动，刊印《书香达敏》教师读书体会文集，多次组队参加市、区总工会的合唱、演讲等比赛并获奖。

【随班就读工作会议】 2020年9月29日，区随班就读工作会议召开。会议总结第二轮提升计划实施经验，梳理上年成绩，明确工作方向和思路。区支持性教育资源中心执行主任陈岱，资源中心负责人陆雪萍、李备军以及全区中小学随班就读负责教师80余人出席会议。

【市2020年特殊教育研讨活动在海曙举办】 2020年12月10日，达敏学校承办2020年特殊教育关键问题解决研讨活动。多位名师按照培智和听障、视障等情况，开展多场现场教学。参与人员与评审分享听课感受。活动采用线上线下结合方式，其中线上观看人数超过15万人次。

（郑 骐）

教师队伍建设

【概况】 2020年，海曙区持续深化新时代教师队伍建设改革，评选区名教师39人，招录教师137人，组建“三名”（“名师”“名校长”“名班主任”）工作室35个、“班主任成长研修共同体”5个、优秀少先队辅导员工作站7个，新增正高级教师1人、市“名教师”6人。14人入选浙江省中小学教材专家委员会，负责浙江省地方课程教材编写指导和审核工作。深入推进中小学教师“区管校聘”和城乡教师校长交流工作，全年交流城乡校长教师177人。开展教育对口帮扶工作，选派14名优秀教师赴新疆、贵州等地支教。选派省“特级教师”邵爱红、市“名师”李玲飞、市首届“名班主任”茅燕琴、市“骨干班主任”徐嘉勇等10名教师赴贵州省黔西南州义龙新区送教，提升当地教师技能。

【优秀教师获奖情况】 2020年，在第五届“浙江舞蹈奖”获奖名单中，宁波市爱菊艺术学校校长、书记，宁波市舞蹈家协会主席朱宁入选，系宁波首位。朱宁于1984年起投身于舞蹈教育事业和创编工作，自编自导的各类舞蹈作品多次在全国、省、市比赛中取得优异成绩。自创舞蹈品牌——“舞彩宁波”，相继组织中国民族民间舞蹈大课堂展演、宁波市纪念改革开放40周年精品舞蹈展演等品牌活动。同时，设立“宁波舞蹈奖”、协助开展青年舞蹈演员大赛等，为宁波市储备舞蹈界高精尖人才。新冠肺炎疫情期间，组织“宁波舞协在行动，居家舞蹈抗病魔”行动，发动基层舞蹈人，创作并传播有情怀、有力量、有思想作品，为疫情防控阻击战倾情助力。

宁波市爱菊艺术学校校长、市舞蹈家协会主席朱宁

在2020年浙江省中小学班主任基本功大赛中，宁波市实验小学教师宋怡获综合评选一等奖。11月，宋怡代表浙江省参加长三角地区中小学班主任基本功大赛，获评综合奖二等奖、论文一等奖。在2020年浙江省幼儿教育优秀教学活动评审中，宁波市第一幼儿园教师陈彦旭的中班科学活动《松果的秘密》获评一等奖。

在第十五届宁波市少先队辅导员技能技巧比赛中，海曙区获团体总分六连冠，选派的4名少先队辅导员获评团体总分一等奖。其中，市实验学校少先队辅导员钱状杰代表宁波市参加第16届浙江省少先队争章技能展示活动获金奖。

【教师节庆祝活动】 2020年9月9日，海曙区庆祝第36个教师节暨先进表彰大会举行。大会以“杏坛育人 书写华章”“助贫圆梦 决胜小康”为主题，对获得2019年脱贫攻坚先进个人、省先进教研组、省“春蚕奖”、省“绿叶奖”等的350余名各级各类优秀教师进行表彰。教师节前夕，多名区领导分路看望慰问教育工作者。

【“美德教师”评选】 2020年9月，区委宣传部、区文明办、区教育局联合推出第六届海曙区“美德教师”评选。在全区中小学、幼儿园教师中评选“爱岗敬业”“关爱学生”“廉洁自律”“奉献担当”“改革创新”五类“美德教师”。经过公众评选和专家评审，邵吉华等10名教师被评为第六届海曙“美德教师”，李宇澄等10名教师获第六届海曙“美德教师”提名奖。

【班主任成长研修共同体成立】 2020年11月12日，海曙区“曙润青芽”班主任成长研修共同体成立仪式举行，全区82名班主任成为研修共同体成员。该共同体以城乡一体化、中小学融合衔接为基础，将充分发挥名优骨干班主任的示范、辐射、引领、带动作用，提高全区班主任的专业化水平。共同体中，有主持人18人，成员64人，平均年龄31.6岁，平均教龄9.5年，平均班主任工作年限8年。

（郑 骐）

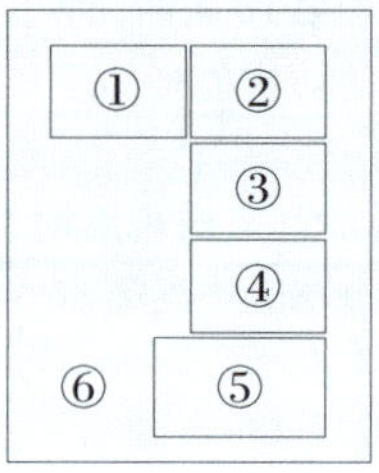

①7月27日，月湖街道组织街道孩子们参加“民间路长”活动

②7月，龙观派出所民警到龙观中心学校讲解防溺水知识

③8月，“海之梦”中小学生社会实践活动举行，活动连续开展7年，受新冠肺炎疫情影响，首次通过线上实践的形式进行

④9月8日，宁波市实验幼儿园（上院园区）大班小朋友们为老师制作教师节礼物

⑤9月底，海曙代表队在2020宁波市青少年网球比赛中获6枚金牌，团体总分位列第一

⑥信谊小学学生周韵可创作的宁波市少先队卡通形象大使——“红小宁”“红小波”

文化·新闻

公共文化

【概况】 2020年，海曙区不断拓展文化建设阵地，创新特色公共文化空间，建成“岭·读”城市书房，首家共建性质地方文献馆、首家社区数字阅读书房、首家村镇数字阅读体验馆等相继开业。年内，建成阅读书房85个、社区阅览室64个、城市书房5家、24小时自助图书馆4个，全区公共文化设施总面积达到48万平方米，村落30分钟文化圈和社区15分钟文化圈基本形成。

持续举办海曙区“百川工程”“天然舞台”等文化惠民活动，开展“海曙阅读嘉年华”等特色活动约1600场、送演出下乡约170场、阅读推广活动约630场，受惠群众30万余人次，图书馆流通人次110万余人次。开展“一人一艺·百姓文化课堂”公益艺术普及课程34个，24480人次受惠；新冠肺炎疫情期间推出“一人一艺”全民艺术普及“百姓讲坛”云课程，点击播放量50000余次。

搭建“海书馆”、“海曙”App、“书香板块”等数字阅读平台，创建“海听馆”等网络阅读品牌。强化“一人一艺”社会招募，新增成员机构4家，召开“一人一艺”全民艺术普及社会联盟现场签约仪式，镇（乡）街道现场购买73个课程、1091课时服务。完成“云点单”业余文艺团队视频拍摄，利用“互联网+”大数据平台，供镇（乡）街道进行点单式采购。

【创建省公共文化服务体系示范区部署会暨文化工作会议】 2020年5月29日，海曙区创建省公共文化服务体系示范区部署会暨文化工作会议召开。会议详细解读第四批浙江省公共文化服务体系示范区创建标准和下半年文化工作重点，各镇（乡）街道相关负责人分别交流创建工作和文化工作中的问题与困难，并提出今后的工作方案和改进办法。

【抗击新冠肺炎疫情主题摄影作品展】 2020年5月23日至6月7日，由市文化馆主办，区文化馆承办的“最美逆行”——海曙区抗击新冠肺炎疫情主题摄影作品展在市文化馆群星展厅举行。从区文化馆联合区摄影家协会组织开展的“最美逆行”——海曙区抗疫主题优秀摄影作品展征稿活动中精选50幅作品展出，展现海曙区域内抗疫防疫、复工复产的画面。

【“曙色童心”儿童剧展演季】 2020年6月25日，区话剧中心儿童剧《博物馆奇遇记》在天然舞台大剧院、白云实验剧院和海曙区少年宫等剧场展演。7月25日至8月29日期间，公益展演7场，覆盖宁波全大市的剧场、书店、商场等公共区域。开幕式现场邀请海曙区“抗疫先锋”亲子观看，“抗疫先锋”代表郑益欢向小朋友们发出环保倡议。

【月湖街道综合文化站开站】 2020年8月7日，月湖街道综合文化站开站。月湖街道自2019年在白果巷23号打造特色鲜明的基层公共文化阵地，成为海曙中心城区首个街道一级的综合文化站。月湖街道文化站分上下两层，一楼为阅读书房，有各类书籍1000余册，是海曙区首家以“文旅”为主题打造的特色书房，并以自动化、智能化方式，实现通借通还等。二楼配有体育健身房、书画室、展览室、多功能培训及基层文艺活动室，兼具健康教育、科学普及、文体娱乐、休闲健身等功能。

（刘洋洋）

文化产业

【概况】 2020年，海曙区规限上文创企业329家。规模以上文化产业实现增加值92.1亿元，比上年同期增长46.1%。其中，制造业实现增加值12.5亿元；批发零售业实现增加值10.85亿元；住宿业实现增加值2.26亿元；服务业实现增加值66.48亿元。有各级文创园区14个，其中市级文创园区3家，市级培育文创园区9家。

【区非物质文化遗产馆“云端”展示】 2020年5月22日，中央文化和旅游管理干部学院与区文化和广电旅游体育局合作，运用5G+VR技术开展全国文化和旅游部系统文艺骨干培训班。区非物质文化遗产馆作为全国首个“高科技·沉浸式”的区级数字化主题馆，利用科技手段，以远距离线上全景体

6月11日，海曙区"汲古纳新·美好生活"文化和自然遗产日主题活动在南塘老街举行

验与线下数字交互演示方式，首次在"云端"展示，并通过中央文干院平台向全国推广海曙非遗数字保护经验和模式。以"文化+科技"与现代空间结合的展陈方式，使非遗保护展陈进入全新阶段。

【"汲古纳新·美好生活"文化和自然遗产日活动】 2020年6月11日，海曙区"汲古纳新·美好生活"文化和自然遗产日主题活动在南塘老街举行。活动以现场直播连线方式向现场观众和市民以沉浸式方式展示海曙区非物质文化遗产馆场景的科技风貌。此外，现场启动"汲古纳新·美好生活"海曙文化地图点位征集活动，发布《海曙》摄影集，推出"百狮望海曙"非国有博物馆藏品展和海曙文化空间图片展等，融合展现海曙优渥的文化遗产资源。

【海曙区获省"中医药文化传承生态保护区"创建资格】 2020年8月，省文化和旅游厅对遴选出的15个创建地区进行公示，海曙区申报的浙江省中医药文化传承生态保护区成功入围，是唯一的中医药类文化生态传承保护区。海曙区现有中医药类非遗项目12项，其中国家级1项、省级1项、市级5项、区级5项，市级以上中医药类非遗项目占全市53.8%，中医药资源优渥，计划通过两年创建，加强项目融合、产业融合、市场融合，凸显区域文化特征、培育特色产业集群，提升优秀传统文化传承发展能力。规划到2022年，建成海曙区中医药文化传承生态保护区，促进海曙经济、社会、文化全面协调发展，形成区域整体性高水平保护和高质量发展模式，成为辐射"一带一路"沿线国家和地区的中医药文化交流和展示区。

【2020"全国非遗曲艺周"之宁波第七届"阿拉非遗汇"暨海曙区第二届"美好生活节"】 2020年10月9—11日，2020"全国非遗曲艺周"之宁波第七届"阿拉非遗汇"暨海曙区第二届"美好生活节"活动在天一广场、宁波府城隍庙、药皇殿等宁波人气地段举行。"美好生活节"包括开幕式、"四海风物"非遗展演、"汲古纳新"非遗市集、"照壁城隍"风物大展、"医者仁心"非遗名家汇等活动，结合2020"全国非遗曲艺周"之第七届宁波"阿拉非遗汇"、城隍庙美食节、2020"一带一路"国际跑酷大师赛、"岭·读"系列活动等，搭建集传统曲艺、非遗文化、餐饮美食、运动休闲、书香之城、中医会诊等多元内容于一体的一站式"全形态"活动平台。一周内吸引客流约180万人次，非遗市集销售额超过100万元，带动周边商业体销售额比上年同期增加10%，促进疫后文旅消费市场快速回暖与扩容提质。

（王涵榆）

文物和文化遗产保护

【概况】 2020年，海曙区全面落实辖区文物保护工作。做好文物保护基础工作，强化大运河（宁波段）及海丝遗产地的保护管理。结合监测预警平台，加强日常巡查管理。做好辖区重点文物保护工程项目指导与监管，推进《全国重点文物保护单位林宅保护规划》修改与完善，启动海西片区文物保护单位（点）"二划"范围划定工作。推动革命文物活化利用，完成大革命时期中共宁波地委旧址纪念馆展陈提升。加强文保员队伍建设，推进文化遗产保护宣传工作。推动辖区文物点参与上级相关评选，12月9日，市级文物保护点延寿堂依托其打造的"甬上枫林晚"书店方案，获评宁波市不可移动文物保护利用优秀案例。2019年度浙江省文博事业发展水平评估报告公布，海曙区位列全省第五，系首次跻身前十强。

【文物保护基础工作】 2020年1月21日，海曙区文物管理所完成海西片区镇（乡）街道不可移动文物登录点田野调查工作。4月14日至5月27日，成立专项小组，开展辖区内古井水源普查工作，普查对象为第三次全国文物普查登记的古井，复核、更新和补充相关信息。11月4日，区文物管理所采取分批挂牌的方式，启动"三普"登录点挂牌，明确相应保护责任。

【文化遗产保护宣传】 2020年5月19日，区文物管理所参加"5·19"中国旅游日海曙区文明旅游暨文旅行业普法宣传活动，现场向市民、游客免费发放文物保护方面的法律法规宣传册，普及文物保护法律相关知识。6月3日，由天一阁·月湖景区管委会、市总工会、区文管所、月湖街道安监所共同主办的安全生产暨文物安全管理培训举办，区文物管理所文博研究员谢国旗现场讲解文物安全保护管理工作知识。7月8日，“宁波府城隍庙匾额、楹联”公开征集活动评选结果揭晓，活动评选出匾额入选者2人、楹联入选者4人。

【林宅消防隐患整改督查】 2020年6月23日，市文化广电旅游局、市消防救援支队、区文物管理所联合对全国重点文物保护单位林宅开展消防隐患整改督查指导工作，并针对推进林宅整改落实工作，提出指导性意见。指导结束后，根据林宅保护现状，区文物管理所进一步修改《全国重点文物保护单位林宅保护规划》。

【革命文物保护利用】 2020年9月4日，大革命时期中共宁波地委旧址纪念馆展陈提升完成后，重新开馆。此次展陈改造，解决因纪念馆参观面积较小、承载人数有限等问题，对党史陈列进行史料充实，在展陈形式上进行提升，争取在有限空间内传递更多红色故事、革命精神。

（章之润）

文化市场监管

【概况】 2020年，海曙区文化市场综合行政执法队坚持防控防疫和复工复产两手抓、两不误。从1月底起，开展文化市场新入宁波人员小周期滚动排查周报工作，累计排查上报文化市场从业人员1000余名。

做好行业复工复产，对复工的95家网吧、6家游艺游戏厅、45家歌舞娱乐场所进行实地检查，落实场所防疫、安全生产、房屋隐患排查等各项工作。同时，安排工作人员配合区新闻出版局抽查印刷企业复工复产及安全生产工作。

【涉疫旅游纠纷投诉处理】 参见“专记”类目“2020年海曙区抗击新冠疫情”分目

【文化市场安全生产暨文明城市创建工作会议】 2020年5月27日，全区文化市场安全生产暨文明城市创建工作会议召开。当天，区文化市场综合行政执法队与全区150余家文化经营场所签订安全生产责任书，布置落实相关工作任务。督促经营单位开展安全生产培训及演练，经营单位通过QQ群、微信群上报安全生产培训及演练700余次，确保文化市场平安有序。

【网吧文明创建暨禁烟会议】 2020年6月28日，区文化市场综合行政执法队开展网吧禁烟专项整治工作，与全区95家网吧签订《网吧常态化禁烟承诺书》和《信用承诺书》，下发禁烟劝导员袖套200余个，每家网吧配备1名以上禁烟劝导员。辖区网吧7000余台电脑设置开机屏保禁烟提示，共约谈、责令停业整改网吧20余家次，卫健部门对个人实施处罚30余人次。

【全省文化市场综合行政执法改革暨执法规范化建设现场推进会】 2020年9月9日，全省文化市场综合行政执法改革暨执法规范化建设现场会在区文化市场综合行政执法队办公室设立分会场。海曙区文化市场综合执法智能监管平台、文化市场综合执法智慧监管三级联动管理系统在会上获得与会代表的一致肯定。

（仇璐娜）

图书馆

【概况】 2020年，海曙区图书馆共有馆藏图书50.8万册，地方文献6882册，订购报刊707种。读者到馆35.63万人次，书刊文献外借58.4万册次，书刊文献外借15.46万人次。持证总人数达到23299人，其中当年新增持证读者2429人。累计举办各类读者活动262场，其中海曙讲堂19场、展览23场、培训13场、阅读推广207场。区图书馆被全国妇联评为第二批全国家庭亲子阅读体验基地，获评宁波市文明单位。

区图书馆打造“小鲁班”“小牛顿”等“小”字号亲子阅读品牌。推出“读者点单再配送”图书调拨品牌惠民服务，至年底，图书配送105000册次，吸引潜在读者27600多人次。

深化便民服务，集士港镇文体中心设置农村首台“天一约书”信用借阅柜，区图书馆与市新华书店协作开展“海图闪借”服务，打通全民“悦”读“最后一公里”。

【线上借阅服务推出】 2020年，区图书馆推出“新书闪借　海图买单”线上线下平台的新书借阅服务，进一步满足读者需求。运用“互联网+”与“物联网+”的技术成果，对接宁波市新华书店图书资源，读者通过海图微信公众号挑选新华书店新书下单，1~2日可收到新书，读者也可在新华书店现场借阅新书，直接参与图书馆藏建设，把公共图书馆的传统借阅服务和物流网络对接，满足个性化需求，实现“新书闪借　服务到家”的公共文化服务新模式。

【阅读推广活动】 2020年，区图书馆开展线上线下活动262场次，20.67万人次参加。承办《宁波市全民阅读促进条例》暨书香海曙知识竞赛、第三届海曙区中小学“绿书签”征文比赛。创新活动形式，借助互联网技术发展，把“小海狸”亲子阅读等海曙阅读品牌活动搬上网，创建“海听馆”“海图亲子阅读馆”“海图有声书”等多个网络阅读品牌，与区发改局联合开展“美丽海曙——生态乐居”线上答题活动，向读者提供多元化的阅读服务。

【“图书馆+数字化自助阅读服务”建设】 2020年，海曙区图书馆探索实践“图书馆+数字化自助阅读服务”新模式，投入560余万元资金，建成“岭·读”、万安社区、月湖街道3家城市书房。建设望春街道水岸心境社区、横街镇东村、古林镇、集士港镇水木清华小区、白云街道安丰社区、谢山书院等7家数字自助阅读书房。加快推进基层服务网络建设，建设社区、农村文化礼堂“一卡通”分馆21家，企业“一卡通”分馆5家，机关“一卡通”分馆4家，书香酒店3家，建立梁祝公园、龙观乡游客服务中心等景区图书流动站，构建以区馆为总馆，镇（乡）街道

4月，区图书馆“小海狸”亲子阅读阅读点获评“全国家庭亲子阅读体验基地”

分馆为枢纽，社区、农村、企业、机关为终端的公共图书馆服务体系，满足市民多元化阅读需求。

【“小海狸”亲子阅读点获评国家级基地】 2020年4月19日，全国妇联家庭和儿童工作部开展的第二批全国家庭亲子阅读体验基地名单公布，“小海狸”亲子阅读点获评“全国亲子阅读体验基地”。“小海狸”亲子阅读点是区妇女联合会、区图书馆于2016年共同创办的公益组织，倡导“快乐阅读、呵护童年、共享幸福”的理念。区图书馆作为“小海狸”亲子阅读点之一，以阅读志愿者+公益创投、传统推广、创新推广和新媒体推广的“1+4”模式服务辖区家庭，并通过每年“世界读书日”举办“小海狸”亲子阅读嘉年华活动，推广亲子共读技巧和方法。

【“岭·读”城市书房开馆】 2020年11月1日，位于镇明路406号的“岭·读”城市书房正式向市民开放。全新开馆的“岭·读”城市书房，是全市首家由文保建筑改建的城市书房，建筑面积300平方米，藏有艺术、历史地理、哲学、文学、文科教育、经济等各类书籍1.5万余册。市民凭身份证或借阅卡便可走进书房，通过自动化、智能化设备，实现自助阅读，书房内有专为儿童设置的“温馨小屋”。

（张　怡）

博物馆

【概况】 2020年，全区有各级非国有博物馆11家，博物馆面积达5.7万平方米，馆藏藏品近1.5万件。博物馆组织展览、教育等文化活动296场，参观人数50.27万人次。有各级非物质文化遗产项目76项，其中，国家级非遗名录项目3项（四明南词、董氏儿科医术、梁祝传说），寿全斋中药文化、黄古林草席编织技艺、大头和尚等省级非遗名录项目8项（包括国家级），宋氏妇科、东福园宁波菜烹饪技艺、陆氏伤科等市级非遗名录项目30项（包括国家级、省级），陈氏蛇伤科、泥金彩漆、沥粉画等区级非遗名录项目76项。

【高校、博物馆共建文化实践教学基地】 2020年6月30日，赵大有宁式糕点博物馆和浙江工商职业技术学院国际交流学院合作共建的留学生文化实践教学基地、社会实践基地，举办授牌仪式。此次合作共建，通过高校、博物馆之间的优势互补，致力于建设富有特色、敢于创新、充满活力的实践教学课堂，更好发挥非国有博物馆在促进文化交流、提升素质教育和传播优秀传统文化中的积极作用。

【“历史文化名城保护日”专场活动】 2020年12月8日是宁波市“历史文化名城保护日”。此次文化节庆活动，重点展现宁波地域的民俗文化，区婚俗博物馆举办包括舞龙表演、越剧、舞蹈、器乐演奏等在内的专场活动，尤其是省级非物质文化遗产大头和尚的演出受到好评。通过活动，更大程度调动全社会参与历史文化名城保护。

【“十洲新韵 妙笔丹青”美术作品展】 2020年6月6日至7月2日，“十洲新韵 妙笔丹青”美术作品展在区月湖美术馆展出。展出艺术作品共60余件，涵盖油画、水墨、水彩等画种，从不同的角度展现海曙历史文化底蕴和自然风光之美，旨在用艺术的方式去衔接历史文脉，呈现时代精神。吸引游客5000余人参观。

【中小学生手绘海曙创作展】 2020年9月26日，“2020书香海曙·书香之路——我们心中的母亲湖”宁波市中小学生手绘海曙创作展暨颁奖典礼在区月湖美术馆举办。经过前期征集、评比，共有320幅作品获奖，其中250幅优秀作品自9月26日至10月22日在月湖美术馆展出。

（王涵榆）

文化馆

【概况】 2020年，区文化馆馆舍使用面积达6000余平方米，设有小剧场、多功能厅、综合排练厅、舞蹈排练厅、合唱排练厅、书法创作室、琴房、书画室、非遗展厅、百姓录音棚、摄影棚等20余个活动场所，为辖区群众提供全方位的文化服务。

针对全面建成小康社会、迎接建党100周年等重要时间节点，打造体现时代特征、彰显城市精神的文艺精品力作。百姓艺术团获评年度全市唯一“五星级艺术团”，区文化馆天一丝竹社获评“三星级文艺团队”。

【精品节目】 2020年8月12日，区文化馆编排原创男子群舞《弄潮儿》参加2020浙江省群众舞蹈大赛决赛，获银奖。9月19—20日，原创作品器乐合奏《足迹》、女声表演唱《伴山伴水伴着你》、群舞《热爱》和《弄潮儿》在宁波市第13届音乐舞蹈节上分别获得音乐类银奖、音乐类金奖、舞蹈类银奖、舞蹈类金奖，并取得团体总分第一的成绩。

【抗疫歌曲创作录制】 2020年1月30日、2月24日，区文化馆牵头市、区文艺工作者，先后两次在区文化馆录音棚内，创作录制两首抗疫歌曲《只盼你凯旋》《守门的我们》，歌颂赞扬奋斗在防疫一线的工作人员和默默守护邻里的社区工作者。录制完成后，通过官方微信公众号、门户网站等渠道向公众发布，受到群众好评。

【艺术类线上公益课程推广】 针对新冠肺炎疫情防控实际，2020年3月31日始，海曙区首期"一人一艺"全民艺术普及及"百姓讲坛"自制网络云课程在区文化馆官网及微信公众号上线，方便群众在线学习。系列课程涵盖摄影、国画、宁波评话、声乐、儿童画、非遗系列之米食制作、花道等7个门类，共计50课时，截至年底，累计播放量超过5万次。

【庆元—海曙"山海协作"联合文化走亲采风活动】 2020年8月10—14日，区文化馆组织海曙区画家赴丽水市庆元县举行文化走亲采风活动，活动以庆元廊桥、生态、古村、古树及人文景观为对象，探寻及挖掘当地风景风貌，集中创作一批能够反映庆元当地文化特色的美术作品。作品于10—11月在海曙、庆元两地举办的文化走亲画展活动中展出。

【文艺团队"云点播"视频录制】 2020年8月17—25日，区文化馆组织全区112支等级文艺团队进行"云点播"节目视频录制，录制各等级团队的集中展演节目，包括舞蹈、小品、合唱、器乐、戏曲、时装秀、舞龙舞狮等，以及书画、文学等静态节目。录制完成的视频经过后期制作，于10月在区文化馆官方网站上展播，并供镇（乡）街道进行点单式采购。

（陈忠娜）

新　闻

【概况】 2020年，区全媒体中心《海曙新闻》报刊出刊149期，《海曙新闻》电视、广播栏目分别播出节目256期、250期，海曙新闻网更新稿件9606条，"海曙"手机客户端发布信息7952条、"海曙发布"微信公众号发布信息2126条、"海曙发布"官方微博发布信息4262条、"海曙"官方抖音号发布信息96条。在中央、省、市各级媒体刊播宣传海曙区新闻稿件2000余篇（条），中央级主流媒体（含网媒）发稿200余篇（条）、省级主流媒体发稿90余篇（条）。

8月10—14日，海曙区画家赴丽水市庆元县举行文化走亲采风活动

【《海曙新闻》报刊】 2020年，《海曙新闻》共刊登自采新闻稿件3490余篇，发行量1.7万份。围绕区委、区政府中心工作，策划开展"四力我行"大型融媒体采访活动等，相继推出《坚决打赢防控阻击战发展总体战》《牢记总书记殷切嘱托 争当"重要窗口"建设排头兵》《说文讲理招招鲜》等专栏、专题。重点报道新冠肺炎疫情期间，全区抓生产保供应相关工作、区十一届人大四次会议和区政协五届四次会议等专版专刊报道。

【《海曙新闻》电视】 2020年，《海曙新闻》电视共播发节目256期，各类新闻2275条。全媒体中心广电编辑部围绕区委、区政府中心工作，挖掘海曙各项事业发展的特色亮点，讲好海曙故事，为海曙在宁波当好浙江建设"重要窗口"模范生的进程中当好排头兵营造良好舆论环境。新冠肺炎疫情期间，第一时间开设《万众一心 共同战疫》特别报道，共播发抗击新冠肺炎疫情和企业复工复产"两战赢"新闻报道460篇。播发《学习贯彻习近平总书记在浙江考察时的重要讲话精神》《走向我们的小康生活》《创建文明城市在行动》《四力我行》《三问三服务》各类专栏、主题稿件近500条。

【《海曙新闻》广播】 2020年，《海曙新闻》广播每周一至周五（节假日停播）17:00播出，每期节目时间5分钟，共播出250期。重点宣传海曙区"六争攻坚"与"三问三服务"工作、"扫黑除恶"行动、持续推进垃圾分类、开展对黔西南州贞丰等地的东西部扶贫协作、"山货下山"精准帮扶、优化创业创新环境引进人才、持续推进党风廉政建设、深化"最多跑一次"改革、基层治理等热点新闻。

【新媒体建设】 2020年，海曙区利用"一网两微一端一抖"（海曙新闻官方网站、"海曙发布"微信公众号与官方微博、"海曙"手机客户端、"海曙"官方抖音号）等平台，加强新媒体建设。开设《在习近平新时代中国特色社会主义思想指引下——新时代新作为新篇章》《走向我们的小康生活》《学习贯彻习近平总书记在浙江考察时的重要讲话精神》《万众一心　共同战疫》等专栏20余个。开展“海曙—贞丰‘云党课’”直播连线，赴贞丰“甬向黔·我贞行”网络消费扶贫直播专场带货等活动。自创新媒体访谈“有一个访谈”。“海曙97秒暖心接力”抖音短视频获评2020“NB轰红”短视频大赛九月冠军、第三季度冠军、年度特别奖，中央电视台《新闻1+1》栏目聚焦该事件，形成全网阅读量超5亿人次的现象级传播案例，获得省委宣传部肯定。“海曙发布”微信公众号单条推文最高单点击量近60万次，留言超过200条。“海曙”手机客户端上线，运行稳定，与全区多个部门及单位合作推出专栏，下载注册用户10万人次。“海曙发布”官方微博单条最高140万次浏览量。“海曙”官方抖音号单条最高83.6万次点击量，点赞量超6万次。

2020年度海曙区全媒体中心新闻获奖统计表

表22

序号	奖项名称	奖级	稿件标题
1	党报县报报刊类、综合类重大主题报道	三等奖	山山水水处处青清秀秀
2	党报县报报刊类、综合类新闻摄影	三等奖	达产增效加速跑
3		三等奖	晒出小康幸福生活
4		三等奖	走在花路上
5	今日系列报刊类消息	二等奖	宁波首班“扶贫+复工”包机抵达
6		三等奖	海曙21104家新设市场主体“疫”中求进
7	新媒体类短视频专题报道	三等奖	《尚书人声》专题
8	新媒体类新闻评论	三等奖	腹有文明气自华
9	新媒体类新闻专题	二等奖	有一个访谈
10	新媒体类短视频现场新闻	一等奖	延时97秒！海曙街头打亮超长绿灯，为老人按下“暂停键”
11	新媒体类融合创新	二等奖	215万人在线，成交额29万元！海曙这场直播好火爆
12	新媒体类创意互动	三等奖	“海曙号”火箭即将发射，邀请您来提建议
13	新媒体类数据新闻	一等奖	数说海曙贞丰“连心桥”
14	新媒体类移动直播	三等奖	海曙贞丰联手推出首堂“云党课”！
15	宁波新闻奖报刊类	三等奖	优化营商环境激发创新动能——海曙21104家新设市场主体“疫”中求进
16	宁波新闻奖县市报好新闻奖	一等奖	宁波首班“扶贫+复工”包机抵达
17		二等奖	“四力我行”特别报道
18		三等奖	优化营商环境激发创新动能——海曙21104家新设市场主体“疫”中求进
19		三等奖	215万人在线成交额29万元，直播带货助力“黔货出山”
20	宁波新闻奖县市广电好新闻奖	一等奖	海曙街头车辆为老人按下“暂停键”上演暖心一幕
21		二等奖	（精准扶贫携手小康）一江三果带增收携手脱贫奔小康
22		三等奖	海外直播引客商另辟蹊径争订单
23		三等奖	数说海曙贞丰“连心桥”
24	宁波新闻奖新媒体作品	二等奖	延时97秒！海曙街头打亮超长绿灯，为老人按下“暂停键”
25		三等奖	有一个访谈
26		三等奖	新年创意海报
27		三等奖	上榜！雅戈尔成为宁波首家本土千亿级制造业企业
28		三等奖	二十多年捐款五十余万元来听听“心愿老人”的慈善故事
29	宁波新闻奖新闻版面作品	三等奖	《海曙新闻》4月22日第二版
30	宁波新闻奖摄影作品	三等奖	走在花路上
31	宁波新闻奖重大主题报道奖优秀作品奖	一等奖	宁波首班“扶贫+复工”包机到了——155名贞丰义龙外来务工人员抵达我区
32		三等奖	山山水水处处青清秀秀

（李玉飞）

体　育

综　述

【概况】 2020年，横街镇体育公园建设完成。2个社区多功能运动场以及1个游泳池、8个小康体育村提升工程和17个百姓健身房等省级民生实事工程建设完成。各镇（乡）街道新建或改建登山健身步道7条。举办2020“一带一路”中国宁波国际跑酷大师赛、国家百万公里登山健身步道2020宁波发布会。完成海曙区少体校重竞技、攀岩两个正式编制教练招聘，制定出台《海曙区青少年业余体育学校训练项目合作单位管理办法》。组队参加省阳光青少年体育比赛的网球和短式网球比赛以及市青少年比赛并承办3个项目。举办“全民健身月月赛”系列活动。通过浙江省“四提升四覆盖”全民健身工程评估。组织8所学校7300余名学生参加脊柱侧弯筛查工作。

年初因新冠肺炎疫情形势严峻，全区所有运动场馆关闭，所有体育活动取消。海曙区建立社会体育指导员抗疫工作群，指导群众进行居家健身，收集并转发基层体育指导员关于居家健身的视频、文章、经验。在复工复产阶段，指导并督促体育场馆科学有序开放。兑现2019年度省市两级产业扶持资金123万元，向7家重点困难企业发放纾困资金35万元。

【“全民健身月月赛”系列活动】 2020年，海曙区“全民健身月月赛”系列活动开展24项赛事活动，包括海曙区首届太极展演大会、2020“历经风雨 终见彩虹”抗击疫情主题定向活动暨中国宁波首届山地定向越野赛、海曙区镇（乡）街道篮球联赛、机关乡镇足球联赛、全区羽毛球比赛等。受疫情影响，2020宁波女子线上半程马拉松和2020“爱在梁祝”抗疫情线上健康行马拉松活动两场活动以线上形式开展，所有活动吸引上万群众积极参与。

（林　瑜）

8月30日，2020年“历经风雨 终见彩虹”抗击新冠肺炎疫情主题定向活动暨中国宁波首届山地定向越野赛在龙观乡举行

体育设施建设

【概况】 2020年，海曙区体育设施场地总面积210.82万平方米，人均体育场地面积2.16平方米（按照2020年底常住人口数据）。开展全区健身路径排查和整改，共维修345件，拆除888件，更新243件。区重点工程——宁波市社会体育指导中心新建室内游泳馆前期项目开工，完成横街镇体育公园的建设任务，推进2个社区多功能运动场、1个游泳池、8个小康体育村提升工程和17个百姓健身房等省级民生实事工程建设。各镇（乡）街道新建或改建登山健身步道7

6月10日，白云街道丽雅社区百姓健身中心落成

条。制定海曙区文体中心改造提升方案，6月在宁波市体育公共服务平台正式上线。

【“四提升四覆盖”全民健身工程评估】2020年4月25日，浙江省公布2019年“四提升四覆盖”全民健身工程评估合格单位，海曙区通过评估，成为全省27家通过2019年“四提升四覆盖”全面健身工程评估的合格单位之一。2019年始，海曙区强化资源整合，发挥区文体中心及古林、集士港、章水等乡镇文体中心、鄞江攀岩公园功能，加快群众身边的体育设施建设；推出国际攀岩大师赛、全国青少年皮艇球锦标赛总决赛等国际国内四大品牌赛事以及承办上级群众性体育赛事，提升体育赛事在区域的影响力；发挥体育协会作用，各协会举办各类体育培训170余期，累计培训人数1万余人次；培育各类各级社会体育指导员3029人，不断改进群众身边体育健身指导。

【白云街道丽雅社区百姓健身中心落成】2020年6月10日，白云街道丽雅社区举行社区百姓健身中心落成授牌仪式。丽雅社区百姓健身中心是海曙区首家社区级的全民健身中心，总面积1000平方米，配备多种健身器械，采用“公益+商业”的模式运行，设置公益时间段对社区居民实行免费开放，小区居民凭免费活动卡进出健身房。开放商业时间段，实行低价收费，社区居民仅需要办理1天1元钱的365元年卡就可享受健身服务。

【多条登山健身步道建成】2020年12月10日，经资料评定、实地验收后，6个镇（乡）街道的7条新建（改建）登山健身步道验收合格，向群众开放。分别是集士港镇新后屠桥村红色健身步道、古林镇前虞村健身步道（一期）、茂新村健康跑步道、横街镇横街文体公园健身步道、洞桥镇张家垫村沿河步行道、鄞江镇登山步道以及龙观乡阳堂古道。

（林　瑜）

竞技体育

【概况】2020年初，海曙区少体校重竞技、攀岩两个正式编制教练招聘工作完成，制定出台《海曙区青少年业余体育学校训练项目合作单位管理办法》。

组队参加省阳光青少年体育比赛的网球和短式网球比赛，获得3金、3银、4铜。组队参加宁波市青少年比赛19个项目，获得49金、80银、82铜，其中，柔道、网球、跆拳道、女子乙组篮球获得团体总分第一。举办2020“一带一路”国际跑酷大师赛、区级青少年智力运动会（四棋）、跆拳道、游泳等比赛。

与区教育局联合发布关于区队项目招生的文件，区队足球、游泳、击剑、羽毛球、皮艇球（皮划艇）、艺术体操、网球等项目进入区内学校招生。完成20个体育项目布局，其中网球、篮球、足球、击剑、跆拳道、游泳、攀岩、举重、摔跤项目与社会力量合作。向上级单位输送50名运动员。完成18个市级训练点资料整理工作和31个区级训练点考核工作。

【市青少年网球比赛获团体总分第一】2020年9月28—30日，2020宁波市青少年网球比赛在鄞州网球中心开赛，海曙代表队派出18名运动员参加12个项目的角逐。经过多轮激烈比拼，获6枚金牌，以团体总分94分位列第一。团体比赛中，郑智凯、张允聪、周桢皓获得男子甲组团体冠军，王梓芊、周陈橙、闻媛馨获得女子甲组团体冠军，卢嘉怡、黄赵左怡、吴昕彤获得女子丙组团体冠军。在个人单打比赛中，张允聪取得男子甲组单打第一，王梓芊取得女子甲组单打第一，卢嘉怡取得女子丙组单打第一。

【2020“一带一路”国际跑酷大师赛】2020年10月25日，2020“一带一路”国际跑酷大师赛在海曙举行，来自摩洛哥、厄立特里亚、贝宁等国内外50名选手齐聚天一广场。经过多轮激烈比拼和对抗，中国选手杨小强以23秒226的成绩夺得个人竞速赛冠军，李一奇以3.1米的成绩获单项挑战赛（金刚定点）冠军。

【爱菊艺校省艺术体操赛获佳绩】2020年10月31日，由省体育局主办，金华市体育局承办的2020年浙江省少年儿童艺术体操冠军赛在义乌佛堂文体中心举行。宁波爱菊艺术学校派出7名运动员代表宁波市出征，获5金1银。其中，乙组队员孙苡桐获得绳操第一名、徒手第一名和个人全能第二名；集体组队员杜芊墨、朱依灵、王雅萱、胡紫漪和刘星朵揽获集体所有项目冠军，为宁波队获得3枚金牌。

（林　瑜）

群众体育

【概况】 2020年，海曙区注册体育社团20个，包括1个体育总会和19个单项体育协会，其中AAAAA级体育社团1家（区老年体育协会）、AAAA级体育社团1家（区跆拳道协会）、AAA级体育社团6家。承办2020年国家百万公里登山健身步道宁波发布会、宁波市全民健身季“美丽乡村健身行”系列活动集士港站以及宁波市全民健身季暨“一人一技”击剑体育技能展示交流活动。组队参加2020年宁波市“贺岁杯”五人制足球争霸赛，高桥重梦队获得冠军。参加2020年浙江省健身气功站点联赛（东部赛区），取得团体总分第一，晋级2020年浙江省健身气功站点联赛总决赛。组队参加2020年浙江省农村文化礼堂运动会和2020宁波市“全民健身季”赛事月市民网球比赛。

继续开展海曙区“全民健身月月赛”系列活动，共开展24项赛事活动，包括海曙区首届太极展演大会、2020年“历经风雨 终见彩虹”抗击新冠肺炎疫情主题定向活动暨中国宁波首届山地定向越野赛、海曙区镇乡街道篮球联赛、机关乡镇足球联赛、全区羽毛球比赛等。受新冠肺炎疫情影响，2020年宁波女子半程马拉松等两场活动以线上形式开展。开展“全民健身日”系列活动，包括“8·8全民健身日”太极展示活动、2020年宁波市国际象棋等级赛海曙站、海曙区第四届中国象棋团体赛棋王赛、2020“爱在梁祝嘉年华”系列活动之“七夕欢乐跑”等。

加强群众身边的体育指导。开展轮滑、自行车、太极拳等三级社会体育指导员培训班，承办宁波市二级体育指导员羽毛球培训班和2020浙江省五人制足球运动体能教练员培训班、“全民健身季”之全民健身大讲堂、科学健身知识进机关活动、2020宁波市“全民健身季”大型健康公益活动走进高桥镇开展体医义诊公益活动。在望春街道、集士港镇和石碶街道开展3期海曙区“全民健身大讲堂”。承办宁波市“一人一技”羽毛球公益培训，开展海曙区“一人一技”搏击操、篮球、健身气功（八段锦）等公益培训。

【“美丽乡村健身行”集士港站活动】 2020年7月4日，宁波市“美丽乡村健身行”系列活动集士港站在集士港镇深溪村举行。活动由市体育局、市体育总会、海曙区政府主办，市社会体育指导中心、区文化和广电旅游体育局、区体育总会、集士港镇政府承办。活动以“全民嗨起来 畅享健身季”为主题，围绕轻越野和徒步两条主线开展活动，并设置乡村集市、趣味游戏等互动版块。700余名跑步以及徒步爱好者参加。

【太极展演活动】 2020年8月8日，“8·8全民健身日”——海曙区太极展演活动在集士港镇广德湖文化广场举行。活动由区文化和广电旅游体育局、集士港镇政府主办，区太极协会、集士港镇文化中心承办，以“太极健身，快乐同行”为主题，包括百人太极

8月8日，海曙区太极展演活动在集士港镇广德湖文化广场举行

3月24日，宁波市委副书记、市长裘东耀（右四）一行到高桥韵动健身馆检查指导企业经营秩序恢复工作

拳同台表演、各支站点展演，800余名表演人员、现场观众等参加。

【宁波首届山地定向越野赛】 2020年8月30日，由中华全国体育总会、中国无线电和定向运动协会共同主办，中体产业集团股份有限公司总体运营，区文化和广电旅游体育局和龙观乡政府承办的“全民健身健康中国”——2020年“历经风雨 终见彩虹”抗击新冠肺炎疫情主题定向活动暨中国宁波首届山地定向越野赛在龙观乡举行。比赛区域定在宁波半山伴水度假村，利用定向点标把景区的住宿、水晶塔、高空绳索场、房车营地有机串联起来，200余人参赛。经过一天比赛，许亚芳、宋鑫根取得双人组冠军。

【全讯足球队获省沙滩足球锦标赛冠军】 2020年11月1日，2020浙江省第十三届沙滩足球锦标赛在舟山朱家尖举行，全省6支球队参加，宁波海曙全讯足球队以全胜成绩夺冠，其中，在决赛中以9:3战胜浙江海洋大学。

（林　瑜）

体育产业

【概况】 2020年，海曙区完成体育产业机构名录库系统录入企业信息953条，将21家体育企业纳入市级重点企业统计库。组织企业申报省、市各类体育产业发展项目库，其中1家企业入选市体育产业库，2家企业及1个品牌赛事列入省体育产业发展资金项目库，申报成功1个省级运动休闲旅游优秀项目。

组织21家体育企业参加线上和线下2020中国（宁波）体育产业博览会。检查各类高危场所60余家次，其中“双随机”检查各类高危运动场所共23家次，包括跨部门联合“双随机”3家次。

【裘东耀检查海曙体育企业经营秩序恢复工作】 2020年3月24日，宁波市委副书记、市长裘东耀一行到高桥韵动健身馆检查指导企业经营秩序恢复工作。裘东耀向企业负责人了解高桥韵动健身馆恢复营业以来的经营状况、防疫工作，以及场所的场地、服务项目、消费人群等情况。韵动健身房开业于2016年，营业健身面积达3000平方米，配有各类健身器材，拥有乒乓球室、台球房、武道区和男女会员单独私教区。健身房致力于公益体育运动，通过低价年卡、每月推出60节以上免费体育课程等，向周边村民推出最大力度优惠，丰富群众健身锻炼需求。

【龙观探险运动小镇入选省级名单】 2020年4月27日，省体育局公布第三批省级“运动休闲小镇”培育名单，海曙区龙观探险运动小镇入选，成为全省7个省级运动休闲小镇培育单位之一，海曙区唯一。探险运动小镇依托龙观乡区位条件和产业基础，地域面积7300公顷，森林覆盖率86%，每立方厘米负氧离子含量在1500个以上。按照“三维一体、祥龙戏珠、多彩一环”的总体布局，以“绿谷探险”为基础，以山脚、山麓、山坡、山顶自下而上的立体多维探险运动空间为亮点，涉及户外拓展、露营、房车、攀岩、热气球、滑雪6个重点项目，成为集山地探险、自然探险、户外运动探险、森林探险、山地度假于一体的探险运动休闲小镇。

【半山伴水绳索攀爬项目获评省级优秀项目】 2020年11月11日，省体育局、省文化和旅游厅联合下发《关于认定浙江省运动休闲旅游示范基地、精品线路和优秀项目（2021—2023）》文件，半山伴水绳索攀爬项目获评省运动休闲旅游优秀项目。半山伴水度假村园区内设户外拓展区，拥有自主式游玩体验的户外拓展项目——飞想探索公园。投入1000余万元，从德国原装进口水晶塔项目，是全球少数超大座的高空绳索塔，拥有国际性TUV安全认证。此外，度假村还配有大摆荡、休闲及专业攀岩墙、空中飞人、720度旋转滑梯、云霄滑索、20米高的自由落体等体育设施。

（林　瑜）

相关链接：

“四提升四覆盖”工程：指2015年底浙江省提出的全民健身计划，即提升群众身边的体育场地建设水平，实现“15分钟健身圈”便民体育设施全覆盖；提升群众身边的体育组织水平，实现镇（乡）街道“1+5”体育社会组织网络全覆盖；提升群众身边的健身活动水平，实现常态化健身活动全覆盖；提升群众身边的健身指导水平，实现行政村（社区）各健身项目社会体育指导员及乡镇（街道）体质测试网点全覆盖。

卫生·健康

综 述

【概况】 2020年，海曙区有各级各类医疗卫生机构511家。其中，区属公立医疗机构4家（海曙区第二医院、海曙区第三医院、区中医医院、口腔医院），急救站1家，镇（乡）卫生院、街道社区卫生服务中心16家，村卫生室、社区卫生服务站141个，门诊部及以上社会办医疗机构104家，其中，社会办医院24家。全区在职卫技人员14567人，其中，执业（助理）医师数5641人，注册护士数6131人。区内医疗机构实有床位数7589张，其中，社会办医床位数1129张。截至12月，区属公立医疗单位年门诊、急诊病人605万人次，卫生健康事业经费67688.5万元。

区卫生健康局按要求全力落实新冠肺炎疫情防控各项工作，建设健康海曙，提升医疗卫生服务水平，全面深化紧密型医疗建设，完成各项工作任务。被评为“浙江省抗击新冠肺炎疫情先进单位”，4名医务人员获评“浙江省抗击新冠肺炎疫情先进个人”；高山巡回卫生健康服务品牌获评宁波市“工人先锋号”、全市机关党建“十佳创新成果”奖、宁波市卫生健康系统十大党建品牌。助力宁波争创全国文明城市“六连冠”，推进各项工作有序进行，获市文明委集体嘉奖等荣誉。

【医疗卫生基础建设项目】 截至2020年12月，海曙中医医院迁扩建工程获地方政府专项债券项目资金6000万元，并启动二期项目建设，负压病房、负压手术室和分娩室计划于2021年底前交付使用。全区所有基层医疗机构完成发热预检点和发热哨点诊室的升级改造工作，为区第二医院、区第三医院配置发热病人专用CT室。区公共卫生中心新建工程估算总投资3亿元，完成设计方案并移交区公建中心。征用区文体中心作为后备方舱医院，最大床位数120张，并投入使用。调整区急救网络布局，新增高桥急救点；委托区第二医院托管鄞江、区二院两个120急救站点；加快救护车辆购置，救护车总数达到23辆，其中负压车16辆（占比69.6%）。

【医疗卫生人才队伍建设】 2020年，海曙区开展事业单位公开招聘3次、高层次人才引进2次、基层卫生人才定向培养招录工作1次，举办1期领导干部培训班和新入职职工培训班。2名创新人才入选市“泛3315计划”。确定海曙区“名医（名中医）”9人、第四轮“名医”7人、第四轮“名中医”8人、第四轮优秀“高级卫生技术人才”10人、第四轮“优秀中级卫生技术人才”10人，第二轮“医坛新秀”10人。选派优秀全科医生定期支援偏远山区卫生服务站，做好山区医务人员进修、培训工作，提升其综合服务能力。

【“方舱CT”启用】 2020年2月24日，全区首台、宁波市第二台“方舱CT”在

投入使用的海曙三院方舱CT

10月10日，2020宁波·海曙"中医中药中国行"活动启动仪式暨药行街复兴论坛在海曙举行

海曙区第三医院投入使用。"方舱CT"由市卫健委定制，安装在医院发热门诊外，将发热患者进行隔离。据了解，对发热患者实施胸部CT检查可以极大提高新冠肺炎诊断速度和质量，做到疾病早诊断、早治疗、早隔离，为有效防控疫情创造条件。

【"清廉医院"建设工作推进会】 2020年7月2日，区卫生健康局组织召开2020年系统"清廉医院"建设工作推进会暨党风廉政建设培训会议。会议结合系统"作风建设提升年"活动、区清廉医院示范点创建培训等工作，交流推广有关区属医疗卫生单位"清廉医院"建设的经验、举措及优秀案例，部署推进年度系统清廉医院建设重点任务。局党委班子成员、各区属医疗卫生单位党政主要负责人(含主持工作的副职)、局机关各科室负责人以及各单位清廉医院建设牵头科室负责人等70余人参加会议。

【上海中医药大学名中医工作室落户海曙】 2020年7月9日，由上海中医药大学、宁波海曙协爱中医医院、古林镇卫生院合作的上海中医药名中医工作室落户古林镇卫生院。工作室开设中医皮肤科、中医治未病科等共建科室，通过师带徒、业务指导、学术课题研究等方式帮扶基层卫生单位。

【"中医中药行"活动】 2020年10月10日，2020宁波·海曙"中医中药中国行"活动启动仪式暨药行街复兴论坛在海曙举行。此次活动以"传播中医药健康文化、提升民众健康素养"为主题。通过宁波中医药发展成就展示、药行街复兴论坛研讨、专家授课、中医义诊活动，同时结合中医药健康文化"六进"(进机关、企业、学校、社区、广场、公园)等活动，传播海曙区中医药健康养生文化，提升中医药服务和水平。

【区卫健系统获全省抗疫表彰】 2020年11月13日，浙江省委、省政府在省人民大会堂召开全省抗击新冠肺炎疫情总结表彰大会，会议以视频形式召开，海曙区设分会场。区卫生健康系统1个集体和4名个人受到表彰，分别是海曙区卫生健康局，海曙区疾病预防控制中心党支部书记、主任、副主任医师王海滨，海曙区第二医院副院长、副主任医师吴斌，段塘街道社区卫生服务中心主任医师司徒炜敏，海曙区第三医院第二党支部书记、医务科科长苏柯江。

【"高山巡回"党建品牌获市级荣誉】 2020年11月17日，宁波市卫生健康委员会组织召开2020年全市卫生健康系统思想政治体育协会年会暨医院党建工作培训班，举行全市卫生健康系统"十大党建"品牌授牌仪式。海曙"高山巡回"党建品牌继5月获全区组织工作优秀创新项目一等奖、10月获全市机关党建"十佳创新成果"奖之后，再获市级荣誉。

【"国际医疗服务示范单位"建设】 2020年11月20日，白云街道社区卫生服务中心成为全区首家"国际医疗服务示范单位"。中心经两年多标准化建设，硬件软件均具备为外籍人士提供医疗保健服务的能力，先后与万欣和企业服务有限公司、泰康养老保险股份有限公司、上海星益健康管理有限公司3家国际医疗保险公司合作，方便外籍患者就医。医院施行预约就诊，并提供陪同检查、翻译、导诊等服务，涵盖妇幼保健、门诊就医、预防接种等科室。

（竺颖娜　许智蕾　金　芹
江文敏　马国均）

疾病防控

【概况】 2020年，全区报告各类法定传染病15种8505例，报告总发病率869.56/10万，比上年同期下降42.61%。其中，甲类传染病无病例报告，乙类传染病10种1722例，丙类传染病5种6783例。甲、乙类法定报告传染病发病率176.06/10万，下降4.57%，死亡4例；丙类传染病发病率693.50/10万，下降47.88%，无死亡病例。

规范处置新型冠状病毒肺炎疫情。调查确诊病例、新冠病毒检测呈阳性病例、排除病例，报告新型冠状病毒肺炎突发公共卫生事件相关信息7例。累计完成周期性和临时性新冠病毒采样检测各类样品3860份，其中环境1006份，重点食品1328份，从业人员1526人，经检测结果均为阴性。

规范处置其他传染病聚集性疫情，全年全区调查处置各类聚集性疫情62起，报告1起诺如病毒感染突发公共卫生事件相关信息，所有疫情均得到妥善处置，无死亡病例。

启动第四轮国家级艾滋病综合防治示范区建设，探索精准防治方法，完成“甬尚”艾滋防控社会组织民政局注册，开展重点人群艾滋病监测，全年监测各类人群348124人次，占全区常住人口比例35.74%，新增管理病例98例。

全年登记确诊肺结核患者410人，男女性别比为1.83∶1，其中病原学检查阴性149例、单纯结核性胸膜炎27例、仅病理学阳性3例、病原学阳性230例和无病原学结果1例。全区共确诊活动性肺结核病例中流动人口（户籍未在海曙区）265例，占报告全部病例的64.63%。上年同期的464例确诊患者除10例医嘱继续服药外，其余454例均结案，诊断变更16例，成功治疗404例，成功治疗率为90.02%。至年底，全区共在管耐药患者27人，其中流动人口13人，占全部在管耐药患者的48.15%。共处理辖区学校肺结核疫情14起，筛查密切接触者2284人，无学校内聚集性疫情发生。组织参加第5届“泰茂杯”结核病防治优秀科普作品评选，获得了2个三等奖、2个优秀奖。

完成性病就诊者HIV检测、在线培训和考试评估两个系统研发。建设城乡“一体化”食源性疾病监测系统，在探索腹泻病人监测报病基础上，增加食物中毒自动提醒报告功能，新增社区人员补充调查流程。开展儿童口腔疾病综合干预项目，区疾控中心被浙江省口腔卫生指导中心评为2019—2020年度浙江省适龄儿童窝沟封闭项目工作先进单位。

按时按量完成各类地方病和寄生虫病监测，并发现1例布鲁氏杆菌病隐性感染者，按规范处理。完成重点寄生虫病和血吸虫病“十三五”规划终期评估工作，开展地方病防治专项三年攻坚行动终期评估，全区管理、技术指标均达到消除标准要求，实现消除碘缺乏病目标。

【慢性病管理】 2020年5月12日，海曙区启动自区域优化以来的首次大海曙慢性病防控基线专项调查。通过问卷调查、身体测量、血样检测，了解居民的主要慢性病危险因素流行情况、慢性病核心知识知晓情况、健康素养等。年内，组织实施浙江省民生实事工程——50~74岁的户籍居民结直肠癌筛查项目，并对评估出的高风险人群进行肠镜筛查。至年底，海曙区四种慢性病早死概率为7.58%。

9月，改建完成的PCR实验室启用

【PCR实验室检测启用】 2020年5月，海曙区组织专家对全区现有实验室布局重新进行评估论证。6月，启动PCR实验室改建工作。9月，PCR实验室全面启用，大大缩短海曙区新冠肺炎的病例诊断时间。至年底，共检测新冠病毒样本540份，手足口病样本54份，诺如病毒28份，肠道24重病原体10份。

【预防接种实践基地成立】 2020年8月10日，海曙举行全区预防接种实践教学基地授牌仪式，石碶街道和段塘街道两家社区卫生服务中心被评为首批实践基地。设立实践基地是区卫生健康局探索构建免疫规划教学新平台，推行理论和实践一体化教学模式的重要举措，主要承担全区新上岗人员预防接种、预检登记和信息化操作等实践教学任务。能进一步提高全区免疫规划队伍专业水平，强化岗位培训和考核管理，促进免疫规划工作更加科学、规范、有效地实施。

【新冠疫苗接种】 2020年10月始，全区启动重点人群新冠疫苗接种，至年底，共完成5633剂次接种，未报告严重预防接种异常反应。

【老年人免费接种流感疫苗项目】 2020年，海曙区将70周岁以上老年人自愿免费接种流感疫苗列入政府民生实事项目。全年接种31547人，超过省、市制定的目标任务数。异常反应6例，均为一般反应。

（庄鲁若）

卫生监督

【概况】 2020年，海曙区以“双随机一公开”抽检工作机制作为日常卫生监督工作方式，结合专项监督检查工作，着力提高监管效能，完成国家“双随机”抽查任务271家，通过省“互联网+监管”平台抽取并完成省级“双随机”任务349家，并对“双随机”抽检中发现的236家违反卫生法律法规的监管单位进行行政处罚。全区各类发证公共场所经营单位1513家，其中A级单位5家、B级单位302家、C级单位1206家，量化等级评定率达100%。22家游泳场所自检互联网公示率达到100%，水质抽检户次数61户次，合格58户次，合格率为95.1%。持续推进医疗市场监管，履行传染病防治、学校卫生及生活饮用水等监督监管职责，案件查办力度不断加大，全年办结行政处罚案件531件，共计罚没款125.2

万元，承办的1起卫生行政处罚案件被评为2019年度宁波市卫生监督执法重大案件。

【打击非法行医】2020年，海曙区打击非法行医立案结案24起，累计罚没款金额60.58万元，对违法场所的药品、器械依法进行没收。开展日常巡查和回访复查80余家次，巩固既往打击非法行医的成果。收到涉及非法行医相关投诉举报20起，卫生执法人员第一时间跟进、及时查处，对违法违规场所和个人依法立案处罚，并增加对非法行医人员有无违反疫情防控要求仔细询问。受新冠肺炎疫情防控影响，2020年未开展大规模普法宣传活动，执法人员将宣传工作融入日常工作中，在处理投诉举报过程中、打击非法行医现场向市民讲解非法行医危害，提醒就医选择正规医疗机构。另外，通过单位微信公众号及时发布打击非法行医的典型案例，提高群众对非法行医场所和人员的甄别能力，提高安全防范意识。

【公共场所禁烟监管】2020年，依据《宁波市禁止吸烟执法工作实施细则(暂行)》规定的禁烟场所、禁烟场所吸烟区的设置、处罚标准、不予处罚的情形等内容，区卫生监督所对辖区内的禁烟场所进行全面监督检查，共检查各类禁烟场所1294户次，包括医疗服务场所、公共电梯间、候车室、室内体育馆、商场、教学活动场所、图书馆、影剧院等，查处各类禁烟违法案件64起，其中个人55起、场所9起，罚款金额10350元。

【妇幼健康服务分类执法试点】2020年，区卫生监督所入选宁波市妇幼健康服务分类执法试点单位。着重参与梳理婚前医学检查、人工终止妊娠、人类辅助生殖技术、产前诊断、助产技术、新生儿疾病筛查等监督执法要点。

【卫生监督职业培训】2020年，海曙区卫生监督系统采用集中学习为主、线上学习为辅、参观学习为补充的学习形式，系统开展公共场所新冠肺炎防控卫生监督检查网上视频培训以及

5月7日，区卫生监督所开设“卫监小课堂”，开展专业能力提升培训

《基本医疗卫生与健康促进法》、“双随机”检查违法行为发现能力培训等专业能力提升培训。强化“双随机一公开”实用操作、互联网+监管要点、非接触式执法、行政执法记录仪及信息采集平台使用要求等信息化培训，提高行政执法效能。

（张　征）

妇幼保健

【概况】2020年，海曙区孕产妇管理率达96.40%，3岁以下儿童保健系统管理率95.82%，孕产妇签约服务率99.96%，0~6岁儿童签约服务率62.39%（有偿）。孕早期建册率98.63%，产前筛查率95.90%，产后访视率98.51%，新生儿听力筛查率99.14%，新生儿疾病筛查率99.73%，新生儿破伤风发生为零。孕产妇自然分娩率56.72%，围产儿死亡率1.46‰。

基本公共卫生妇幼惠民项目提供免费产前检查41547人次、儿童体检84984人次，合计减免480.74万元。2822名新生儿参加新生儿疾病筛查、5097名孕妇进行产前筛查，享受免费金额107.22万元。对6907名24个月龄以下儿童进行孤独症筛查，17名疑似儿童转至上级医院，其中4名确诊为孤独症患者，均继续随访监测中。启动国家基本公共卫生服务中关于0~6岁儿童眼保健和视力检查项目，以及在2019年辖区内市级助产机构成功推出出生医学证明掌上办服务后，继续深化该项工作，实现辖区内所有助产机构实现“出生一件事”掌上办服务全覆盖。

出台新冠肺炎流行期间儿童和孕产妇管理的指导意见及疫情防控期间隔离孕妇管理的指导意见，在加强疫情防控的同时，有序恢复医疗保健业务，满足妇孺需求，保障母婴安全；同时，联合区疾控中心、区监督所、各基层医疗卫生单位成立三人一组的复学疫情防控技术指导专班组10个，对全区103家幼儿园开展复学前健康巡回指导，全力护航开园复学。复学后，再派出4名专家下沉幼儿园，开展“一对一”“点对点”的专业健康指导蹲点服务，高效助力开园复学工作。

区妇幼保健计划生育服务中心举办区级“两校”（孕妇学校、育儿学校）妇幼健康实体讲座11场、网上讲座9场，受教约700人，发放健教资料约400份，婚检门诊对青年男女进行面对面宣教，共接受宣教4694人次，发放孕前保健健康教育资料2000余份。区孕妇学校开课578次，受众7161人次，其中网上课堂286次；育儿学校开课322次，受众8021人次，其中网上课堂166次；大型宣传活动63场，惠及14086人次；现场咨询32场，受众

1999人次；制作健康处方39504份。

区妇幼保健计划生育服务中心被评为浙江省优生优育优教指导中心省级示范点；被宁波市妇幼保健院、宁波市产前诊断中心评为2019年无创筛查管理工作先进单位；被宁波市卫生健康委办公室授予重大公共卫生妇幼项目管理奖。

【“两癌”筛查】 2020年，海曙区作为省“两癌”（乳腺癌、宫颈癌）信息平台运行的试点单位，全年乳腺癌检查5003例、宫颈癌检查4677例。配合省卫生部门，做好区内初筛及进一步接诊机构信息平台的运行，至年底，省“两癌”信息平台的个案录入率达100%。

【婴幼儿照护服务】 2020年，海曙区全面启动3岁以下婴幼儿照护服务民生实事项目，开展0~3岁托育机构进行登记备案，6家完成登记备案。开展家庭养育健康指导项目，完成200名家庭养育健康指导师资培训。成立10个村（社）婴幼儿照护服务指导站并完成授牌。同时，区级婴幼儿照护服务管理指导中心、照护实训基地在区妇幼保健计划生育服务中心内成立，并对辖区照护活动进行业务指导。继续拓展儿童早期发展服务项目，至年底，拥有区级儿童早期发展示范基地1家、乡镇级2家。

【孕产妇心理健康关怀】 2020年，海曙区启动联动合作下的产后盆底功能康复项目，以公立医院“牵手”社会办妇产专科医院的全新合作模式，在试点基层医疗机构门诊进行骨盆肌力筛查。在试点基础上，全区推广“孕产妇心理健康”创新项目，在孕期建册及产后通过微信公众号进行心理评估，对筛查异常孕产妇开展心理咨询及疏导，必要时转诊至专科医院诊治，共对1752名孕产妇进行心理问卷调查，筛查出轻度情绪症状538人、明显情绪症状134人、中重度度情绪症状46人、重度情绪症状12人。在全区开展“针对育龄期孕前妇女的个性化牙周病防治项目”推广工作，从育龄妇女怀孕建档开始实行同步牙周情况登记、口腔卫生知识宣教、定期牙周复查及治疗、跟踪检查和维护，共对1506名孕产妇进行口腔健康宣教，转社区口腔科诊治8人，转区口腔专科诊治1人。

（郑　洁）

计划生育

【概况】 2020年，海曙区户籍人口出生3456人，比上年同期出生人口数（4491人）下降23%。其中，“二孩”1220人，占比35.3%，较上年（1732人）下降29.6%，出生人口孩次结构趋于减少。自然增长率0.46‰。

持续推进计划生育服务管理“最多跑一次”改革。进一步推广“浙里办”App生育登记，服务窗口生育登记实现“一证通办”和“全区通办”。加强“出生一件事”“婚育户”联办工作的部门协同。生育登记2317人，再生育审批58人，出生一件事办理2115件。

继续推进公共场所母婴设施配置标准化建设，公共场所母婴设施新建4家，总数达56家，配置率100%。开展“预防出生缺陷”宣传活动。建立10家村（社区）养育健康指导点，定期开展养育宣教和亲子活动。全区户籍人口性别比为110.73。

全面落实计划生育奖励奖扶政策，确认奖扶对象26186人、计生特扶对象1800人、并发症补助8人，发放计划生育奖励扶助金4727.28万元。继续实施计划生育特殊家庭一次性补助政策。协助区委组织部、区委宣传部、文明办等部门奖励提拔干部进行生育情况核实，共计15批次。完善计划生育特殊家庭档案信息库，建立双岗联系人制度、家庭医生免费签约和就医就诊“绿色通道”服务制度。新增托幼机构4家，新增托位162个，超过市卫生健康委下达的新增3家机构、75个托位的目标任务。

【计划生育协会】 2020年，区计划生育协会以项目化运作模式开展各类宣教服务工作。持续推进中国计划生育协会特殊家庭“暖心家园”项目，开展特殊家庭关怀关爱服务，为辖区45户符合条件的特殊家庭老人开展生活照料服务，并为748名项目对象和124名特殊家庭第三代子女购买人身意外保险，多方位提供服务和保障。实施发展青春健康培训项目，指导并推荐浙江工商职业技术学院申报国家级和市级高校青春健康同伴教育项目点，在石碶街道田莘耕中学新建市级“青春健康俱乐部”1家。开展计划生育培训500场次，惠及7000余人次。建设市计划生育协会优生优育亲子小屋项目——高桥镇蒲馨社区“优生优育亲子小屋”，开展相关讲座课程和服务活动。

杉井·奥特莱斯广场母婴室

表23

2020年海曙区域计划生育基本情况表

指标名称	人数
有生育条件的妇女（人）	1427942
已婚育龄妇女（人）	104422

（宫海燕　周万慎）

医疗管理

【概况】 2020年，海曙区以全民健康为目标，以紧密型医联体建设为抓手，完善分级诊疗服务体系，深化医疗卫生领域“最多跑一次”改革，强化医疗质量管理，提升医疗服务能力。建立“1+‘1+X’”紧密型医联体架构，制定出台《2020年海曙区推进医联体重点任务清单》，明确11大项40条重点任务清单，对标对表逐一推动落实。海曙区第二医院医疗健康集团、海曙区第三医院医疗健康集团揭牌，两个医联体工作小组、医疗健康集团理事会成立，推动全—专联合门诊、护理专科门诊、“互联网+”医疗、护理、药事、基层补偿机制改革等工作。

持续提升医疗质量安全，开展医疗质控联合检查行动。改善服务设施、强化人才培养、提升服务能力、弘扬中医国粹文化，不断满足人民群众日益增长的中医药服务需求。

推进区级重点学科建设，区中医院重点打造中医儿科、针灸推拿科等学科。以群众需求为导向，结合原有专科特色基础，传承好区级非物质文化遗产经验，推进特色专科建设。全区各医疗机构获市科技计划项目（公益类）立项1项；申报2项宁波市医学科技项目，均通过验收；2项区科技项目通过验收。全区卫生系统共计发表论文80余篇，其中二级论文18篇、一级论文3篇、SCI论文1篇。66人次参加卫生专业技术人员在职学历教育培训；选送中青年专业技术人员外出进修33人；参加省、市级培训2590人次，参加宁波市远程继续医学教育培训2205人。

【医疗质量安全管理】 2020年，海曙区强化全员医疗安全的教育培训，加强医疗技术事中事后监管，指导各医疗机构制定本单位医疗技术目录和手术分级目录。组织开展社会办医疗机构医疗质量及质控综合检查，检查覆盖所有社会办医院，中医、口腔、医疗美容等医疗机构共150余家。依托各专业质控中心，相继组织开展覆盖全区各级各类医疗机构的院内感染专项检查、医疗机构精麻药品使用管理检查、麻醉专项检查等。结合紧密型医联体建设，强化区域医疗质控体系全覆盖，进一步完善加强质控中心运作机制和标准体系建设，发挥各区级质控中心对全区质控的培训指导作用，组织开展全区性各质控培训20余场，参加人员1500余人次，组织开展药事、检验、护理、门急诊、放射等岗位技能竞赛。加强医疗质量信息化管理水平，不断提高医疗机构电子病历使用比例，推进区域合理用药及前置审方信息化建设，加强合理用药管理。

【中医中药管理】 2020年，区卫生健康局以“健康海曙”建设为目标，科学编制《海曙区促进中医药传承创新发展实施方案》《海曙区中医药事业发展“十四五”规划》《海曙区中医药产业发展“十四五”规划》，营造有利于全区中医药传承创新发展的政策环境。区中医医院新院迁建一期工程于10月完工，二期工程完成负压病房改造。17家基层中医馆全部完成提档升级改造，其中7家获评市级五星级中医门诊。新增9人被列入第三批宁波市名中医药专家学术经验继承人，开展全区第三轮“名医（名中医）”专家学术经验继承工作。10月，举办2020宁波·海曙“中医中药中国行”启动仪式暨药行街复兴论坛。开展中医药健康文化“六进”（进机关、企业、学校、社区、广场、公园）活动10场。

【高山巡回医疗服务】 2020年，海曙区组织1192人次的医务人员开展“高山巡回”卫生健康服务326次，举办健康宣教36场，惠及群众2509人次，服务群众58283人次，就诊人数35050人次，市、区级对口支援派出医务人员286人次，为行动不便老人提供上门医疗服务46次，服务人次和频次不

10月22日，月湖街道社区卫生服务中心主任医师何波阳参加高山巡回义诊活动，到龙观乡患者家中提供小针刀医疗服务

断提升。其间，打造高山“流动微型卫生院”，制定高山服务“健康主题月”活动，推出家庭医生“上门服务包”项目等。依托宁波“云医院”平台，搭建以“互联网为纽带、以镇（乡）卫生院为支撑”的网络云平台，提升“云诊室”使用率，有需要的患者通过云诊室等互联网功能，预约上级专家进行远程视频会诊。高山巡回医疗融入中医药健康服务，向高山居民普及中医预防保健知识和养生方法；结合中医药文化“六进”活动，普及中医治未病理念，推出中医针灸、推拿、艾灸等受老年群众欢迎的项目。同时，发挥中医药在“治未病”中的主导作用，推进中医药防治关口前移，加大中医药在新冠肺炎疫情预防防治与治未病方面的宣传力度。

【医疗对口帮扶】 2020年，海曙区继续做好与黔西南州贞丰县、丽水市庆元县的健康扶贫工作。按要求开展重点学科对接帮扶，选派优秀专业技术人员和管理干部驻点帮扶，实施远程会诊和学术指导。年内，累计派驻至贞丰县5名6~7个月包含神经内科、心血管内科、内科、耳鼻喉科等学科的专家骨干，13名1~3个月包含普外、耳鼻喉科、儿科、中医科、妇产科、全科、护理等专业骨干。与庆元县建立推进中医特色专科建设项目，有4名医务人员在庆元县开展为期一年的对口帮扶工作，区中医医院分批次安排人员赴庆元县中医院，推动两地中医药事业发展。

（许智蕾）

医疗服务行政审批

【概况】 2020年，海曙区参照浙江省、宁波市卫生健康部门“最多跑一次”权力事项指导目录，同时仔细核对行政权力事项库的日常变动，147项“最多跑一次”政务服务事项（权力事项98项、服务事项49项）均实现零跑次；“网上办”、“掌上办”、即办、承诺期限压缩比及材料电子化实现率均达100%。至年底，办理各类卫生健康行政许可4519件，所有许可件均在规定时间内办结，无行政复议、行政仲裁、行政诉讼案件。

【卫生行政许可“互联网+”服务】 2020年，海曙区全面推行公共场所卫生行政许可“网上办”“掌上办”工作，推行并完善医疗机构医护人员网上全流程注册，92.56%事项均通过浙江政务服务网申请办理。启用健康浙江政务服务平台审批，开展网上全流程审批模式及分时段预约审批模式。通过自助结算、诊间结算、移动终端医疗费用结算等方式，开展“快捷支付”“刷脸支付”，试行“医后付”，开展病房自助结算、床边结算等智慧结算。

【医疗机构审批模式创新】 2020年，海曙区创新医疗机构审批模式，通过视频直播使全区各类医疗机构了解网上审批模式，结合医疗机构年度校验，开启校验“零见面”模式。通过服务前置、事项细化、个性化定制开业套餐等方式，全程指导宁波兴和脑康康复医院做好验收前期准备，助力企业少跑路早开业。为宁波普济医院到期换领“设置医疗机构批准书”“民办事业法人证书”做好沟通衔接工作。

（许智蕾）

爱国卫生运动

【概况】 2020年，海曙区以筑牢新冠肺炎疫情防控卫生屏障，持续巩固发展卫生创建成果，强化环境卫生综合整治为主线，推动全区爱国卫生运动全面开展。4月，以“防疫有我 爱卫同行”为主题，集中开展第32个爱国卫生月活动。5月，以“保护青少年，远离传统烟草产品和电子烟”为主题，开展第33个世界无烟日。规范开展年度季节性病媒生物防治工作，推动“创卫宝”平台使用全覆盖。横街镇、章水镇、洞桥镇通过省卫生镇复评，通过复评的市级“卫生村”29家、省级“卫生村”35家，新创建市级“卫生村”6家，通过第一轮检查的新创建省级“卫生村”9家（每3年为一个周期命名）。重要公共场所实现全面禁烟，67家党政机关建成“无烟机关”。新创建“健康食堂”“健康小屋”“健康步道”等健康支持性环境12家，新创“健康促进学校铜牌学校”8所、“银牌学校”13所。

【“爱国卫生月”活动】 2020年4月，海曙区以“防疫有我 爱卫同行”为主题，开展第32个“爱国卫生月”活动。包括“改善环境共享健康”春季病媒生物现场防治活动、“开学第一课”助力防疫知识进校园、“知识问答 晒健康段位”网上答题擂台赛3项活动；各镇（乡）街道以爱卫月活动为契机，利用各类媒体开展全方位立体化健康教育宣传工作。组织开展环境卫生整治、病媒生物防治活动等。

【“世界无烟日”活动】 2020年5月31日，第33个世界无烟日，海曙区以“保护青少年，远离传统烟草产品和电子烟”为主题，采用“线上+线下”活动方式，实施校园控烟行动。深入社区与校园，采访拍摄控烟宣传主题短片，视频在“海曙发布”等微信公众号向全区各中小学推送播放。

【夏秋季爱国卫生运动】 2020年6—11月，海曙区以“全民参与、清洁家园”为主题，组织开展为期6个月的夏秋季爱国卫生运动。部署“社区和家庭生活环境清洁行动”等6项行动；组织专项督查，明察暗访区内重点菜场、医院等环境卫生、控烟等情况，发布公共场所禁烟督查情况通报。对相关问题持续追踪，年底前完成整改。

（潘　妍）

卫生健康改革

【概况】 2020年，海曙区建立“1+‘1+X’”紧密型医联体架构，医联体揭牌，完善医联体及医疗健康集团组织架构。制定下发《2020年高山巡回卫生健康服务工作方案》，打造体系更加完善、内容更加丰富、服务更加贴心的高山巡回卫生健康服务。推进医疗卫生服务领域“最多跑一次”改革。制定《海曙

7月9日，以宁波市第一医院和国科大宁波华美医院为牵头医院的两大紧密型医联体正式授牌成立

区深化医疗卫生服务领域“最多跑一次”改革推进就医体验大提升实施方案》，从构建规范化的诊疗模式、营造人性化的就医环境、推进智慧化的院内服务、提升便利化的医防服务入手，持续深入推进医疗卫生服务领域“最多跑一次”改革提档升级。

【医疗卫生服务领域“最多跑一次”】 2020年，海曙区加快推进“最多跑一次”改革向医疗卫生服务领域深层次延伸。在巩固深化20项推进医疗卫生服务领域“最多跑一次”改革举措基础上，围绕医疗卫生服务、环境、流程等重点，全面优化医疗机构就医环境，减少人员集聚，改善就诊秩序。截至年底，区级医院门诊智慧结算率达81.26%，病房智慧结算率93.35%，电子票据覆盖率100%，分时段预约按时接诊率95.33%。区第二医院推进信息化改造，实现车牌识别、剩余车位可视化提醒，采用扫码支付、无感支付等智能缴费方式，推进“智慧食堂”建设，智慧选餐App上线。基层医疗机构门诊智慧结算、电子票据覆盖率均达100%，提供便民惠民服务、检查检验报告电子化推送、疫苗预约服务、居家护理，服务开展率达100%。

【紧密型医联体建设】 2020年7月，以宁波市第一医院和国科大宁波华美医院为牵头医院的海曙区两大紧密型医联体成立。其中，市第一医院与海曙区第二医院，鄞江中心、洞桥镇、章水镇、龙观乡卫生院，石碶、月湖、江厦、白云、段塘街道社区卫生服务中心等医联体成员单位签约。国科大宁波华美医院与海曙区第三医院，古林镇、高桥镇、横街镇卫生院，西门、望春、南门、鼓楼街道社区卫生服务中心等医联体成员单位签约。自此，以市第一医院和国科大宁波华美医院为牵头医院，以区第二医院和区第三医院为核心医院，联合若干家乡镇卫生院、社区卫生服务中心的“1+‘1+X’”紧密型医联体格局形成。相较于县、乡两级医疗服务体系的医共体，海曙区紧密型医联体是涵盖市级三甲医院、区级重点医院和基层医疗机构的三级医疗服务体系，能够更好实施分级诊疗和满足群众健康需求，具有牵头医院更专业、医疗资源更全面两大优势。

（司徒碧波）

健康教育

【概况】 2020年，海曙区全力开展新冠肺炎疫情应急健康教育工作，制定应急健康教育工作方案，修订健康教育技术指导手册。组织实施2020年“相约健康社区行”系列健康教育活动，包括健康科普知识巡讲、“虫媒传染病防控”为主题的微文制作大赛、健康素养进农村文化大礼堂、养老机构老年人健康促进、公民健康素养展板进社区（村）、健康家庭建设、中医药健康文化“六进”活动，通过微文制作大赛、科普短视频制作等方式吸引更多群众参与。组建223名讲师在内的区级健康素养讲师团，面向社会公众宣传预防接种、传染病防治、慢性病防治、健康生活方式、健康素养、楼宇公共卫生等方面的知识。开展“结核病日”“预防接种日”“全国疟疾日”“全国肿瘤防治宣传周”等卫生日线上线下宣传活动，根据宣传主题与内容的要求，选择不同的重点人群和场所，通过不同的宣传方式，确保宣传活动开展顺利。

【涉疫应急健康教育】 参见“专记”类目“2020年海曙区抗击新冠疫情”分目

【健康素养水平】 2020年，全区居民健康素养水平为32.2%。健康素养水平总体呈现以下特点：女性略高于男性；20~34岁年龄段人群较高，其中25~29岁组最高，55岁以上年龄段人群较低，其中65~69岁组最低；人群文化程度水平越高，健康素养水平也越高；机关事业单位人员、学生群体健康素养水平高于其他职业人群，农民健康素养水平最低。

【营养宣传】 2020年5月，海曙区开展“全民营养周”和“中国学生营养日”宣传教育活动。活动采用“云上”形式，组织全区营养工作者和爱好者参与省、市营养卫生“抖音大赛”活动。累计上报参赛抖音视频23部，其中西门街道社区卫生服务中心、高桥镇卫生院制作的视频分别荣获省一等奖及省三等奖；区疾控中心、西门社区卫生服务中心制作的视频均获市二等奖，高桥镇卫生院、龙观乡卫生院制作的视频分获市三等奖及优胜奖。《书声琅琅，驻园指导来帮忙，科学膳食护成长》入选“学习强国”App宁波学习平台。区疾控中心被中国营养学会全民营养周办公室授予“2020年全民营养周活动”参与单位称号。

【健康支持性环境建设】 2020年，古林镇绿苑健康主题公园等12家健康支持性环境通过市级验收。至年底，全区累计建成健康支持性环境9类159个，包括“健康学校”18家、“健康食堂”37家、“健康餐厅”17家、“健康单位”25家、“健康社区”28个、“健康小屋”15个、“健康步道”13条、“健康主题公园”5个、“健康一条街”1条。

【“健康素养”进农村文化礼堂活动】 2020年，海曙区在67个文化礼堂中开展健康素养活动，覆盖率达63.8%。其中，开展健康讲座82场次，受益人数3535人；举办健康活动41次，参与人数4216人；提供健康服务34次，服务人数2004人；发放健康礼包23种2482份；中医药进文化礼堂开展讲座36次，举办活动19次，提供服务15次，惠及1788人。区内各类媒体相关报道达8次。

【楼宇公共卫生服务】 2020年，各街道社区卫生服务中心深化全区86幢楼宇的公共卫生服务。在摸清基本情况基础上，每幢楼宇建立楼宇工作手册，并重点对其中13幢开展公共卫生特色楼宇建设，包括“流动健康驿站”、疾病监测、健康知识讲座、健康咨询等，免费为商务人员开展健康服务。

【“健康促进学校”创建】 2020年，海曙区创建“健康促进学校”银牌学校13所、“铜牌学校”8所。全区累计有“健康促进学校”52所，其中“铜牌学校”25所、“银牌学校”24所、“金牌学校”3所，创建比例达65.82%。

（庄鲁若）

无偿献血

【概况】 2020年，海曙区参与无偿献血9336人，累计献血量为13831.5人份（每人份按200毫升计）。其中，献血300毫升以上7289人，占比78.1%；参加献血的大中专院校学生有2350人，献血量为3288人份；特殊季节献血参与人数为890人，献血量为1342人份。参与捐献机采血小板287人次，捐献血量为366.5个治疗单位。至年底，建立涉及政府机关、卫生系统、企事业单位等5支无偿献血应急流动血库保障队伍共计370人，成为区内应急用血的重要保障。

【无偿献血活动】 2020年1月13日，宁波海关开展“无偿献血 爱意暖暖”职工无偿献血活动，154名员工参与献血，献血总量为50400毫升。

3月10—11日，宁波城投公司开展无偿献血活动，参与献血活动报名176人，成功献血118人，献血量39860毫升。

6月13日，区退役军人事务局组织无偿献血活动，21人参与献血，献血总量6900毫升。

6月24日，区机关单位举行迎七一“心系群众 血浓情深”无偿献血活动，100余人报名参加，成功献血61人，献血总量17200毫升。

8月25日，横街镇组织镇机关、企事业单位开展无偿献血活动。经登记、量血压、抽血化验以及血液检测合格等环节，187人满足献血条件，献血量50560毫升。

9月21—22日，区献血办联合宁波财经学院团委在校本部图书馆进行无偿献血活动，321名学生参与献血，累计献血量94850毫升。

11月2日，浙江工商职业技术学院组织开展无偿献血活动，350名学生参与献血，献血总量103200毫升。

区物业管理服务中心组织两次物业行业献血日活动，18家物业公司的269名物业工作人员参与，区物管中心被授予2016—2018年度省级“无偿献血促进奖”。

【疫情期间应急献血活动】 参见“专记”类目“2020年海曙区抗击新冠疫情”分目

【全区首家献血屋落户鼓楼】 2020年12月28日，全区首家固定式献血屋在鼓楼历史文化街区启用。市、区相关领导出席揭牌仪式。“爱心献血屋”启用首日，15人参与爱心献血，献血总量3900毫升。

（司徒碧波）

相关链接：

PCR实验室：指通过基因扩增的方式检测特定的DNA或RNA的检验实验室，能有效提升临床疾病诊断、治疗监测和预后评估的能力以及新型冠状等各种病毒核酸样本的检测准确性。

双随机一公开：指在监管过程中随机抽取检查对象，随机选派执法检查人员，抽查情况及查处结果及时向社会公开。

海曙鼓楼爱心献血屋

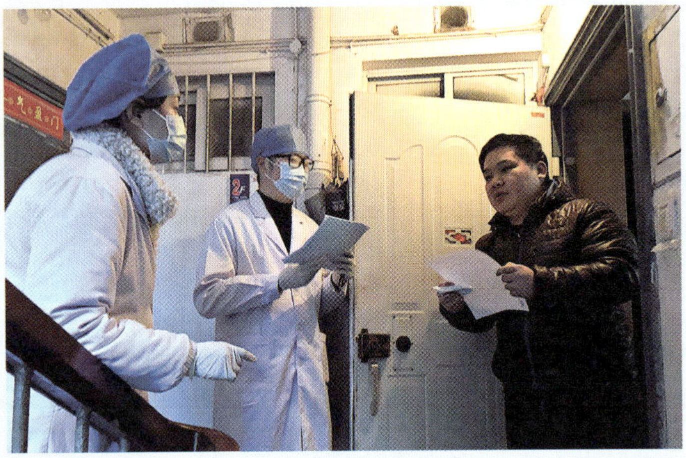

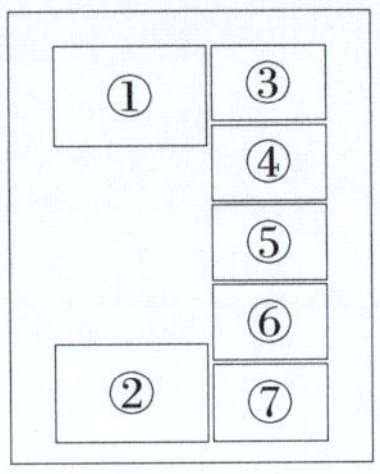

①1月25日，鼓楼街道社区卫生服务中心医生开展疫情上门防控工作，分发防疫用品并开展健康教育宣传

②2月8日，洞桥镇爱心人士为洞桥镇卫生院医务人员送去爱心饺子和汤团

③2月9日晚，龙观乡卫生院医务人员在青云山庄隔离点收垃圾

④2月10日，鼓楼社区医生协助辖区派出所巡查辖区旅店，对入住人员进行排查

⑤2月11日，区疾控中心专家到首批复工的广博集团股份有限公司，对公司的防疫网格员进行防控技术指导，助力企业复工生产

⑥2月，白云街道社区卫生服务中心疾控科人员到白云庄小区转运疑似病人

⑦5月10日起，为满足群众对口腔诊疗服务的需求，区口腔医院全面恢复口腔诊疗项目

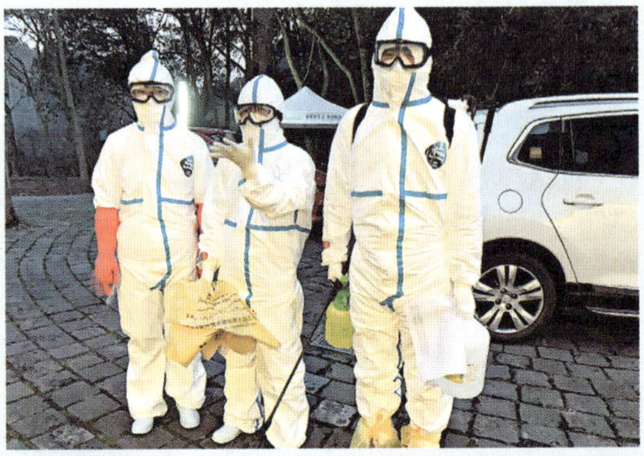

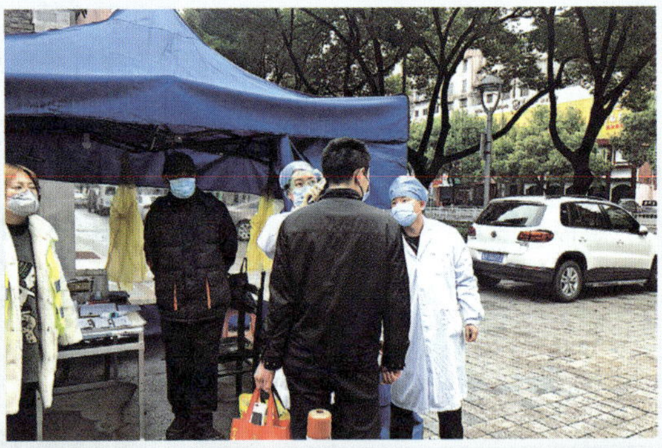

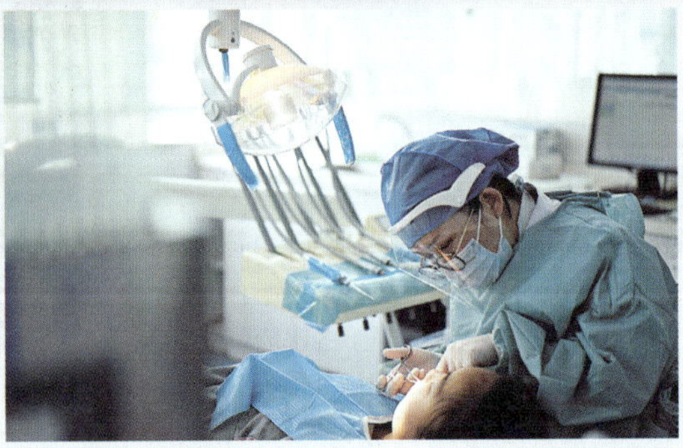

社会生活

人民生活

【概况】 2020年，海曙区居民人均可支配收入64838元，比上年同期增长5.0%。其中，城镇居民人均可支配收入71391元，比上年同期增长4.0%；农村居民人均可支配收入39888元，比上年同期增长7.2%。海曙区的城乡收入比为1.79:1。

全体居民人均生活消费支出36476元，其中城镇居民人均生活消费支出40730元，恩格尔系数为25.7%，比上年同期下降0.5个百分点；农村居民人均生活消费支出24598元，恩格尔系数为30.6%，比上年同期下降0.4个百分点。

表24 2012—2020年海曙区城镇居民人均可支配收入及增长速度情况表

年份	城镇居民可支配收入（元）	增长速度
2012年	39251	11.3%
2013年	43215	10.1%
2014年	47190	9.2%
2015年	51201	8.5%
2016年	55127	7.7%
2017年	59482	7.9%
2018年	63636	7.9%
2019年	68641	7.9%
2020年	71391	4.0%

表25 2012—2020年海曙区农村居民人均可支配收入及增长速度情况表

年份	农村居民可支配收入（元）	增长速度
2012年	20727	12.3%
2013年	23236	12.1%
2014年	25815	11.1%
2015年	28087	11.1%
2016年	30346	8.0%
2017年	32743	7.9%
2018年	33997	9.0%
2019年	37199	9.4%
2020年	39888	7.2%

【城镇常住居民人均可支配收入】 2020年，海曙区城镇居民人均工资性收入39622元，占城镇居民人均可支配收入的55.5%。人均经营净收入12422元，占城镇居民人均可支配收入的17.4%。人均财产净收入9138元，占城镇居民人均可支配收入的12.8%。人均转移净收入10209元，占城镇居民人均可支配收入的14.3%。

【农村常住居民人均可支配收入】 2020年，海曙区农村居民人均工资性收入22936元，占农村居民人均可支配收入的57.5%。人均经营净收入8297元，占农村居民人均可支配收入的20.8%。人均财产净收入2553元，占农村居民人均可支配收入的6.4%。人均转移净收入6102元，占农村居民人均可支配收入的15.3%。

【城镇常住居民消费支出】 2020年，海曙区城镇居民人均消费支出40730元。其中，居住支出12196元、食品烟酒支出10476元，分别占城镇居民人均消费支出的29.9%和25.7%，居住支出和食品烟酒支出仍是城镇居民消费支出中最大的两个组成部分；交通通信支出5027元，医疗保健支出4222元，教育文化娱乐支出3281元。每百户家庭拥有汽车57辆；拥有移动电话214部，移动电话可以接入互联网的有196部；拥有计算机80台。

【农村常住居民消费支出】 2020年，海曙区农村居民人均消费支出24598

元。其中，食品烟酒支出7531元、居住支出7220元；食品烟酒支出和居住支出是农村居民消费支出中最大的两个组成部分，占农村居民人均消费支出的比重分别为30.6%和29.4%；交通通信支出2605元，医疗保健支出2550元，教育文化娱乐支出2226元。每百户家庭拥有汽车39辆；拥有移动电话194部，移动电话可以接入互联网的有107部；拥有计算机42台。

（陈　娜）

1月13日，海曙区召开城乡社区治理标准体系建设海曙实践成果论证会

民政工作

【概况】 2020年，海曙区有城乡低保对象2822户3630人。其中，低保边缘家庭333户518人、特困人员188人、困境儿童331人。为城乡低保对象发放低保金3836.27万元。发放临时救助资金792.24万元、司法救助资金17.7万元。特困人员基本生活费标准为每人每月1682元。社会散居孤儿和困境儿童基本生活保障标准调整至每人每月1884元。

新增社会组织30家，其中社会团体3家、民办非企业26家、基金会1家。至年底，累计有社会组织873家，其中社会团体153家、民办非企业单位719家、基金会1家。新登记民办社会工作服务机构2家，增加社会工作岗位20个。236人取得社会工作者职业水平证书。1家民办社会工作服务机构成为宁波市第五批社会工作示范基地。社会组织服务中心获得2019年度"社工服务机构全国百强"称号。

水库移民后期扶持人数15289人，其中直补到人13744人，项目扶持1545人。农村移民人均收入38094元，占当地农村居民人均收入的95.5%，人均耕地700平方米，平均住房面积约49平方米。投入后期扶持项目资金1269.62万元，落实大中型水库项目14个。

各项惠民殡葬资金补助4923700元。基本火化服务资金补助1307735元，受补3788人，其中，节地生态安葬资金补助118.5万元，受补441人。

全年办理结婚登记3541对，办理离婚登记1967对。

【"精准保障标杆区"建设】 2020年，海曙区作为全市"精准保障标杆区"试点，制定个性化、多层次的关爱救助方案，实施多元精准救助。6月，出台《海曙区精准保障标杆区试点方案》，重点对符合条件的新申请社会救助家庭的贫困境况和救助需求进行科学调查、综合评估。针对不同类型的困难群众，按照"一人一档一策"要求，因户因人施策，因致贫原因施策，因贫困类型施策。为强化保障的备案管理科学性和事后监管有效性，将社会救助审批权限下放至个别镇（乡）街道。

【低保专项治理】 2020年，海曙区聚焦低保、临时救助、特困人员供养、家庭经济状况认定、因疫致贫返贫、救助资金监管、工作作风7个方面，开展低保专项治理，并将此纳入扶贫及帮扶、民生领域不正之风和侵害群众利益问题集中整治项目。编制《海曙区2020年社会救助专项治理工作实施方案》，建立区、镇（乡）街道、村（居）三级投诉举报值守人员队伍，快速响应群众诉求。开展社会救助专项治理问题大排查，累计排查困难群众3823人，梳理重点关注困难家庭602户。清退不符合条件的低保对象509户657人。新纳入低保对象350户430人；低边对象60户93人，特困对象3人。联合区纪委派驻第八纪检监察组开展专项检查，对34个村（社区）、68户低保低边家庭进行入户走访。

【党群服务中心标准化建设】 2020年，区民政局以组织共建、阵地共享、活动共办、资金共筹为原则，推进区级1家、镇（乡）街道级12家、村（社区）三级党群服务中心标准化建设，包括场所合规合标、配套设施完备、标牌统一规范、功能齐全适用、制度健全完善、组织队伍完备、服务项目强化等内容。至年底，区、镇（乡）街道、村（社区）三级社会组织党群示范点在全区实现全覆盖。区社会组织党群服务中心、集士港镇社会组织党群服务中心、白云街道安丰社区社会组织党群服务中心先后获评省级社会组织党群服务中心示范点。

【殡葬服务收费专项整治】 2020年，区民政局联合区发改局、区市场监管局印发《宁波市海曙区殡葬服务收费专项整治行动方案》，成立殡葬服务收费专项整治领导小组，全面规范区内殡葬服务收费情况，并于5月29日召开全区殡葬服务收费专项整治行动工作部署会。年内，协调物价部门对镇级公益性墓地和区殡仪馆定价，严格要求公墓单位将营业执照、收费项目标准等有关证照、规章制度上墙公示，主动接受社会监督。指导两个经营性公墓制定基本服务收费标准（骨灰墓每穴1000元，推行火化前已建遗体墓每穴1500元)，并向物价部门备案和上墙公示，避免经营性公墓随意调整价格，减轻群众负担。

【困难群众基本生活补贴发放】 2020年上半年，根据国家发展改革委、民政部等《关于进一步做好阶段性价格临时补贴工作的通知》要求，海曙区及时启动物价上涨与困难群众临时生活补贴动态联动机制，面向困难群众发放基本生活补贴共计225.1万元，惠及困难群众4682人次。此次价格补贴发放标准为481元，低保边缘家庭按80%发放。

【低保调标】 自2020年7月1日始，海曙区根据宁波市《关于改革最低生活保障标准调整机制的通知》文件要求，将低保标准与最低工资标准脱钩，同时与全市居民人均消费支出挂钩，辖区内2845户3665名低保对象的低保标准由原来的940元调整为990元。为确保该工作准确无误，实现应调尽调，区民政局在低保救助平台上对每一户家庭的基本情况、个人信息、救助金额等逐条逐项核对，在此基础上根据实际情况进行修改和变更。此外，为进一步加大新冠肺炎疫情期间困难群众的基本生活保障力度，对2020年1—6月在册低保对象按月增发差额补助金。

【社会组织参与社会治理十年创享会】 2020年12月23日，“锋领十年 曙社共治”海曙区社会组织参与社会治理十年创享会在月湖举行。省、市有关部门领导、专家学者、基层及社会组织代表参加，会议总结回顾海曙区社会组织发展的10年历程与荣誉，分享海曙基层社会治理亮点和经验，重点介绍近年来初步形成的具有海曙特色的“全方位加强党建引领、全过程激活政府支撑、全员化激活群众参与、全覆盖激活社区自治、全领域激活社会协同”的社会治理模式。现场颁发“十年十项目”奖、“十年十人”奖、“十年十组织”奖，并进行分享交流。当日，《海曙社区社会组织参与社区协商规范指南十条》发布，助力海曙构建共建共治共享的社会治理格局。

（应航琪）

基层民主自治和社区建设

【概况】 2020年，海曙区有社区103个、行政村164个、城镇居委会5个，社区专职工作者945人，新招聘社工113人。年内，开展新上岗社工培训、社会工作资格证书考前培训等各类主题培训。

积极指导社区开展防疫工作，要求各社区根据具体情形和发展特点，因地制宜采取防控措施，并动员区内各社区社会组织、志愿者发挥组织和服务优势，为社区防控工作出力。同时，为社区抗疫物资筹集给予帮助，通过自购以及社会各界捐赠等方式，为社工送去口罩55700个、护目镜700副、手套60705份、雨衣341件、牛奶511箱、清肺花茶941份、苹果200箱、香梨125箱、红枣52箱、核桃40箱，并按照省、市相关规定，下发抗疫工作补助。年内，1名社区书记被评为全国民政系统抗疫优秀城乡社区工作者，2名社区书记被授予“浙江省优秀共产党员”称号，25名城乡社区一线工作者进入“浙江省城乡社区千名抗疫人物英雄谱”，近30位基层党组织书记被评为市、区“战疫先锋”，20余人次基层书记战疫事迹被市、区各级媒体宣传报道。

开展新一届村(居)民委员会换届选举工作，有164个行政村、97个社区纳入此次换届，12月完成。在总结县学社区“清廉社区”建设的基础上，选取区内多个社区推进“清廉社区”建设，以净化基层政治生态为目标，始终强调全面从严治党，努力提升社区治理体系和治理能力的现代化。

【行政村规模调整】 2020年，海曙区出台《中共海曙区委办公室 海曙区人民政府办公室关于开展行政村规模优化调整工作的指导意见》，成立行政村规模优化调整工作领导小组。4—6月，集中对洞桥镇罗家漕村、章水镇低坪村、箭峰村和茅镬村等4个行政村进行规模优化调整。经过调整，章水镇低坪村和箭峰村合并为新的箭坪村，归属章水镇；洞桥镇罗家漕村和潘家埭村合并为潘罗村，归属洞桥镇；章水镇茅镬村和洞桥镇周公宅村合并为陈严村，归属洞桥镇。

【社区治理“导师带徒”项目】 2020年，区民政局启动社区治理“导师带徒”项目。项目以“专家教授导师+社区工作领军人才”协同结对社区中青年骨干社工的方式，探索构建社区人才培育新机制。结对内容包含“文明城市”创建、分类集群治理、社区创意点亮、“开放空间”社区协商、物居业联动等社区治理痛点。

【市清廉社区建设现场推进会在海曙举办】 2020年9月24日，宁波市清廉社区建设工作现场推进会在海曙召

9月24日，宁波市清廉社区建设工作现场推进会在海曙召开

开。各区县（市、区）民政局分管领导、业务科长和10个市级“清廉社区”建设示范观察点的代表到白云街道安丰社区、江厦街道莲桥社区、望春街道水岸心境社区，由各社区书记作成果展示及经验介绍。安丰社区摸索出“四问六查”倡廉工作法，营造党建引领、群众参与、规范自治的清廉社区氛围，破解复合型社区中城区居民与征迁村民杂居存在的各类问题。莲桥社区注重挖潜地域文化元素，因地制宜将清廉文化宣传与名人家风家训相结合，打造“亲•莲”文化传承风景线，践行党群亲、邻里亲、文化亲、服务亲的“四亲”工作模式。水岸心境社区运用“1+6”清廉法则，在社区“三务”公开栏基础上，推出“二维码”监督举措，居民扫码即可了解社区“三务”公开情况；同时试点推行社区廉情发布会，将社区重大事宜和涉及居民利益事项及时通报居民。

（王妤洁）

地名工作

【概况】 2020年，海曙区27个地块项目完成实地踏勘和门牌编制，新核准地名8个，编设门牌1282块。天一广场、铁路宁波站等重要区域补更门牌135块。“甬金高速宁波段（洞桥）”出口更名为“海曙区（洞桥）”出口。《海曙区街巷地名图》印制完成。组织开展第四轮行政区域界线联检，巩固和深化平安边界建设成果。5月21日，与江北区、余姚市两地的民政局联合毗邻乡镇，对“海北线”进行联检。

【不规范地名整治】 2020年8月始，海曙区以妥善解决“大、洋、怪、重”等不规范地名突出问题，提升地名管理法治化、规范化水平为目标，启动全区不规范地名清理整治工作。2个地名（“威尼斯广场”“印象巴黎”）纳入全省首批清理整治清单，至年底，完成整治。

【镇乡地名服务协调机制建立】 2020年，区地名办牵头推动镇乡地名服务事项“就近办、家门口办”为目标，区不动产登记中心集士港分中心与石碶街道、高桥、横街、集士港、古林5个镇（乡）街道，建立地名证明内部协调机制，方便群众办理房屋登记等相关手续。

（蔡久勇）

退役军人事务

【概况】 2020年，海曙区退役军人事务局（以下简称区退役军人事务局）有序推进“红枫”党支部品牌创建活动，加强退役军人党员管理教育。结合村（社区）换届，注重发挥“两委”成员和“兵支书”引领作用，1名退役军人获国家级最美退役军人和省模范退役军人荣誉，1名志愿者获评“浙江省志愿服务工作先进个人”。

引导社会各界力量参与退役军人服务保障，区、镇（乡）街道、村（社区）三级退役军人服务中心（站）走访慰问退役军人。新冠肺炎疫情期间，发动退役军人志愿者1000余人次参与一线疫情防控。

开展全国“示范型退役军人服务中心（站）”和浙江省“新时代枫桥式退役军人服务中心（站）”创建活动，全面落实“三级五有”要求，加强退役军人服务中心（站）软硬件建设，提升基层服务保障能力；构建全链化运作、网格化管理、社会化服务、规范化建设“四化”模式，打造退役军人服务“一地一特色、一站一品牌”。海曙模式得到省退役军人事务厅高度肯定和全面推广。古林镇、江厦街道莲桥社区、白云街道安丰社区等成为试点单位，在宁波市现场会上作经验交流，海曙退役军人服务保障体系建设专题片在浙江电视台播出。

各级服务中心（站）累计接待退役军人来访2100余人次，组织活动110余场，提供服务8000余人次，解决问题76件。区退役军人服务中心、古林镇退役军人服务站、江厦街道莲桥社区退役军人服务站获评首批浙江省“新时代枫桥式退役军人服务中心（站）”，区退役军人服务中心、17个镇（乡）街道、35个村（社区）退役军人服务站获评首批全国“示范型退役军人服务中心（站）”。

健全“一链两制三会”服务模式。以退役军人就业创业需求为中心，通过三级退役军人服务中心（站）、社会组织（“四叶草工作室”）4个环节，形成“1+4”闭环精准服务的“一链”；形成实时信息传递、定期分析研判“两制”；举办“键对键”空中HR（人力资源管理人）线上“直播带岗”见面会、“面对面”企业老总线下“宣讲带岗”招聘会、“点对点”专业公司精准“预约带岗”对接会，即“三会”。

上线全省首个退役军人优抚信息管理系统，精准对接大数据端口，实现优待抚恤管理发放工作的电子化、网

区退役军人事务服务中心

络化、信息化。深化“三服务”活动，探索退役士兵返乡报到2.0模式，有效缩短报到时间2~3天，此项工作入选全区“三服务追梦奔跑”大型融媒体新闻行动，并在宁波电台现场直播。

【优抚信息管理系统建设】 2020年，海曙区上线全省首个退役军人优抚信息管理系统。该系统精准对接大数据端口，实时调取人员社保、殡葬等数据，并对人员信息变更情况及时预警，为人员信息管理、补助线上申请、补助发放情况、抚恤金标准以及社保等提供便捷查询服务，相关部门也可更准确掌握辖区内退役军人相关信息变更情况。该项目入围“2020年宁波市公共数据共享应用优秀案例”。同时，各镇（乡）街道建立优抚对象动态联动数据库，具有优抚业务数据统计、汇总和分析功能，可提高优待抚恤业务的工作效率和规范化。

【退役军人专场招聘活动】 2020年，区退役军人事务局牵头，为退役军人举办多场专场招聘活动。举办2场退役军人HR“空中见面会”，联合国骅集团举办企业负责人线下“宣讲带岗”招聘会，承办、协办3场就业精准对接会。

【退役士兵返乡报到“一站式”服务】 2020年，区退役军人事务局结合深化“最多跑一次”改革，建立退役士兵返乡报到“一站式”服务2.0版新机制。把办理部门由原先的6个压缩至1站。其间，区户证管理中心、区人武部、区委组织部等多个部门办理事项集中进驻区退役军人事务服务中心，设置返乡报到专窗；邀请辖区银行、中国移动公司、培训机构等企事业单位，在现场提供“菜单式”就业创业服务，增强退役军人的可选择性。为确保工作推进顺利，在铁路宁波站设立咨询服务台，并开发微信小程序，推行全程无纸化办理，使退役军人报到时间缩短至2~3天。

【“甬尚老兵·曙你最美”三服务活动】 “八一”建军节期间，海曙区开展以“甬尚老兵·曙你最美”为主题的三服务活动。退役军人作为志愿者，在各镇（乡）街道分组开展爱国卫生志愿服务活动，包括环境整治、交通劝导、涂鸦美化、垃圾分类督导等；启动“曙你最美·心语星愿”微心愿征集活动，收集退役军人个人、家庭、健康教育等基本信息和需求信息，建立“一人一册”微心愿信息管理平台。区、镇（乡）街道、村（社区）三级退役军人服务站走访退役军人，送去节日问候；区领导在“八一”建军节前夕，分组走访慰问驻区部队官兵，送去慰问品及节日问候。举行“军旗飘扬新时代，牢记使命铸辉煌”预任士兵授装仪式暨迎“八一”双拥共建主题活动，进一步营造军社联动、军民团结的氛围。

获评全国“最美退役军人”的丁国年

【丁国年获评全国“最美退役军人”】 2020年12月，国骅集团董事长丁国年被授予全国“最美退役军人”荣誉，系全省唯一。丁国年在退役后白手起家，创立国骅集团，发展成总资产达75亿元的大型集团型企业。秉承“退役军人是宝贵人才资源”的发展理念，助力退役军人就业创业，先后帮助2000余名退役军人解决工作岗位。5月，丁国年当选宁波市“新一产”军创企业跨界联盟首任会长，携手全市军创企业，共同搭建退役军人就业创业平台。设立“东方慈善扶贫基金”“国骅建设慈善基金”，扶危济困、捐资助学，累计捐款逾2.6亿元。

（宋　磊）

老龄工作

【概况】 2020年底，海曙区有60周岁以上老年人口17.1万人，占户籍人口数的26.88%。其中，80周岁以上老年人2.5万余人，占老年人口的14.4%；90周岁以上5094人。有养老机构38家，养老机构床位7232张。有居家养老服务机构273个，其中，区域性居家养老服务中心20个。有医养结合机构5家，床位1847张。

成立海曙区为老服务体系建设领导小组，出台《宁波市海曙区社会养老服务体系建设专项资金使用管理办法》《海曙区2020年生活困难老年人家庭适老化改造实施方案》《海曙区康养体系建设实施办法（试行）》等文件，贯彻《宁波市居家养老服务条例》，为全区养老服务提供政策保障。受到宁波市人民政府办公厅督查激励。

举行海曙区老年教育进居家养老服务中心现场会暨授牌仪式，海曙区2020年“中国人寿杯”养老护理员技能大赛，启动“以老助老守望相扶”试点，开展“除隐患 筑防线”安全生产月活动。

实行养老服务机构政策性保险和民生综合保险，涉及38家养老机构、273个居家养老服务机构。建立第三方评估机制，对41个居家养老服务机构的设施设备、人员配置、制度建设、服务行为等进行等级评定，形成综合性居家养老服务机构等级评估报告。建立区级、属地、机构三级督查检查自查机制，落实各方责任，开展不定期全覆盖式联合检查行动，为全区38家提供全托服务的养老服务机构提供“一机构一策”式问题解决方案，形成综合疫情防控风险管控机制，检查结果向所有机构逐一反馈并落实整改措施，提高全区养老服务机构疫情防控能力。鄞江镇卫生院建立首家乡镇临终关怀室。开展春秋两季老年电大学习班，老年学员总人数7681人。

【老年人优待服务】 2020年，海曙区每月向约2.5万名80周岁及以上老人发放高龄津贴，累计发放高龄津贴1792万元。继续落实免费安装老年人“一键通”电话机。完善“81890”老年人应急求助服务系统，审核、发放“一键通”电话机45台。办理老年人优待证约6000张。向高龄独居（空巢）困难、失能老人提供政府购买上门服务，向烈属、伤残军人、失独老年家庭等提供自选式“81890”加盟企业政府购买服务，为无子女或子女不在宁波的独居老年人提供政府购买探望服务。为全区80周岁及以上老年人、70周岁以上计划生育特殊家庭老人及6类人员开展市基本居家养老服务。至年底，提供各类购买服务对象1.6万人。

【居家养老服务机构建设】 2020年，区民政局成立专项工作领导小组，印发《关于统筹做好国庆中秋期间养老机构安全生产和秋冬季疫情防控工作的通知》等文件，对全区养老机构开展安全生产与疫情防控集中检查与整改。完成3个区域性居家养老服务中心、4个居家养老服务站建设，对65户困难老年人家庭开展适老化改造，完成8个镇（乡）街道老年助餐车任务，老年助餐配送餐覆盖95%以上城乡社区（村）。至年底，建成区域性、镇（乡）街道级、社区（村）级在内的居家养老服务机构273个，基本实现城乡养老服务设施全覆盖。

【“智慧养老综合”服务平台建设】 2020年，海曙区养老服务信息平台推广使用，电子化办公代替原有的纸质化操作，提高政府工作效率的同时优化工作管理模式。为持续深化“互联网+”服务，在海曙区养老服务信息平台的基础上，与81890求助服务中心、宁波公共信息服务运营有限公司合作，规划建设功能齐全，技术性、实用性、融合性为一体的平台，在简化养老服务行政审批的同时，全方位解决老年人生活中安全服务、亲情关怀、居家生活、健康医疗、养老设备等各项服务需求。

【广安养怡院入选全国养老改革案例】 2020年，民政部、国家发展改革委在全国遴选并表彰49个公办养老机构改革优秀案例，广安养怡院成为宁波唯一入选案例。广安养怡院的前身是闻裕顺福利院和三市养怡院，入住老人450余人，床位入住率90%以上，入住老人满意率超过95%。2014年新组建后，坚持保基本、兜底线和社会化、优服务的改革目标，探索集公益事业、社会化运行于一体的养老机构“公建社营”新路子。通过探索制度创新，满足住养老人不断增长的服务需求；推进“养医康结合”，将专业医疗、康养服务从机构向居家老人延伸；打造“院居融合”，不断拓展养老服务内涵；坚持党建引领，营造全院敬老爱老护老氛围。

【“老年健康宣传周”活动】 2020年8月24—30日，海曙区以“提升健康素养，乐享银龄生活”为主题，组织开展老年健康宣传周活动。重点组织两期由基层卫生机构和医养结合机构工作人员参加的医养结合能力提升网络学习。为提升老年人就医便利服务工作的整改效率，协调区属卫生机构，提升各机构内通老年患者“无健康码”绿色通道数量，缩短老年人在诊区外等候时间。

【“敬老月”活动】 2020年10月，海曙区开展以“弘扬养老孝老敬老传统，共建共享老年友好社会”为主题的敬老月活动，面向全区81名百岁老人发放1000元现金和500元礼物；区领导走访慰问百岁老人、养老机构和抗美援朝老战士。活动月中，区老年体育协会推荐并被批准为“国家敬老文明号”单位，月湖街道社区卫生服务中心被评为省“敬老文明号”先进单位，5家单位被评为宁波市“敬老文明号”单位，横街镇居家养老服务中心员工戴旭慧被评为“全国敬老爱老助老模范人物”。

（钱怡丰　周万慎）

广安养怡院康复训练室

医疗保障

【概况】 2020年，海曙区医疗保险参保总人数75.58万人，其中，职工基本医疗保险52.87万人，城乡居民参保人数22.71万人。户籍人口参保率达到99.85%，成年居民A档参保率99.88%，困难群体参保完成率100%。辖区监管定点医药机构484家，其中，定点医疗机构150家，定点零售药店334家。审核定点医药机构票据834万条，涉及金额超17亿元，扣除违规医保费用超170万元。2020年总办件量超过33万件，涉及医保申报、零星报销、生育结算、医疗救助等20余个医疗保障事项。完成困难群体参保9167人，参保完成率100%。在新冠肺炎疫情防控中，组织开展实地密集督导检查，检查药店478家次，监测登记1.03万名高危人群，排查发热人员215人。

【医保减免服务】 2020年，区医疗保障局落实落细医保费减免政策，为全区企业减免医保费3.24亿元，缓缴2052.34万元。提供各类"不见面办"服务，推广"云医院"互联网医疗服务，超1698人次实现"在家看病，直接结算"，报销费用39.6万元。

【"1+1+N"基层联片机制推行】 2020年，区医疗保障局在医保服务工作中首次推行"1+1+N"基层联片工作机制，即1名医保干部、1个镇（乡）街道、N个医保服务事项。全年印发宣传资料近30万份，"一对一"开展动员攻坚。至年底，户籍人口参保率99.85%（列全市第三位），居民医保A档参保率99.88%（列全市第二位），困难群体参保完成率100%。

【医保基金监管全覆盖】 2020年，区医疗保障局通过医保监管专项行动、医疗机构规范使用医保基金专项检查、现场稽核检查、第三方审计等多种形式，在8个月内完成147家下放医疗机构的监管全覆盖，实现对辖区内489家定点医药机构100%全覆盖检查，截至12月31日，退出5家定点医药机构。提前完成基金监管三年行动计划。

上线的政务服务2.0平板

【医保领域扶贫救助】 2020年，海曙区开展"焕然医新"医疗救助创新服务项目，关注因病致贫和发生大额医疗费用的救助对象，直接介入重点个案31个，区医疗保障局工作人员支持医保基层经办人员开展个案服务11个，为近20户救助对象提供救助资源信息及办理方法，为16户家庭链接到康复费筹款、生活必需品等价值近8万元的各类资源。筹资3万元，提高困难群众医保待遇水平，帮助困难群众化解大额医疗费。通过医疗救助服务的延伸，助力扶贫帮困，打通了医疗救助的"最后一公里"。

【医保电子凭证推广】 2020年，区医疗保障局利用阿里巴巴集团落户海曙区的优势，联合支付宝、工商银行、农业银行和媒体，召开3场动员部署会和电子凭证推介会，扩大医保电子凭证知晓率。联合区教育局，动员幼儿园及学校教职工、学生、家长激活电子凭证。至年底，共481家定点医药机构支持使用电子医保凭证，开通率99%，结算量10万余笔。

【医保事项上线政务服务平台】 2020年，海曙区19个医保事项、6个收件窗口实现"政务服务2.0"上线事项整体切换，在民生服务领域应用"政务服务2.0"平台。构建优质、高效、便捷的医保经办体系、"打通大院大所人才参保堵点"、"好差评"制度改革等工作均获评区领导批示肯定。对接81890服务中心，推进"整体智治"医保能级。申请经办服务事项"网上办""掌上办"办件比例达88%，全年累计收件突破33万件。

【医疗保障工作会议】 2020年4月21日，海曙区第二次医疗保障工作会议召开。会议总结2019年海曙区医疗保障工作，分析医疗保障工作面临的挑战。洞桥镇、鼓楼街道、区卫生健康局、区市场监管局、"焕然医新"项目组作交流发言。镇（乡）街道、相关部门分管领导和工作人员，区属公立医疗机构、长护试点机构、大型连锁零售药店负责人，医保义务监督员，"焕然医新"项目组工作人员100余人参加会议。

（倪佳琳）

民族工作

【概况】 2020年，海曙区继续实施民族工作"石榴籽"工程，开创有特色的社区民族群众服务体系。完成民族领域“最多跑一次”事项改革，实现多项涉民族便民服务“零跑腿”。面对新冠肺炎疫情，宣传引导各族群众积极为抗疫工作贡献力量，重点保障疫情防控期间古尔邦节活动安全、有序举行。

【古尔邦节保障】 2020年7月，海曙区严格按照省民宗委“小型、分散、不聚集”要求，平安有序开展“古尔邦节”活动，900余名穆斯林群众及部分在宁波的外籍穆斯林人士参加。针对此次古尔邦节特殊情况和防疫工作要求，因地制宜按照“分批次、分阶段进行”方式，分3个场次进行，每个场次最多容纳400人。穆斯林群众进场前，严格执行扫码、测温、登记、一米线等准备工作，戴口罩入场，确保活动安全有序。

（谢　燕）

宗教事务

【概况】 2020年，海曙区宗教工作牢牢把握安全稳定和新冠肺炎疫情防控要求，严格落实“双暂停一延迟”规定，维护宗教领域和谐稳定与信教群众生命健康。

常态化疫情防控期间，组织经审批合格的宗教场所有序开放，确保宗教场所防疫措施到位。突出宗教发展中国化方向，举办宗教界人士培训班，组织宗教团体负责人开展爱国主义教育，进一步坚定“爱国爱教”理想信念和“正言正行”行动自觉。

【宗教领域房屋安全隐患排查】 2020年3月，海曙区组织开展宗教领域房屋安全隐患排查整治工作，共排查涉宗教房屋170余幢（处），发现存在安全隐患房屋8幢（处）。针对安全隐患房屋，制定“一房一策”，提出具体整改意见，实行清单式管理，落实整改措施。

【宗教领域爱国主义教育】 2020年10月，海曙区组织区基督教“两会”班子成员、各堂点主要负责人近30人，赴南昌八一广场和八一起义纪念馆等红色教育基地开展现场教育，引导宗教界人士把家国观念融入宗教经典释义，进一步坚定“爱国爱教”理想信念和“正言正行”行动自觉。

【宗教界人士培训班】 2020年11月，海曙区宗教界人士培训班举办，各宗教团体班子成员、各宗教活动场所及宗教临时活动地点负责人、各镇（乡）街道宗教干部近百人参加。培训班安排十九届五中全会精神、平安反邪、疫情防控及《中华人民共和国民法典》等内容学习，引导宗教界人士拓展视野，提升综合素质。

【宗教领域疫情防控】 参见“专记”类目“2020年海曙区抗击新冠疫情”分目

（谢　燕）

慈善公益

【概况】 2020年，海曙区慈善总会慈善资金收入10120.65万元，其中，捐赠收入9406.87万元，慈善资金利息等收入713.78万元。164家企事业单位建立冠名基金，基金规模达45466万元，基金到位2273万元，实现镇（乡）街道、村级慈善基金全覆盖，规模保持稳定。

区慈善总会救助支出总计9439.8万元，救助18619人次。其中新冠肺炎疫情支出4722.1万元；助医支出796万元，受助6229人次；助困支出2500.6万元，受助10078人次；助学支出580.4万元，受助1239人次（其中项目13个）；助老支出89.1万元，受助1013人次；助残支出8.5万元，受助4人次；公益项目51项，支出630万元；救灾支出113万元，受助5次。参与对口扶贫和救灾工作，全区通过总会对口支援扶贫救灾的款项超过1400万元。开展元旦（春节）送温暖活动，共安排资金918.3万元，惠及困难家庭8278户。

继续合作开展“善集·益起创”，在鼓楼慈善义卖集市、海曙公安慈善关爱基金等基础上，与宁波八方集团股份有限公司、宁波市阿尔法投资管理有限公司合作，建立“八方有爱”儿童爱心基金，每年到位120万元，向患指定重大疾病且家庭困难的儿童提供救助；与帅特龙集团续签“帅特龙”慈善爱心基金及吴志光鄞江中学奖教基金，基金规模各追加500万元；与宁波壹云信息科技有限公司签订“匠益工场平台慈善匠益基金”，平台上入驻的爱心企业承诺将平台交易额的部分比例款捐赠给总会，定向用于公益组织开展公益项目。电子捐赠票据启用，在方便领取的同时，也节约纸张和邮寄成本。

【慈善义工活动】 2020年，海曙区义工分会有直属义工队伍31支，村（社区）队伍152支，共有义工5376人，开展义工活动1836次，服务时长11801小时。新冠肺炎疫情初始，海

9月5日，区慈善总会在洞桥慈善商店门口开展义工服务

曙区各义工队伍奔赴抗疫一线开展志愿服务。由于表现突出，6月，在省慈善联合总会开展的“战疫典型”案例和“战疫群英”评选中，区安健慈善义工大队的“守疫人”入选为百个“战疫典型”优秀案例，区美发美容化妆行业协会会长梁文海、安健慈善义工大队大队长王培红入选“战疫群英”优秀个人。

【抗疫募捐活动】 参见“专记”类目“2020年海曙区抗击新冠疫情”分目

【慈善活动】 2020年9月5日第五个“中华慈善日”，区慈善总会在洞桥镇慈善商店门口开展义工服务活动，“圆梦”、“安健”、“红烛”、区美协义工大队的优秀义工为居民开展多项专业服务。10月23—25日，举办海曙区第二届大型慈善义演，慰问在战“疫”斗争中贡献重大的医务人员、社区工作者、志愿者以及广大市民。12月22日，以“送政策、送医疗、送光明、送服务、送文艺”为主题的慈善“五送”活动在高桥镇蒲家村举办。

（陈超琼）

关心下一代工作

【概况】 2020年，海曙关工委以习近平总书记对关心下一代工作的系列重要指示为指引，大力发挥“五老”（老干部、老战士、老专家、老教师、老模范）志愿者的作用，助力新冠肺炎疫情防控工作。区关工委网站发布信息188篇，被“新星网”录用45篇，“中国火炬”微信公众号录用42篇。区关工委获评全国关心下一代工作先进集体，姜洪运获评全国关心下一代工作先进个人。

举办“假日学校”87所，接收学生2140人，发放资料数量2468册，参与“假日学校”的志愿者311人，筹集工作经费2.31万元。开展各类教育活动141场次，受教育青少年2.2万人次。投入10万元实施关爱服务青少年公益项目10个。投入资金13万元，帮助困境青少年135人。

9月24日，海曙区关心下一代银发志愿者协会召开第二届会员代表大会

各基层关工委开展争创“五好”基层关工委活动，2个镇（乡）街道、33个社区（村）、31个民营企业的关工委被命名区级“五好”关工委。望春街道、江厦街道等2个街道，段塘街道丽景社区等17个社区（村），宁波盛德电气科技有限公司等5个民营企业的关工委被命名为市级“五好”关工委。截至年底，全区“五好”基层关工委创建率达56.5%。

【“假日学校”建设】 2020年，区关工委出台《关于稳慎开办2020年暑期“假日学校”工作的意见》，控制“假日学校”办学规模，落实防疫措施，强化从严规范管理力度。集士港镇中心小学利用微信，为留守在家的儿童开设暑期假日阅读活动。古林镇开设暑期小候鸟夏令营，以公益课形式，宣传垃圾分类知识及用电、防溺水安全知识等。鄞江镇关工委同鄞江中心小学合作举办壁球比赛。石碶街道举办“弘扬红船精神，争做时代新人”教育活动。月湖街道建设“趣益家”少儿成长基地，将“趣味课堂”搬进社区。西门街道组织576名中小学生参加“海之梦”线上实践活动，并颁发实践证书。江厦街道以“云课堂”形式开展教育实践活动。鼓楼街道按照《关于利用抗疫斗争实践成果开展爱国主义教育活动的意见》精神，利用网络和微信平台，组织发动青少年参加“颂抗疫斗争，赞伟大祖国”主题征文活动。白云街道银发志愿者应民光陪同联南社区的小棋手参加全区象棋比赛。望春街道开展线上线下科普讲座、主题教育、社会实践活动21场，书法绘画、手工艺等活动12场，惠及青少年2000余人。

【困境儿童帮扶】 2020年初，区关工委组织开展“双缺失”家庭帮困助学活动；六一儿童节前，联合集士港镇、石碶街道对集士港镇中心小学、广德学校等6所学校的10名特困生和4名留守儿童送去慰问金11300元；开展“甬润童心”一对一爱心结对帮扶活动。章水镇在六一儿童节开展微心愿行动，向20余名困难学生捐赠书包、经典图书、服装、篮球、运动鞋，并对优秀学生进行奖励。太平鸟服饰制造有限公司组织“小鸟人”参观明州热电厂等活动。帅特龙集团开展“帅特龙”1500万元慈善爱心基金续签仪式，设立针对贫困孩子的“帅特龙寒窗基金”，针对优秀学生和教师的“帅特龙奖教基金”，并新增教师培养项目基金“帅特龙英才基金”。古林镇退休教师捐款14550元帮助困难学生。最美“五老”黄斌夫妇拿出1万元到礼嘉桥小学为10名品学兼优但家境困难的学生送上助学金，学校举行助学捐赠仪式，宣传黄斌夫妇参加抗日解放战争的故事与多年来坚持助学的事迹，提升德育效果。

【关工委参与疫情防控】 2020年，区关工委组织“五老”和银发志愿者组织参与全区新冠肺炎疫情防控工作。“五老”和青少年参与抗疫1890人次，捐资、捐物金额30万余元。高桥镇800余名身体健康的“五老”志愿者赴全镇140个卡点参加执勤、宣传防疫知识。龙观乡离退休干部、乡关工委顾问郑伦祥将勤俭节约下来的2万元钱捐赠给宁波市慈善总会。月湖街道的“五老”志愿者参与辖区网吧等场所的防疫安全检查，并将经营场所诉求传达至街道。南门街道组织学生开展“颂抗疫精神 赞伟大祖国”征文比赛，148篇抗疫征文上报。银发红烛爱心工作室志愿者在得知宁波市第三批驰援武汉的医务人员紧缺防护鞋套的消息后，连夜赶工缝制、包装，助力武汉新冠肺炎疫情防控。

【区关工委成立30周年活动】 2020年是区关工委成立30周年。区关工委编印纪念画册《前进的步伐》，制作宣传片《托起明天的太阳》，组织《我和海曙关工委》摄影大赛，举办“五老”风采摄影展等。12月15日，“纪念海曙区关工委成立30周年暨全区关心下一代工作表彰大会”召开，表彰海曙区关心下一代工作先进集体8个、特别贡献奖获得者6位和“最美五老”25位。

【区银发志愿者协会换届】 2020年9月24日，区银发志愿者协会召开第二届会员代表大会，选举并产生新一届的协会领导班子，理事会理事41人、常务理事21人、会长1人、常务副会长1人、副会长8人、秘书长1人、副秘书长1人，聘请区关工委原主任方佳闰、区关工委名誉主任朱中人担任区关心下一代银发志愿者协会名誉会长。

（钟林华）

物业管理

【概况】 2020年度，海曙区有物业项目364个，管理面积3007.73万平方米，其中，住宅项目285个，管理面积2633.35万平方米。住宅项目中，2000年以前交付使用且实施物业管理的普通住宅老小区98个，总建筑面积688.62万平方米，约占全区住宅小区总数的35%。

开展物业专项维修资金归集、使用、管理。经过公开招投标程序，资金存放于9家银行。30个新建项目缴交物业维修资金1.7亿余元。个人退款574笔，涉及资金24万余元；中修以下划拨141笔，涉及资金1250余万元；中修以上划拨12笔，涉及资金300余万元。完成水岸枫情、顺德华庭等6个物业项目的维修资金补缴，共计资金约1234.63万元。

完成63个项目的业委会成立（换届）工作。召开三方议事会议200余次，对小区物业费提价、物业企业退管和选聘、停车改造等问题合议商讨。开设小区公共账户113个，拨付款项202万元，主要用于房屋维修、电梯养护、监控维护更新及绿化养护等。物业阳光财务公示项目345个，公示率达95%，以信用记录形式对无原因未公示的物业项目进行监督管理，督促其实行阳光财务公开制度。

成立全市首个物业纠纷人民调解委员会。按照“自愿平等、公平合理”的原则，无偿、依法、独立调解物业纠纷，扩宽物业纠纷协调途径。区物管中心联合区综治办、海曙公安分局继续开展物业小区治安管理创星级活动，物业小区（楼宇）的刑事发生率总量稳中有降，该机制向全市推广。

【物业费提价工作】 2020年，海曙区57个小区的物业费提价工作完成，其中46个为老旧小区。各镇（乡）街道和相关部门加强对部分小区的指导和监管，灵活采取“物居业三方会议”“物居业三方党建联建”“物业费分阶段提价”“引入第三方专业社会中介组织”“建立物业环境管理委员会机制”等方式，保障工作顺利进行。

【物业“试用期”模式推行】 2020年，海曙区在井亭家园等10个小区推广物业“试用期”工作模式。此项工作于2019年2月在望春街道信谊社区先行探索，信谊社区业委会选择浙江朗逸服务有限公司作为新的物业管理方，并与该公司约定，设置9个月试用期，试用期内物业服务企业不收费，试用期满后由居民票决新物业公司去留。至2020年1月1日，“物业试用期”结束，其间，居民物业公司总体表决“满意”，并完成物业费提价工作。

【物业行业管理体系建设】 2020年，区物管中心首创物业“红黑榜”制度，继续完善行业管理体系。对进入红榜的16个小区和进入黑榜的12个小区分别予以表扬和批评通报，并以评优评先、示范项目推送、信用记录等形式进行奖惩。完善宁波市物业信用管理平台，至年底，完成668个物业项目、1453名项目经理的信用信息平台审核，保障物业信用平台正常启用。

【党建引领业委会工作】 2020年，海曙区在册的物业住宅小区内业委会成立率达90%，业委会委员共1708人。

12月16日，海曙区物业管理协会成立

其中，中共党员686人，占比40%；9个物业住宅小区的业委会成立党组织，住宅小区党组织领导的多方议事协调服务机制覆盖率超过60%。

【区物业管理协会成立】 2020年12月16日，海曙区物业管理协会成立。浙江亚太酒店物业服务有限公司副总经理葛永亮担任会长，全区33家物业企业为会员。协会工作内容包括促进物业服务行业规范有序发展、强化物业服务质量、改善居民生活品质、构建和谐社区、提升城市形象等。

（黄妍楠）

8月18日，“81890”组织“一线连心 有求必应”成立19周年便民服务活动

81890公共服务

【概况】 2020年，宁波市81890求助服务中心有职员67人，开通电话热线23条，实行24小时服务。加盟企业1003家。有81890呼叫平台、失物招领中心、老年人应急呼叫系统、81890防疫防控专线、81890“冷链防控”专线等服务功能70余个。服务中心网站点击量累计超过5713万人次。“81890生活通”App累计发送推文45篇，阅读总次数31151次。

为市民解决求助事项67.37万件，结案率100%，满意率99.87%。日均接听量1840件。其中，咨询类占总求助量的66.3%、服务类占12.4%、事务类占0.3%；另有求医订号14.36万件、志愿服务平台1412件。“81890”微信服务号推送微信文章40次、图文46篇，31604人次点击阅读。“宁波81890”微信订阅号推送9次，文章9篇，2214人次点击阅读。微信公众号受理市民求助510件。官方微博求助受理317件。接待全国各地学习考察团40批次。

与多家单位合作，建立多个专项服务平台。开通81890生活通小专栏、81890青年服务专线、81890“五水共治”专线等热线，新增“企业码”咨询版块、海曙区整体智治81890服务平台、首接首问平台。其中，整体智治81890服务平台累计收到求助事件共计105181件，办结率99.98%。首接首问平台处理首问诉求事件120余件，并做好评价闭环工作，办结率达99.98%。

新吸纳加盟企业98家，办理加盟企业注销443家，变更企业资料150次，核实非年检企业信息400余家，审核企业线资料4373条。组织召开座谈会3次，参加的加盟企业325家次。组织策划宁波市家庭服务业2020年度家政服务婴幼儿照护职业技能竞赛，宁波各县（市、区）的20家企业、50余名选手参与。组织召开特别服务卡、居家养老卡加盟企业培训会，征集70余家信用评价AA级以上企业，作为特别服务卡、居家养老卡的服务单位。10月26—28日，由市81890求助服务中心、市商务局、市家庭服务业协会组织主办的家政服务企业赴丽水、衢州开展“百城万村”家政扶贫劳务对接活动，组织辖区9家企业与150余名当地群众签订务工意向书。

统计发布2019年度加盟企业信用评价结果，其中5家单位被评为AAA级，204家单位被评为AA级，115家单位被评为A级。2月26日，以宁波市海曙区81890服务业协会名义起草出台《家政企业复工复产疫情防控规范》（T/81890F 002—2020）。在新冠肺炎疫情影响期间，通过App、微信公众号、QQ、电话、短信等方式向加盟企业提示、核实停工复工情况共计2000余家次。

81890志愿服务中心累计登记注册志愿者335351人，志愿团队2211个，志愿服务时长2988692.5小时。新增注册志愿组织56个。累计对接志愿服务需求1623件，梳理合并志愿服务组织信息2000余条，培训志愿服务管理系统300余人。助力宁波市创建文明城市“六连冠”工作部署，组建文明风尚宣扬、文明行为劝导、不文明现象巡访、卫生环境整治等4支专项志愿服务队伍，参与文明城市创建工作志愿者累计600余人次。开展“大篷车”下乡服务11场、专项技能培训课程6次，指导城乡志愿服务项目5个。设计志愿服务菜单7项，涵盖理论宣讲、便民服务、文化传播等领域，面向农村文化礼堂配送志愿活动10余场。严选城区8支志愿服务组织与15支乡镇志愿团队开展结对合作，通过一对一指导、点对点帮扶，补充乡镇的服务资源，激发农村志愿服务组织的内生动力。

【“81890”下属协会活动】 2020年，81890光明俱乐部组织开展“陪视障人士一起看秋天第一场电影”观影活动，参加的盲人会员有34人次。“爱循环”小分队共致电慰问盲人480余次，上门维修盲表62块，上门发放慰问品月饼1次，寄送慰问品4次，盲人送医2次。

81890常青藤俱乐部有会员601人，为癌症肿瘤患者举办1场线下活动，

6月30日19点，宁波市第二期“春暖甬动·你买单我助力”直播互动举行

参加会员200余人次、义工25人次。

81890鹊桥会注册登记单身青年近3000人，新增会员近800人。红娘志愿者为3600余人次会员牵线，志愿服务时长超过7000小时，开展相亲活动1次。鹊桥会网站非会员浏览近25000次，会员登录查询近15000次。

81890爱心超市接收群众、企业捐赠的衣物、家电、生活用品等455件；捐出衣物、家电、生活用品等2484件，现金2400元。“心声沟通”联谊俱乐部有会员2918人，志愿者13人。

【“居家上门服务证”管理】 2020年，宁波市81890求助服务中心与市家庭服务业协会共同负责“居家上门服务证”的监制和管理，同时承担“居家上门服务证”的数据存储，加快全省范围内推广实施家政“安心码”效率，提升家政服务业“居家上门服务证”管理工作规范性。9月1日，由市商务局、81890求助服务中心、市家庭服务业协会共同主办的宁波市家政信用体系主题宣传月暨家政节启动仪式在海曙公园举行，家政企业代表、社区市民代表、其他行业代表共计200多人参加。活动现场，开展全市即将推出的家政服务业居家上门服务证和安心码情况介绍。9月14日，2020年宁波家政信用体系建设高峰论坛暨宁波家政服务首批居家上门服务证和安心码发放启动仪式在海曙举行。截至12月，发证9000余张，登记在册员工数19000余人，企业数超过170家。

【防疫咨询信息枢纽构建】 2020年初新冠肺炎疫情暴发以来，81890求助服务中心与多部门协作，于2月开通海曙区疫情防控咨询、企业复工、心理咨询、“宁波全域一码通”投诉咨询等7条专线，助力全区各机关、企事业单位、群众的防疫工作有效开展，累计处理疫情相关求助1.3万余件，及时化解群众、企业的焦虑，减轻基层防疫压力。同时，做好志愿者招募、防疫物资筹措、卫生防疫宣传等工作，累计招募各类疫情防控志愿者2000余人次，对接各类防疫物资700余件，防疫主题志愿活动3场，出台《志愿服务疫情防范规范》。

【“整体智治”改革】 2020年3月始，81890加快全区“整体智治”服务总平台建设。将原“综合治理指挥中心”办公室改为海曙区“整体智治”服务中心，从中心各部门抽调专人组建81890“整体智治”工作专班，承担首问热线排摸、转接处置、企服平台案件处置、分流、跟踪、资源整理入库等工作，以工作周报形式刊发服务成效。按照全区改革推进会工作部署，于10月26日18：00完成各部门“整体智治”分管领导、AB岗联络员名单汇总，由81890牵头组建钉钉联络群。通过逐一对全区各部门公布的首问电话调研，发现存在内部办公电话、业务咨询与投诉受理统一号码、技术转接受阻等问题，12月底整合调整完毕。10月28日，海曙区整体智治81890服务平台上线运行，至年底，累计收到求助事件105181件，总办结率99.98%。其中，需转至职能部门处置的二级响应事件367件。

【“春暖甬动·你买单我助力”本地生活服务专场直播】 2020年6月30日19点整，由市人民政府主办，81890求助服务中心承办的宁波市第二期“春暖甬动·你买单我助力”暨“浙里来消费”宁波专项活动直播——本地生活服务专场举行。81890联手数十家涉及服务行业领域的公司，挑选20余种产品。81890执行部主任、81890服务业协会会长严洪海作为嘉宾参与直播，40.67万人次观看，点赞数11.2万次。

【“81890”成立19周年便民服务活动】 2020年8月18日是81890成立19周年纪念日暨第19个“81890便民服务日”，20余家加盟企业和志愿者团队开展各类便民服务活动。服务实行优惠打折，特别对孤寡老人、残疾人、特困家庭等弱势群体提供免费服务，服务人数300余人次。

【区家庭服务行业工会联合会第一次会员（职工）代表大会】 2020年9月27日，区家庭服务行业工会联合会第一次会员（职工）代表大会在81890求助服务中心召开。这是宁波市首个家庭服务行业工会联合会。工会联合会成立后，家庭服务行业从业人员可通过工会会员卡，享受职工互助保险、法律援助、困难帮扶、培训和就业援助等。区内家庭服务行业的40余名家庭服务行业代表参加活动。

（吴　君）

相关链接：

退役军人服务保障“三级五有”要求：指退役军人服务保障体系建设区、镇（乡）街道、村（社区）三级全覆盖，实现有机构、有编制、有人员、有经费、有保障。

镇（乡）街道

集士港镇

【概况】 集士港镇位于海曙区西北部，东北邻高桥镇，南毗古林镇，西南依横街镇，西北与余姚市接壤，镇域面积47.1平方千米。2020年，辖19个行政村、5个社区和2个渔业社，总户数19336户，总人口12.3万人，其中户籍人口4.8万人。

在新冠肺炎疫情防控工作中，落实落细各项防控措施，累计排摸10余万人次，入户发放告知书4万余份。2020年疫情最严重时期，7个小区实行全封闭管理。开设5个镇级隔离点。有力落实常态化疫情防控，抓好重点地区、境外来宁波人员的管控，构筑起疫情防控坚固防线。

完成地区生产总值49.2亿元，比上年同期增长0.6%。实现财政总收入12.21亿元，增长13.4%，其中一般公共预算收入6.39亿元，增长9.5%。粮食播种面积1393.4公顷，粮食总产量1.11万吨，土地流转面积1078公顷，土地流转率达86.4%。规模以上工业增加值14.21亿元，增长2.4%。限额以上商贸业销售额81.7亿元，增长56.5%。宁波杉井·奥特莱斯广场年营业额14.8亿元，杉杉永达国际汽车城年销售额9.5亿元。开展500万元以上技改项目12个，投入9500万元，研发经费支出2.11亿元，增长2.4%，创建国家高新技术企业10家，累计达到23家，建设市级工程技术中心2家、区级3家，累计达到15家。集士港品牌指导站获评年度市“三星级品牌指导服务站”，3家企业申报省级“绿色工厂”，在宁波股权交易中心的上市企业新增8家。引进特优以上人才1人，入选高级人才1人，申报市“3315计划”项目4个、区“百创汇海”项目1个，其中芯能半导体项目入选市“3315计划”创业团队类，斯蒂罗项目入选市“3315计划”资本引才类。实到内资4亿元、“浙商回归”资金1.05亿元。疫情期间，累计发放各项惠企补助2900余万元，受惠企业1200余家。

6月19日，集士港镇在岳童村文化礼堂举行文明养狗签约仪式

荣安桃李郡、西溪里项目验收交付，湖山上董、万众前孙、岳童后头胡家改造等项目签约完成，全年签约498户，抽签安置8253平方米。栎高线二期、蕙兰路、日葵路、布政西路等道路建成投用。拆迁11.2万平方米，征地面积54.05公顷。疏浚河道7千米，铺设污水管网6.8千米，累计90千米，创建成为省级“污水零直排”镇。“三改一拆”累计整治面积达16.17万平方米，完成年度目标的202.1%，累计完成118个存量违建项目的处置，获评市“无违建乡镇”。新增绿地面积5.62万平方米，集士公园绿岛改建、“小镇客厅”（游客服务中心）外立面完成改造，创建成为省“AAAA级景区镇”。开展农田环境美化2.32万平方米，广昇、湖山村创建为省级“AA级景区村庄”。

全镇居民参保率达97.31%。城

乡居民最低生活保障做到动态管理下应保尽保、应退尽退、进退及时，全年累计救助救济困难群众383人。发放优抚经费167.88万元，涵盖优抚对象468人。镇居家养老服务中心投入运营，可为300余位老年人提供居家养老服务，配套建成社区、村级养老服务中心16家。集士港镇中学扩建工程建成投用，古林职高迁建工程启动建设，九年一贯制的海西实验学校完成招标。完成华美医院与海曙第三医院紧密型医联体建设，建成海曙三院核酸检测实验室。获评“国家卫生镇”，建成广昇、横港、卖面桥等3个省、市级“卫生村”。

举办各类文化活动22场，开展读书节系列活动。创建“水木一间”阅读书房，引进“天一约书”信用借阅专柜，组织“一人一艺”全民艺术普及培训119场次。新建杨家、西陆等4个村级文化礼堂，协办宁波市全民健身季“美丽乡村健身行”山地轻越野等市区级活动13场。

集士港镇社会矛盾调处化解中心投入使用，年内累计处理各类信访883件、市长电话725件，接待群众来访46次，初信初访化解率达到87%，化解信访案件2起。受理处理劳动纠纷案件129起，涉及人数309人，涉及金额462.81万元。累计检查各类经营单位千余家，开展专项执法检查175家次，专项整治20余项，排摸出租房屋2万余家。新成立秋实、广蔺2个社区，覆盖居民21513户，井亭家园小区、集港馨苑、卖面桥新村等农村型社区实行物业市场化管理制度。井亭社区文化家园、镇社会组织服务中心投入使用。新增51个社会组织，全镇社会组织累计达388个，“幸福来敲门”、“漂二代”的美好时光、社会组织领头雁计划被列为区公益创投项目。

落实办理人大代表建议10条。主动公开信息130条、依申请公开信息27条。为群众提供法律服务，接受法律咨询200人次，实施法律援助4起，涉及金额150余万元。完成镇行政服务大厅窗口升级改造，建设24小时政务服务区，并增加6个窗口，提供全天候自助办理事项283个，涵盖相关部门24个，累计受理行政服务事项88981件。

2020年集士港镇各行政村基本情况表

表26

行政村	户数（户）	人口数（人）	集体经济总收入（万元）	集体经济总支出（万元）	集体经济净收入（万元）	总资产（万元）
万众村	1191	2982	5072.73	734.16	4338.57	13943.53
集士港村	625	1551	355.56	253.86	101.70	1727.13
元禾村	553	1423	187.66	186.33	1.33	2709.07
董家桥村	838	2177	3903.69	1151.33	2752.36	6681.28
新后屠桥村	852	2101	596.62	849.34	−252.72	1564.29
祝家桥村	1371	3504	654.49	580.44	74.05	4461.22
杨家村	651	1781	1617.11	1011.75	605.36	11814.78
丰成村	746	1936	2822.76	765.55	2057.21	54486.12
横港村	607	1551	5829.10	833.30	4995.80	9383.02
卖面桥村	1345	3166	1282.65	3601.17	−2318.52	5309.09
西陆村	425	1033	206.55	161.64	44.91	1099.43
翁家桥村	536	1377	322.30	322.11	0.19	2480.68
岳童村	645	1635	736.94	158.31	578.63	10098.42
广昇村	727	1813	396.28	327.28	69	1714.11
湖山村	705	1755	718.21	368.48	349.73	4342.17
四明山村	484	1279	491.82	969.78	−477.96	2837.43
深溪村	652	1458	1511.97	983.08	528.89	2083.87
双银村	442	1114	515.66	564.16	−48.50	2020.75
山下庄村	631	1401	4860.72	2680.82	2179.90	6456.32
合计	14026	35037	32082.82	16502.89	15579.93	145212.71

“广德乡韵”文明示范线地图

【华晟樱花里项目营业】 2020年5月“华晟·樱花里”项目竣工验收。该项目为综合性商业广场，总投资2亿元，占地40841平方米，有7幢建筑，总建筑面积4.5万平方米。截至竣工时，完成广场大部分招商，千物美时进口商品中心、漫森酒店、大渝火锅、御牛町等商户开始营业。广场旨在通过差异化经营，与宁波杉井·奥特莱斯错位发展，开发成一个集住宿餐饮、批发零售、文体娱乐、教育办公于一体的商业综合体。

【海曙三院医健集团成立】 2020年7月31日，海曙三院医疗健康集团成立（简称“海曙三院医健集团”），海曙三院挂牌国科大华美医院海曙分院。在此基础上，国科大华美医院作为牵头医院，海曙三院暨海曙三院医疗健康集团作为核心医院，联合古林镇、高桥镇、横街镇卫生院和西门望春、南门、鼓楼街道社区卫生服务中心等7家基层医疗机构，成立“1+‘1+X’”紧密型医联体（简称“1+‘1+X’”医联体）。根据“1+‘1+X’”医联体建设要求，国科大华美医院全面托管海曙三院医健集团，帮助其完善临床学科，提升危急重症救治能力等。海曙三院以全面托管区级医院、帮扶医健集团下属基层医疗机构的方式，提升基层管理能力与医疗服务水平，促进区域内医疗服务能力整体提升，逐步形成“基层首诊，分级诊疗，急慢分治，双向转诊”的就医模式。年内，国科大华美医院首批管理、临床专家团队12人下沉至海曙三院，该医联体陆续开展大型医师节义诊活动、服务百姓健康行义诊周活动及高山巡回义诊活动。

【“广德乡韵”美丽乡村示范线建成】 2020年10月，集士港镇“广德乡韵”美丽乡村示范线建成。风景线起点位于广泽北路与汇士路交叉口，经汇士路、银山公路、环山公路、栎高线、广泽北路，形成一条大环线，经过广昇、四明山、双银、深溪、山下庄、岳童、西陆、新后屠桥等村，总长10.3千米，辐射范围26.1平方千米。建设期间，提升沿线景观，优化沿线风貌，丰富沿线文化特质，实施绿化工程；公交站点与村庄入口节点形象改善；对岳童村河道工程进行综合整治；建设新后屠桥七彩田园示范基地等，使“广德乡韵”美丽乡村风景线成为集士港美丽城镇的展示窗口。

【海西实验学校完成招标】 2020年11月，集士港九年一贯制学校（海西实验学校）完成招标。项目范围东至广蔺路，西至经三路，南至纬三路，北至布政西路。项目总投资约43800万元，总用地面积7.34公顷，总建筑面积64445平方米，地上建筑面积43762平方米，其中设置机动车车位389个、非机动车车位648个。计划2021年一季度开工建设，2021年底竣工交付。规划办学规模为72个班级。

【普济医院建设】 至2020年12月，由雅戈尔置业控股有限公司投资开发建设的普济医院项目进入主体工程完工阶段，项目总用地面积8.13公顷，总建筑面积215203.3平方米，其中地上建筑面积146015.43平方米，地下室建筑面积69187.87平方米。由1栋5层国际医疗中心、1栋15层（含4层裙楼）医疗综合楼组成，以三级甲等医院标准设计床位1600张，设置停车位约1800个，项目总投资约17亿元。

（屠炎彬）

古林镇

【概况】 古林镇地处海曙区西南部，东邻望春街道、白云街道、段塘街道，北靠高桥镇、集士港镇、横街镇，西傍鄞江镇，南望石碶街道和洞桥镇，镇域面积47平方千米。2020年，辖23个行政村、2个居委会、2个渔业社、5个社区，户籍人口约6.5万人，在册流动人口约12万人。

2020年初，面对新冠肺炎疫情，迅速成立疫情工作专班，创新网格化管理体系，建立落实重点人员管控工作机制，对“新入宁波人员”开展小周期滚动排查，设立镇级备用集中留观点2个，配合落实区级集中留观点3个。制作《古林镇新冠肺炎防疫应急演练手册》，组织开展全员核酸检测应急演练。

全年实现地区生产总值94.89亿元，财政总收入10.8亿元，比上年同期增长13%，其中一般公共预算收入5.93亿元，增长14.7%。增加“小升规”企业28家，增加规模以上文创企业3家。完成低效企业改造提升4家，小企业、小微企业综合治理提升28家。组织实施市级重点节能改造项目6个。统计入库技改项目17个，申报区“两化融合”（信息化和工业化的高层次的深度结合）项目1个，完成工业投资1.8亿元、技改投资

3月28日，古林镇“法律顾问团”进企服务促复工

1.71亿元。宁波旷世投资控股有限公司上市，旷世合一生活文创园获评省级“小微企业园区”、市级“文化创业产业园”。藕池工业园区一期改造升级项目签约，小米生态链工业园区启动建设。

恒英人力资源项目营收42.22亿元，纳税2.36亿元。平行线（网络货运）、小创云共享服务平台项目落户。嘉乐智尚国际服装产业园获评浙江省四星级小微企业园，其负责建设运营的海曙时尚服装服饰产业创新服务综合体创建为2020年省产业创新服务综合体，累计带货直播80余场，销售额近3亿元。

新增“高新技术企业”10家。认定市级“工程技术中心”1家、区级“工程技术中心”9家，备案市级“创新型初创型企业”18家，规模以上企业累计投入研发经费2.42亿元。引进俄罗斯工程院院士1人，博士6人、硕士40人，入选市“3315计划”1项、区“百创汇海”项目3项。宁波乾睿导航科技有限公司新建省级“博士后工作站”，宁波恒特汽车零部件有限公司被认定为区级“专家工作站”，宁波市凹凸重工有限公司员工张益均入选“港城工匠”。

及时兑现市、区各项政策资金，完善镇级政策保障，对外贸企业投保短期出口信用保险给予总保费5%的补助，为130余家小微企业政策性保险提供补贴，落实支持企业贷款贴息政策，发放各类政策兑现资金1800余万元。镇、村减免企业租金300余万元，惠及企业100余家。组织开展“惠民助企”推介展销会，实现线上线下商品销售额近亿元。

配合推进轨道交通5号线（车辆段）包家地块、郭夏工业地块完成拆迁“清零”，薛家新家园四期、广德景苑完成分房，区公共卫生中心业务用房项目交地。有序推进包家、礼嘉桥、陈横楼、宋严王等新村建设项目。完成“污水零直排区”工程、绿苑公园提升工程、古林老街提升工程、中心小学人行桥工程等民生项目，古林农贸市场完成省“三星级菜市场”标准改造，薛家新家园低洼地改造项目竣工投用。助力宁波获全国文明城市“六连冠”，获区政府集体嘉奖。“三改一拆”累计拆违16.1万平方米，完成“两路两侧”（公路、铁路两侧）督查点位整改等专项任务。创建市级水环境示范镇，编制完成镇区活水工程设计及施工方案。完成南新塘河、泗州横河、跃进河水质提升工程，基本完成照天港河、里龙港河、千丈镜河二期生态河道整治工程。前虞村、藕池村创建为区级“美丽庭院示范村”。

国家级数字农业项目数据中心、育秧中心、烘干中心等设施建成。完成土地整治11.17公顷，实现粮食产量1.2万余吨，加强与“隆平高科”团队合作。镇农合联现代农业服务中心运行，粮人粮机专业合作社入选全国“全程机械化+综合农事”服务中心典型案例。省级现代农业园区完成蕙兰路改造工程，引进宁波三江益农公司技术总部研究机构，重点建设农业可持续发展园、农业创新创业园等项目，启动建设农业创客广场、园区接待中心与农旅景观节点改造项目。围绕茂新太空植物种植基地、黄古林席草种植资源保护基地，推进宁波市“城郊十园”——智农茂新项目建设，新引进“稻—虾”养殖项目。启动古林镇“美丽风景线”建设，全年创建4个省级“新时代美丽乡村”达标村，实施“多彩农业、美丽田园”行动，果忆百果园创建为区“多彩农业美丽田园示范基地”。

完成第七次全国人口普查工作。春蕾学校新教学楼投入使用，薛家小学获评“全国新样态联盟学校”，布政小学获评“全国青少年校园足球特色学校”，古林镇中心小学、古林成校获评省“现代化学校”，古林镇中学获评省“书法教育研究会实验基地”，布政幼儿园通过省二级评估。全镇师生获市级以上荣誉122人次，发表论文62篇，课题立项或获奖22个。建立上海中医药大学名医工作室。古林卫生院获2020年“宁波市五一劳动奖状”，在全市率先开展居民家庭医生线上签约服务。获评省慈善乡镇，城乡医保A档参保率100%。加强对卓远愈养中心、广安古林养怡院的监管，晨光居家养老服务中心、蜃蛟居家养老服务中心运行，古林村成为全区“以老助老守望相扶”试点单位。镇社会组织服务中心建成投用，实行24小时政务自助服务。镇退役军人服务站被评为全省首批“枫桥式服务站”和市“退役军人就业创业模范服务站”。

获评省“文化强镇”、市“公共文化示范区”。镇图书馆获评市“五星级图书馆”。新建文化礼堂6个，葑水港村文化礼堂创建成为区“书香文化礼堂”。完成镇非遗公园建设，新增镇级非物质文化遗产项目16个，“古林蔺草”获评国家级农产品地理标志，黄古林"蔺草—水稻"轮作系统获评第五批中国重要农业文化遗产。仲一村创建成为"AA级旅游村庄"，新建茂新村、前虞村健身步道4.75千米。完成省级"文明镇"、3个省级"文明村"复评申报。中北文明车队队员林金良获得"宁波好人"称号。承办区新时代文明实践志愿服务项目大赛，镇"心公益"团队获项目金奖。继续开展"感动古林人物"和各类志愿者先进评选，打造"侨见爱"侨联工作特色品牌，开展"侨爱四季"主题活动，镇侨联获评宁波市侨联基层组织示范单位。

推进社会矛盾联合调解中心建设，民事纠纷调处率达100%，关于疫情期间劳动纠纷的案例被"12348"司法部案例库录用。开展"平安三率"（群众安全感满意率、"扫黑除恶"好评率、群众对政法机关和政法队伍执法工作满意率）宣传。完成全镇所有学校、幼儿园安防设施改造升级。完成线上线下及企业自主安全培训近2.9万人次，实施小企业、小微企业、社区的消防生命通道畅通工程，落实危化企业、有限空间作业等专项整治，排查整治出租房5.3万余间，工作总分位列全区第一名。

落实"首问负责、即问即办"制度，镇"亲清家园"成为首批宁波市社会主义学院教学科研实践基地，古林"亲清在线"——宁波市亲清数字平台上线。宁波家风馆、中国（海曙）御史文化陈列馆投入运作。制定完善《限额以下投资项目交易管理办法》等制度，推广小型项目竞争性发包模式。

2020年古林镇各行政村基本情况表

表27

行政村	面积（平方千米）	户数（户）	人口数（人）	集体经济总收入（万元）	集体经济总支出（万元）	集体经济净收入（万元）	总资产（万元）
西洋港村	2.50	645	2556	440.45	177.20	263.25	2638.58
葑里村	2.50	939	2341	539.56	119.67	419.89	2561.17
古林村	1.68	715	1730	1185.05	157.62	1027.43	6466.64
施家村	1.10	463	1200	686.46	114.39	572.07	4641.17
俞家村	1.30	667	1624	759.23	166.11	593.12	15651.21
郭夏村	1.00	444	1124	954.64	150.34	804.30	5766.57
鹅颈村	1.10	707	1819	708.11	196.53	511.58	17612.86
戴家村	0.60	855	2444	5983.23	136.98	5846.25	8453.26
共任村	3.50	965	2475	929.42	156.35	773.07	3126.39
仲一村	1.83	621	1615	848.67	124.12	724.55	7479.17
布政村	0.91	869	2247	1566.98	142.31	1424.67	14349.29
葑水港村	1.80	501	1425	2775.82	237.69	2538.13	26977.27
张家潭村	3.50	1008	2679	1675.35	302.09	1373.26	18594.70
宋严王村	1.20	586	1593	2223.56	162.23	2061.33	16023.06
陈横楼村	1.00	518	1360	1427.28	190.63	1236.65	26306.53
藕池村	1.00	470	1274	1718.96	312.35	1406.61	15317.60
礼嘉桥村	1.67	870	2430	4905.53	463.31	4442.22	90874.64
薛家村	2.53	1645	4600	2690.75	316.72	2374.03	18290.37
包家村	1.50	764	2028	1672.85	134.97	1537.88	50973.74
蜃蛟村	2.10	954	2387	424.88	241.53	183.35	3395.63
龙三村	2.04	605	1516	330.99	127.58	203.41	1321.48
茂新村	1.60	638	1708	586.04	157.10	428.94	6220.84
三星村	2.30	573	1451	564.62	198.92	365.70	1914.20
前虞村	3.20	870	2540	1442.14	169.90	1272.24	1533.44

注：表格中数据为调查数

【古林镇"法律顾问团"进企服务】 2020年3月，浙江金汉律师事务所与古林镇组建"法律顾问团"。该顾问团根据全市"百家律所千名律师进万企"抗疫情促复工助复产法律服务专项行动统一部署开展，以解决疫情期间辖区企业，特别是纺织服装重点企业普遍存在的劳资关系问题为主要目标，通过进企业深入了解困难、线上法律宣传、线下律师沙龙等形式，从源头上为企业提供法律支持和信息服务，避免纠纷隐患。

【古林镇获评省"文化强镇"】 2020年4月19日，浙江省文化和旅游厅公布省文化强镇评审结果名单，古林镇获评"文化强镇"。古林镇建成镇文体中心大楼、古林文化中心剧院、布政影剧院，村文化活动室实现全覆盖。拥有特色文化品牌米食文化节，建立业余文艺团队80余支，每年开展群众文化活动120余场，创作的甬剧《李敏》登上中央电视台戏曲频道，短片《黄古林草席编织技艺》获得"2019年第四届美丽乡村国际微电影艺术节"最佳纪录片奖，先后被评为省"东海文化明珠"镇、省"书香城镇"、省特级文化站，古林镇图书馆被评为市"四星级图书馆"。

【百万补贴惠民助企推介展销会】 2020年5月1—3日，古林镇商会在旷世网贸园举行百万补贴惠民助企推介展销会。古林镇汽车行业分会14家企业和"狮丹努服饰"、"旷世智源"、"黄古林草席"等34家工业、服务业企业参加展销会。展销会展厅分为室内及室外两部分，室外展厅以汽车销售为主，汇集古林镇众多汽车4S店展位，为购车者提供总计100万元的补贴，共销售汽车385辆，实现销售额8554万元；室内展厅涵盖服饰、食品、生鲜水果、花卉盆景、日用品等多种商品，线下销售额约150万元，带动线上消费约700万元。

【淘宝直播产业带基地揭牌】 参见"商贸·经济合作"类目"电子商务"分目

【淘宝大学培训基地揭牌】 参见"商贸·经济合作"类目"电子商务"分目

【古林镇庆祝建党99周年"云会议"】 2020年7月1日，古林镇召开庆祝中国共产党成立99周年大会，因防疫工作需要，大会在镇政府设主会场、各基层党组织设分会场，采取网络视频直播的方式进行。会上，全体党员重温入党誓词，表彰36名战"疫"先锋党员。镇党委书记围绕习近平总书记考察浙江重要讲话精神及重点工作回顾、古林发展蓝图和对党员的3点希望讲授专题党课，提出全体党员要有坚定的理想信念、有主动作为的担当、有严格要求的自律，努力当好"重要窗口"建设排头兵。

【"曙色初心"党员教育品牌首场直播党课】 2020年8月4日，海曙区"曙色初心"党员教育品牌首场直播党课在古林镇政府开课，40余名党员观看。此次直播党课是"曙色初心"党员教育品牌系列活动之一，邀请初心讲师、基层党员群体授课，全区党员通过直播平台随时观看学习。此次党课的4位授课人均是退役转业军人：区市场监管局月湖（江厦）所四级调研员包聪华，退休老党员丁炳荣，宁波市"最美退役军人"、宁波市江徽美食餐饮有限公司总经理江中民，边防战士转业社区书记的浙江省千名好支书、海曙区"最美退役军人"陈承。

【"黄古林"教育基金会颁奖典礼】 2020年9月28日，古林镇举行"黄古林"教育基金会颁奖典礼暨第五届"优秀古中人"颁奖典礼活动。黄古林教育基金会成立于2018年，宁波黄古林工艺品有限公司董事长俞斌为回馈母校古林中学，出资200万元成立基金会，每学年发放10万元教育基金，用于奖励优秀学生及教师。

【区志愿服务项目大赛在蜃蛟村举办】 2020年10月29日，2020年海曙区新时代文明实践志愿服务项目大赛决赛在蜃蛟村举行。专家评委从路演表现、申报材料、个人事迹、项目内容、项目管理、项目团队、运行机制、社会影响力等方面综合考评，评选产生3个金奖项目、6个银奖项目、9个铜奖项目和12个优秀奖项目。古林镇"有我陪伴，你不孤单"关爱农村留守老人项目获得金奖。

【宁波家风馆开业】 2020年11月3日，宁波市家风家训阵地建设现场会暨"清廉家风伴我行"主题活动在茂新村举办。宁波家风馆（清廉家风馆）由市妇联牵头，联合市纪委市监委、市文明办、海曙区委共同筹建，该馆为明清古建筑风格，坐落于茂新村御史大

11月3日，茂新村宁波家风馆开业

道1号,建筑面积1052平方米,分上下两层。全馆设前厅、家风习语、圣人家风、伟人家风、族人家风、名人家风、烈士家风、母亲家风、百姓家风9个主厅、户外院落和4个互动休闲区域,集家风家训展示宣讲、培育培训、互动体验于一体,首次以宁波四明大地全域视角,展示甬城甬人的好家风好家训。活动现场举行宁波家风馆揭牌仪式,并揭晓第三届好家风好家训名村落名录,茂新村上榜。

【镇(乡)街道全员核酸检测演练】2020年11月25日,海曙区镇(乡)街道全员核酸检测演练在古林镇戴家社区开展。此次演练主要目的是为有效应对冬春季发生的新冠肺炎疫情,做好疫情应急处置和预防准备工作,充分发挥部门联防联控作用,最大程度防止疫情扩散和蔓延。演练分为模拟发现确诊病例、启动应急预案、开展流行病学调查、确认"密切接触者"、医疗转运、现场登记以及核酸采样等环节,各镇(乡)街道代表参与观摩学习。演练结束后,举行海曙区镇(乡)街道全员核酸检测演练部署会,对演练所有流程进行总结回顾,并部署下阶段疫情防控工作。

(徐泽华)

高桥镇

高桥镇

【概况】 高桥镇位于海曙区西北部,东靠望春街道,南连古林、集士港、横街3个乡镇,西接余姚市大隐镇,北枕姚江,与江北区隔江相望,镇域面积53平方千米。2020年,辖20个行政村、1个渔业社、5个社区,总人口超21.5万人,其中户籍人口约6.4万人。

2020年初面对新冠肺炎疫情,第一时间成立新冠肺炎疫情防控领导小组,镇党委班子领导、机关和村社干部、一线工作人员全部取消休假,全员在岗在位,用10天时间实现确诊病例"零新增",用37天时间实现确诊病例"清零"。通过"清楼行动""小周期排查""小门查码"等形式,落实人员排查上报、重点人员管控、卡口值守、居家隔离服务等工作,共设置小门卡点128处,完成重点人员排摸约17.9万人次。做好疫情防控常态化背景下入境人员闭环管理和重点地区人员核酸检测,累计排摸入境人员991人次。建立健全快速应急响应机制,进口冷链食品检疫、无症状感染者筛查管控等力度持续加强。其间,涌现出省优秀共产党员王小菲、市优秀共产党员陆建江等省、市、区各级先进个人11人,民乐村等市区先进抗疫集体4个。

完成地区生产总值68.7亿元,增幅0.6%;完成财政总收入13.61亿元,一般公共预算7.26亿元。实现规模以上企业增加值31.68亿元,比上年同期增长0.3%;完成规模以上工业增加值15.92亿元,增长1.4%;完成规模以上高新技术产业增加值8.50亿元,增长5.9%;完成限额以上商品销售额203.13亿元,增长19.2%。全区首家市级高层次人才创业园——宁波海曙人才创业园落户,宁波海心科创产业园获评省级小微企业园区。借助产业平台优势,引进特优人才领衔项目5个,特优人才引进数居全区第一。参与申报市"3315计划"项目11个,入选6个,申报数与入选项目数均居全区第一。参与申报区"百创汇海"项目7个,入选3个,入选项目数排名全区第一。

保障西洪大桥、环城南路西延工程等9个省市重点项目推进,实现薛家路拆迁工作"清零"。庙洪路、学院路一期通车。镇重点工程拆迁安置项目、上施二期安置项目、高峰5号地块安置项目进入施工阶段。高桥文体中心项目主体结顶。商会大厦亮化工程完工。完成桥梁检测30座,修复迎春路1号桥等危桥3座。秀联路、长征路、幸福路等破损路面完成修复。以"城西客厅、浪漫绿城"为目标,提升镇村绿化水平,实现建成区绿化覆盖率37.62%;人均公园绿地面积11.96平方米。"三改一拆"累计拆除违章建筑约24.5万平方米,任务完成率达204%,拆违总数位居全区第一,获评市级"基本无违建乡镇"。

高桥镇中学获评省级人工智能教育实验学校,博泽学校创建为全市首个木球训练基地。持续推进"最多跑一次"改革,服务大厅窗口全年受理各类业务10.1万件,一次性办结率96.2%。打造"家门口"智慧办事大厅,选取民乐村、长乐社区为24小时自助便民服务试点,打造"10分钟便民服务圈"。探索基层劳动纠纷多元化预防化解模式,化解劳动纠纷案件554件,化解率达到92.8%,涉案金额1273.2万元。医保A档参保率达100%。"礼善桥乡"新时代文明实践示范线开线,建立志愿服务站点25个,发动志愿者万余人次。新建村级文化礼堂4个,实现农村文化礼堂全覆盖。芦港村文化礼堂获评首批省级"十佳书香文化礼堂",创建成为全区首个"书香文化礼堂镇"。

"626"禁毒工作站建成投用，禁毒社工力量配齐配强。推进"民主法治村（社）"创建，蒲馨社区、长乐社区分别创建成为省级、市级"民主法治社区"，民乐村创建为国家级"民主法治村"。完成3个小区的业委会换届选举，6个小区业委会重新成立。完成650家企业安全生产执法检查。开展居住出租房屋及电瓶车消防安全集中整治，累计排查出租房5.3万余间。创建省"三星级食安办"。高桥派出所获评浙江省"最美警队"、宁波市政法系统"十佳政法单位"。

把"基层组织建设提标年"作为全镇"一号工程"，通过深入开展"一线担当·全面考察"活动，逾4个月，完成26个村社的梳理排摸和座谈交流，高质量完成村（居）委会和村（居）监会、社管会和社监会换届选举。严格落实党风廉政建设主体责任，分类量身定制党员干部37条"负面清单"，为村级党员干部日常言行立规矩、划红线、明边界。合法性审查实现全覆盖，全年审核行政合同、重大执法决定229件。

2020年高桥镇各行政村（渔业社、社区）基本情况表

表28

行政村（渔业社、社区）	面积（平方千米）	户数（户）	人口数（人）	集体经济总收入（万元）	集体经济总支出（万元）	总资产（万元）
宋家漕村	1.70	889	2058	2006	453	16476
藕缆桥村	0.70	447	1111	1125	2248	3260
新庄村	1.20	556	1401	556	929	1556
红心村	2.20	1040	2604	1860	1178	13605
联升村	1.10	525	1422	512	248	21561
秀丰村	2.10	875	2338	384	400	1700
新联村	1.80	775	2120	462	763	3035
蒲家村	1.80	649	1861	943	144	12063
长乐村	1.10	1127	2652	2372	1781	1864
合心村	1.20	592	1554	290	671	1014
望江村	3.30	1201	2992	1035	867	3709
梁祝村	1.80	868	2140	420	407	2911
芦港村	2.30	1165	3055	1409	1610	29669
高峰村	1.40	641	1732	726	3042	34749
高桥村	3.40	1382	3870	1463	1513	15351
江南村	3.90	1204	3375	661	1306	68430
石塘村	2.60	875	2376	1612	590	1434
岐阳村	4.70	883	2201	1112	711	7171
岐湖村	6.90	872	2200	470	573	2480
民乐村	4.90	590	1475	840	443	2552
渔业社	—	77	171	212	61	1095
长乐社区		1492	3350			
高桥社区		1843	4610			
紫薇社区		834	1854			
学院社区		1112	3103			
蒲馨社区		2810	6508			

注：表格中数据为调查数

11月23日，高桥镇社会矛盾纠纷调处化解中心启用

【“江南水岸”安置房抽签分房】2020年7月18—19日，高桥镇调度动员450余名工作人员，完成江南水岸安置房抽签定位工作。安置房主要面向江南村城中村改造项目涉及的村民，共有房屋2257套。抽签定位结束后，镇、村加强对接区住建局、自然资源规划分局、消防等相关职能部门，尽快完成验收程序，加速推进项目综合验收进度。同时，采取“疏堵结合”方式，妥善推进矛盾问题化解。9月4日，该安置房项目完成全部验收程序，9月7日，正式启动分房工作，1300余户村民入住。

【高桥镇村社组织换届】2020年10月，高桥镇围绕省委对于村社换届总体目标要求，提前酝酿谋划，完成对全镇26个村社的梳理排摸和座谈交流，确保村社换届高质量推进。在此基础上，10月13日晚召开村社换届工作动员部署大会，进行业务培训，正式启动组织换届工作。截至10月25日，25个村社党组织全部完成换届选举。换届期间，镇党委压紧责任、精心组织，实现党组织书记、村民委员会主任、村股份经济合作社社长“一肩挑”人选“应挑尽挑”。

【高桥镇矛调中心揭牌启用】2020年11月23日，高桥镇社会矛盾纠纷化解中心正式启用。中心以努力实现矛盾纠纷调处化解“最多跑一地”为目标，坚持和发展新时代“枫桥经验”，打造上下联动、左右协调的社会治理新模式，为群众提供“一站式”接待、受理和调处服务。中心设立受理服务大厅、接访联调区、公法服务区、基层治理区、综合信息指挥区、办公区6个功能区，整合综治、司法、信访、行政部门、社会组织等调解资源力量，常态化开展联合接访、调处督办工作机制，打造高桥特色调解品牌。

【高桥镇创建为省“园林镇”】2020年12月16日，2020年浙江省园林城镇评审结果公示，高桥镇成为全市2家上榜乡镇之一。高桥镇聚焦“城西客厅、浪漫绿城”的创建目标，采取“规划建绿、拆违还绿、见缝插绿、借景扩绿、以水补绿”等措施，设计以水为脉络、以路为骨架的“轴枝状”生态绿地系统，形成“点线面”多元覆盖的镇区绿化体系。至年底，全镇绿化覆盖面积229.49公顷，绿化覆盖率37.62%，人均公园绿地面积11.96平方米。

【海曙印象城开业】参见“商贸·经济合作”类目“商贸流通”分目

（严　健）

横街镇

【概况】横街镇位于海曙区西部，东北依集士港镇，南接古林镇、鄞江镇，西南连章水镇，北邻余姚市，镇域面积98.54万平方千米。2020年，辖28个行政村、2个居委会。在册户籍人口3.8万人，暂住人口1.8万人。

新冠肺炎疫情发生以来，迅速落实上级各项防控指令，及时采取切实有效举措，全面开展地毯式滚动式排查，运用“大数据+网格化”，累计完成排摸2万余人次，设置集中隔离医学观察点，较早实现全镇规模以上企业全部复工复产。疫情防控形势平稳可控。

实现地区生产总值27.48亿元，比上年同期增长5.7%，实现公共财政总收入4.56亿元，完成2020年初预算的114.1%。入选宁波市“消薄”先进集体及个人名单。早、中、晚稻种植面积约800公顷，推广调入优质良种9500千克。起源生态青创农场入选2020年浙江省省级示范性青创农场名单。完成桃源横里河整治工程和水官口山塘整治工程，山区饮用水达标工程全部完成区级验收。58家规模以上企业工业增加值10.66亿元，比上年同期增长1.5%，完成固定资产投资7.32亿元，其中工业投入3.75亿元。规模以上工业企业研发投入1.69亿元，比上年同期增长6.7%。东海集团获评国家级“绿色工厂”，并成功创建工信部专精特新“小巨人”企业，新设省级“博士后工作站”。宁波曙翔新材料股份有限公司创建成为省“高新技术企业研发中心”。东海集团林森团队入选宁波市“3315计划”，宁波旷代畜牧科技有限公司潘建治团队入选市“百创汇海”项目。宁波思虎电子科技有限公司等9家企业通过2020年度“高新技术企业”认定。

基本完成省级重点工程联丰路西延项目沿线挡墙与雨污水管建设。完成宁波市水库群联网联调（西线）工程。全面完成望童线路面板块维修工程，完成全镇115千米的乡、村道路沥青填缝，占中路新建工程和盛家至爱岭公路项目均完成路基挡墙。全长5.5千米的镇工业区雨水管道工程进度完成约80%，桃源村山西王污水管道工程竣工验收。对区、镇级河道巡查530余次，“三改一拆”建筑面积达7.7万平方米，完成“两路两侧”（公路、铁路两侧）整治点位35处，清运各类堆放垃圾和拆除物400余吨。完成芝岭村省级“新时代美丽乡村精品村”、水家村等4个市级“梳理式改造村”、东村等6个省级“新时代达标村”分类创建工作。新成立公办幼儿园——横街镇凤岙幼儿园。新创建省级“卫生村”1个、市级“卫生村”2个，复评省级“卫生村”4个、复评市级“卫生村”4个。林村创建为省级“文明村”。爱岭村创建为“AA级景区村庄”，竹丝岚村提升为“AA级景区村庄”，凤林村、万华村创建“A级景区村庄”。

“美丽庭院”创建实现新增达标户380户的目标。镇文体公园以及3个村级运动场所建成。慰问各类困难对象850人次，发放慰问金89.7万元。建立“178”劳动调解工作室，获得市级“工会劳动关系调处工作室”荣誉，2020年度累计化解矛盾纠纷105件，涉及金额395万余元。完成镇社会矛盾纠纷调处化解中心建设，共受理各类矛盾纠纷案件149起，全部成功调解结案，人民调解案件达成协议金额1005.8万元。新申报创建省级“民主示范村”1个、市级“民主法治示范村”2个，省级“民主示范村”通过省级验收。

推进“不见面”网上办事，优化“一窗受理、一次办结”的窗口服务模式，镇公共事务服务中心获政务服务区级先进荣誉。优化“高山代办”服务，业务办件量16122件，群众好评率100%。开展合法性审查，共审查合同及文件14件。交易站共完成交易项目84个，节约资金216.7万元，节约率为5.6%。

2020年横街镇各行政村基本情况表

表29

行政村	面积（平方千米）	户数（户）	人口数（人）	集体经济总收入（万元）	集体经济总支出（万元）	总资产（万元）
东村	1.51	443	1017	469.03	133.17	13502.65
凤岙村	5.44	410	1000	243.31	89.79	1094.53
梅梁桥村	3.49	256	619	188.74	49.26	1589.26
水家村	1.01	316	772	558.75	90.79	4039.96
万华村	3.34	889	2147	532.86	115.77	3151.59
桃源村	2.72	544	1297	447.44	84.48	40486.32
应山村	3.30	392	961	544.59	281.68	1260.78
横街村	0.75	178	456	169.43	38.89	1237.60
凤林村	1.44	291	687	279.45	73.03	2805.32
林村	1.89	312	717	372.08	52.18	3314.89
盛家村	2.64	328	784	300.96	77.30	1476.81
溪下村	3.65	600	1495	359.13	246.97	3060.48
上阵村	2.50	540	1425	152.97	71.47	1690.21
半山村	3.95	714	1786	477.64	61.83	1794.82
雷庄村	3.66	438	1050	404.71	94.20	9246.37
芝溪岙村	1.99	221	524	245.24	86.06	7632.40
芝岭村	3.10	263	676	156.43	228.92	935.13
毛岙村	4.41	372	852	332.07	52.30	2883.37
新洞山村	1.76	184	472	241.61	80.17	3920.19
大雷村	8.55	1190	2603	158.49	76.44	1549.12
凤凰村	5.19	750	1765	366.45	60.57	890.97
云洲村	7.77	1044	2455	417.05	68.23	856.72
竹丝岚村	4.84	551	1331	245.39	92.27	1616.88
惠民村	3.38	487	1187	338.79	63.90	1025.17
乌岩村	6.89	932	2160	419.42	42.03	1114.39
朱敏村	2.12	1036	2617	439.60	40.24	2816.89
爱中村	3.02	735	1740	355.98	49.63	986.60
爱岭村	4.25	555	1328	477.67	46.88	1058.97

注：表格中数据为调查数

水家村启动村级集体工业用地改造提升项目

【水家村村级集体工业用地改造提升项目】2020年，水家村集体工业用地改造提升项目进入实施阶段。至年底，完成村庄规划，G228道路线性设计、过渡及拆迁地块安置，3号厂房报批，配套设施建设等工作，处于旧厂房拆除和新厂房新建阶段的过渡期。此项目于3月起启动改造提升，是全区第一批低效用地改造提升试点项目，为破解土地要素制约、提升产业生态链品位进行试点实践。

【第四届“竹农下山”文旅节】2020年4月2日，2020宁波海曙“竹农下山”文旅节在横街镇开幕。受新冠肺炎疫情影响，该镇创新办节模式，推出“线上”办节，通过采取“线上文旅推广、线下物流配送”等方式，对竹乡文化以及竹农产品销售进行以网络为主的文旅相关活动。活动包括向一线医护人员赠送“黄泥拱”竹笋、拓宽线上销售渠道、“最美竹乡代言人”直播带货、“醉美横街”主题摄影作品展等，结合公益、音乐、“云”上游等方式，将竹乡的人情味、风土味通过网络传达给大众。

【横街镇村级组织换届】2020年10月23日，按照上级工作部署，横街镇在区换届选举工作小组的指导下，正式启动村级组织换届工作。其间，坚持选人干事相统一、问题效果相统一、过程结果相统一，以问题为导向，及早调研谋划，紧扣换届目标，通过实绩优先，完善选人机制，统筹推进换届选举与中心重点工作相结合，完成全镇28个行政村村级组织换届选举，共选举产生94名基层党组织委员、84名村委会成员、88名村监会成员，村党组织书记全部实现“一肩挑”。

【横街镇乡村振兴产业园】2020年，横街镇结合四明山区域生态发展项目，申报乡村振兴产业园项目，初步设计通过评审。项目由两山资产经营公司于2019年竞得原联华食品厂所有土地、厂房及附属设备，在此基础上拆除重建乡村振兴产业园，通过对原有22亩低效用地进行改造提升，可建设标准厂房3.3万平方米，容积率达2.8。建成后整体招租并将利润向各入股经济薄弱村分红，当年以预分红形式，向抱团入股两山资产经营公司的8村各分发30万元，既确保集体资产安全和保值增资，也确保山区村集体经营性收入可持续增长，开辟山区抱团实现共同富裕新路径。

【横街镇首个商品房项目交付】2020年4月25日至5月5日，阳光城望宸府小区商品房集中交付，商铺于6月底交付。作为横街镇首个商品房，项目占地1.17公顷，绿地率达30%，共有商品房495间、商铺45间。容积率约1.5，打造多重景观园林的低密住区。同时配建卫生院和幼儿园，进一步提升人居环境。

（陈　鹏）

鄞江镇

【概况】鄞江镇地处海曙区西南部、四明山东麓，东接洞桥镇、古林镇，西邻章水镇、龙观乡，南抵奉化区江口街道、萧王庙街道，北依横街镇，镇域面积63.9平方千米。2020年，辖12个行政村、1个居委会和1个社区，户籍人口2.21万人。

快速启动新冠肺炎疫情防控与复工复产工作。1月22日，紧急召开防控新型冠状病毒感染肺炎疫情专题工作会议，对防疫工作做出部署，制定并启动应急预案，提出强化联防联控、卫生整治、健康宣教、医疗救治和疫情监测等措施。守好村社小门和农贸市场等重点场所，构筑起群防群治的常态化严密防线。配合完成金陆民兵训练基地区级集中隔离点建设，累计设置防控检测点55个、集中隔离点2个，排摸人员2.5万余人，发放疫情防控相关告知书等宣传资料6000余份，未出现疑似病例和确诊病例。2月12日，鄞江镇第一批企业正式复工复产，职工进行防疫培训和消毒防护后逐步到岗复工。4月8日，召开2020年春季学期开学准备工作会议，部署镇域各学校开学复课工作。4月14日，鄞江镇中心小学开展疫情防控实战演练，聚焦学生入校、上课、放学等环节开展引导、检查和保护。

实现地区生产总值23.1亿元，比上年同期增长3%；财政总收入2.25亿元。完成工业技改投入0.88亿元，高新技术产业增加值4.5亿元，实现专利申请量破100件。宁波中天海德液压有限公司获评省“高新技术企业研究开发中心”，宁波市君纬电器有限公司、力富特牵引机制造公司和宁波吉胜铸业有限公司入选市、区级工程中心名单，完成小微企业“上规升级培育

11月20日，“老鄞江·最宁波”十月十庙会开街

入库”4家，新增“高新技术企业”3家，市级“创新型初创企业”增至48家。梅园小微园区一期地块完成出让，东兴工业集聚区改造提升项目启动前期工作。

建成它山堰、清源、建岙3个村的高标准农田108.93公顷，里夹岙山塘整治、横岭水库下游溪坑治理二期、清源溪堰坝等项目实现竣工验收，中华水韭野生植物保护基地基本完工。开展农技项目试验，建成“水稻—红螯螯虾”综合种养基地。获评宁波市第二批市级“农业绿色发展示范区”。创建省级“茶果特色农业强镇”、市级“粮食绿色高产高效生产示范方”。“农创金陆”美丽乡村综合体开园。清源村、建岙村通过省“AAA级景区村庄”验收，趣湾庄园、锡山草木间获评“现代农业庄园”，相继开展采茶节、农民丰收节等农业节庆活动，举办“十月十”它山主题庙会，《鄞江姿色》获省“浙宿好礼”伴手礼大赛故事奖。

加强镇村规划引领，梅园工业区完成控规局部调整，镇东新区土地开发可行性研究、东兴村全域土地综合整治等相关规划完成初稿编制，美丽城镇行动方案成果稿获评省级优秀方案。鄞江佳苑、南塘二期项目完成竣工验收，集中居住区C地块（二期）地下工程完工，趣湾、游客服务中心地块出让。清源溪沿溪公路、下江宕至虎岙宕等3条道路建成通车，华兴宕桥等5座中小桥梁维修工程全部完成。

持续提升镇区景观环境，横鄞线立面改造提升工程完工，四明路立面改造提升、原镇政府地块工程启动建设，荷梁线和横鄞线交叉口景观提升工程加快推进。鄞江佳苑225套房屋完成交付，镇西南片区自来水管网、四明路电力上改下工程按期完工。加快建设“美丽新村”，东兴一期基本完工，金陆二期开工建设，芸峰新村、梅园二期、卢王三期等项目有序推进，清源村年度累计交付卢王二期、清源佳苑等住宅137套。光溪村三水塘景观提升工程、禅岩超市完成验收，卢王多功能综合楼启动建设。

深化“污水零直排区”创建，光溪西路截污纳管工程完工，横鄞线、毛家坪水厂至横鄞线污水管网工程加快推进。完成下浦畈路、门球场周边地块征迁“清零”，全年拆迁拆违合计9.7万平方米，成功创建市级“无违建乡镇”。凤山一场完成采矿权出让，大桥一场、凤山二场等6个废弃矿山完成治理。深入实施农村垃圾分类“百日攻坚”行动，完成行政村、居住小区和主要道路撤桶并点100余处。

中心卫生院全年服务门急诊41.9万人次，建立规范电子健康档案近2.9万份，实现全人群在签率40%，重点人群在签率95.55%。组织爱国卫生志愿服务600余次，消除病媒生物滋生地2000余处，悬慈村创建为“健康社区”，东兴村获评省级“卫生村”。中心幼儿园创建省“绿色模范学校”，中心小学获评全国第三批“新样态学校”和浙江省首批“义务段现代化学校”。

深化“最多跑一次”改革，完成新公共服务中心装修工程，梳理完毕窗口入驻单位及服务事项。累计受理办件2.11万件，受理咨询1.01万人次，办结率99.9%。完成低保、低边复核注销92户，累计发放补助金119万元，惠及困难群众152人次，“两不愁三保障”目标全面完成。推出首届线上网络招聘会，提供就业岗位104个，累计发放免息贷款735万元。开展农民工工资支付和人力资源市场中介整顿等专项行动5次，处理劳资纠纷、工伤调解案件34起，涉及金额165.3万余元。

组建环境整治综合办公室，开展四明路、横鄞线和农贸市场等重点道路、重点区域环境系列专项整治行动，累计整治问题点位1200余处，创建省级“文明镇”。加强志愿服务体系建设，推出“它山益”镇域公益“融品牌”，创建村级特色志愿服务队14个，发展志愿者近500人，开展各类志愿活动60场，惠及群众2万余人次。围绕它山堰西路，布局“新时代文明实践街巷”——贤义街，创建“书香文化礼堂”1个、“星级文化礼堂”11个。

强化“基层治理四平台”建设，重新划分全镇网格75个。接待来访群众370人次，成功化解矛盾纠纷52起，涉及金额240余万元。开展出租房及电瓶车消防隐患集中整治等安全生产专项行动10次，培训企业人员1300余人次，检查出租房屋5172间、“两小”企业240家，治理隐患问题520个。深化“清廉鄞江”建设，加强正风肃纪，完成区委巡察、审计反馈问题整改工作任务，建立《鄞江镇关于进一步加强零星工程管理办法》等制度规章15项。

表 30

2020 年鄞江镇各行政村基本情况表

行政村	户数（户）	人口数（人）	集体经济总收入（万元）	集体经济总支出（万元）	总资产（万元）
清源村	413	995	506	86	5979
金陆村	378	937	736	100	15972
芸峰村	420	1018	418	75	1769
悬慈村	1150	2695	246	221	3030
它山堰村	743	1734	266	129	7242
鄞江村	661	1680	256	87	1668
光溪村	900	2132	321	91	9671
东兴村	637	1582	689	123	16801
建岙村	983	2451	498	158	3446
大桥村	432	989	262	103	4094
梅园村	499	1237	238	159	5247
沿山村	280	794	212	68	2703

注：表格中数据为调查数

【2020全民健身季竞技体育校园行活动在鄞江举办】 2020年6月10日，2020全民健身季竞技体育校园行活动启动仪式在鄞江镇中学举行。活动由国家体育总局举摔柔运动管理中心、中国举重协会主办，宁波市体育局、宁波市教育局承办。活动面向校园普及科学健身知识，引导学生参与体育锻炼。活动期间，奥运会冠军、国家女子举重队主教练张国政领衔里约奥运会冠军石智勇、邓薇走进鄞江中学，为师生讲解举重与健身知识。

【“它山益”志愿服务品牌揭牌】 2020年6月24日，庆祝中国共产党成立99周年暨鄞江镇“它山益”志愿服务启动仪式举行，现场推出富有鄞江镇地方特色、汇集镇内各方志愿服务力量的“它山益”志愿服务品牌。鄞江镇汇集镇内党建组织、医生专家、义工队伍、文体团队、村民乡贤等各方志愿服务力量，推出的镇域公益“它山益”志愿服务品牌，涵盖“它山医”“它山义”“它山艺”“它山议”“它山驿”5个子品牌，以此健全全镇的志愿服务体系，提升志愿服务质量。

【《跟着档案去旅行》节目组到鄞江拍摄】 2020年7月，浙江电视台新闻频道采编组走进鄞江镇，开展《跟着档案去旅行》节目实地拍摄活动。《跟着档案去旅行》栏目由省档案馆和浙江电视台新闻频道联合推出，根据现存各地的档案史料重现古村古镇的历史故事，通过镜头把各地乡村振兴成果和特色旅游展示给观众。拍摄当天，采编组到晴江岸、它山堰、廊桥、光溪桥等遗存古迹及鄞江水利博物馆、鄞江镇陈列室等场馆进行取景拍摄，采访鄞江镇工作人员、它山堰文保所专家等，记录“浙江精神”背后的文化故事，展现新时代古镇形象。

【农民丰收节分会场活动在鄞江举办】 2020年9月25日，“稻田—澳洲小青龙”2020海曙区农民丰收节分会场活动在海曙区鄞江镇举行。活动形式多样，除了庆丰收歌舞表演外，还有“青龙起捕，虾王争霸”稻田—澳洲小青龙评选大赛、烹饪厨艺大比拼等趣味活动。活动期间，副区长毛孟军通过“直播带货”，在网络直播间推广稻渔共养项目的“稻虾米”产品。45分钟内，澳洲小青龙、优质稻米等产品多次加量，并被抢购一空。

【“曙说”系列宣讲走进鄞江】 2020年9月29日，由区委宣传部组织的海曙区“曙说”系列宣讲之走进基层党组织活动在鄞江举行。多名基层青年党员干部在晴江岸、它山堰、廊桥等地，就如何用好并发扬新时代它山堰精神，当好浙江建设“重要窗口”模范生这一主题，与基层干部、群众交流分享，此次宣讲活动采取图文直播方式，线上线下收获不少点赞好评。“曙说”基层宣讲通过与基层深入联动，致力于把精品宣讲项目送到基层，同时也从基层中挖掘可用于宣讲的优秀基层事例。

【鄞江入选省“特色农业强镇”】 2020年11月17日，全省乡村产业高质量发展推进会召开，公布第三批省级特色农业强镇名单，鄞江作为省“茶果特色农业强镇”入选。鄞江镇立足基础配套设施、农村景观工程和公共服务等内容，加强茶果特色农业建设，促进经济效益、社会效益、生态效益有机统一。2019年，全镇的茶产品和水果创收36560万元，占全镇农业总产值的66.8%；农民人均可支配收入2.73万元，较创建前增长28.5%；新增16.8公顷喷滴灌节水农田，推广使用有机肥261吨、性诱剂108.2公顷，实现农资包装废弃物全流程无害处置。

【“老鄞江·最宁波”十月十庙会】 2020年11月20日，“老鄞江·最宁波”十月十庙会开街，此届庙会活动包括舞龙等民俗巡演、商贸和特色农产品展销等内容。开街仪式上，鄞江镇政府对鄞江“它山益”志愿服务品牌进行表彰，并与民革海曙一支部、民革李惠利医院二支部、宁波大学潘天寿建筑与艺术设计学院签订合作协议，打造基层医疗、教育等志愿服务多方位合作格局。

【“农创金陆”综合体项目运营】 2020年11月28日，鄞江镇“农创金陆”美丽乡村综合体项目试运营，为宁波市“城郊十园”之一。项目位于鄞江镇西南，总规划面积约10平方千米，集山林田园风光、采摘体验、科普教育、美丽乡村展示、运动休闲于一体。“农创金陆”美丽乡村综合体内，除有清源村和金陆村两个市“美丽示范村”外，还有中华水韭野生植物保护基地、林特科技示范基地、它山堰花果园示范基地和精品观赏鱼科普体验基地4个生态示范基地。活动现场，鄞江镇还分别与宁波大学音乐学院、浙大宁波理工学院等高校签订合作协议，搭建打造乡村音乐实践基地、大学生农创实践基地。

（马中龙）

洞桥镇

【概况】 洞桥镇位于海曙区东南部，东连石碶街道，西邻鄞江镇，北靠古林镇，南接奉化区江口街道，面积35.39平方千米。2020年，下辖19个行政村和1个社区，总户数9726户，户籍人口22443人，外来人口29157人。

抓好常态化新冠肺炎疫情防控，1月22日，召开防控新型冠状病毒感染的肺炎疫情专题会议，通报全镇新型冠状病毒感染的肺炎疫情防控工作情况，部署落实各项疫情防控措施，所有干部全部下沉到村（社）参与防疫工作。全年实现新冠肺炎病例零疑似、零确诊。联动区检察院搭建“复工联盟”，开展“春风行动”，组建“返岗直通”平台，包车赴云南、贵州、四川等省份开展异地招聘员工13批次300余人。

“多彩农业、美丽田园”示范基地验收，粮食播种面积1404.65公顷，其中小麦177.57公顷、早稻211.27公顷、晚稻793.34公顷、杂粮222.47公顷，粮食播种面积比上年同期增加10%。推进“机器换人”，引入植保无人机24台。土地还耕1.33公顷，清查农棚田舍178间。新出台鼓励种粮政策，发放补助近20万元，完成农业政策补助兑现70余万元。土地流转持续推进，新增土地集中流转29.2公顷。村级资产租赁款收缴率达98%，总收入2761万元。

全年实现工业总产值115.23亿元，比上年同期增长11.38%，其中，规模以上工业总产值88.41亿元，增长9.8%。全年实现财政总收入3.92亿元。高新技术产业企业产值52.11亿元，占规模以上总产值的59%，规模以上企业研发经费投入2.77亿元，比上年同期增长15.2%。商贸零售进出口总量23.47亿元，增长8.5%，其中，出口22.26亿元，增长11.1%；线上社会消费品零售额7597万元，增长67.4%。实到外资784.8万美元。新引进博士10人、硕士36人，完成各类人才计划申报13项，国家级、省级引才计划入选各1人，“3315”系列人才计划入选2人。

宜裴新村房屋集中交付802套，交付率98.9%。鄞江河堤防整治工程红线范围内待拆房屋签约率98.1%。完成拆违面积7万余平方米，S214省道街景改造、张鄞线中大修、经八路新建等工程陆续完工，中心学校体育馆、镇中心老年乐园等工程主体结顶。沙港村1号、2号工业地块完成土地出让，智能制造产业园电子信息小微园完成政策处理，宁波君达汽配实业有限公司、宁波金基塑业有限公司等完成技改项目。

先后实施“五水共治”持续推进，宁锋片河道疏浚工程、三李村断头河打通工程、李家新河生态护岸整治工程等水质提升项目。洞桥镇作为全区唯一推荐名单，获市级水利“大禹杯”优秀乡镇称号。仲夏路、马湖路道路点亮工程完成验收。垃圾分类深入开展，镇区沿街垃圾分类覆盖率100%，沙港村获评省级卫生村。

“最多跑一次”改革持续深化，新服务大厅投用，“一窗通办”全面推进，办理各类业务1.64万件，调处劳资纠纷、工伤案件等近300件200万余元。行政村规模优化调整工作完成，潘罗村、陈严村挂牌。洞桥镇矛盾调解中心、“智慧司法所”建成投用，陈杰“云调解”工作室荣获省级金牌人民调解工作室。宁锋小学和爱菊艺校、百梁小学和高塘小学结对。第三届全祖望（史学）文化节举办，沙港村获评全区唯一的省级历史文化（传统）村落保护利用重点村，周露琼获评宁波市“最美文化礼堂人”称号，夏永元获评浙江省“最美文化礼堂人”称号。发放困难帮扶和拥军优属等救助款项320余万元。

5月23日、24日，洞宣雅苑举行安置房分房抽签仪式

2020 年洞桥镇各行政村（社区）基本情况表

表 31

行政村（社区）	面积（平方千米）	总户数（户）	人口数（人）	集体经济总收入（万元）	集体经济总费用（万元）	集体经济净收入（万元）	总资产（万元）
石臼庙村	2.50	320	744	391.70	903.80	−512.10	3566.20
沙港村	1.90	699	1698	2239.30	3763.60	−1524.30	39601.70
王家桥村	1.80	620	1534	390.50	411.80	−21.30	6166.10
上水碶村	1	309	750	981.60	381.30	600.30	2177.40
上凌村	1.10	245	606	242.70	189.80	52.90	812.80
孙王村	1.20	279	672	161.60	170.70	−9.10	1031.00
李家村	1.30	259	672	128.90	201.70	−72.80	1619.20
程家村	1.70	297	755	136.80	201.90	−65.10	2535.60
洞桥村	2.60	567	1340	430.10	296.40	133.70	9070.70
百梁桥村	2.30	591	1371	308.90	512.90	−204.00	1797.20
蕙江村	1.30	419	965	220.30	542.00	−321.70	1465.80
潘罗村	2.19	546	1322	1061.30	1380.50	−319.20	5166.80
宣裴村	2.90	522	1256	773.90	1396.10	−622.20	8864.80
三李村	1.70	322	739	438.50	431.70	6.80	8786.90
鱼山头村	2.30	517	1151	330.70	624.80	−294.10	4300.30
张家垫村	1.80	465	1086	201.20	269.10	−67.90	8391.90
前王村	1	297	681	210.10	914.70	−704.60	2064.80
树桥村	1.80	518	1160	1224.50	344.70	879.80	3662.60
陈严村	2.80	548	1140	430.70	3785.50	−3354.80	5166.90
明苑社区	0.20	1386	2801				
合计	35.39	9726	22443	10303.30	16723.00	−6419.70	116248.70

注：表格中数据为调查数

【洞桥镇党委、区人民检察院机关党委结对共建】 2020年5月14日，洞桥镇党委、区检察院机关党委结对共建启动仪式在上凌村文化礼堂举行。结对以党建红色引擎为驱动，共同探索构建“网格+检察”基层治理工作新模式，通过挂联检察官与村（社）联系人互为网格员的形式，开展刑事检察、民事检察、行政公益诉讼检察、未成年人保护等团队共建，形成“1＋N”工作机制。

【洞宣雅苑安置房分房抽签】 2020年5月23日、24日，洞桥镇宣裴村新农村建设项目（洞宣雅苑）举行安置房分房抽签仪式，完成464户、802套房屋抽签工作，安置率达98.9%。

【洞桥镇行政村调整】 2020年7月22日，洞桥镇罗家漕村、潘家埭村合并为潘罗村；洞桥镇周公宅村、原章水镇茅镬新村合并为周公宅茅镬村，并于8月4日正式更名为陈严村。

【第三届全祖望（史学）文化节】 参见“海曙区人民政府”类目“侨务和港澳事务”分目

【洞桥镇村级组织换届】 2020年10月25日，洞桥镇20个村（社）党组织完成换届工作。12月18日，洞桥镇村（居）委员会完成换届工作，全镇20个村（社）党组织书记全部实现“一肩挑”。产生新一届“两委”成员103人，意向人选当选率94.2%，“两委”成员平均年龄较上届下降1.4岁。

【鄞江河堤防整治工程（一期）洞桥段住宅签约】 2020年11月30至12月29日，洞桥镇进行鄞江河堤防整治工程（一期）洞桥段房屋集中签约工作，共完成156户2.6万平方米的住宅签约，签约率达98%，保障鄞江河堤防整治工程的按时推进。

（赵昊杰）

章水镇

【概况】 章水镇位于海曙区西南端，东北接鄞江镇、横街镇，东南接龙观乡，西南依奉化区，西北靠余姚市，镇域面积146平方千米。辖18个行政村、1个社区。至年底，总户数11706户，户籍人口23888人。

以最严格的管控措施落实上级关于新冠肺炎疫情防控要求，克服镇域面积大、老龄化程度高等困难，强化教育引导，实现精准智控。全年累计排查在籍人员2万余人，外来人员1303

人，排摸存在发热、呼吸道症状的人员，做到镇域内零疑似、零确诊。

实现地区生产总值11.06亿元，比上年同期增幅5.9%；完成一般公共预算收入3123万元，下降19.1%；实现规模以上工业增加值1.2亿元，增幅8.1%；完成规模以下工业增加值1.2亿元，增幅16.7%；完成高新技术产业增加值8607万元，增幅17.8%；完成规模以上企业研发投入1078万元，下降9.3%；完成货物出口总额8416万元，增幅46%；完成限额以上社会消费品零售额454万元，增幅2.2%；完成市外实到资金3450万元、"浙商回归"资金3450万元；完成有效固定资产投资3767万元，下降7.8%，其中建安投资1919万元，增幅133.5%，工业技改投资1033万元，增幅144.2%。

通过优化股权架构，乡村振兴公司注册资金增至4532万元。依托平台优势，整合优势资源，做细、做深农旅结合文章，探索推出多条"红色信仰"研学路线，打造"大王巡山"区域性公共品牌，率先引入"订单农业""直播带货"等全新销售形式。所有村的经营性收入全部达10万元以上，其中5个村达到30万元以上。李家坑村高山农蔬产业园项目、浙贝母全产业链一期项目等现代化农业园区建设基本完成。道地浙贝母美丽田园示范基地获"2020年度宁波市多彩农业美丽田园示范基地"称号。

赤水联村并网工程以及13个独立水站改造工程按期完工，两年累计完成29个独立水站的改建，初步解决坝上群众喝水难问题。实施并完成自来水厂引水应急工程，解决紧急出现的坝下饮用水水质不稳定、供水不足问题。完成一户一表安装工程，建立并长效运行农民饮用水水费收缴制度。完成大皎至小皎"最美乡村公路"工程、杖锡至花桃公路改造提升工程、荷梁线至章溪（一期）联网公路工程、蜜岩村环村村道新建工程等项目建设。二号集中居住地块项目完成主体结构验收。郑家村桂家联户自建完成方案设计，实施方案通过业主代表大会审查。杖锡村瓦屋自然点13户村民完成樟桂园移民安置抽签。

镇居家养老服务中心于1月正式投入运行，并完成AAA级评定。全新的公共事务服务中心于7月投入使用，坚持"一窗通办"和数字化建设质效并举，10个窗口精简为8个，增设2个综合窗和一个24小时自助服务区。大皎党务工作站于9月运营，开展基层党务监督指导、党员服务、村民帮办带办服务等工作。实现文化礼堂全覆盖，其中郑家村文化礼堂建成全镇首家"书香文化礼堂"以及获评"四星级文化礼堂"。建立三心式矛盾化解调处中心，完善高山下访、委托代访、定期约访的三访工作机制，高山下访队获评区级"十佳政法基层单位"。

2020年章水镇各行政村基本情况表

表32

行政村	面积（平方千米）	户数（户）	人口数（人）	集体经济总收入（万元）	集体经济总支出（万元）	总资产（万元）
章溪村	3.13	596	1244	245.95	591.34	1345.14
郑家村	5.31	1060	2297	186.45	391.34	6445.19
樟村村	5.43	1285	2736	320.94	326.13	1364.00
崔岙村	5.83	697	1529	374.38	549.10	907.27
朱梅村	4.16	707	1479	132.33	141.28	644.79
许岩村	4.09	643	1358	227.80	263.40	355.34
蜜岩村	7.02	711	1539	304.23	269.01	1439.99
童皎村	9.23	486	1029	271.74	310.91	1053.81
大皎村	10.23	537	972	314.58	470.01	4768.41
杜岙村	7.32	472	1258	137.10	127.06	1080.72
梅龙村	4.56	551	1149	241.75	191.79	861.28
宇岩下	3.67	280	547	227.86	257.70	677.32
赤水村	6.76	326	710	274.10	183.52	1712.85
箭坪村	2.67	315	642	706.42	678.67	1934.84
杖锡村	4.98	496	1036	302.77	589.11	1614.23
李家坑	4.05	361	703	419.47	596.55	6099.43
燕麻村	6.49	290	628	285.39	213.54	627.75
里梅村	4.83	280	618	469.91	233.92	918.02
樟蜜社区		1471	2103			

注：表格中数据为调查数

11月10日，章水镇李家坑艺术博物馆开馆

【箭坪村挂牌成立】 2020年7月22日，海曙区人民政府批复同意撤销章水镇低坪行政村、箭峰行政村，将低坪行政村、箭峰行政村合并为章水镇箭坪行政村，管辖范围为原低坪行政村和原箭峰行政村区域范围，新村办公地址为原箭峰村新办公楼。9月24日，中共章水镇箭坪村党总支委员会、章水镇箭坪村村民委员会、章水镇箭坪村股份经济合作社、章水镇箭坪村村务监督委员会正式挂牌成立。

【全区首个山区党务工作站投用】 2020年9月，章水镇大皎村党务工作站运行，成为海曙区首个山区党务工作站。工作站辐射大皎村、杜岙村、童皎村以及梅龙村等周边4个村，主要开展基层党务监督指导、党员服务、村民帮办带办服务等工作。成立初期，大皎村党务工作站采用轮换制，每月由章水镇派驻2名年轻党务工作者和1名社工搭班轮换，通过包片连村的方式以“党务+帮办代办”的形式服务村民。

【章水镇村级组织换届】 2020年10月25日，章水镇完成19个村（社）的党组织换届选举，共产生支部委员79人，其中书记19人，委员61人，新当选支部书记7人。支部书记平均年龄51.1岁，比上届降低2.3岁。大专以上学历较上届提高20个百分点。班子整体素质明显提高，文化程度、年龄结构较之上届有较大改善。12月26日，完成全部19个村（社）的村（居）民委员会的换届选举。12月30日，完成全部19个村（社）的村（居）务监督委员会和全部18个股份经济合作社的换届选举。

【李家坑艺术博物馆开馆】 2020年11月10日，章水镇李家坑艺术博物馆开馆，成为海曙区首个山区乡村艺术博物馆。博物馆由章水镇、李家坑村、区文联、甬上枫林晚书店联合筹办，是一家传承和弘扬山区民俗文化，致力于打造集“作品展览、艺术鉴赏、学术交流”于一体的乡村文化艺术载体。

【四明问秋国际越野赛】 2020年11月29日，四明问秋国际越野赛暨2020宁波市全面健身季“美丽乡村健身行”海曙在章水镇鸣枪开跑。赛事共设置55千米问秋组、31千米享秋组和19千米悦秋组等3项6个组别，全国近千名越野爱好者参加。

（马　驰）

龙观乡

【概况】 龙观乡位于海曙区西部，东邻鄞江镇，南连奉化区，西北靠章水镇，乡域面积73平方千米。2020年，辖10个行政村和1个居委会，总户数4917户，户籍人口11884人。

坚持新冠肺炎疫情的源头查控、精密智控、闭环管控，全面筑牢疫情防线，有效阻断疫情传播，在全区率先实现全面“清零”，确保全年乡域内无本地新增和外来输入病例。疫情防控进入常态化后，坚持“外防输入、内防反弹”，严格落实风险地区入乡人员管理，建立健全快速应急响应机制，精准落实秋冬季和冬春季疫情防控任务，统筹推进疫情防控和经济社会发展，经济企稳回升、稳中向好，社会和谐有序、平安稳定。

实现地区生产总值5.67亿元，比上年同期增长2.7%；规模以上工业增加值5974万元，增长9.5%；固定资产投资增长329%；全社会消费品零售总额540万元，增长26.5%；财政总收入5037万元，一般公共预算收入2858万元，城乡居民收入增长9.6%。

主动把握疫情期间“乡村游”“周边游”和海曙区工会疗养“游在海曙”契机，协调乡内众多企业，建立龙观乡旅企联盟，推出内容丰富的旅游产品。依托半山伴水度假村等特色项目，全乡接待游客104万人次，旅游收入7500余万元，比上年同期增长4.2%。全线提升“绿谷龙观”健身步道、全域旅游配套设施提升、全域旅游示范区指引系统等项目。投资2000万元推进外牌楼水库至里牌楼水库周边改造提升项目，为“半山伴水二期”和“四明龙观中部生态旅游区”做好前期配套。举办中国宁波首届山地定向越野赛、国家百万公里登山健身步道发布会、“去龙观‘森’呼吸”乡村旅游季、市文化进万家巡演和五龙潭风景名胜区20周年再出发合作大会等节庆赛事活动36场次，通过各类活动集聚人气，带动经济效益提升，提升龙观的旅游品牌影响力。依托“乡一村一企业”三级联创，完成市“乡村全域旅游示范区”、省“旅游风情小镇”和省“运动休闲小镇”的创建复评，推介“2020中国美丽乡村休闲旅游行”精品景点线路，获评年度市“最佳乡村旅游目的地”，龙峰村、雪岙村创建省“AAA级景区村庄”，李岙村成为区研学基地，五龙潭风景区入选全省首批“乡村氧吧”，半山伴水度假村创建“国家AAA

8月30日，2020年“历经风雨 终见彩虹”抗击新冠肺炎疫情主题定向活动暨中国宁波首届山地定向越野赛在龙观乡举行

级旅游景区”、省“运动休闲旅游示范基地”、省“运动休闲旅游优秀项目”、市级社会实践基地等。

稳步推进“美丽乡村”建设，“龙谷天井岙”185套联排完成主体工程和外墙粉刷，完成拆旧99%；桓村九间队地块36套住宅交付，丰家河23套联排主体结顶，茶厂二期地块23户完成协议签订。雪岙河北新村地块联排199套，附属配套全面完工，并完成分房。大路新村二期74套联排住宅完成分房，36套联排住宅房屋主体结顶，大路沿自然村完成腾空拆旧。加快基础设施建设，投入90余万元修复龙铜线张家村口至雪岙村段，完成李岙岭脚水库公路新建工程。开展全域环境卫生整治行动，获评“浙江省新时代美丽城镇建设省级样板乡”。督导企业做好工业污染防治治理，创建成为“宁波市污水零直排乡镇”。开展农村饮用水改造工程，投资650万元完成全乡8个村级独立水站达标提标工程并投入运行；投资400万元将雪岙、李岙、山下、龙谷4个村饮用水达标提标纳入乡自来水厂管网延伸工程，由乡自来水厂直接供水。启动管网连接工程，实现日供水量2000吨。加强垃圾分类宣传引导，居住小区全部达到“3+1”标准，各行政村全面开展定时定点投放和上门集中收运，获评“全市农村生活垃圾分类处理工作示范乡”。

促进现代农业与观光产业深度融合，初步形成茶叶、竹笋、贝母、蔬菜等种植加工的农业结构，探索独具龙观特色的“农旅产业融合”模式，申报省级“特色农业强镇”。宁波汇亨精品果园种植湖景蜜露水蜜桃10公顷，年产突破80万公斤，创收500余万元，初步实现“春赏桃花、夏尝蜜桃、秋冬品酒”发展之路。龙观庄园等3个园区入选市级“现代农业庄园”。帮助农合联会员申请信用贷款贴息超过50万元。建设以乡工业集聚区为主体，空间相对连片、产业特色较为明显的各类工业集中发展的区块产业链。注重工业投资、技术改造和低小散整治，力促4家企业进入区技术改造项目计划库，整治低小散块状行业企业8家，“专精特新”企业培育库入库企业达24家。

完成村（居）委会换届，规范数据采集，全面完成第七次全国人口普查工作。大力推进精神文明建设，文化礼堂建成率达100%。提倡文明用餐，发放防疫文明公筷2000双。开展“清新乡居”文明示范线提升改造，加快推进文明镇村创建。利用集团办学优势，统筹优质教育资源。推进“健康龙观”建设，加强健康环境创建，完善高山巡回送医服务机制，使群众就医便捷度和满意度得到进一步提升。抓实计划生育优质服务，设立家庭养育健康指导试点；落实计生奖扶政策，推动计生特殊家庭扶助项目发展。

加速推进“一网通办”，网上办件量达7663件。完善高山便民代办陪办服务，全年代跑代办971人次，获评区“政务服务先进集体”。完成养老、医疗等五大险种办理10688件。深化“三服务”活动，强化惠企惠民推广，帮助企业纾难解困，共帮助百余家企业申报政策补贴资金500余万元。提升居家养老服务水平，完成区域性居家养老服务中心AAA级评定、龙溪村和雪岙村的居家养老服务站A级评定工作。发放低保金117万余元、临时救助金34万余元、慰问金17万余元。

表33

2020年龙观乡各行政村（居委会）基本情况表

行政村（居委会）	面积（平方千米）	户数（户）	人口数（人）	集体经济总收入（万元）	集体经济总支出（万元）	总资产（万元）
金溪村	1.90	410	973	261	85	1888
后隆村	6.10	875	2057	353	109	6360
龙谷村	17.50	612	1430	573	159	4019
桓村村	5.90	618	1580	308	89	12689
龙溪村	15.20	505	1123	136	61	530
龙峰村	9.80	283	623	82	50	2334

续表33

行政村（居委会）	面积（平方千米）	户数（户）	人口数（人）	集体经济总收入（万元）	集体经济总支出（万元）	总资产（万元）
大路村	4.1	321	762	285	92	11258
山下村	2.50	199	486	344	98	10777
李岙村	3.60	240	566	154	89	9785
雪岙村	6.40	331	742	447	52	1624
居委会	0.09	523	1542	54	48	53

注：表格中数据为调查数

【海曙乡村旅游季——“去龙观‘森’呼吸”活动】 参见“旅游”类目“旅游营销与节庆活动”分目

【龙观探险运动小镇入选省级名单】参见“体育”类目“体育产业”分目

【“它山堰”牌白茶首获特别金奖】 参见“农业农村·水利·防汛防台抗旱”类目“农业经济”分目

【龙观乡获评“国家卫生乡”】 2020年8月7日，全国爱卫会发文公示2017—2019周期国家卫生乡镇名单，龙观乡上榜。近年来，龙观乡坚持以基础设施建设为先导，以改善环境卫生面貌为重点，以巩固提升实效为保障，精心筹划、全员参与、集中整治，切实改善乡建成区面貌，建设生态美丽、生活美好的乡村会客厅，先后获得全国环境生态优美乡、省级卫生乡、省小城镇环境综合整治示范乡等荣誉。

【宁波首届山地定向越野赛】 参见“体育”类目“群众体育”分目

【全国首个薄膜电池光伏村开建】2020年9月23日，国网宁波供电公司在龙观乡龙谷村投资启动薄膜电池光伏村项目建设。龙谷村正值新村改造，国网宁波供电公司以此为契机，在该村投资启动200套新建别墅光伏建筑一体化光伏屋顶项目。项目全部由国网宁波供电公司投资，居民不需出资。龙谷村200户村民每户每月可以免费享用50千瓦时的用电，红利持续时间达25年，每年可增加村集体经济收入6.6万元。

【龙观乡入选省职工疗休养基地】2020年10月14日，龙观乡入选首批浙江省职工疗休养基地名单，系全区唯一。龙观乡有酒店、民宿、农家乐等旅游相关经营主体47家，可提供客房400余间、餐位近3000个，同时拥有多条旅游线路和旅游产品，是设施齐全、配套完善，具备基本的食宿、会议等接待能力的职工疗休养基地。

【龙观乡获评省“美丽城镇建设样板乡”】2020年12月21日，龙观乡获评“浙江省新时代美丽城镇建设省级样板乡”。龙观乡依托独有的山水优势，以“浙东龙源、至美龙观”为主题，创建省级“文旅特色型美丽城镇”，挖掘文化特色底蕴，聚焦文旅特色产业，培育并更新文旅服务设施供给，推动文旅项目布局与产业升级，建设成集旅游经济、现代农业、户外运动、民宿经济大发展于一体的“全域旅游示范乡”。

（周驰东）

向阳舍慢生活农场

石碶街道

【概况】 石碶街道位于海曙区东南部，北邻段塘街道，西邻古林镇，东、东南隔奉化江相望鄞州区钟公庙街道，辖区内有宁波栎社国际机场、地铁2号线、地铁5号线（在建），杭甬高速、宁波绕城高速、S214省道、鄞县大道、鄞州大道穿境而过。街道区域面积34平方千米（其中建成区9.3平方千米）。2020年，辖15个行政村、8个社区、1个渔业社。有常住人口约5.8万人，外来人口登记在册8.7万余人。

根据区委、区政府关于新型冠状病毒疫情防控有关工作的部署，街道第一时间成立疫情防控工作领导小组，制定村社防控工作方案，由街道党工委牵头、村社动员，实施网格化、地毯式管理，落实“早发现、早报告、早隔离、早诊断、早治疗”的原则，把村社新冠肺炎疫情发现、防控和应急处置等各项防控措施落到实处。坚持“大数据+网格化”同步、“线上+线下”互补模式，打赢防疫“阻击战”。落实落细“小门”查码排摸工作，做好国内风险地区人员管控。12月24日开展防疫应急演练，进一步强化疫情常态化防控措施，提高战时指挥、决策和应变能力。统筹抓好疫情防控和经济发展，帮扶受疫情影响的企业，共对辖区企业补贴990家，补贴金额407万元，惠及员工3100余人。

实现地区生产总值91.4亿元，比上年同期减少0.1%。完成财政总收入20.89亿元，增长14.7%；完成一般公共预算收入11.78亿元，增长14.1%。工业总产值、规模以上工业增加值分别为201.8亿元和44.7亿元，分别下降9.2%、6.1%。全社会固定资产投资、工业投资和高新技术投资分别为14.3亿元、4.3亿元和2.3亿元，分别增长5.1%和10.7%、17.6%。完成限额以上销售额和限额以上零售额分别为259亿元和30.9亿元，分别增长10.8%、下降3.1%。其中内贸企业完成限额以上销售额189亿元，占总销售额的73%。

推进现代农业体系，着力构建现代农业产业体系、保障体系、服务体系、责任体系、安全体系。大力推进“整洁田园、美丽农业”，发展观光农业，加强农业新型技术推广，创新推出“草莓—甜瓜”及甜瓜轮作技术，大力推广稻田养鱼新型产业链。围绕农业增强、农民增收，按照品牌调优、结构调新、规模调大、效益调高的要求，加快农业产业结构调整，深挖产业融合，种植40公顷油菜花，打造“黄金花海”。农科项目不断深入，“甬优4901”再生稻获“2020浙江好稻米”金奖，围绕稻米全产业链及绿色健康生产，打造高品质绿色稻米示范基地，实现粮食增产增收、产业兴旺，助推乡村振兴。

新引进企业610家，其中注册资本1000万元以上企业62家，完成内资和“浙商回归”分别为1.8亿元、3.5亿元。高新技术产业增加值19.39亿元，比上年同期下降1.6%，R&D投入资金3.24亿元，增长14.8%。组织指导企业进行网上备案，57家企业申报市级“科技型中小企业”。申报“国家高新技术企业”5家，区级“工程（技术）中心”7家。入选“海鸥计划”（浙江省海外引才计划）项目3个、“3315计划”创新个人2人、“百创汇海”计划4人。引进47名硕士以上人才。

石碶街道国土空间总体规划、石碶街道“十四五”道路规划编制和石碶村张家地块（南塘河）历史文化名城保护区开发保护规划完成前期调研。华盛、洪渡、栎社、雅渡等农贸市场的改造提升前期工作完成。启动沿江体育公园的规划建设，进一步完善便民生活服务圈。

鄞县大道（鄞县大桥—同德路）综合整治工程中涉及的9家企业签订土地征收协议，签约出让土地223平方米、公路留地4455平方米。海曙区第二医院二期扩建项目完成签约搬迁安置住宅3户。鄞江堤防整治工程完成征收评估和签约，具备堤防工程施工条件。完成社区卫生服务中心迁建工程涉及的地块签约工作。省道S214线街景改造提升工程和鄞县大道（鄞县大桥—同德路）立面整治工程竣工验收。新签约23户，面积3858平方米，其中对陈江岸拆迁地块7户依法强制腾空，面积1405平方米。做好宁波栎社国际机场四期前期工作，基本完成车何渡村车何点入户调查、安置地块选择等。

冯家村、雅渡村、黄隘村（新村二期）、上王村（新村1号地块）、石碶村、后仓村等6个村新村建设项目获批同意实施，规划总建筑面积129.88万平方米，预计总投资53.8亿元。其中，上王村完成施工图预算，进入招标程序；原拆原建的冯家村、雅渡村完成旧房拆除招标，进入村民搬迁、旧房拆除阶段。

雅戈尔中学改扩建项目完成规划用途调整，确定建设方案的总平面设计，完成规划初步选址，并对现校区大楼重新测绘。农村公厕改造工程、联丰村外围道路新建工程、河道清淤工程（照天港河、上王门前河等河道）、小微水体养护工程、省道S214线街景改造提升工程（石碶段）、雅戈尔中学田莘耕中学化学实验室改造及冯家小学运动场改造、“污水零直排”7项民生实事项目均如期完成。全面推进老旧小区改造，万国新村改造项目完工并通过验收，宁波轻纺城写字楼小区和汽运小区等老旧小区改造项目完成方案初步设计。

镇级河长及分段各级河长巡河率100%，签到率100%。投入125万元对照天港河、上王门前河、大堰头河、花厅港河等河道开展清淤工作，清运河道淤泥5.1万立方米；投入165万元实施南新塘河的水质提升项目；投入192万元，由渔业社负责对街道全域河道进行动态保洁。在后仓、冯家区块安装6台100吨污水一体化临时终端及5台5吨的公厕临时终端设备。

9月20日，石碶街道农村文化礼堂文艺志愿者在北渡古村举行“庆祝全国第三个丰收节旗袍走秀活动”

做好横涨片区及栎社片区农村生活垃圾分类的推广，由专业公司清运。完成横涨片、栎社片区8个村的居住户数人员统计及垃圾收集等基本情况调研，分时段上门进行垃圾分类收集，并建立垃圾分类数据管理信息平台，建成16个村级垃圾房、11只封闭式垃圾房。落实垃圾分类工作考核，厨余垃圾质量检查小区合格率从2020年初的52.9%提升至97%；在宁波市生活垃圾分类“红黄蓝绿四色榜”排名中，完成从黄榜到绿榜的跨越式进步。上报创建省级“生活垃圾分类示范居住小区”11个、市级“生活垃圾分类示范居住小区”26个，完成创建指标任务。清理清运各类垃圾25235余吨，冲洗地面23万余平方米，处理僵尸车170辆，主干道路设置公益广告旗幔540杆，安装隔离栏公益广告450块，公益墙绘6500余平方米，整治劝导跨门营业超过2900起，驱离无证游商3400余起，抄告违停机动车超过1300辆。

开展全域违建治理，建成规划区被划分14个区块，成立14个工作小组，集结责任部门、第三方服务机构、电信运营商等专业力量。针对各区块治理中的个性问题，设置菜场整治组、基础设施施工班组、交通设施布局组和线路规整组4条线组，帮助解决14个区块整治推进过程中的难点、阻点问题，启用无人机开展高空巡查，实现街区监督管理全覆盖。累计拆除违法建筑面积236685平方米，完成“三改一拆”年度任务数的158%，拆违总量连续3年名列全区第一。其中雅源路违章拆除162间、4260平方米；塘西中路违法加层71间、3912平方米；香梅家园涉河违建4500平方米；冯家自然村农村违建82间、2460平方米。至年底，通过省“基本无违建街道”创建工作。

完善社会保障体系，共受理创业就业补贴企业901家，补贴金额1552.63万元，惠及员工1657人。共受理参保、开户和退休等业务12368人，开展退休人员资格认证18392人。受理欠薪等投诉、仲裁案件226件，涉及劳动者401人。民政临时救助99户170人次，慈善募集捐帮扶困难群众663人，共为5087人次提供市基本居家养老服务。打造“无证明办事之窗”，启用“24小时自助服务区”，提高群众办事效率。

石碶街道社会工作站成立

完成第七次全国人口普查，开展普查摸底，完成短表调查173621人，长表调查14441人，复查11236条，完成行业编码9367条。家庭医生签约服务累计签约人数19299人，比上年同期增长9.58%。年度无偿献血总量达210670毫升，成为全区首个且超额完成目标血量的街道。5名教师被评为“海曙区名师”。石碶街道虞辉家庭被评为第12届“全国五好家庭”，为海曙区首个。

创建锦丽社区、建庄社区两家城市百姓健身房。助力“书香海曙”建设，新增5个社区和1个村级阅读书房。综合文化服务站服务功能日益完善，实现通借通还，每星期开放时间达40小时以上。获得省级“农村文化礼堂示范乡镇（街道）”称号，至年底，累计建成农村文化礼堂16家，行政村覆盖率达106%。其中，“五星级文化礼堂”3家、“四星级文化礼堂”2家。开展“碶味无穷”系列活动，在8家村文化礼堂开展村歌创作、书法、戏曲、摄影等培训活动，在14个村文化礼堂举办百场优秀电影进村文化礼堂展播活动，开展“百川工程·新农村文化乐享”——“送演出下乡”文化惠民活动。组织开展全国老年人健步走活动。由石碶街道画家鲁业洋创作的作品《曙光》于2月15日在宁波善园举行的“抗击新冠肺炎疫情书画义捐义拍公益活动”中被成功拍卖，所得7800元全部捐赠湖北用于抗击新冠肺炎疫情。5月20日至7月底，街道举办“守望相助、众志成城”抗新冠摄影作品巡回展，展出街道摄影协会作品35幅。

搭建“数字石碶”平台，通过大数据及智能AI开发应用，实现基层社会治理数字化、智能化、高效化。开发的“出租房管理”“三资管理”“水位监测管理系统”“环境保护系统”等具备上线应用条件。做好宁波市矛盾化解处置工作试点工作，打造“一站式服务”大厅，全面推进街道社会矛盾纠纷调处化解中心建设，接待群众法律咨询、提供有偿法律服务指引400余件，电话咨询40余件，视频接待10余件，共调解矛盾纠纷案件925件，100%调解成功。发放平安宣传册超过20万份，发放活动宣传品2000余份。强化事件处置，探索“警网融合”试点，强化“警格”与“网格”互联互通。

街道办事处成为海曙区3个政府立法联系点之一，石碶司法所所长郑梅被聘任为宁波市第二届政府立法志愿者。开展特色普法宣传，打造石碶特色品牌，民法典微视频《四世同堂》获得“2020美丽中国微电影特别奖”。12月21日，石碶司法所被省司法厅命名为“浙江省枫桥式司法所”。推进“清廉村居”和“清廉机关”创建，街道设立村社监督联络室22个，配备联络站站长22人，聘任联络员54人，设立街道本级监察信息员22人。

常态化对企业安全生产情况进行监督检查共计356家次，发现隐患683条，出具行政执法文书239份，并对存在严重安全隐患或整改不力的17家企业进行事前行政处罚。签订安全生产责任书50余份，与辖区生产经营单位签订安全承诺书1200余份，排摸生产经营企业、单位53家次，检查出安全隐患78条。加强食品安全检查，共核查餐饮服务单位399家。开展消防检查，对辖区内40467间出租房及50人以上105家规模以上企业进行排查。

2020年石碶街道各行政村（社区）基本情况表

表34

行政村（社区）	面积（平方千米）	户数（户）	人口数（人）	集体经济总收入（万元）	集体经济总支出（万元）	总资产（万元）
石碶村	1.50	223	2801	1389.10	75.37	9899.35
塘西村	1.50	208	2167	3617.91	142.10	32167.28
雅渡村	1.60	247	2268	1026.35	78.49	10578.88
冯家村	1.20	246	2529	266.17	65.24	8356.74
后仓村	1.50	131	1740	486.07	76.12	3608.72
黄隘村	1.60	145	1546	1043.35	55.68	21815.56
联丰村	1.50	135	1286	797.52	68.80	8475.34
星光村	1.30	286	2569	751.35	84.04	5770.53
栎社村	1.50	268	2575	610.60	130.14	2926.09
汪家村	1.80	182	2040	960.03	117.75	6724.58
东杨村	2.10	162	1595	388.90	111.49	1654.91
横涨村	2.50	232	2583	1091.41	137.52	7526.24
西杨村	2.10	179	1741	341.70	62.91	2207.40
上王村	2.50	124	1400	495.38	207.27	1866.76
车何渡村	2.60	230	2161	516.30	109.42	4774.83
建庄社区	—	255	2013			
石碶社区	0.70	2986	7289			
东方社区	0.60	1375	3674			
新区社区	0.76	1266	6705			
丽洲社区	0.60	755	1877			
锦丽社区	0.40	412	979			
汪源社区	0.40	82	164			
金海塘社区	—	111	558			

注：表格中数据为调查数

【国际高校校友会·宁波联盟落户海曙】 2020年4月18日，国际高校校友会·宁波联盟在石碶街道富田小镇落户，成为海曙区又一产学研合作平台。2019年10月始，富田小镇启动“高校归谷”项目，与国内相关机构、高校开展深入合作，吸引更多高精尖人才及项目落户海曙，打造产学研和创投一体化的“双创”平台。至4月，“双创”平台吸纳15家国内知名高校的宁波校友会。落户后，平台将聚焦产业发展所需，汇聚优质人才和项目，富田小镇作为载体，将在场地、资金等方面进行全方位保障，促进产业与高校融合互动，打造适宜人才发展、项目孵化的新增长极、创新极。

【金海塘社区挂牌成立】 2020年7月31日，石碶街道新设立金海塘社区，建立金海塘社区居民委员会，社区办公地点设在塘西新村内。社区范围东起益智路转象鉴桥河，南接石碶北路，西至机场路古林界，北到杭甬高速公路。内有塘西佳苑、塘西新村两个小区。至年底，社区总户数1930户。

【石碶街道社会工作站成立】 2020年8月3日，石碶街道社会工作站挂牌成立。工作站由石碶街道社会组织服务中心承接运营，以“党建引领、助人自助、专业同行”为宗旨，按照“深入村居、便民利民、专业服务”的定位，联动社区、社会组织、社会工作者和社区志愿者，为群众及社会组织提供专业化、公益化的社工服务。社工站专用面积100平方米，配有工作人员4人，

8月17日，石碶街道第四届“开笔齐正 童蒙雅行”启蒙礼活动在星光村文化礼堂举行，图为“朱砂启智”环节

下辖社区各配有1名工作联络员，采取轮班制形式负责社区项目对接、实地运作等工作。

【石碶街道第四届启蒙礼活动】 2020年8月17日，石碶街道第四届“开笔齐正 童蒙雅行”启蒙礼活动在星光村文化礼堂举行。活动由正衣冠、行拜师礼、诵读沈光文诗词、朱砂启智、击鼓鸣志、分发智慧笔和聪明蛋、开笔破蒙7个部分组成，60余名幼儿园升小学孩子参加。

【石碶街道矛调中心运行】 2020年9月14日，石碶街道社会矛盾纠纷调处化解中心运行。矛调中心占地约1200平方米，包含一站式服务大厅、综合信息指挥大厅、党建长廊、公共法律服务远程视频接待室、法律讲堂、调解室、仲裁室、信访接待室、社会治理工作室等功能室。其中，一站式服务大厅内，社会综治、司法、劳动、环保、城建、城管、市场监管、派出所等16个部门30余人按照常驻、轮驻、预约等形式驻点办公，实现各职能部门联动功能，建立流转交办、协调联动、研判预警、督查考核等机制，在综合信息指挥室数据汇集、分类流转的基础上，整合条线力量，探索实行“街道吹哨、部门报到”等运行机制。

【石碶街道人民调解委员会获评全国模范】 2020年12月9日，石碶街道人民调解委员会被司法部评为“全国模范人民调解委员会”。石碶街道调委会按照“131”工作机制，创建专业门诊、专家会诊、无休急诊的人民调解“三诊”工作法，年均调处各类纠纷800余件，涉案金额400余万元，其中群体性纠纷、非正常死亡等疑难复杂纠纷40余起。

【丁国年获授全国“最美退役军人”】 参见“社会生活”类目“退役军人事务管理”分目

（汪　波）

月湖街道

【概况】 月湖街道东起解放南路，西至长春路，南与南门街道相邻，北依中山路，因辖区内月湖而得名。2020年末，户籍总人口22809人，总户数8891户，下辖6个社区。

在年初的新冠肺炎疫情防控工作中，实现数据对接报送零失误、重点稳控无漏洞，9名干部和4支团队获评区级“防疫先锋个人”和团队，其中，“五步工作法”堵住居民小区管控难点、“堵疏结合”破解望湖市场复工毗邻小区防疫难等做法，获得中央及省、市各级媒体报道50余篇次。坚持防疫和复工复产两手抓，落实大型企业、重点场所、十小行业等防疫指导，通过开设专窗、包片走访等推动惠企惠民政策落地见效，化解企业防疫物资短缺、员工返岗、场所消杀、政策咨询等问题100余个，发放各类补助232.64万元，惠企380余家次。

财政总收入7.16亿元，比上年同期增长14.6%；一般公共预算收入3.56亿元，增长11.4%。限额以上商品销售额增长191.4%，增速居全区第一。引进企业678家，注册资金24.56亿元，大市外实到资金7.56亿元，新增1家市级“高新技术企业”，科信会计事务所刘文娟、宁波口腔医院集团有限公司郭泾获评市“泛3315”创新人才，李剑涛团队获评市“泛3315”港航物流创业团队。新引进的浙江城市数字技术、宁波生态产业集团、浙江春秋旅行社、五矿证券浙江分公司、浙江宁旅研学文化交流有限公司等优质企业发展势头良好。聚焦“特色楼宇”，重点整合月湖金汇大厦等6幢优质楼宇资源，建立企业资源明细表及物业联络制，发动1600余家企业成功申领“企业码”。

推进出租房屋及电瓶车消防安全整治，集中开展出租房整治，动态消除望湖市场周边车棚、小区私拉电线等安全隐患，打通15条小区消防通道。坚持“除隐患、提环境”两手抓，通过线路改造、廊道疏通、拔钉清废、燃气接管更换等手段，拆除多年违规搭建的12处约150平方米建筑，通过市级验收。

打造“高效能民生服务圈”，有序推进“社会组织服务中心、区域性居家养老服务中心”两大阵地建设，涉及面积约700平方米。

深化“月湖红网”“五联五促”等机制，通过建立一线临时党支部，开展“三清三进”行动，试行“五单工作法”，完善“彩虹桥”治理资源进社区、党建议事厅联席机制等，充分发挥基层党组织在防疫、文明城建、民生服务等战斗堡垒作用，相关案例被人民网、《浙江日报》等各级媒体报道。完成社区“两委”换届选举工作。

建设完成镇明路631弄1号的街道矛调中心，并实现有效运转，该中心兼具信访接待、人民调解、行政调解和法律服务等。建立“月湖平安项目部”，通过入户、沿街、扫楼、巡防等提高平安宣传覆盖面，6个社区全部创建成为市级“民主法治社区”。

2020年月湖街道各社区基本情况表

表35

社区	户数（户）	人口数（人）	社区	户数（户）	人口数（人）
县学社区	1919	5546	天一社区	1100	2284
平桥社区	1592	3739	梅园社区	1824	4864
太阳社区	1048	2491	迎凤社区	1408	3885

注：表格中数据为调查数

【月湖街道全域景区化管理】 2020年，月湖街道进一步探索全域景区化管理模式。对月湖菜场开展星级化、智能化改造后投入使用，建立“包片区域环境自查+卫生专人巡查”机制，常态化保障月湖菜场及背街小巷区域环境卫生，实施“日扫夜洗”重油污地面，做法获得市主要领导“农贸市场改造提升的新样板”的批示肯定并作经验推广。加大“屋面、立面、地面”三面整治力度，清理屋面楼顶乱堆放、乱搭建，翻新破损屋面1800余平方米，压实辖区单位门前“三包”责任主体，清洁外墙，靓化立面，平整小区破损路面100余处2500余平方米。对群众关切的太阳公寓、仓基、梅园、菱池等小区实施“微改造”。偃月小区、紫薇小区获评年度省“高标准生活垃圾分类示范小区”；月湖花园、太阳公寓等5个小区获评市“生活垃圾分类示范小区”。

【月湖街道老小区安全隐患改造】 2020年，月湖街道投入3471.71万元，对云石、镇明、水仓等老旧小区按照“菜单式、精准化”模式实施改造，消除安全隐患。改造涉及房屋54幢，综合整治改造面积13.93万平方米，惠及居民2099户。改造期间，3个老小区均成立小区居民自治理事会，负责听取居民改造意见、协助推进改造进程等，至年底，完成小区楼道外墙翻新、屋面防水整治、楼道灯安装、单元楼防盗门安装、排污与雨水管道更新、消防设施增设等各项工作，并全力解决居民反映的车棚业主归属权、屋顶漏水物业没能力维修、沿街商铺油污直接流入化粪池造成堵塞等各类问题。

【月湖街道文保房综合整治】 2020年，月湖街道辖区内国家级文保建筑——林宅（后进）、朱宅（邹宅）房屋处理项目收尾。79户征收户中，68户如期完成签约收购及搬迁。其间，街道因地制宜解决群众民生难点百余个，回应部分居民诉求，合力推进林宅及附近出租房等消防安全整治。

5月29日，月湖街道安监所对邹宅、朱宅等民国文保房里杂物乱堆放、电瓶车违规充电等问题进行现场整治

【社区治理体制改革区级试点】 2020年，月湖街道作为社区治理体制改革区级试点，积极探索区域治理现代化。梳理、归纳和分类社区事务157条，完成区域公共服务中心改造，推进紫薇小区居民自治服务站建设，成立11个小区自治服务站和理事会。在此基础上，以“一委一居+区域公共服务中心+小区自治站”为社区治理体制改革新模式，实现“窗口政务”上浮到区域公共服务中心，社工下沉到小区自治站，至年底，完成“快鹿花园”“美丽天台”等12个自治项目。

（吴宣颖）

西门街道

【概况】 西门街道地处海曙区东北部，东沿北斗河、北郊路，南起西塘河，西至萧甬铁路与望春街道毗邻，北至蔡江河与江北区接壤。辖区面积3.5平方千米。2020年，辖13个社区，户籍人口5.06万人，实际居住人口7.2万人。

街道全力以赴做好疫情防控工作，建立健全街道防疫工作制度体系，落实各项指令，做好清楼行动、重点人员管控、“小门”值守、居家隔离服务等工作。组织协调上级机关干部、属地干部、街道党建共建单位，对辖区55处“小门”24小时严格值守。组建工作专班，强化各类管控对象的实时管理，对上级下达的管控数据实现零漏报。加强后勤保障，安排专项资金用于物资配备、隔离点运作、人员奖励等，合理分配口罩、护目镜等紧缺物资，保障一线防疫人员。坚持疫情防控与复工复产两手抓，年内，面向辖区近500家企业落实惠企政策，补助金额累计225万余元。

实现地区生产总值35.9亿元，比上年同期下降0.7%。完成财政总收入2.7亿元，其中一般公共预算收入1.39亿元，下降3.5%。限额以上零售额362282万元，增长22.3%；限额以上营业额14386万元，下降18.2%。新增规模以上工业增加值737.9万元，增长38.8%，高新技术产业增加值737.9万元，增长37.9%。引进244家企业，比上年同期下降43.1%，注册资金123375万元，下降27.4%；大市外资金实到68922万元，完成全年任务指标138%；“浙商回归”资金40022万元，完成全年任务指标143%，实际利用外资12.7万美元。引进重大项目2个，总投资金额超3亿元。辖区优质税源企业中，税收50万元以上82家，增长3.8%，税收总收入达21909万元，增长7.8%。

完成高塘三村危旧房改造项目征收，签约率及搬迁率均超99%。有序完成翠柏一里、翠柏二里、钱南小区、新高路2弄与4弄、新高路51弄等5个老旧小区的改造项目。高塘公寓、龙柏花园、宁高专宿舍等3个小区总计加装电梯6部。高塘四村中海地产项目开工。推进文明城市创建，自查自纠问题点位2600余处，整改卫生死角200余处，清理楼道垃圾、绿化带垃圾、建筑垃圾等1900余车。启用无人机航拍定位屋顶垃圾，累计发现问题点位230余处，全部落实整改。设置小区消防通道隔离桩20处、人行道隔离桩11处、停车线76处。推进生活垃圾分类工作，新创省级示范小区9个，市级示范小区21个。

7月10日，海曙区首个老年学堂在西门街道揭牌

推动政务服务改革，按要求推进“政务服务2.0”和“无证明城市”建设。落实“首问负责即问即办”和“整体智治”工作。推行政府购买养老服务模式，提高居家养老服务专业化水平。建设“书画西门”文化惠民、“助残筑梦”公益品牌。落实独居老人每日探望93人，核发高龄津贴6400余人，办理临时救助78人次，慈善救助52人次。完成企业用工调查1300余家，协助辖区企业开展“云招聘”5场，累计推出就业岗位1500余个。

建成街道社会矛盾纠纷调处化解中心。开展“滚动式、拉网式”矛盾纠纷排查，走访排摸、调解各类纠纷153起。推动机关各科室、各社区及各部门派驻机构落实“四个平台”相关工作职责。专项开展出租房消防安全、违规停放电动车等各类排查整治活动20余次，核查出租房屋6391户，发放整改通知4500余份，整改1500多户。常态开展重点企业安全监督执法检查，整改隐患70多起。完成基层党组织换届，机关和社区党支部组织设置优化整合。推进支部规范化建设，转出人户分离党员131人。出台《西门街道党工委关于健全党内关心关爱党员制度的若干规定》，开展重病探望、临终关怀等活动87次，对支部书记、党小组长工作开展予以合理经费支持，累计保障达20余万元。完成11个社区党组织的巡察整改工作。出台实施干部联系社区、党务工作者联系基层组织的“双联”制度，91名机关干部下沉发展和治理一线，参与指导基层重点工作1300余人次，开展各类党员志愿服务200余场。开辟“云议事”平台，助力人大代表和政协委员履职。

2020年西门街道各社区基本情况表

表36

社区	面积（平方千米）	户数（户）	户籍人口数/居住人口数（人）
北郊社区	0.32	2538	3993/6800
龙柏社区	0.06	867	1836/2056
翠中社区	0.08	1760	2910/4300
钱东社区	0.06	1581	2732/4195
胜丰社区	0.35	2877	5481/5655
文化社区	0.21	1876	4114/3800
翠南社区	0.07	1150	1810/2830
汪弄社区	0.35	4913	12556/13112

续表36

社区	面积（平方千米）	户数（户）	户籍人口数/居住人口数（人）
新芝社区	0.34	2403	5569/6122
永丰社区	0.12	1246	3164/2613
柳庄社区	0.07	1411	2827/3801
芝红社区	0.03	918	2098/0
新高社区	0.09	1378	3232/2047

注：表格中数据为调查数

【西门街道庆祝中国共产党成立99周年大会】 2020年6月23日，西门街道在甬江职高明礼厅举办庆祝中国共产党成立99周年大会。会上，全体党员重温入党誓词，表彰疫情防控战“疫”先锋组织和个人；宁波市水利局等12家机关（单位）党组织与街道12个社区党组织签署党建结对共建协议。

【高塘三村危旧房改造项目签约结束】 截至2020年6月12日，高塘三村危旧房改造项目签约期结束，完成签约率99.40%。改造地块东至望京欧院围墙（不含）、新高路4弄（不含），南至新高路，西至新芝路，北至永丰西路，地块内房屋建于80年代中期，以40~60平方米的小户型房屋为主，涉及征收831户，总建筑面积约5.23万平方米。

【全区首个老年学堂揭牌】 2020年7月10日，海曙区首个老年学堂在西门街道揭牌。老年学堂在原街道居家养老互助中心老年教育培训部基础上改造而成，面向全区老年人招生。至年底，学堂有基础模特、模特表演、葫芦丝、中式服装制作等6个班，累计开设课程20门，累计吸纳学员5000余人。

【西门街道美术协会成立】 2020年9月18日，西门街道美术协会举行成立大会，区美术家协会副主席兼秘书长阎云泉，西门街道辖区的美术家、美术工作者和美术爱好者30余人出席。街道美术协会是在原西门街道书画协会基础上，整合辖区美术家、美术工作者和美术爱好者资源组建而成，会员近40人。协会接受海曙区文联西门街道分会业务指导、西门街道社会组织服务中心监督管理，是海曙区美术家协会团体会员。

【国家统计局宁波调查队与西门街道结对共建】 2020年9月24日，国家统计局宁波调查队与西门街道办事处开展“廉政文化共建”结对活动。双方合作举办“传家训 书清风”廉政扇面书法作品展，国家统计局宁波调查队出资在翠南社区建立“两廊一园”廉政、法治共建基地站。

（王　倩）

南门街道

【概况】 南门街道地处海曙区中心城区，东邻长春路护城河与灵桥路交界，南濒奉化江，西至柳汀立交桥，北至中山西路。辖区面积4.14平方千米，户籍人口约4.3万人，登记在册流动人口约1.6万人，合计常住人口约5.9万人。2020年，下辖11个社区、54个住宅小区（含10个零星住宅小区）。

年初，在抗击新冠肺炎疫情最艰难阶段，街道针对辖区开放式小区较多、小区出入口多、人口流动性大和物业基础薄弱等情况，因地制宜制定“一社一策”，严格落实进出限制。探索“社区吹哨、党员报到”志愿服务新模式，破解缺人难、物资难的问题，累计发动志愿者2万余人次，发动辖区企业和爱心人士捐资捐物近1000万元。通过钉钉、微信等方式全方位宣传各项惠企惠民政策，有力推动企业复工复产。

实现地区生产总值56.28亿元，比上年同期下降3.2%。财政总收入3.81亿元，比上年同期下降0.5%；一般公共预算收入2.07亿元，增长3.3%。实现大市外实到资金8.31亿元，完成年度指标166.2%；“浙商回归”资金5.1亿元，完成年度指标204%；实际利用外资785万美元，完成年度指标60%，位居全区前列。引进企业257家，注册资金21.63亿元，其中注册资金500

市级甬尚特色街区——“妇女之家联盟”

万元以上企业54家，注册资金19.89亿元。规模以上企业研发费用0.37亿元，比上年同期增长28.7%，高于区平均11.7%。获海曙区2020年度招商选资银奖。14个项目申报市“3315计划”，4个项目入选，申报“省海外引才计划”推荐人选1人，引进1名院士注册成立企业，柔性引进1名院士作为企业首席科学家。完成固定资产投资13.69亿元，保障19个重大项目顺利推进，获海曙区2020年度重大项目建设银奖。宁波星悦中心项目启动全球招商，海曙海关大厦、中外运大厦启动建设，宁波阿里中心落户。完成竹木市场地块、铁路三四线地块征收工作，竹木市场征收项目实现百分百签约。

柳西新村、世纪虹小区全部完成改造，涉及住宅楼85栋、居民2546户，改造面积18.5万平方米，总投资约6042万元。推动物业和业委会的双覆盖，世纪长春小区、天海华庭、大公馆小区等业委会完成换届改选，启动金茂府二期业主大会筹备工作，都市风华等9个小区完成物业退管和选聘。成立咏归路苗圃路整治工作小组，清理屋顶堆放垃圾，纠正周边商铺跨门、占道经营、杂物堆放等乱象1000余起，拆除破损店面招牌并重新制作近200块，修复破损路面约2000平方米，清理粉刷墙面约1.5万平方米。通过撤桶并点、垃圾房改造优化硬件配置，辖区累计撤并数量437个，全面铺开39个小区的定时定点、破袋投放工作，逐步推进9个省级“高标准小区”、23个市级“示范小区”创建，获评省级“垃圾分类示范片区”。

推进市级矛调中心试点建设，“社情民意会”累计收集各类问题230余件，办结率约95%。“四个平台”收到各类三级事件2795起，全部按规定时间办结关闭实现。街道、社区两级人民调解委员会调解各类纠纷321起，成功率99%以上。申报创建市级“法治示范街道”，街道司法所入选“浙江省枫桥式司法所”，柳锦社区获评2020年度“省级民主法治村（社区）”。

高质量完成社区“两委”换届选举。11个社区实现社区社会组织服务中心全覆盖，在街道社会组织服务中心成立社会工作站，并开展困境儿童社会工作项目、“焕然医新”医疗救助项目、暖心关爱失独家庭项目等，加强精准帮扶。街道和11个社区的退役军人服务站创建完成并投入使用。作为海曙区生活困难老年人家庭适老化改造唯一的试点街道完成改造。深入开展居民困难救助、医疗救助等帮扶。获得市“慈善街道”、区“防灾减灾救灾先进集体”等荣誉。

发放复工复产补贴470余万元。全面贯彻落实就业创业政策，做好失业人员、就业困难人员、离校未就业大学生等重点群体的就业创业帮扶工作，大学生实名登记36人，扶持大学生创业125人，职业介绍827人，开展招聘会6场，失业救济金发放每人次870元，颁发灵活就业证61个，灵活就业补贴核对4608人次。计生奖扶特扶等各类人员补助合计344人，总计190.86万元。低保246户348人，发放低保金372万元；民政临时救助131人次，发放60.28万元；慈善救助209人次，发放19.27万元；公益项目支出34.28万元。高龄津贴发放28491人次，共计162.43万元。

健全完善党员“一人一岗”、设岗定责等工作制度，疫情防控期间，累计召集党员志愿者1800余人。建立8支党员领衔、党员骨干参与的家园治理志愿服务团队，500余名在职党员“回家”开展志愿服务。开设“锋领直播间”，建立“党建+云课堂”的线上线下党员教育基地。成立南塘老街锋领七彩驿站并聘请导师。建立锋领南塘红小二服务队，为街区商户及周边党员群众提供专项服务。开展“机关（企业）—社区”党建共建结对，推动基层党建社区治理实现双提升。宁波市级甬尚特色街区——“妇女之家联盟”在南塘老街启动。获文明城市创建“六连冠”市政府集体嘉奖。

2020年南门街道各社区基本情况表

表37

社区	面积（平方千米）	户数（户）	人口数（人）
尹江岸社区	0.21	4357	7913
周江岸社区	0.08	2239	3553
红起社区	0.05	1789	2471
澄浪社区	0.37	2391	3654
朝阳社区	0.09	1691	3534
车站社区	0.034	1096	2175
马园社区	0.25	3307	4093
迎春社区	0.18	3194	3341
郎官社区	0.21	4143	6873
柳锦社区	0.06	1504	3441
万安社区	0.22	3342	5305

注：表格中数据为调查数

【宁波阿里中心落户海曙】 参见“海曙区人民政府”类目“重要活动”分目

【丁艳获评“全国垃圾分类优秀志愿者”】 2020年8月，国家机关事务管理局、住建部揭晓2019年度公共机构生活垃圾分类“46城万人志愿者”突出个人名单，市机关第二幼儿园教师丁艳上榜，系全市唯一。丁艳自2019年上半年加入南门街道万安社区担任志愿者以来，发挥职业特长，以生动有趣的教育方法，增进儿童对垃圾分类的兴趣，形成“小手牵大手”的良好氛围。同时，投身社区“垃圾分类新时尚，绿色服务一小时”公益项目，通过桶边督导、楼道宣传、微信群打卡等方式，发挥在职党员示范引领作用。

【方大苗入围“浙江好人榜”名单】 2020年10月公布的“浙江好人榜”公示名单中，南门街道居民、党员方大苗入选“助人为乐”好人榜。方大苗是年逾八旬的老党员，退休以来，化名“心愿老人”，省吃俭用，坚持不懈向贫困地区、受自然灾害影响地区的儿童捐款，并积极参与社区“慈善一日捐”等活动，累计捐款50余万元。

【海曙海关大厦开工】 2020年，海曙海关大厦建设项目（鄞奉片区东部启动区2-10号地块）启动，由海曙国投集团下属子公司宁波海鼎置业有限公司负责建设。项目总投资5.76亿元，设计建设地上23层、建筑高度108.9米（规划高度）的高层办公楼，总建筑面积47388平方米，规划建设工期960天。建成后入驻海曙海关等机构。

【南门街道入选省级示范小区名单】 2020年，南门街道入选“浙江省高标准生活垃圾分类示范小区”名单。南门街道通过撤桶并点、垃圾房改造优化硬件配置，辖区累计撤并数量437个，全面铺开39个小区的定时定点、破袋投放，逐步推进9个省级“高标准小区”、23个市级“示范小区”创建。

【南门街道家庭适老化改造完成】 2020年，作为海曙区生活困难老年人家庭适老化改造的试点街道，南门街道6户试点家庭全面完成改造。改造围绕“如厕洗澡安全、室内行走便利、居家环境改善、智能检测跟进、辅助器具适配”5个方面，根据老人实际需求和生活习惯，针对性设计改造方案。改造完成后面向试点家庭进行满意度调查，满意度达100%。

【柳锦社区获评省“民主法治村（社区）”】 2020年12月，柳锦社区获评省“民主法治村（社区）”。柳锦社区根据《居民公约》，制定“自我管理”、“自我教育”、“自我服务”、“自我监督”和“居务公开”居务工作制度，倡导居民在居民议事厅、开放空间等议事共事。在会议活动室、生活广场打造“法治大讲堂”、“普法一条街”、法治宣传栏等阵地，营造浓厚法治文化氛围；组织联居干部、民警和物业等成立“微管家”巡逻队，完善群防群治网络。同时，整合街道司法所、何阿姨调解工作室、法律顾问团队和社区老舅妈工作室多元调解平台，给予居民全方位帮助与支持。

南门街道柳锦社区“清风公益亭”

【南站商圈同心实践驿站入选市教研实践基地】 2020年，市委统战部、市社会主义学院联合发文，确定首批宁波市社会主义学院教学科研实践基地，南站商圈新的社会阶层人士同心实践驿站入选。驿站自2018年11月成立以来，吸纳包括“喜马拉雅FM宁波”、凤凰网宁波站等在内的多元化新阶层工作合伙人，联系覆盖新阶层社会人士3000余人。并在此基础上，发挥典型人物引领作用，带动辖区新的社会阶层人士参与垃圾分类、五水共治、扶贫帮困等社会治理和志愿服务工作，营造良好社会新风尚。

（吴　凡）

江厦街道

【概况】 江厦街道地处宁波最繁华的商贸商务核心区，东濒奉化江，西邻解放南路，南至兴宁桥西，北靠中山东路，区域面积1.43平方千米。2020年，下辖4个社区和天一、城隍庙2个商圈，常住人口逾1.5万人。辖区内共有商务楼宇33幢，企业7400余家。

江厦街道成立企业复工领导小组，开展“三服务”活动120余次，协调解决辖区企业在复工过程中的困难。实行疫情防控“网格+物居业+科室”联防联控模式，在疫情防控关键阶段，莲桥社区“独居老人帮帮团”及时关注社区独居老人，挨家挨户询问老人近况并引导配合防疫工作，为行动不便的独居老人采购配送生活物资，解决疫情带来的生活困难。“平安晚呼队”将日常平安播报换为防疫播报，并通过悬挂横幅、张贴海报等方式积极引导居民共同开展抗疫行动。1人获评全国抗击新冠肺炎疫情先进个人，1人上榜浙江省千名抗疫人物英雄谱。

实现地区生产总值82.7亿元，与上年基本持平。实现规模以上企业增加值38.88亿元，财政总收入8.09亿元，比上年同期增长7.9%，一般公共预算收入3.93亿元，增长5.4%。完成大市外内资3.03亿元，“浙商回归”资金3.02亿元，超额7.9%完成考核任务。完成实际利用外资1137.6万美元。引进企业121家，注册资金共计13.09亿元，获区招商选资工作铜奖。

宁波首个老商业全盘改造项目恒一城市广场正式开业，宁波府城隍庙老庙重新开放，轨道交通2号线庙西地块项目竣工验收，浦发银行办公大楼本部装修完成幕墙更换。投入资金3000万元，实施狮子小沙老小区升级改造工程，惠及居民2000余户。肖家巷地块危旧房屋全部拆除，月湖西区2号地块2户签约，在全区率先完成百日攻坚“拔钉清零”任务。

在全市率先启动“无烟蒂”示范区域创建工作，打造市首批“席地而坐”城市客厅。街道全体干部认领社区、商圈23个责任片区，完成国测、省测的工作任务，在全国文明城市“六连冠”工作中获市政府集体嘉奖。开展全区首个垃圾分类破袋工作，辖区15个住宅小区及商住楼全部完成撤桶并点，创建省级垃圾分类示范小区2个，并获评省级垃圾分类示范片区、市级垃圾分类示范单位。完成全市首个掌上执法平台移动办理案件，并在全区办理首张燃气罚单、首张不文明养犬罚单等各类首案10余起，江厦中队获评省最佳实践中队。

投入资金300万元，新街、郡庙社区办公场地增加1200平方米。在全区率先采用“云端居民议事”形式，票决“街道居家养老中心”“绿色畅行工程”等12项民生实事项目，涉及资金309.3万元。无偿献血总量达41600毫升，超额24.6%完成指标，获评市无偿献血爱心街道。

城隍庙商业社区实施“友派治理”模式，“党建+治理”经验被《浙江政法》刊登。开展群租房整治，累计检查沿街店铺595家，整治“三合一”场所（住宿与生产、仓储、经营一种或一种以上使用功能违章混合设置在同一空间内的建筑）4家，市、区重大火灾隐患单位天一星座标销案摘牌。

完成社区“两委”换届。开展“红色领跑”全域示范工程，天封社区换届后“开门一件事”系全市唯一入选省首批最佳实践案例，莲桥社区“清廉风景线”被授予市级清廉社区建设示范观察点称号，党建引领商圈治理经验做法被省全面深化改革办《竞跑者》录用，“天一商圈服务大提升”系全市唯一入选省委改革办公共场所月度十佳亮点项目。建立全市中心城区首家乡贤之家，创建省首批全国“示范型退役军人服务中心（站）”。

2020年江厦街道各社区基本情况表

表38

社区	面积（平方千米）	户数（户）	人口数（人）	社区名称	面积（平方千米）	户数（户）	人口数（人）
郡庙社区	0.20	1900	3659	莲桥社区	0.26	680	1642
天封社区	0.28	1726	4267	新街社区	0.56	2425	6207

注：表格中数据为调查数

【城隍庙商业社区“共享”隔离间首创】2020年，为精准落实疫情防控，帮助社区商户尽快复工复产、恢复营业，江厦街道在城隍庙商业社区推出“共享”隔离间思路。由运营公司统一选址，提供封闭性较好、不影响安全的隔离间，社区和卫健部门每日监督物业做好消杀防疫措施。这一举措既不影响商户经营，又解决200余家小商户没办法腾出地方设置隔离间的“痛点”。同时，针对部分商户特殊需求，街道专门组建由6名网格长、社工组成的“金点子落地小分队”，定制各类个性化方案。

【江厦街道全隐患拉网式整治】2020年，江厦街道对辖区4个社区出租房及电瓶车消防安全隐患开展拉网式整治，累计核查2962家，安装智能充电桩308个，发放隐患告知书104份，整改隐患问题78个。辖区派出所、安监所、社区三方联动，逐栋逐层逐户筛查群租房屋、房内结构、住宿人员、安全隐患。将消防智能充电桩纳入老旧小区改造工程，从源头解决老旧小区充电设备缺乏、充电行为不当等问题，江厦街道社区卫生服务中心、翰香小学等完成安装智能充电桩60个。借助“魅力江厦”“主播说联播”等线上平台和《今日江厦》、LED电子显示屏等线下载体，依托网格员张贴电瓶车消防安全海报360余张，发放《居住出租房“七个一律”》宣传小海报3000余份。联合公安等部门开展出租房执法检查，健全隐患整治长效机制，以小周期滚动式排查巩固深化整治成效。

【江厦街道文明创建】2020年，江厦街道通过建立“责任清单+负面清单+反馈清单”推进“文明城市”创建。建立责任清单，落实4个社区小区、2个商圈楼宇共23个片区责任清单并挂图作战。23家物业公司包片负责小区及商务楼宇红线内环境卫生，环卫负责城市道路保洁，同时融合党建网格和治理网格，楼道组长、包片联户党员负责16个小区和楼道。建立负面清单，包括精神文明、环境卫生、安全管理和社区服务4大类22项问题，明确对应管理措施及管理部门。落实“一日一督查一整改”，成立3组由街道机关干部、文明纠察员、社会组织志愿者等组成的文明督查分队，分片对辖区社区（商圈）进行动态周期巡查，整改完成督查各类问题82个。建立反馈清单，对接“四个平台”“居民议事”“社区（商圈）文明创建电话专线”等平台，整理解决居民反映的垃圾分类、共享单车管理、路面保洁、文明宣传、矛盾调解等问题。

【天一广场“无烟蒂”示范区建设】2020年，天一广场在打造首批“席地而坐”示范区域基础上，开展城市客厅“无烟蒂”示范区建设。8月，启动示范区建设，环卫打扫频次由15分钟缩短为10分钟，实现烟蒂“落地不见”。在天一广场、中山东路等重点区域，配备82个智能户外烟缸、4个户外吸烟亭、2个吸烟机，通过大数据实时监测烟蒂“入缸”分布状态，优化烟蒂收纳器布局，累计清理烟蒂5000余只。启动不文明行为曝光台，通过广场摄像截取乱扔烟蒂行为，制成视频资料滚动播放，增强市民文明行为意识。联合商圈餐饮企业、“心公益”、五星电器城管义工志愿者等开展“烟蒂不落地 天一更美丽”主题百米画督促卷绘图、“烟头不落地 文明我先行”主题亲子知识竞答、“市民随手拍”有奖举报等活动，提升“席地而坐”城市客厅宣传实效。

【天封社区入选省“无障碍社区”】2020年1月，省残工委公布第二批省级“无障碍社区”名单，天封社区入选（全区2个，全市18个）。社区在完善无障碍建设基础上，以残障人士心理健康为重点，通过聘请第三方“邻家大姐助老服务社”，联合社区“帮帮团”等志愿组织建立“心灵驿站”，加强对残疾人等群体的交流和关怀。

【江厦街道获评市“无偿献血爱心街道”】2020年1月，江厦街道再次入选宁波市“无偿献血爱心单位（街道）”名单，成为全区唯一连续两年获评的镇（乡）街道。2020年，街道组织辖区机关、企事业单位及居民群众378人参与无偿献血，实际献血量51800毫升，完成指标任务的195%。为提升献血效率，街道提前一个月进行宣传动员，并首次把献血活动周期放宽至5天，意向人员可根据实际灵活调整献血时间；辖区内部分企业鼓励全员参与献血活动。

【江厦街道政务服务“三色窗口”工作法】2020年5月始，江厦街道以往年公共事务服务中心业务办理大数据为基础，通过分类打造“红、黄、绿”三色窗口，提升窗口政务服务水平。设立4个先锋引领、带头示范的“红色窗口”，以服务承诺制、首问责任制、限时办结制、一次性告知制、效能投诉制等机制，为辖区企业、居民提供社会保障、惠企惠民补助等服务；设立3个为办事群众解决疑难棘手问题的“黄色窗口”，提供民生服务、住房保障及其他服务。通过街道领导陪办制、坐堂制等形式，全程陪同办事群众办理事项，查找业务难点，理顺业务流程；设立1个优先服务特殊人群的“绿色窗口”，为75周岁以上老人、独居孤寡老人、残疾人等特殊人群开设“办理直通车”，并配备流动志愿者坐堂引导，提高办理效率。设立当月，窗口办理业务182件，其中“绿色窗口”业务办理量28件，较上月增加6倍。

江厦街道公共事务服务中心大厅设置三色办事窗口，按照不同工作职责及服务对象提供相应、优先服务

【天封社区雨污分流管道改造项目入选省级最佳实践案例】2020年12月2日，全省首批“开门一件事”最佳实践案例公布，天封社区雨污分流管道改造项目入围，系全市唯一。天封社区自10月25日社区党组织换届选举以来，采取先听意见再定调、先看效果再动工、先解矛盾再推进的方式，对矛盾较多、居民意见较大的9个改造点位实行重点攻坚，提升居民群众参与度。解决路面开挖影响居民停车出行难题，新增停车位68个，推动雨污分流管道改造项目工程施工。

【月湖西区拆迁项目清零】2020年12月22日，江厦街道依法完成月湖西区桂井巷8号两户遗留户强制执行工作，实现1个月内完成百日攻坚“拔钉清零”任务。该地块拆迁项目启动于2010年，因文保房拆迁难问题，至2020年初，仍剩余4户文保房拆迁户尚未签约。街道针对剩余遗留户的不同理由，采取上门沟通和法院申请同步执行方式，向所有拆迁户发放《房屋征收补偿决定书》《督促履行催告书》，并使用摄像机全方位记录拆迁过程。

（项若冰）

鼓楼街道

【概况】鼓楼街道东临三江口，西至望京路，南接中山路，北濒余姚江，面积1.6平方千米，常住人口18779人。2020年，下辖5个社区、1个商圈服务中心，其中2个为省“文明社区”，3个为市“文明社区”。

成立6个专项工作组，持续抓好新冠肺炎疫情防控工作。严把人员排查关、卡口进出关和企业复工复产，确保辖区无一例疑似和确诊病例。共设卡口51处，登记返宁波人员信息2366

人，登记发放“甬行证”9528张。开展清楼行动、小周期滚动排查等专项行动。严格落实重点人员管控措施，实施集中隔离、居家硬隔离、居家健康观察，开展新冠病毒核酸检测工作，做好发热病人全周期闭环管理。设区级集中隔离点2处，接收、安置全区隔离对象，有效杜绝“外防输入、内防扩散”。

坚持疫情防控与经济发展“两手抓”，153家规限额以上企业在全区率先实现复工，各项经济指标逆势向好。实现地区生产总值70.5亿元，实现财政总收入4.84亿元，比上年同期增长10.1%。引进企业553家，推动“华润兴光燃气”“甬恩投资”“通商资产管理”等14个重大项目落地。实到大市外内资29.2亿元，“浙商回归”资金29亿元，实际利用外资510万美元。连续4年获得全区招商选资金银奖。“德勤会计”“同方全球人寿”等世界知名企业落户，加速带动辖区内高端现代服务业产业集聚。辖区企业引进博士120人，5人入选市“3315计划”。

探索政务服务2.0版本，提升改造街道公共事务服务大厅，进一步优化服务职能，实现“一人多能，一窗受理、一站式服务”。成立街道社会组织服务中心，推动公益创投项目5个，专业化培育、精细化扶持辖区各类社会组织发展。投入20万元升级改造博爱残疾人服务中心，不断提升残疾人服务专业化水平，创建全市“AAA级阳光家园”，打造养老服务中心“阳光厨房”建设，配置“爱心车轮”老年助餐车，推动“以老助老守望相扶”工作。推动街道退役军人服务站标准化建设，累计办理促就业补贴1560人次，涉及金额334万元。“全省劳动人事争议基层调解优秀单位”夏蓉菁品牌工作室受理劳动争议调解案件183起，结案183起，为劳动者追讨欠薪、社会保险、经济补偿等涉及金额457.76万元。不断健全社会救助体系，通过“五老友善访问团”及时了解民需，定期纾难解困。街道公共服务大厅设立疫情补贴专人专窗，实现双职工补贴领取、企业复工复产“一窗受理”，累计为辖区559家企业、1797人次员工发放补贴228万元。

完成社区“两委”换届。开展机关干部一线“走社破难”“走户问难”专项行动，累计解决基层问题405个。持续深化“支部建功”竞赛，培育获中央电视台报道关注的“百岁粥坊”等党员志愿者团队30个，组织1200名党员开展志愿服务活动532场次，累计服务辖区居民9万余人次。在疫情防控常态化背景下，审慎开展各类文化活动，根据不同的民俗时间节点，邀请文化志愿者开展“我们的节日”系列活动。围绕“颂抗疫斗争，赞伟大祖国”为主题，全年开展各类主题文化活动10场。

完成38万平方米老旧住宅小区改造，强化老小区物业精细化运作。11幢低洼易积水棚户区房屋完成改造，实施19个小区建筑面积近70万平方米老旧住宅小区顽疾整治。完成文明城市创建各项测评迎检任务，获全国文明城市创建“六连冠”市政府集体嘉奖。垃圾分类工作持续在全区领跑，连续4年全区考核位列第一，获评全区唯一“宁波市生活垃圾分类先进街道”。

【宁波德勤公司运行】 2020年4月22日，德勤管理咨询（上海）有限公司宁波办公室（简称“宁波德勤公司”）正式运行，负责“德勤”品牌在宁波区域的各项业务。这是德勤在新冠肺炎疫情暴发以来，全球首个正式运营的新设机构。在该公司落户海曙期间，鼓楼街道帮助企业协调场地租赁、装修过程中遇到各类的问题，及时与德勤上海总部沟通，通过现场搭建平台，与相关部门、楼宇物业、房东、装修公司等共商共议，协商解决各方需求，让企业安心落户。

【鼓楼街道老旧小区改造项目完成】 2020年6月1日，鼓楼街道启动呼童小区、尚书街8—10号、尚书街39号及尚书小区北侧部分改造提升项目，改造总面积15900平方米。涉及建筑外立面粉刷和开裂修补、道路拓宽、绿化修整、住宅雨污水分流、智能化建设等改造项目。街道遵循“共商共建、共管共建、共同缔造”理念，依托社区“开放空间”，群策群力科学制订改造方案和项目管理机制。截至7月1日，项目完工，成为全区率先完成的老旧小区改造项目。

【永寿街伏跗室历史文化街区项目】 2020年6月17日，永寿街伏跗室历史文化街区房屋处理工作结束。该历史文化街区是宁波尚未开发的最后两条历史文化街区之一，占地7.8公顷，核心保护面积3.5公顷，有省级文物保护单位1处、市级文物保护点9处、历史建筑31处。2019年7月启动房屋处理工作，涉及房屋处理590户，签约458户（公房300户、私房158户），签约总面积22941.91平方米，其中货币补偿407户（补偿金额约6亿元）、房物置换48户、市场化租赁3户。

永寿街伏跗室历史文化街区

2020年鼓楼街道各社区基本情况表

表39

社区	面积（平方千米）	户籍人数/常住人口数（人）	社区	面积（平方千米）	户籍人数/常住人口数（人）
中山社区	0.35	3520/3163	文昌社区	0.12	6629/5621
秀水社区	0.22	5175/3755	孝闻社区	0.23	4255/3605
苍水社区	0.42	2960/2635			

注：表格中数据为调查数

【全区首个“平安智慧楼宇”】 2020年7月21日，恒隆中心商务楼4台拥有电子门禁人脸识别功能的智能设备投用，成为全区首个“平安智慧楼宇”。投用后，工作人员进出闸门仅需5秒，同时，设备可实时监测工作人员的各类安全情况，有效管控楼宇内人员构成复杂、矛盾纠纷多、管理难度大等问题。

【“贝恩资本”落户鼓楼街道】 2020年9月29日，“贝恩资本”注册成立宁波甬恩投资管理有限公司，完成在鼓楼街道的税务落户工作，预计到位外资5000万美元。“贝恩资本”成立于1984年，系全球著名股权投资公司，总部位于美国，管理资金超过1000亿美元，为全球多个行业超过250家公司提供私人股权投资和附加收购服务。

（张祯倩）

白云街道

【概况】 白云街道位于海曙中心城区，东接萧甬铁路，南至苍松路、气象路，距杭甬高速公路入口2千米，西临后塘河支流——龙尾河、前河，接机场公路至气象路口，距宁波栎社机场6千米，北沿西塘河，与中山西路隔河相望。辖区面积4.4平方千米。2020年，下辖13个社区和丽园尚都商圈服务中心，总人口6.85万人。

1月22日启动新冠肺炎疫情防控工作，组建综合保障等8个工作小组（专班），发动全体街居干部200余人，联合市、区机关下派干部和居民志愿者，全力做好疫情防控工作。宝善社区书记曹亚琴获评浙江省“城乡千名抗疫英雄”，白云街道团工委被宁波市评为疫情防控和复工复产一线表现突出的团组织，安丰社区党委、防疫志愿服务队分别获评宁波市抗击新冠肺炎疫情先进集体与优秀抗疫志愿服务组织，云丰社区党委获评2020年市级抗疫先锋团队，朱仁泰家庭获评宁波市抗疫“最美家庭”，叶人君、周玲利、董玲红获评宁波市疫情防控工作优秀网格员。

完成财政总收入3.69亿元，其中一般公共预算收入1.91亿元。完成大市外实到资金3.89亿元，完成“浙商回归”资金4.51亿元（区核定完成“浙商回归”资金2.92亿元）。实现固定资产投资13.58亿元、限额以上商贸企业销售额57.89亿元。引进企业342家，物产中大集团股份有限公司、浙江启晨商业运营管理股份有限公司等一批优质企业落户。累计发放电商企业补助、“一企一策”补助等2875万元。全力抓好复工复产，组建企业服务专班、落实驻企联企服务机制，通过电话、微信、现场受理等多种方式宣传政策、解答咨询，走访规模以上企业及重点企业450家次。累计受理双职工子女看护补贴、来宁波员工交通补贴等惠企政策申请666家，总金额324万余元。

持续深化垃圾分类工作，完成撤桶并点258个，街道垃圾分类小区合格率达93.2%。完成电梯加装15部。完成联安小区、中信白云等6个小区的老旧小区改造。确定铁路三、四线建设涉及的文苑风荷、欢乐家园、欢乐精品园、柳馨花园4个小区的改造方案，建筑面积21.53万平方米、房屋58幢、居民2216户，总投资3888万元，完成方案设计。借助“美丽河湖”建设及“万名河长巡河周”活动，各级河长累计巡河300余人次，发现并整治河岸环境卫生等问题40余条，更新河长公示牌16块。持续抓好菜场周

4月20日，白云街道牡丹社区志愿者到西塘河畔开展义务巡河活动

边、背街小巷整治工作，重点做好联丰菜场及周边500米的实时精细化管理。开展渣土车不规范运营专项执法行动，查处渣土类案件60起，罚款40万元。

大力推进社区交流中心建设，既为居民提供交流休闲场所，同时也搭建社区治理有效载体。启用全区首家百姓综合健身中心，完成丽雅社区阅读书房硬件建设。不断深化居家养老服务，引导和扶持养老微机构发展，推荐联南社区申报全国养老示范社区。以“打造社区交流体系、提升社区服务能力”为主题，申报市级城乡社区治理和服务创新试点单位，推进安丰社区、丽雅社区、春悦社区分类集群治理模式推广工作。完成市级首批社会工作站建设。对接宁静港湾等社会工作机构开展困境儿童帮扶项目。深化“四全工作法”助推“最多跑一次”改革，引入窗口队伍“绩效考核管理”机制，完善服务事项规范、绩效考核与满意度反馈和好差评评价机制，铺开“代跑员+小区助理”模式，提升家门口服务能力。

建成街道矛盾纠纷调处中心并实体化运行。共排查矛盾纠纷291起，调处291起，调处成功率100%。做好寄递行业、高层住宅消防、个体食品销售许可等重点环节的自查自纠。做好辖区出租房及电瓶车消防安全隐患集中排查整治，下发整改通知单2374份，整改完成联丰菜场地下车库违规住人、电瓶车违规充电等隐患共1962处，处罚69起，新增灭火器1654个，配置独立式烟感报警器779个、防盗窗开口94处、电瓶车集中充电设备77个。

扎实开展作风建设提效年相关工作，引导党员开展小门管控、垃圾清理、顽疾治理等志愿服务活动2800余次，开展正风肃纪检查18次，抽查约2160人次。组织开展“晒晒我的支部风采”等活动10场，建立6支党建督查队伍进行抽查15次。完成社区“两委”换届，新一届社区党组织班子平均年龄下降2.7岁。继续实施“云雁工程”2.0，依托“云锋课堂”等平台组织各类培训20余次；实行“1+N”师徒结对，聘请省级“兴村治社名师”陈赛花等3人作为导师，指导16名年轻社区干部协调利益关系、处理基层事务。作为宁波市唯一参加交流单位，参加“长三角区域党建引领小区治理圆桌会”，分享党建引领社会治理的相关经验。在《人民日报》《新华每日电讯》《浙江日报》《宁波日报》等中央及省、市、区各级媒体报道200余篇，“白云服务”微信号推送信息80余条。

2020年白云街道各社区基本情况表

表40

社区	面积(平方千米)	户数(户)	人口数(人)
联南社区	0.15	2356	4577
联北社区	0.11	2472	5304
云丰社区	0.27	2854	6680
安丰社区	0.39	3174	6510
白云庄社区	0.54	2669	5344
云乐社区	0.69	3106	5517
牡丹社区	0.71	2901	9639
安泰社区	0.13	1832	4286
宝善社区	0.54	2784	6238
南雅社区	0.08	1573	2940
丽雅社区	0.25	2957	6457
春悦社区	0.16	2997	2244
曙悦社区	0.16	3151	2773

注：表格中数据为调查数

【崔砺金到安丰社区调研】 2020年4月21日，省消保委秘书长崔砺金一行到安丰社区调研指导工作。崔砺金参观社区“社创空间”各功能区域，了解安丰社区作为市“放心消费示范社区”为居民提供的各种便利。指出推进“放心消费在浙江”“长三角放心消费”活动需要各方面力量支持，社区作为推进放心消费环境建设服务的重要宣传窗口，需要继续提升消费服务水平，助推经济高质量发展。

【泸州市政府到玫瑰苑小区调研垃圾分类工作】 2020年7月2日，四川省泸州市政府、市城管执法局，下属各区的综合执法局等机关单位到安丰社区玫瑰苑小区参观调研垃圾分类工作。社区党委书记陈赛花介绍小区实施垃圾分类工作，介绍近年来主要做法：以垃圾分类驿站为平台，建立“一平台、一卡、分类三表”制度；依托社工包片联户，划分垃圾分类工作网格；培育“草根领袖”，入户宣传垃圾分类，提高居民主动性和参与度，使开袋检查分类正确率逐步提升。

白云街道社区工作站

【市民政局到安丰社区调研“清廉社区”建设】 2020年7月10日，市民政局赴安丰社区调研“清廉社区”建设工作。考察组了解安丰社区的总体情况及“清廉工作法”，实地查看社区“清廉建设”场地。座谈会上，区监委向考察组汇报海曙区“清廉社区”建设总体情况，市民政局对海曙区“清廉社区”建设工作予以充分肯定。

【全市首批社区工作站试点落户白云街道】 2020年8月，宁波市首批社区工作站试点落户白云街道。工作站按照科学架构组建，梳理现有社会组织、高校学者等，建立资源库；围绕预防救助、垃圾分类、文明创建等民生重点，与辖区内330家备案社会组织进行信息互通、工作共享、联合决策。在社区工作站指导下，南雅社区启动“周末暖巢红”服务项目，通过社工对接专业服务，为社区36位高龄独居的空巢老人提供个性化、精准化居家养老服务。

【南宁市政协到安丰社区调研基层协商民主建设工作】 2020年8月26日，广西壮族自治区南宁市政协考察组到安丰社区考察调研推进基层协商民主建设工作。考察组详细了解社区通过开放空间、共识论坛等议事方式，解决众多基层治理问题，并重点考察民主协商后的老小区电梯加装效果。在座谈会上，与会人员观看海曙区“开放空间”宣传视频，区民政局介绍海曙区创新“开放空间”社区协商激活基层治理的相关工作。南宁市考察组表示将借鉴并推广白云街道在基层协商民主建设的经验做法。

【白云街道参会长三角党建引领小区治理研讨会】 2020年10月20日，白云街道作为宁波市唯一“党建引领社区治理”经验交流单位，参加长三角党建引领小区治理研讨会，街道党工委书记李高上台交流。白云街道通过多种手段推进基层治理成效明显，成为宁波市“新时代社区治理的展示窗口”之一。在老旧小区整治、辖区环境面貌综合提升方面，充分发挥党建在社区治理中的引领作用，深化党组织领导下，物、居、业的三方联动机制；抓好社区书记、党员、社会组织3支队伍，破解在老旧小区电梯加装、社区养老服务功能完善、社区交流互动平台搭建等方面难题。

【白云街道老旧小区改造完成】 2020年底，联安小区、中信白云等6个老小区改造工程竣工。工程总投资9100万元，改造面积38.37万平方米，涉及住户3577户。改造后，6个老小区形成小区智能化入口、兼具交通和生活功能的迎宾路线、适宜全民健身的滨水景观慢行带、智能化的社区服务管理中心。此外，单元楼道入口处预留电梯井的位置，为之后老小区加装电梯预留施工空间。

（王江宁）

望春街道

【概况】 望春街道位于海曙区东北部，东沿铁路与西门街道和江北区相邻；北枕姚江；南以西塘河为界，与白云街道相依；西与高桥镇接壤，区域面积7.88平方千米。2020年，下辖14个社区和11个股份经济合作社，常住人口9万余人。

持续推进新冠肺炎疫情“精密智控”工作，不断巩固提升疫情防控成果。抓好常态化防控，坚持“外防输入、内防反弹”，建立社区网格化管理专班，落实“五包一”责任，严格落实专班研判、活动审批、小门管控等制度。涌现省、市、区各级先进个人17人次、先进团队4支。

实现地区生产总值47.78亿元，比上年同期增长4.8%。规模以上企业增加值15.4亿元，增长24%。规模以上工业增加值5985万元，增长8.7%；限额以上商品销售额116.41亿元，增长98.4%。固定资产投资总额21.01亿元，完成年度目标任务的135.5%，其中建安投资9.1亿元，增长94.5%；货物出口总额29.35亿元，增长17.6%。引进银河水滴科技宁波有限公司、宁波诚楷科技有限公司等优质企业490家，大市外实到资金6.33亿元，“浙商回归”实到资金6.37亿元，超额完成年度考核目标，获2020年度全区招商选资工作先进单位金奖。五江口地块、新星商业中心1号地块等正在施工中，阳光豪生大酒店东侧地块提前竣工。开展精准服务企业400余次，帮助企业解决困难1174个，组织300余家企业参加各类惠企活动10余场。褚健教授获评市“杰出人才”和市“顶尖人才”，银河水滴科技（宁波）有限公司黄永祯博士团队入选市“3315”计划创业团队，宁波芯然科技有限公司徐晨入选市“泛3315”计划创业个人。以新一轮国土空间规划编制为契机，梳理近66.67公顷存量低效用地、拆迁闲置地块、可拆迁开发土地等发展可利用资源，其中4块土地纳入全市2021年第一季度经营性用地出让计划，数量占全区四成。

聚焦辖区重点区域开展城市顽疾集中整治，累计清理垃圾1000余吨，拆除违章建筑50余处，街道获宁波市争创全国文明城市“六连冠”集体嘉奖，36人获市、区两级的个人嘉奖。老旧小区改造年度任务完成，投入经费8000余万元，完成4个老旧小区35万平方米改造工作，惠及居民4587户。撤销垃圾桶点位692个，广安社区垃圾分类“微公交”做法被各级媒体广泛关注。广安社区永和居易小区获评2020年度省级“高标准生活垃圾分类示范小区”。清风社区青林湾西区、青林湾五期获评2020年度省级“高标准生活垃圾分类示范小区”。实现住宅小区物业覆盖100%，业委会覆盖超八成。

建立街道一站式矛盾调处模式，望春街道人民调解委员会获评“全市成绩突出人民调解委员会”。“一网统管”扎实运行，“基层治理四平台”网格长办结事件6157条，办结率达100%。安全生产监督执法严格落实，青苹果商务公寓实施重大消防隐患专项整治。广安社区、徐家漕社区获评2019年度省级“民主法治社区”。

社区居委会换届完成，28名正副主任、110名委员平均得票率达93.92%。对照品质社区建设三年滚动发展计划，树立第一梯队示范引领旗帜，分类集群治理模式常态化运作，围绕“春风品质区”“春雨融合区”“春天服务区”三大民生主题区块，开展群例会6场，组织便民服务活动18场。社区自治水平显著提高，举行开放空间活动40余场。街道社会组织服务中心实体化运作，协同3个社区群社会组织服务中心和各类社区社会组织有机整合，“1+3+X”模式效能初显。泰安社区、新星社区、徐家漕社区获省级“规范化避灾安置点”称号。

发放各类社会救助379.9万元，募集“慈善一日捐”善款13.2万元，新星社区、天一家园社区被评为市慈善社区。推进“书香海曙、品质望春”建设，天一家园社区获评省“公共文化示范社区”，水岸心境社区成立首家区级数字化城市书房。

社区党组织换届完成，选举产生新一届党委（总支部）专职委员92人，兼职委员28人，其中书记14人，副书记15人，选举产生新一届党的纪律检查委员会委员21人，其中书记7人。党建“分域治理”创新项目全力推进，构建物居业党建共建、40年产权公寓楼治理等5个党建主题域，解决群众问题108件，惠及群众2万余人次。社区支部积极破难，以43个“红旗支部成长营”项目为抓手，“党员回归”取得明显成效，支部党员活动参与率达80%以上。试点打造治理“活地图”，在清风社区建立社区治理智慧导航“活地图”，实现党员亮星、支部亮旗、资源亮功能，117个楼道、300余名党员和志愿者发挥积极作用。清风社区“侨胞之家”入选全国侨联系统优秀，并获省侨联主席批示肯定。深度建设“清廉望春”，严格落实党风廉政建设主体责任，深入实施阳光居（社）务管理，从严抓好监督执纪。成立街道居民议事会，畅通社情民意收集、政情通报双向信息传递，落实年度民生实事项目4项；区“两会”建议提案全部办理完成。五江口社区职工书屋获评全区唯一的省级职工书屋，海达建设宁波奥体中心项目部获区“工人先锋号”荣誉称号。开展“青苗工程”推动青少年志愿服务。加快建设春风群女性社会组织促进中心，培育水岸心境社区亲子阅读点。广安社区、徐家漕社区获评2019年省级“民主法治社区”。

探索实施社区书记考核末位退出机制。启动“春苗工程”，组织“寻雁望潮”“妙笔生花”等系列活动。建立首问首接“一册一群一课”工作机制，事项平均办结时间明显缩短，《街道“首问负责即问即办”工作手册》获全区推广。开展机关“垃圾分类”“餐饮节俭”攻坚行动，牢固树立规矩意识。推进“转作风走基层联一线”活动，全面深化联系服务群众实效。法治观念不断增强，全面推进合法性审查全覆盖，《街道合法性审查工作手册》获全区推广。联合西郊法庭、导司律师事务所开展战略合作，组建法律顾问团队，有效提升法治政府建设水平。

9月5—10日，信谊社区联合望春街道联居干部、党员及居民志愿者对信谊辖区进行环境大整治

2020 年望春街道各社区基本情况表

表 41

社区	面积（平方千米）	户数（户）	人口数（人）
泰安社区	0.25	1514	4573
天一家园社区	0.50	1760	4741
西成社区	0.50	1821	4457
徐家漕社区	0.20	1496	3308
春城社区	0.70	1001	2354
信谊社区	0.38	884	2062
新星社区	0.35	2035	5431
青林湾社区	0.56	2694	8080
后塘河社区	0.55	819	1901
水岸心境社区	0.46	1542	4650
清风社区	0.50	2813	8045
广安社区	1.53	848	2137
广泽社区	0.30	520	1159
五江口社区	1.10	2145	5499

注：表格中数据为调查数

【望春街道“低效用地”排摸】 2020年，望春街道为推动辖区“亩产增值”，细致排查摸清底数，将辖区细分为青林湾、新星、西成、后孙、长乐东、徐家漕等6个地段，全面排摸存量低效用地、拆迁闲置地块和可开发土地等空间资源，梳理发展可利用地块23处，摸清产权人、土地面积、控规用途等信息；梳理街道和各股份经济合作社工商业资产33处，明确资产性质、面积和使用近况。

【清风社区“侨之家”建设】 2020年，《海曙清风社区积极探索基层“侨之家”参与社会治理新模式》获省《侨情专报》录用，省侨联主席连小敏在专报上批示。清风社区“侨之家”以创建国际化社区为契机，打造“侨贤大使”平台，构建“1+3+N”服务模式，带动侨界精英、海外高层次人才归国发展、回乡创业。至12月，培育7支侨务专业团队，累计开展各类侨务活动150余次，与海外城市站点互动人数达2000余人。举办“海归的方向”分享会、“大手拉小手”活动等交流活动15次。成立“洋”帆回程志愿服务队，为60余名留学生和80余名海外侨胞提供帮助，开展在线医疗咨询、法律咨询、心理咨询200余次。

【望春街道老旧小区改造完成】 2020年，望春街道4个老旧小区改造工程通过竣工验收，工程总建筑面积35.65万平方米，总投入约8800万元，惠及居民4587户，新增地面停车位872个。改造过程中，街道与社区充分发动业委会力量，听取各方意见，组织发动居民担任“监督员”等方式，从居民角度收集和反映有关问题，督促施工方尽心尽力，促进老旧小区改造方案更具完备性、更加人性化。竣工后，小区环境面貌明显改善，其中关爱小区争创“老旧小区改造市级示范小区”。

【望春街道社区党组织换届】 2020年，望春街道所辖14个社区党组织进行统一换届，包括党委7个、党总支7个，1256名党员参加党员大会，换届选举成功完成。换届通过“两推一选”方式，选举产生新一届党委（总支部）专职委员92人，兼职委员28人，其中书记14人、副书记15人。选举产生新一届党的纪律检查委员会委员21人，其中书记7人。社区新党组织班子素质能力进一步提高，呈现“两高”特点（新当选社区党组织书记认可度高，委员素质高），新当选委员平均年龄50.9岁，大专及以上学历占70.7%。换届完成后，社区深化“大党委”机制，各社区选举产生的兼职委员，来自望春派出所、信谊小学、武警宁波支队、海曙区外国语学校、辖区物业公司和银行等共建单位，进一步增强社区黏性，实现区域化资源共享、社区共建。

【五江口社区职工书屋获评省“职工书屋”】 2020年10月，五江口社区职工书屋入选省级职工书屋，系全区唯一。职工书屋面积107平方米，藏书3100余册，并配有电子阅读区，可容纳30余人阅读。4名离退休党员干部组成“银辉党支部”，认领“薪火相传”青少年健康成长项目，涵盖社区青少年活动方案设计、爱国主义教育等志愿服务；开展“小小红色朗读者”诗歌朗诵、“讲文明，树家风”歌唱比赛、“老少点位岗助力垃圾分类”等5场活动，200余名青少年参与；成立“吾家大学堂”社区学校，开设智能手机操作、插花艺术、面点制作等4门课程，全年授课26课时，130余位居民加入。

五江口社区职工书屋

【望春街道社区居委会换届】 2020年12月19—26日，望春街道完成14个社区居委会换届选举工作。14个社区选民登记47428人，实际参加44009人，平均参选率92.79%。其中，主任平均得票率93.69%，最低88.1%；成员（包括主任和副主任）平均得票率89.36%。14个社区共推选出110位居委会委员，其中主任14人、副主任14人。

【望春街道“即问即办”工作经验交流】 2020年12月31日，望春街道在海曙区“首问首接”工作经验交流会暨助推“整体智治”工作推进会上作“即问即办”发言交流。街道编印《街道“首问负责即问即办”工作手册》，为各类首问首接事项明确详细的办理流程、接听用语规范、反馈用语模板等，确保“一看就会、易学易记”。由街道全体班子领导、各科室AB岗和社区书记共55人组建“街道首问工作钉钉群”。对于下派指令，由街道总联络员在10分钟内完成派件、25分钟内予以提醒；承办科室30分钟内完成电话反馈，对一时无法答复的事项，向来电人明确答复时间；群内实时反馈事项处理进度、群众满意度。自8月以来，在3个月内，街道“即问即办”平均办结时间由4.07天缩短至1.58天，群众满意度不断提高。

（王　洁）

段塘街道

【概况】 段塘街道位于海曙区东南部，东濒奉化江，南抵杭甬高速，与石碶街道相接，西至通达路与古林镇接壤，北同白云、南门街道相连，总面积5.97平方千米。2020年，辖3个股份经济合作社和10个社区，有户籍人口约3.5万人，外来人口约3.3万人，常住人口5.3万人。

持续推进新冠肺炎疫情防控工作，建立2个街道级隔离点和1个区级隔离点。深入开展全域风险排查。组建华兴社区“红色伙伴联盟”等一批抗疫志愿者团队，13个基层组织、个人被评为市、区级战“疫”先锋。统筹复工复产，设立疫情防控专项资金15万元，发放各类复工复产补贴410.28万元。

规模以上企业实现增加值54.9亿元，比上年同期增长24.0%。实现税收8.2亿元，其中一般公共预算收入4.3亿元，增长7.9%。工业总产值61.5亿元，增长51.5%。规模以上工业增加值16.1亿元，增长67.5%，其中，规模以上工业中高新技术产业增加值2.1亿元，增长8.3%。实现限额以上商品销售额267.1亿元，增长34.5%；限额以上社会消费品零售额67.0亿元，增长6%。稳步推进13个重大项目建设，实现固定资产投资68.9亿元，其中，街道建安工程投资24.0亿元，增长61.0%。引进浙江王道集团有限公司、宁波瑞韵进出口有限公司等企业307家，注册资金39.2亿元。

鄞奉路（环城西路—三孔碶桥）拓宽改建工程项目国有土地房屋征收“清零”，有序推进道路拓宽改建。完成原联通集团、原太平鸟集团、原花时美毛衫制衣公司等7个地块的拆迁“清零”工作，成功出让3宗土地，北宸府、公园道地产项目完成交付。11个拆迁地块场地实施综合管理，拆除房屋15000平方米。辖区31个小区全面启动垃圾分类“3+1”攻坚行动，在宁波市级动态专项抽查中，31个小区全部通过合格小区验收。完成宁兴小区、南塘花园2个老旧住宅小区改造工程。持续推进污水零直排工作，通过省级“污水零直排区”创建验收。完成粮丰街整治、汽修市场回迁、汽配市场消防问题整治等专项工作。常态化开展文明城市创建，34个组织和个人获市、区级全国文明城市创建“六连冠”嘉奖。推进“三改一拆”，以拆迁带拆违，共拆除16662平方米，超额完成年度任务。

持续推进品质宜居社区建设，启动丽园社区草坪景观改造等11个社区微改造项目，新申报5个公益项目。监察、司法、工会等多部门入驻街道劳动争议多元化解中心。建成区域性居家养老服务中心，开展“解难帮困送温暖”活动。组建特色文化团队，街道舞蹈团队参与中央电视台《我们的中国梦——2020东西南北贺新春》节目录制。

受理调处各级各类信访件381件次，办结率100%，街道本级接待来访176人次。不断深化平安创建工作，成立“平安三率”红袖章志愿者队伍，进一步提升“平安三率”（群众安全感满意率、“扫黑除恶”好评率、群众对政法机关和政法队伍执法工作满意率）。抓好治安重点地区整治，加强对下辖社区违规搭建、违规群租及车棚车库住人等问题的排查。全面推进“四个平台”［镇(乡)街道综治工作、市场监管、综合执法、便民服务四个功能性工作平台］建设，确保网格内各类信息的动态掌握和矛盾问题及时处置。完成基层矛盾调处中心建设，并投入使用。

完成9个社区的组织换届选举。开展“四提争先”计划，推动基层党建发展。建成并试运行“党建帮办”服务中心，开展“锋领·新时段”两新党建品牌创建、“锋领巢”志愿服务计划等工作，推动“社区治理智囊团”、“机关党员突击队”、“红色义管家”自治团等团队建设。开展“清廉教育村社行”巡展活动，试行社区正、副职干部奖惩管理办法。

2020年段塘街道各社区基本情况表

表42

社区	面积（平方千米）	户数（户）	人口数（人）
华兴社区	0.23	1212	3193
南都社区	0.27	1919	5541
新典社区	0.77	3894	6088
南苑社区	0.23	2358	5481
南塘社区	0.15	2143	3395
洞桥社区	0.83	771	1686
小漕社区	0.58	759	2907
雄镇社区	0.84	1036	2612
丽园社区	1.58	3324	2389
丽景社区	0.49	2403	1378

注：表格中数据为调查数

【段塘街道舞蹈队参与中央电视台节目录制】 2020年1月10日，段塘街道舞蹈队作为海曙区唯一一支乡镇街道舞蹈队，参加中央电视台《我们的中国梦——2020东南西北贺新春》节目录制。队员们表演《中华民族一家亲》节目，以热情欢快的节奏展现辖区居民朝气蓬勃、健康快乐的精神风貌。

12月29日，段塘街道召开“两新”党务工作者协会工作会议暨企业党建品牌力和服务力建设推进会

【段塘街道“基层治理突破年”工作会议】 2020年4月22日，段塘街道召开2019年度基层党组织书记述职评议会暨“基层治理突破年”工作会议，街道领导班子成员，各科室负责人，各社区书记、便民服务中心主任，两新党组织书记，机关党支部书记等50余人参加。12名社区、商圈、机关等基层党组织的书记围绕履行党建责任情况、重点任务完成情况和党建工作的特色亮点及个人党风廉政建设等进行述职述廉。街道5名领导班子成员结合“基层治理突破年”重点工作和条线任务发言，为全力打造基层治理体系和治理能力现代化的“段塘样板”定目标、划重点。

【街道工会庆“五一”表彰大会】 2020年4月29日，为庆祝五一国际劳动节，表彰辖区企业在复工复产、促进经济转型发展、创业创新等过程中涌现出的先进人物，段塘街道召开庆“五一”表彰大会。会议表彰“工人先锋号”“工匠精英”“十佳工会干部”“十佳工会积极分子”“十佳工会好管家”等先进个人和集体。街道机关、社区、辖区企业的代表参加活动。

【段塘街道讲师团成立】 2020年5月27日，段塘街道讲师团成立暨“空中课堂”巡讲第一课在南苑社区举行，

"中国好人"、全国自强模范陈效平和多名积极传播新时代好声音的企业青年精英参加活动，党员群众通过"学习强国"App等载体在线观看。街道为首批12位宣讲团讲师颁发聘书和胸章。陈效平、朱爽两位讲师以"习近平总书记在浙江、宁波考察时的重要讲话精神"为主题开展"空中课堂"巡讲第一课。

【南苑菜场试营业】 2020年8月3日，经过7个月改造的南苑菜场试营业。菜场是宁波首家省级示范菜市场，改造升级按照"五星级菜场"标准实施，总投资超过600万元，改造后总建筑面积1700平方米，设蔬菜、鲜肉、水产、休闲等10余个功能区，有店铺17家、摊位40个，引进"力洋酒坊""前童三宝""膳博士黑猪肉""鄞延延边黄牛肉"等品牌。同时，硬件全面升级，装备中央空调；每个摊位上方都安装液晶显示屏，公示经营户的营业执照、交易价格、销售品种等信息；增设30个高清摄像头，力求为消费者提供透明、安全、舒适的购物环境。

【汽配市场消防安全隐患整治】 2020年9月，段塘街道针对宁波市南大门汽配市场灭火器材配备不到位、消防通道被占、消防安全日常管理混乱等突出消防安全隐患，成立汽配市场消防安全整治工作专班，组织街道安监所、综治办、派出所、城建办、卫生、消防等多方力量全面整治。其间，配全消防器材，清理消防通道，落实常态化管理，及时解决整治中的重点、难点问题，督促市场管理方履行主体责任，加强机动车和非机动车管理，落实禁烟措施，加强消控室管理，加大环境卫生管理投入。

【段塘街道社区党组织"履新第一课"】 2020年11月25日，段塘街道举行新一届社区党组织班子成员集体谈话暨"履新第一课"活动。活动现场，街道党工委书记对新一届社区党委（总支）班子成员开展集体谈话，全体社区党组织班子成员集体承诺，9位新一届社区党组织书记签订"民生实事"条款，"社区治理智囊团"代表进行宣誓。活动邀请区社会服务中心主任、华兴社区原党委书记陈承和洞桥（小漕）社区原党委书记陈捷讲授"履新第一课"。

8月3日，段塘街道南苑菜场试营业

【段塘街道区域性居家养老服务照料中心建成】 2020年11月27日，宁波市海曙区段塘街道区域性居家养老服务照料中心建成。中心位于环城西路南段837—839号，是段塘街道民生实事工程之一。由街道提供政策引导和资金支持，内设床位10张。委托本土企业海曙大众社区服务有限公司管理，旨在改善居家养老服务环境，营造一个邻里和谐、团结友爱、环境优美的"老人友好社区"。

【宁兴小区改造项目验收完成】 2020年12月17日，经区公安分局、区发改局、区综合执法局、区住建局等部门联合走访与验收，宁兴小区老旧住宅小区改造项目通过验收。宁兴小区是建成20余年的老小区，有住户630余户，存在停车位不足、消防通道堵塞、楼道内墙脱落等问题。7月始，段塘街道对宁兴小区、南塘花园2个老旧小区进行改造，以老旧小区居住安全、完善居住功能等为改造重点，进行包括小区门头、道路交通和停车设施、管网系统、景观绿化、垃圾房、社区服务体系6项改造。

【段塘街道"两新"党务工作者协会工作会议】 2020年12月29日，段塘街道召开"两新"党务工作者协会工作会议暨企业党建品牌力和服务力建设推进会。协会的24家成员单位围绕企业发展定位、文化内涵等，交流企业党建品牌建设经验。会上，启动"锋领巢"志愿服务计划，聚焦垃圾分类、平安建设、文明城市创建等重大任务、重点项目，发布环境提升类、关心关爱类、阵地建设类、志愿招募类等4类20项的需求库和由11家"两新"企业成员单位提供的公益资源库。

（胡腾野）

集士港镇“广德乡韵”文明示范线贯穿了华胡故地·活力广昇、茗香溪涧·舒心深溪、乡村自治·善美山下庄、耕读传世·勤朴岳童和红色传承·五彩新后屠桥等8个村，把“文明村”“美丽乡村风景线”乡村全域旅游示范区等创建工作有机结合，打造环境洁美、交通便捷、文化丰富、乡风文明、群众满意的农村文明综合体。

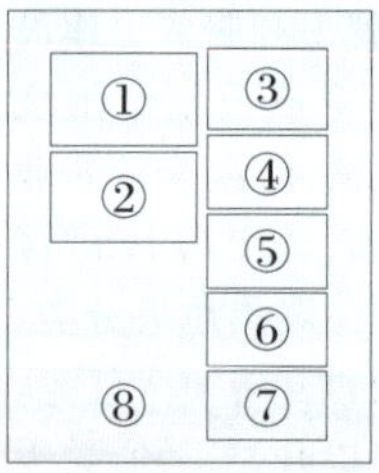

① 新后屠桥村　⑤ 山下庄村
② 广昇村　⑥ 岳童村
③ 深溪村　⑦ 西陆村
④ 双银村　⑧ 四明山村

人　物

2020年“全国先进工作者”获得者

【王理顺】　男，1968年8月出生，中共党员，海曙区环境卫生服务中心车队车间主任。1985年，进入区环卫中心担任汽车维修学徒工，经过几十年不懈努力学习，取得高级工和汽修技师职称。王理顺始终贯彻“没有最好，只有更好”的理念，运用所学的维修知识改装垃圾清运车辆的空气增压器，增加车辆使用寿命周期；针对“滴漏洒”车辆问题，带领汽修职工对清运车辆的污水管道和污水箱进行改装革新，防止车辆作业时造成二次污染。

2012年，创办“王理顺工作室”，积极组织各类业务讲座和业务培训，狠抓岗位培训和技术练兵。在他的带领下，整个班组的技术水平有很大提高，修理班成员获“海曙区工人先锋号创建环保金点子奖”、“好师傅”称号、市级“美容师”等荣誉。在抗击新冠肺炎疫情期间，王理顺深入一线隔离区进行作业指导。对于一线的粪便作业人员以及疫情重灾区收运的驾驶员和操作工，王理顺从车辆安全和卫生问题出发，增加人手对作业车辆进行全方位检修、消毒，让身处一线的工作人员能更加安心踏实作业。

2020年“浙江好人”“宁波好人”获得者

【郑益欢】　男，1997年10月出生，籍贯甘肃，宁波海曙康复医院护理部干事。2020年新冠肺炎疫情暴发初期，2月19日，郑益欢孤身一人，自驾12个小时，直奔武汉。2月21日，剃短发，穿上防护服正式上岗，在武汉市武昌医院连续奋战30余个日夜，为上百名患者提供治疗和护理。

疫情趋缓返回海曙后，郑益欢回到自己的岗位上继续发光发热。积极参与“战疫”宣讲，加入宁波市“小螺号”青年宣讲团、海曙区“小红曙”青春宣讲团，进学校、进企业、进乡村分享“战疫”故事；积极投身志愿服务，进社区助力文明城市创建，进养老院提供基础健康体检。用自己的实际行动诠释青年医务工作者的责任担当。2020年，郑益欢先后获得“浙江好人”“浙江省逆行援鄂杰出护士”“湖北优秀抗疫护士”“宁波优秀抗疫青年”“战役好人（宁波）”等荣誉。

【方大苗】　男，1939年1月出生，中共党员，籍贯浙江宁波，退役军人。20余年，化名“心愿老人”，捐助资金，帮困扶贫，累计捐款近50万元。“心愿老人”的“慈善之路”始于22年前为丽水景宁贫苦儿童助学。2008年汶川特大地震后，老人向相关官方账户汇入1万元捐款；2013年“菲特”台风来袭，老人向宁波市红十字会捐款2万元……2016年开始，在社区每年举办的“慈善一日捐”活动上，老人都会在现场捐款1000~2000元不等，5年捐款55000元，社区以此为名成立“心愿基金”，专款专用于社区居民各项服务。2020年，方大苗获评“浙江好人”与“宁波好人”。

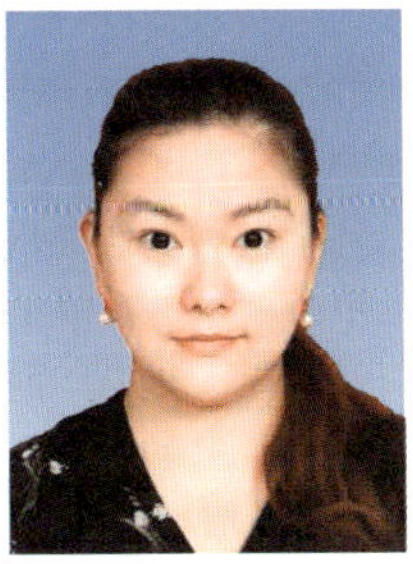

【孙嘉怿】　女，1985年7月出生，群众，浙江宁波人，海曙区志愿者协会副秘书长。2017年在微博发起“我为烈士来寻亲”话题，话题阅读量突破3000万次。她带头组建寻亲队伍，帮助全国各地603名烈士找到亲人。2020年，孙嘉怿带领团队参加浙江省和宁波市的新时代文明实践志愿服务项目大赛，讲述“我为烈士来寻亲”项目的成

果经历和感人故事，项目获浙江省、宁波市双金奖。

在新冠肺炎疫情形势最严峻的2020年除夕夜，孙嘉怿通过社交平台组建多个湖北医院的对口支援群。2月2日始，她与丈夫一起，连续17天，每天超12小时坚守在高速宁波西出口参与防疫志愿服务。在她的带动下，海曙防疫青年志愿服务力量一共出动245人次，累计服务时长2148小时。2020年，孙嘉怿获评“浙江好人”。

【夏慧星】 男，1958年8月出生，中共党员，浙江宁波人，现为宁波石源出租汽车公司职工。自1997年投身出租车行业，23年来，夏慧星一直坚守在岗位上，将一份职业变成一项事业。他的出租车上始终放置有矿泉水、宁波地图、针线包、医药箱、一次性雨衣、垃圾袋等物品，供有需要的乘客免费使用，服务周到贴心。他规范经营、文明服务、无私奉献、助人为乐，以一颗感恩的心回报社会，成为甬城“爱心出租车”的代名词。2005年5月，夏慧星把5000元“行业文明”表彰奖金捐给一位来自青海、身患白血病的女教师罗南英——这是宁波市民捐给罗南英的第一笔款项，引发全市爱心大涌动。2008年汶川特大地震发生后，宁波市慈善总会收到的第一笔爱心捐款也来自“夏慧星文明车队”。夏慧星先后获“全国劳动模范”“全国出租汽车行业见义勇为标兵”“全国文明出租车司机”“浙江省十佳文明礼仪使者”“浙江交通十大感动人物”等30余项荣誉称号。2020年获评“战疫好人（宁波）”。

【芦　杰】 男，1981年12月出生，中共党员，海曙区综合行政执法局月湖中队队员。自2009年进入城管系统以来，11年不断奉献，从发型师到一线城管队员、“五星级城管义工”。芦杰发挥发型师特长，进驻社区为老人、儿童等免费理发，志愿服务200余场次，服务时长超过3000小时，惠及群众8000余人次。2017年，“芦杰志愿服务工作室”挂牌。他带队到一些无物业老旧小区开展志愿服务活动，到镇明路、中山路等地开展市容秩序维护服务。2020年疫情期间，捐赠100副护目镜送给月湖卫生院，深入社区转送病人。2020年，芦杰获评“战疫好人（宁波）”。

【林金良】 男，1965年7月出生，中共党员，籍贯浙江宁波，中北文明车队队长。2007年，林金良与5名贵州学生结对，只身千里赴贵州，看望结对学生。2008年汶川特大地震，把自己车队和“夏慧星车队”的1万元捐款送到宁波慈善总会，成为宁波市来自民间的第一笔捐款。作为宁波81890盲人电影院的服务义工，与两位盲人老人结对，10余年坚持每月接送他们“看”电影。2020年新冠肺炎疫情暴发，由于医疗急救车缺少驾驶员，林金良发动中北爱心车队队员踊跃报名，投身疫情防控工作。在接受体温检测、安全培训后，林金良与车队5名司机加入救护车驾驶员队伍，与海曙区的“白衣天使”并肩作战在疫情防控一线。2020年获评“战疫好人（宁波）”。

【莫志蔚】 女，1939年11月出生，群众，籍贯浙江宁波，退休前是浙江省电信有限公司宁波市分公司高级工程师。在她即将迎来80岁生日时，莫志蔚用退休金为宁波市捐赠10架公共钢琴，摆放在闹市街头。受到广大市民喜爱，被称为“钢琴奶奶”。此后，莫志蔚招募300余名志愿者，参与公共钢琴维护。莫志蔚捐钢琴的事迹由《宁波日报》刊发后引起社会各界强烈反响和广泛关注，中央电视台新闻频道、《社会与法》栏目及浙江卫视等省、市媒体纷纷报道，诺贝尔和平奖获得者穆罕默德·尤努斯在宁波期间会见莫志蔚老人，并为公共钢琴点赞。2020年，莫志蔚获评“宁波好人”。

【傅　盈】 女，1974年11月出生，群众，籍贯浙江宁波，海曙区全媒体中心职工。傅盈热心公益事业，10年前即报名参加造血干细胞志愿捐献，成为中华骨髓库一员。2020年，傅盈接到区红十字会来电，与广东患者初配配型成功。受疫情影响，捐献时间从2月延至3月，捐献地从宁波改到杭州，最终于3月31日完成捐献。在傅盈影响下，其子也加入中华骨髓库。2020年，傅盈获评“宁波好人”。

【海曙区高山巡回医疗队】 2009年，章水镇成立第一支高山医疗巡回队，10年时间，区高山巡回卫生健康服务团队形成系统规模，日常在横街镇、章水镇、龙观乡等山区乡镇进村入户开展巡回服务，有效缓解山区卫生资源配置不平衡不充分矛盾。通过打造高山“流动微型卫生院”，实现

从“群众跑”到“医生跑”再到“医院跑”，为高山居民提供涵盖基本医疗、检验检查、家医服务、慢病防治、健康体检、“云医院”协同门诊等全面服务。

2020年，高山巡回卫生健康服务队与偏远山区群众建立稳定的服务关系，成为群众家门口的医院。全年开展高山巡回卫生健康服务超过200次，服务群众1.2万余人次，市、区级对口支援派出医务人员近800人次。高山巡回卫生健康服务工作于2019年3月获第一届健康长三角医疗卫生治理最佳实践案例“卓越奖”。2020年，团队获评“宁波好人”。

【沈娇叶】 女，1956年2月出生，中共党员，籍贯浙江宁波，章水镇杖锡卫生院主治医师。1976年7月，沈姣叶作为原鄞县卫生技术学校的首届学员，被分配到杖锡乡（现章水镇）成为一名妇产科医生。自此，全身心守护山民健康44年。她多次放弃外出工作机会，默默守护故乡一片土地，全心全意为山区病友奉献余热。2006年2月退休后，深知山区缺少医务工作者，沈姣叶决定继续为山区人民服务。2020年，获得“宁波好人”。

【回　娜】 女，1964年3月出生，中共党员，籍贯山东蓬莱，海曙区南门街道南站区域综合党委书记、“712”工作室主任。回娜建立企业走访制度和党建“包片联户”，推广企业服务“绿色通道办事卡”，带领团队帮助畅通企业融资渠道，组建“爱心帮扶”“婚恋指导”“就业实践”“素质提升”“阳光心理健康”五大基地，帮助企业获得一站式服务保障。10年期间，累计组织各类志愿活动400余次，发动近千名企业职工党员参加志愿者活动。带领“712”团员微笑服务队、巾帼服务队等志愿者组织，参与宁波火车站志愿服务，累计服务3000余人次。回娜关注女性职业成长，成立“月亮妈妈幸福圆梦中心”，帮助单亲妈妈渡过困境，舒缓情绪，中心成为宁波市知名党建志愿服务品牌。2020年新冠肺炎疫情期间，呼吁并带动商圈企业参与疫情防控，企业和居民纷纷慷慨解囊。2020年，回娜获得“宁波好人”称号。

【宋明权】 男，1984年7月出生，群众，籍贯浙江宁波，宁波凯迪汽车销售服务有限公司服务经理。2013年12月登记成为造血干细胞志愿者。2014年开始，每年参加无偿献血和血小板的公益活动。为增强体质，他每年参加马拉松比赛，随时为患者捐献造血干细胞做好准备。2019年12月4日，在宁波市第一医院造血干细胞采集室，宋明权配合完成145毫升造血干细胞混悬液采集，成为海曙区第六例造血干细胞捐献、宁波市第90例。2020年，宋明权获得“宁波好人”称号。

【王理顺】 参见“人物”类目“2020年全国先进工作者获得者”分目

【范培汉】 男，1962年1月出生，群众，籍贯四川南充。2019年7月16日，歹徒刘某持匕首到高桥镇藕缆桥村一居民家中，将家中居民当场杀害后，窜至藕缆桥路藕缆桥幼儿园门口欲杀另一居民，两人在路边进行搏斗，受害人腹部被刺数刀。范培汉路过此处，果断上前夺下刘某的匕首，并予以阻止，同时全力配合赶到现场的民警，将刘某控制。2020年，获浙江省“见义勇为”奖、“宁波好人”称号。

2020年“宁波市五一劳动奖章”获得者

【何先撑】 男，1980年7月出生，中共党员，浙江临海人，雅戈尔服装控股有限公司设计中心技术主管。2001年8月进入雅戈尔公司，刻苦钻研版型设计开发，2015年建立开发式母版，使开发产品统一化，提高准确率和降低返修率，为公司创造更大的市场经济效益。做好公司制版团队建设，组织大型制版技术培训28次，培养服装制版技师32人、“宁波市首席工人”1人。个人代表雅戈尔公司参加各类比武和评选活动并取得优异成绩，获得首届浙江省服装行业制版师大赛“优秀制版师”、“首届全国十佳服装制版师大赛优秀奖”、“服装制作工二级”技师证书、“浙江省技术能手”、“全国服装行业技术能手”、“港城工匠”、“浙江工匠”、“浙江省首席技师”等荣誉。

【江华侨】 男，1976年9月出生，湖北蕲春人，宁波帅特龙集团有限公司技术部长。自2002年进入帅特龙集团，先后担任项目工程师、项目经理、技术部部长职务，独立开发“一汽大众”“上海大众”“上海通用”“广汽本田”“奇瑞”“华晨”等多个整车厂的内饰功能件近100个，为公司取得持续订单提供保障，多次获得客户提名表扬。组织实施3条全自动生产线、3个自动化车间的研发和投产，为企业技

术升级发挥先锋带头作用。注重工程技术人员的培养和锻炼，培养100余名专业技术骨干人员，为公司和社会输入大量技术人才。

【李海波】 男，1985年8月出生，宁波新城医药有限公司总经理。作为医药销售行业的企业管理者，完善药品质量管理体系，投入资金提升企业软硬件实力。2020年初新冠肺炎疫情突发，全国各地防疫医药物资储备严重短缺，为最大程度保障宁波一线医护工作者和广大市民口罩等防疫医药物资的需求，李海波带领采购团队，日以继夜对接供货厂商，采购防疫医药资源。从除夕开始，30余天里为有需要的乡镇、企事业单位采购提供2000余万元防疫物资，并自组车队免费为各乡镇、企事业单位运送口罩、测温枪、消毒水等防疫物资70余次，累计里程2000余千米。

【梁文海】 男，1969年11出生，中共党员，海曙区美发美容化妆行业协会教师、浙江省美发专家委员会委员、宁波市美发技能大师工作室领办人。1987年开始学习美发技术。1991年到海曙新街创办宁波海曙“中心”发廊。独创“2+3”裁剪带徒教学模式，制定科学实用教学计划，培养200余名美发技师和高级技师，其中“全国技术能手”1人、“浙江省技术市能手”3人、“浙江省美发大师”4人。先后参与编写“现代美发初中高级教学课件”、《浙江省职业技能鉴定（美发技师、高级技师）的题库开发和考试指南》等教材。

【孙立军】 女，1967年8月出生，中共党员，海曙区城市管理服务中心绿化技术负责人，园林绿化高级工程师，浙江省和宁波市园林绿化专家组成员，国家级高级园艺技师和国家级插花技师、绿化技师，先后获得“全国绿化奖章”“浙江省绿化奖章”等国家级、省市荣誉近20项。30余年从事基层园林绿化工作，在《浙派插花》《职业花艺》等著作中担任副主编和编委，在园林绿化管理领域发表论文20篇，先后参与组织实施多项市、区重大园林绿化建设与改造工程，主持完成老旧小区绿化升级改造项目60个。2012年，成立“绿艺之家”公益团队，通过绿化讲座、插花实务培训、家庭养花知识培训等方式，为社区居民、老年大学、青年志愿者、女性朋友和儿童等群体服务，宣传绿化知识。主持举办2006宁波中国插花艺术大赛等多项高规格比赛，主持策划四届宁波梁祝“花朝节”系列活动，参与北京世界园艺博览会浙江展会的活动策划与布置。

【王小菲】 女，1978年9月出生，中共党员，高桥镇高桥社区居民委员会社区书记。坚持以党建为龙头，冲锋在前，当好社区建设“领头雁”，做好社区居民“贴心人”，团结带领党员群众积极参与志愿服务和社区建设。在2020年的新冠肺炎疫情防控中，带领10名社工，制定社区疫情应急预案，细化人员摸排、居家隔离、后勤保障等工作，为居民筑起一道坚实的防线。

【严晓庆】 女，1983年2月出生，禹顺生态建设有限公司经营部经理。严晓庆在平凡的岗位上任劳任怨，埋头苦干，潜心研究水利工程学术，发表学术论文20余篇并获得多项专利。创新管理，培养一批优秀经营人才。公司先后获得“2016年宁波市建筑业‘走出去’发展先进企业”“2016年浙江省优秀水利企业”“2017年浙江省先进建筑业企业”等荣誉。

【张君波】 男，1973年12出生，中共党员，君禾泵业股份有限公司总经理。积极开拓国内外市场，提高企业科技研发能力，将企业发展壮大成为国内外家用泵行业内的知名企业。推动企业股份制改制，企业先后获评“高新技术企业”“浙江省省信用管理示范企业”。加强建立健全现代企业制度，健全公司党支部、工会、关工委、慈善工作分站等组织，加强企业文化、职工政治思想工作和凝聚力工程建设。注重企业家社会责任实践，建立300万元“君禾慈善基金”，宁波大学、浙大宁波理工学院“助学基金”，在扶贫济困、修路造桥、教育发展、村企结对等方面提供大力支持和赞助，积极承担企业家社会责任。

【郑继生】 男，1968年3月出生，宁波市交建工程监理咨询有限公司总监。曾担任杭长高速公路北延工程J2监理办总监理工程师、G228宁海西店至桃源段公路工程总监办负责人。从事公路施工监理17年，严格遵守执业准则及行业从业自律公约，严格执行合同和监理规范，按规定程序办事，工作责任心强。创新监理办内部管理，把优质服务贯穿于监理工作之中；强化事前监理，从源头消除各种质量和安全隐患，所监理的施工合同段没有发生一起质量事故、安全生产事故、环保事故和廉政问题。先后获得长兴县杭长高速公路北延（泗安至浙苏界）建设工程指挥部评选的2014年度、2015年度和2016年度“工程建设先进个人”，宁波市

交建工程监理咨询有限公司评选的2014年度、2015年度和2016年度“优秀员工”。

【朱国治】　男，1978年1月出生，宁波市公安局海曙分局江厦派出所民警。从警以来，侦破各类违法犯罪案件700余起，抓获各类违法犯罪嫌疑人300余人，为群众挽回损失900余万元，并先后侦破包括“二百黄金被盗案”“海顺证券被非法获取计算机信息系统数据案”等一些有影响力的案件。在2020年新冠肺炎疫情防控中，带领警务组投入社区检查点管控；走访300余家企业，主动为企业复工复产出谋划策；利用走街入户机会，进行重点人员排摸，排查出11名涉毒嫌疑人，破获5起系列性盗窃案。

2020年第四批“港城工匠”

【贾福怀】　男，1963年1月出生，宁波御坊堂生物科技有限公司研发技术部副总经理。从事健康产业技术研究工作35年，领衔主持省级高新技术企业研究开发中心及省级企业研究院工作，参与国家“十三五”重点研发计划课题；承担国家食品药品监督管理总局保健食品审评中心专项课题项目；负责宁波市发明专利产业化项目，顺利通过验收；作为项目负责人，主持多个市级新产品项目及企业自研产品项目研发，培养研发技术骨干20余人。

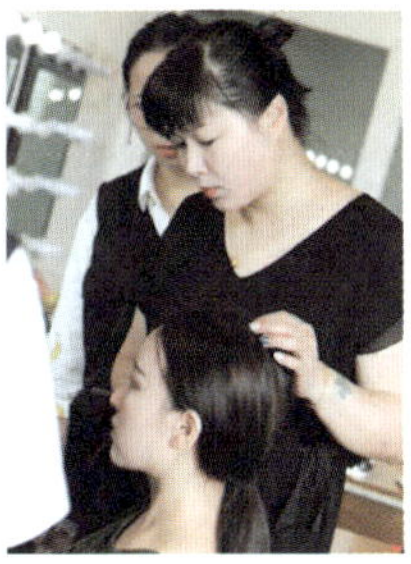

【李丽华】　女，1974年1月出生，宁波市海丽职业培训学校校长。20余年来，始终坚守一线工作，真抓实干，刻苦钻研，总结出一套快速实用的化妆技巧，并积极参与投身社会公益活动。先后取得“国家高级美容技师”“高级美容考评员”“国家美容竞赛裁判员”等资格证书。

【张益均】　男，1980年8月出生，宁波市凹凸重工有限公司质检部部长。参与多项新产品研发及技术创新，申请专利7项，其中发明1项、实用新型6项，主持制定浙江省首台700吨造船门机工艺路线、检验规范，顺利通过型式试验，为浙江省首台基于物联网技术的大吨位起重机成功应用开创先河。不断改进检验方法，制定公司检验标准，并培养一批高技能骨干员工。

【郑继生】　参见“人物”类目“2020年‘宁波市五一劳动奖章’获得者”分目

【周和成】　男，1972年1月出生，宁波亿林节水科技股份有限公司技术总监。善于钻研学习，在科技创新领域取得出色成绩，通过专利技术的应用转化，20余年累计完成300余款灌溉控制器、园林工具的设计开发，创造良好的经济效益和社会效益，为公司占领国际园林灌溉市场做出巨大贡献。

书中人物

【顾方舟】　（1926—2019年），浙江宁波人，苏联医学科学院副博士，中国医学科学院院长和中国协和医科大学校长。对脊髓灰质炎的预防及控制研究长达42年，是中国组织培养口服活疫苗开拓者之一，被称为“中国脊髓灰质炎疫苗之父”。建立脊髓灰质炎病毒的分离与定型方法，制定活疫苗的试制与安全性标准。主持制定中国第一部“脊灰活疫苗制造及检定规程”，指导中国此后20余年数十亿份疫苗的生产与鉴定。不断改进疫苗制剂，创新性制成固体糖丸服用，助力中国进入“无脊髓灰质炎国家”行列。

【闻儒根】　（1920—2002年），宁波鄞县人。1920年出生于宁波樟村，20世纪50年代初到香港创业，曾任香港永联行贸易有限公司董事长。自20世纪80年代起，闻儒根多次回乡，在江浙沪一带捐建60余个教育、卫生、福利等公益项目，累计捐赠人民币1500余万元，是最早在家乡捐资的海外人士之一。捐资的项目名字中大多带有“闻裕顺”三字，乃源于闻儒根父亲闻绍麟开设的“闻裕顺烟纸店”这一店名。

闻儒根实物档案展

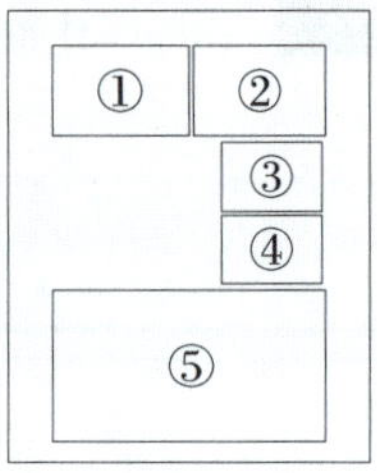

①5月，古林镇共任村农户收麦子

②5月下旬，龙观乡龙溪村农户用新鲜采摘的小竹笋焐制羊尾笋

③6月，古林蔺草收割现场

④9月22日，为庆祝第三个“中国农民丰收节”，古林镇农产品配送工技能大赛开赛

⑤龙观乡半山村创意墙绘

附 录

文件选编

宁波市海曙区人民政府关于开展第七次全国人口普查的通知

各镇（乡）人民政府、街道办事处，区政府各部门、各直属单位：

国务院决定于2020年开展第七次全国人口普查。为认真贯彻《国务院关于开展第七次全国人口普查的通知》（国发〔2019〕24号）、《浙江省人民政府关于开展第七次人口普查的通知》（浙政发〔2019〕31号）和《宁波市人民政府关于开展第七次全国人口普查的通知》（甬政发〔2020〕1号）精神，切实做好我区第七次全国人口普查工作，现将有关事项通知如下：

一、总体要求

以习近平新时代中国特色社会主义思想为指导，全面贯彻党的十九大和十九届二中、三中、四中全会精神，认真落实党中央、国务院关于统计改革发展的决策部署，坚持实事求是、改革创新，科学设计、精心组织，周密部署、依法实施，全面查清我区人口数量、结构、分布、城乡住房等方面情况，准确客观反映我区人口发展状况，为完善人口发展战略和政策体系，促进人口长期均衡发展，科学制定国民经济和社会发展规划，推动经济高质量发展，提供科学准确的统计信息支持。

二、普查内容和时间

普查主要调查人口和住户的基本情况，内容包括：姓名、公民身份号码、性别、年龄、民族、受教育程度、行业、职业、迁移流动、婚姻生育、死亡、住房情况等。

普查标准时点是2020年11月1日零时。

三、组织实施

第七次人口普查涉及范围广、参与部门多、技术要求高、工作难度大，各镇（乡）、街道，各部门要按照“全国统一领导、部门分工协作、地方分级负责、各方共同参与”的原则，认真做好普查的宣传动员和组织实施工作。

为加强组织领导，区政府成立宁波市海曙区第七次人口普查领导小组，负责普查组织实施中重大问题的研究和决策。普查领导小组办公室设在区统计局，具体负责普查的组织实施。各成员单位要按照职能分工，各负其责、通力协作、密切配合，共同做好普查工作。对普查工作中遇到的困难和问题，要及时采取措施予以解决。

根据国务院统一部署，各镇（乡）、街道要成立相应的普查领导小组及其办公室，认真做好本辖区的普查工作。要充分发挥街道办事处和镇（乡）人民政府、居民委员会和村民委员会的作用，广泛引导、动员和组织社会力量积极参与并认真配合做好普查工作。

普查机构应根据工作需要，招聘或者从有关单位借调符合条件的普查指导员和普查员。为稳定普查工作队伍，确保普查工作顺利进行，应当及时支付招聘人员的劳动报酬，保证借调人员在原单位的工资、福利及其他待遇不变，并保留其原有工作岗位。

四、经费保障

第七次人口普查所需经费列入各级政府相应年度的财政预算，按时拨付、确保到位。

五、工作要求

（一）坚持依法普查。各镇（乡）街道、各部门要按照《中华人民共和国统计法》《中华人民共和国统计法实施条例》《全国人口普查条例》等法律法规要求，认真做好普查各项工作。普查取得的数据，严格限定用于普查目的，不得作为任何部门和单位对各级行政管理工作实施考核、奖惩的依据。普查中获得的能够识别或者推断单个普查对象身份的资料，不得作为对普查对象实施处罚等具体行政行为的依据。

（二）确保数据质量。建立健全普查数据质量追溯和问责机制，统计机构要加大对普查工作中违纪违法行为的查处和通报曝光力度，坚决杜绝人为干扰普查工作的现象，确保普查工作顺利进行和普查数据真实准确。对普查中发现应当给予党纪政务处分或组织处理的统计违纪违法责任人，由统计机构按规定提出处分处理建议并及时移送任免机关、纪检监察机关或组织（人事）部门。

（三）提升信息化水平。采取电子化方式开展普查登记，探索使用智能手机采集数据。广泛应用部门行政记录，推进大数据在普查中的应用，提高普查数据采集处理效能。全流程加强对公民个人信息的保护，各级普查机构及其工作人员必须严格履行保密义务，严禁向任何机构、单位、个人泄露或出售公民个人信息。

（四）加强宣传工作。各普查机构要会同宣传部门认真做好普查宣传的策划和组织工作。采用多种手段，广泛深入宣传第七次人口普查的重要意义和要求，引导广大普查对象依法配合普查，如实申报普查项目，为普查工作顺利实施创造良好舆论环境。

——摘自《宁波市海曙区人民政府关于开展第七次全国人口普查的通知》（海政发〔2020〕10号）

推进健康海曙行动实施方案

为贯彻落实健康中国战略，推进健康海曙行动深入开展，根据《“健康中国2030”规划纲要》（中发〔2016〕23号）、《国务院关于实施健康中国行动的意见》（国发〔2019〕13号）、《浙江省人民政府关于推进健康浙江行动的实施意见》（浙政发〔2019〕29号）、《健康宁波2030行动纲要》（甬党发〔2018〕10号）、《推进健康宁波行动实施方案》（甬政发〔2020〕38号）和《健康海曙2030行动纲要》（海党〔2018〕20号），结合实际，制定本方案。

一、总体目标

到2022年，建立与海曙经济社会发展水平相适应、功能定位相匹配，以群众健康为中心的整合型健康服务体系，全区健康素养水平稳步提高，健康生活方式加快推广，健康资源科学、均衡、合理分布，基本健康服务更加优质均衡，多层次健康保障体系进一步完善，绿色安全的健康环境基本形成，健康产业规模和发展质量显著提升，居民主要健康指标居国内领先水平。

到2030年，形成比较完善的全民健康服务体系、制度体系和治理体系，健康与经济社会协调发展，健康公平持续改善，人人享有高质量的健康服务和高水平的健康保障，健康环境不断优化，健康产业繁荣发展，居民主要健康指标达到国内前沿水平，率先实现可持续健康发展目标，成为具有国内影响力的健康城区典范。

二、重大行动

（一）健康影响因素干预

1.健康知识普及行动。开展健康促进区建设，推动落实“把健康融入所有政策”，提升居民健康素养。倡导“每个人是自己健康的第一责任人”理念，完善健康教育体系建设，深入开展健康教育活动，推进健康教育向综合整体的健康促进转变。推进全民健康生活方式行动，以《中国公民健康素养—基本知识和技能》（健康素养66条）为核心，引导公众掌握预防疾病、科学就医、身心健康自我评估、应急急救、残疾预防等健康知识与技能，提高自我健康管理能力，形成健康的行为和生活方式。建立完善健康科普专家库和资源库，为全区开展健康科普提供支持。打造权威的健康教育传播和管理平台，建立完善健康服务热线，推动“互联网+精准健康科普”，推出优质健康科普专栏节目，培育健康科普品牌。完善全媒体健康科普知识发布和传播审核机制，加强各类单位、媒体传播健康信息的监测监管。强化医疗机构健康促进功能，完善医疗机构健康教育工作考核机制，发挥医务人员等的专业引领示范作用。充分发挥健康生活方式指导员作用，推进社区健康教育阵地以及居民健康自我管理小组建设，为居民家庭提供健康知识读本并发放“家庭健康包”。建立完善健康素养监测体系。到2022年和2030年，居民健康素养水平分别达到32%和40%。

2.合理膳食行动。贯彻实施《国民营养计划（2017—2030）年》，开展居民营养与健康状况和食物成分监测，建立完善居民营养与健康监测机制。在幼儿园、学校、养老机构、医院等集体供餐单位配备营养师或营养指导员，在社区配备营养指导员，实施营养干预。建立完善临床营养工作机制，推进综合医院设立临床营养科室（营养诊室）。开展营养与健康宣传教育，发布营养健康科普知识，引导健康饮食，发布适合不同人群的膳食指南，推广使用限量盐勺、限量油壶和健康腰围尺等健康工具，促进减盐、减油、减糖，引导市民减少食用高盐高糖高脂食品。开展“健康食堂”“健康餐厅”建设，推动营养支持型社区建设。到2022年和2030年，成人肥胖增长率持续减缓。

3.全民健身行动。完善全民健身场地设施，在公园、绿地、林带等建设嵌入式体育设施，扩大公共体育场馆、学校运动场馆等体育设施的开放和利用，打造群众身边的“15分钟健身圈”。构建科学健身体系，健全体育社会组织建设，推进“体医结合”，提升健身指导服务水平，探索开展慢性病运动干预，鼓励将国民体质测定纳入健康体检项目。广泛开展全民健身活动，办好全民健身月月赛等群众性品牌赛事，发展壮大承办的重大国际、国内体育品牌赛事影响力。到2022年和2030年，城乡居民达到《国民体质测定标准》合格以上人数比例分别不低于95%和96%，经常参加体育锻炼的人数比例分别达到45%和50%。

4.控烟限酒行动。强化公共场所控烟监督执法，严厉查处违法发布烟草广告行为，依法规范烟草促销、赞助等行为，禁止向未成年人销售烟草制品。大力宣传和履行《烟草控制框架公约》，加强对未成年人控烟的宣传引导，室内公共场所、工作场所和公共交通工具推行全面禁烟。开展无烟机关、无烟学校、无烟医院、无烟家庭创建活动。鼓励领导干部、医务人员和教师等发挥控烟引领作用。建立和完善戒烟服务体系，推进设立“戒烟”门诊。树立科学、文明、健康的饮酒观念，适量饮酒，不劝酒、不斗酒、不酗酒，工作期间不饮酒，酒后不驾车。开展限酒科普宣传和行为干预，建立监测评估系统，进行烟草使用和饮酒行为流行病学调查。到2022年和2030年，15岁以上人群吸烟率分别下降到20%以下和18%以下。

5.心理健康促进行动。加强心理健康服务体系建设，搭建基层、行业、专业三大平台，完善心理健康服务机构及其功能。推动心理健康服务行业规范化建设，鼓励社会力量参与心理健康服务和精神障碍康复，规范发展社会心理服务机构，建立社区、社会组织、社会工作者“三社联动”机制。加强心理健康服务人才的培养和使用，发展志愿者队伍和相关社会组织。推进心理应急干预体系建设，建立“全人群、多部门、综合化”的心理应急干预机制，培育突发事件心理危机干预专业队伍。广泛开展心理健康科普宣传，设立心理援助热线，建立心理健康互联网服务平台。完善未成年人心理健康辅导网络。实施正面引导、心理疏导、危机干预相结合的心理健康促进工作，提升居民心理健康素养。深化严重精神障碍患者全程服务管理，加大患者救治救助力度，建立健全精神障碍社区康复服务体系。到2022年和2030年，居民心理健康素养水平达22%和30%以上。

6.健康环境促进行动。深入开展大气、水、土壤污染防治，实施最严格的生态环境保护制度。建立环境与健康调查、监测与风险评估制度，开展环境污染与疾病关系、健康风险预警及防护干预研究。大力推进城乡生活垃圾分类处理，深化“厕所革命”，持续推进农村户用厕所改造工作。

加强城市供水规范化管理和供水设施信息化建设。构建以城市供水县域网为主、乡镇局域供水网为辅、单村水厂为补充的三级供水网，城乡居民饮用水水质持续改善。强化城乡饮用水水源保障，全面实施城乡供水设施改造与建设，推进农村饮用水工程建设，提升农村饮用水达标人口覆盖率。

加强食品安全监管，强化政府监管责任和企业主体责任，落实食品质量安全可追溯管理和问题食品主动召回制度。加强食品安全风险监测和食源性疾病监测能力，每年食品安全风险监测样本量稳定在1件/千人。严把食品生产经营许可关，加强对线上线下食品（包括进口食品）、保健品经营行为的规范和监管。继续做好农产品“三品一标”认证，确保农产品质量安全。

开展农药兽药使用减量和产地环境净化专项攻坚行动，加大农药废弃包装物回收、处置力度。强化农产品质量安全源头管控。深化农产品质量安全追溯体系建设，提升农产品质量安全治理能力。加大药品、医疗器械、化妆品的生产、经营日常监管和现场检查力度，加大高风险药品飞行检查力度。建立健全各级药品、医疗器械、化妆品不良反应（事件）监测体系，年度药品不良反应报告不少于800份/百万人、化妆品不良反应报告不少于50份/百万人。

实施交通安全生命防护工程，加强对道路交通安全工作的统筹协调和监督指导，实施路长责任制和道路交通伤亡事故领导干部到场制。加强交通安全隐患治理，推进慢行线、无障碍环境建设，倡导正确使用安全带和安全座椅，促进道路交通安全。维护室（车）内环境健康安全。

广泛开展爱国卫生运动，巩固提升卫生创建成果，结合美丽城镇、美丽乡村建设，开展健康城区、健康村镇建设。实施“健康细胞”培育工程，推进健康生活馆、健康小屋、健康角和健康公园、健康步道等健康支持性环境建设。到2022年，全区国家卫生乡镇创建比例达到50%以上，在国家卫生乡镇开展健康乡镇建设比例达到30%以上；到2030年，全区国家卫生乡镇创建比例达到80%以上，在国家卫生乡镇开展健康乡镇建设比例达到80%以上。

（二）全生命周期健康维护

7.妇幼健康促进行动。加强妇幼卫生资源配置，提高医院产科、儿科服务能力。整合婚前医学检查与孕前优生健康检查，完善产前诊断（筛查）、新生儿疾病筛查网络和覆盖面。实施母婴安全行动计划，落实母婴安全五项制度，强化高危妊娠风险筛查和分级管理，加强危重孕产妇和新生儿救治保障能力建设，健全救治会诊、转诊机制。落实儿童健康行动计划，持续推进儿童早期发展促进项目，对3岁以下婴幼儿开展发育监测和筛查，指导家长科学育儿，倡导母乳喂养，建立健全3岁以下婴幼儿照护服务体系。促进女性生殖健康和心理健康，深化妇女“两癌”筛查工作，预防乳腺疾病和宫颈癌等妇女常见疾病。加大儿科医生培养力度，强化对全科医生儿科常见病、儿童保健适宜技术等技能的培训，建立完善支持家庭生育的相关政策和公共服务。到2022年，实现孕前优生健康检查率达到85%以上；婴儿死亡率、5岁以下儿童死亡率、孕产妇死亡率持续保持在历史低水平。

8.*中小学健康促进行动*。动员家庭、学校和社会共同维护中小学生身心健康。加强学校健康教育，引导学生从小养成健康生活习惯，实施儿童青少年近视综合防治行动，开展青少年脊柱侧弯专项筛查，推进适龄儿童口腔保健项目，强化近视、龋齿、脊柱弯曲、肥胖等综合防控。进一步健全学校体育卫生工作体系，开展生命教育和性教育，开展健康促进学校建设。中小学校建立健全校医务室，推进医院、卫生室和心理咨询室等健康服务机构和人员配置标准化，巩固提升学校传染病和慢性病防控工作。完善学生健康体检制度和学生体质健康监测制度。深化学校体育、健康教育教学改革，严格落实国家体育与健康课程标准，构建健康教育课程体系，开齐开足体育与健康课程。广泛开展青少年体育活动，把学生体质健康状况纳入对学校的绩效考核，将体育纳入高中学业水平测试。到2022年和2030年，学生体质健康标准优良率分别达到63%以上和70%以上；儿童、青少年总体近视率每年降低1个百分点以上，全区青少年脊柱侧弯每年降低1—2个百分点以上，重度脊柱侧弯发生率显著降低。

9.*职业健康保护行动*。落实用人单位职业病防治主体责任，强化部门监管和行业自律，开展劳动者职业健康体检，树立职业健康意识。落实建设项目职业病防护设施与主体工程同时设计、同时施工、同时投入生产和使用制度。推进职业病危害源头治理，预防和控制职业病危害。建立完善覆盖城乡的职业病防治技术服务体系，提升区级执法队伍建设，加强镇（乡）街道职业卫生监督管理能力。加强区、镇（乡）街道职业卫生监管执法力量和执法能力。加大尘毒危害治理力度，防范群体性职业性尘肺病和重大化学中毒事故发生。研发、推广有利于保护劳动者健康的新技术、新设备和新材料。推进重点职业病及危害因素监测、报告和管理，改善劳动者作业环境。加强职业健康监管队伍和体系建设，建立统一高效的监督执法信息管理机制。推进健康企业建设。到2022年，全区承担职业健康检查的医疗卫生机构达1家以上；接尘工龄不足5年的劳动者新发尘肺病报告例数占年度报告总例数的比例实现持续下降。

10.*老年健康促进行动*。构建老年健康服务体系，优化医疗卫生资源配置，加快推进老年医院、康复医院、护理院和安宁疗护等医疗机构建设，提高老年人医疗卫生服务的可及性。完善居家和社区养老政策，打造老年宜居环境，鼓励和支持社会力量参与居家养老服务，促进基本医保与医养结合政策配套衔接，推进医疗卫生与养老服务融合发展。加强老年痴呆症、骨质疏松症等老年人常见病、慢性病的筛查干预、健康指导以及老年人心理健康预防和关怀服务，开展70岁以上老年人群流感疫苗自愿免费接种工作，积极推动老年健康教育活动。加快推进长期护理保险制度，大力发展专业化的老年人长期照护服务体系，提高老年人照护服务水平。开展老年人心理健康预防和干预计划，为空巢、贫困、失智、失能、计划生育特殊家庭和高龄独居老年人提供日常关怀和心理支持服务。到2022年及以后，65—74岁老年人失能发生率不断下降，65岁以上人群老年期痴呆患病率增速下降。

11.*残疾预防与康复行动*。实施国家残疾预防和残疾人康复条例，落实国家残疾预防行动计划，开展全人群、全生命周期的残疾预防。加强出生缺陷预防干预，建立儿童脑瘫早期筛查、转诊和康复体系，扎实做好新发疑似残疾儿童康复跟踪服务。加强残疾儿童康复服务，完善残疾儿童康复救助制度，健全辅助器具服务体系。加强残疾人康复和托养设施建设，建立医疗机构与残疾人专业康复机构双向转诊机制。通过开展家庭医生签约服务工作，加大社区精准康复服务，合理配置残疾人康复资源。支持社会力量投资康复机构建设。到2022年及以后，残疾预防和康复体系持续完善，致畸出生缺陷发生率控制在18‰以下。

（三）重大疾病预防控制

12.*心脑血管疾病防治行动*。向公众普及心脑血管疾病预防知识，对高危人群和患者开展生活方式指导，提高居民对心脑血管疾病的应急处置能力。开展慢性病危险因素监测，落实心脑血管急性事件登记报告制度。开展心脑血管病早诊早治，全面落实35岁以上人群首诊测血压制度，规范高血压和糖尿病患者分级管理，开展血脂异常患者社区管理。加强心脑血管病急救体系建设，规范胸痛分中心、卒中分中心建设与管理，提高院前急救应急处置能力，加强救治能力建设，动态更新发布脑卒中、胸痛“急救地图”，提升120精准高效的智慧指挥能力。支持红十字会、急救中心等机构开展群众性应急救护培训，完善公共场所急救设施设备配备。到2022年和2030年，心脑血管疾病死亡率分别稳定在2‰及以下和1.9‰及以下。

13.*癌症防治行动*。组织防癌抗癌科普宣传，倡导健康生活方式，提高癌症防治核心知识知晓率。推进早筛查、早诊断、早治疗，推广应用常见癌症诊疗规范和临床路径，降低癌症发病率和死亡率。完善死因监测和肿瘤登记报告系统，开展肿瘤全周期监测。加强重点癌症临床机会性筛查，逐步扩大国家城市癌症早诊早治项目和上消化道癌机会性筛查项目的覆盖范围，开展高危人群大肠癌筛查。规范治疗胃幽门螺杆菌感染和乙型肝炎，积极推广成人HBV、HPV等疫苗接种。创新中医药与现代技术相结合的中医癌症诊疗模式，提高临床疗效，提升癌症患者生存质量。做好康复指导、疼痛管理、长期护理、营养和心理支持，推进安宁疗护。完善癌症防治医保和救助政策，完善大病保障体系和社会救助，提高抗癌药物可及性，降低癌症患者就医负担。到2022年和2030年，总体癌症5年生存率分别不低于45%和50%。

14.慢性呼吸系统疾病防治行动。广泛开展慢性呼吸系统疾病健康教育活动，引导重点人群早期发现慢性呼吸系统疾病，控制危险因素，预防疾病发生发展。建立以健康查体、重点人群筛查和医院机会性筛查为主要途径的慢性呼吸系统疾病早期筛查网络，推动将肺功能检查纳入40岁及以上人群常规体检和城乡居民体检项目，推行高危人群首诊测量肺功能。遴选慢阻肺筛查适宜技术，建立慢阻肺高危人群风险评估和筛查流程。加强基层慢阻肺健康管理服务能力建设，建立慢阻肺监测管理随访体系，掌握基础资料和变化趋势，提高基层慢阻肺的早诊早治率和规范管理率，落实基层慢性呼吸系统疾病防治人员培训，加强相关诊治设备和药物的配备。到2022年和2030年，70岁及以下人群慢性呼吸系统疾病死亡率分别稳定在8.1/10万及以下和7.5/10万及以下。

15.糖尿病防治行动。普及糖尿病防治知识，科学指导糖尿病高危人群降低发病风险，鼓励40岁以上人群开展家庭自测血糖。完善综合医院、基层医疗卫生机构和疾病预防控制中心“三位一体”的糖尿病防治管融合工作机制。落实糖尿病分级诊疗服务技术规范，鼓励医务人员为糖尿病患者开具医疗和健康“双处方”。完善糖尿病预防与诊治服务体系，开展人群糖尿病防治健康教育和高危人群筛查干预，实施糖尿病患者和高危人群的自我管理和同伴互助。依托区域全民健康信息平台，推进“互联网+公共卫生”服务，充分利用信息技术丰富糖尿病健康管理手段，创新健康服务模式，提高管理效果。加强糖尿病患者的随访管理、并发症筛查、规范诊治和有序转诊。增强基层糖尿病相关检测能力，促进基层糖尿病及并发症筛查标准化。到2022年和2030年，糖尿病患者规范管理率分别达到66%和70%。

16.传染病防治行动。深化公共卫生智能应急管理体系建设，加强传染病监测、疫情研判和预警，完善全区传染病监测和报告体系，强化以传染病症状为主的综合监测，建设应用基于医院电子病历的传染病网络直报系统，加强监测大数据的挖掘和应用，建立统一的区域疾病预防控制信息平台。构建“平战结合、分层分类、定位明确、高效协作”的传染病救治体系，提升救治能力。改造区疾控中心PCR实验室，提升病原微生物甄检能力，健全病原微生物网络实验室体系。完善全区传染病医疗救治服务体系，加强区级定点医院感染科（传染科）、感染病区的重点建设。在海曙区第二医院、海曙区中医院建设区内负压病房、负压手术室、负压重症监护病房、标准隔离病区。做好海曙区第三医院发热门诊改造，推动海曙区第二医院、海曙区第三医院发热门诊流程优化。加强感染科医务人员配备，积极支持参加各类进修培训和学术交流，规范医疗机构发热门诊、发热诊室和预检分诊点的设置和运行，努力提升全区重大传染病医疗救治水平。落实新冠肺炎、登革热等重点传染病联防联控机制，完善艾滋病、结核病和病毒性肝炎等慢性传染病患者和感染者的社区规范管理。维持无脊灰状态和消除疟疾状态，充分认识疫苗对预防疾病的重要作用，落实疫苗全过程可追溯管理，提高冷链储存能力，加强接种门诊建设与管理，建立疫苗免疫效果评价体系。切实预防控制病媒生物，有针对性地组织开展“除四害”活动，清除病媒生物孳生地，降低病媒生物密度，防止登革热、流行性出血热等病媒生物传播疾病的发生流行。到2022年及以后，适龄儿童免疫规划疫苗接种率持续保持在95%以上。

17.地方病防治行动。巩固消除碘缺乏危害，持续保持消除血吸虫病危害。定期开展碘营养水平监测，加强科学补碘宣传，引导加碘盐消费观念。结合“五水共治”，继续实施以查灭残存钉螺、防控外来传染源为主的血吸虫病防治综合措施。有效落实地方病防治专项三年攻坚行动方案，履行部门职责和重点防控措施，强化该行动和现症病人救治救助行动执行情况，做到监测评价全覆盖。

（四）医疗卫生服务保障

18.公共卫生体系提升行动。落实省编办《关于印发浙江省各级疾病预防控制中心机构编制标准的通知》精神，加强疾病预防控制队伍建设。推动区、乡镇、村公共卫生一体化建设，提升基层重大疾病防控能力。加强精神卫生队伍能力建设，推进饮用水卫生和医疗废物安全智能化监管。深化完善卫生健康行政执法体制机制改革，提升卫生健康行政执法能力及信息化水平，做好辖区重大活动的公共卫生保障。确保公共卫生机构、能力和服务能级持续提升。

19.医疗服务体系优化行动。深化医疗卫生服务领域“最多跑一次”改革，重点做好向基层医疗机构覆盖。联动推进公立医院改革和区域医疗卫生服务综合改革，不断深化紧密型医联体建设，全面提升医疗卫生服务能力和水平。健全医疗服务体系，明确各级医疗机构功能定位，加强医疗服务体系短缺资源建设，加强协同医疗服务体系建设，夯实分级诊疗制度网络基础。进一步健全权责清晰、管理科学、治理完善、运行高效、监督有力的现代医院管理制度，加强区级医院能力建设，推进区级医学重点学科、基层特色专科建设。支持各级医疗机构与医学院校、研究机构深入合作，推进研究型医院建设，持续完善医疗服务体系、提升医疗服务质量。

20.社区健康服务促进行动。实施基层医疗机构能力提升工程，开展优质服务基层行活动，深入推进乡镇卫生院（社区卫生服务中心）星级化、示范化建设，促进社区健康服务能力持续提升、做实做细家庭医生签约服务，畅通健康指导信息渠道，普及居民自我健康检测管理，开展安宁疗护服务。依托各类社区健康服务机构，融合各方资源，建立多元参与的社区健康服务供给机制，构建社区健康服务体系，逐步实现一张基于医联体格局下的社区健康服务清单，一个整合开放安全的居民电子健康档案，一个互联共享统一的社区健康智慧平台，一个精准务实有效的家庭医生签约服务包，一套多层次的社区健康素养宣教培养体系，一套促进社区健康服务高质量发展的评价监测体系。全面推广实施全过程、全周期、全链接式健康服务。

21.中医药促进健康行动。以促进中医药传承创新发展为主题，推动我区中医药产业健康有序发展。以药行街等历史街区为重点，打造形成融中医服务、中药贸易、中医药文化传播为一体的中医药特色街区。持续开展中医中药中国行和中医药健康文化“六进”活动，引导民众养成具有中国特色的健康生活方式。挖掘起源于海曙的中医传统，加强陆氏伤科、张氏内科等区级及以上非遗经验的传承、保护与宣传，进一步做好民间中医诊疗技术的整理、筛选和应用。传承发展我区首家市级中药传统特色学科“寿全斋中药”，进一步厘清历史发展脉络和传承世袭图谱，及时总结学术理论经验，完成传承工作室建设和人才团队培养。做大做强区中医医院，在完成新院迁扩建的基础上，开展专科等级医院评审工作。深入实施基层中医药服务能力提升工程，基层中医馆全部完成“提档升级”改造，100%的基层医疗机构建成中医药文化氛围浓郁并相对独立的中医药综合服务区。以区中医“治未病”联盟为切入点，选取1—2个有条件的服务站、村卫生室建立“治未病”示范点，构建高水平中医“治未病”服务网络。鼓励社会力量举办规范的中医机构，支持连锁经营和集团化发展，健全中医医疗服务网络。到2022年及以后，全区中医药服务体系更加健全，中医药传承创新能力显著提高，中医药人才队伍建设进一步加强，中医药文化素养有效提升，实现人人基本享有中医药服务。

22.智慧健康管理行动。以海曙区智慧健康规划为指引，统筹推进医疗卫生机构的数字化改造工作，加快建设基层医疗机构一体化信息平台。结合医疗卫生服务“最多跑一次”工作开展，完善区域双向转诊平台，加快构建基层医疗卫生单位与区级医院、市级医院的双向转诊通道。丰富“互联网+卫生健康”服务内涵和服务内容，加强与阿里巴巴集团项目合作，推进“互联网+医疗”“互联网+药事”“互联网+居家护理”等，加快线上药品配送、居家护理、智慧药房等互联网服务，深度融合线上、线下诊疗服务，加快提供人性化的互联网诊疗服务和互联网健康管理服务。持续提升群众就医体验，加快应用电子健康医保码实现无卡就医，持续完善分时段预约、智能化导诊、多渠道支付、人性化提醒等智能服务。加快推进健康医疗大数据的采集、存储、分析和应用，为健康海曙建设提供决策参考。应用智能健康电子产品，有效为健康管理对象提供有针对性的远程看护、改善治疗、数据分析、健康管理等服务。到2022年智慧健康管理覆盖区级公立医疗机构，广泛应用健康医疗大数据；到2030年，智慧健康管理覆盖全区医疗机构，广泛应用医学人工智能。

23.健康保障惠民行动。融入全省医保数据交换平台，推进省内医保异地定点医疗机构自费结算医疗明细数据、电子发票向全省异地就医平台汇集，实现零星费用报销“网上办”“零跑腿”。深化医保支付方式改革，实施总额预算管理下的多元复合式医保支付方式。对住院医疗服务，推行按疾病诊断相关分组（DRGs）点数法付费方式。对长期慢性病住院医疗服务，逐步推行按床日付费的方式。对门诊医疗服务，探索结合家庭医生签约服务，施行按人头付费。提高医保基金管理的科学化、精细化水平。积极落实国家基本药物目录，探索优化医疗机构药品供应保障和监管目录。配合市医保局完善药品价格形成机制，发挥带量采购、阳光平台采购等政策协同联动“放大”效应。稳步提升城乡居民慢性病保障待遇，推进医保慢性病药品第三方配送服务。打造医保经办30分钟服务圈，全面推行部分医保经办窗口功能前移。落实医疗救助费用报销“一件事”，实现医疗救助“一站式”结算。完善大病保险政策，加大健康保险产品和健康管理服务创新，满足多样化、个性化健康保险服务需求。

24.长三角健康一体化行动。建立更加有效的联动发展体制机制，促进医疗服务均质发展，率先实现基本健康公共服务均等化。推进长三角公共卫生一体化，深化公共卫生联防联控机制建设。推进区域医疗急救体系建设。推进长三角医疗和中医药合作。建立长三角卫生健康综合执法监督联动协调机制。推进长三角健康信息互联互通。长三角医疗、公共卫生、急救、中医药服务等领域一体化持续加强。

（五）健康产业体系构建

25.健康产业发展行动。做强医疗服务产业，加快建设以公立医疗机构为主体、社区卫生服务中心为网底、民营医疗机构为支撑的医疗服务体系，明确民营医疗机构往专科化、高端化发展的定位。推进特色化医疗服务发展，依托宁波市中医院，发展中医药种植与文化，在医疗服务中融入生态、中医保健等资源和文化，凸显海曙区医疗服务的特色优势。做精健康养老产业，重点推进专业化、高端化养老社区项目建设，鼓励社会资本开展以老年人为主体的社区生活性服务业，培育一批规模化、连锁化、专业化和多形式的居家养老服务机构。发展特色健康旅游产业，充分挖掘四明山环境资源和生态优势，依托横街、章水等中医药种植和文化基地，着力发展中医旅游养生、异地养老等养生旅游新业态。大力发展医药支撑产业，加大对重点企业和重点产品的支持力度，做大做强立华制药、三生健康、中药饮片厂等企业，重点发展生物技术药物、创新药物、干细胞治疗、现代中药等产品，支持龙头企业向前端研发和后端管理服务等延伸，实行全产业链条式发展战略。加快发展健康新兴产业，对接“数字宁波”发展进程，加快推进海曙区智慧健康建设，发展“互联网+健康”服务。做新体育健身产业，依托四明山地资源，承办体育赛事，打造海曙本地特色赛事，推动山地等户外运动赛事的举办。鼓励和引导四明山旅游景区、旅游度假区、乡村旅游区等根据自身特点，建设特色健身休闲设施。到2022年和2030年，健康产业增加值占全区生产总值比重分别达到6.5%以上和9%以上。

三、保障措施

（一）加强组织领导，强化责任落实。建立健全主要领导牵头的领导体制和政府主导、部门联动、社会参与的工作机制。在区委、区政府领导下，由健康海曙建设领导小组及其办公室统筹推进健康海曙行动，明确年度工作重点并组织落实，组织开展行动监测评估和考核评价。各部门要围绕健康海曙行动，通力合作、各负其责，制定具体实施方案，分阶段、分步骤有序推进。建立监测评价机制，完善考核机制和问责制度，将健康中国战略纳入领导干部专题培训内容；将健康浙江、健康宁波、健康海曙行动执行情况纳入党委和政府考核内容。

（二）凝聚社会力量，动员各方参与。整合多方资源，形成健康促进的强大合力。鼓励个人和家庭积极参与健康海曙行动，提升个人健康责任意识，养成健康生活方式。各单位特别是学校、企业、居（村）委等要充分挖掘和利用自身资源，积极开展健康细胞工程建设，创造健康支持性环境。鼓励企业研发生产符合健康需求的产品，增加健康产品供给。鼓励社会捐资，依托社会力量成立健康海曙行动相关基金，形成资金来源多元化的保障机制。卫生健康相关行业学会、协会和群团组织以及其他社会组织要充分发挥作用，指导、组织健康促进和健康科普工作。

（三）强化支持引导，健全支撑体系。落实健康优先发展战略，建立重大项目、重要政策健康影响评估机制，切实推进健康融入所有政策。加强财政支持，强化资金统筹，优化资源配置，提高基本公共卫生服务项目、重大公共卫生服务项目资金使用的针对性和有效性，完善政府主导的多元化卫生健康筹资机制，引导、鼓励社会和企业投资健康领域。充实和稳定基层卫生人才队伍，加强全科、儿科、康复等专业急需紧缺人才培养。激发卫生健康领域科技创新活力，提升健康科技创新策源能力。

（四）加强宣传引导，营造良好氛围。推进健康教育和健康科普，践行健康生活方式。弘扬“敬佑生命、救死扶伤、甘于奉献、大爱无疆”的崇高职业精神，增进社会各界对医学事业、医务工作的理解、尊重与支持。采取多种形式，强化舆论宣传，加强健康海曙行动的宣传推广、舆论监督、科学引导和典型报道，提高全社会对健康海曙建设的认识，培育健康海曙文化，营造形成人人关心、人人支持、人人参与、人人受益的良好社会氛围。

——摘自《宁波市海曙区人民政府关于印发推进健康海曙行动实施方案的通知》（海政发〔2020〕44号）

宁波市海曙区人民政府关于高质量推进现代都市农业发展的若干意见

各镇（乡）人民政府、街道办事处，区政府各部门、各直属单位：

为贯彻落实党中央、国务院关于实施乡村振兴战略、促进乡村产业振兴的决策部署，根据《中共海曙区委 海曙区人民政府关于印发〈高质量推进“356”乡村产业振兴行动方案〉的通知》（海党〔2020〕28号）精神，结合海曙实际，现就高质量推进现代都市农业发展，提出如下意见。

一、总体要求和主要目标

总体要求：以习近平新时代中国特色社会主义思想为指导，深入学习贯彻党的十九届五中全会精神和习近平总书记关于“三农”工作的重要论述，认真贯彻落实习近平总书记在浙江、宁波考察时的重要讲话精神，坚持农业农村优先发展总方针，以实施乡村振兴战略为总抓手，以农业供给侧结构性改革为主线，围绕农村一二三产业融合发展，着力延长产业链、提升价值链、构建创新链、完善服务链，更好发挥农业基本盘和“三农”压舱石作用，实现农业更强、农村更美、农民更富。

主要目标：到2025年，在全区培育形成粮食、蔬菜、畜牧等3个绿色基础产业，蔺草、茶果、竹笋、浙贝为主的中药材和农产品加工业等5个特色优势产业，乡村休闲旅游业、乡村文体康养业、乡土特色产业、乡村能源环保产业、乡村数字产业、乡村现代化服务业等6个新型融合产业（简称“356”），乡村产业总产值达到400亿元，农业增加值年增长率稳定在2%以上，农业劳动生产率提高到10万元/人，农村居民人均可支配收入达到6万元，城乡居民收入比缩小到1.7∶1左右，形成市场竞争力强、农民致富快、农业效益高和可持续发展的现代农业发展新常态，使海曙现代都市农业建设走在省、市前列。

二、主要措施

（一）优化产业规划布局，发展高效农业

1.着力打造现代都市农业示范区。优化和提升“三区六园”平台建设，按照“优质高效、特色精品、绿色生态、美丽田园、产业融合、健康养生”的发展要求，推进省级现代农业园区、农业可持续发展示范园、特色农业强镇、示范性农业全产业链、多彩农业美丽田园示范基地、现代农业庄园、精品农业风景线等创建，打造全域多彩农业美丽田园示范镇，坚持量质齐升，做实绿色产业。

2.扶优做精特色优势产业。进一步完善和落实主导产业区域布局规划，明确发展方向，优化特色产业布局，积极打造全国“一村一品”示范村镇、特色农产品优势区和田园综合体建设。做精做强蔺草产业，提升传统竹笋产业，培育高端精品茶果产业，传承发展中药材产业；开展精品绿色农产品基地、种植业“六园”示范基地等建设，大力发展绿色畜牧业、林下经济及特种水产养殖等特色精品基地建设。

3.大力推进乡村休闲农业。促进农村一二三产业融合发展，大力拓展乡村休闲旅游业，加快发展乡村文体康养业，做精做深乡土特色产业，探索农产品产加销和旅游、健康、文化、信息等产业融合发展新模式。打造一批有知名度、有影响力的休闲农业"打卡地"和农家乐休闲农业集聚村，突出农旅融合、生态休闲、健康养生、乡土风情，积极申报创建国家农村产业融合发展示范园，达到服务城市、致富农民的目的。

4.大力实施品牌振兴行动。积极培育农产品品牌，扩大海曙农产品品牌影响力，进一步提升农产品市场竞争力。对新获得中国驰名商标、中国名牌农产品、中华老字号的，分别奖励30万元；对新获得省名牌农产品和宁波市名牌农产品的，分别奖励10万元和5万元。对新通过国家级地理标志登记或地理标志证明商标的，分别奖励20万元；对新获得浙江省区域名牌、省区域公用品牌、品字标浙江农产的，分别奖励20万元。鼓励食用类农产品注册商标，对注册成功的每件奖励0.2万元；对注册集体商标或证明商标的每类奖励1万元。对新通过欧盟注册、美国FDA、日本JAS等国际认证的，每件奖励3万元。

5.努力促进农产品流通。推行"建市场、设窗口、进超市、办展销"等营销方式，扩大农产品销售渠道。积极拓展农村电子商务，完善区镇村三级电商服务体系，改建提升一批农村电商产业基地和网络销售平台，积极推进网上农博宁波（海曙）馆建设；积极探索连锁经营、配送、经纪人、农产品电子商务等新型流通方式，鼓励企业参加国内外农产品博览会、展销会和推介活动等，扩大农产品的市场营销空间和领域，支持企业到境外开设窗口、创办分公司。

6.充分发挥科技支撑作用。深入推进科技创新和体制创新，加强与大专院校和科研机构的深度合作，开展多种形式产学研联合攻关，促进科技成果的引进和转化；加快"泛3315计划"现代农业领域高层次人才和团队引进，推动建立一批院士专家工作站和博士科研工作站；大力实施乡土专家队伍建设工程，加快推广应用先进适用技术，提高自主创新能力，对授权的国外、国内发明专利，每件分别奖励1.5万元和1万元；推进种子种苗工程，强化种质创新，积极引进新品种，加大良种更新推广力度，对主持获得国家植物新品种权、省级以上良种权的农业经营主体奖励10万元；对参与获得国家植物新品种权、省级以上良种权的农业经营主体奖励5万元。加快推进农业企业、农业科研机构建设，积极实施农业科技重大项目奖励制度，对新建的国家级、省级、市级企业工程技术中心、研发中心、重点实验室，分别给予100万元、40万元、20万元的奖励，对新建省级重点农业企业研究院给予150万元的奖励；对新建的省级、市级农业企业研究院，分别给予80万元、50万元的奖励。支持民营农业科研机构发展，对农业科研机构的设备购置费给予适当补助。对主持制定行业（企业）标准，并确定为国家级标准和省地方标准的农业经营主体分别奖励20万元和10万元；对参与制定行业标准并确定为国家级标准和省地方标准的农业经营主体分别奖励10万元和5万元。

7.进一步提升农业现代化装备水平。全面优化农机装备结构，促进农业机械化向全程全面高质高效发展，全力保障粮食和主要农产品生产全程机械化的需求，加强新型智能农业设施装备研发和引进，改善农业设施装备，推动智能化温室大棚、智能灌溉系统等建设，提升农业生产效率。全力打造数字农业、智慧农业、信任农业、可视农业、认养农业等业态，积极推动5G技术的应用与推广，加快"机器换人"步伐，促进互联网、物联网、区块链、人工智能等信息技术与农业融合，加强农机专业合作社、农机作业服务公司等农机服务体系建设，提升农机社会化服务能力。

（二）贯彻新发展理念，发展绿色农业

1.大力发展绿色种植业。推广水稻生态直播、稻畈麦、再生稻等轻型栽培技术；以肥、药双减为目标，着力推进"肥药两制"改革，继续全面推行测土配方施肥工作，推广使用粮食作物配方肥、商品有机肥、缓控释肥，推广水稻侧深施肥技术，采用生物、物理等防治技术与农作物病虫害统防统治和绿色防控相融合；深化推进农作物秸秆综合利用工作，加大农作物秸秆利用途径探索力度，扩大农作物秸秆离田面积；加快推进受污染耕地安全利用工作，安全利用率达到92%以上；继续巩固农业生产废弃物统一收集、集中处置工作成果。

2.提升改造绿色畜牧业。合理调整养殖布局，支持畜牧业绿色发展，力争到2025年生猪产能达到年出栏4万头以上。强化公共安全意识和畜产品质量安全意识，加强畜禽粪便资源化利用工作指导。重点推进非洲猪瘟等重大动物疫病防控、病死猪无害化处理、畜禽定点屠宰、"瘦肉精"等违禁物质的企业自检和监督抽检等工作，继续实施动物免费免疫政策。建设、改造、提升一批以种养紧密结合、资源循环利用为特点的畜禽养殖场，推进省级"美丽牧场"建设，到2025年新建成省级美丽牧场4家。

3.大力发展绿色渔业。严格落实养殖水域滩涂规划，全面实施依规养殖，加强"三区"管控。优化渔业产业结构，推广渔业绿色健康养殖技术，着力做好生态混养、稻渔共生（轮作）为重点的渔业循环经济，推进水产养殖用药减量行动，强化病死鱼无害化处理，提高水产养殖综合效益。继续推进渔业养殖尾水治理，对重点养殖区域（场）开展水质监测，积极创建国家级、省级水产健康养殖示范场。实施现代水产种业提升工程，做大做强锦鲤、甲鱼、红螯螯虾等种业产业，努力打造育繁推一体化的现代水产种业。

（三）构建立体网络，打造安全农业

1.切实抓好粮食和农产品保供安全。在平原稻区大力推广小麦—水稻、早稻—晚稻等双季栽培模式，提高粮食复种指数，大力推广优质、高产水稻良种，提高单位面积的产出率。在山区、半山区大力发展旱稻产业，扩大马铃薯、大豆、玉米等夏秋杂粮种植面积，全力保障粮食生产安全，完成粮食种植考核任务。加强规划，有序发展设施农业、精品农业，丰富本地农产品的种类，保障本地区蔬菜、油料等农产品的有效供给。加快构筑供给稳定、调控有力、运转高效的粮食等农产品安全保障体系。

2.注重农业生产安全。建立规范化、制度化的应急机制，落实农机作业安全，重大动植物疫情监测和应急处置，气象预警预报、防汛防灾等责任，确保农业生产安全、有序、平稳进行，健全完善农机作业安全、重大动植物疫情防控等各类应急预案。

3.加强农产品质量监管。按照安全、优质、环保、高效的要求，建立特色农产品的质量标准体系和检测检验体系，健全农产品质量安全监督抽查制度，继续强化源头管理，加快农产品质量安全追溯体系建设，实施食用农产品合格证制度。加快推进绿色食品认证、国家级农产品地理标志登记认证等“三品一标”和各级农业标准化示范区、农产品质量安全追溯示范点建设。

4.完善涉农金融保障体系。有效推进农户需求摸底和新险种论证，进一步丰富农业保险种类，扩大保险范围，保持农业政策性保险投保金额稳中有升，不断提高农户的保险意识，增强农业抗灾保丰收能力。进一步完善担保机制建设，提高市场化运作水平，实行滚动发展，为缓解农民创业难、贷款难发挥应有作用。

（四）创新农业经营机制，培育经营主体

1.积极推进土地规模经营。提高组织化程度，实现分散式经营向规模化、集约化经营转变，通过农业龙头企业、农民专业合作社、家庭农场等现代农业经营主体的带动，不断提高土地单位面积的产出率。在坚持家庭承包责任制的基础上，进一步理顺承包关系，最大限度促进土地流转，并在提升土地流转效益上做深、做实文章，积极探索招标承包、股份合作等流转新模式。

2.大力实施新业态新主体打造工程。着力构建新型农业经营体系。充分发挥大学生双创园平台优势，深化“两进两回”行动，通过引、培等形式，吸引农创客、“农二代”等新农人创业，培育一支“有文化、懂技术、会经营、有创意、有情怀”的高素质农民队伍，大力发掘“田秀才”“土专家”等乡土人才。加大农村实用人才培训力度，继续开展农民职业技术培训，推进农业农村人才“引、育、用、留”工作，增强农业农村人才驱动，为高水平推进乡村振兴提供人才支撑。着力构建现代都市农业经营体系，结合互联网技术与农业农村资源，发展“云认养”“App农场”等农业新业态，着力提质发展农民专业合作社、家庭农场等经营主体，加快发展集技术、信息、融资、营销于一体的农民专业合作社联合社和示范性农业社会化服务组织，力争到2025年全区国家级、省级、市级示范性农民专业合作社分别达到2家、8家和18家；省级、市级示范性家庭农场分别达到20家和40家；市级示范性农业社会化服务组织达到15家。

3.做强做精农业龙头企业。提高农产品的附加值，致力引进培育科技含量高、产业链长、关联度大、环境影响小、可循环利用的农产品加工项目，壮大农产品初加工，加快农产品保鲜、储藏、分级、包装和食品非热加工等初加工设施建设，建设一批粮食烘储、果蔬鲜切（净菜）加工中心，推进农产品冷链仓储物流综合体系建设；做强农产品精深加工，建设一批农产品精深加工示范基地；提升农产品主食加工，推广中央厨房发展模式，提升主食加工产业化水平。继续扶持区级（含）以上农业龙头企业技术改造，并对能带动当地产业、企业信誉好的农业经营主体给予金融贷款贴息补助。对新进入的国家、省、市、区级农业龙头企业，分别一次性奖励50万元、20万元、5万元、4万元；对新培育的省级农业产业化联合体（产业联盟）和市级农业产业化联合体（产业联盟）分别一次性奖励10万元和5万元；对新创建成功的省级和市级数字农业工厂分别一次性奖励10万元和5万元。

（五）完善基础设施，提升保障能力

1.加强农田水利设施建设。加快落实防洪排涝重点水利工程建设，持续推进水库、山塘、闸泵、堤防的除险加固及骨干河道建设，不断提升农田水利设施的标准化和现代化水平，全面提高农业抗灾保丰收能力。全面落实永久基本农田特殊保护政策措施，加快高标准农田建设，提高耕地质量，保障粮食生产能力。进一步加强沟、渠、路、桥等配套农田基础设施建设，为现代都市农业发展筑牢基础。

2.加大农业执法力度。以农业综合执法改革为契机，加强执法队伍建设，健全完善基层的执法网格力量。严格落实行政执法“三项制度”，配齐配全执法车、船等执法装备，依托“互联网+监管”、掌上执法等平台，强化执法护农行动，维护农业生产秩序。突出执法保驾“三农”理念，利用多种渠道加强“八五”普法宣传，逐步形成人人懂法、守法的氛围。

三、保障措施

（一）统一思想认识。各部门、各镇（乡）街道要全面贯彻落实乡村振兴战略，把建设现代都市农业作为重要任务抓实抓好。要坚定信心、形成合力，突出重点、开拓创新，着力提高依法行政水平，努力提升公共服务能力，不断创新农业管理模式，大力营造农村和谐氛围。

（二）加强组织领导。形成统一行动、积极主动、多方联动建设现代都市农业的大环境，逐步形成党委领导、政府引导、部门协作、农民主体、社会参与的工作机制。各镇（乡）街道要培养造就一支懂农业、爱农村、爱农民的“三农”工作队伍，增强服务现代都市农业的能力和效率，提高农村基层组织在广大农民群众中的威信和地位。

（三）加大政策扶持。进一步加大财政资金投入，落实各项专项资金进行扶持，积极运用税收、贴息、补助等多种政策杠杆，鼓励和引导工商企业、科研院校、乡土人才等社会力量参与建设现代都市农业，逐步建立起多元化、多渠道的农业投入机制。进一步完善和落实镇（乡）街道农业发展基金，确保涉农人员、机构、编制、经费到岗到位。

（四）坚持农民主体地位。充分尊重农民意愿，切实发挥农民在乡村振兴中的主体作用，调动农民的积极性、主动性、创造性，把维护农民群众根本利益、促进农民共同富裕作为出发点和落脚点，促进农民持续增收，不断提升农民的获得感和幸福感。

本《意见》自2021年1月1日起施行。

——摘自《宁波市海曙区人民政府关于高质量推进现代都市农业发展的若干意见》（海政发〔2020〕64号）

海曙区建设国际消费城市示范区行动方案

为进一步加快消费转型升级，推动经济高质量发展和新一轮高水平对外开放，助力海曙区打造国际消费城市示范区，特制定本行动方案。

一、总体思路

以习近平新时代中国特色社会主义思想为指导，按照市委“六争攻坚、三年攀高”行动要求，以供给侧结构性改革为主线，以满足人民对美好生活向往为目标，以城市国际化为导向，以改革创新为动力，坚持政府引导与市场运作并举、对标国际与彰显特色并举、顺应需求与创新引领并举，大力实施消费供给提升、消费场景塑造、消费品牌建设、消费热点培育、消费平台打造五大工程，提升海曙对国内外消费的集聚、引领和创新能力，打响“海曙消费”品牌，将海曙打造成为国际消费城市示范区。

二、工作目标

到2021年，全区社会消费品零售总额突破850亿元，年均增长6%以上。跨境电商进出口总额达到25亿美元，年均增长20%以上。培育形成1个200亿级具有国内影响力的宁波商业地标，创建2条省级高品质步行街，打造一批省市级特色商业街区、夜间经济商圈（生活圈）和15分钟商贸便民服务圈。

三、重点任务

（一）实施品质化消费供给提升工程

1.推动商业零售创新升级。一是加快传统零售企业变革创新，引导零售企业实施智慧化转型，开展线下体验、线上交易、移动支付等融合发展模式。鼓励中小百货店、品牌专卖店通过创意改造，向精品型、主题型、自主经营型百货转型。二是推动社区商业转型升级，加快建设15分钟便民生活服务圈，鼓励新建社区打造邻里中心，推动老社区改造建设邻里街区，提升社区商业发展品质。三是依托“宁波购物节”“美好生活文化节”“鄞江庙会”“横街竹笋节”“海曙年货展”等节会活动，创新营销方式，集聚商气人气。（牵头单位：区商务局；责任单位：区经信局、海曙公安分局、区住建局、区文广局、区市场监管局、区综合行政执法局、海曙自然资源和规划分局）

2.丰富国际化消费品供给。一是引导和义大道购物中心、杉井奥特莱斯、宁波国际购物中心等实体零售企业进一步优化商品结构，丰富商品品类，提升品牌档次，满足消费升级需求。二是依托浙江自贸区宁波联动创新区空港片区建设，重点发展高端冷链产品、时尚贵重消费品、生物医药等产品为主的进口贸易。加快口岸进境免税店、免税购物中心等建设，拓宽国际中高端消费品购买渠道。三是落实日用消费品进口降税政策，增加中高端服装、文体用品、钟表、家用电器、化妆品、酒类等优质日用消费品进口，扩大进口商品经营规模。（牵头单位：区商务局；责任单位：区市场监管局、海曙区税务局、海曙海关、望春工业园区、区电商中心、机场海关）

3.扩大特色服务消费供给。一是大力发展旅游经济，推进省级全域旅游示范区建设和“万村千镇百城”景区化建设，创建文旅产业融合改革试验区，建设一批美景美食美宿美购景区、集聚区、示范区。发挥天一阁·月湖国家5A级景区优势，提升五龙潭、梁祝、浙东大竹海等景区品质，坚持都市旅游和乡村旅游有机融合，推进农家乐休闲旅游提档升级，争创省级全域旅游示范区。二是扩大文化体育消费。积极推动特色实体书店发展，促进与文创工作室及文创制造业企业之间的互动交流，提升文创产品消费活力。提高非物质文化遗产项目产业化发展水平，努力打造具有鲜明海曙特色的非遗产品。积极申报省级运动休闲小镇和省级运动休闲旅游优秀项目。支持商业性、竞技性和群众性大型赛事活动，组织承办好有影响力和发展潜力的海曙本土品牌赛事。三是做大做强健康产业。鼓励本土医疗机构与国外知名医疗机构开展合作，健全互联互通的健康医疗数据共享机制，建设智慧健康云服务平台，推动医疗服务向养老领域延伸拓展，大力提升和规范发展医疗美容服务，丰富康养产品和服务手段，促进大健康消费。（牵头单位：区文广局、区农业农村局、区卫生健康局、区医疗保障局）

（二）实施标志性消费场景塑造工程

1.构建多层次特色化商圈。一是巩固和提升“天一商圈”宁波商业地标地位。重温“走遍天下，不如宁波江厦”老话，重塑“中山东路—浙东第一街”形象，重点打造以天一广场为核心，和义大道、1844生活艺术中心、东鼓道、城隍庙、芝士公园、恒一城市广场等为补充的“天一商圈”，成为国内具有重大影响力的宁波商业地标。二是延伸和拓展城西多节点商圈。以区域化、多元化、差异化为导向，加快形成客运中心商圈、新星商圈、石碶轻纺城商圈、高桥印象城商圈。三是建设和优化一批乡镇商圈。依托U-park商业公园、城西新天地、洞桥邻里中心、樱花里、银城广场等区位集聚优势，稳步推进高桥、集士港、古林、洞桥等乡镇商圈建设。（牵头单位：区商务局；责任单位：区住建局、区交通运输局、区市场监管局、区综合行政执法局、区经合局、海曙自然资源和规划分局）

2.打造具有城市特质的商业街区。一是推动高品质步行街创建。确保完成南塘老街省级高品质步行街创建，进一步完善品牌招商、环境品质、管理水平和配套设施建设，努力争创国家级高品质步行街区。抓实东鼓道省级高品质步行街培育试点工作，打造全国轨道交通地下商业新标杆。二是打造一批承载宁波记忆特色商业街区。深度挖掘并弘扬宁波历史文化、商帮文化、乡愁记忆等资源，充分激发时尚动力、商业活力、文化魅力，重点推动鼓楼沿、月湖盛园、城隍庙、秀水街等商业街区建设，打造“最宁波”系列特色商业街区。（牵头单位：区商务局；责任单位：区经信局、区住建局、区交通运输局、区综合行政执法局、海曙自然资源和规划分局）

（三）实施多元化消费品牌建设工程

1.集聚国内外高端品牌。一是围绕商贸流通重点行业和重点企业，瞄准世界500强、中国100强、行业100强等领军企业开展精准高端招商，重点引进一批具有高端要素配置能力的总部型企业，鼓励具有国际影响力的零售企业在海曙设立区域性总部和采购中心、结算中心、运营中心等功能性总部，提升“总部海曙”品牌影响力。二是增强海曙高端品牌集聚优势，大力引进国际国内一线品牌，支持国际知名商业企业品牌、商品品牌和服务品牌在海曙设立区域性的品牌首店、旗舰店、体验店，鼓励品牌商在海曙开设直营门店或引入品牌工厂，提高高端品牌的投放首位度。（牵头单位：区经合局；责任单位：区发改局、区经信局、区商务局、区市场监管局）

2.振兴老字号品牌。一是加强老字号文化保护，支持老字号历史传承，依托王升大博物馆、东福园工匠教育基地、赵大有工匠教育基地、滋生双鱼酒文化教育基地等载体，展现老字号传统技艺，开展历史文化教育活动。二是支持老字号创新经营，建设宁波状元楼研发中心、天胜照片“掌上相馆”、四明大药房创新工作室等，鼓励老字号企业利用现代技术，加快研发、设计、生产、品牌营销和售后服务各环节的模式创新，改造升级传统产品。三是提升老字号品牌影响力，引导有条件的老字号企业积极申报市级、省级、国家级非物质文化遗产。宁波药材工匠教育基地完成国家非遗文案申报，建成非物质文化遗产馆。进一步深化校企合作、产教结合，强化对外交流和宣传，推广品牌文化。（牵头单位：区商务局、区经信局；责任单位：区农业农村局、区文广局、区市场监管局、区人力社保局）

3.孵化海曙原创品牌。一是推动构建品牌孵化平台，健全创意设计、广告宣传、国际营销、体系认证、品牌评价等品牌建设配套服务，扶持做强一批本土骨干企业，培育发展一批创新型小微企业。二是实施品牌名牌化战略，支持海曙原创品牌产品进商场，鼓励在全区重要商业街区、旅游景区和商场设立“海曙造”精品馆，加大市场推广力度。鼓励企业发展直营连锁，引导发展自愿连锁，提升市场影响力。三是鼓励和引导本土有实力的零售企业开展兼并联合和资产重组，整合资源，优势互补，形成一批具有较强品牌影响力和市场竞争力的大型零售集团。（牵头单位：区市场监管局、区经信局；责任单位：区农业农村局、区商务局、区文广局）

（四）实施引领性消费热点培育工程

1.挖掘夜间消费新动能。一是加快培育天一广场、杉井奥特莱斯夜消费商圈，结合传统百货、超市、家电、餐饮业态和夜市活动，打造东、西互动的宁波夜消费地标。二是依托天一阁·月湖景区、商圈、特色商业街区、大型商业综合体打造一批夜间消费示范街区，鼓励商业名品店、老字号、餐饮企业等积极开展夜间经济示范点建设。三是稳步创建1844广场、南塘老街、城隍庙美食不夜城等深夜食堂特色餐饮街区，提升“天一荟”等本土品牌曲艺项目，加快拓展夜购、夜食、夜娱、夜游服务内容，打造一批富有海曙特色的夜间消费活动项目。（牵头单位：区商务局、区文广局；责任单位：区发改局、区市场监管局、海曙公安分局、区综合行政执法局）

2.引领时尚消费新风尚。一是打造时尚展示发布平台，参与宁波时尚节、宁波国际服装节等时尚活动，完善天一商圈时尚集聚、时尚发布、时尚体验功能。推进“太平鸟”等时尚产业设计创新，大力发展智能、时尚、品牌、新媒体和体验交互设计，吸引国内外先进的设计研发中心、机构落户我区。二是搭建时尚设计品牌孵化平台，支持和推动原创设计，培育时尚买手，鼓励服装、家纺、文具等优势产业跟踪最新时尚潮流，加强本土化与国际化、传统特色与时尚潮流的融合发展，发展更多时尚产品和品牌。（牵头单位：区经信局、区商务局；责任单位：区发改局、区文广局、区金融服务中心）

（五）实施开放型消费平台打造工程

1.打造消费品进出口服务平台。一是打造中东欧商品消费平台，探索设立中东欧商品专卖店。支持企业在大型电商平台开设中东欧进口商品联合馆、旗舰店，提升中东欧商品的辐射范围。二是深化跨境电商发展。以宁波跨境电商综合试验区建设为契机，鼓励企业开展跨境进口业务，积极培育跨境电子商务消费市场，鼓励跨境电商平台企业在主要商圈开设跨境电商线上线下体验店，探索在特殊监管区内试点“保税网购+线下提货”模式。三是提升海关特殊监管区域进口平台功能。依托临空经济示范区优势，紧紧抓住浙江自贸区宁波联动创新区空港片区建设契机，做大做强全货机快件、跨境电商一般进口、国际邮件交换站等业务。四是积极搭建本土企业和产品走出去平台，鼓励特色产业及企业参加境外国际性展会，引导企业抱团出海，集群式“走出去”。（牵头单位：区商务局；责任单位：区经信局、区经合局、区电商中心、海曙区税

务局、海曙海关）

2.打造消费促进平台。一是大力引进具有影响力的国际消费节会、知名时尚秀展、高层论坛对话等高端消费活动，扩大海曙消费影响。二是持续增强宁波购物节、美好生活文化节、鄞江庙会等消费活动影响力，壮大消费活动规模。三是发挥藏书文化、郡庙文化、梁祝文化等资源优势，培育本土消费活动品牌，创新办会方式，形成美食推介、时尚展示、文化输出平台。（牵头单位：区发改局、区经信局、区商务局、区经合局、区文广局）

四、保障措施

（一）加强组织领导。建立国际消费城市示范区建设推进协调专班，统筹规划和组织协调国际消费城市示范区建设。积极发挥商贸行业协会的桥梁纽带作用，强化统筹协调力度，形成工作合力。

（二）加强政策保障。用好市政基础设施配套费等建设资金，加大对商圈、特色商业街区内市政配套设施的支持力度。落实各类产业政策，加大对消费性服务业重点领域、重大项目和重大活动的支持力度。支持在海曙金融机构开展包括消费金融在内的金融服务新模式，促进信用消费。加大财政扶持、金融支持、土地保障等方面对宁波国际消费城市示范区建设的倾斜力度。

（三）强化人才支撑。完善产业人才内生机制，大力发展继续教育和职业教育，形成高等院校、科研院所与企业之间高层次人才的双向流动。推动建立专家智库咨询机制，汇集一批经济学家、管理专家、文化艺术大师等高层次人才，针对国际消费城市建设的发展方向、短板弱项、创新举措、体制机制障碍等建言献策。在创业扶持、政务服务、商务服务等方面按政策为满足条件的高层次服务类人才提供服务保障，吸引人才聚集。

（四）营造良好氛围。强化舆论宣传导向，加大对国际消费城市示范区建设重要理念、建设成果等报道力度，形成良好的舆论氛围。通过各种渠道，引导广大市民、社会力量和民间智慧参与到国际消费城市建设中来，充分调动镇（乡）街道积极性，提高社会组织、高等院校、研究机构、新闻媒体等参与度，激发广大市民参与建设的积极性、自觉性和创造性。

——摘自《宁波市海曙区人民政府办公室关于印发海曙区建设国际消费城市示范区行动方案的通知》（海政办发〔2020〕8号）

海曙区“千吨万人”以上饮用水水源保护区整治工作实施方案

为全面贯彻落实习近平生态文明思想，切实消除我区“千吨万人”以上饮用水水源保护区环境风险隐患，从源头上保障人民群众饮用水安全，确保饮用水水源水质不下降并持续改善，根据《中华人民共和国水污染防治法》《浙江省饮用水水源保护条例》等法律法规和《宁波市人民政府办公厅关于印发宁波市“千吨万人”以上饮用水水源保护区整治工作方案的通知》（甬政办发〔2020〕7号）文件精神，按照管行业必须管环保的要求，进一步加强饮用水水源地管理与保护工作，结合我区实际，制定本方案。

一、总体要求

（一）指导思想

以习近平新时代中国特色社会主义思想为指导，全面贯彻党的十九大和十九届二中、三中、四中全会精神，全面推进长江经济带饮用水水源地环境保护专项行动，按照“划、立、治”三项任务要求，开展“千吨万人”以上饮用水水源保护区整治工作，切实消除饮用水水源风险隐患，保障人民群众饮用水安全。

（二）工作目标

2020年底前，全面完成溪下水库和皎口—周公宅水库2个“千吨万人”以上饮用水水源保护区（以下简称保护区）整治工作，实现生态环境持续改善，总氮、氨氮、总磷、高锰酸盐指数等重要指标得到有效控制，饮用水水源水质显著提高，水质100%持续达标，建立健全“社会重视、责任明晰、措施有效”的饮用水水源保护管理体制机制。

二、重点任务

（一）加强保护区基础工作

1.规范勘界立标及隔离防护设置。根据《集中式饮用水水源地规范建设环境保护技术要求》（HJ 733—2015）等规定，持续推进保护区规范化建设，全面开展保护区勘界立标，并与国家生态保护红线相衔接，明确一级、二级及准保护区的边界和管理范围，设置界碑或界桩。完善保护区标识，参照《饮用水水源保护区标志技术要求》（HJ/T 433）规定，在保护区范围内农村居民点、公路两侧、取水口等区域设置保护宣传牌、安全警示牌、管理要求牌等，并定期检查更新。溪下水库和皎口—周公宅水库保护区须设置短信提示。（牵头部门：海曙生态环境分局；配合部门：区农业农村局、海曙公安分局、区

交通运输局、横街镇、章水镇；完成时限：2020年11月底前）

2.保持水质稳定达标建设。以保护饮用水水源水质为核心，进一步梳理饮用水水源地所在流域存在的突出问题，采取一源一案、精准施策，确保保护区水质达到目标要求。对于准保护区，要从保护水质出发，按照《宁波市人民政府办公厅关于印发宁波市"千吨万人"以上饮用水水源保护区整治工作方案的通知》（甬政发办〔2020〕7号）要求，严格落实管控措施和正面清单制度，严控各类建设项目及开发建设强度，筑牢饮用水水源安全底线。2020年11月底前，完成溪下水库、皎口—周公宅水库饮用水水源水质稳定方案的编制。（牵头部门：海曙生态环境分局；配合部门：区农业农村局、横街镇、章水镇；完成时限：2020年11月底前）

（二）开展保护区综合整治

1.分类整治保护区内工业企业。保护区禁止设置排污口，现有排污口全部拆除或关闭。一级保护区内所有工业企业、二级保护区内排放污染物的工业企业必须全部关停或搬迁；二级保护区内禁止从事危险化学品或煤炭、矿砂、水泥等装卸作业和水上加油；准保护区内三类工业企业依法全部关停或搬迁，二类工业企业中有生产性废水产生且无法引到保护区外排放的，依法全部关停或搬迁。准保护区内一类工业企业产生的生活污水和垃圾必须进行收集处理，处理后的污水原则上引到保护区外排放；若不具备外引条件的，可通过农田灌溉、植树造林等方式回用，或排入湿地等进行深度处理。（牵头部门：海曙生态环境分局；配合部门：区经信局、海曙自然资源和规划分局、章水镇；完成时限：2020年11月底前）

2.积极整治保护区内旅游项目。一级保护区内禁止新建、改建、扩建与供水设施和保护水源无关的旅游建设项目；二级保护区内禁止新建、改建、扩建排放污染物的旅游建设项目；准保护区内禁止新建、扩建对水体污染严重的旅游建设项目。一级和二级保护区内已建成的由区政府依法拆除或者关闭。准保护区内从事其他旅游活动的，应当按照规定采取措施，防止污染饮用水水源。（牵头部门：区文化和广电旅游体育局；配合部门：区农业农村局、横街镇、章水镇、海曙生态环境分局；完成时限：长期坚持）

3.全面拆除保护区内违章建筑。全面排查保护区内违章建筑，依法依规予以拆除。结合"无违建区县（市）"创建要求，加大对保护区的巡查力度，严格禁止在保护区范围内新增违章建筑。（牵头部门：区三改一拆办；配合部门：区综合行政执法局、海曙自然资源和规划分局；完成时限：长期坚持）

4.加强保护区内生活面源污染防治。规划建设与污染物产生相配套的治理设施，农村生活污水实行管网统一收集、集中处理；不能实行管网统一收集、集中处理的，实行单户或联户无害化处理。农村生活垃圾全部集中收集并无害化处置，涉及到农家乐、民宿的，要按照《农家乐、民宿餐饮污水隔油技术指南》（浙环函〔2018〕550号）要求执行。保护区内农村生活污水应纳入城市污水管网，不具备纳管条件的，原则上可通过农村生活污水处理设施处理后，引到保护区外排放；若不具备外引条件的，可通过农田灌溉、植树造林等方式回用，或排入湿地等进行深度处理。溪下水库和皎口—周公宅水库保护区加强农村生活污水处理设施规范化管理、标准化运维，保护区内的村庄全部完成农村生活污水处理设施建设和改造提升并实现标准化运维。（牵头部门：区住建局；配合部门：区综合行政执法局、横街镇、章水镇；完成时限：2020年11月底前）

5.加大保护区内农业面源污染治理。一级保护区内禁止开展畜禽养殖、网箱养殖等污染水源的养殖活动；二级保护区和准保护区内禁止新建规模化畜禽养殖场（小区）和开展网箱养殖、坑塘养殖、水面围网养殖等活动，保护区划定前已有的，依法全部拆除或关闭；分散式畜禽养殖废物全部资源化利用。一级保护区内禁止新增农业种植和经济林，已有农业种植应严格控制农药、化肥使用，逐步退出并建立相应的补偿机制；二级保护区和准保护区严禁施用高毒、高残留农药，鼓励施用有机肥，积极推行化肥、农药减量控害增效技术，开展农田径流氮磷生态拦截沟渠建设，减少农田化肥氮磷流失。（牵头部门：区农业农村局；配合部门：海曙自然资源和规划分局；完成时限：长期坚持）二级保护区和准保护区内禁止毁林开荒行为，水源涵养林建设应满足《水源涵养林建设规范》（GB/T 26903—2011）要求。（牵头部门：海曙自然资源和规划分局；完成时限：长期坚持）

（三）建立保护区长效管理机制

1.建立完善饮用水水源保护相关制度。建立和完善饮用水水源污染防治、安全保障、事故应急、监测监控、年度评估和责任追究等工作机制，实施生态补偿机制和最严格的水资源保护制度。（牵头部门：海曙生态环境分局；配合部门：区发改局、区农业农村局、区财政局、区卫生健康局；完成时限：2020年11月底前）

2.加强保护区风险管控。组织开展饮用水水源地安全调查评估，定期检查各项管理和保护措施的落实情况，及时掌握饮用水水源地安全状况。建立全区饮用水水源地污染事故预警机制、危化品运输管理制度、风险源名录，并制定饮用水水源地保护相关应急预案，储备应急物资，定期组织演练。（牵头部门：海曙生态环境分局；配合部门：区交通运输局、区农业农村局、区应急管理局、海曙交警大队、海曙消防救援大队；完成时限：2020年11月底前）

3.提高保护区水质预警监测能力。加大保护区水质监测力度，逐步建立健全水质自动化实时监测监控系统，及时掌握饮用水水源水质变化情况。加强监测数据分析和应用，建立饮用水水源风险管理系统，落实风险防范责任，完善风险防范措施。建立保护区分级预警体系，及时发布安全预警。（牵头部门：海曙生态环境分局；配合部门：区农业农村局；完成时限：长期坚持）

4.加强保护区执法力度。严厉打击、坚决查处威胁饮用水水源水质安全的违法行为，发现一起查处一起，并公开查处结果，确保饮用水水源水质安全。定期组织专项检查、不定期开展"回头看"和挂牌督办，严防污染反弹。（牵头部门：海

曙生态环境分局；配合部门：区农业农村局；完成时限：长期坚持）

三、保障措施

（一）加强组织领导。切实提高政治站位，把加强饮用水水源保护工作、加强保护区管理列入政府工作目标责任制考核内容。加强组织领导，完善工作机制，明确工作职责，进一步强化饮用水水源安全保障工作的责任制度。根据保护区划分方案和要求，制定并组织实施本辖区保护区整治工作方案。

（二）加强部门联动。各相关部门要各司其职、密切配合，确保各项整治工作落到实处。发改部门要做好治理保护项目审批，加快研究制定生态补偿政策；财政部门要广开融资渠道，增加治理保护资金投入，为本方案的实施提供资金保障；交警部门要加强对危化品运输的监管力度，完善保护区内道路交通安全设施并设置相应警示标志；生态环境部门要加强保护区生态保护工作，严厉打击污染饮用水水源行为；农业农村部门要加快治理保护项目推进，加强对饮用水水源地的日常管理工作，确保饮用水水源水质提升，加强畜禽养殖、网箱养殖、农业面源等污染防治和农村环境综合整治，加大农村生活污水和生活垃圾治理力度；文广旅游部门要加强对保护区内旅游项目监管，依法取缔一级保护区内旅游活动；自然资源和规划部门要做好保护区内及周边的规划管控。

（三）强化督查考核。将保护区整治工作列入2020年重点督查工作，纳入美丽海曙、五水共治、最严格水资源管理制度等考核评价体系，考核结果与生态创建、生态补偿、区域限批、资金分配等挂钩，并作为对领导班子和领导干部综合考核评价的重要依据。区美丽办、区治水办将会同有关部门加强监督检查，严格考核评估，切实提升工作成效。对饮用水水源保护工作开展不力或造成严重影响的区域，要对责任领导进行约谈问责，相关单位于每月15日前上报整治工作进度清单。

本方案自2020年6月4日起施行。

——摘自《宁波市海曙区人民政府办公室关于印发海曙区“千吨万人”以上饮用水水源保护区整治工作实施方案的通知》（海政办发〔2020〕13号）

海曙区城镇老旧小区改造三年行动方案（2020—2022年）

为进一步改善我区城镇老旧小区居住环境，完善城市功能，提升城市形象，根据《宁波市人民政府办公厅关于印发宁波市城镇老旧小区改造三年行动方案（2020—2022年）的通知》（甬政办发〔2020〕18号）文件精神，结合我区实际，特制定本行动方案。

一、总体要求

（一）指导思想

以习近平新时代中国特色社会主义思想为指导，全面贯彻党的十九大和十九届二中、三中、四中全会精神，以共同缔造理念为引领，改善基础配套设施，补齐人居环境短板，形成小区长效管理、基层有序治理、城镇有机更新的工作机制，建立“决策共谋、发展共建、建设共管、效果共评、成果共享”的城镇老旧小区社会治理新格局，合力共建美丽海曙。

（二）工作目标

到2022年底前，基本完成海曙区城镇老旧小区的改造任务，以“六个方面提升”为工作要求，即达到完善的基础设施、整洁的居住环境、配套的社区服务、长效的管理机制、特色的小区文化、和谐的邻里关系等提升目标，努力增强居民的获得感、幸福感和安全感。

（三）基本原则

1.群众参与、共同缔造。发挥居民主体作用，调动广大业主的积极性和创造性，推进城镇老旧小区改造由政府为主向社会多方参与转变，自下而上地开展城镇老旧小区改造工作。

2.先保基础、后促提升。坚持问题导向，重点解决消防、安防、房屋结构、公共卫生安全等隐患，弥补基础设施、服务功能不足，力争实现改造小区“危房清零”。统筹推进品质提升、美化靓化工程。

3.统筹兼顾、条块协同。以小区为改造基本单元，完善小区及其周边区域公共服务和社会服务配套，整体推进片区改造提升，推动城区有机更新。以“最多改一次”为目标，统筹推进小区改造和专项工程。

4.建管并举、标本兼治。坚持贯彻“改管结合、以改促管”的理念，构建城镇老旧小区长效管理机制，提升小区自治和物业管理水平。

二、改造任务

（一）改造范围

优先改造国有土地上2000年底前建成交付且未列入棚改计划、征收计划的城镇老旧小区。对2000年后建成的使用功能不完善、配套设施不完备、公共服务及社会服务缺项较多且居民改造意愿强烈的住宅小区，以及政府实施工程的周边、确有改造需求的住宅小区，也可进行城镇老旧小区改造。城镇老旧小区改造范围可以包括在小区周围且为该小区服务的道路及市政管网。纯别墅小区不单独列入城镇老旧小区改造范围。

（二）改造类别和内容

根据宁波市编制的城镇老旧小区改造规划设计技术指导文件，分类明确改造内容及其具体要求。

1.基础类改造。主要满足居民公共安全需要和基本生活需求，包括违建拆除、破墙开店整治、外墙安全隐患治理、建筑户外结构构件维修、危房加固解危等；小区道路、无障碍设施等道路交通设施和雨污管网分流、配套管线、小区安防设施、门禁设备、环卫设施等配套基础设施的改造。实施片区整体改造提升的，基础类改造内容还包括所涉区域内市政基础设施的改造。

2.完善类改造。主要满足居民改善型生活需求和生活便利性需要，包括加装电梯、空调机位整治、外墙整饰、“口袋公园”、智慧管理、宣传栏等。

3.提升类改造。主要丰富小区及周边配套服务的供给，包括小区内外康体、文化、老人服务、抚幼、医疗、停车库（场）等公共服务设施的统筹配套，引导发展社区家政保洁、快递设施等社会服务，完善便民市场、便利店等社会服务设施。

（三）改造计划

1.2020年计划完成总建筑面积约328万平方米的改造任务。

2.2021年计划完成总建筑面积约361万平方米的改造任务。

3.2022年计划完成剩余建筑面积约208万平方米的改造任务。

同步做好改造工程相关的验收、审计、结算工作。乡镇老旧小区改造的补助政策另行制定。

三、资金筹措和来源

（一）资金筹措

1.基础类改造，以政府出资为主。

2.完善类改造，鼓励居民出资，政府予以补助。

3.提升类改造，鼓励社会市场主体投入，政府在资源统筹使用等方面给予支持。

4.实施片区整体改造提升的，政府性资金予以重点保障。

（二）资金来源

1.财政资金。积极争取中央专项补助资金及专项债券。市、区两级财政按4:6的比例承担城镇老旧小区改造政府出资部分，补助资金基数以核定的竣工财务决算数为准。补助资金不包含电梯加装、危房解危、物业费提价补助等专项内容。同时整合雨污分流、海绵城市建设、第五立面整治等专项工程相关资金，提高资金使用效率。

2.社会资金。探索创新投融资机制， 吸引银行业、保险业等金融机构融资支持。鼓励供电、网络通信、有线电视等专营单位投资城镇老旧小区管线整治改造，提升服务质量。小区房屋属于由单位分配给职工居住或原单位职工房改购房的，鼓励原产权单位共同参与改造。

3.业主资金。鼓励居民出资参与城镇老旧小区改造，根据改造内容的产权和使用功能的专属程度确定相关改造内容的居民出资标准。与居民生活切实相关的改造内容，鼓励居民通过出工出力、直接出资、捐资捐物等方式参与共同改造。对于居民出资的资金，不列入城镇老旧小区改造工程直接投资，以列入个人物业专项维修资金账户的形式，统筹用于今后改造部分的后期维护维修，具体参照《宁波市物业专项维修资金管理办法》及其实施意见。

四、组织实施和步骤

（一）合理确定城镇老旧小区改造项目实施计划

根据《宁波市老旧住宅小区改造建设指南》（甬建函〔2018〕112号）文件精神，制定具体实施步骤。

1.提出改造申请。镇（乡）街道及社区指导小区业主委员会或居民小组向小区居民征集改造意愿、改造内容。改造意愿表决通过的，小区业委会或居民小组向镇（乡）街道提出书面改造初步申请。

2.制定改造方案。相关职能部门根据小区及周边的空间资源、配套设施现状，结合相关规划提出专项工程实施需求。镇（乡）街道委托设计咨询单位结合专项工程实施需求、居民改造需求和小区长效管理需求编制改造方案。改造方案应包括改造项目工程设计、工程预算、资金筹集方案、长效管理机制等内容。

3.确认改造方案。镇（乡）街道及社区指导业委会或居民小组组织业主对初步改造方案进行表决。表决通过后，由小区业委会或居民小组向镇（乡）街道报送改造方案。镇（乡）街道对辖区内的城镇老旧小区改造方案进行汇总，报区住建局。

4.确定改造计划。按照竞争性改造原则，制定改造项目评价规则，按照“谋划一批、生成一批、实施一批、储备一批”的原则，建立项目储备库，并于每年8月底前统筹确定下一年度城镇老旧小区改造项目实施计划。

（二）强化工程组织实施和运维管理

1.工程组织实施。各镇（乡）街道要切实履行城镇老旧小区改造实施主体责任，按照城镇老旧小区改造项目审批制度的有关规定做好改造项目的前期申报工作。推行实施改造项目全过程咨询管理，通过咨询企业提前介入项目前期论证，有效提升项目管理水平。优先选择建筑市场信用评价好的企业实施城镇老旧小区改造。

2.项目过程监督。加强工程安全质量监督管理，规范城镇老旧小区改造项目的过程跟踪审计。建设单位要建立多位一体、各方参与的现场沟通协调平台，及时听取居民诉求，鼓励具有技术特长的居民参与工程监督。

3.组织竣工验收。城镇老旧小区改造项目完成后，建设单位组织设计、施工、监理等单位进行竣工验收，小区业委会或居民小组应参与竣工验收，工程质量安全监督部门要加强工程验收的监督。

4.项目移交维护。城镇老旧小区改造项目竣工验收后，建设单位应按有关维保责任，将竣工验收资料移交给业委会或专营单位。各专项工程牵头部门要落实工程移交及后续维修养护事宜。其余改造工程在保修期满后，由业主承担维护保养责任和维修费用。

5.建立后评估机制。区级相关部门积极对接市级主管单位，对改造工程成效和长效管理机制执行情况进行评估，建立有关财政奖补与评估状况挂钩的激励机制。

（三）提升城镇老旧小区改造项目组织管理水平

1.强化区域统筹。推进城镇老旧小区连片改造提升，发展社区邻里中心、养老、托幼、助残等社会公共服务，推动小区及周边区域的基础设施更新，构建服务齐全、宜居便利的"15分钟社区生活圈"。

2.落实专项工程统筹。改造工作要统筹住建、公安、民政、综合行政执法等部门的专项工程及其资金，推进主干道整治、雨污分流、电梯加装、垃圾分类、智慧安防小区建设等专项工程。

3.强化管线协调。加大与水、电、气、通信等各专营单位的沟通协调力度，明确改造项目管线整治资金分担、施工配合、维保责任等事宜。各专营单位要结合城镇老旧小区改造计划，合理安排项目建设年度计划。

4.注重文化传承。城镇老旧小区改造要展现和传承宁波地域文化，体现海曙区的历史地位。保留城镇老旧小区的历史风貌，提炼特色文化，活化利用传统文化载体，形成小区文化氛围。

五、落实长效管理机制

（一）推动小区基层自治。依法依规成立业委会，提高其履职能力。完善业主沟通议事平台，引导居民积极参与小区改造和长效管理工作，提升业主自治水平，维护业主合法权益。

（二）全面引入物业服务。结合城镇老旧小区改造，全面引入专业化物业服务，可以适当给予补贴。建立与服务水平挂钩的物业服务收费动态调价机制，对改造后严格执行物业管理制度、物业服务收费达到最低物业收费标准的城镇老旧小区，按有关规定给予补助，补助资金专项用于小区公共部位、公用设施设备维修。

（三）健全维修资金归集机制。未设专项维修资金的小区，应在城镇老旧小区改造方案中明确筹集专项维修资金的措施。推行专项维修资金"即交即用即补"机制，逐步扩大城镇老旧小区专项维修资金覆盖面。

（四）强化公共收益管理。城镇老旧小区改造可以拓展停车位、经营用房、广告点位等收益渠道，增强小区"造血功能"。打通公共收益与专项维修资金通道，弥补维修资金不足。

六、加强组织保障

（一）强化组织领导。成立海曙区城镇老旧小区改造工作领导小组，领导小组办公室设在区住建局，负责统筹协调推进城镇老旧小区改造各项工作。各部门及镇（乡）街道要根据工作职责，建立相应的工作机构和推进机制，形成政府统筹组织、职能部门协调指导、镇（乡）街道具体实施、社区协助推进、居民全程参与的工作模式。

（二）强化督导考核。今后三年城镇老旧小区改造工作纳入区政府工作目标管理考核，建立督导检查、考评通报等制度，对推进城镇老旧小区改造成效明显的镇（乡）街道给予资金奖励。

（三）强化舆论引导。多渠道多方式宣传城镇老旧小区改造政策，激发群众改造愿望，问需于民、问计于民，树立群众"主人翁"意识，共同推进城镇老旧小区改造工作。

本方案自2020年8月1日起施行。

——摘自《宁波市海曙区人民政府办公室关于印发海曙区城镇老旧小区改造三年行动方案（2020—2022年）的通知》（海政办发〔2020〕23号）

海曙区加快发展夜间经济实施方案

为认真贯彻《宁波市人民政府办公厅关于印发宁波市加快发展夜间经济实施方案的通知》（甬政办发〔2020〕29号）精神，统筹推进疫情防控和经济社会发展工作，做好"六稳"工作，落实"六保"任务，做大做强我区夜间经济，加快建设宁波夜间经济先行区，结合我区实际，特制定本实施方案。

一、总体思路

（一）总体要求

按照"政府引导、市场主导、分类培育、逐步推进"原则，突出发挥市场主体作用，聚焦促进消费升级、彰显城市特色、提升发展活力，推动商旅文体融合，打造特色体验活动，培育多元化夜间消费模式，营造良好夜间经济环境，形成一批夜间经济品牌场所和活动项目，打造知名度高的“夜海曙”品牌。

（二）工作目标

提升我区夜间经济优质产品和服务的供给能力，丰富夜间经济消费模式，完善灯光、交通、公共服务等基础设施，形成规划合理、设施完善、业态多元、管理规范的夜间经济发展格局。到2021年，建成天一广场、南塘老街等2个具有较高知名度的夜间经济地标商圈，打造杉井奥特莱斯、和义大道、1844和义生活艺术中心、城隍庙、东鼓道、月湖盛园、鼓楼沿、南站里等8个夜间经济特色街区以及一批15分钟商贸便民服务圈。

二、重点领域

（一）夜间购物。鼓励商业综合体、购物中心、大型百货商场等场所延长营业时间，开展夜间推广以及打折让利等系列夜间促消费活动，支持24小时品牌连锁便利店、智慧无人超市等业态发展，探索发展夜间集市。

（二）夜间美食。开展深夜食堂创建活动，支持宁波本地餐饮品牌打造宁波餐厅，培育夜间特色餐饮品牌。引导餐饮企业延长营业时间，开展送餐上门、送厨艺上门等活动，做大夜间餐饮消费规模。

（三）夜间娱乐。鼓励影剧院、音乐吧、演艺场所等延长开放时间，支持开展戏曲相声、夜场电影、夜间演绎、灯光秀、青年交友联谊、音乐嘉年华等夜间主题活动，丰富群众夜间娱乐生活。

（四）夜间旅游。以地标商圈、特色街区、旅游景区等为重点，深入开展古城、书香、山水、爱情等特色化的夜间旅游体验活动，鼓励有条件的场所开展夜间游览服务。

（五）夜间文化。谋划文化夜市、古玩淘宝、文化跳蚤市场等文化集市，鼓励特色书吧、品牌书店等业态发展，引导各类机构开展夜间文化休闲活动，营造浓厚的夜间文化氛围。

（六）夜间体育。加快公共体育场所建设，提升和完善公共体育设施。延长公共体育场馆、学校运动场地（馆）的夜间开放时间，鼓励市场主体举办各类运动场馆（所），积极开展群众性夜间体育活动。

三、重点工程

（一）“夜海曙”地标塑造工程

加快实施“泛天一”商圈提质改造，重点推进东渡路区域更新工程，实施天一广场改造升级，启动日新街天桥通道、开明桥健康步道等项目，开展“席地而坐”城市客厅示范区域创建，促进天一商圈转型发展和能级提升，打造宁波城市特质和文化魅力夜间经济地标。

高标准推进南塘老街完成省高品质级步行街创建，积极争创国家级高品质步行街区试点，完善步行街品牌招商、环境品质、管理水平和配套设施建设，成为展示宁波名城风貌和体现江南水乡特色的宁波夜间经济地标商圈。

（二）“夜海曙”古城畅游工程

重点围绕天一阁·月湖国家5A级景区，串联月湖历史街区、南塘河历史街区、伏跗室永寿街历史街区、郡庙天封塔历史街区、秀水街历史街区、郁家巷历史街区、鼓楼公园路历史街区等七大历史街区，重塑永丰门、长春门等老宁波“六门”遗址公园，打造具有浓郁历史文化气息宁波古城夜游精品项目。

突出爱情主题，讲好“梁祝爱情故事”，举办中国梁祝爱情节，精心策划梁祝文化公园夜游线路。

（三）“夜海曙”集市重展工程

开展南塘老街、沿南塘河区域夜间市集，重现百年南门三市的繁盛情景。科学引导1844和义生活艺术中心、和义大道区域开设夜间集市，打造传统和义路夜市2.0版。支持天一广场、杉井奥特莱斯等商圈适时推出夜市外摆试点。

鼓励天一广场、南塘老街、月湖盛园等在合适区域利用帐篷、阳伞、绿植打造露天营业场所，举办夜间市集及街角剧场活动，繁荣城市夜间消费。

（四）“夜海曙”书香品味工程

加快实施天一阁博物馆扩建工程和月湖西区改造工程，继续办好“天一阁论坛”“月湖夜读朗诵会”等活动，进一步扩大“海曙讲堂”系列讲座规模和影响力。鼓励在公共服务空间增设自助图书馆、电子阅读栏（屏）、图书信用借还服务点等设施。

支持市场主体举办艺术展览活动，开办各类艺术主题讲座和研讨活动。鼓励培训机构在夜间推出语言、艺术、烘焙等课程，支持社区组织开展插花、茶艺、国学等传统文化学习活动。

（五）“夜海曙”美食专享工程

打造天一广场、亚细亚、1844和义生活中心、南塘老街、恒一城市广场、南站里等一批深夜食堂，重建城隍庙步行街特色小吃城，提升石浦大酒店、宁海食府等宁波本土餐饮品牌，鼓励东福园、状元楼、缸鸭狗等老字号开设夜间宁波餐厅，引导天一广场、南塘老街、月湖盛园引进各类特色餐饮、网红餐饮。

开展中东欧特色产品和海曙食品展销，开展“十县百碗”旅游美食评选等活动，推出一批旅游美食。鼓励市场主体开展美食狂欢夜、海鲜啤酒节、酒吧特色派对等活动。

（六）"夜海曙"健康活力工程

举办"一带一路"国际攀岩大师赛、"双11"全国持杖行走日、全国青少年皮艇球锦标赛、梁祝爱情马拉松等赛事。实施游步道文旅体验计划，推出集游步道文化线、户外康体线和风景游览线三线一体的文化型游步道标杆产品。

适当延长公共体育场馆、学校运动场地（馆）的夜间开放时间。开展适合大众参与的夜间太极拳、排舞、篮球、足球等体育活动，鼓励开展夜跑、夜骑活动等潮流运动。

（七）"夜海曙"醉美乐享工程

提升"天一荟"等本土品牌曲艺项目，讲好"宁波故事"。鼓励南塘老街、鼓楼、中山公园等历史街区以及天一广场、恒一城市广场、南站里等场所，开展戏曲相声、夜场电影、灯光秀、青年交友联谊、音乐嘉年华等夜间主题活动。

支持海曙区文化馆、海曙区话剧中心创作或引进一批精品演绎娱乐节目。引导音乐吧、演艺场所、影剧院、酒吧、养生保健会所、电动城等夜间娱乐场所，探索"24小时影院"、夜间主题书吧、音乐茶座等项目，丰富夜间娱乐内涵。

（八）"夜海曙"魅力不夜工程

主动对接宁波夜间经济美化亮化项目规划，引导和鼓励天一广场、奥特莱斯、城隍庙、鼓楼沿、南塘老街等夜间经济地标、商圈和生活圈改造提升夜景亮化、美化工程，提升和完善夜间标识体系、景观小品、休闲设施、灯光设施、环卫设施、公共Wifi及5G通讯等配套设施建设，营造靓丽舒适的夜间消费环境，凸显夜海曙城市魅力。

四、保障措施

（一）加强组织领导。成立以区政府分管领导为组长，商务、宣传、发改、经信、教育、公安、财政、住建、交通、文广旅体、市场监管、综合行政执法、经合、自然资源规划、各镇（乡）街道等单位为成员的夜间经济工作领导小组，统筹领导海曙夜间经济的发展工作。领导小组下设办公室，办公室设在区商务局，具体负责协调、指导、督促和开展各项工作。各镇（乡）街道要按职责分工开展相应工作。建立"夜间区长"和"夜生活首席执行官"制度，由区政府分管领导担任"夜间区长"。公开招聘具有夜间经济相关行业管理经验的人员担任"夜生活首席执行官"，协助"夜间区长"开展工作。区级有关部门要按职责分工制订并组织实施促进夜间经济发展的配套政策。

（二）强化政策支持。积极招引商贸、文化、旅游等领域的大企业，对符合规定条件的重大项目实行"一事一议"。区级财政统筹利用相关资金，共同支持夜间经济发展。对特色演艺娱乐活动等重点项目给予财政资金支持，对文化、体育等公益性事业单位因发展夜间经济延长运营时间而增加的水电气等费用给予补助。对符合条件的品牌连锁企业开展住所登记便利化服务，除法律、法规等对涉及行政许可的住所（经营场所）登记另有规定外，品牌连锁企业增设多个经营场所的，实行"一照多址"登记。实施包容审慎监管，在符合相关规定以及不扰民、不影响交通等前提下，允许夜间经济地标商圈、特色街区在特定时间段开展"外摆位"试点，并根据试点情况逐步推广。各镇（乡）街道可利用开放性公共空间，设置节假日步行街、分时步行街和文化集市。

（三）优化公共服务。把发展夜间经济纳入城市发展总体规划，完善空间布局，做好业态引导。强化夜间公共交通保障，试点开通旅游公交专线，适当投放城市旅游观光公交车。周末、节假日及重大节会活动期间，适当延长部分地铁及公交车夜间运营时间，鼓励出租车企业和网约车平台加强重点区域的夜间车辆调配。研究夜间错时停车、临时停车、停车费优惠等措施，鼓励企事业单位、商务楼宇的自用停车场夜间向社会公众开放。进一步完善景观小品、休闲设施、城市绿道以及水电气供给、污水收集排放、生活垃圾清运及处理、公共厕所等配套设施，持续提升景区、酒店等重点场所的公共无线网络、5G网络覆盖率。

（三）营造良好氛围。加大宣传力度，利用报刊、广播、电视、网络等媒体开展夜间经济系列宣传推广，提供形式多样、内容丰富的夜间消费资讯服务。提高夜间安全保障水平，有针对性调整和加强夜间巡控警力。对属于大型活动安全许可范畴的活动，公安机关要简化安保审批手续，提供高效安全服务支撑。各镇（乡）街道要建立夜间经济活动风险评估机制，制定应急预案并组织演练，营造安全有序的夜间消费环境。

——摘自《宁波市海曙区人民政府办公室关于印发海曙区加快发展夜间经济实施方案的通知》（海政办发〔2020〕26号）

海曙区"无废城市"建设实施方案

开展"无废城市"建设是党中央、国务院在打好污染防治攻坚战、决胜全面建成小康社会关键阶段作出的重大改革部署。为深入贯彻《浙江省人民政府办公厅关于印发浙江省全域"无废城市"建设工作方案》（浙政办发〔2020〕2号）、《宁波市"无废城市"建设实施方案》等相关文件精神，打造"美丽海曙"升级版，制定本实施方案。

一、总体要求

（一）指导思想

以习近平生态文明思想为指导，全面贯彻党的十九大和十九届四中全会精神，紧紧围绕统筹推进"五位一体"总体布局和协调推进“四个全面”战略布局，深化提升“美丽海曙”建设，坚持绿色低碳循环发展，全面覆盖多源固体废物管理需求，积极推动固体废物处理向规范化、精细化、专业化、规模化、现代化方向发展。

（二）工作目标

以创新、协调、绿色、开放、共享的新发展理念为引领，以

绿水青山就是金山银山的绿色发展理念为遵循，高标准打好污染防治攻坚战，高水平打造生态文明建设示范区，高质量建设新时代“美丽海曙”。以固体废物减量化、资源化为重点，全面形成“全类型、全覆盖、全过程”的固体废物分类处置和资源化利用体系，最终建成“源头管理精细化、贮存转运规范化、过程监控信息化、设施布局科学化、最终处置无害化”的“无废城市”。

（三）实施范围与时限

本方案的实施范围为海曙区所辖的全部行政区域范围。建设时限为5年，分近期（2020—2021年）和远期（2022—2025年）。

近期目标：2021年6月，“无废城市”建设目标指标体系全面达成；2021年底基本建成省级“无废城市”。

远期目标：2025年底，“无废城市”建设巩固推进，绿色生产和生活方式基本形成，固体废物问题得到全面解决，公众幸福感和获得感明显增强，生态环境治理现代化管理水平显著提高，城市多元共治的良好局面基本实现。

二、主要任务

（一）坚持能减则减，全面抓好产废源头减量化

1.统筹推进产业结构调整。重点发展新材料、新能源、高端装备、新一代信息技术、生物医药和节能环保等六大战略性新兴产业，提升纺织服装、电气机械、文教文具、汽车配件和电子信息等五大传统优势产业。严格控制新建、扩建固体废物产生量大、区域难以实现有效综合利用和无害化处置的项目。加快淘汰落后产能，推进铝氧化等固废产生量大的重点行业的清洁生产和产业升级，实施清洁生产的工业企业年度增长率达到5%，鼓励其他企业开展自愿性清洁生产审核。工业固体废物产生强度稳定实现负增长。（责任单位：区发改局、区经信局、海曙生态环境分局）

2.持续推进固废“动态清零”。严格落实工业固体废物“动态清零”处置工作。强化固废申报登记制度，督促企业对工业固废的种类、数量和处置去向进行自查或第三方核查。（责任单位：海曙生态环境分局、区经信局）实现工业污泥源头减量。落实污泥减量政策，2020年底，鄞西污水处理厂和年产污泥1000吨以上的工业企业出厂污泥含水率逐步降至60%。（责任单位：海曙生态环境分局、区综合行政执法局）

3.促进农业固体废物减量。推进“药肥双控”，到2021年底，测土配方施肥技术推广覆盖率达92%以上，永久基本农田示范区测土配方施肥全覆盖，化肥农药施用量逐年下降，利用率提高到40%以上。全面落实农牧对接“一县一方案、一场一对策”，统筹推进主体小循环、区域中循环、县域大循环的农牧对接体系建设，全面建立畜牧业与种植业、林业点对点、量对量的对接消纳模式，建设沼液池（罐）、配套管网、堆肥棚等设施设备。推进地膜覆盖技术合理应用，降低地膜覆盖依赖度，加强倒茬轮作制度探索，减少地膜使用量。推进0.01mm以上加厚地膜应用，延长地膜使用期，提高重复利用率。完善地膜回收作业专业组织，加大补贴力度推进机械化回收。（责任单位：区农业农村局）

4.加快形成绿色生产生活方式。按照厂房集约化、生产洁净化、废物资源化、能源低碳化原则，结合行业特点，分类创建“绿色工厂”。推进东海集团、明州环境能源等企业积极争创“国家级绿色工厂”。推动以纺织服装、文教文具、家居及休闲用品、汽车配件等产业为主的工业聚集区绿色发展，推进望春工业园区打造省级“绿色园区”，逐步推进海曙绿色制造体系建设。（责任单位：区经信局、海曙生态环境分局）

（二）坚持应分尽分，全面落实分类贮存规范化

5.扎实推进垃圾分类专项行动。深化居民生活垃圾分类，强化“四项措施”，全面推进公共机构和相关企业生活垃圾强制分类，实现生活垃圾分类全覆盖、资源化利用率有效提高。至2021年6月生活垃圾分类覆盖面达到100%，城乡生活垃圾数量持续负增长。（责任单位：区综合行政执法局、区发改局、区教育局、区商务局）推动再生资源回收模式创新。鼓励通过政府购买服务方式，打包高价值和低价值再生资源回收，明确可回收物的收运处置责任，鼓励再生资源回收企业积极探索“一体化全品类”回收处理模式，打造全品类、全区域、智能化再生资源回收服务体系。（责任单位：区商务局）

6.推进一般工业固体废物分类贮存规范化。以暂时不利用、不能回收利用或者需要暂时贮存的一般工业固体废物为重点，开展源头分类贮存。加快工业园区固废管理体系建设。推进镇（乡）街道、园区配套一般工业固废暂存设施，着力解决小微企业一般工业固废收集、转运、处置等问题。（责任单位：海曙生态环境分局）

（三）坚持应收尽收，全面实现收集转运专业化

7.践行重点行业的生产者责任延伸制度。按国家相关要求实施铅酸蓄电池、动力电池、电器电子产品、汽车等行业的生产者责任延伸制，配合宁波市建成废弃产品逆向回收体系。落实包装桶、反应催化剂等产品原厂回收处置及再利用。（责任单位：区发改局、区经信局、海曙生态环境分局、区商务局）

8.规范工业固废和工业污泥的运输管理。运输车辆应采取密闭、防水、防渗漏和防遗撒等污染防治措施，配备车

载GPS，执行转移交接记录，实施全过程动态监管，根据危险货物运输管理的相关规定，加强本地危险废物运输企业监督管理，依法查处无危险货物道路运输资质企业从事危险废物运输的行为。（责任单位：区交通运输局、海曙生态环境分局）

9.推进农业固体废物标准化收储体系建设。持续完善无利用价值的农膜、农药包装和病死畜禽的分类收集体系。推行无利用价值的废旧农膜分类回收处理，建立无利用价值的废弃农膜回收处置体系。（责任单位：区农业农村局）至2021年6月，农业固体废物收储运体系覆盖率达到100%。推行废旧农膜和农药包装分类回收处理，到2021年6月，废旧农膜回收处理率达90%，农药包装废弃物力争实现全量回收。（责任单位：区农业农村局）

10.建立小微单元危废和有害垃圾的收运体系。建立健全危险废物收运服务体系，到2021年底，危险废物收运体系基本覆盖全区镇（乡）街道以上工业园区（集聚区）、小微企业和学校、科研院所、检测机构实验室、汽修等行业。（责任单位：海曙生态环境分局、区交通运输局、区教育局、区科技局、区市场监管局）完善有害垃圾分类收运体系，以社区、村为重点推进有害垃圾分类收集、贮存专用容器及设施建设。（责任单位：区综合行政执法局、区农业农村局）

11.建立健全装修垃圾、大件垃圾、园林绿化垃圾的收运处理体系。落实建筑装修、大件垃圾和园林垃圾收集转运责任主体。推进资源化处理，推动建设大件垃圾资源化利用示范项目，2021年6月建筑垃圾综合利用率60%以上。（责任单位：区住建局、区综合行政执法局、区商务局）

（四）坚持可用尽用，全面促进资源利用最大化

12.拓宽工业固废综合利用渠道。落实工业固体废物资源综合利用财政扶持政策、资源综合利用税收优惠政策和补贴政策。拓宽废润滑油、退役电动电池、工业污泥、焚烧飞灰等工业固体废物综合利用渠道。（责任单位：区财政局、区经信局、海曙生态环境分局、区科技局、区税务局）

13.加快推动生活垃圾回收利用。鼓励回收企业利用互联网、大数据、物联网、信息管理公共平台等信息化手段，优化逆向物流网点布局，建立线上线下融合的回收网络，提升废品回收的智能化识别、定位、跟踪、监控和管理能力，深入开展农村生活垃圾分类专项行动，至2021年6月，城镇和农村生活垃圾回收利用率达到60%。（责任单位：区商务局、区住建局、区综合行政执法局）

14.统筹推进建筑垃圾和工程泥浆的资源化利用。积极推动建筑垃圾精细化分类分质利用，完善收集、清运、分拣、再利用的一体化回收处置体系。鼓励和支持建筑垃圾资源化利用再生产品生产企业不断改进生产工艺，提高技术手段，研发新产品，推动建筑垃圾再生产品规模化、高效化、产业化应用。推广使用建筑垃圾再生产品，鼓励因地制宜在海绵城市建设、旧城改造、大型市政基础设施和新农村建设中鼓励使用建筑垃圾利用再生产品，保障再生产品销路。（责任单位：区住建局、区综合行政执法局、海曙自然资源和规划分局、区交通运输局、区农业农村局、区财政局、区市场监管局）

15.着力提升农业固体废物资源化利用水平。组织实施秸秆肥料、燃料、饲料、食用菌基料和工业原料化等五大资源化利用工程，至2021年6月，秸秆综合利用率稳定达到95%以上。建立完善“农村保洁队—镇乡级回收点—专业公司外运处置”的农药包装管理体系。推广粪污收集还田利用、发酵床垫料回用、沼液肥料化利用和水肥一体施用技术，促进畜禽粪污就近就地还田利用。（责任单位：区农业农村局）

16.加快园林垃圾资源化利用设施建设。完善园林绿化垃圾收集运输、处理体系，规划建设绿化植物废弃物处理场所，做到园林绿化垃圾源头处理、就近消纳。鼓励各类社会资本参与园林绿化植物废弃物处理服务项目建设和运营管理。（责任单位：区综合行政执法局、区住建局）

17.促进危险废物分类综合利用。探索预处理后的宁波明州环境能源有限公司焚烧飞灰资源化利用，推进生活垃圾应急填埋场、一般工业固体废物填埋场、生活垃圾焚烧飞灰填埋场“三场合一”建设。结合垃圾分类，开展医疗卫生机构可回收物统一收集、利用、统计工作，提高医疗卫生机构可回收物的回收水平。到2021年6月，医疗卫生机构可回收物资源回收率达到80%。（责任单位：海曙生态环境分局、区综合行政执法局、区卫生健康局、区商务局）

（五）坚持应建必建，全面推进处置能力匹配化

18.大力推进一般工业固废处理设施建设。推进固废协同处置规范化，规划建设一般工业固废处理项目（洞桥垃圾焚烧发电二期项目）。鼓励新建重点工业企业自建处置设施消纳自产污泥，确保污泥得到规范处置，完成鄞西污水处理厂污泥减量处理项目建设。在确保无害化的前提下，推广利用污泥生产新型建材，鼓励将经预处理合格的污泥用于园林绿化和基质土改良。（责任单位：海曙生态环境分局、区综合行政执法局）

19.加快生活垃圾处理能力建设。配合上级部门2022年底前完成洞桥厨余垃圾二期项目、餐厨垃圾二期项目，2023年前新建成洞桥生活垃圾焚烧项目。（责任单位：区综合行政执法局、区发改局、海曙生态环境分局）

20.合理规划建设建筑垃圾处置利用消纳场。对建筑垃圾实行流向化管理，逐步实现产生、运输、消纳等各环节的全过程监管。培育扶持建筑垃圾资源化利用企业。科学布局渣土、泥浆、装修垃圾消纳（中转）场所。（责任单位：区住建局、区综合行政执法局、海曙自然资源和规划分局、区发改局、区经信局）

（六）坚持应管严管，全面营造高压严管常态化

21.加强固体废物管理各环节的综合执法。加强固体废物监管队伍建设，充实相关职能部门管理力量，将固体废物贮存、收集、运输、利用、处置纳入环境综合执法。结合现有网格化环境监管体系，充分发挥“四个平台”，建立固体废物监管村（镇）网格化巡查队伍，制定巡查制度，补足村（镇）监管短板，到2021年6月，村（镇）网格化巡查队伍覆盖率达90%以上。（责任单位：海曙生态环境分局、区交通运输局、区农业农村局、区综合行政执法局、海曙公安分局）

22.强化危险废物的环境监管能力建设。推进危险废物鉴定能力建设。完善全过程环境风险防控，强化危险废物处置过程环境监管和资源化利用过程生态环境要求。扩大监管覆盖面，到2021年，600家以上固体废物产生企业纳入监管信息系统。（责任单位：海曙生态环境分局）

（七）坚持应纳尽纳，全面构建管理手段信息化

23.加快推进固废信息化管理能力。强化对固废处置监管信息系统的培训与应用，完善危废重点企业的固废视频监控系统建设。打通和共享数据，及时掌握“无废城市”指标和重点项目的完成情况，智能预判发展趋势。（责任单位：海曙生态环境分局、区经信局、区住建局、区交通运输局、区农业农村局、区商务局、区卫生健康局、区综合行政执法局）

24.加强信息公开发布和公众监督。建立“无废城市”环境信息公开通道，包括政府官网“无废城市”专栏、实时环境信息跟踪App、企业单位环境信息公开等。通过举报电话、网站、微信等多途径对“无废城市”建设进行监督。（责任单位：区委宣传部、海曙生态环境分局）

（八）坚持创业兴业，全面培育治理行业产业化

25.激发固体废物处置市场主体活力。探索多种措施扶持畜禽养殖粪污综合利用、秸秆综合利用、农膜回收利用等产业。（责任单位：区发改局、区经信局、区财政局、海曙生态环境分局、区农业农村局）

26.培育固废回收利用处置骨干企业。加强政策引导和支持力度，引进或培育一批产业规模大、经济效益好、技术设备新、回收网络全的固废回收利用骨干企业。2021年6月，全区固体废物回收利用处置骨干企业达2家以上。（责任单位：区发改局、区经信局、海曙生态环境分局、区商务局、区农业农村局、区综合行政执法局、区住建局）

（九）坚持问题导向，全面推动制度创新精准化

27.破解固体废物底数摸清难。督促企业填报上年度工业固体废物的种类、产生量、流向、贮存、处置等有关信息，实现工业固体废物数据的年度动态更新。加快固废全过程综合监管平台部署应用，实现电子化申报，形成产废“一本账”。至2021年6月，纳入固体废物申报登记范围的企事业单位上网率达到80%以上。（责任单位：海曙生态环境分局、区经信局、区发改局）

28.破解利用处置项目落地难。推进洞桥循环利用产业园区建设，构建多废共治综合服务体系，强化洞桥生活垃圾焚烧、开诚餐厨废物处理、首创厨余废物处理等项目示范作用，化解“邻避效应”。促进固废加工利用园区化、规模化和清洁化发展形成协同效应，降低环境成本，提升综合效益。（责任单位：区发改局、海曙生态环境分局、区综合行政执法局）

29.加强资源配置的政策正向激励。落实好现有资源综合利用增值税等税收优惠政策，以污泥、低值工业固废、低值再生资源等固体废物综合利用环节实行增值税有条件即征即退。持续加大绿色信贷业务创新和推广力度。加强环境信用体系建设，持续推动市场监管、生态环境等部门的信息共享、守信激励和失信联合惩戒机制。（责任单位：区税务局、区财政局、海曙生态环境分局、区市场监管局）

（十）坚持长效常治，全面夯实齐抓共管制度化

30.建立健全属地管理责任体系和考核制度。强化对“无废城市”建设工作的督促检查，将“无废城市”建设工作纳入美丽海曙建设考核内容。建立工作评价考核机制，定期通报进展情况，将建设指标和成效作为政绩考核重要内容和督察部门加强监督检查的重点。（责任单位：海曙生态环境分局、区经信局、区住建局、区农业农村局、区商务局、区卫生健康局、区综合行政执法局、区美丽办、区目考办）

31.完善无废城市建设管理政策。明确建筑垃圾优先资源化利用的管理要求。完善工业一般固废处理管理制度，对其他一般工业固废实施企业严格分类，建立专业收运、处理以及信息报告制度。制定农业废弃物利用、处理管理制度、农膜回收利用管理制度等。（责任单位：海曙生态环境分局、区农业农村局、区住建局、区综合行政执法局）

三、保障措施

（一）强化组织领导。由区美丽办统筹“无废城市”建设工作。承担实施方案编制、年度计划制定、实施过程咨询、年度考核统计等职能。

（二）强化要素保障。强化政策保障，围绕“无废城市”建设工作的重点领域和主要任务，完善项目审批“绿色通道”，提高审批效率。增强财政扶持政策，对低值再生资源回收等公益属性较强、且未落实专项财政资金的项目，加快研究落实相应的扶持政策。

（三）强化宣传引导。结合新媒体技术，构建全方位立体式“无废城市”宣传教育体系，营造舆论氛围，培育“无废”理念。强化全民责任意识、法治意识和企业社会责任意识，自觉践行资源节约、环境友好的生产方式和简约适度、绿色低碳的生活方式。全面营造政府有效引导、企业自觉执行、公众积极参与的“无废城市”建设氛围。

——摘自《宁波市海曙区人民政府办公室关于印发海曙区“无废城市”建设实施方案的通知》（海政办发〔2020〕33号）

统计资料

2020年海曙区行政区划基本情况表

表43

街道名称	居民委员会（个）	社区（个）	村民委员会（个）
总计	108	103	164
集士港镇	5	5	19
古林镇	7	5	23
高桥镇	5	5	20
横街镇	2	0	28
鄞江镇	2	1	12
洞桥镇	1	1	19
章水镇	1	1	18
龙观乡	1	1	10
石碶街道	8	8	15
月湖街道	6	6	0
西门街道	13	13	0
江厦街道	4	4	0
南门街道	11	11	0
鼓楼街道	5	5	0
白云街道	13	13	0
望春街道	14	14	0
段塘街道	10	10	0

注：本表数据由区民政局提供

2020年海曙区户籍人口及其变动情况表

表44

指标名称	2020年	指标名称	2020年
本年末总户数（户）	257050	35~59岁人口	252751
上年末总人口	633478	60岁及以上人口	172956
本年末总人口	637638	本年度人口变动情况	
本年平均人口数	635558	出生人数	4528
在本年末总人口中		死亡人数	3679
按性别分：		迁入人口	
男	310682	省内迁入	4398
女	326956	省外迁入	7207
按年龄分：		迁出人口	
0~17岁人口	96933	迁往省内	923
18~34岁人口	114998	迁往省外	907

2016—2020 年海曙区人口主要指标表

表 45

计量单位：个、人

年份	街道	乡镇	社区	村	户籍总人口	# 非农业人口	男性	女性	出生人数	出生率（‰）	死亡人数	死亡率（‰）	自然增长率（‰）	户籍年平均人口	年末常住人口（万人）
2016 年	9	8	98	168	624436	418303	306096	318340	5625	9.02	3334	5.34	3.67	623853	99.5
2017 年	9	8	98	167	626363	428361	306724	319639	6217	9.94	4339	6.94	3.00	625400	100.1
2018 年	9	8	102	167	629970	455085	308051	321919	5348	8.51	4209	6.70	1.81	628166	102.1
2019 年	9	8	103	167	633478	480893	309163	324315	5121	8.11	3594	5.69	2.42	631724	103.9
2020 年	9	8	103	164	637638	494524	310682	326956	4528	7.10	3679	5.77	1.33	635558	104.3

2020 年海曙区地区生产总值分行业增加值表

表 46

计量单位：亿元

指标名称	增加值	指标名称	增加值
地区生产总值	1201.18	住宿和餐饮业	18.57
农、林、牧、渔业	16.80	住宿业	3.97
农、林、牧、渔专业及辅助性活动	0.62	餐饮业	14.59
工业	283.21	金融业	123.36
建筑业	78.02	房地产业	125.47
批发和零售业	153.15	其他服务业	320.24
批发业	99.33	第一产业	16.18
零售业	53.82	第二产业	361.08
交通运输、仓储和邮政业	82.35	第三产业	823.92

注：该表格中数据为快报口径

2019—2020 年海曙区财政收入情况表

表 47

计量单位：万元

指标名称	2020 年	2019 年	同比增长（%）
财政总收入	1879655	1843493	2.0
一、税收收入合计	1721529	1656700	3.9
1. 中央收入	721375	718704	0.4
（1）消费税	9128	9577	-4.7
（2）增值税	214333	234591	-8.6
（3）企业所得税 60%	218459	195859	11.5
（4）个人所得税 60%	106406	108620	-2.0
（5）改征增值税	173049	170057	1.8
（6）营业税			
2. 地方收入	1000154	937996	6.6
（1）增值税	216126	234591	-7.9
（2）改征增值税	173049	170057	1.8

续表47

指标名称	2020年	2019年	同比增长（%）
（3）营业税			
（4）企业所得税40%	142559	128587	10.9
（5）个人所得税40%	70937	72413	-2.0
（6）资源税	1509	920	64.0
（7）城建税	54511	59234	-8.0
（8）房产税	57026	33213	71.7
（9）印花税	14791	15112	-2.1
（10）土地使用税	13150	6980	88.4
（11）土地增值税	94992	70485	34.8
（12）车船税	16900	20732	-18.5
（13）契税	139654	121680	14.8
（14）耕占税	4780	3845	24.3
（15）环境保护税	140	159	-11.9
（16）其他税收收入	30	-12	-350.0
二、非税收入合计	158126	186793	-15.3
1. 教育费附加	22486	24801	-9.3
2. 地方教育附加	15012	16494	-9.0
3. 文化事业建设费	41	416	-90.1
4. 残疾人就业保障金	6798	9362	-27.4
5. 教育资金收入		52417	-100.0
6. 农田水利建设资金收入			
7. 森林植被恢复费	641	19	3273.7
8. 水利建设专项收入		1	-100.0
9. 行政事业性收费	14030	12148	15.5
10. 罚没收入	5700	5757	-1.0
11. 国有资本经营收入			
12. 国有资源有偿使用收入	91935	38700	137.6
13. 政府住房基金收入	1459	1285	13.5
14. 其他收入	24	25393	-99.9

注：本表由区财政局提供，2020年中央财政收入721375万元，同比增长0.4%；一般公共预算收入1158280万元，同比增长3.0%

2019—2020年海曙区财政支出情况表

表48

计量单位：万元

指标名称	2020年	2019年	同比增长（%）
一、一般预算支出合计	1019197	946599	7.7
一般公共服务	194077	193022	0.5
国防	161	339	-52.5
公共安全	78394	89386	-12.3

续表48

指标名称	2020年	2019年	同比增长（%）
教育	206162	191237	7.8
科学技术	21910	39377	−44.4
文化旅游体育与传媒	14992	14909	0.6
社会保障和就业	107557	58665	83.3
卫生健康	92737	82741	12.1
节能环保	5918	4835	22.4
城乡社区事务	103449	103140	0.3
农林水事务	48932	47304	3.4
交通运输	20198	18992	6.4
资源勘探电力信息等事务	24160	36514	−33.8
商业服务业	11318	8254	37.1
金融	5363	4105	30.6
援助其他地区	2989	2781	7.5
自然资源海洋气象等	9810	7677	27.8
住房保障	43516	18858	130.8
粮油物资储备	5233	134	3805.2
灾害防治及应急管理	2404	4842	−50.4
其他	19	50	−62.0
债务付息	19898	19437	2.4
二、政府性基金支出合计	1265955	603306	109.8
文体传媒	0	36	−100.0
社会保障和就业	1264	1116	13.3
城乡社区	1138599	577481	97.2
农林水支出	34	5	580.0
商业服务业等			
其他支出（彩票公益金支出）	3637	3270	11.2
其他支出（其他政府性基金支出）	22628		
债务付息支出	28093	21398	31.3
抗疫特别国债	71700		

注：本表由区财政局提供

2020年海曙区城乡居民人均收支及生活质量情况表

表49

指标名称	单位	2020年	同比增长（%）
一、城镇居民			
人均可支配收入	元	71391	4.0
人均消费支出	元	40730	0.9
人均自有现住房面积	平方米	36	1.9
家用汽车拥有量	辆／百户	57	4.5

续表 49

指标名称	单位	2020 年	同比增长（%）
洗衣机拥有量	台 / 百户	97	0.7
电冰箱（柜）拥有量	台 / 百户	103	−1.8
彩色电视机拥有量	台 / 百户	179	2.0
空调拥有量	台 / 百户	218	1.1
固定电话拥有量	线 / 百户	36	−23.7
移动电话拥有量	部 / 百户	214	−0.4
# 其中：接入互联网	部 / 百户	196	10.9
计算机拥有量	台 / 百户	80	−7.4
# 其中：接入互联网	台 / 百户	78	−4.1
二、农村居民			
人均可支配收入	元	39888	7.2
人均消费支出	元	24598	6.5
人均自有现住房面积	平方米	48	4.4
家用汽车拥有量	辆 / 百户	39	11.2
洗衣机拥有量	台 / 百户	87	2.2
电冰箱（柜）拥有量	台 / 百户	106	0.8
彩色电视机拥有量	台 / 百户	201	1.6
空调拥有量	台 / 百户	173	2.8
固定电话拥有量	线 / 百户	28	−12.1
移动电话拥有量	部 / 百户	194	0.4
# 其中：接入互联网	部 / 百户	107	7.8
计算机拥有量	台 / 百户	42	−2.2
# 其中：接入互联网	台 / 百户	35	8.7

2020 年海曙区城镇居民收入与支出情况表

表 50

指标名称	单位	2020 年	同比增长（%）
一、人口就业情况			
1. 住户数	户	200	0.0
2. 期内住户常住成员数	人	497	−0.6
3. 劳动力人数	人	390	13.4
4. 常住成员从业人数	人	237	−4.4
二、可支配收入	元	71391	4.0
（一）工资性收入	元	39622	2.3
（二）经营净收入	元	12422	4.6
1. 第一产业经营净收入	元	12	4.6
2. 第二产业经营净收入	元	4782	−7.8
3. 第三产业经营净收入	元	7628	14.3
（三）财产净收入	元	9138	4.0

续表 50

指标名称	单位	2020 年	同比增长（%）
（四）转移净收入	元	10209	10.2
三、总支出	元	69487	8.3
1. 生产经营费用支出	元	7652	7.0
2. 财产性支出	元	738	13.8
3. 转移性支出	元	4056	13.3
4. 部分商业保险支出	元	177	4.4
5. 购置资产及非经常性转移支出	元	11885	28.9
6. 借贷性支出	元	5037	16.4
四、消费支出	元	40730	0.9
（一）食品烟酒	元	10476	−0.9
（二）衣着	元	1968	−14.3
（三）居住	元	12196	10.0
（四）生活用品及服务	元	2703	20.4
（五）交通通信	元	5027	4.9
1. 交通	元	3908	6.7
2. 通信	元	1119	−1.0
（六）教育文化娱乐	元	3281	−32.2
1. 教育	元	2099	−9.0
2. 文化娱乐	元	1182	−53.3
（七）医疗保健	元	4222	14.4
（八）其他用品和服务	元	857	2.6

2020 年海曙区农村居民收入与支出情况表

表 51

指标名称	单位	2020 年	同比增长（%）
一、人口就业情况			
1. 住户数	户	100	0.0
2. 期内住户常住成员数	人	233	−1.7
3. 劳动力人数	人	194	7.3
4. 常住成员从业人数	人	137	−2.8
二、可支配收入	元	39888	7.2
（一）工资性收入	元	22936	5.0
（二）经营净收入	元	8297	8.3
1. 第一产业经营净收入	元	307	14.5
2. 第二产业经营净收入	元	5658	8.5
3. 第三产业经营净收入	元	2332	6.8
（三）财产净收入	元	2553	7.5
（四）转移净收入	元	6102	14.6
三、总支出	元	38042	−12.2

续表 51

指标名称	单位	2020 年	同比增长（%）
1. 生产经营费用支出	元	12019	−14.9
2. 财产性支出	元	59	−76.5
3. 转移性支出	元	1829	−13.7
4. 部分商业保险支出	元	17	−70.7
5. 购置资产及非经常性转移支出	元	2297	−24.4
6. 借贷性支出	元	211	−94.9
四、消费支出	元	24598	6.5
（一）食品烟酒	元	7531	5.1
（二）衣着	元	911	−7.6
（三）居住	元	7220	18.3
（四）生活用品及服务	元	978	15.2
（五）交通通信	元	2605	7.1
1. 交通	元	1758	8.1
2. 通信	元	847	5.1
（六）教育文化娱乐	元	2226	−13.2
1. 教育	元	1734	−14.0
2. 文化娱乐	元	492	−10.1
（七）医疗保健	元	2550	2.2
（八）其他用品和服务	元	577	14.5

2020 年海曙区主要农作物面积和产量表

表 52　　计量单位：公顷、吨

指标名称	播种面积	产量	指标名称	播种面积	产量
农作物播种面积	18058	—	2. 香瓜（甜瓜）	63	1807
一、粮食作物	9704	66277	3. 草莓	98	2223
二、油料	509	1439	4. 其他	57	877
三、棉花（皮棉）	9	14	八、其他作物	2248	
四、甘蔗	12	710	1. 绿肥	78	
五、中草药材	504	2349	2. 席草	1833	22864
六、蔬菜及食用菌	4120	96329	3. 饲料草（青饲料）	3	
七、果用瓜	952	35268	4. 其他	334	
1. 西瓜	734	30361			

注：2020年年报开始，农作物播种面积不含花卉苗木

2018—2020 年海曙区农林牧渔业分项产值表

表 53　　计量单位：万元

指标名称	2018 年	2019 年	2020 年
合计	210851	216824	227597
一、农业产值	177409	179020	187313

续表53

指标名称	2018年	2019年	2020年
其中：副产品产值	504	486	556
1. 粮食作物	22495	22447	24336
（1）谷物	18653	19359	22882
（2）豆类	1000	753	602
（3）薯类	2842	2335	852
2. 油类	1094	1210	1194
3. 棉花	46	41	36
4. 甘蔗	376	294	213
5. 中草药材	19828	17851	18820
6. 蔬菜	49554	51653	58669
7. 食用菌			750
8. 花卉园艺	8132	8614	8125
9. 茶、桑、水果、坚果	57403	57507	55540
10. 其他农作物	18481	19403	19630
二、林业产值	10537	10881	10573
1. 人造林木生长	2947	1986	5707
2. 林产品	4914	5172	4140
3. 竹木采运	2676	3723	726
4. 采集野生植物			
三、牧业产值	7418	9649	9975
1. 牲畜	5904	8261	8983
2. 家禽饲养	412	449	423
3. 活的畜禽产品	964	820	546
4. 捕猎野兽野禽	61	69	2
5. 其他动物饲养	77	50	21
四、渔业产值	7771	8701	8336
1. 海水产品			
2. 淡水产品	7771	8701	8336
五、农林牧渔服务业产值	7716	8573	11400

2018—2020年海曙区畜牧业生产情况表

表54

指标名称	单位	2018年	2019年	2020年
一、生猪				
1. 年末存栏头数（含未断奶小猪）	万头	1.21	0.78	1.44
能繁殖的母猪	万头	0.11	0.09	0.16
2. 年内生猪出栏头数	万头	1.96	1.86	1.67
二、牛				
1. 年末存栏头数	头	322	363	170

续表 54

指标名称	单位	2018 年	2019 年	2020 年
2. 年内牛出栏头数	头	336	264	315
三、羊				
1. 年末存栏只数	万只	0.14	0.12	0.11
2. 年内羊出栏只数	万只	0.13	0.08	0.12
四、活家禽				
1. 年末存栏只数	万只	7.90	6.69	6.41
2. 年内出栏只数	万只	6.99	7.96	8.03

2020 年海曙区水产品产量及养殖面积基本情况表

表 55

指标名称	计量单位	2020 年	指标名称	计量单位	2020 年
水产品总产量	吨	2120	鱼类	吨	1557
其中：淡水产品产量	吨	2120	虾蟹类	吨	177
按生产性质分			贝类	吨	81
淡水捕捞	吨	774	其他类	吨	305
淡水养殖	吨	1346	淡水养殖面积	公顷	179
按类别分					

2020 年海曙区林业生产基本情况表

表 56

指标名称	计量单位	2020 年	指标名称	计量单位	2020 年
国土绿化与森林质量提升情况			六、森林抚育	公顷	200
一、人工造林	公顷	186	七、零星（四旁）植树	株	20000
二、飞播造林	公顷		八、林木种苗		
三、封山育林（当年新封）	公顷		1. 当年苗木产量	万株	302
四、退化林修复	公顷	192	2. 育苗面积	公顷	1011
五、人工更新	公顷				

2020 年海曙区灌溉和水利基本情况表

表 57

指标名称	计量单位	2020 年	指标名称	计量单位	2020 年
水库年末累计	座	24	水利工程年供水量	万立方米	17040
总库容量	万立方米	28374	农业供水	万立方米	5116
大型水库	座	2	工业供水	万立方米	3123
中型水库	座	1	城乡生活用水	万立方米	5680
小型水库	座	21	山塘年末累计	座	96
有效灌溉面积	万亩	15	山塘总库容量	万立方米	191
水土流失治理面积	公顷	289	水电站	座	12
水闸座数	座	33			

2015—2020年海曙区规模以上工业企业数量表

表58　　计量单位：个

指标名称	2015年	2016年	2017年	2018年	2019年	2020年
总计	25	702	649	638	678	726
按轻重工业分						
轻工业	13	353	330	316	338	355
重工业	12	349	319	322	340	371
按登记注册类型分						
国有企业	3	2	2	1	1	0
集体企业		1	1	1	1	1
股份合作企业		2	3	3	4	4
有限责任公司	12	59	51	58	24	24
股份有限公司	1	21	22	20	10	9
私营企业	4	477	464	465	555	602
其他企业		1				
港、澳、台商投资公司	4	72	52	42	38	42
外商投资企业公司	1	67	54	48	45	44
按规模分						
大型企业	1	11	6	7	8	9
中型企业	7	81	67	61	55	61
小型企业	16	585	565	563	595	616
微型企业	1	25	11	7	20	40

注：自2007年开始包括宁波电业局；宁波电业局为产业活动单位，没有经济效益统计数据；
2011年起，国家统计局将规模以上工业企业标准从年主营业务收入500万元调整至2000万元；
2011年起，将企业规模分为大、中、小、微型

2015—2020年海曙区规模以上工业企业总产值

表59　　计量单位：万元

指标名称	2015年	2016年	2017年	2018年	2019年	2020年
总计	3653778	12133434	10866303	11109733	11557576	12237872
按轻重工业分				0		0
轻工业	230091	5020219	3786002	3485121	3629055	3883673
重工业	3423687	7113216	7080301	7624612	7928521	8354199
按登记注册类型分				0	0	0
国有企业	3144683	3291993	3595777	2436	1947	0
集体企业		3848	4095	3244	2752	6503
股份合作企业		7538	10883	11412	14719	18561
有限责任公司	408881	1616731	1481974	5410111	4849786	4665494
股份有限公司	17915	913672	479978	372148	260485	165449
私营企业	29207	3479400	2962283	3247231	4594232	5259377

续表 59

指标名称	2015 年	2016 年	2017 年	2018 年	2019 年	2020 年
其他企业		6036		0	0	0
港.澳.台商投资公司	50930	2129960	1749429	1487904	1360214	1606038
外商投资企业公司	2163	684258	581884	575247	473441	516451
按规模分				0	0	0
大型企业	3120511	4736853	4521074	4706397	4962919	5065691
中型企业	343949	3198883	2558152	2223561	2332622	2323986
小型企业	185239	3988985	3751515	4155967	4186328	4356119
微型企业	4079	208713	35561	23809	75707	492077

2020 年各镇（乡）街道、园区规模以上工业企业主要经济指标表

表 60　　计量单位：千元

街道名称	总产值	新产品产值	资产总计	负债合计	平均用工人数	营业收入	营业成本	营业利润	利润总额	营业税金及附加	销售费用	管理费用	研发费用	财务费用
全区	122378720	22781876	127756819	82008974	112554	125157120	108877721	4316105	4597803	579979	4939735	4485629	2177853	1131992
集士港镇	6697793	1915157	6644246	3671371	9776	6653613	5488072	383632	432494	36647	173366	385492	150771	81457
古林镇	11605007	2038553	7430908	5157225	19998	11638692	10133310	249874	292566	47981	245348	638670	263103	121104
高桥镇	7185900	2018403	8372378	4489517	11236	7453676	5933211	452054	466230	55549	207314	480114	240758	110185
横街镇	4548420	1129756	4545810	3647196	5785	4632478	3836336	202815	219645	16806	88244	220160	167215	111644
鄞江镇	2806428	894182	2652571	1629972	4184	2798496	2200653	167727	162859	50833	54705	172010	102133	50181
洞桥镇	9293171	2322360	9840368	5531674	10735	9170840	7402132	672493	711458	40633	210689	463976	284790	144071
章水镇	451317	10844	1188141	260423	726	473870	291254	94586	96128	3028	9138	56456	10864	9416
龙观乡	286307	37721	196684	139836	479	269381	224303	12744	13447	1374	5831	15624	7425	2078
石碶街道	20173171	5614792	36477356	23556096	24265	21735523	18119596	722111	744086	125625	2148722	799912	263152	322383
月湖街道														
西门街道	37420	37420	10777	5220	64	39796	32393	1942	2142	109	279	2434	2529	110
江厦街道	78818	18641	102259	39013	142	78972	67666	4668	4980	562	337	2146	4451	−858
南门街道	1039855		2346803	1821098	662	1812025	1583604	63160	64421	2906	70190	78632	20267	44757
鼓楼街道	2588598	19350	8199118	1968602	1056	2801073	2389364	297661	297917	5853	65525	68228	8308	−24431
白云街道														
望春街道	488100	80112	451466	375578	179	448701	332308	56507	56775	1659	15085	20994	11754	10394
段塘街道	6389894	1713290	7763091	3831632	7154	6521048	4616079	605261	607233	32023	922261	410077	153622	46166
望春工业园区	10633673	4925381	12792540	7192348	12629	10555669	8593937	229848	278899	44417	721847	522749	420081	103912
其他	38074848	5914	18742303	18692173	3484	38073267	37633503	99022	146523	113974	854	147955	66630	−577

2020 年各镇（乡）街道、园区规模以上工业企业单位数量表

表 61

计量单位：家

街道名称	规模以上工业企业总数	其中：主营业务收入				
		10 亿以上	5 亿 ~10 亿	1 亿 ~5 亿	5 千万 ~1 亿	5 千万及以下
合计	726	12	13	139	174	388
区属	2	1				1
集士港镇	92		2	14	19	57
古林镇	132	1	1	22	38	70
高桥镇	93			21	24	48
横街镇	66		1	8	13	44
鄞江镇	37		1	5	10	21
洞桥镇	89		2	24	18	45
章水镇	9			1	3	5
龙观乡	6				2	4
石碶街道	100	5	1	19	23	52
月湖街道						
西门街道	1					1
江厦街道	1				1	
南门街道	2	1		1		
鼓楼街道	4		1	1	1	1
白云街道						
望春街道	2			2		
段塘街道	16	2	1	6	1	6
望春工业园区	74	2	3	15	21	33

2016—2020 年海曙区固定资产投资情况表

表 62

计量单位：万元

指标名称	2016 年	2017 年	2018 年比上年增长（%）	2019 年比上年增长（%）	2020 年比上年增长（%）
总计	3624204	4030253	13.1	−4.9	4.0
在总计中：基础设施投资	826519	758139	18.6	31.6	−16.2
在总计中：房地产开发投资	1184092	1541882	30.0	−29.9	18.8
按构成分	0				
建安工程	1919566	2022022	−18.4	24.1	12.3
设备工器具购置	159782	220643	25.7	−17.8	14.4
其他费用	1544856	1787588	42.0	−19.6	−3.9
按行业分	0				
第二产业	613896	687057	−3.6	14.6	5.7
工业	612228	686556	−3.4	14.6	5.7
第三产业	3010308	3343196	15.1	−6.7	3.8
批发和零售业	20422	22818	−97.1	3592.4	−80.2
交通运输、仓储和邮政业	202282	211732	27.6	46.3	−43.8

续表 62

指标名称	2016 年	2017 年	2018 年 比上年增长（%）	2019 年 比上年增长（%）	2020 年 比上年增长（%）
住宿和餐饮业	4450	2656			
信息传输、软件和信息技术服务业	0				
房地产业	2178994	2760455	13.4	−20.4	11.8
科学研究和技术服务业	1683	19680	−57.9	550.4	−20.9
水利、环境和公共设施管理业	448261	276813	45.2	49.9	3.1
教育	78588	18401	162.6	27.7	48.1
卫生和社会工作	22642	10145	25.0	−1.5	−55.2
文化、体育和娱乐业	44290	14647	−34.3	−7.2	9.3
公共管理和社会组织	8696	5849	−88.3	372.0	−44.0

注：2018、2019、2020年比上年增长均按可比口径计算

2018—2020 年海曙区建筑业主要指标表

表 63

指标名称	计量单位	2018 年	2019 年	2020 年
建筑业企业单位数	家	100	100	102
建筑业总产值	万元	4186623	4268980	4495337
增加值（万元）	万元	707964	717948	780185
企业总收入	万元	3214326	3191285	3502343
税金	万元	64029	50849	56246
利润总额	万元	110765	109940	90850
期末从业人员	人	114847	108836	57369
其中：工程技术人员	人	13387	12394	10910
人均利润	元 / 人	8766	9149	7545
产值利润率	%	2.65	2.58	2.02
产值利税率	%	4.18	3.77	3.27

2010—2020 年海曙区进出口情况表

表 64

指标名称	计量单位	进出口总额		
			进口总额	出口总额
2010 年	万美元	629848	121341	508507
2011 年	万美元	728337	143651	584686
2012 年	万美元	664275	103505	560770
2013 年	万美元	682125	100581	581544
2014 年	万美元	659215	69521	589694
2015 年	万美元	619335	65868	553467
2016 年	万美元	547951	56352	491599
2017 年	万元	6529582	1000064	5529518
2018 年	万元	6881881	1043332	5838549
2019 年	万元	7325347	1037314	6288033
2020 年	万元	7471274	985529	6485745

注：2017年开始为新海曙口径，以万元为计量单位

2020年海曙区出口主要市场情况表

表65　　计量单位：万元、%

指标名称	2020年		同比增长	指标名称	2020年		同比增长
	绝对值	构成比重			绝对值	构成比重	
出口	6485745	100.0	2.4	主要国家			
欧洲	2046985	31.6	2.4	美国	1495461	23.1	14.1
亚洲	1628824	25.1	-0.9	日本	351398	5.4	12.2
北美洲	1636037	25.2	12.3	德国	337516	5.2	4.7
拉丁美洲	496536	7.7	-7.2	英国	334594	5.2	5.3
非洲	329291	5.1	-10.0	澳大利亚	310938	4.8	6.7
大洋洲	348071	5.4	3.9	荷兰	224024	3.5	4.1
欧盟	1819373	28.1	2.5	法国	160585	2.5	-6.4
东盟	465518	7.2	-4.1	俄罗斯	149050	2.3	5.7
一带一路国家	1421064	21.9	-6.9	意大利	146285	2.3	1.5
中东欧	246146	3.8	1.7				

注：按贸易方式分，全区出口总额中一般贸易6306544万元，同比增长2.1%；加工贸易170848万元，同比增长18.9%

2020年海曙区进口主要市场情况表

表66　　计量单位：万元、%

指标名称	2020年		同比增长	指标名称	2020年		同比增长
	绝对值	构成比重			绝对值	构成比重	
进口	985529	100.0	-5.4	中东欧	20890	2.1	-13.8
欧洲	166790	16.9	-10.3	主要国家和地区		0.0	
亚洲	480324	48.7	-17.8	美国	94170	9.6	55.4
北美洲	106549	10.8	43.8	韩国	70584	7.2	-52.3
拉丁美洲	123674	12.5	-0.3	智利	65772	6.7	178.7
非洲	54982	5.6	103.0	台湾	64515	6.5	56.8
大洋洲	53208	5.4	14.6	印度	35902	3.6	22.1
		0.0		意大利	33981	3.4	-5.3
欧盟	138523	14.1	-4.7	德国	33914	3.4	16.2
东盟	102291	10.4	-21.2	扎伊尔	31248	3.2	157.9
一带一路国家	258563	26.2	-33.5	马来西亚	31217	3.2	-22.6

2020年海曙区出口主要商品情况表

表67　　计量单位：万元、%

指标名称	2020年		同比增长	指标名称	2020年		同比增长
	绝对值	构成比重			绝对值	构成比重	
出口	6485745	100.0	2.4	主要商品（类别）			
机电产品	2724748	42.0	6.6	服装及衣着附件	973725	15.0	-12.3
纺织服装	1746487	26.9	1.6	纺织纱线、织物及制品	772763	11.9	27.1
高新技术产品	449159	6.9	31.5	塑料制品	308905	4.8	-0.9

续表 67

指标名称	2020 年		同比增长	指标名称	2020 年		同比增长
	绝对值	构成比重			绝对值	构成比重	
家具及其零件	208967	3.2	13.9	箱包及类似容器	136062	2.1	30.3
灯具、照明装置及类似品	164769	2.5	3.8	杀虫剂、除草剂及类似品	86809	1.3	−31.2
汽车零配件	141487	2.2	−10.5	鞋类	58472	0.9	−43.5

2020 年海曙区城镇失业人员情况表

表 68 计量单位：人

指标名称	2020 年	指标名称	2020 年
一．本年失业人员	18941	按文化程度分	
1. 上年末结转的失业人员	8552	1. 大专及以上	2136
2. 本年新增的失业人员	10389	其中：女性	1277
二．年末失业人员合计	12512	2. 中专及高中	2973
按年龄分		其中：女性	1375
1. 周岁 16～25 岁	60	3. 初中及以下	7403
其中：女性	28	其中：女性	3382
2. 周岁 26 岁以上	12452	三．本年失业人员就业人数	7423
其中：女性	5831	四．城镇登记失业率（%）	2.49

2020 年海曙区社会养老保险基本情况表

表 69 计量单位：人

指标名称	2020 年	指标名称	2020 年
企业养老保险参保人数	921543	工伤保险参保人数	433986
企业养老保险实际缴费人数	383658	生育保险参保人数	344888
基本医疗保险参保人数	755863	被征地人员养老保障参保人数	22376
失业保险参保人数	360566		

2020 年海曙区专业技术人才情况表

表 70 计量单位：人

指标名称	2020 年	指标名称	2020 年
一、公有制企事业单位专业技术人才资源数	7182	二、享受国务院特殊津贴专家人数	14
高级职务	1123	三、国家和省有突出贡献专家人数	1
中级职务	3368	其中：省有突出贡献专家人数	1
初级职务	2691		
其他			

2020 年海曙区普通中学、小学办学情况表

表 71

指标名称	计量单位	2020 年	
		普通中学	小学
学校数	所	23	41
学校占地面积	平方米	866727	846535
校舍建筑面积	平方米	586639	518277
教学及辅助用房	平方米	312854	291284
其中：普通教室	平方米	178892	206470
实验室	平方米	36389	13467
图书室	平方米	21807	14994
微机室	平方米	10303	11348
语音室	平方米	3869	2386
行政办公用房	平方米	48080	34089
其中：教师办公室	平方米	28406	21983
生活用房	平方米	117977	91910
其他用房	平方米	107728	100994
体育运动场（馆）面积达标校数	所	23	39
体育场（馆）面积	平方米	331125	347399
体育器械配备达标校数	所	23	39
音乐器材配备达标校数	所	23	39
美术器材配备达标校数	所	23	39
理科实验仪器配备达标校数	所	23	39
建立校园网校数	所	23	41
校园计算机数	台	9336	10842
校园图书数	册	1518120	1606114

2020 年海曙区普通中学基本情况表

表 72

指标名称	计量单位	2020 年	指标名称	计量单位	2020 年
中学基本情况			教职工数	人	2668
学校数	个	23	其中：女教职工	人	1796
班级数	个	536	专任教师	人	2485
毕业生数	人	7393	行政人员	人	35
招生数	人	7878	教辅人员	人	42
在校学生数	人	22913	工勤人员	人	101
教职工基本情况			其他	人	5

2020 年海曙区普通小学基本情况表

表 73

指标名称	计量单位	2020 年	指标名称	计量单位	2020 年
小学基本情况			毕业生数	人	8761
学校数	个	41	招生数	人	10019
班级数	个	1419	在校学生数	人	57066
教职工基本情况			行政人员	人	38
教职工数	人	3207	教辅人员	人	7
其中：女教职工	人	2477	工勤人员	人	14
专任教师	人	3148			

2020 年海曙区学前教育基本情况表

表 74

指标名称	计量单位	2020 年	指标名称	计量单位	2020 年
基本情况			教职工人数合计	人	4897
幼儿园数（所）	所	134	园长	人	112
班级数（个）	个	1184	专任教师	人	2511
入园人数（人）	人	10698	保健员	人	180
在园幼儿数（人）	人	33282	保育员	人	1084
离园人数（人）	个	10794	其他	人	1010

2020 年海曙区体育事业基本情况表

表 75

指标名称	计量单位	2020 年	指标名称	计量单位	2020 年
一、举办运动会和群体活动情况			4. 参加乡镇、街道体育活动人次	人次	46280
1. 举办县级及以上运动会次数	次	1	5. 举办群众性体育活动次数	次	106
其中：体育系统举办	次	1	二、《国家体育锻炼标准》施行情况		
2. 参加县级及以上运动会人次	人次	8250	1. 实施学校总数	所	80
其中：体育系统举办	人次	8250	2. 有传统项目布局的学校数	所	43
3. 举办乡镇、街道体育活动次数	次	102			

2020 年海曙区区属卫生事业基本情况表

表 76

计量单位：人

指标名称	机构数（个）	人员数	# 卫生技术人员	执业（助理）医师	执业医师	注册护士	药师（士）	技师（士）	检验技师（士）	其他人员	其他技术人员	管理人员	工勤人员	万元以上设备（台）
总计	490	7548	6110	2585	2360	2271	452	276	218	526	171	540	691	4733
一、医院	28	3066	2499	864	821	1136	142	108	75	249	61	259	247	2512
综合医院	6	864	725	277	264	263	56	50	39	79	6	84	49	1116
中医医院	3	438	361	133	126	152	39	11	8	26	26	17	34	113

续表76

指标名称	机构数（个）	人员数	#卫生技术人员	执业（助理）医师	执业医师	注册护士	药师（士）	技师（士）	检验技师（士）	其他人员	其他技术人员	管理人员	工勤人员	万元以上设备（台）
专科医院	19	1764	1413	454	431	721	47	47	28	144	29	158	164	1283
口腔医院	4	462	396	144	143	197	8	9	0	38	9	19	38	423
眼科医院	2	142	73	12	12	31	4	5	5	21	8	41	20	209
妇产（科）医院	4	298	222	72	72	132	9	9	7	0	0	28	48	303
二、基层医疗卫生机构	456	4256	3455	1654	1476	1113	307	134	111	247	99	272	394	2009
社区卫生服务中心	8	1239	1027	494	449	276	115	52	44	90	37	75	100	787
卫生院	9	834	723	330	285	178	75	43	37	97	16	48	47	1222
门诊部	78	1433	1082	513	467	403	95	36	28	35	31	116	204	0
三、专业公共卫生机构	4	156	115	55	51	10	3	18	18	29	10	4	27	194
疾病预防控制中心	1	50	37	18	18	3	0	13	13	3	4	4	5	89
妇幼保健院（所、站）	1	63	44	29	28	6	3	5	5	1	6	0	13	52
卫生监督所（中心）	1	25	25	0	0	0	0	0	0	25	0	0	0	9
四、其他卫生机构	2	70	41	12	12	12	0	16	14	1	1	5	23	18

2020年海曙区域卫生事业基本情况

表77 计量单位：人

指标名称	机构数（个）	人员数	#卫生技术人员	执业（助理）医师	执业医师	注册护士	药师（士）	技师（士）	检验技师（士）	其他人员	其他技术人员	管理人员	工勤人员	万元以上设备（台）
总计	503	16935	14567	5641	5404	6131	909	818	589	1068	466	899	967	16349
一、医院	32	9793	8571	3070	3015	3892	515	509	319	585	261	519	442	8969
综合医院	9	6631	5906	2111	2087	2650	354	415	264	376	168	323	234	6730
中医医院	4	1398	1252	505	497	521	114	47	27	65	64	38	44	956
专科医院	19	1764	1413	454	431	721	47	47	28	144	29	158	164	1283
口腔医院	4	462	396	144	143	197	8	9	0	38	9	19	38	423
眼科医院	2	142	73	12	12	31	4	5	5	21	8	41	20	209
妇产（科）医院	4	298	222	72	72	132	9	9	7	0	0	28	48	303
二、基层医疗卫生机构	456	4256	3455	1654	1476	1113	307	134	111	247	99	272	394	2009
社区卫生服务中心	8	1239	1027	494	449	276	115	52	44	90	37	75	100	787
卫生院	9	834	723	330	285	178	75	43	37	97	16	48	47	1222
门诊部	78	1433	1082	513	467	403	95	36	28	35	31	116	204	0
三、专业公共卫生机构	8	2793	2495	905	901	1114	86	159	145	231	93	98	107	4687
疾病预防控制中心	2	199	152	91	91	7	0	45	45	9	36	6	5	751

续表77

指标名称	机构数（个）	人员数	#卫生技术人员	执业（助理）医师	执业医师	注册护士	药师（士）	技师（士）	检验技师（士）	其他人员	其他技术人员	管理人员	工勤人员	万元以上设备（台）
妇幼保健院（所、站）	2	2366	2161	784	783	1068	86	82	68	141	41	87	77	3311
卫生监督所（中心）	2	76	74	0	0	0	0	0	0	74	1	0	1	51
四、其他卫生机构	7	93	46	12	12	12	1	16	14	5	13	10	24	684

注：本表数据由区卫生健康局提供

2020年海曙区市政工程情况表

表78

指标名称	计量单位	2020年
年末区管道路长度	公里	169
年末区管道路面积	万平方米	355
年末区管城市下水道长度	公里	292
年末拥有桥梁数	座	164

2020年海曙区园林绿化情况表

表79

指标名称	计量单位	2020年
年末城区园林绿化总面积	公顷	1719
年末绿化覆盖面积	公顷	1872
年末绿化覆盖率	%	34.09
年末辖区内公园个数	个	26
年末辖区内公园面积	公顷	206.49
年末苗圃面积	公顷	13.58

2020年海曙区社会保障情况表

表80

指标名称	单位	2020年
城乡居民最低生活保障线人数	人	3630
城市居民最低生活保障家庭数	户	2822
城镇低保资金全年计划支出	万元	3836

2020年海曙区社会救济情况表

表81

指标名称	单位	2020年
特困人群	人	188
精减职工	人	21
“三老”人员	人	26

2020年海曙区婚姻、生育情况表

表82　　计量单位：人

指标名称	2016年	2017年	2018年	2019年	2020年
婚姻登记					
结婚登记（对）	—	4402	4236	3778	3541
离婚登记（对）	—	1863	1806	1908	1967
计划生育					
一．有生育条件的妇女	148078	142988	152485	146592	142794
二．已婚育龄妇女	112962	108223	113495	108787	104422

2020年海曙区律师和基层司法工作情况表

表83

指标名称	单位	2020年	指标名称	单位	2020年
律师工作情况			基层法律服务		
律师事务所	个	15	基层法律服务所	所	10
个人律师事务所	个	6	配备工作人员	人	56
合伙制律师事务所	个	9	代理诉讼事务	件	611
律师数	人	317	代理非诉讼事务	件	18
专职律师	人	312	调解纠纷	件	15
聘请担任常年法律顾问单位	家	861	担任法律顾问	件	42
民事案件代理	件	6361	代写法律文书	件	312
刑事辩护和代理	件	475	法律援助服务		
非诉讼法律事务	件	659	解答法律咨询人次	人次	11802
行政案件代理	件	113	挽回经济损失	万元	731
解答法律文书	件	219	办理法律援助事务	件	908
代写法律文书	件	36			

2020年海曙区人民调解和安置帮教工作情况表

表84

指标名称	单位	2020年	指标名称	单位	2020年
人民调解工作			安置帮教工作		
人民调解委员会	个	318	刑释解矫人员数（当年）	人	236
调解人员数	人	1210	刑释人员数（当年）	人	113
调解纠纷总件数	件	12185	解矫人员数（当年）	人	123
调解成功件数	件	12083	刑释人员安置数（当年）	人	234
婚姻、继承、赡养抚养	件	353	刑释人员帮教数（当年）	人	236
房屋宅基地	件	67	重新犯罪人数（当年）	人	0
债务	件	127	社区矫正工作		
生产经营	件	14	接收社区服刑人员数（当年）	人	371
邻里关系	件	1351	解除社区服刑人员数（当年）	人	274
赔偿	件	3890	累计监管人数（当年）	人	755
其他调解	件	6383	重新犯罪人数（当年）	人	0
调解纠纷成功率	%	99			

2020 年海曙区市场主体基本情况表

表 85　　计量单位：人、万元

指标名称	企业	内资企业	私营企业	外商投资企业	个体工商户	农民专业合作社
期末实有						
户数	60237	58709	55669	1528	60291	188
注册资本（金）		30645200	25357565	391426		
资金数额（个体户）					394645	
出资总额（农社）						26353
从业人员			498198		113350	
成员总数（农社）						2183
本期登记						
户数	9875	9781	9393	94	10207	4
注册资本（金）		4381282	3814854	108431		
资金数额（个体户）					108053	
出资总额（农社）						1515
从业人员			18468		16717	
成员总数（农社）						20

注：本表数据由区市场监管局提供

2020 年海曙区旅游情况表

表 86

指标名称	计量单位	2020 年	指标名称	计量单位	2020 年
接待过夜境外旅游者人数	人	9561	接待国内旅游人数		
外国人	人	7822	国内旅游人数	万人次	1871
台湾同胞	人	894	星级饭店		
香港同胞	人	677	饭店数量	家	18
澳门同胞	人	168	营业总收入	万元	41242
接待过夜境外旅游者人天数	人天	17187	床位数	张	5689
外国人	人天	14468	房间数	间	3717
台湾同胞	人天	1414	客房出租率	%	39
香港同胞	人天	1045	平均房价	元 / 间天	344
澳门同胞	人天	260	旅行社		
旅游收入			国内社	家	54
国际旅游收入	万美元	305	国际社	家	
国内旅游收入	亿元	271	全区旅游景区门票总收入	万元	2115

索 引

说 明

一、索引采用主题分析法编制。设有条目索引、图照表索引两个分目，其中图照表索引包括文中出现的表格、图片（示意图）以及随文照片，表格与图片都分别标明“（表）”、“（图）”，未注明的为随文照片。

二、标引词依据首字汉语拼音字母顺序排列，首字相同按第二字音序排列。标引词后的数字表示内容所在的页码或参见页码，数字后的字母（a、b、c）分别表示从左至右内容所在的栏别（一、二、三栏）。

三、类目、分目作索引的款目用黑体字表明。

四、标引词后的第二个页码起，表示该索引参见内容所在。空两字起排的款目为上一主题的“附见”。部分内容交叉的款目在索引中重复出现，以便检索。

主题词索引

数字

H

J

K

T

Y

Z

图照表索引

N

P

Q

R

S

Z